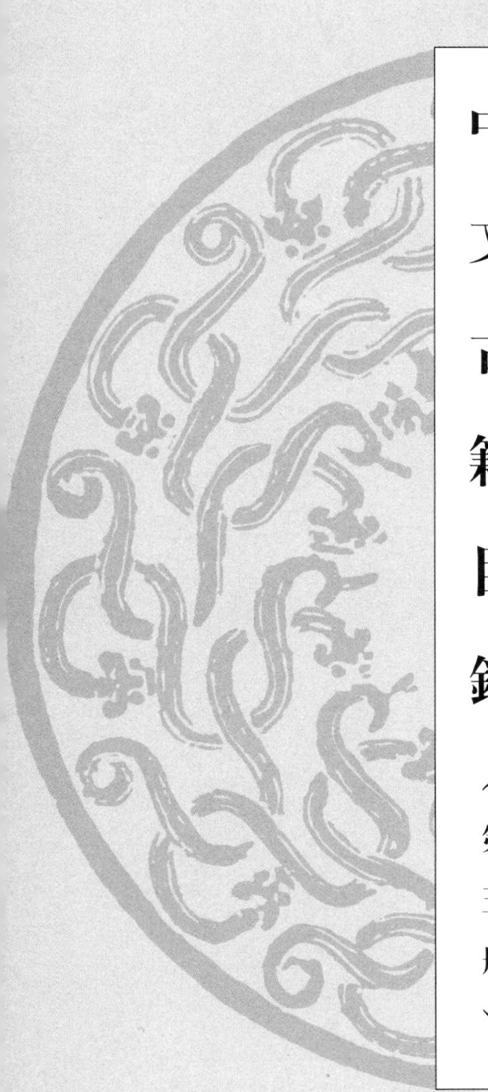

海外中文古籍總目
哈佛燕京圖書館書目叢刊第二十一種

美國哈佛大學哈佛燕京圖書館
中文古籍目録（第五册）

Catalogue of Chinese Ancient Books of the Harvard-Yenching Library, Harvard University

哈佛燕京圖書館
中華書局　編

中華書局

第五册目録

書名筆畫索引

一畫

一一齋詩十卷　1248

一切經音義二十五卷　1102，1736

一片石一卷　1852

一文錢一卷　1502

一目真言注一卷　1122

一朵山房詩集九卷　1290

一見引人笑四卷　1047

一松齋集八卷　1258

一咏軒詩草二卷　1261

一草亭目科全書一卷　1651

一草亭讀史漫筆二卷　1806

一桂軒詩鈔一卷　1421

一笠庵四種曲八卷　1504

一笠庵新編一捧雪傳奇二卷　1504

一笠庵新編占花魁傳奇二卷　1504

一庵雜問録一卷　1613

一愜居詩稿二卷　1650

一統志案説十六卷　699

一統筆基録一卷　1552

一愚集一卷　1381

一綫表用六卷　1054

一輻集十八卷　1264

一瓢道士傳一卷　1579

一瓢詩話一卷　1635

一聲鶯一卷　1614

一齋舊詩一卷一齋新詩一卷　1244

一簾花影樓試律詩一卷律賦一卷　1336

一鐙精舍甲部稿五卷　1333

乙巳占十卷　1744

乙丙紀事一卷　1631，1712

乙卯劄記一卷丙辰劄記一卷　1778

乙集駢文八卷　1308

二畫

二十一史　534

二十一史徵一卷　1621

二十一史論贊輯要三十六卷　571

二十二子全書二十二種　948

二十二史感應録二卷　572，1736

二十二史劄記三十六卷　579

二十二史綜編八卷　572

二十二史纂略六卷　572

二十世紀奇書快睹十卷　1037

二十世紀奇書快睹七種　1779

二十四史　535

二十四史九通政典類要合編三百二十卷　642

二十四史附考證　535

二十四史姓氏韻編六十四卷　594

二十四史論贊七十八卷　572

二十四孝合刊一卷　968

二十四孝圖説一卷　968

二十四孝圖贊一卷　968

二十四畫品一卷　1077

二十四詩品一卷　1462，1565，1585，1659，1662，1665，1727

二十四詩品齋試帖稿四卷賦稿一卷　1304

二山唱和集一卷　1884

二丸居集選九卷續集一卷外集一卷　1220

二王法帖釋文二卷　1073

二水樓詩集十八卷文集二十卷　1244

二申野録八卷　563

二仙庵碑記一卷　1121

二主詞一卷　1472，1802

二老堂詩話一卷　1566，1616

二老堂詩話二卷　1828

二老堂雜志五卷　1828

二百蘭亭齋古印考藏六卷　1088

二百蘭亭齋古銅印存十二卷　1088

二百蘭亭齋金石文字七種　920

二曲集四十六卷　1233

二曲集録要四卷　1857

二如亭群芳譜三十卷首一卷　989

二如齋古文晋祠記一卷　1440

二李唱和集一卷　1445

二李經説一卷　1634

二西委譚一卷　1575，1588

二酉委譚摘録一卷　1605

二酉堂叢書二十一種　1784

二希堂文集十一卷首一卷　1251

二谷山人集十卷　1206

二妙集一卷　1377

二妙集八卷　1442

二林居集二十四卷　1273

二林居集二卷　1728

二知軒文存三十四卷　1325

二知軒詩鈔十四卷續鈔二十二卷　1325

二佾綴兆圖一卷　463

二金蝶堂印譜不分卷　1089

二南訓女解四卷　968

二南密旨一卷　1722

二思堂叢書六種　1861

二思齋文存六卷　1280

二俠傳二十卷　582

二度梅不分卷　1522

二度梅六卷四十回　1522

二家咏古詩一卷　1883

二家宮詞二卷　1364

二家詞鈔五卷　1883

二家詞賡二卷　1883

二家試帖二卷　1883

二家詩鈔二十卷　1383

二家詩選二卷　1844

二娱小廬詩鈔五卷詞鈔二卷　1284

二鄉亭詞三卷　1473

二程子抄釋十卷　1719

二程子遺書纂二卷外書纂一卷　1845

二程文略二卷　956

二程文集十二卷　1638

二程全書五種　1819

二程全書六種　1819

二程語録十七卷附録一卷　1639

二程粹言二卷　1639，1819

二馮詩集九卷　1383

二棄梨花四卷　1486

二銘草堂金石聚十六卷　922

二樓小志四卷二樓紀略四卷　880

二儀銘補注一卷　1650

二餘堂叢書十二種　1668

二劉文集九卷　1445

二薇亭集一卷　1371

二薇亭詩鈔一卷　1372

二學亭文淆四卷　1820

二藍集十二卷　1444

二韻詩三卷　1842

二懶心話一卷　1122

丁女貞孝録不分卷　609

丁巨算法一卷　1656

丁氏八千卷樓叢刻二十種　1726

丁文誠公奏稿二十六卷　695

丁未和會類要四卷　663

丁戊筆記二卷　1823

丁卯詩集二卷續集一卷續補一卷集外遺
　詩一卷　1367，1369

丁亥入都紀程二卷　1826

丁亥集一卷静修續集一卷静修遺詩一卷
　静修拾遺一卷　1376

丁孝子詩集三卷　1649

丁辛老屋集十二卷　1258

丁辛老屋詞一卷　1474

丁辛老屋詩一卷　1433

丁虎門先生墓表一卷　609

丁晋公談録一卷　1550，1555

丁新婦傳一卷　1582

丁鶴年集四卷　1723

十一經音訓二十六卷　502

十一經問對五卷　422，425

十二石山齋叢録七卷　1448

十二門論一卷十二門論宗致義記三卷
　1105

十二梅花書屋詩六卷　1347

十二硯齋金石過眼録十八卷　922

十二硯齋金石過眼録十八卷續録六卷
　922

十二硯齋補瘞鶴銘考二卷　931

十二筆舫雜録十二卷　1462

十七史附弘簡録二百五十四卷續弘簡録
　四十二卷　534

十七史商榷一百卷　579

十七史蒙求一卷　1037

十七帖述一卷　1622

十八省鄉試同年全録（光緒二十三年丁
　酉科）　621

十八省鄉試同年録（光緒二年丙子科）
　621

十八省鄉試同年録（光緒八年壬午科）
　621

十八省鄉試同年録（咸豐五年乙卯科）
　621

十八家詩鈔二十八卷　1321，1870

十九世紀外交史　1888

十九世紀外交史不分卷　569

十三州志一卷　1754，1785

十三州記一卷　1562

十三峰書屋全集八卷　1329

十三道嘎牙河紀略一卷　1695

十三經札記二十二卷　502

十三經述要六卷　495

十三經注　417

十三經注疏三百三十三卷　415

十三經注疏三百三十五卷　414

十三經注疏作者姓氏表一卷　501

十三經注疏序二卷　1734

十三經注疏校勘記二百四十八卷　427

十三經注疏校勘記識語四卷　502

十三經注疏補脱一卷　415

十三經注疏錦字四卷　1677

十三經音略十二卷附録二卷　1853

十三經音略十三卷附録一卷　1738

十三經紀字一卷　1851

十三經詁答問六卷　430，500，1753

十三經解詁六十四卷　495

十三經類語十四卷附十三經序論選一卷　1546

十子全書十種　948

十友瑣説一卷　1560

十友圖贊一卷　1578

十六品經三卷　1118

十六國年表一卷　1625，1627

十六國春秋十六卷　1598，1600，1601

十六湯品一卷　1567，1585，1663，1665

十四層啓蒙捷訣二卷　1458

十先生中庸集解二卷　474

十竹齋書畫譜　1079，1080

十名家詞集十卷　1472

十戒功過格一卷　1121

十宗略説一卷　1878

十面埋伏一卷附公尺譜　1491

十科策略箋釋十卷　1195

十美詞紀一卷　1635

十洲春語二卷竹西花事小録一卷　1316

十眉謡一卷　1624，1635

十條聖誡　1148

十條誡注　1150

十家語録摘要二卷　1800

十菊山人雪心草四卷附崇祀録一卷　1220

十國春秋一百十四卷附拾遺一卷備考一卷　569

十國宮詞一卷　1634

十國詞箋略一卷　1627

十國雜事詩十七卷叙目二卷　1354

十萬卷樓叢書五十種　1743

十朝聖訓九百二十二卷　685

十道志一卷　1562

十經齋文集四卷　1307

十駁五辯歌　1153

十種古逸書　1785

十種唐詩選十七卷　1843

十種唐詩選十七卷附一種　1364

十影君傳一卷　1615

十駕齋養新録二十卷餘録三卷　1853

十駕齋養新録二十卷餘録三卷錢辛楣先生年譜一卷竹汀居士年譜續編一卷　1024

十駕齋養新録三卷餘録一卷　426

十憶集一卷　1883

十藥神書一卷　993

十藥神書一卷附霍亂吐瀉方論　995

十藥神書注解一卷　994

七一軒稿六卷續錦機補遺六卷　1247

七十二峰足徵集八十八卷文集十六卷　1428

七十二候令一卷　1068

七十二候考一卷　1632，1649

七十二葬法一卷　1064

七十自定稿一卷　1840

七十家賦鈔六卷　1394

七子詩選十四卷　1383

七元真人説神真靈符經一卷　1117

七巧新譜不分卷　1095

七克七卷　1129

七言古詩十三卷　1842

七言律詩十卷　1842
七言排律一卷　1842
七言絕句八卷　1842
七招一卷　1632
七述一卷　1807
七注陰符經一卷　1741
七怪一卷　1622
七政細草補注一卷　1053
七星巖記一卷　1694
七修類稿五十一卷續稿七卷　1032
七律指南甲編八卷乙編四卷　1467
七真年譜一卷　1121
七家後漢書七種附一種　544
七家試帖輯注彙鈔七卷　1458
七娛一卷　1632
七略別錄一卷　1794
七國考十四卷　1671
七國地理考七卷　1866
七頌堂詞繹一卷　1713
七頌堂詩集十卷　1231
七頌堂詩集十卷文集二卷　1231
七頌堂識小錄一卷　1632，1652
七經孟子考文并補遺二百卷　1718
七經詩一卷　1784
七經義綱一卷　1784，1792
七經精義七種　496
七錄齋集六卷論略一卷　1218
七療一卷　1622
七勸口號一卷　1622
七釋一卷　1627
卜君頌一卷　919
卜來敦記一卷　1711
卜法詳考四卷　1065
卜記一卷　1570
卜硯集二卷　1417

卜筮正宗十四卷　1066
卜筮全書十四卷　1065
卜魁風土記一卷　1685
卜魁紀略一卷　1685
人寸診補證二卷　1770
人中畫十六卷　1508
人生必讀書十二卷　962
人代紀要三十卷考證十卷　653
人虎傳一卷　1595，1664，1667
人物志三卷　1597，1599，1600，1602，
　1672，1735，1797
人倫大統賦二卷　1735，1744
人海記一卷　1633
人海記二卷　1724，1728
人家冠昏喪祭考四卷　1862
人參考一卷　1763
人葠譜一卷　1633
人葠譜四卷　1859
人極衍義一卷　1868
人瑞錄一卷　1625，1627
人當有孝順父母之實　969
人壽金鑑二十二卷　581
人壽堂詩鈔一卷附人壽集一卷　1340
人範六卷　967
人鏡集五十四卷　1549
人鏡類纂四十六卷　1550
人譜一卷　1636，1712
人譜二卷　1726
人譜正篇一卷續篇一卷三篇一卷　1816
人譜補圖一卷　1622
人譜類記二卷　960
人譜類記增訂六卷　1816
人變述略一卷　558
（羊城土話）人靈戰紀二卷　1148
入山小草四卷　1329

入江巨川編一卷　1694

入告編三卷遺編一卷　1443

入長沙記一卷　558

入門切要　1129

入河巨川編一卷　1695

入都日記一卷　1698

入高紀程一卷　1703

入淮巨川編一卷　1694

入越記一卷　1563

入道初學　1136

入幕須知五種附贅言十則　684

入蜀記一卷　1563

入蜀記六卷　1652

入蜀記四卷　1611，1677

入滇江路考一卷　1700

入滇陸程考一卷　1700

入塞詩一卷　1441

入廣記一卷　1702

入緬路程一卷　1703

入聲便記一卷　527

入藏程站一卷　1686

入藥鏡一卷　1118

八士辯一卷　1805

八千卷樓書目二十卷　940

八千卷樓藏書志不分卷　943

八王故事一卷　1561

八史經籍志三十卷　936

八矢注字圖説一卷鐘律陳數一卷　1085

八矢注字説一卷注字圖一卷　1804

八代文萃二百二十卷　1401

八代詩選二十卷　1390

八行堂集約鈔二卷　1229

八旬萬壽盛典一百二十卷首一卷　650

八旬萬壽盛典圖説二卷　650

八宅明鏡二卷　1062

八卦觀象解二卷附封氣解一卷　499

八述奇二十卷　900

八法筌蹄一卷　1861

八品經一卷　1118

八陣發明一卷　1836

八秩壽序壽詩一卷　1848

八家四六文補注八卷　1425

八紘荒史一卷　1661，1844

八紘譯史三卷　1727

八紘譯史四卷　1661

八紘譯史四卷譯史紀餘四卷　904

八排風土記一卷　1700

八義記二卷　1504

八銘堂塾鈔初集八卷二集不分卷　1455

八旗文經五十六卷作者考三卷叙錄一卷　1425

八旗奉直宦浙同鄉錄（畿輔宦浙同鄉錄）　626

八旗通志初集二百五十卷目錄二卷　665

八旗滿洲氏族通譜八十卷目錄二卷　583

八旗叢書三十五種　1761

八綫對數類編二卷　1054

八綫類編三卷　1054

八甎吟館刻燭集三卷　1448，1718

八編類纂二百八十五卷六經圖六卷地類圖二卷　1536

八磚吟館詩存一卷　1717

九十九峰草堂詩鈔一卷　1384

九九銷夏錄十四卷　1874

九大家詩選十二卷　1412

九水山房文存二卷　1265

九曲山房詩鈔十六卷　1271

九曲游記一卷　1692

九州水道源流一卷　888

九州春秋一卷　1561

九江考一卷　1695

九江志一卷　1562

（同治）九江府志五十四卷首一卷末一卷　816

（光緒）九江儒林鄉志二十一卷　819

九更天不分卷　1485

九谷集六卷　1437

九思堂詩稿九卷　1343

九品書一卷　1566

九皇斗姥戒殺延生真經一卷　1117

九皇新經注解三卷　1117

九華山志十卷首一卷　891

九華山録一卷　1563

九華日録一卷　1631，1690

九華紀勝二十一卷首一卷　891

九峰公集一卷　1445

九峰先生集三卷首一卷附録一卷　1436

九峰志四卷　896

九射格一卷　1568

九家易解一卷　1782

九家周易集注一卷　434

九家集注杜詩三十六卷　1163

九家試帖約選九種　1456

九通目録十四卷　945

九通通二百四十八卷首一卷　642

九域志一卷　1562

九執曆解一卷　1866

九國志一卷　1562

九國志十二卷　1736，1738

九國志十二卷拾遺一卷　1671

九章算術九卷附音義一卷　1642，1645，1648

九章算術細草圖説九卷海島算經細草圖説一卷　1056

九族考一卷　431

九喜榻記一卷　1623

九朝紀事本末六百五十八卷　553

九朝野記一卷　1573

九畹史論一卷　1805

九煙先生遺集六卷　1221

九經十卷　414

九經三傳沿革例一卷　1654

九經古義十六卷　426，494，496，500，1658，1753

九經字樣一卷　490

九經字樣疑一卷　1649

九經補韻一卷　1550，1606，1657

九經補韻一卷附録一卷　1679，1739

九經誤字一卷　428，1669，1837

九疑山志九卷　895

九疑山志四卷　895

九疑仙館詞一卷　1476

九穀考四卷　426

九賢秘典一卷　1723

九數外録一卷　1753，1758，1866

九數通考十一卷首一卷末一卷　1056

九諦解疏一卷　1629

九曜齋筆記三卷　1777

九邊圖論一卷　979，1658，1724

九懷詞一卷　1842

九靈山房集一卷　1379

九靈山房集十九卷　1758

九靈山房集三十二卷　1819

九靈山房遺稿四卷　1819

乃有廬雜著一卷　1872

刀劍録一卷　1568，1583

又玄集選一卷　1365

三畫

三十一國志要一卷　1711

三十五忠詩一卷　1636

三十五舉一卷　1732

三十五舉一卷附校勘記一卷　1756

三十五舉一卷續一卷再續一卷　1765

三十六陂漁唱一卷　1767

三十六灣草廬稿十卷　1720

三十代天師虛靖真君語録一卷　1121

三十家詩鈔六卷　1389

三十樹梅花書屋詩鈔四卷　1871

三才通考三卷　1534

三才略三卷　1768

三才發秘九卷　1548

三才彙編六卷　1538

三才圖會一百六卷　1535

三才藻異三十三卷　1548

三大家經義前模二卷　495

三山拙齋林先生尚書全解四十卷　420，
　　423

三山葉氏祠録四卷　874

三山鄭菊山先生清雋集一卷　1655，1781

三子合刊十三卷　973

三子新詩合稿九卷　1364

三丰丹訣一卷　1122，1123

三元記二卷　1503

三五歷記一卷　1794

三太史彙纂四書人物類函十六卷　488

三友棋譜一卷　1625，1635

三水小牘一卷　1556，1595

三水小牘二卷逸文一卷附録一卷　1767

（乾隆）三水縣志十一卷　800

（同治）三水縣志十二卷首一卷　800

三巴金石苑目録一卷　1770

三巴集一卷　1722

三正考二卷　497

三世紀二卷四十一齣　1505

三古圖三種四十二卷　923

三史拾遺五卷　1853

三代正朔通考一卷　1855

三代紀年考一卷　1876

三代鼎器録一卷　1568

三代經界通考一卷　1855

三白寶海三卷　1062

三立祠名賢傳四卷附録二卷　584

三立祠傳四卷　583

三尼醫世説述一卷　1122

三台閨範六卷　971

三台館仰止子考古詳訂遵韻海篇正宗二
　　十卷　524

三百篇原聲七卷　453

三百篇聲譜一卷　1577

三年服制考一卷　457，1625，1628

（滿蒙漢合璧）三合吏治輯要不分卷　683

［三合便覽］　514

三合便覽不分卷　514

三合便覽不分卷附清文指要　514

三多齋重訂注釋采眉故事十卷　1546

三江水利紀略四卷　886

三江考一卷　1623，1695

三字石經尚書一卷　1794

三字石經春秋一卷　1794

三字青囊經一卷　1063

三字經　520

三字經注解　1138

三字經注解備要二卷　520

三字經訓詁一卷　532

三志合編七卷　1720

三劫三千佛名經三卷　1103

三吳水利條議一卷　1633

三吳水利論一卷　1593，1670

三秀齋詞一卷　1476

三秀齋詩鈔二卷　1429

三近齋語録一卷　1800

三角法舉要五卷　1052

三角數理十二卷　1895

三宋人集四十八卷　1375

三長物齋文略六卷　1720

三長物齋詩略五卷附夏小正試帖一卷　1720

三長物齋叢書二十六種　1719

三事忠告四卷　1658

三事遡真一卷　1611

三易洞璣十六卷　493

三易備遺十卷　419，422

三易集二十卷　1431

三岡識略十卷　1022

三命通會十二卷　1060

（乾隆）三河縣志十六卷首一卷　706

三注鈔十六卷　1614

三垣疏稿三卷　1650

三柳軒雜識一卷　1557，1587，1591

三省山内風土雜識一卷　1683

三省黄河全圖　917

三省黄河圖説一卷　1707

三省邊防形勢録一卷　1699

三省邊防備覽十四卷　903

三星使書牘三卷　1452

三界伏魔關聖帝君忠孝忠義真經一卷　1120

三品經一卷　1118

三訂四書辨疑二十二卷辨疑補一卷四書緒餘録二十卷四書緒餘録補三卷四書識小録十卷四書武備編四卷四書樂器編五卷四書拾遺五卷　486

三訂曆法玉堂通書捷覽十卷首一卷　1048

三洞修道儀一卷　1121

三洞衆戒文二卷　1120

三洞群仙録二卷　1121

三洲日記八卷　615

三洲游記一卷　1706

三洲游記不分卷　1756

三洲學録二卷　1880

三秦記一卷　1562，1754，1784

三耻齋初稿十二卷　1326

三晋詩選十四卷　1431

（乾隆）三原縣志十八卷首一卷　791

（光緒）三原縣新志八卷　791

三峰史論一卷　1805

三峰傳稿一卷　1805

三島雪鴻（東鄰觀政日記摘録稿）一卷附文牘一斑一卷　616

三倉二卷　503

三倉考逸補正一卷　503

三唐人集三十七卷　1365

三唐傳國編年五卷　1806

三消論一卷　997

三流道里表不分卷　668

三家宫詞三卷　1364

三家詩拾遺十卷　1671

三家詩異文疏證二卷　428

三通考詳節七十六卷　642

三通考輯要七十六卷　642

三通序三卷　1768

三教平心論二卷　1723

三教平心論抄一卷　1097

三教真傳六卷　1097

三教論衡一卷　1554

三國文紀二十四卷　1395

三國志：刀會一卷附工尺譜　1489

三國志六十五卷　534，535，536，539

三國志六十五卷附考證　539

三國志考證一卷　1634
三國志注鈔八卷　1614
三國志注證遺四卷　536
三國志旁證三十卷　539
三國志補注六卷　1741
三國志演義六十卷一百二十回　1513
三國志質疑六卷　1826
三國志辨疑三卷　1728
三國志辨誤三卷　1642，1644，1671
三國志證聞三卷　539
三國志纂八卷　573
三國典略一卷　1561，1583
三國郡縣表附考證八卷　570
三國紀年一卷　1675
三國紀年表一卷　1728
三國畫像二卷　1081
三國職官表三卷　1728
三國雜事二卷　1675
三得惟枝島紀略一卷　1705
三釵夢北曲一卷　1503
三魚堂集十二卷外集六卷附錄一卷　1234
三魚堂賸言十二卷　1813
三渠先生集十四卷附錄一卷　1211
三惜齋書目不分卷　940
三婦評牡丹亭雜紀一卷　1635
三萬六千頃湖中畫船録一卷　1634
三朝北盟會編二百五十卷附校勘記三卷
　550
三朝要典二十三卷　563
三朝要典二十四卷原始一卷　563
三朝野史一卷　1553，1595
三朝野紀七卷　558，563
三朝聖訓不分卷　685
三黑水考一卷　1696
三集應酬寶要二卷　1038

三湖漁人全集八卷　1271
三統術衍三卷　1853
三統術衍補一卷　1053，1758
三統術鈐一卷　1853
三統術補衍一卷　1766
三塘漁唱三卷　1811
三聖圓融觀門一卷　1109
三夢記一卷　1571，1584，1660，1663，
　1666
三蒼一卷　1793
三楚新録一卷　1560，1607
三楚新録三卷　1594
三槐堂古文觀止十二卷　1399
三農紀十卷　986
（嘉慶）三臺縣志八卷　848
三輔決録一卷　1562，1583
三輔決録一卷補遺一卷　1785
三輔決録二卷　1784
三輔故事一卷　1785
三輔黃圖一卷　1562，1679
三輔黃圖二卷　1612
三輔黃圖六卷　1599，1600，1602，1606
三輔黃圖六卷補遺一卷　1667
三輔黃圖新校正一卷　871
三輔舊事一卷　1562，1784
三齊略記一卷　1562，1583
三綱制服尊尊述義三卷　1864
三墳一卷　1606，1607
三遷志五卷　605
三餘帖一卷　1559
三餘録四卷　1025
三餘贅筆一卷　1574，1588，1656
三餘雜志八卷附辨誣二卷　1027
三壇圓滿天仙大戒略説一卷　1121
三壇傳戒正範四卷　968

三歷撮要一卷　1744

三器圖義一卷　1568

三禮目録一卷　1782，1783

三禮考一卷　1722

三禮述注七十一卷　461

三禮指要一卷　1722

三禮通釋二百八十卷　461

三禮義宗一卷　1783

三禮義宗四卷　1789

三禮圖一卷　1783，1788

三禮圖二十卷　461

三禮儀制歌訣一卷　1845

三禮編繹二十六卷　460

三禮編繹四卷　492

三禮類綜四卷　461

三藩紀事本末二十二卷　554

三藩紀事本末四卷　557，1669

三蘇先生文粹七十卷　1444

三寶心鐙一卷　1118

三寶萬靈法讖十二卷　1120

三續千字文注一卷　520，1801

（光緒）三續掖縣志四卷首一卷　771

三續疑年録十卷　595

三巖洞記一卷　1693

三灘記一卷　1697

于山奏牘七卷附詩詞合選一卷　692

于少保萃忠全傳十卷　607

于公祠墓録十二卷　1810

于公德政録一卷　1670

于役志一卷　1563，1587，1591，1592

于役迤南記二卷　1870

于役録一卷　1834

于武陵詩集一卷　1366

于忠肅公集四卷　1360

于京集五卷　1839

于清端公政書八卷外集一卷　675

于清端公家規一卷　953

于湖小集六卷附金陵雜事詩一卷　1752

于湖集一卷　1374

于湖題襟集十卷　1752

于湖題襟集詩六卷文三卷　1447

于肅愍公集八卷拾遺一卷附録一卷　1812

于邁録一卷　1834

于鄴詩集一卷　1367，1369

于濆詩集一卷　1366，1367，1369

于鵠詩集一卷　1367，1368

干子一卷　1795

干支集錦二十四卷　1549

干禄字書一卷　503，505，1566，1657，

　1715

干寶周易注一卷　434

土牛經一卷　1570，1587，1591

土耳基志附新志　1889

土國戰事述略一卷　1706

（光緒）土默特旗志十卷　761

士人家儀考四卷　1862

士大夫食時五觀一卷　1567

士令一卷　1615

士民通用語録一卷　1550

士昏禮對席圖一卷　431

士緯一卷　1795

士禮居藏書題跋記六卷　944

士禮居藏書題跋記續一卷　944

士禮居藏書題跋記續二卷　1763

工程致富論略十三卷　1776

工程致富論略十三卷附圖一卷　1760

工程做法則例七十四卷　649

才子文一卷　1068

才鬼記一卷　1571，1660，1664，1667

才調集十卷　1404

才調集選三卷　1365

下黄私記一卷　1558

下帷短牒一卷　1558

下學蓻勾股六術一卷　1054

下學蓻算書術四種　1054

寸心知室存稿五卷　1293

寸心知室詩文存六卷隨筆一卷年譜一卷
　1293

寸草園彙鈔八卷　1446

寸陰叢錄四卷　1863

大九州説一卷　1708

大九數一卷　1835

大小宗通繹一卷　428，1650，1840

大山詩集七卷　1884

大元聖政國朝典章前集六十卷附新集
　643

大中遵注集解四卷　482

大六壬苗公射覆鬼撮脚三卷　1656

大六壬管輅神書一卷　1057

大方等大集月藏經十卷　1099

大方廣佛華嚴經八十一卷　1102

大方廣佛華嚴經六十卷　1099

大方廣佛華嚴經吞海集三卷　1109

大方廣佛華嚴經要解一卷　1109

大方廣佛華嚴經音義四卷　1673

大方廣佛華嚴經著述集要二十三種　1109

大方廣佛華嚴經感應略記一卷附華嚴大
　經處會品目總要之圖　1111

大方廣圓覺修多羅了義經二卷　1101

大玄闡秘十卷附編一卷外編一卷　1777

大臣法則八卷　652，1839

大西洋一卷　1705

大成通志十八卷首二卷　598

（乾隆）大同府志三十二卷首一卷　754

（道光）大同縣志二十卷首一卷末一卷
　754

大同學一卷　964

（道光）大竹縣志四十卷　849

（咸豐）大名府志二十二卷首一卷續志
　六卷末一卷　718

（乾隆）大名縣志四十卷首一卷　718

（光緒）大足縣志八卷　843

（同治）大邑縣志二十卷　849

大別山志十卷　892

大佛頂如來密因修證了義諸菩薩萬行首
　楞嚴經十卷　1100，1101

大佛頂如來密因修證了義諸菩薩萬行首
　楞嚴經十卷釋題一卷　1100

大佛頂如來密因修證了義諸菩薩萬行首
　楞嚴經如説十卷　1106

（同治）大冶縣志十八卷首一卷　823

（光緒）大冶縣志續編七卷首一卷末一
　卷　823

大宋重修廣韻五卷　503，522

大英國志八卷　1889

大事記二十七卷解題十二卷通釋三卷
　1818

大事記十二卷解題十二卷通釋三卷　547

大明一統名勝志二百八卷　699

大明一統志九十卷　698，699

大明一統志輯錄二卷　699

大明三藏聖教目錄四卷大明續入藏諸集
　目錄一卷　1110

大明仁孝皇后內訓一卷　970

大明仁孝皇后勸善書二十卷　1018

大明英宗睿皇帝實錄三百六十一卷　552

大明高僧傳六卷　604

大明萬歷乙亥重刊改併五音類聚四聲
　篇十五卷萬歷己丑重刊改併五音集韻
　十五卷　523

大明集禮五十三卷　650

大明會典二百二十八卷　643

大易札記五卷　1848

大易牀頭私録三卷　1825

大易通變六卷　1065，1835

大易象説鈎深圖三卷　423

大易象數鈎深圖三卷　419

大易疏解十卷　435

大易緝説十卷　419，422

大易辯志二十四卷　440

大金弔伐録四卷　1671

大金沙江考一卷　1696

大金國志四十卷　562

大宗地玄文本論略注四卷首一卷附金剛
　　五位圖　1878

（光緒）大城縣志十二卷首一卷　708

（康熙）大城縣志八卷　708

（道光）大荔縣志十六卷首一卷附足徵
　　録四卷　797

（光緒）大荔縣續志十二卷首一卷附足
　　徵録四卷　797

大昭慶律寺志十卷　1110，1807

大風集四卷　1849

大狩龍飛録二卷　1621

大亭山館叢書十九種　1746

大美聯邦志略二卷　1889

大洞玉經疏要十二義一卷大洞玉經壇儀
　　一卷大洞玉經總論一卷　1115

大洋海大西洋海印度海北冰海南冰海考
　　一卷　1710

（道光）大姚縣志十六卷首一卷續編一
　　卷　868

大華嚴經略策一卷　1109

大真一得十卷附一卷　441

大破天門陣全本九集五十四卷　1486

大乘妙林經一卷　1115

大乘起信論一卷　1105

大般若經第二百七十□卷　1100

大唐六典三十卷　682

大唐西域記十二卷　908，1671

大唐開元占經一百二十卷　1059

大唐開元禮一百五十卷　650

大唐創業起居三卷　1768

大唐創業起居注三卷　550，1560，1580，
　　1617

大唐傳載一卷　1662，1664，1672

大唐新語一卷　1662，1664

大唐新語十三卷　1609

大涅槃師子吼七卷　1099

大陸澤圖説一卷　1695

大理行記一卷　1640

大瓠堂詩録八卷　1750

大象一卷　499

（乾隆）大庾縣志二十卷首一卷　822

（咸豐）大庾縣續志二卷　822

大清一統志三百五十六卷　699

大清一統志五百卷　699

大清一統志輯要五十卷　699

大清一統輿圖海道集釋七卷　1682

大清八朝聖訓六百五十二卷　685

大清太祖高皇帝聖訓四卷清太宗文皇
　　帝聖訓六卷大清世祖章皇帝聖訓六卷
　　686

大清中外一統輿圖三十卷首一卷　912

大清中樞備覽（光緒五年己卯秋季）　639

大清中樞備覽（同治九年庚午秋季）　639

大清中樞備覽（乾隆三十七年壬辰冬季）
　　639

大清中樞備覽（道光二十五年乙巳春季）
　　639

大清中樞備覽二卷　639

大清民事訴訟律草案四編　669

大清刑事訴訟律草案不分卷　669

大清百官録（宣統元年己酉冬季）　625

大清光緒九年歲次癸未時憲書一卷　1051

大清同治九年歲次庚午時憲書一卷　1051

大清法規大全一百五十九卷續編一百
　　四十二卷　668

大清咸豐十年歲次庚申七政經緯躔度書
　　一卷　1051

大清咸豐九年歲次己未時憲書一卷
　　1051

大清重刻龍藏彙記不分卷　1109

大清律例刑案彙纂集成四十卷督捕則例
　　附纂二卷　670

大清律例按語一百四卷　667

大清律例重訂統纂集成四十卷附大清律
　　續纂條例五卷　667

大清律例重訂統纂集成四十卷附督捕則
　　例二卷　667

大清律例通考四十卷　667

大清律例彙輯便覽四十卷附秋審實緩比
　　較彙案一卷督捕則例二卷五軍道里表
　　一卷三流道里表一卷　668

大清律例精言輯覽一卷大清律例簡明目
　　録一卷　667

大清律例精義三十四卷首一卷　667

大清律例增修統纂集成四十卷　667

大清律集解附例三十卷首一卷附兵部督
　　捕則例一卷大清律新例一卷大清律附
　　一卷　667

大清律集解附例三十卷首一卷服制一卷
　　律例總類六卷　667

大清律集解附例輯注三十卷首一卷　667

大清律纂修條例十五卷　667

大清宣統二年歲次庚戌七政經緯宿度時
　　憲書一卷　1052

大清宣統三年歲次辛亥七政經緯宿度時
　　憲書一卷　1052

大清宣統新法令　1891

大清郵政輿圖不分卷　913

大清通禮五十四卷　649

大清通禮品官士庶人喪禮傳二卷　650

大清乾隆五十二年歲次丁未時憲書一卷
　　1050

大清乾隆五十八年歲次癸丑時憲書一卷
　　1050

大清乾隆五十五年歲次庚戌時憲書一卷
　　1050

大清乾隆四十七年歲次壬寅時憲書一卷
　　1050

大清乾隆四十九年歲次甲辰時憲書一卷
　　1050

大清乾隆四十三年歲次戊戌時憲書一卷
　　1050

大清國大日本國條規章程一卷附稅則
　　662

大清國大秘魯國條規章程一卷　663

大清最新百官録（宣統元年己酉春季）
　　不分卷　625

大清道光二十七年歲次丁未時憲書一卷
　　1051

大清道光二十八年歲次戊申時憲書一卷
　　1051

大清道光二十五年歲次乙巳時憲書一卷
　　1051

大清道光二十四年歲次甲辰時憲書一卷
　　1051

大清道光二十年歲次庚子時憲書一卷
　　1051

大清道光十九年歲次己亥時憲書一卷
　1051
大清道光十三年歲次癸巳時憲書一卷
　1051
大清道光十五年歲次乙未時憲書一卷
　1051
大清道光十四年歲次甲午時憲書一卷
　1051
大清道光八年歲次戊子時憲書一卷
　1051
大清搢紳全書（光緒二十二年丙申冬季）
　633
大清搢紳全書（光緒二十七年辛丑冬季）
　635
大清搢紳全書（光緒二十八年壬寅冬季）
　附新增搢紳　635
大清搢紳全書（光緒二十八年壬寅春季）
　635
大清搢紳全書（光緒二十八年壬寅秋季）
　635
大清搢紳全書（光緒二十八年壬寅夏季）
　635
大清搢紳全書（光緒二十八年壬寅夏季）
　附大清中樞備覽　635
大清搢紳全書（光緒二十九年癸卯冬季）
　附大清中樞備覽　636
大清搢紳全書（光緒二十九年癸卯春季）
　636
大清搢紳全書（光緒二十九年癸卯秋季）
　636
大清搢紳全書（光緒二十九年癸卯夏季）
　附大清中樞備覽　636
大清搢紳全書（光緒二十三年丁酉冬季）
　634
大清搢紳全書（光緒二十三年丁酉春季）

附新增搢紳　634
大清搢紳全書（光緒二十三年丁酉秋季）
　附大清中樞備覽　634
大清搢紳全書（光緒二十五年己亥冬季）
　635
大清搢紳全書（光緒二十五年己亥春季）
　634
大清搢紳全書（光緒二十五年己亥春季）
　附新增搢紳　634
大清搢紳全書（光緒二十五年己亥秋季）
　附新增爵秩全覽　635
大清搢紳全書（光緒二十五年己亥夏季）
　634
大清搢紳全書（光緒二十六年庚子春季）
　635
大清搢紳全書（光緒二十六年庚子夏季）
　附大清中樞備覽　635
大清搢紳全書（光緒二十四年戊戌冬季）
　附大清中樞備覽、新增搢紳　634
大清搢紳全書（光緒二十四年戊戌秋季）
　附大清中樞備覽、新增搢紳　634
大清搢紳全書（光緒二十四年戊戌夏季）
　634
大清搢紳全書（光緒二十年甲午冬季）
　633
大清搢紳全書（光緒二十年甲午秋季）
　633
大清搢紳全書（光緒二十年甲午夏季）
　附大清中樞備覽　633
大清搢紳全書（光緒二年丙子夏季）630
大清搢紳全書（光緒十一年乙酉夏季）
　附大清中樞備覽　631
大清搢紳全書（光緒十二年丙戌冬季）
　附大清中樞備覽　631
大清搢紳全書（光緒十二年丙戌春季）

631

大清搢紳全書（光緒十二年丙戌秋季）
附大清中樞備覽　631

大清搢紳全書（光緒十二年丙戌夏季）
631

大清搢紳全書（光緒十七年辛卯春季）
632

大清搢紳全書（光緒十七年辛卯秋季）
632

大清搢紳全書（光緒十七年辛卯夏季）
632

大清搢紳全書（光緒十八年壬辰冬季）
附大清中樞備覽　632

大清搢紳全書（光緒十八年壬辰春季）
附大清中樞備覽　632

大清搢紳全書（光緒十八年壬辰秋季）
附大清中樞備覽　632

大清搢紳全書（光緒十八年壬辰夏季）
632

大清搢紳全書（光緒十九年癸巳春季）
633

大清搢紳全書（光緒十九年癸巳秋季）
633

大清搢紳全書（光緒十九年癸巳夏季）
附大清中樞備覽　633

大清搢紳全書（光緒十五年己丑春季）
631

大清搢紳全書（光緒十五年己丑秋季）
631

大清搢紳全書（光緒十六年庚寅冬季）
632

大清搢紳全書（光緒十六年庚寅春季）
632

大清搢紳全書（光緒十六年庚寅春季）
附大清中樞備覽　632

大清搢紳全書（光緒十六年庚寅秋季）
附大清中樞備覽　632

大清搢紳全書（光緒十六年庚寅夏季）
632

大清搢紳全書（光緒十四年戊子秋季）
附大清中樞備覽　631

大清搢紳全書（光緒十四年戊子夏季）
631

大清搢紳全書（光緒十年甲申秋季）631

大清搢紳全書（光緒三十一年乙巳冬季）
637

大清搢紳全書（光緒三十一年乙巳春季）
附大清中樞備覽　636

大清搢紳全書（光緒三十一年乙巳秋季）
附大清中樞備覽　637

大清搢紳全書（光緒三十一年乙巳夏季）
637

大清搢紳全書（光緒三十一年乙巳夏季）
附大清中樞備覽　636

大清搢紳全書（光緒三十二年丙午冬季）
637

大清搢紳全書（光緒三十二年丙午春季）
637

大清搢紳全書（光緒三十二年丙午秋季）
637

大清搢紳全書（光緒三十二年丙午夏季）
附大清中樞備覽　637

大清搢紳全書（光緒三十三年丁未冬季）
638

大清搢紳全書（光緒三十三年丁未冬季）
附大清中樞備覽　637

大清搢紳全書（光緒三十三年丁未春季）
637

大清搢紳全書（光緒三十三年丁未秋季）
附大清中樞備覽二卷　637

大清搢紳全書（光緒三十三年丁未夏季）
637
大清搢紳全書（光緒三十四年戊申冬季）
附大清中樞備覽　638
大清搢紳全書（光緒三十四年戊申春季）
638
大清搢紳全書（光緒三十四年戊申秋季）
638
大清搢紳全書（光緒三十四年戊申夏季）
638
大清搢紳全書（光緒三十年甲辰冬季）
636
大清搢紳全書（光緒三十年甲辰春季）
附大清中樞備覽　636
大清搢紳全書（光緒三十年甲辰秋季）
636
大清搢紳全書（光緒三十年甲辰夏季）
636
大清搢紳全書（光緒三年丁丑冬季）631
大清搢紳全書（光緒三年丁丑秋季）630
大清搢紳全書（光緒五年己卯秋季）631
大清搢紳全書（光緒四年戊寅夏季）631
大清搢紳全書（光緒二三年丁西冬季）
附大清中樞備覽、新增搢紳　634
大清搢紳全書（同治十一年壬申冬季）
630
大清搢紳全書（同治十一年壬申春季）
630
大清搢紳全書（同治十一年壬申秋季）
附大清中樞備覽　630
大清搢紳全書（同治十一年壬申夏季）
附大清中樞備覽　630
大清搢紳全書（同治十二年癸西冬季）
630
大清搢紳全書（同治十二年癸西秋季）

630
大清搢紳全書（同治十年辛未春季）630
大清搢紳全書（同治十年辛未秋季）630
大清搢紳全書（同治九年庚午夏季）630
大清搢紳全書（同治三年甲子冬季）629
大清搢紳全書（同治三年甲子秋季）629
大清搢紳全書（同治三年甲子夏季）629
大清搢紳全書（同治五年丙寅夏季）629
大清搢紳全書（同治六年丁卯夏季）630
大清搢紳全書（咸豐十一年辛西）　629
大清搢紳全書（咸豐七年丁巳春季）629
大清搢紳全書（咸豐九年己未冬季）629
大清搢紳全書（咸豐五年乙卯春季）附
大清中樞備覽　629
大清搢紳全書（咸豐五年乙卯秋季）629
大清搢紳全書（咸豐六年丙辰夏季）629
大清搢紳全書（咸豐四年甲寅冬季）629
大清搢紳全書（宣統二年庚戌冬季）639
大清搢紳全書（宣統二年庚戌冬季）附
大清中樞備覽　639
大清搢紳全書（宣統二年庚戌春季）附
直省候補同官錄　638
大清搢紳全書（宣統二年庚戌秋季）639
大清搢紳全書（宣統二年庚戌夏季）附
大清中樞備覽　638
大清搢紳全書（宣統三年辛亥春季）639
大清搢紳全書（宣統三年辛亥秋季）附
大清中樞備覽　639
大清搢紳全書（宣統三年辛亥夏季）639
大清搢紳全書（宣統元年己西冬季）638
大清搢紳全書（宣統元年己西春季）638
大清搢紳全書（宣統元年己西秋季）附
直省候補同官錄　638
大清搢紳全書（宣統元年己西夏季）638
大清搢紳全書（乾隆五十七年壬子春季）

627

大清搢紳全書（乾隆五十八年癸丑春季）
　附大清中樞備覽　627

大清搢紳全書（道光二十二年壬寅秋季）
　附大清中樞備覽　628

大清搢紳全書（道光二十七年丁未夏季）
　628

大清搢紳全書（道光二十八年戊申冬季）
　附大清中樞備覽　628

大清搢紳全書（道光二十九年己酉冬季）
　628

大清搢紳全書（道光二十九年己酉秋季）
　附大清中樞備覽　628

大清搢紳全書（道光二十六年丙午春季）
　附大清中樞備覽　628

大清搢紳全書（道光十八年戊戌春季）
　628

大清搢紳全書（道光十三年癸巳冬季）
　627

大清搢紳全書（道光十五年乙未春季）
　附大清中樞備覽　628

大清搢紳全書（道光十四年甲午冬季）
　627

大清搢紳全書（道光三十年庚戌秋季）
　629

大清搢紳全書（嘉慶十年乙丑冬季）附
　大清中樞備覽　627

大清搢紳全書（嘉慶九年甲子冬季）627

大清搢紳全書（嘉慶元年丙辰秋季）627

大清搢紳全書（嘉慶六年辛酉冬季）627

大清搢紳全書附增補（宣統三年辛亥秋
　季）　639

大清會典一百六十二卷　644

大清會典二百五十卷　644

大清會典則例一百八十卷　644

大清嘉慶二十五年歲次庚辰時憲書一卷
　1050

大清銀行則例章程　679

大清銀行學堂章程　681

大清縉紳全書（光緒二十一年乙未秋季）
　附大清中樞備覽　633

大清縉紳全書（光緒二十一年乙未夏季）
　附大清中樞備覽　633

大清縉紳全書（光緒二十二年丙申春季）
　633

大清縉紳全書（光緒二十二年丙申秋季）
　633

大清縉紳全書（光緒二十二年丙申夏季）
　633

大清縉紳全書（光緒二十四年戊戌春季）
　634

大清縉紳全書（同治十年辛未夏季）630

大清縉紳全書（咸豐二年壬子冬季）629

大清縉紳全書（咸豐二年壬子秋季）629

大清縉紳全書（道光二十七年丁未秋季）
　628

大清縉紳全書（道光二十九年己酉夏季）
　628

大清職官遷除全書不分卷　680

大梁書院藏書總目不分卷　940

大陽山游紀略一卷　1690

（清同治帝）大婚禮節一卷　651

大雲山房十二章圖說二卷　1765

大雲山房文稿十卷　1281

大雲山房文稿初集四卷　1281

大雲山房文稿初集四卷二集四卷附言事
　二卷　1281

大雲山房雜記二卷　1765

大雲輪請雨經二卷　1099

大雅集八卷　1375

大悲神咒注一卷　1123

大圍山游紀略一卷　1691

大復論一卷　1593

大瑞典國哪威國條約一卷　663

大槐王氏日省格言録一卷　1016

大業拾遺記一卷　1570

大業拾遺録一卷　1561

大業雜記一卷　1570，1580，1582，1607

大愚堂詩集二卷　1762

大意尊聞一卷　1022

大意尊聞三卷　1861

大義覺迷録四卷　686

大慈恩寺三藏法師傳十卷　606

大誓答問一卷　431，1658，1729

大廣益會玉篇三十卷　503，511

大賓辱語一卷　1575

（光緒）大寧縣志八卷首一卷　846

大樗堂初集十二卷　1437

大潙山房遺稿九卷　1720

大駕北還録一卷　1603，1831

大瓢偶筆八卷　1027

大瓢偶筆八卷總碑目一卷鐵函齋書跋四卷　930

（康熙）大興縣志六卷　707

大學一卷　417，1640

大學大意一卷中庸大意一卷論語解一卷孟子解一卷　1826

大學切己録一卷　1838

大學日程一卷　1747

大學中庸演義一卷　1769

大學正説一卷　1833

大學古本旁注一卷　1676

大學古本説一卷　487，1844

大學古本質言一卷　474

大學古本釋一卷　1879

大學古義説二卷　429

大學札記一卷　1848

大學西巖講義一卷中庸西巖講義三卷　486

大學困學録一卷中庸困學録一卷　485

大學私訂本一卷　1884

大學述義一卷　1864

大學述義續一卷　1864

大學知本圖説一卷　1841

大學衍義四十三卷　1828

大學衍義補一百六十卷首一卷　956

大學衍義輯要六卷大學衍義補輯要十二卷首一卷　956

大學通一卷中庸通一卷論語通十卷孟子通十四卷　421，424

（京師）大學堂圖書館圖書草目　1899

大學問一卷　1841

大學章句或問通證一卷中庸章句或　424

大學章句或問通證一卷中庸章句或問通證一卷論語集注通證二卷孟子集注通證二卷　421

大學章句質疑一卷　474

大學章句纂箋一卷大學或問纂箋一卷中庸章句纂箋一卷中庸或問纂　421，425

大學集説啓蒙一卷中庸集説啓蒙一卷　422，425

大學集編一卷中庸集編一卷論語集編十卷孟子集編十四卷　421，424

大學疏義一卷　1818

大學節訓一卷　1876

大學説一卷　497

大學稽中傳三卷　1839

大學辨業四卷　1799

大學臆説二卷　1869

大學講義二卷　1847

大學證文四卷　1661，1841

大學纂疏一卷中庸纂疏一卷論語纂疏十卷孟子纂疏十四卷　421，424

大錢圖録一卷　1821

大戴喪服變除一卷　1787

大戴禮注補十三卷　430

大戴禮記十三卷　1597，1598，1599，1601，1607，1640，1641，1668

大戴禮記正誤一卷　427

大戴禮記平議二卷　432

大戴禮記注十三卷　1644

大戴禮記補注十三卷　426

大戴禮記補注十三卷序録一卷　1797，1856

大藏一覽十卷　1106

大藏治病藥一卷　1584，1663，1666

大嶽太和山紀略八卷　895

大嶽志一卷　1553，1563

大癡道人集一卷　1378

大觀茶論一卷　1567

大觀亭志二卷　873

大觀録二十卷　1083

弋陽山樵稿一卷　1381

（同治）弋陽縣志十四卷首一卷　815

弋説一卷　1615

上元江寧兩縣志二十九卷首一卷　725

（宣統）上元江寧鄉土合志六卷　725

上方山志五卷首一卷末一卷　890

（光緒）上林縣志十卷首一卷末一卷　865

（乾隆）上杭縣志十二卷首一卷末一卷　857

上品丹法節次一卷　1122

上帝之命　1137

（榕腔）上帝聖誡翻譯　1137

上帝總論　1137

上海清真寺成立董事會彙志二卷　1128

（嘉慶）上海縣志二十卷　729

（同治）上海縣志三十二卷首一卷末一卷　729

（同治）上海縣志札記六卷　729

上清三尊譜録一卷　1121

上清集一卷　1379

上清靈寶大法六十六卷　1124

上清靈寶濟度大成金書四十卷　1124

（光緒）上猶縣志十八卷首一卷　815

上湖紀歲詩編四卷詩記續編一卷分類文編十卷文編補鈔二卷　1825

（康熙）上虞縣志二十卷　808

（嘉慶）上虞縣志十四卷首一卷　808

（光緒）上虞縣志四十八卷首一卷末一卷　808

（光緒）上虞縣志校續五十卷首一卷末一卷　808

上壽拜舞記一卷　1586，1589

上蔡先生語録三卷　1639，1726

（康熙）上蔡縣志十五卷　787

上諭八旗十三卷　686

上諭內閣一百五十九卷　686

上諭條例（乾隆十至十一年）　686

上諭條奏（咸豐十一年至光緒十一年）　687

上醫本草四卷　1833

（同治）上饒縣志二十六卷首一卷　815

小十三經十六卷　1593

小三吾亭文甲集一卷　1824

小三吾亭詞二卷附一卷　1824

小三吾亭詩四卷　1824

小山集一卷　1370，1374

小山畫譜一卷　1629

小山畫譜二卷　1077，1670，1732，1740

小山類稿選二十卷附張襄惠公輯略一卷　1203

小方壺試律詩二卷　1714

小方壺齋輿地叢鈔十二帙補編十二帙再補編十二帙　1683

小心齋劄記十八卷　1833

小石山房印譜六卷　1090

小石山房叢書三十八種　1721

小石帆亭五言詩續鈔八卷首一卷　1738

小石帆亭著録五卷　1757

小四書五卷　1592

小仙都諸山記一卷　1691

小西洋記一卷　1706

小名録一卷　1565，1585，1663，1665

小名録二卷　1609

小西腴山館文鈔九卷集外文四卷詩鈔二卷補録一卷續編二卷三編二卷四編二卷　1333

小初詩稿三十卷　1358

小長蘆漁唱一卷　1474

小坡識小録四卷　1011

小亞細亞志一卷　910

小林壑詩鈔八卷　1331

小松石齋文集五卷　1296

小易一卷　1648

小知録十二卷　1540

小兒功用一卷　1149

小兒斑疹備急方論一卷　996

小兒痘疹方論一卷　998

小兒語一卷　953，1651

小兒語六卷　1833

小兒諸熱辨一卷　998

小兒藥證直訣三卷　1642，1645

小兒藥證直訣三卷附方一卷　996

小兒藥證真訣三卷　1719

小金傳一卷　1595

小忽雷二卷附大忽雷一卷　1494

小春浮遺稿四卷　1301

小草盦詩鈔一卷　1730

小星志一卷　1623

小紅薇館吟草四卷　1384

小峴山人詩集二十八卷　1323

小峴山人詩集二十六卷文集六卷續文集二卷　1323

小倉山房文集三十五卷　1850，1851

小倉山房尺牘十卷　1851

小倉山房尺牘六卷　1262

小倉山房外集八卷　1850，1851

小倉山房詩一卷　1433

小倉山房詩集三十七卷補遺二卷　1850，1851

小倉山房詩集三十六卷　1262

小倉山房詩鈔三十一卷補遺一卷附録一卷　1262

小畜集三十卷外集十三卷拾遺一卷　1646

小畜集三十卷外集七卷拾遺一卷　1172

小畜集鈔一卷　1371

小酒令一卷　1578

小海場新志十卷　884

小書巢詩課偶存四卷續存六卷賦課存稿一卷　1294

小娥傳一卷　1661

小琅嬛叢記二卷　1718

小琅嬛叢記二種　1012

小國春秋一卷　1651

小停雲詩集五卷　1253

小停雲館芝言四十四卷　1419

小尉遲將鬥將認父歸朝雜劇一卷　1499

小嫏嬛山館彙刊類書十二種　1036

小嫏環經義存編三卷續編一卷　1345

小巢壺詩二卷　1821

小萬卷樓叢書十七種　1764

小萬卷齋文稿二十四卷詩稿三十二卷　1289

小雲棲放生録一卷　1809

小雅樓詩集八卷遺文二卷　1358

小腆紀年附考二十卷　564

小腆紀傳六十五卷附補遺五卷　564

小港記一卷　1697

小湖田樂府一卷　1474

小窗自紀四卷艷紀十四卷清紀五卷附一
　卷廣清紀四卷別紀四卷　1039

小窗幽紀十二卷　961

小蓬萊閣金石文字不分卷　924

小蓬萊謠一卷　1874

小滄浪筆談四卷　1718

小滄嶼山房詩存二卷　1872

小辟疆園詩存一卷　1885

小爾雅一卷　530，1593，1598，1599，
　1601，1605，1607，1659，1727

小爾雅約注一卷　1863

小爾雅訓纂六卷　429

小爾雅疏八卷　1746

小爾雅疏證五卷　1765

小爾雅義證十三卷補遺一卷　1777

小舞鄉樂譜一卷　463

小説舊聞記一卷　1584，1662，1665

小演雅一卷續録一卷別録一卷附録一卷
　532

小慧集十二卷續六卷　1031

小樓詩集八卷　1270

小學分節二卷　971

小學古訓一卷　1816

小學四字經　1150

小學近思理畫一卷　1879

小學近思理話一卷　1879

小學通用修身唱歌書不分卷　1085

小學紺珠十卷　1829

小學絃歌八卷　972

小學集注六卷首一卷末一卷　971

小學集解六卷　972，1639

小學鈎沈二十一種　503

小學鈎沈續編八卷　516

小學詩禮一卷　953

小學彙函十四種　502

小學稽業五卷　1799

小學餘論二卷　1853

小學盦遺書四卷　1273

小學韻語一卷　953，1756，1769，1868

小學類編六種附三種　504

小學纂注六卷　971

小辨齋偶存八卷附涇皋家塾三書一卷
　1212

小辨齋偶存八卷附録一卷　1802

小隱書全帖一卷　1647，1648

小隱齋課蒙草　1471

小戴記二卷　1864

小戴禮記平議四卷　432

小戴禮記注一卷　1783

小檀樂室彙刻閨秀詞十集一百種附一種
　1475

小黛軒詩集二卷　1358

小黛軒論詩詩二卷　1358

小謨觴館文集注四卷續集注二卷　1860

小謨觴館全集六種　1860

小謨觴館附録四卷補遺一卷　1860

小謨觴館詩集八卷續二卷附詩餘一卷文
　集四卷續二卷　1289

小謨觴館詩集注八卷詩續集注二卷詩
　餘附録一卷文集注四卷文續集注二卷
　1289

小謨觴館詩集注八卷續集注二卷　1860
小謨觴館詩餘注一卷續注一卷　1860
小蘭陔詩集八卷　1253
小鷗波館畫識三卷畫寄一卷　1075
小鷗波館詩鈔一卷　1422
小鷗波館詩鈔十卷　1318
山川考一卷　1696
山天衣聞一卷　1861
山中一夕話上集七卷下集七卷　1045
山中白雲詞八卷附二卷　1749
山中問答一卷　1632
山中聞見録十一卷　1773
山中學詩記五卷　452
山水二經合刻　889
山水忠肝集摘要一卷　1656
山水鄰新鎸出像四大癡傳奇四卷　1494
山公九原一卷　1631
山公佚事一卷　1885
山公啓事一卷　1561，1885
山左金石志二十四卷　924
山左南北朝石刻存目一卷　1763
山左碑目四卷　1758
山右石刻叢編四十卷　930
山民詩鈔一卷　1373
山西平陽府平陽邨秀女寶卷全集一卷　1487
山西考略一卷　1684
山西地略一卷　1708
（乾隆）山西志輯要十卷首一卷附清凉山志二卷　701
（光緒）山西通志一百八十四卷首一卷　701
（雍正）山西通志二百三十卷　701
（康熙）山西通志三十二卷　701
山西諮議局對於交文禁煙事始末報告書

676
山邨遺稿一卷　1378
山行雜記一卷　1613
山名考一卷　1832
山村遺集一卷稗史一卷附録一卷　1811
山谷内集二十卷外集十七卷別集二卷　1178
山谷内集詩注二十八卷外集詩注十七卷附別集詩注二卷　1643，1646
山谷外集詩注十七卷　1178
山谷老人刀筆二十卷題跋四卷　1713
山谷先生詩鈔七卷　1373
山谷詩内集注二十卷　1178
山谷詩鈔一卷　1372
山谷詩選一卷　1373
山谷題跋三卷　1375
山長集一卷　1381
山東考古録一卷　1636，1661，1727，1837
山東考略一卷　1684
山東地略一卷　1708
山東同官録（咸豐九年）　625
山東全河備考四卷　897
山東省保存古跡表　870
（雍正）山東通志三十六卷首一卷　701
（康熙）山東通志六十四卷　701
山東鄉試同年齒録（同治九年庚午科）　622
山東鄉試題名録（光緒二十八年補行庚子辛丑恩正併科）　622
山東運河備覽十二卷　889
山東諸水編一卷　1695
山東學政阮芸臺示生童書目一卷　946
山東鹽法志二十二卷附編十卷　658
山東鹽法續增備考六卷　658
山門游記一卷　1693

山門新語二卷　1084

山法全書十九卷首二卷　1061，1063

山房隨筆一卷　1015，1560，1595，1610，
　　1654

山房隨筆一卷補遺一卷　1768

山居存稿一卷　1370，1374

山居詩一卷　1377

山居新話一卷　1654

山居新語一卷　1726，1812

山居瑣言一卷　1020

山南詩選四卷　1433

山南論畫一卷　1077

山度明哥政要一卷　1708

山莊夜怪録一卷　1595

山海經十八卷　950，951，1041，1042，
　　1605，1606，1607，1667

山海經十八卷圖五卷　1042

山海經存九卷　1042，1849

山海經腴詞一卷　1036，1037

山海經補注一卷　950，1650，1676，1832

山海經圖五卷　1042

山海經圖贊一卷　950，1651

山海經箋疏十八卷圖贊一卷訂訛一卷叙
　　録一卷　1857

山海經廣注十八卷圖像五卷　1042

山海經釋義十八卷圖一卷　1042

山家清事一卷　1564

山家清供一卷　1564，1722

山書一卷　1554

山陵雜記一卷　1557

（浙江紹興）山陰白洋朱氏宗譜三十二
　　卷首一卷　591

山陰俞氏畫稿　1083

（浙江紹興）山陰梅溪王氏宗譜八卷　591

山陰集一卷　1379

（康熙）山陰縣志三十八卷　807

（嘉慶）山陰縣志三十卷首一卷　807

（崇禎）山陰縣志六卷　755

山帶閣注楚辭六卷首一卷餘論二卷説韻
　　一卷　1157

山帶閣集三十三卷　1206

山帶閣集三十三卷附録一卷　1207

山堂五箴一卷　1712

山堂肆考二百四十卷　1535

山庵雜録二卷　1106

山陽死友傳一卷　1582

山陽風俗物産志一卷　1698

（同治）山陽縣志二十一卷圖一卷　732

（乾隆）山陽縣志二十二卷首一卷　732

山陽録一卷　1630，1801

山棲志一卷　1553，1577

山游十六觀一卷　1615

山游唱和詩一卷　1808

山游集一卷　1252

山窗餘稿一卷　1379

山静居畫論二卷　1077，1655

山對齋文詩存稿二卷　1825

山滿樓箋注唐詩七言律六卷　1406

山樵書外紀一卷　1628

山曉閣選古文全集三十二卷　1399

山齋客譚一卷　1633

巾經纂二十卷　1035

巾箱小品九種　1068

千一録二十六卷　1017

千一録客談一卷　1615

千山詩集二十卷　1224

千手千眼觀世音菩薩廣大圓滿無礙大悲
　　心陀羅尼經一卷　1101

千文六書統要二卷附篆法偏旁正訛歌一
　　卷　515

千古一朋一卷　1614
千百年眼十二卷　577
千字文句釋附增廣賢文　520
千字文同音字略不分卷　520
千字文注一卷附清書千字文一卷　520
千字文萃一卷　1669
千字文釋句一卷　520
千字文釋義一卷　520
千里面譚一卷　1578
千里駒四卷四十二回　1498
千金月令一卷　1564
千金方衍義三十卷　1003
千金記二卷　1504
千金裘二十七卷　1540
千金翼方三十卷　1003
千金寶要六卷　1679
千秋金鑑録五卷　574
千叟宴詩三十四卷首二卷　1417
千泉尺室錢譜不分卷　929
千家詩注二卷　1826
千頃堂書目三十二卷　937
千甓亭古磚圖釋二十卷　934
千甓亭磚録六卷　934
川中雜識一卷　1700
（光緒）川沙廳志十四卷首一卷末一卷
　729
川匪奏禀不分卷　690
川船記一卷　1713
川楚善後籌備事例不分卷　659
丸經二卷　1568，1594
久軒公集一卷　1445
凡將篇一卷　503，1793
勺園詩鈔四卷　1287
夕堂永日緒論一卷　1461
夕堂永日緒論內編一卷外編一卷　1840

尸子二卷　950，1009，1668，1678，1768
尸子二卷存疑一卷尹文子一卷　1678
尸子三卷附録一卷　1856
尸媚傳一卷　1664，1667
己山先生文集十卷別集四卷　1248
己未詞科録十二卷首一卷　618
己酉避亂録一卷附校勘記一卷　1804
己庚編二卷　1745
已畦瑣語一卷　1631
已瘧編一卷　1553，1575
已畦詩集十卷詩集殘餘一卷　1233
子元案垢一卷　1574
子中集一卷　1379
子午經一卷　1570
子方集一卷　1378
子平遺稿一卷　1380
子史精華一百六十卷　1541
子史粹言二卷　1865
子史輯要詩賦題解四卷續編四卷　1549
子良詩録二卷　1445
子良詩録二卷附摘句一卷　1310
子威先生澹思集十六卷　1208
子叙一卷　1877
子素集一卷　1381
子貢詩傳一卷　1607
子華子二卷　949，950，1673
子夏易傳一卷　434，1784
子夏易傳十一卷　419，422
子書二十八種　951
子書百家一百種　949
子野詞一卷　1472，1803
子略四卷目一卷　942，1551
子貫附言一卷　1805
子詵駢體文鈔一卷　1425
子構集一卷　1378

子説三卷　1831

子颿集一卷　1379

子遺録一卷　1781

也是園藏書目十卷　1774

也是録一卷　557

女三字經一卷　954

女小兒語一卷　954

女小學一卷　970

女不費錢功德一卷　954

女丹十則一卷　1121

女丹合編十五卷　1121

女丹合編總目一卷　1115

女丹要言一卷　1121

女丹彙解一卷　1121

女丹攝要一卷　1121

女仙外史一百回　1518

女孝經一卷　949，954，970，1564，1593，
　1757

女金丹二卷　1121

女狀元一卷　1501

女科二卷産後編二卷　1006，1736

女科三卷　995

女科五卷　993

女科要旨四卷　994

女科要略一卷附産寶一卷　995

女科證治準繩五卷　993

女俠傳一卷　1576，1589

女紅餘志一卷　1579

女真丹訣一卷　1121

女訓一卷　970

女訓内篇一卷　970

女訓約言一卷　954

女雲臺北曲一卷　1503

女誡一卷　954

女誡淺釋一卷附校勘記一卷　970

女論語一卷　954，1564

女學六卷　970，1250，1848

女學纂二卷　970

四畫

王子正論一卷　1794

王子年拾遺記一卷　1607

王子年拾遺記十卷　1042，1597，1609

王子安集十六卷　1160

王子安集注二十卷　1160

王太常集二卷　1763

王少司馬奏疏二卷　1360，1798

王中書勸孝歌一卷附八反歌　953

王公四六話二卷　1551

王月英元夜留鞋記雜劇一卷　1501

王氏存笥稿二十卷　1207

王氏宗規一卷　953

王氏揮麈録一卷　1608

王氏喪服要記一卷　1788

王氏詩考一卷　1715

王氏詩地理考六卷　1715

王氏新書一卷　1794

王氏經説六卷周人經説四卷　494

王氏經説六卷音略一卷　1730

王氏漁洋詩鈔十二卷　1236，1383

王氏談録一卷　1556，1581，1612

王氏蘭譜一卷　1569

王氏讀説文記一卷　504

王文公年譜四卷附存二卷　609

王文正公筆録一卷　1550

王文正筆録一卷　1555，1608，1725

王文正遺事一卷　1608

王文成公文選八卷　1198

王文成公年譜二卷　609

王文成公全書三十八卷　1198

王文成傳本二卷　1724，1841

王文恪公集三十六卷鵑音一卷白社詩草
　　一卷名公筆記一卷　1196

王文敏公奏疏一卷　696

王文蕭公文草十四卷　1210

王文憲集一卷　1362

王文簡公論七言古體平仄一卷　1465

王左丞集一卷　1362

王右丞詩集二卷　1364

王右軍年譜一卷　610

王石和文九卷　1249

王布政集二卷　1763

王司空集一卷　1363

王式丹詩選一卷　1427

王安石新法論一卷　578

王志二卷　1882

王別駕半憨集一卷　1437

王奉常書畫題跋二卷　1070

王奉常集詩十五卷目録三卷文五十四卷
　　目録二卷　1210

王忠文公集二十卷　1359，1819

王制井田算法解一卷　1801

王制里畝算法解一卷　1801

王制訂一卷　1770

王制集説一卷　1770

王制箋一卷　500，1880

王制管窺一卷　1799

王季重先生文集四卷　1360

王季重先生集九種　1835

王季重時文叙一卷　1835

王季重歷游記不分卷　899

王季重雜序一卷　1835

王侍中集一卷　1361

王周詩集一卷　1366，1368，1370

王建宮詞一卷　1364

王建詩集十卷　1367，1368

王孟詩評九卷　1464

王政三大典考三卷　1855

王荆公唐百家詩選二十卷　1404

王荆文公詩五十卷　1175

王荆文公詩五十卷補遺一卷　1175

王勃集二卷　1364，1365

王度記一卷附三正記一卷　1783

王耕野先生讀書管見二卷　420，423

王珪宮詞一卷　1364

王恭伯傳一卷　1594

王烈婦一卷　1661

王孫子一卷　1794

王黄州小畜集校二卷　1875

王國器詞一卷　1655

王船山年譜二卷　612

王深寧先生年譜一卷　611

王陽明先生文鈔二十卷　1198

王陽明先生文選七卷　1403

王陽明先生全集二十二卷首一卷　1198

王陽明先生全集十六卷　1198

王陽明先生傳習録論八卷宗譜纂要一卷
　　年譜纂要一卷　959

王無功集三卷東皋子集補遺二卷附東皋
　　子集校勘記　1160

王賈傳一卷　1595

王節愍公遺集二卷　1360

王節愍公遺集二卷附録一卷　1812

王會新編一百四十五卷　698

王會篇箋釋三卷　560

王詹事集一卷　1362

王義士輞川詩鈔六卷　1650

王肅周易注一卷　434

王圖炳詩選一卷　1427

王廣周易注一卷　434

王漁洋遺書三十六種　1843

王寧朔集一卷　1362

王徵士集四卷附録一卷　1193

王餘集一卷　1861

王摩詰集二卷　1364

王摩詰詩集七卷　1161，1464

王遵巖家居集七卷　1205

王學質疑五卷附録一卷　1639

王諫議集一卷　1361

王龍谿先生全集二十卷　1203

王隱晋書地道記一卷　1667

王臨川文集六十三卷　1175

王臨川全集一百卷　1175

井田圖考二卷　455

（嘉慶）井研縣志十卷（光緒）續修井
　研縣志二卷　851

（雍正）井陘縣志八卷　714

井礦工程三卷　1760

井觀瑣言一卷　1575，1581

井觀瑣言三卷　1611

井觀瑣言三卷鄭省齋蜩笑偶書一卷　1019

天一閣見存書目四卷首一卷末一卷　939

天一閣書目四卷附碑目一卷　937

天乙閣宋拓石鼓文一卷　918

天下一統志九十卷　699

天下九邊萬國人跡路程全圖　912

天下大勢通論一卷　1711

天下山河兩戒考十四卷圖一卷　890，
　1847

天下有山堂畫藝二卷　1077

天下有山堂詩三卷求渴詞一卷　1305

天下名山記六卷　1121

天下形勢考一卷　1684

天下郡國利病書一百二十卷　699

天下高山大川考一卷　1696

天下路程二卷　1038

天上玉女記一卷　1582

天上有傳奇二卷　1495

天山南北路考略一卷　1685

天山客話一卷　1686

天山清辨一卷　1750

天子肆獻祼饋食禮纂二卷　429

天子肆獻祼饋食禮纂三卷附朝廟宮室圖
　考一卷田賦考一卷　462

天元一術圖説一卷　1735

天元一釋二卷　1859

天元草五卷　1884

天元曆理全書十二卷首一卷　1049

天中足民録不分卷　884

天中記六十卷　1535

天中許子政學合一集二十八種政學集續
　編十種附一種　1842

天水冰山録二卷附録一卷　1654

天文一卷　1832

天文大象賦二卷　1048

天文本論語校勘記一卷　1885

天文考略一卷　1713

天文鬼料竅不分卷　1048

天文秘略一卷　1875

天文祥異集三卷　1047

天文問答不分卷　1047

天文啓蒙七卷　1761

天文揭要二卷　1047

天文歌略一卷　1780

天文歌略不分卷　1756

天文圖説四卷　1896

天文算學纂要二十卷首一卷　1047

天文説一卷　1630

天方至聖實録年譜二十一卷　1128

天方性理　1153

天玉經一卷　1062

天玉經注七卷　1059

天目山齋歲編二十八卷　1206

天目先生集二十一卷　1208

天目游記一卷　1613

天仙心傳三卷　1122

天仙正理直論增注二卷　1120

天仙正理讀法點睛一卷　1122

天仙金丹心法二卷　1118

天仙道戒忌須知一卷　1122

天仙道程寶則一卷　1122

天外歸槎録一卷　1711

天台山方外志三十卷　893

天台山方外志要十卷圖一卷　893

天台山全志十八卷　893

天台山記一卷　1691

天台治略十卷　655

天台風俗志一卷　1699

天台游記一卷　1691，1709

（康熙）天台縣志十五卷　809

天地陰陽交歡大樂賦一卷　1772

天地間集一卷　1655

天全堂集四卷附録一卷　1214

天池記一卷　1697

天花亂墜八卷　1401

天步真原三卷　1672

（康熙）天長縣志四卷　745

天雨花三十回　1485

天竺山志十二卷　896

天岳山館文鈔四十卷　1330

天定録一卷　1559

天官考異一卷　1624，1626

天南行記一卷　1561

天柱刊崖記一卷　1707

天星秘竅一卷　1062

天香全集十一種附一種　1858

天香閣集一卷　1737

天香閣隨筆二卷　1737

天香樓外史志異八卷　1031

天香樓偶得一卷　1637，1638

（光緒）天津府志五十四卷首一卷末一
　　卷　713

（乾隆）天津府志四十卷　713

天津指南八卷　877

天津南段巡警總局現行章程　680

天津電報局支款清册八卷　678

天津新議通商條約　662

天津稿一卷　1834

（乾隆）天津縣志二十四卷　713

天神會課　1151

天咫偶聞十卷　877

天馬山房詩別録一卷　1730

天都閣藏書十五種　1615

天真閣集五十四卷外集六卷附長真閣集
　　六卷　1283

天根文鈔正集四卷附天根文法續集一卷
　　附補遺　1346

天原發微五卷圖一卷篇目名義一卷問答
　　節要一卷　1059

天倪閣印譜不分卷　1091

天豹圖傳十二卷四十回　1521

天基聖節排當樂次一卷　1560

天問校正一卷　1632

天問略一卷　1649

天問補注一卷　1841

天崇文選　1417

天象玩占四卷首一卷大六壬兵帳鈎玄二
　　卷行軍要略二卷　983

天涯行乞圖題辭一卷　1826

天啓宮詞一卷　1629，1631

天彭牡丹譜一卷　1569，1767

天順日録一卷　1573，1588，1603，1621

天鈞厄言一卷　1879

天然昰禪師梅花詩一卷雪詩一卷　1223

天童寺志十卷首一卷　873

天道問答一卷　1149

天道溯原三卷　1147

天道鏡要三卷　1147

天游詞一卷　1473

天游閣集五卷詩補一卷附録一卷　1778

天游閣詩集二卷　1311

天運紹統不分卷附皇明帝后紀略二卷　571

天禄閣外史八卷　1013，1598，1601

天禄識餘二卷　1636，1637

天蓋樓四書語録四十六卷　480

天愚山人詩集十二卷文集十六卷附録一
　卷　1217

天路指南十八章條問十八章　1134

天路歷程五卷　1147

天路歷程五卷續天路歷程六卷　1147

天備子集十一卷　1216

天際烏雲帖考不分卷　1072

天壽山説一卷　1688

天聞閣琴譜十六卷首三卷　1084

天算或問一卷　1053

天瘦閣詩半六卷附天補樓行記一卷　1330

天潢玉牒一卷　1593，1603

天演論二卷　1756

天演學圖解　1048

天錫詞一卷　1472，1803

天隱子一卷　949，951，1118

天隱子養生書一卷　1564

天爵堂筆餘一卷　1575，1589，1615

天爵録四卷　1097

（光緒）天鎮縣志四卷首一卷　755

天鏡一卷　1796

天韻堂詩存八卷附賦鈔一卷　1271

天壤閣叢書二十三種　1762

天壤閣雜記一卷　1763

天寶樓通書不分卷　1049

天籟集鈔存一卷　1826

天籟詩稿四卷　1335

元人選元詩五種　1375

元中記一卷　1796

元中記一卷補遺一卷　1785

元氏掖庭記一卷　1570

（光緒）元氏縣志十四卷首一卷末一卷
　714

元文類七十卷目録三卷　1412

元功垂范二卷續一卷附三種　581

元史二百十卷　535，536

元史二百十卷目録二卷　543

元史二百十卷附考證　536，543

元史氏族表三卷　1853

元史本證五十卷末一卷　1813

元史紀事本末二十七卷　554，555

元史紀事本末四卷　553

元史新編九十五卷　545

元史藝文志四卷　1853

元史類編四十二卷　545

元史譯文證補三十卷　543，1683

元包一卷　1782

元包經傳五卷元包數總義二卷　1725

元曲選十集一百種附論曲一卷　1499

元曲選圖一卷　1501

元邱素話一卷　1733

元亨療馬集六卷附牛經二卷駝經一卷　990

元耶律文正公西游録略注補一卷　1777

元英先生詩集十卷　1367，1369

元松鄉先生文集十卷　1189

元和郡縣志四十卷　1642，1645

元和郡縣志四十卷補九卷　697

元和郡縣志闕卷逸文三卷　1766

元和郡縣圖志四十卷附考證三十四卷　1797

元和紀用經一卷　993

（乾隆）元和縣志三十六卷首一卷　726

元河南志四卷　1768

元空法鑑一卷　1067

元始大洞玉經三卷　1115

元始上帝毗盧遮耶説大洞救劫尊經一卷
　1115

元始天尊説生天得道經一卷　1115

元始天尊説東嶽化身濟生拔罪保命妙經
　一卷　1115

元始天尊説得道了身經一卷　1115

元始天尊説無上内秘真藏經一卷　1115

元始天尊説藥王救八十一難真經一卷
　1115

元始太洞玉經三卷大洞仙經觀想要訣
　一卷太微帝君三部八景回元經一卷
　1115

元始消劫梓潼本願真經一卷　1115

元始無量度人上品妙經六十一卷　1115

元始無量度人上品經法五卷　1115

元始傳　1141

元始説先天道德經注解一卷　1115

元始説先天道德經注解五卷　973

元城語録三卷附行録一卷　1798

元城語録三卷附録一卷　1764

元城語録解三卷行録解一卷　1719，1798

（康熙）元城縣志六卷首一卷　718

元皇大道真君救劫寶經一卷　1120

元亮集一卷　1380

元祐黨人傳十卷　598

元祐黨籍碑考一卷慶元僞學逆黨籍一卷

1742，1816

元真子三卷　1654，1818

元秘史山川地名考十二卷　890，1680，
　1683

元秘史李注補正十五卷　562

元秘史注十五卷　1751

元秘史略一卷　1630

元書一百二卷　545

元朝名臣事略十五卷　596，1642，1798

元朝名臣事略十五卷附校勘記一卷　1645

元朝征緬録一卷　1671，1683

元朝秘史十五卷　1683，1720

元朝秘史十卷續集二卷　562

元朝秘史注十五卷　562

元聖武親征録一卷　1751

元碑存目一卷　1777

元詩正體四卷　1412

元詩選六卷補遺一卷　1412

元詩選初集一百種二集一百種三集一百
　種　1376

元詩選癸集十卷　1412

元經十卷　1062

元經薛氏傳十卷　1597，1598，1600，
　1601

元嘉起居注一卷　1561

元圖大衍一卷　1572

元遺山先生文選七卷　1403

元遺山先生年譜三卷附墓圖紀略一卷
　1739

元遺山先生全集诗十四卷文六卷新樂府
　四卷續夷堅志四卷年譜三種四卷考證
　三卷附録一卷補載一卷　1187

元遺山詩集箋注十四卷首一卷末一卷　1187

元穆日記三卷　1881

元穆文鈔二卷　1881

元儒考略四卷　1754

元儒先生婁壽碑一卷　918

元親征録一卷　1755

元憲集三十六卷　1643，1646

元魏熒陽鄭文公摩崖碑跋一卷　1729，
　　1754

元豐九域志十卷　698，1642，1645

元豐金石跋尾一卷　921

元豐類稿五十卷　1174

元豐類稿補二卷　1875

元韻譜一卷　1835

元寶公案一卷　1622，1648

无能子三卷　949，951

廿一史四譜五十四卷　570

廿一史約編八卷首一卷後編一卷　572

廿一史彈詞注十卷明紀彈詞注一卷　1484

廿二史考異一百卷　1853

廿二史言行略四十二卷　572

廿二史紀事提要八卷　544

廿二史劄記三十六卷　1852

廿二史諱略一卷　1732

廿載繁華夢四十回　1512

木几冗談一卷　1553，1577，1612

木天禁語一卷　1461

木皮子詞一卷　1763

木皮散人鼓詞一卷附萬古愁曲一卷　1772

木耳占記一卷　1692

木剌夷補傳稿一卷　1745

木訥先生春秋經筌十六卷　420，423

木庵藏器目一卷　1763

木棉譜一卷　1632，1650

木犀軒叢書二十七種　1771

木經一卷　1570

木蘭館詩鈔六卷　1350

木鷄書屋文鈔四卷二集六卷三集八卷四

集六卷五集六卷　1303

五丁集二卷　1239

五丁詩稿五卷　1238

五十六種書法一卷　1085，1566

五十自定稿一卷　1840

五十名家書札　1452

五十麝齋詞賡三卷　1883

五九枝譚一卷　1629

五大洲輿地户口物産表一卷　1683

五大洲釋一卷　1708

五山志林八卷　1817

五山志略一卷　1687

五千年中外交涉史九十七卷　660

五之草堂詩稿一卷　1384

五子近思録十四卷　957

五子近思録發明十四卷　957

五木經一卷　1585，1594，1616，1663，
　　1665

五木經二卷　1569

五公山人集十六卷　1226

五方元音二卷　525

五石瓠一卷　1636

五代史七十四卷　534，535，536，542

五代史七十四卷附考證　542

五代史記七十四卷　534，542

五代史記纂誤補四卷　542，1655

五代史記纂誤補續一卷　536

五代史補五卷　1659，1742

五代史闕文一卷　1659，1742

五代史纂誤三卷　1642，1644，1654

五代地理考　1874

五代春秋二卷　1659，1674，1742

五代春秋志疑一卷　1634

五代紀年表一卷　1728

五代會要三十卷　643，1642

五代會要三十卷附校勘記一卷　1644

五代詩話十卷　1737

五代新説一卷　1560

五印度論一卷　1704

五百四峰堂詩鈔二十五卷　1276

五百靈官爵位姓氏總録一卷　1117

五行大義五卷　1656，1801

五行記一卷　1562

五行問一卷　1624，1626

五行雜説一卷　1879

五色綫一卷　1556，1661

五色綫二卷　1617

五字經注解一卷　1139

五均論二卷　1867

五車韻瑞一百六十卷附洪武正韻一卷　1546

五言律詩六卷　1842

五言格詩五卷　1842

五松園文稿一卷　1753，1880

五虎記二卷四十六齣　1505

五知齋琴譜八卷　1084

五服異同彙考三卷　1799，1855

（光緒）五河縣志二十卷首一卷　745

（嘉慶）五河縣志十二卷首一卷　745

五城奏疏一卷　1805

五研齋詩鈔二十卷文鈔十卷寄傲軒讀書
　隨筆十卷續筆六卷三筆六卷　1274

五省溝洫圖説一卷　917

五星行度解一卷　1672

五星紀要一卷　1052

五星聯珠圖一卷　1068

五品經一卷　1118

五洲方域考一卷　1683

五洲述略四卷　906

五洲圖考不分卷　906

五真記一卷　1595

五桂樓書目四卷　937

五峰集一卷　1378

五峰詞一卷　1473

五倫書六十二卷　959

五狼山記一卷　1689

（乾隆）五涼考治六德集全志五卷　801

五曹算術五卷　1645

五曹算經五卷　1642，1648，1652

五國故事一卷　1555

五國故事二卷　1653，1659，1675

五萬卷閣書目記四卷　939，1757

五朝小説大觀　1589，1591

五朝小説四百六十六卷　1581

五殘雜變星書一卷　1796

五雲漫稿一卷　1378

五雅四十一卷　530

五湖游一卷　1501

五蓮山志五卷　892

五溪記一卷　1681

五經八卷　1640

五經大全　492

五經大全一百二十七卷　491，492

五經大義一卷　1792

五經小學述二卷　429，502，1855

五經今文古文考一卷　1628，1658，1713

五經文字三卷　490，503，1649，1657，
　1721

五經文字三卷附五經文字疑一卷　1715

五經文字疑一卷　1649

五經同異三卷　496，501，1837

五經全文訓解三十二卷　491

五經合編五種五卷　1118

五經合纂大成四十四卷　495

五經析疑一卷　1784

五經要義一卷　1784，1792

五經旁訓二十二卷　491

五經旁訓十九卷　491

五經通義一卷　1784，1792

五經通論一卷　1784，1792

五經異文十一卷　1833

五經異義二卷　1784

五經異義疏證三卷　427，1820，1821

五經異義纂一卷拾遺一卷　501

五經揭要二十一卷　494

五經集注五十八卷　492

五經集解三十卷附錄三卷石經考辨二卷
　　增訂畊餘瑣録十二卷　502

五經鈎沈一卷　1784，1792

五經然否論一卷　1784，1792

五經歲徧齋校書三種　1861

五經算術二卷　1642

五經算術二卷附考證一卷　1648，1735

五經算經二卷　1645

五經疑問一卷　1784

五經疑問六十卷　492

五經樓小題拆字四卷　1469

五經贊一卷　495，1649，1726

五經類編二十八卷　493

五經繹十六卷　492

五經蠡測六卷　422，425

五經體注大全五種　492

五經讀法一卷　1629

五臺山記一卷　1692

五臺山聖境贊殘卷　1773

（光緒）五臺新志四卷首一卷　757

（乾隆）五臺縣志八卷首一卷　757

五種秘竅全書五種附一種　1062

五種遺規二十卷　967

五鳳吟四卷二十回　1519

五篇靈文一卷　1119

五緯捷算四卷　1874

五燈會元二十卷　1103

五聲述古二卷　1822

五藏山經傳五卷　1876

五嶽考一卷　1709

五嶽約一卷　1687

五嶽説一卷　1687

五谿考一卷　1695

五禮通考二百六十二卷首四卷總目二卷
　　461

五禮駁一卷　1783

五總志一卷　1556，1649，1655

五雜俎十六卷　1016

支那人之氣質　1029

支那紀游不分卷　1755

支那教案論四篇　1153

支更説一卷　1804，1836

支雅二卷　530

支遁集二卷補遺一卷　1747

支諾皋一卷　1664，1666

支談三卷　1613

不了緣一卷　1502

不可録一卷　1127

不遠復齋雜鈔一卷　1024

不慊齋漫存七卷　1339

不諼録一卷　1823

不櫛吟一卷　1421

不繫舟集一卷　1381

不繫舟漁集一卷　1377

不繫舟漁集十六卷　1192

太一救苦護身妙經一卷　1116

太乙舟文集八卷　1288，1716

太乙舟文集八卷附觀象居詩鈔二卷　1288

太乙舟詩集十三卷　1288

太乙金華宗旨一卷　1122

太乙指津四卷　1058

太乙神針方一卷　1746

太乙秘書一卷　1875

太乙照神經三卷證驗白條二卷　1732

太乙經一卷　1570

太上九真妙戒金籙度命拔罪妙經一卷　1120

太上三元賜福救罪解厄消灾延生保命妙
　經一卷　1120

太上大通經注一卷　1113，1116

太上大道玉清經不分卷　1115

太上中道妙法蓮華經一卷　1115

太上内丹守一真定經一卷　1116

太上正一朝天百拜謝罪寶懺一卷　1124

太上玄元道德經解一卷　1116

太上玄門早壇功課經一卷晚壇功課經一
　卷　1120

太上玄靈北斗本命延生真經一卷　1117

太上玄靈北斗本命延生真經注解一卷　1117

太上老子道德經四卷　974

太上老子道德經集解二卷　1744

太上老君太素經一卷　1116

太上老君内日用妙經一卷外日用妙經一
　卷　1116

太上老君内丹經一卷　1116

太上老君内觀經一卷　1116

太上老君年譜要略一卷　1117

太上老君戒經一卷　1120

太上老君説了心經一卷　1116

太上老君説常清静真經一卷　1116

太上老君説常清静經注一卷　1113，1116

太上赤文洞古經注一卷　1113，1116

太上妙始經一卷　1116

太上昇玄説消灾護命妙經一卷　1113

太上昇玄説消灾護命妙經注一卷　1115

太上金匱玉鏡修真指玄妙經一卷　1115

太上治生法會伊始真人解悟真經合注八
　卷　1125

太上洞玄寶元上經一卷　1116

太上洞玄靈寶十號功德因緣妙經一卷　1116

太上洞玄靈寶天尊説救苦妙經一卷　1115

太上洞玄靈寶出家因緣經一卷　1116

太上洞玄靈寶净供妙經一卷　1116

太上洞玄靈寶法燭經一卷　1116

太上洞玄靈寶真文要解上經一卷　1116

太上洞玄靈寶國王行道經一卷　1115

太上洞玄靈寶紫微金格高上玉皇本行集
　經闡微三卷　1117

太上洞玄靈寶開演秘密藏經一卷　1116

太上洞玄靈寶無量度人上品妙經注三卷
　1115

太上洞玄靈寶業報因緣經一卷　1116

太上洞玄靈寶福日妙經一卷　1115

太上洞真智慧上品大誡一卷　1120

太上洞真賢門經一卷　1116

太上洞淵三昧帝心光明正印太極紫微伏魔
　制鬼拯救惡道集福吉祥神咒一卷　1116

太上洞淵説請雨龍王經一卷　1116

太上神咒延壽妙經一卷　1116

太上浩元經一卷　1116

太上黄庭中景經一卷　1116

太上黄庭内景玉經一卷　1114

太上黄庭内景玉經一卷外景經一卷　1116

太上黄庭内景玉經三卷　1116

太上黄庭外景經一卷　1114

太上黄庭經注三卷　1123

太上混元聖紀九卷　1117

太上紫微中天七元真經一卷　1117

太上道德真經四子古道集解一卷　1116

太上道德真經章句訓頌一卷　1116

太上道德真經集注三卷釋文一卷雜説一

卷　1116

太上道德寶章翼二卷　1116

太上感應篇一卷　1116

太上感應篇注二卷　1739，1769

太上感應篇注證合編八卷　1124

太上感應篇持誦儀則一卷　1116

太上感應篇集注一卷　1117

太上感應篇集注八卷　1124

太上感應篇疏衍十卷　1124

太上感應篇圖説八卷　1123，1124

太上感應篇纘義二卷　1769，1874

太上感應靈篇圖説一卷附録一卷　1812

太上説中斗大魁保命妙經一卷　1117

太上説西斗記名護身妙經一卷　1117

太上説東斗主算護命妙經一卷　1117

太上説轉輪五道宿命因緣經一卷　1116

太上濟度章赦三卷　1121

太上靈寶天尊説禳災度厄經一卷　1116

太上靈寶净明宗教録一卷　1118

太上靈寶洪福滅罪像名經一卷　1116

太上靈寶朝天謝罪法懺十卷　1120

太上靈寶智慧觀身經一卷　1116

太元經一卷　1794

太古集一卷　1119

太古傳宗二卷絃索調時劇新譜二卷　1084

太古傳宗琵琶調西廂記曲譜二卷宮詞曲
　譜二卷絃索調時劇新譜二卷　1489

太古鹽馬記一卷　1582

（康熙）太平府志四十卷　741

太平省通志一卷　908

太平清話四卷　1614

太平御覽一千卷目録十卷　1532

太平經國之書十一卷首一卷　421，424

（嘉慶）太平縣志十八卷　809

（道光）太平縣志十六卷首一卷　749

（光緒）太平縣志十四卷首一卷　749

（乾隆）太平縣志十卷　749

（光緒）太平縣志十卷首一卷　853

（康熙）太平縣志八卷　809

（雍正）太平縣志八卷　748

（光緒）太平縣續志十八卷首一卷　810

太平寰宇記一卷　1562

太平寰宇記二百卷　698

太平寰宇記拾遺七卷　1681

太平寰宇記辨偽六卷　1681

太平歡樂圖一卷　1083

太史升菴文集八十一卷目録四卷　1202

太史升菴遺集二十六卷　1203

太史公素王妙論一卷　1796

太史華句八卷　1596，1737

太白山人槲葉集五卷南游草一卷　1231

太白兵備統宗寶鑑一百八十四卷首二卷
　982

太白紀游略一卷　1692

太白陰經十卷　1672

太玄解一卷　1651

太玄經十卷　950

太玄經易補注六卷　1058

太玄寶典一卷　1119

（乾隆）太谷縣志八卷　746

（光緒）太谷縣志八卷首一卷末一卷　746

（咸豐）太谷縣志八卷首一卷末一卷　746

太初集一卷　1380

（乾隆）太和縣志八卷　743

太華山紫金鎮兩世修行劉香寶卷全集二
　卷　1487

太華紀游略一卷　1688

太華蓋山三仙真君解冤滅罪度人心經一
　卷　1121

（江蘇蘇州）太原王氏皋橋支譜不分卷

588

（萬曆）太原府志二十六卷附補四卷 745

（雍正）太原縣志十六卷　745

太師誠意伯劉文成公集二十卷　1192

太師誠意伯劉文成公集二十卷首一卷
　　1192，1193

太倉州名考一卷　1804

太倉州志十卷附校勘記一卷　737

（嘉慶）太倉州志六十五卷　737

太倉風俗記一卷　1804

太倉稊米集一卷　1374

太虛心淵篇一卷　1119

太康地記一卷　1562

（道光）太康縣志八卷　781

太清元道真經三卷別録一卷　1116

太清中黄真經一卷　1116

太清神鑒六卷　1672，1740

太清記一卷　1572

太清樓侍宴記一卷　1571，1586，1589

太極後圖説一卷　1805

太極真人説二十四門戒經一卷　1121

太極葛仙公傳一卷　1118

太極圖説一卷　1120

太極圖説一卷通書一卷　1756

太極圖説述解一卷　1829，1830

太極圖説遺議一卷　1840

太紫草一卷　1834

太湖志略四卷　897

太湖泉志一卷　1576

太湖備考十六卷首一卷　897

太湖備考續編四卷　897

太湖源流編一卷　1695

（同治）太湖縣志四十六卷首一卷末一
　　卷　739

太微堂目録五卷　1834

太微靈書紫文仙忌真記上經一卷　1120

太學進士題名碑録（順治三年至乾隆二
　　年附洪武四年至崇禎十六年）　619

太藪外史一卷　1593

太醫局程文九卷　995

太醫院校注婦人良方大全二十四卷　1006

太醫院補遺本草歌訣雷公炮製八卷附藥
　　性詩歌便覽　1002

太鶴山人集十三卷　1293

友石山人遺稿一卷　1377

友石齋詩集八卷　1316

友竹草堂文集五卷　1333

友竹稿一卷　1444

友松吟館詩鈔十五卷　1349

友會談叢一卷　1557，1580，1586，1590

友會談叢三卷　1744

友論一卷　1553，1577，1612

友聲集三十七卷附白醉題襟集四卷草堂
　　題贈一卷續友聲集十卷　1446

尤本文選考異補一卷　1875

尤西堂四書詩一卷　1712

尤射一卷　1568，1581，1584，1600，1602

巨文島形勢一卷　1703

牙牌神數　1067

牙牌參禪圖譜一卷　1751

牙牌彙輯不分卷　1095

（光緒）屯留縣志八卷　751

比玉樓遺稿四卷　1334

比目魚二卷　1504

比丘尼傳四卷　603

比利時國考察罪犯會紀略一卷　1780

比事摘録一卷　1576

比例匯通四卷　1055

比紅兒詩一卷　1585，1663，1665

比紅兒詩注一卷　1631

比紅兒詩話一卷　1566

比國通商條約稅則章稅一卷　662

比雅十九卷　1735，1740

比較預算制度論　1890

切字釋疑一卷　1629

切近編一卷　1726

切時政要一卷　1668

切問齋文鈔三十卷　1417

切問齋集十六卷　1264

切韻考六卷外篇三卷　1870

切韻指掌圖一卷附檢圖之例一卷　1744

切韻射標一卷　1577

瓦釜集十二卷　1302

止止堂集五卷　1209

止止齋稿一卷　1380

止堂集十八卷　1643，1646

止焚稿一卷　1751

止園筆談八卷　1871

止園叢書二十七種　1871

止齋文鈔二卷　1817

止齋先生文集五十二卷附錄一卷　1184，
　　1814

止齋先生春秋後傳十二卷　420，423

止齋詩鈔一卷　1372

止齋遺書十六卷　1345

止觀輔行傳宏決一卷　1729

少子一卷　1795

少谷全集二十四卷　1202

少林寺志不分卷　873

少岷先生拾存稿四卷　1201

少保于公奏議十卷　1812

少室仙姝傳一卷　1594

少陽集十卷　1755

少嵒賦草四卷　1324

少微家塾點校附音通鑑節要五十卷新編

纂注資治通鑑外紀增義五卷讀通鑑法
　　一卷資治通鑑總要通論一卷釋例一卷
　　546

少廣正負術內篇三卷外篇三卷　1856

少廣拾遺一卷　1053

少廣縋鑿一卷　1873

少寨洞記一卷　1694

少儀外傳二卷　1671，1818

少學一卷　1622

日本山表說一卷　1704

日本乞師紀一卷　1837

日本古刻佛足跡碑一卷　919

日本古刻銅燈檯銘一卷　919

日本外史二十二卷　565

日本考略一卷　979，1703，1714

日本近事記一卷　1703

日本明治教育史不分卷　569

日本明治學制沿革史不分卷　569

日本金石年表一卷　1730

日本河渠志一卷　1704

日本沿革一卷　1703

日本風土記一卷　1710

日本風俗一卷　1710

日本紀游一卷　1704

日本華族女學校規則一卷　1764

日本書目志十五卷　1899

日本通中國考一卷　1703

日本國考略一卷　1621

日本國志序不分卷　1755

日本訪書志十六卷續一卷　944

日本寄語一卷　1574

日本道澄寺鐘銘一卷　919

日本載筆一卷　1703

日本新政考二卷　1776

日本源流考二十二卷　907

日本瑣志一卷　1704

日本維新三十年史　1888

日本題名殘碑一卷　919

日本雜事一卷　1704

日本雜事詩二卷　1776

日本雜記一卷　1704

日本疆域險要一卷　1703

日知薈説四卷　962

日知録二卷　425

日知録之餘四卷　1011，1778

日知録史評一卷　1715

日知録集釋三十二卷　1011

日法朔餘强弱考一卷　1055

日法朔餘彊弱考一卷　1717

日省録三卷　1747

日秘史二卷　1755

日記三卷　1867

日記之餘一卷　1867

日涉篇十二卷　696

日貫齋塗説一卷　1634

日斯巴尼亞國條款和約章程一卷　663

日湖漁唱一卷補遺一卷續補遺一卷　1473，
　1738

日損齋筆記一卷　1672，1818

日損齋稿一卷　1376

（康熙）日照縣志十二卷　774

（光緒）日照縣志十二卷首一卷　774

日聞録一卷　1672，1676

日課詩稿三卷　1273

日録裏言一卷　1625，1627

日録論文一卷　1625，1627

日録雜説一卷　1624，1626

日講四書解義二十六卷　483

日講易經解義十八卷　442

日講春秋解義六十四卷總説一卷　469

日講禮記解義六十四卷　459

曰若編七卷　1877

中山文鈔四卷詩鈔四卷奏議四卷史論二
　卷首一卷　1230

中山見聞辨異一卷　1703

中山紀略一卷　1703

中山狼一卷　1502

中山狼傳一卷　1586，1590，1594

中山傳信録一卷　1703

中山傳信録六卷　906

中山詩話一卷　1616

中天紫微星真寶懺一卷　1117

中日戰輯六卷　568

中日議和紀略　661

中日議和紀略不分卷李鴻章與伊藤陸奥
　往來照會一卷　661

中文孝經一卷　1649

中文孝經一卷孝經外傳一卷　1853

中外交涉類要表一卷　1776

中外交涉類要表一卷附光緒通商綜覈表
　一卷　661

中外述游一卷　1702

中外政俗異同考　1890

中外章程彙編不分卷　1755

中外策問大觀二十八卷　675

中外權衡度量釋義合數表不分卷　1755

中立四子集六十四卷　948

中西人物通考一百卷　580

中西度量權衡表一卷　1763

中西紀事二十四卷　568

中西匯通醫書五種　997

中西匯通醫經精義二卷　997

中西聞見録選編　1900

中西算學題鏡八卷　1057

中西錢幣考略二卷中西度量權衡考略一

卷　660

中西醫方會通不分卷　1009

中西關繫略論一卷　1705

中西關繫略論四卷　1889

中行齋集一卷　1380

中州人物考八卷　584，1835

中州仕學編十二卷　599

中州同官錄（宣統元年己酉）四卷　626

中州名賢文表三十卷　1432

中州金石目四卷補遺一卷　1765

中州金石目錄八卷　1775

中州草堂遺集二十六卷　1437

中州集十卷首一卷樂府一卷　1411

中江考一卷　1695

中江尊經閣藏書目一卷　1752

（道光）中江縣新志八卷首一卷續編二
　卷　848

中江講院建立經誼治事兩齋章程一卷　1752

中牟魯君闕一卷　919

（乾隆）中牟縣志十一卷首一卷　779

（同治）中牟縣志十二卷首一卷末一卷
　779

中吳紀聞一卷　1557

中吳紀聞六卷　878，1656，1673，1737，
　1753

中吳紀聞六卷附校勘記一卷　737

中亞美利加五國政要一卷　1707

中亞細亞圖説略一卷　1704

中英新增條議一卷　662

中東戰紀本末八卷續編四卷三編四卷文
　學與國策二卷　1888

中和堂隨筆二卷　1831

中和集一卷　1119

中和集七卷　1114

中和道德會元一卷　1114

中郎女一卷　1502

中星表一卷　1650

中俄合約　662

中俄交界記一卷　1687，1780

中俄交界續記一卷　1707

中俄界約斠注七卷　662

中俄界約斠注六卷首一卷附帕米爾分界
　私議一卷中俄界綫簡明説一卷　1780

中俄界記上編一卷下編一卷　918

中俄界綫簡明説一卷　1707

中俄約章會要三卷續編一卷　662

中俄國際約注五卷　662

中洲草堂遺集二十三卷首一卷末一卷　1219

中洲野録一卷　1574，1588

中華古今注三卷　1550，1555，1602，1605，
　1606，1607

中峰制藝一卷　1825

中峰廣録一卷梅花百咏一卷　1379

中晚唐詩叩彈集十二卷續集三卷　1407

中國之武士道　1023

中國文學指南二卷　1470

中國方域考一卷　1684

中國古世公法論略一卷　1776

中國地輿志略六卷　698

中國江海險要圖志二十二卷補編五卷圖
　五卷　917

中國形勢考略一卷　1684

中國近世輿地圖説二十三卷　913

中國物產考略一卷　1684

中國音標字書一卷　526

中國財政紀略　1890

中國海島考略一卷　1702

中國最新度支全録　1894

中國魂二卷　1023

中國歷代都邑考一卷　1684

中國鐵路現勢通論　1030

中庵籤易一卷　1065

中庸一卷　417，1640

中庸切己録一卷　1838

中庸正説一卷　1833

中庸本解二卷　1799

中庸札記一卷　1848

中庸四記一卷　1844

中庸直指一卷　474

中庸述義一卷　1864

中庸述義續一卷　1864

中庸衍義十七卷　474

中庸章句大全一卷中庸或問一卷讀中庸
　法一卷　474

中庸章句質疑二卷　474

中庸章段一卷　487，488，1844

中庸順講一卷　475

中庸節訓一卷　1876

中庸説二卷　474

中庸説五卷　1841

中庸説約一卷　1822

中庸撮總一卷　1716

中庸篇義一卷　1779

中庸餘論一卷　487，488，1844

中庸講義一卷　1847

中庸釋一卷　1879

中越交界各隘卡略一卷　1703

中朝故事一卷　1584，1607，1662，1664，
　1775

中極上清洞真智慧觀身大戒經一卷　1121

中雁蕩紀游一卷　1691

中復堂全集十種　1863

中復堂遺稿五卷續編二卷　1863

中道全書六十二卷　1541

中説二卷　1598，1600，1602

中説十卷　948

（乾隆）中衛縣志十卷　801

中論二卷　949，1597，1598，1600，
　1602

中論二卷附札記二卷逸文一卷　1764

中興政要一卷　1745

中興將帥別傳□□卷　583

中興閒氣集選一卷　1365

中興群公吟稿戊集七卷　1371

中興論略八卷　568

中興戰功録一卷　1768

中興禦侮録二卷　1739

中學堂暫用課本之書目　1892

中學國文教科書五集　1403

中寰集十一卷　1214

中藏經八卷　992

中藏經三卷附方一卷内照法一卷　996

中麓畫品一卷　1677

中饋録一卷　1568

中議公自乂瑣言二卷　1824

中議公事實紀略一卷　1824

内功圖説一卷　1762

内外蒙古圖　916

内外傷辨三卷　991，992，993

（同治）内江縣志十五卷首一卷　850

（道光）内邱縣志四卷　716

内制集八卷　1827

内金丹一卷　1122，1123

内府分省分府圖不分卷　912

内科理法二十二卷　1898

内訓一卷　1673

内家拳法一卷　1635

内務府爵秩全覽（光緒二十二年丙申秋
　季）　626

内務府爵秩全覽（光緒二十九年癸卯秋

季）　626

内務府爵秩全覽（光緒七年辛卯夏季）
　626

（乾隆）内黄縣志十八卷首一卷　782

（光緒）内黄縣志十九卷首一卷　783

（康熙）内鄉縣志十二卷　786

内業一卷　1794

内經平脉考一卷　1770

内經評文素問二十四卷　996

内經評文靈樞十二卷　996

内經運氣表一卷　995

内經運氣病釋九卷附内經遺篇病釋一卷
　995

内經難字音義一卷　995

内經纂要二卷　998

内閣大庫檔册一卷　1773

内閣小志一卷故事一卷　1773

内閣漢票簽中書舍人題名　625

内觀日疏一卷　1558

水月令一卷　1623

水心文集二十九卷　1184

水心文鈔十卷　1184

水心先生文集二十九卷補遺一卷　1814

水心先生別集十六卷　1814

水心詩鈔一卷　1372

水石緣六卷　1520

水地小記一卷　426

水地記一卷　1633，1648，1683

水西紀略一卷　1712

水西答問一卷　1805

水西會條一卷　1805

水西會語一卷　1805

水坑石記一卷　1623，1717

水村易鏡一卷　419，422

水利五論一卷　1804

水利論三卷末一卷　887

水利營田圖説一卷　1680

水利雜記一卷　1695

水東日記一卷　1593

水東日記四十卷　1019

水東日記摘鈔七卷　1604

水東草堂詩一卷　1820

水東記略一卷　1573

水明樓集十四卷　1213

水南翰記一卷　1575，1588，1802

水南灌叟遺稿六卷　1261

水品一卷　1578

水香詞二卷　1231

水屋賸稿二卷　1282

水師操練十八卷首一卷附一卷　983

水豹堂詩選一卷　1445

水浙集一卷　1883

水流雲在軒試帖二卷　1457

水流雲在軒圖記一卷　936

水流雲在館詩鈔六卷　1315

水族加恩簿一卷　1565，1587，1591

水澒國櫂歌一卷　1884

水雲邨稿一卷　1378

水雲村吟稿十二卷　1188

水雲村泯稿二十卷附恕菴遺槁一卷爾齋
　文集一卷南豐劉氏世譜　1188

水雲集一卷　1119，1379

水雲集一卷附録三卷　1811

水雲集附録三卷　1726

水雲詩鈔一卷　1373

水雲樓詞二卷序一卷詩賸稿一卷　1767

水雲樓賸稿一卷　1803

水道考二卷　1832

水道提綱二十八卷天度刊誤一卷　887

水道總考一卷　1694

水運不分卷　657

水雷圖説不分卷　984

水飾一卷　1796

水經二卷　1570，1584，1599，1600，1602

水經注不分卷　1648

水經注四十卷　885，1642，1645，1815

水經注四十卷附補遺一卷附録二卷　885

水經注西南諸水考三卷　1768

水經注洛涇二水補二卷附五溪考一卷　1766

水經注鈔六卷　1614

水經注疏要删四十卷附補遺四十卷　886

水經注匯校四十卷首一卷水经注釋附録二卷　885

水經注圖一卷附録一卷　886

水經注圖四十卷補一卷　886

水經注圖説殘稿四卷　1053

水經注釋四十卷附録二卷刊誤十二卷　885

水經注釋四十卷首一卷附録二卷水經注箋刊誤十二卷　885

水經要覽一卷　1694

水經釋地八卷　886，1649，1774

水滸後傳八卷四十回　1510

水滸記一卷　1490

水滸記二卷　1504

水滸圖贊一卷　1516

水蜜桃譜一卷　989

水衡記一卷　1570，1583

水鏡集四卷　1067

午風堂集六卷午風堂叢談八卷　1290

午亭文編五十卷　1238

午窗隨筆四卷　1876

手風琴唱歌附吹風琴橫笛演奏法　1085

手臂録四卷附二卷　1670，1721

牛西蘭島紀略一卷　1705

牛羊日曆一卷　1768

牛奇章集一卷　1363

牛應貞傳一卷　1585，1660，1663，1666，1727

毛朱詩説一卷　1625，1627

毛尚書奏稿十六卷　694

毛瑟槍學一卷　978

毛詩一卷　414

毛詩二十卷　490

毛詩二十卷附考證　414

毛詩二卷　1640

毛詩十五國風義一卷　1787

毛詩王氏注四卷　1787

毛詩日箋一卷　1634

毛詩古音考一卷　1724

毛詩古音考四卷附屈宋古音義三卷　524

毛詩古音參義五卷首一卷　453

毛詩古義一卷　1626

毛詩古韻五卷　450

毛詩古韻雜論一卷　450

毛詩本義十六卷　450

毛詩札記二卷　1848

毛詩平議四卷　432

毛詩四卷　495

毛詩考證四卷　429，1855

毛詩名物略四卷　450

毛詩名物解二十卷　420，423

毛詩名物圖説九卷　450

毛詩吲訂十卷　509

毛詩序義一卷　1783

毛詩序義疏一卷　1787

毛詩沈氏義疏二卷　1787

毛詩述義一卷　1787

毛詩奇句韻考四卷　450

毛詩物名考七卷　450

毛詩周氏注一卷　1787

毛詩周頌口義三卷　429，1855

毛詩注二十卷附詩譜一卷　417

毛詩注疏二十卷　414，415

毛詩注疏三十卷附考證　416

毛詩奏事一卷　1787

毛詩拾遺一卷　1787

毛詩指説一卷　420，423

毛詩草木鳥獸蟲魚疏二卷　498，1580，
　　1599，1601

毛詩草木鳥獸蟲魚疏校正二卷　1776

毛詩草木鳥獸蟲魚疏廣要二卷　1616

毛詩草蟲經一卷　1787

毛詩故訓傳三十卷　426

毛詩故訓傳定本小箋三十卷　1854

毛詩重言一卷　1862

毛詩後箋三十卷　429，451

毛詩訂詁八卷附錄二卷　451

毛詩音韻考四卷　453

毛詩馬氏注一卷　1787

毛詩校勘記七卷釋文校勘記三卷　427

毛詩原解三十六卷　1814

毛詩徐氏音一卷　1787

毛詩陸疏校正二卷　1865

毛詩陸疏廣要四卷　1715

毛詩通考三十卷　1817，1862

毛詩問難一卷　1787

毛詩異文箋十卷　1766

毛詩異同評一卷　1783

毛詩異同評三卷　1741，1787

毛詩紬義二十四卷　428

毛詩答雜問一卷　1783，1787

毛詩舒氏義疏一卷　1787

毛詩補疏五卷　427，1859

毛詩補禮六卷　452

毛詩傳義類一卷　430

毛詩傳箋通釋三十二卷　429

毛詩義問一卷　1787

毛詩義疏一卷　1783

毛詩義駁一卷　1787

毛詩駁一卷　1787

毛詩箋音義證一卷　1783，1787

毛詩説一卷　430

毛詩説四卷　499

毛詩説序六卷　1719

毛詩鄭箋改字説四卷　431，1820

毛詩鄭箋纂疏補協二十卷詩譜一卷　449

毛詩稽古編三十卷　425，451

毛詩質疑六種　450

毛詩寫官記四卷　1840

毛詩辨韻五卷　453

毛詩隱義一卷　1787

毛詩禮徵十卷　451，1771

毛詩題綱一卷　1787

毛詩雙聲疊韻説一卷　1862

毛詩識小三十卷　1817，1862

毛詩譜一卷　432，1782

毛詩譜注一卷　1783

毛詩譜暢一卷　1787

毛詩證讀五卷讀詩或問一卷　452

毛詩釋地六卷　497

毛詩讀十二卷　452

毛鄭詩考正一卷　1633

毛鄭詩考正四卷　426

毛鄭詩考正四卷首一卷　1648

毛鄭詩釋四卷　1865

壬午功臣爵賞録一卷　1621

壬申消夏詩一卷　1730

（咸豐）壬癸志稿二十八卷　737

壬書雜抄十二種　1066

升沉寶鑑一卷　1149

升菴先生文集八十一卷目録四卷　1202

升菴全集八十一卷目録二卷　1203

升庵文二十卷　1831

升庵年譜一卷　1832

升庵年譜叙録一卷　1832

升庵先生年譜一卷　1676

升庵合集七十一種　1831

升庵合集附刻一卷　1832

升庵長短句三卷附雜體集句　1831

升庵詞品一卷　1578

升庵詞品九卷　1831

升庵詞品六卷拾遺一卷　1676

升庵詞品拾遺一卷　1831

升庵畫品二卷　1832

升庵詩四十七卷　1831

升庵詩話十二卷補遺二卷　1676

升庵詩話十五卷　1831

升庵經説十五卷　1831

升庵經説十四卷　1676

升庵論文四卷　1831

升庵論騷賦二卷　1831

仁山先生金文安公文集五卷　1818

（同治）仁化縣志八卷首一卷　859

仁父集一卷　1380

仁文商語一卷　1833

仁在堂全集十一集附三集　1456

仁在堂全集十一種附三種　1882

仁在堂論文各法六卷　1743

仁里漫稿一卷　1380

（康熙）仁和縣志二十八卷　802

（嘉靖）仁和縣志十四卷　802

仁恕堂筆記一卷　1631

（同治）仁壽縣志十五卷首一卷　850

（嘉慶）仁壽縣志六卷　850

（光緒）仁壽縣志六卷末一卷　851

（道光）仁壽縣新志八卷　851

仁廟聖政記二卷　1771

（嘉慶）什邡縣志五十四卷　842

片玉山房花箋録二十卷　1035

片石齋爐餘草一卷　1421

仇池筆記一卷　1557，1580，1586，1590，
　1660

（光緒）化州志十二卷　863

化劫成功論一卷　1149

化書一卷　1118

化書六卷　1612，1673，1725

化清經一卷　1794

化碧録一卷　1806

化學求數十五卷附表一卷　1759

化學啓蒙一卷　1761

仍貽堂集二卷　1360

介石山房遺文二卷遺詩一卷　1358

介石堂集十卷　1260

介存齋文稿二卷　1862

介存齋詩六卷　1862

（乾隆）介休縣志十四卷　752

（嘉慶）介休縣志十四卷　753

介亭文集六卷　1870

介亭外集六卷　1870

介亭全集九種　1870

介亭筆記六卷筆記存二卷　1870

介亭詩鈔一卷　1870

介軒詩鈔十卷文鈔八卷外集二卷　1351

介庵經説十卷補二卷　1799

今夕盦詩鈔一卷題畫詩一卷　1320

今水經一卷　887，1724

今水經一卷表一卷　1654，1815，1837

今文尚書一卷　1786

今文尚書考證三十卷　1880
今文尚書經説考三十二卷叙録一卷尚書
　　歐陽夏侯遺説考一卷　1820
今文尚書説一卷　1783
今文周易演義十二卷首一卷　436
今文房四譜一卷　1096
今世説八卷　1738
今古奇觀四十卷　1507
今古尚書經説考三十八卷　431
今古學考二卷　500，1769
今古輿地圖三卷　911
今白華堂詩集二卷詩録八卷補八卷　1293
今有録一卷　1860
今言一卷　1574，1588
今言四卷　1604
今言類編二卷　559
今雨堂詩墨續編四卷　1257
今韻古分十七部表一卷　1632
今韻補遺一卷　515
今獻彙言三十九種　1605
凶禮一卷　1788
（光緒）分水縣志十卷首一卷末一卷　811
分方治宜篇一卷　1770
分甘餘話二卷　1636
分甘餘話四卷　1020，1843
（同治）分宜縣志十卷　819
分野不分卷　697
分野説一卷　1836
分梨十化集一卷　1119
分毫字樣一卷　1793
分湖小識六卷　897
分撰兩戴記章句凡例一卷　500
分撰兩戴記章句凡例不分卷　1770
分隸偶存二卷　1071，1757
分韻子史題解二十卷　1539

分韻四言對偶啓蒙不分卷音律啓蒙五卷
　　1472
分韻試帖青雲集合注四卷　1460
分類字錦六十四卷　1539
分類近思録集解十四卷　957
分類補注李太白詩二十五卷　1162
分類經進近思録集解十四卷　957
分類應酬通考八卷　1549
分類韻錦十二卷附録一卷　525
公子牟子一卷　1795
公文緣起二卷　1826
公羊古義一卷　1627
公羊春秋何氏解詁箋一卷　428
公羊春秋經傳驗推補證十一卷首一卷擬
　　大統春秋條例一卷　1769
公羊問答二卷　430，496，1765
公羊逸禮考徵一卷　430，500，1729，
　　1752
公羊傳十二卷穀梁傳十二卷　468
公羊傳四卷　495
公羊傳補注一卷　1765
公羊義疏七十六卷　431
公羊墨史二卷　1835
公羊墨守一卷　1784
公羊禮疏十一卷　430
公羊禮説一卷　428，496
公羊嚴氏春秋一卷　1789
（同治）公安縣志八卷首一卷　826
公車上書記一卷　557
公車見聞録一卷　1862
公門不費錢功德録一卷　1763
公門懲勸録二卷　1769
公法便覽四卷總論一卷續一卷　1891
公法會通十卷　1892
公法新編四卷　1891

公法導原一卷　1880

公法總論一卷　1759，1776

公是先生七經小傳三卷　422，425

公是先生弟子記一卷　1652

公是先生弟子記四卷　1725

公是弟子記四卷　1642，1645

公是集一卷　1373

公是集五十四卷　1643，1646

公振集一卷　1381

公案二卷　1250

公孫尼子一卷　1794

公孫弘書一卷　1794

公孫龍子一卷　949，950，1672

公餘日録一卷　1574，1802

公餘紀事不分卷　1294

公餘集一卷公餘集續編二卷窗課存稿一
　　卷　1347

公牘摘要一卷　1747

月山詩集四卷　1652

月山詩話一卷　1652

月川先生遺書十種　1830

月日紀古十二卷　697

月令七十二候贊一卷　1050

月令明義四卷　493

月令氣候圖説一卷　1676

月令問答一卷　1788

月令章句一卷　1783，1788

月令蔡邕注四卷　1885

月令廣義二十四卷首一卷附録一卷　696

月令粹編二十四卷　697

月令演一卷　1621

月明和尚度柳翠雜劇一卷　1501

月季花：信主歌　1150

月夜鐘聲圖一卷　1068

月河精舍叢鈔五種　1772

月波洞中記一卷　1675，1732

月泉吟社一卷　1364，1737

月泉吟社三卷　1819

月亭詩鈔一卷　1862

月洞吟一卷　1375

月屋漫稿一卷　1376

月圃偶著一卷　1823

月圃詩存一卷　1823

月峰集一卷　1439

月唉一卷　1615

月鹿堂文集八卷　1215

月道疏一卷附月行九道圖併解　1836

月塘書屋詩存十一卷　1307

月會約一卷　1577，1808

月滄文集六卷　1438

月蕖軒詩草一卷詩餘一卷　1328

月慶琴語一卷　1476

月滿樓文集十四卷首一卷　1277

月滿樓甄藻録一卷　1634

月滿樓詩別集八卷　1674

月滿樓詩集四十卷首一卷別集五卷　1277

月輝詩存二卷　1430

氏族箋釋八卷　594

勿軒集一卷　1376

勿庵歷算書目一卷　1654

勿藥須知一卷　1722

欠泉庵文集二卷　1338

丹丘生稿一卷　1380

丹青志一卷　1554，1578

丹房奧論一卷　1119

丹桂籍四卷　1125

丹桂籍四卷首一卷末一卷續編一卷　1125

丹桂籍注案四卷　1769

（康熙）丹徒縣志十卷首一卷　731

（光緒）丹徒縣志六十卷首四卷　731

（嘉慶）丹徒縣志四十七卷首四卷　731

丹國通商條約稅則章程一卷　663

丹陽周氏家集四種　1429

丹陽神光燦一卷　1119

丹陽真人語錄一卷　1119

丹陽記一卷　1562

丹陽集二十四卷　1802

丹陽詞一卷　1474

（光緒）丹陽縣志三十六卷首一卷　732

丹淵集鈔一卷　1372

（光緒）丹稜縣志十卷首一卷　849

丹魁堂自訂年譜一卷附感遇錄一卷　613

丹魁堂詩集七卷外集四卷年譜一卷茗韻
　　軒遺詩一卷　1305

丹鉛總錄二十七卷　1019

丹鉛雜錄一卷　1574

丹鉛雜錄十卷　1676

丹鉛續錄八卷　1612

丹溪心法附餘二十四卷首一卷　1004

丹溪先生心法五卷　992

丹溪先生心法五卷附錄一卷　991

丹溪先生金匱鉤玄三卷　991

丹經示讀一卷　1122，1123

丹甋一卷　1615

卬須集八卷續集六卷又續集六卷附女士
　　詩錄一卷　1418

勾股六術一卷　1758

勾股尺測量新法一卷　1054

勾股算術細草一卷　1055

勾股義一卷　1736

六一山房集　1335

六一居士全集錄五卷外集錄二卷　1363

六一居士詩話一卷　1551，1565

六一詩話一卷　1616

六十四卦令一卷　1068

六十自定稿一卷　1840

六十種曲　1503

六九軒算書五種附一種　1054

六大州説一卷　1708

六子書六種　948

六壬大占一卷　1875

六壬經緯六卷　1066

六壬輯要不分卷　1066

六代小舞譜一卷　463

六半樓詩鈔四卷附文杏堂詩賸一卷　1301

六臣注文選六十卷　1385

六合内外瑣言二十卷　1040

六合内外璅言二十卷圖説不分卷　1040

（光緒）六合縣志八卷圖説一卷附錄一
　　卷　726

（同治）六安州志六十卷首一卷　744

六如居士外集一卷　1635

六如居士全集七卷補遺一卷制義一卷外
　　集六卷畫譜三卷　1197

六如居士集　1830

六如居士畫譜三卷　1732

六如畫譜三卷　1719

六事箴言一卷　1769

六典通考二百卷　642

六宜樓遺稿六卷　1313

六官駢萃四卷　454

六研齋二筆一卷　1636

六研齋筆記四卷二筆四卷三筆四卷　1017，
　　1834

六亭文集六卷　1282

六祖大師法寶壇經一卷　1101

六曆通考一卷　1866

六卿軼事一卷　1779

六部處分則例五十二卷　646

六部題名錄不分卷　624

六家文選六十卷　1385

六家詩名物疏五十五卷　453

六書十二聲傳十二卷附古律呂考一卷　1876

六書分毫三卷　1677

六書分類十二卷首一卷　510

六書正譌五卷　509，510

六書正譌五卷説文字原一卷　509

六書古微十卷　1885

六書本義十二卷圖一卷　510

六書系韻二十四卷首一卷檢字二卷　526

六書例解一卷　1746

六書例解一卷六書雜説一卷八分書説一卷六書辨通五卷辨通補一卷辨通續補一卷　511

六書故三十三卷六書通釋一卷　509

六書音均表五卷　426

六書音韻表五卷　1854

六書假借經徵四卷　1746

六書通十卷　510

六書通摭遺二卷　510

六書準不分卷　510

六書説一卷　504，1723，1735，1768

六書緣起一卷　1086

六書辨一卷　510

六書舊義一卷　500，1770

六書糠粃三卷　1861

六書總要五卷綱領一卷附正小篆之譌一卷諧聲指南一卷　510

六書轉注説二卷　1864

六書類纂九卷　510

六通訂誤六卷　642

六博譜一卷　1579

六朝文絜四卷　1394

六朝文絜箋注十二卷　1394

六朝四家全集四種附一種　1363

六朝事迹一卷　1563，1587，1591，1592

六朝事迹編類二卷　1606

六朝事迹編類十四卷　878

六朝事迹編類十四卷附識一卷　878

六朝餘韻八卷　1544

六硯草堂詩集四卷　1286

六詔紀聞二卷　1593

六湖先生遺集十卷　1262

六義郛郭一卷　1861

六義圖解一卷　1566

六經天文編二卷　1829

六經正誤六卷　422，425

六經略注序一卷　1792

六經奧論六卷首一卷　422，425

六經補疏二十卷　494，1859

六經蒙求一卷　1037

六經圖十二卷　501

六經圖考六卷　501

六瑩堂集九卷　1437

六禮或問十二卷　1849

六禮或問十三卷　461

六藝流別二十卷　1402

六藝綱目二卷附録二卷　1735

六藝綱目二卷附録字原六藝發原　521

六藝論一卷　1658，1782，1784，1792

六藝論疏證一卷　500，1880

六韜二卷　979

六韜三卷　950，951

六韜六卷　1603

六韜六卷逸文一卷　979，1678，1723

六醴齋醫書十種　993

六譯館叢書八十三種　1769

六觀樓文集拾遺一卷　1276

六觀樓北曲六種　1503

文士傳一卷　1561

文山先生文集二卷　1638
文山先生全集十卷　1359
文山詩鈔一卷　1373
文山詩選一卷　1373
文山題跋一卷　1640
文子二卷附校勘記一卷　1673
文子纘義十二卷　951，977，1643，1645
文中子十卷　956
文中子中説一卷　949
文水李忠肅先生集六卷附大節録一卷　1214
（光緒）文水縣志十二卷首一卷末一卷　747
（康熙）文水縣志十卷　746
文化集一卷　1367，1369
文公家禮儀節八卷　462
文公集鈔一卷　1372
文文忠公事略四卷　606
文心雕龍十卷　1470，1599，1600，1602，1816
文正王公遺事一卷　1550
文正書院試卷二十六種　1460
文甲集二卷乙集二卷　1053
文史通義八卷　1738
文史通義補編一卷附鈔本目一卷刊本所有鈔本所無目一卷　1764
文成家禮辨説十六卷　1724
文仲清江集鈔一卷　1371
文字指歸一卷　1793
文字偏旁舉略一卷　519
文字集略一卷　1793
文字飲一卷　1578
文字發凡四卷　1470
文字蒙求四卷　1658
文字蒙求廣義四卷　521
（康熙）文安縣志八卷　708

文武殿試策不分卷　1454
文苑英華一千卷　1387
文苑英華辨證十卷　1643，1654
文苑英華辨證十卷拾遺一卷　1647
文苑異稱一卷　1629
文苑彙雋二十四卷　1536
文林綺繡十種　1596
文林綺繡五種　1596
文具考一卷　1832
文昌化書五卷　1126
文昌孝經一卷　1120，1769
文昌帝君本傳一卷　1120
文昌旅語一卷　1573
文昌應化元皇大道真君説注生延嗣妙應真經一卷　1120
文昌雜録一卷　1595
文昌雜録六卷　1668
文典四章　1471
文忠集十六卷　1643
文忠集十六卷拾遺四卷　1646
文例一卷　1841
文府滑稽十二卷　1398
文定公詞一卷　1472
文定集二十四卷　1643
文定集二十四卷拾遺一卷　1646
文房十二友十六卷　1095
文房四友除授集一卷　1551
文房四譜五卷　1744
文房約一卷　1623
文房肆考圖説八卷　1095
文房圖贊一卷　1568，1592
文房圖贊續一卷　1568
文始真經二卷　1118
文始真經言外經旨二卷　1114
文始真經言外經旨三卷　973，1673

文貞公年譜二卷　1845

文貞公集十二卷　1239

文則一卷　1565，1581

文則二卷　1612，1677

文則二卷校語附録一卷　1814

文星榜二卷　1495

文科大詞典　1550

文信國公集二十一卷　1363

文信國公集二十卷首一卷　1186

文帝化書一卷　1120

文帝全書五十卷藝文附録一卷　1127

文津閣四庫全書目録附園内各殿宇陳設
　　書籍目録　937

文紀十五種　1395

文起堂詩集十五卷　1297

文恭集四十卷　1643

文恭集四十卷拾遺一卷　1646

文恭集四十卷補遺一卷　1801

文莫室詩八卷　1351

文莫室詩集八卷　1884

文莫室駢文一卷　1884

文致不分卷　1398

文浦玄珠六卷　1396

文海披沙八卷　1016

文姬入塞一卷　1501

文萃十三種　1400

文康公年譜一卷　1442

文康公遺集二卷附文康公家傳　1442

文章九命一卷　1577，1614

文章正宗復刻三十卷續十二卷　1828

文章始一卷　1856

文章指南五集　1471

文章軌範七卷　1395，1712，1829

文章集四卷　1830

文章游戲初編八卷二編八卷三編八卷四

編八卷　1401

文章練要二十卷　1022

文章緣起一卷　1462，1747

文章薪火一卷　1630

文清公薛先生文集二十四卷　1195

文淑南先生奏議一卷　1761

文筆考一卷　1012，1718

文道十書四種　1847

文湖州竹派一卷　1614

文淵殿二卷二十七齣　1493

文淵閣書目二十卷　1674

（道光）文登縣志十卷　770

文瑞樓藏書目録十二卷　1674

文遠集二十八卷補遺一卷　1216

文會堂詩鈔八卷　1306

文頌一卷　1631

文誠公集十一卷　1824

文靖公詩鈔八卷　1317

文靖公遺集十二卷補遺一卷　1318

文溪集二十卷首一卷　1436

文溪詞一卷　1474

文餘小技二卷　1429

文談一卷　1716

文廟丁祭譜四卷　652

文廟上丁禮樂備考四卷　652

文廟史典二十一卷　652

文廟祀位考略六卷　598

文廟祀典考五十卷首一卷　652

文廟武舞譜一卷　651

文廟思源録考二卷　653

文廟通考六卷首一卷　652

文廟從祀弟子贊一卷　1631

文廟備考八卷　652

文廟彙考十卷　598

文廟舞譜一卷附直隸定州本一卷　651

文廟禮樂摘要不分卷　652

文選十二卷　1385

文選尤十四卷　1386

文選六十卷　1385

文選六十卷考異十卷　1385

文選古字通補訓四卷拾遺一卷　1386

文選古字通疏證六卷　1596，1735

文選考異一卷　1386

文選考異十卷　1386

文選考異四卷　1674

文選各家詩集四卷　1386

文選李注補正四卷　1674

文選注考異一卷　1801

文選拾遺八卷　1387

文選音義八卷　1387，1596

文選旁證四十六卷　1386

文選理學權輿八卷　1674

文選理學權輿八卷補一卷　1825

文選理學權輿補一卷　1674

文選殘一卷　1745

文選集腋二卷　1037

文選集釋二十四卷　1387

文選補遺四十卷　1387

文選箋證三十二卷　1778

文選樓叢書十四種　1717

文選樓叢書三十一種　1718

文選課虛四卷　1596，1850

文選錦字錄二十一卷　1538，1596，1737

文選顏鮑謝詩評四卷　1386

文選類雋十四卷　1596

文選纂注評苑二十六卷　1385

文選瀹注三十卷　1386

文編六十四卷　1396

文壇列俎十卷　1398

文翰類選大成一百六十三卷　1397

文學初階六卷　514

文錄一卷　1565，1650

文館詞林四卷　1738

文潞公集一卷　1373

文職候補官册不分卷　625

文藪雜著一卷　1557

文韻集十二卷　1399

文獻通考三百四十八卷　641

文獻通考三百四十八卷考證三卷　641

文獻通考三百四十八卷首一卷　641

文獻通考正續合編三十二卷　641

文獻通考詳節二十四卷　642

文獻通考輯要二十四卷　642

文獻通考纂二十四卷　641

文獻徵存錄十卷　581

文釋一卷　1796

文瀾閣志二卷附錄一卷　874

文瀾閣志二卷首一卷附錄一卷　1811

文儷十八卷　1394

文體明辯六十一卷目錄六卷附錄十四卷
　目錄二卷　1462

亢倉子一卷　951，1673

亢藝堂集三卷　1729

方山紀述一卷　1573

方山記一卷　1689

方氏易學五書五卷　1766

方氏筆記一卷　1559

方氏墨譜六卷　1096

方正學先生文集七卷　1638

方正學先生幼儀雜箴一卷　953

方正學先生遜志齋集二十四卷拾補一卷
　外紀一卷　1194

方田通法補例六卷　1054

方外志一卷　1561

方外別傳三卷　603

方百川先生經義不分卷　493
方言十三卷　949，1598，1599，1601
方言補校一卷　1856
方言箋疏十三卷　531
方言藻二卷　1677
方叔淵遺稿一卷　1771
方房詩賸一卷　1823
方泉先生詩集三卷　1174，1371
方泉集一卷　1374
方洲先生奉使録二卷　1613
方洲雜言一卷　1613
方洲雜録一卷　1575
方雪齋試帖一卷　1456
方雪齋詩集十二卷　1286
方壺存稿一卷　1374
方植之先生年譜一卷　1860
方程新術草一卷　1055，1717
方程論六卷　1053
方圓冪積一卷　1052
方圓闡幽一卷　1053
方學博全集五種附二種　1864
方輿紀要形勢論略二卷　1746
方輿紀要簡覽一卷　1684
方輿紀要簡覽三十四卷　698
方輿諸山考一卷　1694
方輿類聚十六卷　697
方齋小言一卷　1824
方齋補莊一卷　1824
火攻挈要二卷　984
火攻挈要三卷圖一卷　1736
火攻備要三卷　1741
火星本法一卷　1052
火珠林一卷　1065
火器真訣一卷　1053
火戲略一卷　1636

火藥問答不分卷　1756
斗野支稿一卷　1375
斗野稿支卷一卷　1370
户部井田科奏咨輯要二卷首一卷　659
户部則例九十九卷　646
户部陝西司奏稿（光緒九至十一年）八卷　689
户部漕運全書九十二卷　656
心史二卷　1724
心白日齋集六卷　1349
心字香館詩鈔九卷文鈔二卷　1345
心述三卷　1869
心知堂詩稿十八卷　1292
心相百二十善一卷　1742
心相編一卷　1717
心要經一卷　1675
心矩齋叢書七種　1743
心師竹齋章牘存稿三卷附録一卷　675
心病說一卷　1624，1635
心書一卷　950，1555，1598，1600，1602
心得要旨一卷　1772
心巢文録二卷　1766
心游摘稿一卷　1370
心遠堂詩集十卷　1232
心傳述證録一卷　1120
心經二卷　1037
心經私訂本一卷　1884
心經易氏本一卷　1884
心經金剛經集聯一卷　1884
心算指明　1895
心儀停雲二集合刻八卷附方外詩鈔　1401
心寫録初集二十四卷二集十二卷　1313
心學三卷　964，1122
心齋十種附一種　1856
心齋居士詩稿一卷　1856

心靈學三章　1897

尹少宰奏議十卷　1799

尹文子一卷　949，950

尹文子一卷附校勘記逸文一卷　1672

尹文端公詩集十卷　1255

尹和靖先生集一卷　1638

尹河南先生文集二十七卷附録一卷　1173

尹都尉書一卷　1795

尹健餘先生年譜三卷　1799

尺木樓詩集四卷　1253

尺五堂詩删初刻六卷近刻四卷尺五堂倡和
　　偶刻六卷尺五堂聯珠偶刻三卷　1241

尺岡草堂遺詩八卷　1325

尺雲軒文集二卷　1268

尺雲軒文集續編一卷　1268

尺雲軒尺牘一卷　1268

尺雲軒全集五種　1268

尺雲軒秋窗疊韻詩一卷　1268

尺雲軒詩集四卷　1268

尺箅日晷新義二卷　1054

尺牘合璧　1451

尺牘清裁六十卷補遺一卷　1449

尺牘新鈔十二卷　1736

尺牘新鈔十二卷附尺牘新鈔二選藏弆集十
　　六卷尺牘新鈔三選結鄰集十五卷　1450

［尺牘類集］二卷　1451

弔琵琶一卷　1502，1839

引玉編二卷　1351

引弁首一卷　1841

丑莊日記一卷　1575

卍齋璅録十卷　1677

孔子三朝記一卷　1797

孔子世家考二卷　604

孔子世家補訂一卷　1861

孔子弟子目録一卷　1782，1784

孔子家語十卷　949

孔子家語十卷札記一卷　954

孔子家語八卷　954

孔子家語疏證十卷　1814

孔子集語二卷　949

孔子集語十七卷　954，1679

孔子廟堂碑考一卷　932

孔子編年四卷　610

孔少府集一卷　1361

孔氏祖庭廣記十二卷　1723

孔氏談苑五卷　1649

孔氏雜説一卷　1555，1580，1595，1612

孔北海集一卷　1359

孔門易緒十六卷首一卷　440

孔門師弟年表一卷孟子時事年表一卷　1861

孔門詩集一卷　1884

孔易集注一卷首一卷上下經二卷　442

孔易闡真二卷　1114

孔孟志略三卷　953

孔庭學裔五卷　585，1878

孔聖枕中秘記真本一卷　965

孔聖家語圖十一卷　954

孔廟從祀末議一卷　1630

孔戴遺書三十八種　1648

孔邇録五卷　1834

孔叢子二卷附詰墨一卷　1598，1600，1601

孔叢子二卷詰墨一卷　949

孔叢子七卷　955

孔叢子三卷　1597

巴山七種　1865

巴西地理兵要一卷　1707

巴西政治考一卷　1707

巴西侯傳一卷　1595

（道光）巴州志十卷首一卷　843

巴來蒯政要一卷　1708

（同治）巴東縣志十六卷首一卷　830

巴馬紀略一卷　1707

巴陵人物志十五卷　1877

（同治）巴陵縣志三十卷首一卷　833

（光緒）巴陵縣志六十三卷　833

巴船紀程一卷　1700

巴黎賽會紀略一卷　1711

（乾隆）巴縣志十七卷首一卷　842

（同治）巴縣志四卷　842

以西結書　1134

以當一瓻三卷　1076

以賽亞書　1134

允從集一卷　1379

毋不敬齋全書十七種附一種　1869

毋欺録一卷　1721

毋欺録一卷補一卷　966

毋欺録三卷附觀復堂稿一卷　610

幻異志一卷　1660，1664，1667

幻影傳一卷　1664，1666

幻戲志一卷　1660，1664，1666

五畫

玉山草堂集二卷顧玉山集外詩　1191

玉山草堂續集六卷　1738

玉山堂詞一卷　1851

玉山逸稿四卷補遺一卷附録一卷　1675

玉山詞一卷　1844

玉山閣詩選八卷附梅墅詩選一卷　1264

玉山璞稿一卷　1191，1377

玉山璞稿二卷　1675

（同治）玉山縣志十一卷首一卷附續補
　遺一卷　815

（道光）玉山縣志三十二卷首一卷　815

玉井山館文略五卷文續二卷西行日記一
　卷詩十五卷詩餘一卷筆記一卷附舊游

日記一卷　1321

玉井山館筆記一卷　1730

玉井山館詞一卷　1478

玉井搴蓮集一卷　1801

玉井樵唱一卷　1376

玉可盫詞存一卷補一卷　1475

（乾隆）玉田縣志十卷　721

（光緒）玉田縣志三十卷首一卷　721

（崇禎）玉田識略八卷　721

玉芝堂文集六卷詩集三卷　1263

玉芝堂談薈三十六卷　1018

玉延文筆一卷　1304

玉合記二卷　1503

玉名詁一卷　1676，1832

玉池生稿五卷附雲笥詩一卷織字軒詩一
　卷　1247

玉池談屑一卷　1573

玉芳亭詩集一卷　1421

玉匣記一卷　1559

玉匣記五卷　1067

玉玦記二卷　1504

玉雨詞一卷　1475

玉佩考一卷　431

玉定金科不分卷　1036

玉定金科例誅輯要不分卷　1036

玉定金科例賞輯要不分卷　1036

玉定金科特宥輯要不分卷　1036

玉房秘訣一卷玉房指要一卷　1772

玉函山房目耕帖三十一卷　965

玉函山房輯佚書五百九十三種附一種　1785

玉函真義天元歌一卷　1064

玉函真義古鏡歌三卷　1064

玉城奏疏一卷　1805

玉茗堂全集四十六卷　1212

玉皇十七慈光燈儀一卷　1117

玉皇心印經一卷　1117

玉皇宥罪錫福寶懺一卷　1117

玉泉子一卷　950，1609，1662，1665

玉泉寺志六卷　873

玉食批一卷　1567

玉津閣文略九卷　1349

玉津閣叢書甲集十二種　1880

玉紀一卷　1746

玉紀一卷附玉紀補一卷　1803

玉荷隱語二卷群珠集二卷　1095

玉峰志三卷附校勘記一卷　737

玉峰游記一卷　1689

玉峰續志一卷　737

玉笑零音一卷　1553，1577，1613，1615

玉海二百卷辭學指南四卷　1534

玉海二百卷辭學指南四卷小學紺珠十卷　1533

玉海附刻十三種附一種　1829

玉海纂二十二卷　1534

玉屑詞三卷　1479

玉虛齋集一卷　1884

玉堂後集一卷　1238

玉堂校傳如崗陳先生二經精解全編九卷　1125

玉堂逢辰録一卷　1585，1589

玉堂集一卷　1238

玉堂嘉話八卷　1672

玉堂漫筆一卷　1552，1574，1611

玉堂漫筆三卷　1831

玉堂漫筆摘鈔一卷　1604

玉堂薈記二卷　1670

玉堂雜記一卷　1608

玉堂雜記三卷　1828

玉堂類稿二十卷　1828

玉笙樓詩集十二卷　1351

玉符瑞圖一卷　1562

玉笥集一卷　1377

玉笥集十卷　1737

玉清金笥寶録三卷　1113

玉清菴錯送鴛鴦被雜劇一卷　1499

玉壺冰一卷　1577

玉壺記一卷　1594

玉壺野史十卷　1673

玉壺清話一卷　1586，1590

玉壺清話十卷　1653

玉壺遐覽一卷　1573

玉搔頭二卷　1504

玉楮集一卷　1374

玉窗詩餘一卷　1475

玉窗遺稿一卷　1421

玉楸藥解八卷　997

玉暉堂詩集五卷　1800

玉照新志六卷　1559，1610

玉照新志四卷　1581

玉牒初草二卷　1768

玉獅堂傳奇十種　1505

玉獅墜二卷　1505

玉詮五卷　1120

玉準輪科輯要八卷首一卷末一卷　1126

玉溪生詩說二卷　1753

玉溪編事一卷　1555，1660

玉臺書史一卷　1630，1712，1731

玉臺書史一卷畫史五卷　1076

玉臺書史五卷別録一卷　1731

玉臺畫史五卷別録一卷　1076

玉臺新咏十卷　1388

玉臺新咏考異十卷　1799

玉臺新刻二卷　1822

玉管照神局三卷　1744

玉説一卷　933

玉蕊辨證一卷　1828

玉樞經籥二十四卷首一卷末一卷　1126

玉樞寶經一卷　1117

玉樓春四卷二十四回　1523

玉磑集四卷　1843

玉霄集一卷　1380

玉劍尊聞十卷　1020

玉餘尺牘續編四卷　1340

玉餘外編文鈔一卷　1746

玉澗雜書一卷　1556，1586，1590，1829

玉磬山房詩集六卷文集一卷　1279

玉燕堂四種曲八卷　1505

玉歷鈔傳警世不分卷　1059

玉曆通政經一卷　1562

玉曆鈔傳警世因果實錄合編不分卷　1125

玉器皮貨綢料價目譜　681

玉塵集二卷　1803

玉環記二卷　1504

（光緒）玉環廳志十六卷　813

玉燭寶典一卷　1564

玉簪記二卷　1503

玉簡齋叢書二集八種　1773

玉簡齋叢書十四種　1773

玉璽譜一卷　1568

玉簫女兩世姻緣雜劇一卷　1500

玉簫琴全本初集四卷二集四卷　1486

玉簫詞一卷　1476

玉簫樓詩集一卷　1421

玉鏡臺記一卷　1503

玉譜類編四卷　933

玉瀾集鈔一卷　1372

刊謬正俗八卷　1815

未央術一卷　1796

未灰齋文集八卷外集一卷年譜一卷　1319

未谷詩集四卷　1271

未來流星氣節法度不分卷　1059

未來戰國志十九回　1527

未能録二卷　1861

未虛室印賞不分卷　1091

未篩集一卷　1249

未學堂集八卷　1297

未學齋集十卷　1276

未齋雜言一卷　1572

邗上題襟集不分卷續集不分卷　1282

打馬圖一卷　1568，1592

打馬圖經一卷　1738，1772

打棗譜一卷　1569

巧對録八卷　1023

巧團園二卷　1504

正一山房印譜一卷　1089

正弘集不分卷　1107

正字通十二卷首一卷　513

正志稿十卷　1208

正易心法一卷　1651

正法眼一卷　1615

（乾隆）正定府志五十卷首一卷　714

（光緒）正定縣志四十六卷首一卷末一卷　714

正俗備用字解四卷附一卷　1763

正信除疑無修證自在經一卷　1486

正紅旗滿洲哈達瓜爾佳氏家譜不分卷　594

正氣堂集十六卷續集七卷餘集四卷近稿一卷　1204

正卿集一卷　1378

正部論一卷　1794

正朔考一卷　1552，1555，1611，1677

正教奉傳不分卷　1154

正教奉褒不分卷　1154

正教真詮二卷　1128

正訛八卷　963

正訛初稿一卷　1634

正訛集一卷　1111

（嘉慶）正陽縣志一卷　787

正道啓蒙　1148

正道啓蒙五十課　1148

正統北狩事蹟一卷　1603

正統臨戎録一卷　1603，1621

正蒙一卷　1756

正蒙分目解按一卷　1869

正蒙四書十九卷　478

正蒙注二卷　1845

正蒙會稿四卷　1719

正誼堂文集十二卷　1242，1639

正誼堂全書六十三種續刻三種　1638

正誼堂續集八卷　1639

正誼録五卷　1716

正學儀型四書語録二卷　480

正學編一卷　1572

正學編八卷　966

正學續四卷　1816

正覺樓叢書二十九種　1728

正續文獻通考識大編二十四卷　641

正續名世文宗十六卷　1413

（嘉慶）邛州直隸州志四十六卷首一卷
　　849

功甫小集十一卷放猨集一卷桐江集一卷
　　江山風月集一卷　1306

功順堂叢書十八種　1730

去伐論一卷　1794

去僞齋集十卷首一卷附詞、家令　1833

甘水仙源録十卷　1121

（乾隆）甘州府志十六卷首一卷　801

甘泉鄉人稿二十四卷餘稿二卷年譜一卷四
　　水子遺著一卷邠農偶吟稿一卷　1305

甘泉新論一卷　1816

（嘉慶）甘泉縣續志十卷首一卷　792

甘棠靈會録一卷　1594

甘肅考略一卷　1684

甘肅地略一卷　1708

甘肅忠義録傳十七卷表二十六卷　602

（乾隆）甘肅通志五十卷首一卷　702

（光緒）甘肅新通志一百卷首五卷　702

甘肅諸水編一卷　1695

甘薯録一卷　1713

甘澤謠一卷　1571，1581，1662，1665

甘澤謠一卷附録一卷　1617

甘藷録一卷　1634

世子一卷　1794

世玉集一卷　1380

世本一卷　1603，1667

世本二卷　1784

世本二卷附考證一卷　1752，1799

世本五卷　1784

世本五卷補遺一卷　1785

世本輯補十卷　561

世史正綱三十二卷　548

世忠堂文集六卷附守城善後記略一卷家
　　傳一卷　1312

世要論一卷　1795

世界大哲學家釋迦牟尼傳一卷附迦因小
　　傳一卷　1110

世界末日記一卷　1779

世界哲理進化退化演説一卷　1770

世祖章皇帝位下第二子和碩裕憲親王之
　　後裔不分卷　583

世書一卷　1615，1636

世無匹十六回　1519

世善堂藏書目録二卷　1655

世補齋不謝方一卷　995

世補齋醫書前集六種後集四種　995

世經堂集二十六卷　1204

世管佐領崔姓襲職家譜不分卷附駐防比
　　丁册不分卷　593

世説新語一卷　1607

世説新語八卷　1013

世説新語三卷　1013，1719

世説新語三卷世説新語補四卷　1013

世説新語六卷　1816

世説新語注鈔二卷　1614

世説新語補二十卷　1016

世説新語補二十卷附釋名一卷　1016

世説舊注一卷　1575，1676

世範一卷　1581

世範三卷　1564，1613

世德録不分卷　582

世廟識餘録二十六卷　563

世緯二卷附録一卷　1654

世穆兩朝編年信史六卷　552

艾子後語一卷　1580

艾子雜説一卷　1559，1586，1590

艾言一卷　1622

艾軒詩鈔一卷　1372

艾集二卷　1846

古人今我齋詩八卷　1295

古人居家居鄉法一卷　1622

古三疾齋論語直旨四卷　476

古三疾齋雜撰六卷　1022

古三墳一卷　949，1597，1599，1601，
　　1615

古干亭詩集六卷文集二卷嶺外雜言一卷
　　1443

（光緒）古丈坪廳志十六卷　837

古大學注一卷　1835

古山樂府一卷　1472，1803

古井遺忠集一卷　1747

古夫于亭詩問答一卷　1462

古夫于亭雜録六卷　1733

古今人物論三十六卷　580

古今刀劍録一卷　1552，1597，1599，1601，
　　1602，1659

古今小品八卷　1401

古今中外音韻通例不分卷　525

古今文字表一卷　1793

古今文字通釋十四卷　516

古今文致十卷　1399

古今印史一卷　1085，1554，1578，1612

古今印制一卷　1086

古今印則四卷　1086

古今印萃四卷　1092

古今冬至表四卷　1879

古今考一卷　1555，1612，1677

古今考三十八卷　1010

古今同姓名録二卷　1675

古今合璧事類備要前集六十九卷後集八
　　十一卷續集五十六卷別集九十四卷外
　　集六十六卷　1533

古今名喻八卷　1546

古今名媛彙詩二十卷　1391

古今字詁一卷　503，1793

古今孝子所見録十二卷　600

古今長者録八卷附筆疇一卷讀書簡要一
　　卷　580

古今事物考八卷　1656

古今法制表十五卷　668

古今法書苑七十六卷　1070

古今注三卷　950，1599，1600，1602，
　　1605，1606，1607，1615，1779，1797

古今治平略三十三卷　643

古今治平彙要十四卷　957

古今治統二十卷　577

古今姓氏書辯證四十卷附校勘記三卷　1672

古今律曆考七十二卷戊申立春考證一卷　1798

古今風謠一卷　1651，1676，1871

古今風謠二卷　1831

古今風謠拾遺四卷　1871

古今炯鑒一卷附四戒寶箴一卷　966

古今紀要十九卷　571

古今振雅雲箋十卷　1449

古今夏時表一卷　1885

古今原始十四卷　1538

古今秘苑十五卷續錄十三卷　1031

古今書刻二卷　937，941，1772

古今書評一卷　1616

古今通論一卷　1794

古今通韻十二卷首一卷　526

古今萬姓統譜一百四十卷歷代帝王姓系統譜六卷氏族博考十四卷　1546

古今詞論一卷　1474

古今善言一卷　1796

古今游名山記十七卷總錄三卷　899

古今算學叢書編目不分卷　945

古今偽書考一卷　936，1655

古今說海一百三十五種　1594

古今樂錄一卷　1783，1789

古今翰苑瓊琚十二卷皇明宸藻一卷　1397

古今錢略三十二卷首一卷末一卷　927

古今諺一卷　1577，1651，1676，1871

古今諺二卷　1831

古今諺拾遺四卷　1871

古今輿地考一卷續編一卷　698

古今濡削選章四十卷　1402

古今藥石二卷　1714

古今醫統大全一百卷　998

古今醫統正脉全書四十四種　991

古今韻考四卷　1765

古今韻考四卷附記一卷切韻一卷　1762

古今韻通一卷　1715

古今韻略五卷　527

古今韻會舉要小補三十卷　523

古今類書纂要增删十二卷　1538

古今釋疑十八卷　1011

古今議論參五十五卷　674

古今體詩鈔五卷賦集附一卷蝶庵自藥一卷附德滋堂歌詩附鈔一卷　1222

古文正集二編不分卷　1402

古文世編一百卷　1398

古文孝經孔氏傳一卷　1652

古文孝經述義一卷　1790

古文苑二十一卷　1719

古文苑二十一卷附校勘記一卷　1673

古文析義十六卷　1399

古文尚書三卷　1786

古文尚書正辭三十三卷　448

古文尚書考一卷　1631，1712，1722

古文尚書考二卷　426，446，496，1633

古文尚書析疑一卷　445

古文尚書音一卷　1787

古文尚書冤詞八卷　1840

古文尚書冤詞平議二卷　500，1880

古文尚書商是一卷　445

古文尚書舜典注一卷　1787

古文尚書疏一卷　1783

古文尚書撰異三十二卷　1854

古文尚書撰異三十三卷　426

古文尚書辨一卷　1631

古文尚書辨一卷附古文尚書考一卷　1741

古文尚書辨二卷　1715

古文尚書辨八卷　1716
古文尚書辨惑十八卷　445
古文尚書辨僞二卷　1855
古文尚書釋難二卷　445
古文周易參同契注八卷　1719
古文定本五卷　1396
古文官書一卷　1751，1793
古文品外録二十四卷　1396
古文品外録十二卷　1396
古文眉詮七十九卷　1400
古文約選不分卷　1399
古文原始一卷　1867
古文雋十六卷　1398
古文參同契一卷參同契箋注一卷古文參
　同契三相類一卷　1123
古文參同契集解一卷箋注集解一卷　1616
古文雅正十四卷　1401
古文筆法二十卷　1471
古文筆法百篇二十卷　1470
古文筆譜二卷　1470
古文備體奇鈔十二卷附録一卷　1395
古文詞略二十四卷　1388
古文淵鑑六十四卷　1399，1640
古文資鏡不分卷　1400
古文瑣語一卷　1794
古文精藻二卷　1845
古文骈前集十六卷後集十八卷　1396
古文賞音十二卷　1400
古文襃異集記十四卷　1399
古文審八卷　517
古文關鍵二卷　1819
古文辭彙纂序目一卷　1668
古文辭類纂七十五卷　1400
古文辭類纂七十四卷　1400
古文韻語一卷　1676，1831

古文釋義新編八卷　1400
古方通今一卷　1005
古巴述略一卷　1711
古巴節略一卷　1707
古巴雜記一卷　1706
古玉圖考一卷　1568
古玉圖考不分卷　933
古本大學通解二卷　1822
古本大學解二卷　1725
古本大學説一卷附大學改本考一卷　474
古本大學輯解二卷　1799
古本難經闡注四卷　999
古史六十卷　543，544
古史考年異同表二卷　1861
古史紀年十四卷　560，1861
古史輯要六卷　1736
古史釋地三卷　1876
古令無慶生日文一卷　1841
古印考略一卷　1086
古列女傳八卷續列女傳一卷　1816
古先君臣圖鑑不分卷附小傳古贊　580
古州雜記一卷　1700
古孝子傳一卷　1785
古均閣遺文一卷　1863
古均閣遺著三種　1863
古均閣遺詩一卷　1863
古均閣寶刻録不分卷　930
古志石華三十卷　1720
古芬閣書畫記十八卷　1070
古言一卷　1572
古局象棋局一卷　1772
古局象棋圖一卷　1569，1592
古杭夢游録一卷　1563，1581，1587，
　1591，1592
古杭雜記一卷　1595，1608，1807

古事比五十二卷　1539

古奇器録一卷　1554，1578

古奇器録一卷附江東藏書目録小序　1611，
　1722，1831

古营軒詞一卷　1475

古易音訓二卷　500，1729，1753，1754

古岡初政録一卷　1822

古金待問録一卷　1629

古金待問録五卷補遺一卷　927

古金待問録五卷補遺一卷秦漢瓦圖記四
　卷補遺一卷　927

古金待問録四卷録餘一卷補遺一卷　1658

古金録四卷附錢幣考　927

古周易一卷　419，422

古周易訂詁十六卷　443

古刻叢鈔一卷　921，1656，1679

古奏議不分卷　687

古城文集六卷首一卷補遺一卷　1197

古南餘話五卷　1858

古柏齋讀書雜識一卷　1778

古品節録六卷　601

古香岑草堂詩餘正集六卷新集五卷續集
　二卷別集四卷　1220

古香樓詞一卷　1476

古香樓吟稿二卷詞稿一卷　1244

古香樓詩集一卷　1421

古香齋袖珍十種　1640

古香齋鑒賞袖珍初學記三十卷　1532

古香齋蘇詩四十二卷續補遺二卷　1181

古俗字略五卷漢碑用字一卷俗用雜字一
　卷　1832

古泉山館詩集八卷附錢安人行略　1289

古泉山館題跋二卷　1768

古泉匯六十四卷續十六卷　1868

古泉匯六十四卷續泉匯十四卷補遺二卷
　928

古泉叢話三卷　928，1757

古泉雜咏四卷　929，1355

古音合二卷　1677

古音附録一卷　1676

古音表二卷　529

古音後語一卷　1832

古音略例一卷　1676，1831

古音複字二卷　1832

古音複字五卷　1676

古音餘五卷　1676

古音餘五卷古音附録一卷　1832

古音駢字二卷　1832

古音駢字五卷　1676

古音諧八卷　1858

古音諧八卷首一卷　527

古音叢目五卷　1676，1832

古音獵要五卷　1676，1832

古音類表九卷　525，1878

古洋遺響集一卷　1771

古紅梅閣集八卷附劉觀藻紫藤花館詩餘
　一卷　1334

古桐書屋六種　1871

古桃州寓草二卷　1283

古格言十二卷　1861

古雋八卷　1676，1831

古唐詩合解十二卷　1408，1409

古唐詩合解十二卷附古詩四卷　1408，
　1409

古海國沿革考一卷沿革表一卷　1682

古書拾遺四卷　1861

古書疑義舉例七卷　432

古書隱樓藏書三十八種　1122

古梅吟稿一卷　1375

古雪詩餘一卷　1475

古國都今郡縣合考一卷　1628

古瓶集三卷　1846

古瓶續集二卷　1846

古逸書三十卷首一卷末一卷　1397

古逸詩載十二卷　1389

古清涼傳二卷　1023

古琴疏一卷　1568

古越藏書樓書目二十卷　939

古握機經三卷緯十五卷　1615

古硯香齋遺詩六卷試帖一卷　1349

古棠書屋叢書十七種　1714

古鼎外集一卷　1379

古畫品録一卷　1567，1583，1617

古墓斑狐記一卷　1582

古榆軒詩鈔七卷詩餘一卷　1353

古愚心言八卷　1237

古愚叢書（古愚老人消夏録）十七種　1851

古微書三十六卷　1671

古微書存考一卷　532

古微書訂誤一卷　532

古微堂内集三卷　1756

古微堂内集三卷外集七卷　1309

古鉢集選一卷　1844

古詩十九首解一卷　1651

古詩十九首説一卷　1733

古詩源十四卷　1389

古詩箋三十二卷　1389

古詩録十二卷　1389

古經天象考十二卷圖説一卷緒説一卷　1776

古經服緯三卷附釋問一卷　1799

古經解鈎沉三十卷　493

古經解彙函十六種　498

古算衍略一卷　1053

古算器考一卷　1650

古劇脚色考一卷　1781

古賦首選不分卷　1393

古賦識小録八卷　1393

古墨齋金石跋六卷　1777，1806

古樂苑五十二卷前卷一卷衍録四卷目録二卷　1389

古樂府十卷　1389

古樂經三卷　1716

古樂經傳五卷　1844，1845

古劍書屋詩鈔八卷文鈔二卷　1249

古魯詩一卷　1607

古論語六卷　1790

古緣萃録十八卷　1073

古學考一卷　1769

古學記問録十五卷　1541

古學彙纂十卷　1538

古錢譜一卷　929

古諺閒譚四卷　1854

古諺箋十一卷　1862

古謡諺一百卷　1745

古禮令律無繼嗣文一卷　1841

古藤書屋詩鈔不分卷　1337

古籀拾遺三卷宋政和禮器考一卷　925

古鏡約編二卷　1761

古鏡記一卷　1571，1582，1660

古韻通説二十卷　526

古韻發明不分卷切字肆考不分卷　528

古韻溯原八卷　528

古韻標準四卷詩韻舉例一卷　1658，1671，1737

古韻論三卷　1730

古籌算考釋六卷　1055

古籌算考釋續編八卷　1055

古歡社約一卷　1623，1767

古歡室集八卷　1352

古歡室詩集三卷詞集一卷　1352

古歡堂集三十六卷　1820

古歡堂詩集四卷　1313

古穰雜録一卷　1574，1588，1608

古穰雜録摘鈔一卷　1603

古觀人法一卷　1622

古艷樂府一卷　1629

本心齋疏食譜一卷　1552

本事詩一卷　1565，1585，1606，1616，
　　1617，1659，1662，1665，1727

本事詩一卷續本事詩一卷　1581

本事詩十二卷　1465，1747

本草三家合注六卷附神農本草經百種録
　　一卷　1002

本草求真九卷圖一卷卷後目録一卷主治
　　二卷脉理求真三卷　1003

本草述三十二卷　1003

本草衍義二十卷　1744

本草原始十二卷　1002

本草問答二卷　997

本草崇原三卷　996

本草崇原集説三卷附録一卷　1002

本草從新十八卷　994

本草從新十八卷附藥性總義一卷　1003

本草備要八卷　994

本草詩箋十卷　1003

本草彙言二十卷　1002

本草經疏三十卷　996

本草綱目五十二卷附藥品總目一卷圖三
　　卷奇經八脉考一卷脉訣考證一卷瀕湖脉
　　學一卷萬方針綫八卷拾遺十卷　1002

本草綱目五十二卷圖二卷　1002

本草選六卷　993

本朝五言近體瓣香集十六卷　1416

本朝名家詩鈔小傳四卷　1659

本朝名媛詩鈔六卷　1416

本朝茶法一卷　1567，1587，1591，1592

本朝詩鈔小傳三卷　1727

本朝館閣詩二十卷附録一卷　1454

本朝館閣賦前集十二卷後集七卷補遺一
　　卷附録一卷　1454

本朝應制和聲集六卷　1416

本朝應制琳琅集十卷首一卷　1454

本經逢原四卷　993

本經疏證十二卷本經續疏六卷本經序疏
　　要八卷　1003

本齋集一卷　1380

札迻十二卷　1025

札樸十卷　1743

可之先生全集録二卷　1363

可立集一卷　1380

可作集八卷　1423

可書一卷　1744

可園文存十六卷　1342

可園詩存二十八卷詞存四卷　1342

可園詩存二卷　1427

可園詩鈔七卷　1357

可園詩鈔外集四卷　1358

可儀堂文集二卷　1649

可談一卷　1551，1559，1611

可齋詩稿一卷　1375

可齋雜記一卷　1608

可廬著述十種叙例一卷　1822

丙丁龜鑑五卷丙丁龜鑑續録一卷續丙丁
　　龜鑑一卷復續丙丁龜鑑一卷　1677

丙丁龜鑑五卷續録一卷　1611

丙子學易編一卷　419，422

丙辰劄記一卷　1777

丙寅北行日譜一卷　1655

左太沖集一卷　1158

左氏兵法二卷　1715

左氏兵法五卷附集戰國兵法一卷孔孟言兵事十六條二卷　982
左氏奇説一卷　1789
左氏春秋考證二卷　428
左氏春秋集説十卷凡例二卷　464
左氏春秋聚十八卷左辨隨劄一卷表一卷定稿存原二卷　466
左氏蒙求注一卷　1036，1037，1651，1713
左氏傳解誼四卷　1783
左氏傳説二十卷　420
左氏傳説二十卷首一卷　1758，1818
左氏膏肓一卷　1784
左文襄公文集五卷　1871
左文襄公年譜十卷　614
左文襄公全集五種　1870
左文襄公奏稿六十四卷　1871
左文襄公書牘二十六卷　1871
左文襄公詩集一卷　1871
左文襄公謝摺二卷　1870
左忠貞公文集八卷　1360
左忠毅公年譜定本二卷　1779
左忠毅公集三卷　1360
左官異禮略一卷　1862
左記十二卷　465
左海乙集駢體文二卷　1821
左海文集乙編三卷　1820
左海文集二卷　427
左海文集十卷　1820，1821
左海全集十種　1821
左海詩鈔六卷　1820
左海經辨二卷　427，1820，1821
左通補釋三十二卷　429，467
左國腴詞八卷　1596，1737
左國類典詳注六卷　1542

左庵詞話不分卷　1481
（光緒）左雲縣志稿初集十卷首一卷　755
左傳十八卷　495
左傳人名辨異三卷　466，1801
左傳列國職官一卷　1657
左傳杜注辨證六卷　1777
左傳杜解補正三卷　425，497，1669，1837
左傳快評八卷　466
左傳事緯四卷　1676
左傳官名考二卷　1677
左傳拾遺二卷　1847
左傳紀事本末五十三卷　553
左傳紺珠二卷　1036，1037
左傳博議拾遺二卷　1764
左傳評三卷　1658
左傳補注一卷　1765
左傳義法舉要一卷　1725，1847
左傳經世鈔二十三卷　463，464
左傳器物宮室一卷　1657
左傳舊疏考正八卷　430，1816
左傳濟變録二卷　1839
左傳釋一卷　1836
左粹類纂十二卷　1544
左繡三十卷首一卷春秋經傳集解三十卷首一卷　466
左觿一卷　1830
右北平集一卷　1839
右台仙館筆記十六卷　1874
石友贊一卷　1628
石田先生集十一卷　1195
石田集一卷　1376
石成金官紳約一卷十反説一卷　1769
石帆詩鈔十卷　1264
石臼集前集九卷後集七卷　1221

石守道先生集二卷　1639

石里雜識一卷　1629

石初集一卷　1377

石盂集一卷　1846

石林先生春秋傳二十卷　420，423

石林治生家訓要略一卷　1829

石林居士建康集八卷　1829

石林居士建康集八卷補遺一卷附兩鎮建
　康紀年略一卷　1180

石林奏議十五卷　691

石林家訓一卷　1564，1829

石林詞一卷　1829

石林詩話一卷　1616

石林詩話三卷　1551，1566

石林詩話三卷附録一卷附録補遺一卷
　1829

石林遺事三卷附録一卷　1829

石林遺書十三種　1829

石林燕語一卷　1556，1581，1586，1590

石林燕語十卷　1610

石林燕語考異十卷　1829

石林燕語辨十卷附校一卷　1829

石虎山武陵侯志十八卷首一卷　873

石門文字禪三十卷　1179，1812

石門詩鈔一卷　1373

石門諸山記一卷　1688

（光緒）石門縣志十一卷　804

（康熙）石門縣志十二卷　804

（同治）石門縣志十四卷首一卷　838

（嘉慶）石門縣志五十五卷　838

石門題跋二卷　1617

石刻鋪叙二卷　1658

石刻鋪叙二卷附録一卷　1653

石函記一卷　1118

石函記二卷　1113

石城七子詩鈔十四卷　1427

（光緒）石城縣志九卷首一卷末一卷　863

（嘉慶）石城縣志六卷首一卷　863

石柱記箋釋五卷　880，1738

石泉書屋尺牘二卷　1868

石泉書屋全集十二種　1868

石泉書屋制藝二卷補編一卷　1868

石泉書屋制藝二卷詩鈔六卷館課詩二卷
　1317

石泉書屋律賦二卷　1868

石泉書屋詩鈔八卷　1868

石泉書屋館課詩二卷　1868

石泉書屋藏器目一卷　1764

石泉書屋類稿八卷　1868

石泉集一卷　1379

（道光）石泉縣志四卷　796

石亭記事一卷續編一卷　1865

（同治）石首縣志八卷　826

石洞遺芳集二卷　1819

石洲詩話八卷　1738

石室秘録六卷　1000

石屋書五種　1867

（乾隆）石屏州志八卷　868

石屏詩集十卷　1814

石屏詩鈔一卷　1373

石屏續集四卷　1370

石莊詩集十卷　1314

（道光）石砫廳新志十二卷　853

石倉十二代詩選□□卷　1391

石菊影廬筆識二卷　1881

石堂先生遺集二十二卷　1188

石堂先生遺稿一卷　1379

石堂集十卷附石堂近稿一卷金臺隨筆一
　卷　1327

石笥山房文集六卷補遺一卷詩集十一卷詩

餘一卷詩集補遺二卷續補遺二卷　1254

石渠居士集一卷　1380

石渠意見四卷拾遺二卷補缺一卷　1719

石渠閣删注四書人物考四十卷附四書雜考六卷　488

石渠閣新訂四書講義童子問十卷　483

石渠隨筆八卷　1718，1739

石渠餘紀六卷　673

石渠禮論一卷　1783，1788

石雲山人詩集二十三卷文集五卷奏議六卷　1293

石湖先生詩鈔六卷　1373

石湖居士詩集三十四卷　1182，1183

石湖紀行三錄三卷　1655

石湖詞一卷補遺一卷　1653

石湖詩集一卷　1364

石湖詩鈔一卷　1372

石湖詩選一卷　1373

石畫記五卷　1076，1817

石鼓文正誤四卷　931

石鼓文定本十五卷　931

石鼓文音釋一卷　1831

石鼓文音釋三卷附錄一卷　1676

石鼓文集釋一卷　1856

石鼓文鈔二卷　930

石鼓文匯不分卷　931

石鼓文纂釋不分卷　519

石鼓然疑一卷　1856

石鼓齋印鼎九卷　1087

石塘稿一卷　1378

石溪舫詩話二卷　1287

石經一卷　1784

石經公羊一卷　1794

石經考一卷　491，496，1669，1742，1837，1837

石經考文提要十三卷　491

石經考異二卷　491，1850

石經尚書一卷　1793

石經殘字考一卷　1657

石經補考十一卷　491

石經彙函十種　490

石經閣文初集八卷附種芸仙館詞二卷釣船笛譜一卷月湖秋瑟二卷　1299

石經閣金石跋文一卷　921，1753

石經儀禮一卷　1794

石經魯詩一卷　1793

石經論語一卷　1794

石經齋精選十四科詩正全集不分卷　1393

石臺聯咏一卷　1444

石閭集一卷　1228

（雍正）石樓縣志八卷　753

石遺室詩集十卷補遺一卷朱絲詞二卷文集十二卷續集一卷三集一卷　1353

石墨鐫華八卷　930，1652，1716

石墨鐫華六卷附錄二卷　921

石頭山人遺稿一卷　1826

石點頭十四卷　1506

石齋先生經傳九種　493

石譜一卷　1670

石蘭堂詩稿九卷　1296

石蘭詩鈔一卷　1421

石鐘山志十六卷首一卷　894

布哈爾志一卷　908

布袋和尚忍字記雜劇一卷　1500

布路斯國暨德意志通商稅務各國和約章程一卷　662

戊申立春考一卷　1572

戊申立春考證一卷　1552，1612

戊戌奏稿　696

戊辰雜抄一卷　1558

戊庚隨筆一卷　1823

戊笈談兵十卷　983

戊笈談兵十卷首一卷附補校録一卷　1849

平三角和較術二卷　1054

平山堂記一卷　1697

平山堂圖志十卷　870

平山堂圖志十卷首一卷　870

（咸豐）平山縣志八卷　715

（光緒）平山縣續志八卷　715

平平言四卷　684

平夷賦一卷　1604

平夷録一卷　1605

平回志八卷　566

平回記略一卷　558

平仲清江集鈔一卷　1371

平江記事一卷　1574

（同治）平江縣志五十五卷首二卷末一
　　卷　833

平安館藏器目一卷　1763

平吴録一卷　1603，1669

（光緒）平利縣志十卷　796

（乾隆）平利縣志四卷　796

（乾隆）平谷縣志三卷　708

平宋録三卷　1671

平妖傳八卷四十回　1513

平苗紀略一卷　556

平苗記一卷　1701

平易方四卷　1005

平定三逆方略六十卷　555

平定交南録一卷　1574，1589，1604，
　　1621，1661，1669，1816

（光緒）平定州志十六卷首一卷　756

（乾隆）平定州志十卷　755

（乾隆）平定州志十卷補遺一卷　756

平定兩金川方略一百三十六卷首八卷紀

略一卷藝文八卷　556

平定兩金川述略一卷　1700

平定耿逆記一卷　558

平定粵匪紀略十八卷附記四卷　565

平定粵寇紀略十八卷附記四卷　565，1745

平定臺灣述略一卷　1701

平定羅刹方略一卷　1683

平定羅刹方略四卷　1730

平胡緑一卷　1603

平胡録一卷　1593，1831

（道光）平南縣志二十二卷首一卷　866

平泉山居草木記一卷　1564，1584，1662，
　　1665

平泉山居雜記一卷　1564

平脉考一卷　1770

（道光）平度州志二十七卷　771

（康熙）平度州志十二卷　771

平津館文稿二卷　1753，1880

平津館叢書三十二種　1678

平津館鑒藏書籍記三卷補遺一卷續編一
　　卷　1729，1754，1771

平津讀碑記八卷續記一卷　921，1753

平津讀碑記八卷續記一卷再續一卷三續
　　二卷　1771

平夏録一卷　1552，1594，1603，1608，
　　1669

平原君書一卷　1794

（乾隆）平原縣志十卷首一卷　764

平海紀略一卷　1634

平書八卷　1815

平書訂十四卷　1799

（光緒）平陰縣志八卷首一卷　775

（順治）平陰縣志八卷首一卷　775

（嘉慶）平陰縣志四卷　775

（道光）平陰縣志續刻不分卷　775

平陽全書十五卷　1061，1063
（浙江杭州）平陽汪氏第九十二世小宗
　　譜六卷　589
（康熙）平陽府志三十六卷　747
（雍正）平陽府志三十六卷附憲綱一卷
　　747
（乾隆）平陽縣志二十卷首一卷　804
（同治）平鄉縣志十二卷首一卷　716
平巢事蹟考一卷　1640
平等閣詩話二卷　1469
（康熙）平順縣志十卷　751
平番始末一卷　1593
平番奏議四卷　689
（光緒）平湖縣志二十五卷首一卷末一
　　卷附殉難録一卷　805
（乾隆）平湖縣志十卷首一卷末一卷　805
平湖顧氏遺書三種　1866
（道光）平遠州志二十卷　869
（光緒）平遠州續志八卷首一卷　869
平遠宮保督蜀批札節略不分卷　676
平園近體樂府一卷　1771
平園續稿四十卷　1828
平蜀紀事一卷　558
平蜀記一卷　1593，1603，1621，1669
（光緒）平遙縣志十二卷首一卷　752
（康熙）平遙縣志八卷　752
平臺紀略一卷　558，1250，1632，1848
平臺紀略不分卷　556
平臺記略一卷　1659
平臺灣生番論一卷　1701
平閩記十三卷　565
平漢録一卷　1593，1603，1669
平播全書十五卷　1798
（嘉慶）平樂府志四十卷首一卷　865
（光緒）平樂縣志十卷　865

平齋文集三十二卷拾遺一卷附録一卷空
　　同詞一卷　1185
平齋詞一卷　1474
平藩始末二卷　1604
平灘紀略六卷附蜀江指掌　898
平蠻録一卷　1604，1621
卡倫形勢記一卷　1685
北上偶録三卷　1870
北山小集鈔一卷　1372
北山文集三十卷　1818
北山酒經三卷　1654
北山集三卷　1439
（廣東中山）北山楊氏族譜十卷首一卷
　　593
北山録一卷　1559
北户録一卷　1563，1584，1594，1662，
　　1665
北户録三卷附校勘記一卷　1744
北平録一卷　1593，1603，1621
北史一百卷　534，535，536，541
北印度以外疆域考一卷　1710
北邙説法一卷　1502
北西厢記二卷　1503
北行日記一卷　1698
北行日録一卷　1698
北行日録二卷　1655
北江詩話六卷　1738
北村集一卷　1380
北里志一卷　1565，1585，1662，1665
北宋石經考異一卷　428
北宋汴學二體石經記一卷　491
北宋汴學篆隸二體石經記一卷　1865
北苑別録一卷　1567，1587，1591，1592，
　　1674
北固山志十二卷首一卷　890

北使紀略一卷　558

北使録一卷　1603

北征日記一卷　1698

北征事蹟一卷　1593，1603，1669

北征後録一卷　1552，1594

北征記一卷　1552，1594，1603，1608，
　1621

北征録一卷　1552，1594，1608

北周公卿表　1874

北郊配位尊西向議一卷　1840

北郊配位尊西嚮議一卷　1650

北風揚沙録一卷　1560

北洋水師號衣圖説一卷　981

北洋公牘類纂正編二十五卷　675

北洋海防津要表一卷　1710

北洋海軍來遠兵船管駕日記不分卷　616

北洋海軍章程　665

北洋銀行專修所試辦章程　681

北軒筆記一卷　1655

北郭集一卷　1381

北郭集六卷補遺一卷續補遺一卷　1802

北郭詩帳二卷　1811

北海集一卷　1762

（光緒）北流縣志二十四卷　867

（乾隆）北流縣志十卷　867

北堂書鈔一百六十卷　1532

北隅掌録二卷　1808

北隅綴録二卷續録二卷　879，1811

北雁蕩紀游一卷　1691

北道刊誤志一卷　1671

北湖小志六卷首一卷　1859

北游紀略一卷　1687

北游紀程一卷　1700

北游集一卷　1882

北窗瑣語一卷　1647

北窗囈語一卷　1750

北夢瑣言一卷　1607

北夢瑣言二十卷　1014，1609，1668

北夢瑣言二十卷逸文四卷附録一卷　1767

北斡考一卷　1693

北虜事蹟一卷　1593

北虜紀略一卷　1553

北溪先生四書字義二卷性理字訓一卷朱
　子三書一卷　958

北溪先生字義二卷補遺一卷嚴陵講義一
　卷附一卷　1748

北溪字義二卷補遺一卷嚴陵講義一卷
　1719，1756

北溪詩文集二十卷文稿二卷　1269

北臺集一卷後集一卷　1883

北墅抱甕録一卷　1632

北墅緒言五卷　1844

北齊書五十卷　534，535，536，540

北齊書五十卷附考證　540

北牕炙輠録二卷　1640，1674

北牕詩稿一卷　1370

北學編四卷　599

北徼山脉考一卷　1693

北徼水道考一卷　1696

北徼方物考一卷　1687

北徼形勢考一卷　1686

北徼城邑考一卷　1687

北徼喀倫考一卷　1687

北轅録一卷　1561，1594，1608，1702

北嶽中嶽論一卷　1688

北嶽恒山歷祀上曲陽考一卷　1625，1628

北嶽辨一卷　1688

北邊備對一卷　1561，1594，1606，1608

北歸志一卷　1702，1843

北廬詩鈔二卷　1229

占易秘解一卷　442

且甌集九卷　1303

目前集二卷　1833

目耕帖三十一卷　1797

目蓮三世寶卷三卷　1487

目蓮救母幽冥寶傳二卷　1042

目蓮寶卷全集一卷　1487

叶韻考正十六卷　529

甲乙二友論述　1152

甲乙剩言一卷　1553，1574，1589，
　　1610

甲乙集十卷補遺一卷　1367，1369

甲子紀元集成九卷　653

甲子紀年表一卷　1881

甲子會紀五卷　653

甲申日記十卷　564

甲申忠佞紀事一卷　558

甲申紀事一卷　558

甲申紀變實録一卷　558

甲申傳信録十卷　1781

甲申臆議一卷　1836

甲集奏議十二卷首一卷　1308

申子一卷　1795

申氏拾遺集二卷　1798

申江勝景圖不分卷　899

申宗傳一卷　1585，1663，1666

申端愍公文集二卷詩集八卷首一卷末一
　　卷　1798

申端愍公集一卷　1360

申學士校正古本官板書經大全十卷首一
　　卷圖一卷綱領一卷　491

申學士校正古本官版書經大全十卷首一
　　卷　492

申鑒五卷　949，956，1597，1598，1600，
　　1602

申鑒五卷附札記一卷　1764

田子一卷　1795

田叔禾小集十二卷　1204，1812

田居乙記一卷　1574，1588

田居乙記四卷　1613

田俅子一卷　1795

田家五行一卷　1577

田家五行二卷　1554

田家曆一卷　1577

田家雜咏一卷　1384

田家雜興一卷附六廉耕墅題翰三卷　1338

田間文集三十卷附錢公飲光府君年譜　1225

田間易學不分卷　439

田間書一卷　1557，1661

田間詩學不分卷　452

田園詩一卷　1614

田盤挂月山莊三快堂帖釋文一卷　1762

由余書一卷　1795

由拳集二十三卷　1211

由藏歸程記一卷　1686

史氏喬梓五種　1827

史外八卷附録一卷　583

史見二卷　1816

史佚書一卷　1795

史伯平先生所著書二種　500

史表號名通釋三卷　1877

史事論甲編十卷乙編六卷丙編四卷丁編
　　四卷　578

史忠正公集五卷　1218

史忠正公集六卷　1363

史忠正公集四卷　1360

史忠正公集四卷首一卷附録一卷　1798

史姓韻編六十四卷　594

史拾不分卷　577

史要七卷　572

史記一百三十卷　534，535，536，537，
　　1640
史記一百三十卷附考證　537
史記天官書補目一卷　1633
史記注補正一卷　1847
史記菁華録六卷　573
史記短長説二卷　1736
史記鈔二十卷　573
史記鈔九十一卷　573
史記評林一百三十卷　537
史記評林一百三十卷補史記一卷　537
史記測議一百三十卷　575
史記綜芬評林三卷　575
史記論文一百三十卷　575
史記題評一百三十卷補史記一卷　537
史記蠡測一卷　1862
史剡一卷　1555
史案二十卷　575
史案日抄八卷　575
史通削繁四卷　574
史通訓故補二十卷　574
史通通釋二十卷附録一卷　574
史通會要三卷　1831
史略一卷　1632
史略八十七卷　572
史略六卷　1658
史筌五卷　572
史載之方二卷　997，1743
史義拾遺一卷　1715
史疑一卷　1805
史説十卷　1831
史説五卷　1863
史説略四卷　1877
史漢方駕三十五卷　538
史漢通鑑注正一卷　1715

史漢駢枝一卷　1766
史輪一卷　1615
史餘二十卷　578
史論五答一卷　1634，1813
史編雜録一卷　1715
史緯三百三十卷首一卷　571
史學提要二卷　1592
史學提要箋釋五卷　575
史館劄子二卷　1841
史館擬判一卷　1841
史籀篇一卷　1793
史鏧不分卷附改元考一卷　573
史觿十七卷　571
史懷二十卷　1815
史鑑年表彙編十四卷　570
史鑑理畫一卷　1879
史鑑理話一卷　1879
史鑑節要便讀六卷　1756
史鑑節要便讀六卷末一卷　579
叩舷吟一卷　1441
叩舷憑軾録一卷　1651
叩鉢齋纂行厨集十八卷　1548
叩槃集一卷　1822
四十初度述懷一卷　1748
四大奇書第一種三國志演義二十三卷首
　　一卷一百二十回　1512
四大奇書第一種三國志演義十九卷首一
　　卷一百二十回　1513
四大奇書第一種三國志演義六十卷一
　　百二十回　1512
四大奇書第一種三國志演義六十卷首一
　　卷一百二十回　1513
四川考略一卷　1684
四川地略一卷　1708
四川名勝記四卷　900

四川官運鹽案類編二十八卷續編三十八卷續編十六卷　658

（嘉慶）四川通志二百四卷　703

（雍正）四川通志四十七卷首一卷　703

四川試牘一卷詩賦一卷　1435

四川鹽法志四十卷　658

四王合傳一卷　558

四元玉鑑細草三卷　1056

四元記二卷三十六齣　1494

四元解二卷　1053

四友記二卷五十五齣　1505

四友遺詩四種　1384

四友齋叢説摘鈔七卷　1604

四六全書五種　1834

四六初徵二十卷　1394

四六妙句一卷　1831

四六法海十二卷　1394

四六新函十二卷　1394

四六餘話一卷　1566

四六談塵一卷　1551

四六雕蟲十卷　1825

四六叢話三十三卷選詩叢話一卷　1470

四六叢話緣起一卷　1668

四六類腋不分卷　1394

四六類編十三卷　1834

四史勦説十六卷　578

四史鴻裁四十卷　573

四生譜四集　1079

四印齋所刻詞二十種附宋元三十一家詞　1480

四民月令一卷　1564，1779，1783，1856

四百三十二峰草堂詩一卷　1350

四夷考八卷　1611

四此堂稿十卷　1228

四字鳥語一卷　1716

四丞相高會麗春堂雜劇一卷　1500

四明山寨紀一卷　1837

四明天一閣藏書目録一卷　1774

四明它山水利備覽二卷　1671

四明先生遺集一卷　1360

四明忠孝節義傳圖不分卷　585

四明談助四十六卷　880

四典要會四卷　1153

四忠遺集三十九卷　1363

四知堂文集三十六卷　1256

四刻黄維章先生詩經嬝嬛體注八卷　451

四砭齋省身日課十四卷　969

四音定切四卷　1871

四音釋義十二卷　529

四洪年譜四卷　610

四洲志一卷　1711

四素山房集十九卷皇華集一卷　1219

四時幽賞録一卷　1809

四時寶鏡一卷　1564

四秘全書十二種　1063

四庫全書提要分纂稿一卷　1814

四庫全書辨正通俗文字一卷　1659

四庫全書辨證通俗文字一卷　1717

四庫書目庋藏表　937

四庫書目略二十卷　946

四益易説一卷　1769

四益詩説一卷　1769

四益館經學四變記一卷　1769

四益館經學叢書五種　500

四益館雜著不分卷　1770

四家語録六卷　1101

四書十一經通考二十卷　480

四書十九卷　487，1640

四書十九卷附校刊記　479

四書人名考二十卷　488

四書人物考訂補四十卷　488

四書大成三十八卷　485

四書大全四十卷　479

四書大全辯六十二卷首一卷　479

四書小參一卷四書問答一卷　482

四書反身錄八卷　484，1712

四書文一卷　1874

四書文法摘要一卷　1716

四書古人典林十二卷　489

四書古人紀年四卷　489

四書古注群義彙解十種　487

四書左國彙纂四卷　482

四書考異一卷　1839

四書考異三十六卷　426，480

四書考輯要二十卷　482

四書朱子大全統義十九卷　485

四書朱子本義匯參四十三卷首四卷　485

四書朱子或問語類三十六卷　480

四書朱子異同條辨四十卷　484

四書朱子集注古義箋六卷　487

四書朱子語類三十八卷　480

四書自得錄十卷續錄十卷　483

四書自課錄三十卷　484

四書名物考二十卷　488

四書字詁七十八卷　489

四書字識法四卷　516

四書私談一卷　1722

四書近指二十卷　1835

四書近語六卷　1833

四書改錯二十二卷　487

四書改錯二十二卷附錄一卷　484

四書述義五卷　1864

四書述義續四卷　1864

四書味根錄三十七卷　483

四書明儒大全精義三十八卷　485

四書典林三十卷　489

四書典制類聯音注三十三卷　490

四書典故辨正二十卷附錄一卷　489

四書典故覈四卷　496

四書注解撮要二卷　1863

四書定本辨正五卷附讀書枕中方一卷　481

四書拾義五卷　1777

四書拾遺六卷　1861

四書是訓十五卷　1777

四書約旨二十卷　484

四書索解四卷　1650，1840

四書訓蒙瑣言不分卷　486

四書訓解參證十二卷補遺二卷　487

四書記聞二卷　487

四書益智錄二十卷　487

四書通旨六卷　422，425

四書理畫三卷　1879

四書理話四卷　1879

四書教子尊經求通錄不分卷　486

四書剳記四卷　1846

四書虛字講義一卷　522

四書眼十九卷　481

四書逸箋六卷　1736，1737，1814

四書章句集注便蒙十九卷　478

四書參十九卷　481

四書鄉音辨訛一卷　490

四書備考二十八卷四書考異一卷　480

四書備檢二十卷附補編　487

四書集注二十一卷　478

四書集注十九卷　478，479

（滿漢合璧）四書集注十九卷　478

四書集注十九卷附四書集字音義辨一卷　478

四書集注大全四十三卷　479

四書集注引用姓氏考一卷　1717

四書集注補十四卷首一卷　479

四書集注闡微直解二十七卷　482

四書集疏附正二十二卷　486

四書集編二十九卷　1815

四書湖南講十一卷　481

四書温故録十一卷　1852

四書疏注撮言大全三十七卷　483

四書蒙引十五卷　479

四書稗疏一卷　1839

四書稗疏三卷　428

四書微十二卷　481

四書解義八卷　1844

四書詮義三十八卷　1849

四書新人眼目一卷　1108

四書經史摘證七卷　489

四書經典通考不分卷　486

四書經學考十卷補遺一卷首一卷　488

四書經學考十卷補遺一卷續考六卷　488

四書摭餘説七卷　487

四書圖史合考二十四卷　488

四書圖考十三卷　488

四書圖表就正一卷　1857

四書箋解十一卷　485

四書箋義纂要十二卷補遺一卷續遺一卷
　　1671

四書剳記九卷　486

四書疑問三十八卷　484

四書説苑十一卷首一卷　486

四書説約二十卷　480

四書質疑十九卷　1826

四書諸儒輯要四十卷　484

四書遵注合講十九卷附四書圖考一卷四
　　書人物考一卷　485

四書辨疑十五卷　422，425

四書賸言四卷　1841

四書賸言四卷補二卷　425

四書賸言補二卷　1841

四書講四十卷　483

四書講義一卷　1721

四書講義困勉録三十七卷續録六卷　483

四書講義輯存一卷　1836

四書翼注論文十二卷　486，1867

四書總字音不分卷　489

四書題鏡二十二卷　485

四書離句七卷　486

四書類典賦二十四卷　482

四書繹注不分卷　485

四書繹注覽要七卷　483

四書纂言四十卷　485

四書釋地一卷續一卷又續一卷三續一卷
　　425

四書釋地一卷續一卷又續一卷三續一卷
　　附孟子生卒年月考一卷　489

四書釋地補一卷續補一卷又續補一卷三
　　續補一卷　489

四書釋地辨證二卷　428

四書體朱正宗約解十九卷　483

四焉齋詩集六卷文集八卷附梯仙閣餘課
　　一卷　1249

四國游記十三卷　900

四率淺説一卷　1054

四淫齋四卷　1041

四絃秋一卷　1852

四喜記二卷　1503

四朝聞見録五卷　1815

四朝聞見録五卷附録一卷　1652

四朝寶繪録二十卷　1079

四集類聯新編二卷　1038

四診法二卷　993

四聖心源十卷　997

四聖懸樞五卷　997

（光緒）四會縣志十卷首四卷末一卷　861

（光緒）四會縣志十編首一卷末一卷　861

四裔編年表不分卷　1888

四裔編年表四卷　571

四溟山人全集二十四卷　1203

四溟山人詩集十卷　1203

四溟詩話四卷　1736

四銅鼓齋論畫集刻十二種　1076

四賢記二卷　1504

四賦體裁箋注十二卷　1388

四彈子（鐵鉛金玉）七卷　1063

四憶堂詩集六卷遺稿一卷　1227

四聲五音九弄反紐圖一卷　1793

四聲切韻三卷首一卷末一卷　1732

四聲切韻表一卷凡例一卷　1658

四聲易知録四卷　529

四聲等子一卷　1765

四聲韻譜十六卷首表一卷切韻求蒙一卷
　526

四聲纂句一卷　1715

四禮權疑八卷　1753

四禮辨俗一卷　1715

四禮翼一卷　1715

四禮翼四卷　1748

四翼附編四卷　1849

四繪軒詩鈔一卷　1652

四譯館外編一卷　1770

四體書勢一卷　1566，1583，1793

四鑑録十六卷　1799

生日會約一卷　1577

生利分利之別論一卷　1780

生利分利之別論二卷　1776

生香館詞一卷　1475

生齋日識一卷續一卷　1864

生齋文稿八卷　1864

生齋自知録三卷　1864

生齋詩稿九卷　1864

生齋讀易日識六卷　1864

失氏名後漢書一卷　544

矢音集十卷　1255

矢音集四卷　1848

乍丫圖説一卷　1686

乍浦集咏十六卷　1433

（乾隆）禾川書二十卷　820

丘文莊公集十卷　1382

丘祖全書一卷　1122，1123

丘海二公文集合編十六卷　1382

仕的一卷　1622

代北姓譜一卷　1631

代北姓譜二卷　1853

（光緒）代州志十二卷首一卷　757

（乾隆）代州志六卷　756

代微積拾級十八卷　1896

代醉編一卷　1573

代數盈朒細草一卷　1751

仙吏傳一卷　1659，1663，1666，1727

仙佛同源論一卷　1113

仙佛合宗語録六卷　1120

仙佛奇蹤八卷　1125

仙佛真傳章句直解不分卷　1127

（光緒）仙居縣志二十四卷首一卷附仙
　居集二十四卷　809

仙屏書屋詩集四卷燕門百菊咏一卷燕門
　菊譜一卷　1308

仙菽廬詩文集七卷菽廬札記一卷　1299

仙聚一卷　1497

仙樂集一卷　1119

仙緣記傳奇二卷　1505

仙釋考二卷　1832

白下愚園集八卷　1428

白山詩介十卷　1762

白水質問一卷　1805

（乾隆）白水縣志四卷首一卷　796

白石山館詩一卷清夜齋詩稿一卷　1300

白石道人集一卷　1374

白石道人詩集一卷附詩説一卷諸賢酬贈
　詩一卷　1370

白石道人詩集二卷附四卷　1749

白石道人詩説一卷　1461，1462

白石道人歌曲四卷別集一卷　1749

白石道人續書譜一卷　1757

白石樵唱鈔一卷　1373

白田草堂存稿一卷　425

白田草堂存稿二十四卷行狀一卷　1246

白田風雅二十四卷　1430

白圭堂詩鈔六卷續鈔六卷　1293

白芙堂算學叢書二十三種　1053

白谷集四卷　1360

白沙子古詩教解二卷　1195

白沙子全集十卷首一卷末一卷附白沙子
　古詩教解二卷　1196

白沙子全集九卷附録一卷　1196

白沙先生文編六卷附年譜一卷　1195

白沙語要一卷　1816

白茅堂集四十六卷附耳提録一卷　1229

白虎通疏證十二卷　431，1010

白虎通義四卷附録一卷附校勘記四卷
　1644

白虎通德論二卷　1597，1605，1606，1607

白虎通德論四卷　950，1009，1598，1599，
　1601

白虎通選二卷　1401

白岩文存六卷　1865

白岩詩存五卷　1865

白兔記：回獵一卷附工尺譜　1491

白兔記二卷　1491，1504

（光緒）白河縣志十四卷　796

白牟山人集六卷　1430

白香山詩集四十卷附年表一卷年譜一卷
　1169

白香亭詩一卷　1735

白香亭詩三卷　1335

白香詞譜箋四卷　1748

白華後稿四十卷　1267

白華前稿六十卷　1267

白華絳柎閣詩十卷　1337

白華絳柎閣詩十集　1336

白華樓藏稿十一卷續稿十五卷吟稿十卷
　1206

白苧集四卷　1265

白雪樓詩集十卷　1206

白蛇記一卷　1595

白鹿書院志十九卷首一卷　875

白雲山房詩集三卷文集六卷附考工釋車
　一卷離騷經章句義疏一卷等韻簡明指
　掌圖一卷　1272

白雲子集一卷　1379

白雲文集五卷詩集二卷續集八卷　1281

白雲先生集一卷　1377

白雲村文集四卷卧象山房詩正集七卷　1233

白雲草堂詩鈔三卷　1278

白雲軒集二卷　1238

白雲集一卷　1377

白雲集三卷　1726

白雲集三卷附録一卷　1811

白雲集四卷　1819

白雲樓詩鈔一卷　1429

白湖文稿八卷詩稿八卷附白湖葉君墓志
　銘　1280

白蓮沜文集殘稿一卷　1214

白蒓詩集十六卷附一卷　1257

白榆集二十八卷　1211

白雷登避暑記一卷　1711

白猿傳一卷　1571，1660，1664，1667

白話痛史四卷　567

白鳳樓詩鈔一卷　1421

白蕉詞一卷　1474

白澤圖一卷　1796

白嶽游記一卷　1690

白獺髓一卷　1559，1586，1590，1608

白蘭堂詩選一卷　1445

白蠟游記一卷　1705

白灘集二卷　1257

（光緒）白鹽井志十一卷首一卷　868

白鷺洲主客説詩一卷　428，1661，1840

他士文尼亞島考略一卷　1705

厄林十卷補遺一卷　1678

厄辭一卷　1677

瓜棚避暑録二卷　1854

瓜廬集一卷　1375

瓜廬詩一卷附録一卷　1371

令旨解二諦義一卷　1554

印人傳三卷　942，1086，1778

印月樓詩集一卷　1422

印文考略一卷　1632

印史五卷　1086

印旨一卷　1086

（道光）印江縣志二卷　869

印言一卷　1086

印述一卷　1086

印箋説一卷　1086

印典八卷　1089

印香鑪式譜不分卷　926

印度考略一卷　1704

印度志一卷附新志一卷　908

印度志略一卷　1704

印度風俗記一卷　1704

印度紀游一卷　1704

印度哲學綱要　1898

印度劄記一卷　1704

印度劄記二卷　1750

印雋四卷　1087

印雪軒文鈔三卷讀三國志隨筆一卷　1301

印雪軒詩鈔十六卷　1301

印雪軒隨筆四卷　1041

印章考一卷　1086

印章要論一卷　1086

印章集説一卷　1085

印經一卷　1086

印説一卷　1086

印學管見一卷　1086

印辨一卷　1086

印齋近體詩集二卷　1224

印譜目不分卷　942

句曲外史集一卷　1377

句股通義三卷　1826

句股淺述一卷　1715

句股割圜記三卷　1648

句股截積和較算術二卷　1720

句股演代二卷　1766

句股闡微四卷　1052

（乾隆）句容州志十卷首一卷末一卷　725

句容金石記十卷附録一卷　934

（光緒）句容縣續志二十卷首一卷末一
　卷　725

句溪雜撰二卷　1033

句溪雜撰五卷　1034

句溪雜撰六卷　1034

句溪雜撰四卷　1034

句餘土音三卷　1258

册府元龜一千卷目録十卷　1542

卯峒記一卷　1694

外制集三卷　1827

外金丹五卷　1122，1123

外科六卷　993

外科正宗評本十二卷附録一卷　1850

外科症治全生集四卷　995

外科精義二卷　991，992，993

外科證治全生五卷　994

外科證治全書五卷　1007

外海紀要一卷　1747

外家紀聞一卷　1824

外書十二卷　1819

外國史略一卷　1711

外國列女傳八卷　603

外國竹枝詞一卷　1624，1626，1650，
　1662，1839

外國事一卷　1682

外國紀一卷　1633

外國傳八卷　904

外國圖一卷　1682

外臺秘要四十卷　1004

外臺秘要校九卷　1875

外藩列傳一卷　1686

外藩疆理考一卷　1686

冬心先生三體詩一卷　1722

冬心先生畫竹題記一卷　1722

冬心齋硯銘一卷　1068

冬至考一卷　1052

冬青引注一卷　1837

冬青樹一卷　1852

冬青樹引注一卷　1781

冬青館古宮詞三卷　1731

冬夜箋記一卷　1636，1637

冬官紀事一卷　1613

包刑侍詩集一卷　1366，1368

包孝肅奏議十卷附録一卷　691

包待制三勘蝴蝶夢雜劇一卷　1500

包待制陳州糶米雜劇一卷　1499

包待制智斬魯齋郎雜劇一卷　1500

包待制智賺生金閣雜劇一卷　1501

包待制智賺灰闌記雜劇一卷　1500

包軒遺編三卷　1869

包秘監詩集一卷　1366，1368

包龍圖智勘後庭花雜劇一卷　1500

包龍圖智賺合同文字雜劇一卷　1499

主一集一卷　1379

主父偃書一卷　1795

主客圖一卷　1675，1725

主客辭二卷　1841

主神論　1148

主禱文　1143

市南子二十二卷制敕六卷　1220

立山詞一卷　1767

立本趣時説一卷　1869

立厓詩鈔六卷　1266

立教十五論一卷　1119

立雪稿一卷　1378

立雪齋印譜四卷　1090

立雪齋琴譜二卷　1085

立雪齋琴譜二卷首一卷　1849

立節録二卷續録一卷昭義録二卷續録一
　卷　600

立學先基條説一卷　1804

立齋閒録四卷　1621

立齋遺文四卷　1360

立蘭姑娘實録　1152

玄女房中經一卷　1570

玄元十子圖一卷　1121

玄中記一卷　1562

玄玄碁經二卷附一卷　1093

玄池説林一卷　1558

玄門宗旨一卷附書前密意　1114

玄門脉訣内照圖一卷　997

玄怪記一卷　1571，1660

玄宗内典諸經注十一卷　1113

玄宗正旨一卷　1117

玄亭涉筆一卷　1575

玄真子一卷　951，1118

玄真子三卷　1758

玄真子外篇一卷　949

玄真子漁歌記一卷　1568

玄晏春秋一卷　1561

玄散詩話一卷　1565

玄微心印二卷　1122，1123

玄機通一卷　1572

玄學正宗二卷　1113

玄譚全集一卷　1123

半月誦戒儀式一卷　1111

半生亭集一卷　1239

半字集二卷　1860

半村野人閒談一卷　1650

半夜雷轟薦福碑雜劇一卷　1500

半畝園藏書四種　1726

半野居士詩集十四卷塞游草一卷　1249

半間雲詩二卷　1384

半湖草不分卷續半湖草不分卷　1357

半塘小志一卷　1576

半農先生春秋説十五卷　497

半廠叢書初編十種　1748

半氈齋題跋二卷　1731

半臂寒一卷　1502

半巖廬遺集文一卷詩一卷　1319

半巖廬遺詩一卷　1726

（乾隆）汀州府志四十五卷首一卷　856

汀鷺詩餘一卷　1767

氾勝之書二卷　1795

氾勝之遺書一卷　654

（光緒）永川縣志十卷首一卷　842

永平三子遺書四卷　1871

（康熙）永平府志二十四卷首一卷　710

（乾隆）永平府志二十四卷首一卷末一卷　711

（光緒）永平府志七十二卷首一卷末一卷　711

永平詩存二十四卷　1427

永平詩存二十四卷續編四卷　1872

永矢集三卷　1869

（乾隆）永年縣志四十四卷首一卷　717

（光緒）永年縣志四十卷　717

（道光）永州府志十八卷首一卷　836

永州風土記一卷　1681

永州紀勝一卷　1699

永州圖經一卷　1681

（道光）永安縣三志五卷首一卷末一卷　860

永昌土司論一卷　1700

永明心賦四卷　1103

永定河上源興辦水利全卷四卷　888

永定河志三十二卷　897

永定河源考一卷　1695

永定河續志十六卷　897

（乾隆）永春州志十六卷首一卷　857

（康熙）永城縣志八卷　781

（光緒）永城縣志三十八卷首一卷　781

永息教案策附開廣學會書目　1148

（光緒）永康縣志十六卷首一卷　810

（嘉靖）永康縣志八卷　810

（乾隆）永清縣志二十五卷附文徵五卷

706

永順小志一卷　1699

（乾隆）永順府志十二卷　837

（乾隆）永順縣志四卷　837

（乾隆）永新縣志十卷　820

（乾隆）永福縣志十卷　854

（同治）永綏直隸廳志六卷　839

永嘉先生八面鋒十三卷　1678

永嘉郡記一卷　1562

永嘉聞見録二卷　882

（光緒）永嘉縣志三十八卷首一卷　810

永嘉叢書十二種　1814

（光緒）永壽縣志十卷首一卷　800

（道光）永寧州志十二卷首一卷　869

（康熙）永寧州志八卷　753

（光緒）永寧州志三十二卷　753

永寧祇謁筆記一卷　1684

永寧通書四集十二卷　1062

（乾隆）永寧縣志八卷首一卷　785

永樂大典二萬二千八百七十七卷　1580

永樂大典目録六十卷　1720

永歷紀年一卷　1837

永歷紀事一卷　558

永曆實録二十六卷　1839

（光緒）永濟縣志二十四卷　749

（同治）永豐縣志四十卷　820

司牧寶鑑一卷　1722

司空表聖文集十卷　1757

司空表聖集四卷　1359

司空表聖詩三卷　1367，1369

司空詩品注釋一卷　1463

司馬扎先輩詩集一卷　1367，1369

司馬文正公傳家集八十卷目録二卷年譜
　　一卷附録一卷　1174

司馬文園集一卷　1361

司馬長卿集一卷　1361

司馬法一卷　950，979

司馬法一卷逸文一卷　1784

司馬法三卷　1678，1724

司馬法古注三卷附音義一卷　1885

司馬彪莊子注一卷考逸一卷　1668

司馬彪續漢書五卷　544

司馬溫公文集十四卷　1638

司馬溫公居家雜儀一卷　953

司馬溫公詩話一卷　1551，1566

司馬瀍一卷　980

司徒殘碑一卷　918

司農公碑額一卷　919

尼布楚考一卷　1685

民政部奏定巡警服章圖表　680

民教相安　1153

民族小説洪秀全演義四集五十四回　1512

民數記略　1133

弗告堂集二十六卷　1212

弘正四傑詩集四種附一種　1383

弘道書三卷　1779

弘道録二十五卷　961

弘藝録三十二卷首一卷　1812

出口程記一卷　1677，1698

出山草譜四卷　1346

出山異數紀一卷　1625，1627

出行寶鏡一卷圖一卷　1675

出使九國日記十二卷　615

出使日記六卷　615

出使公牘十卷　675

出使英法日記一卷　1705

出使英法義比四國日記一卷　1706

出使英法義比四國日記六卷　615，1878

出使美日祕日記十六卷　615

出使美日秘國日記一卷　1711

出使須知一卷　1706
出洋須知一卷　1706
出洋瑣記一卷　1706
出峽記一卷　1697
出圍城記一卷　1771，1804
出塞紀略一卷　1633，1687
出塞記略一卷　1670
出邊紀程一卷　1684
出關詩一卷　1441
加批鑑史提綱四卷　578
加減乘除釋八卷　1859
加減靈秘十八方一卷　994
加庶編一卷　654
召對錄一卷　1612
召誥日名考一卷　1717
皮氏八種（皮氏經學叢書）　499
弁服釋例八卷　426，457
台山游草一卷　1848
台州外書二十卷　881
（康熙）台州府志十八卷首一卷　809
台州叢書七種　1814
台灣志略二卷　1716
母德錄一卷　1824
幼幼新書四十卷拾遺方一卷　1006
幼科九卷　993
幼科要略二卷　997
幼科證治準繩九卷　993
幼科鐵鏡六卷　1806
幼訓一卷　1622，1747
幼童傳一卷　1561
幼學故事尋源十卷　972
幼學保身要言七卷　1899
幼學淺解問答　1899
幼學詩句釋一卷　521

六畫

匡山集六卷　1244
匡喆刻經頌十二卷　920，930
匡謬正俗八卷　503，1651，1668
匡廬紀勝一卷　1727
匡廬紀游一卷　1637，1638，1661，1690
匡廬游錄一卷　1631，1690，1837
耒耜經一卷　1570，1585，1594，1616，
　　1663，1665
（光緒）耒陽縣志八卷首一卷　834
耒邊詞二卷　1813
玎玎璫璫盆兒鬼雜劇一卷　1501
式古訓齋文集二卷外集一卷　1349
式古堂目錄十七卷　939
式訓堂叢書二十八種　1728
迁言百則一卷　1816
迁松閣詩鈔十二卷　1261
迁書一卷　1555
迁齋詩話一卷　1565
迁齋學古編四卷　1255
刑部奏定新章（道光十八年至光緒二十
　　五年）四卷　648
刑部奏定新章（道光十八年至光緒二十
　　四年）四卷附四川通飭章程二卷　669
刑部通行章程附刑部奏定新章、法部奏
　　定新章六卷　669
刑案二編二卷　669
刑案初編四川成案四卷附稟稿　670
刑案匯覽六十卷續增十六卷　670
刑書釋名一卷　1555
刑統賦一卷　1768
刑幕要略一卷　684
刑錢必覽十卷　659
邢特進集一卷　1363
（乾隆）邢臺縣志十八卷首一卷　716

（嘉慶）邢臺縣志十卷首一卷　716
（光緒）邢臺縣志八卷首一卷　716
戎昱詩集一卷　1365
戎昱詩集一卷補遺一卷　1366，1368
圭美堂集二十六卷　1244
圭峰集一卷　1377
圭塘小稿一卷圭塘欸乃集一卷　1376
圭塘款乃集一卷　1650
圭盦詩録一卷　1345
圭齋文集十六卷　1190
圭齋集一卷　1376
圭璽考一卷　1832
圭寶存知六十卷　1032
寺塔記一卷　1563
（道光）吉水縣志三十二卷首一卷　820
（同治）吉水縣志六十六卷首一卷附尚
　　義録二卷　　820
吉凶服名用篇八卷叙録一卷　500
吉凶影響録一卷　1571，1660
吉光集一卷　1439
（乾隆）吉安府志七十四卷首一卷　819
（光緒）吉安府志五十三卷首一卷　819
吉貝居暇唱一卷　1813
吉林外記一卷　1708
吉林外記十卷　877，1682，1751
吉林地略一卷　1708
吉林形勢一卷　1708
吉林金石表一卷　1712
吉林紀事詩二卷　877
（光緒）吉林通志一百二十二卷圖一卷
　　700
吉林探源書舫叢書二十四種　1756
吉林勘界記一卷　1685
吉雨山房文集四卷　1345
吉金志存四卷　929

吉金所見録十六卷首一卷末一卷　928
吉金樂石山房文集一卷續編一卷詩集二
　　卷　1863
吉金齋古銅印譜六卷　1091
吉祥花六卷　1040
吉堂詩稿八卷文稿十二卷附録一卷　1288
考工記二卷　454，1723
考工記世室重屋明堂考一卷　432
考工記考一卷附圖　1876
考工記考辨八卷　431
考工記車制圖解二卷　427，1717
考工記析疑四卷　1847
考工記要十七卷　1776
考工記通二卷　454
考工記異字訓正一卷　1823
考工記異讀訓正一卷　1823
考工記鳥獸蟲魚釋一卷　1823
考工記圖一卷　1633
考工記圖二卷　426，1648，1743
考工創物小記四卷　426
考正德清胡氏禹貢圖一卷　1870
考功集選四卷　1844
考古圖十卷　922
考古質疑六卷　1642，1646，1732，1736
考古續説二卷　1799，1855
考定大學經傳解一卷附録一卷　1867
考定磬氏倨句令鼓旁綫中縣而縣居綫右
　　解一卷　1860
考定檀弓二卷　1669
（康熙）考城縣志四卷　784
考信附録二卷　1799，1855
考信編七卷　550
考信録三十六卷　1855
考信録提要二卷　1799，1855
考槃集三卷　1860

考槃集文録十二卷　1861

考槃餘事十七卷　1553，1742

考槃餘事四卷　1610，1661

考察政治日記一卷　616

考辨隨筆二卷孔子年譜一卷　1011

考禮一卷　1865

老子一卷　949

老子二卷　951

老子元翼二卷附老子考異一卷附録一卷　975

老子化胡經殘二卷附考一卷軼文一卷補考一卷校勘記一卷　1773

老子本義二卷　1752

老子別録一卷　1635

老子衍一卷　1840

老子章義二卷　974

老子參注四卷　1857

老子集解二卷考異一卷　1719

老子道經考異二卷　1667

老子道德真經二卷附音義卷　973

老子道德經二卷　948，951，974，1643，1645

老子道德經二卷音義一卷　974

老子道德經解二卷首一卷觀老莊影響論一卷　974

老子解一卷　1634

老子解二卷　974，1829

老子解四卷　1612

老子説五厨經注一卷　1113

老子翼八卷　1752

老子翼評點一卷　1826

老子識小一卷　1879

老子襲常編二卷　974

老老恒言五卷　1021

老林説一卷　1699

老泉先生全集録五卷　1363

老泉先生集一卷　1439

老姥掌游記一卷　1692

老萊子一卷　1795

老學庵筆記一卷　1587，1591

老學庵筆記一卷續一卷　1560

老學庵筆記十卷　1015，1610，1816

老學菴讀書記四卷　1024

地方自治講義　655

地志便覽二卷地理圖一卷附志一卷　912

地志啓蒙四卷　1761

地球方域考略一卷　1708

地球形勢説一卷　1683

地球志略一卷　1683

地球推方圖説一卷　1708

地球寒熱各帶論一卷　1708

地球圖説一卷附補圖一卷　1718

地球説略一卷　1711

地球説略不分卷　911

地球總論一卷　1683

地球韻言四卷　906

地理三字經二卷　1064

地理大成五種　1061

地理大全入門要訣七卷　1063

地理大全輯要十卷　1063

地理五訣八卷陽宅三要四卷　1063

地理六法大全二集六卷　1063

地理六經注六卷　1061，1063

地理正義鉛彈子砂水要訣六卷　1064

地理古鏡歌一卷　1651

地理全志一卷　1711

地理全志首編五卷下編十卷　911

地理形勢考一卷　1683

地理志略一卷　1711

地理知本金鎖秘二卷　1065

地理秘竅一卷　1062

地理略論一卷　697

地理淺説一卷　1683

地理參贊玄機僊婆集十二卷　1061

地理葬書集注一卷附葬書問對一卷　1744

地理説略一卷　1683

地理精語四卷　1064

地理質學啓蒙七卷　1761

地理辨正補證四卷　1770

地理辨正疏五卷首一卷末一卷　1064

地理辨證補義五卷　1063

地理驪珠一卷　1622

地圖分編簡明目録不分卷　913

地圖經緯説一卷　1708

地圖説一卷　1708

地圖綜要三卷　911

地橢圓説一卷　1708

地學二卷　1064

地學淺釋三十八卷　1759

地學啓蒙八卷　1761

地學答問一卷附漢志三統歷表一卷圖一
　卷　1770

地學歌略一卷　1780

地學歌略不分卷　1756

地輿總説一卷　1708

地鏡一卷　1796

地鏡圖一卷　1562，1796

地蘭士華路考一卷　1706

耳目記一卷　1553，1558，1584，1662，
　1665

耳食録十二卷　1041

耳新八卷　1647

共城游記一卷　1699

共讀經文　1135

共讀樓書目十卷　938

芝田小詩一卷　1811

芝田録一卷　1559，1586，1590

芝亭舊草一卷　1442

芝音閣試帖一卷　1456

芝軒集一卷　1380

（浙江紹興）芝湖陳氏家譜八卷　591

芝塘文稿十五卷　1280

芝塘文續稿一卷　1280

芝塘詩稿十五卷　1280

芝塘詩續稿三卷　1280

芝隱室詩存七卷附存一卷續存一卷　1336

芝麓詩鈔三卷　1427

芝龕記六卷　1494

苣野詩鈔四卷　1429

臣鑒録二十卷　580

吏治輯要一卷　1867

吏部銓選則例二十一卷　646

吏部職掌不分卷　682

吏皖存牘三卷　675

再生紀略一卷　1630

再生記一卷　1660，1664，1667

再生記略一卷　1713

再生緣一卷　1502

再來人傳奇一卷　1879

再送越南貢使日記一卷　616

再續三十五舉一卷　1631，1757

再續印人小傳三卷補遺一卷　942

再續寰宇訪碑録二卷　930

西干十寺記一卷　1576

西干記一卷　1699

西山公集一卷　1445

西山文鈔八卷　1815

西山先生真文忠公文章正宗二十四卷　1395

西山先生真文忠公文集五十五卷　1828

西山先生真文忠公文集五十五卷目録二

卷　1185

西山先生真文忠公文集五十五卷目錄二
　　卷附心經一卷政經一卷西山真文忠公
　　年譜一卷　1185

西山先生真文忠公續文章正宗二十卷
　　1395

西山先生真文忠公讀書記四十卷　1828

西山真文忠公年譜一卷　1828

西山集一卷　1883

西山集九卷　1227

西山游記一卷　1688，1690，1707，1709

西山群仙會真記一卷　1121

西山題跋三卷　1617

西川青羊宮碑記一卷　1121

西子湖拾翠餘談三卷　1809

西王母女修正途十則一卷　1123

西王母傳一卷　1570，1582

西天目祖山志八卷首一卷末一卷　893

西比里亞志一卷附新志一卷　910

西方要紀一卷　1624，1626，1705，1716

西石城風俗志不分卷　885

（康熙）西平縣志十卷　787

西北水利議一卷　1625，1627

西北文集四卷　1225

西北域記一卷　1682，1755

西北誠記一卷　1661

西北諸水編一卷　1696

西北邊界圖地名譯漢考證二卷　918

西北邊域考一卷　1686

西史綱目三十五卷　1888

西玄青鳥記一卷　1579

（道光）西延軼志十卷首一卷末一卷　865

西行日記一卷　1709

西行日記不分卷　901

西行瑣録一卷　1699

（光緒）西充縣志十四卷　844

西州合譜一卷　1576，1589

西州志殘一卷　1773

西州後賢志一卷　1561，1583

（康熙）西江志二百六卷繪圖一卷　702

西江政要一百三十二卷　680

西江風雅十二卷補編一卷　1435

西江詩話十二卷　1466

西江詩話三卷　1854

西江源流説一卷　1696

西池集一卷　1121

（乾隆）西安府志八十卷首一卷　789

（嘉慶）西安縣志四十八卷首一卷　810

（宣統）西安縣志略十一卷　725

西巡回鑾始末記六卷　567

西巡盛典二十四卷首一卷　650

西村十記一卷附録一卷　1808

西吳枝乘一卷　1577

西吳類牘摘要一卷　1885

西伯利記一卷　1687

西泚居士集二十四卷　1264

西陂類稿五十卷　1236

西青散記四卷　1021

西招紀行一卷　1709

西招圖略一卷　1682

西招圖略一卷附録二卷圖説一卷　902

西招圖略二卷　902

西招圖略不分卷　902

西招審隘篇一卷　1686

西林日記一卷　1556，1574

（廣西西林）西林岑氏族譜十卷首一卷
　　593

西林詩萃八卷後華二卷　1287

西林詩鈔五卷　1429

西事蠡測一卷　1706

西昇經一卷　1117

西使記一卷　1561，1594，1608，1725，
　1798

西征日記一卷　1686，1881

西征日録一卷　1604

西征文存一卷　1881

西征石城記一卷　1593，1603，1605，1608

西征述一卷　1699

西征紀略一卷　1630，1637，1685

西征紀程一卷　1705

西征紀程四卷　902

西征記一卷　1589，1686，1700

西征集一卷　1883

西征集四卷　1234

西征道里記一卷　1818

西征詩録一卷　1881

西征賦一卷　1627

西京雅記一卷　1563

西京酬唱後集一卷　1883

西京酬唱集一卷　1883

西京雜記一卷　1582，1607

西京雜記二卷　1728

西京雜記六卷　1597，1599，1600，1601，
　1606，1609，1615，1617，1659，1727

西法礮臺圖説三卷　981

西河合集一百十九種　1840

西河記一卷　1785

西河詞話一卷　1629，1713

西河詩話一卷　1629

西河舊事一卷　1785

西河雜箋一卷　1629

西泠五布衣遺著　1433

西泠四家印譜四種附三種　1090

西泠仙咏三卷　880，1808

西泠游記一卷　899，1810

西泠酬倡集五卷二集五卷　1323

西泠閨咏十六卷　878，1808

西泠懷古集十卷　899，1809

西泠續記一卷　1869

西垣詩鈔二卷黔苗竹枝詞一卷　1316

西城風俗記一卷　1635

西政叢書三十二種　1775

西南夷改流記一卷　1701

西南紀事十二卷　1746

西南邊防議一卷　1709

西俗雜志一卷　1706

西亭文鈔十二卷首一卷末一卷　1241

西洞庭志一卷　1689

西洋中華通書　1897

西洋朝貢典録三卷　1670，1737

西神叢語一卷　1634

西都雜記一卷　1562

西華山陳搏高卧雜劇一卷　1500

西華仙籙一卷　1624，1626

（乾隆）西華縣志十四卷首一卷　780

西軒客談一卷　1558

西軒效唐集録十二卷補遺一卷　1812

西夏紀事本末三十六卷　554

西夏紀事本末三十六卷首二卷　1748

西夏書事四十二卷　562

西夏經義七種　499

西原約言一卷　1573

西套厄魯特地略一卷　1709

西圃文説三卷詩説一卷詞説一卷　1820

西圃詞説一卷　1473

西圃詩集十卷續集四卷補遺一卷詞一卷
　題畫詩二卷文集五卷補遺一卷　1318

西圃叢辨三十二卷　1012，1820

西峰淡話一卷　1575

西皋雜記一卷　1573

西翁教子言十三卷　966

西郭草堂合刊八種附三種　1834

西庫隨筆一卷　1824

西海紀行卷一卷　1711

西浮籍一卷　1576

西被考略六卷　884

西陵躧程錄一卷　1344

西陲要略一卷　1685

西陲要略四卷　904

西域三種　1854

西域水道記一卷　1696

西域水道記五卷　1682，1854

西域水道記校補一卷　1771

西域考古錄十八卷　909

西域志一卷　1682

西域帕米爾輿地考一卷　1709

西域南八城紀要一卷　1709

西域紀要八卷　909

西域記八卷　909

西域設行省議一卷　1686

西域置行省議一卷　1685

西域聞見錄八卷　1716

西域諸水編一卷　1696

西域諸國志一卷　1682

西域輿地三種　1854

西域總志四卷　909

西域釋地一卷　1685

西域釋地一卷西陲要略四卷　1740

西菴集一卷　1378，1382

西廂記四卷首一卷末一卷　1489

西廂記酒令一卷　1068

西堂小草一卷　1839

西堂日記一卷　1611

西堂全集三種附一種　1839

西堂秋夢錄一卷　1839

西堂剩稿二卷　1839

西堂樂府六種　1502

西堂雜組一集八卷　1839

西堂雜組二集八卷　1839

西堂雜組三集八卷　1839

西國天學源流一卷　1741

西國近事彙編四卷　1900

西國養蜂法不分卷　1756

西崑酬唱集二卷　1740，1747，1815

西清古鑑四十卷　922

西清古鑑四十卷附錢錄十六卷　922

西清筆記二卷　1731

西清詩話一卷　1565

西清續鑑甲編二十卷附錄一卷　923

西涯樂府二卷　1742

西雲集一卷　1119

西番各寺記一卷　1699

西番事蹟一卷　1593

西番譯語二卷　1661

西湖八社詩帖一卷　1808

西湖三祠名賢考略三卷　584

西湖小史一卷　1635，1809

西湖水利考一卷　1810

西湖手鏡一卷　1670

西湖月觀紀一卷　1808

西湖考一卷　1696

西湖百咏一卷　1808

西湖百咏二卷　1807

西湖竹枝集一卷　1808

西湖竹枝詞一卷　1809

西湖志四十八卷　898

西湖志摘粹補遺奚囊便覽十二卷　898

西湖志纂十五卷首一卷　898

西湖冶興二卷　1810

西湖卧游圖題跋一卷　1807

西湖佳景一卷　899

西湖佳話古今遺蹟十六卷圖一卷　1519

西湖拾遺十八卷　1508

西湖拾遺四十八卷　1508

西湖秋柳詞一卷　1477，1809

西湖修禊詩一卷　1807

西湖紀述一卷　1807

西湖紀游一卷　1696，1808

西湖扇傳奇二卷三十二齣　1493

西湖勝蹟記一卷　1563

西湖游咏一卷　1809

西湖游記一卷　899，1696，1807

西湖游覽志二十四卷志餘二十六卷　1810

西湖夢尋五卷　1808

西湖詩一卷　1809

西湖遺事詩一卷　1810

西湖雜咏一卷　1809

西湖雜記一卷　1808

西湖雜詩一卷　1808

西湖蘇文忠公祠從祀議一卷　1808

西湖韻事一卷附不繫園集一卷隨喜庵集
　　一卷　1807

西渡集一卷　1374

西渡詩集一卷補遺一卷　1764

西游真詮一百回　1513

西游原旨二卷　1114

西游記金山以東釋一卷　1682，1755

西游録注一卷　1764，1773

西塘集耆舊續聞十卷　1654

西塘詩鈔一卷　1372

西園記二卷　1493

西園雅集圖記一卷　1083

西園詩塵一卷　1578

西崑草一卷　1729

西溪百咏二卷　1809

西溪梅竹山莊圖題咏一卷　1810

西溪集鈔一卷　1372

西溪聯吟一卷　1811

西溪叢語一卷　1559，1590

西溪叢語二卷　1610，1733

西溪雜咏一卷　1810

西臺記一卷　1502

西臺集二十卷　1643，1646

西臺摘疏一卷　1805

西臺慟哭記注一卷　1632，1781，1837

西墅記譚一卷　1557

西墅雜記一卷　1573

（福州平話）西算啓蒙　1895

西銘一卷　1756

西銘述解一卷　1829，1830

西銘講義一卷　1868

西銘續生編一卷　1716

西漢文二十卷　1404

西漢文紀二十四卷　1395

西漢年紀三十卷　1818

西漢書疏六卷東漢書疏七卷　687

西漢節義傳論二卷　1732

西漢會要七十卷　643，1642，1644

西漢儒林傳經表二卷　501

西漚全集十卷外集八卷　1302

西漚試帖一卷　1458

西漚試帖輯注一卷　1458，1459

（乾隆）西寧府新志四十卷　802

（同治）西寧新志十卷首一卷　720

（康熙）西寧縣志八卷首一卷　720

西樓記二卷　1504

西遼記北曲一卷　1503

西澗草堂全集四種附一種　1852

西澗草堂集四卷詩集四卷　1266，1852

西樵白雲洞志五卷　897

西樵野記一卷　1574，1588

西樵語業一卷　1474

西輶日記一卷　1704

西輶日記四卷　1750

西磧山房詩文録四卷　1285

西學考略二卷　1895

西學格致大全　1894

西學原始考一卷　1741

西學書目表四卷附讀西學書法一卷　1780

西學書目答問一卷　946

西學探源四卷　1895

西學略述十卷　1761，1780

西學啓蒙十六種　1761

西學富强叢書七十六種　1758

西學圖説一卷　1741

西學課程彙編一卷　1776

西學輯存六種　1741

西徽水道一卷　1696，1750

西隱文稿十卷附録一卷　1192

西藏巡邊記一卷　1686

（乾隆）西藏志不分卷附藏程紀略　705

西藏改省會論一卷　1686

西藏宗教源流考　1153

西藏建行省議一卷　1686

西藏要隘考一卷　1686

西藏後記一卷　1686

西藏紀述一卷　1745

西藏紀略一卷　1686

西藏記二卷　1662

西藏置行省論一卷　1709

（宣統）西藏新志三卷　705

西藏圖考八卷首一卷　916，1682

西藏賦一卷　1725

西藏諸水編一卷　1696

西藏邊事農工商實事奏稿不分卷　689

西嶽華山廟碑一卷　918

西谿梵隱志四卷　1807

西齋净土詩三卷附録一卷　1723

西齋偶得三卷附録一卷　1021

西齋集十八卷　1236

西齋話記一卷　1558

西齋語録四卷　962

西禮須知不分卷　1755

西藥大成藥品中西名目表不分卷　1004

西歸集鈔一卷　1372

西麓詩稿一卷　1370，1375

西疇老人常言一卷　1551，1554

西疇居士春秋本例二十卷　420，423

西巖贅語一卷　1798

在山草堂爐餘詩十四卷　1354

在山堂集三十卷　1281

在田録一卷　1552，1573

在告集一卷　1846

在亭叢稿十二卷　1250

在兹堂新鎸繡像列仙傳四卷　1125

在軒集一卷　1378

在陸草堂文集六卷　1235

在園雜志四卷　1020

在窮記一卷　1562

在璞草堂詩稿一卷　1421

有不爲齋詩鈔四卷　1298

有不爲齋隨筆十卷　1030

有正味齋詞一卷　1474

有正味齋試帖一卷　1456

有正味齋詩一卷　1433

有正味齋詩集十六卷詩續集八卷駢體文二十四卷續集八卷詞集八卷詞續集二卷外集五卷曲二卷　1275

有正味齋駢文十六卷　1275

有竹石軒經句説二十四卷　497

有竹居集十六卷　1288

有宋佳話一卷　1558

有明名賢遺翰二卷　1073

有恒心齋前集一卷文十一卷詩七卷駢體文
　　六卷詩餘二卷詞餘一卷外集二卷　1873

有恒心齋集五種　1873

有真意齋詩鈔五卷　1747

有象列仙全傳九卷　1125

有情癡一卷　1615

有誠堂詩餘一卷　1476

有福讀書堂叢刻十五種附二種　1769

有懷堂文集一卷詩集一卷　1820

有懷堂詩稿六卷文稿二十二卷　1237

百一山房詩集十二卷　1263

百一草堂集唐附刻初編二卷二編二卷　1264

百二漢鏡齋秘書四種　1065

百川書志二十卷　941

百川學海一百種　1550

百子辨正二卷　1878

百尺梧桐閣集詩十六卷文八卷　1239

百尺梧桐閣遺稿十卷　1239

百末詞五卷詞餘一卷　1839

百末詞六卷外國竹枝詞一卷　1477

百正集三卷　1654

百可漫志一卷　1575，1589，1605

百老吟一卷　1447

百名家詩選八十九卷　1415

百色志略一卷　1707

（光緒）百色廳志八卷首一卷　865

百字碑注一卷　1114

百字碑注一卷附黃鶴賦一卷　1114

百孝圖二卷　601

百孝圖説四卷　968

百花吟一卷　1717

百花詩箋譜不分卷　1079

百花臺二十四回　1486

百花彈詞一卷　1635

百宋一廛賦一卷　1757

百局棋譜八卷　1093

百兩篇一卷　1783

百怪斷經一卷　1570

百官箴六卷　683

百城煙水九卷　870

百秋閒咏一卷　1444

百美新咏一卷圖傳一卷附集咏一卷　1418

百家姓三編一卷　1865

百家姓考略一卷　594

百家類纂四十卷　1033

百將百美合璧印譜不分卷　1089

百越先賢志四卷　1816

百塼考一卷　1730

百舉齋印譜八卷　1091

百蘭山館古今體詩五卷詞一卷附楹聯一
　　卷　1332

百寶箱二卷　1497

而菴説唐詩二十二卷首一卷　1465

而庵詩話一卷　1624，1626

匠門書屋文集三十卷　1245

匠誨輿規三卷　1760

（湖南寧鄉）灰湯蔣氏族譜不分卷　592

列子二卷　951

列子八卷　948，951，977，1602，1743

列子沖虛真經一卷附音義一卷　974

列子沖虛真經八卷音義一卷　977

列子張注八卷列子沖虛至德真經釋文二
　　卷　1677

列子箋釋八卷　977

列子選四卷　1400

列子釋文二卷　1855

列子釋文考異一卷　1855

列女傳一卷　　1561，1582，1745
列女傳十六卷　　603
列女傳補注八卷叙録一卷　　1857
（榕腔）列王紀略下卷　　1134
（榕腔）列王紀略上卷　　1133
列史外夷傳徵一卷　　1881
列代建元表十卷　　570
列仙傳一卷　　1561，1582
列仙傳二卷　　1606，1607，1723
列仙傳校正本二卷列仙傳贊一卷　　1857
列國史補十八卷　　560
列國政要一百三十二卷首一卷　　1889
列國陸軍制九卷　　1760，1780
列國歲計政要十二卷　　1759
列國編年紀要不分卷　　1755
列朝盛事一卷　　1670
列朝詩集八十一卷　　1414
死生交范張鷄黍雜劇一卷　　1500
死裏逃生一卷　　1502
成人篇一卷　　1742，1743
成山廬稿十二卷　　1336
成山廬稿七卷成山草堂稿四卷　　1336
成化間蘇材小纂一卷　　1593
成方切用二十六卷　　994
成本册不分卷　　678
成吉思汗　　606
（康熙）成安縣志十二卷　　717
成均課士録第八集不分卷　　1460
成均課士録第九集十六卷　　1460
成周徹法演四卷　　1800
成都古今記一卷　　1563
（宣統）成都通覽不分卷　　839
（同治）成都縣志十六卷首一卷　　839
（嘉慶）成都縣志六卷首一卷　　839
成案所見集三集十七卷　　670

成案備考十卷　　670
成唯識論十卷　　1100
夷人圖説一卷　　883
夷白齋詩話一卷　　1578
夷白齋稿一卷外稿一卷　　1377
夷俗考一卷　　1560，1614
夷俗記一卷　　1611
夷俗記二卷　　1552
夷夏論一卷　　1795
夷堅志甲志二十卷乙志二十卷丙志二十卷丁志二十卷　　1744
至言一卷　　1794
至治集一卷　　1378
至美之德　　1131
至真歌一卷　　1118
至書一卷　　1744
至游子二卷　　951，1649
至聖林廟碑目六卷　　930
至德觀主孟法師碑一卷　　919
至寶精求五十四卷　　1068
此山集一卷　　1377
此木軒雜著八卷　　1245
此事難知集二卷　　992
此宜閣增訂金批西廂記四卷首一卷末一卷　　1490
（光緒）光化縣志八卷首一卷　　828
光禄寺則例九十卷喪儀十四卷　　648
光緒乙巳年交涉要覽　　663
光緒二年增福添慶　　1083
光緒三十三年丁未内城巡警總廳第二次統計書　　680
光緒三十年及三十一年賓興公所公號副租册　　677
（光緒）光緒井研志四十二卷　　851
［光緒元年致日本開拓判官照會册］　　661

光緒丙午年交涉要覽　663

［光緒甲辰恩科會試闈墨］一卷　1459

光緒政要三十四卷　566

［光緒癸卯恩科］精選直省闈藝不分卷
　1471

光緒通商綜覈表一卷　1776

光緒會典四卷附會典學十要一卷内閣要義
　一卷六部總義一卷欽定職官總目一卷職
　官增減裁併及堂屬簡明表一卷　1770

光緒會計表四卷　677

光緒會計録三卷　677

光緒新法令　670

光論一卷　1763

光緒二十九年國子監監照　679

光學二卷　1896

光霽廔詞一卷　1476

曲中志一卷　1579

曲江集十二卷千秋金鑑録五卷附録一卷
　1161

（光緒）曲江縣志十六卷　859

（康熙）曲江縣志四卷　859

（道光）曲沃縣志十二卷　748

（光緒）曲沃縣志三十二卷　748

曲阜集補三卷　1875

曲阜詩鈔八卷　1432

（乾隆）曲阜縣志一百卷　764

（同治）曲周縣志二十卷首一卷　717

（乾隆）曲周縣志十九卷　717

曲品二卷　1489

曲洧舊聞一卷　1559，1586，1590

曲洧舊聞十卷　1656

曲洧舊聞四卷　1612

（康熙）曲陽縣新志十一卷　724

曲園三要一卷　1874

曲園自述詩一卷補一卷　1874

曲園墨戲一卷　1874

曲園雜纂五十卷　1874

曲話五卷　1489，1866

曲録六卷　1771

曲藻一卷　1554

曲譜十九種　1488

［曲譜鈔］不分卷　1492

［曲譜彙鈔］不分卷　1489

［曲譜選］不分卷　1492

［曲譜選鈔］不分卷　1492

曲讌一卷　1615

曲艷品一卷　1579

曲艷品一卷後一卷續一卷　1554

同人集十二卷　1415

同仁祠録二卷　1810

同仁堂藥目不分卷　999

同文千字文二卷　521

同文考證四種附一種　505

同文算指前編二卷通編八卷　1736

（乾隆）同州府志二十卷首一卷　796

（咸豐）同州府志三十四卷首二卷附文
　徵録三卷　797

（乾隆）同州府志六十卷首一卷　796

（光緒）同州府續志十六卷首一卷　797

（嘉慶）同安縣志三十卷首一卷　854

同志贈言一卷　1838

同昌公主外傳一卷　1595

同昌公主傳一卷　1570

同治十一年聖教醫館施醫單　1138

同治十一年禮拜單　1138

同治中興京外奏議約編八卷　689

同亭宴傳奇一卷　1505

同度記一卷　1649，1774

同書四卷　1035

同菴史彙十卷　573

同異録二卷　　1613，1831
同參經三卷　　1118
同話録一卷　　1556
同壽録五卷　　1005
同樂院燕青博魚雜劇一卷　　1499
同館試律彙鈔二十四卷　　1455
同館試律彙鈔正編二十四卷續編九卷　　1455
同聲集六種　　1474
呂子校補二卷　　1729，1754
呂子校補二卷校續補一卷　　1753
呂子節録四卷　　960
呂子遺書四種　　1833
呂氏四禮翼一卷　　1640
呂氏春秋二十六卷　　950，951，1009
呂氏春秋二十六卷附考一卷　　1009
呂氏春秋八卷　　1400
呂氏春秋正誤一卷　　1817
呂氏家塾讀詩記三十二卷　　498
呂氏家塾讀詩記三十二卷首一卷　　1818
呂氏鄉約一卷　　1564，1715
呂用晦文集八卷續集四卷　　1780
呂忱字林一卷　　1715
呂宋記略一卷　　1705，1710
呂宋備考一卷　　1710
呂東萊先生文集四卷　　1726
呂東萊先生遺集二十卷首一卷　　1183
呂舍人官箴一卷附雜說　　953
呂帝文集一卷詩集二卷　　1118
呂洞賓三度城南柳雜劇一卷　　1500
呂洞賓三醉岳陽樓雜劇一卷　　1500
呂洞賓度鐵柺李岳雜劇一卷　　1499
呂祖本傳一卷　　1118
呂祖全書六十四卷　　1124
呂祖全傳一卷　　604
呂祖金剛經心經注解二卷　　1769

呂祖指玄篇秘注一卷　　1124
呂祖師三尼醫世功訣一卷　　1122
呂涇野經説二十一卷　　1719
呂晚村先生四書講義四十三卷　　483
呂梁洪志一卷　　1593
呂新吾先生好人歌一卷　　953
呂新吾先生社學要略一卷　　953
呂新吾先生閨範圖説四卷　　1018
呂語集粹四卷　　1799
呂語集粹四卷首一卷　　959
呂榮公官箴一卷　　1715
呂衡州文集十卷考異一卷　　1364
呂衡州集十卷考證一卷　　1740
呂衡州詩集一卷　　1365
呂衡州詩集二卷補遺一卷　　1367，1368
〔因果報應歌〕二卷　　1154
因明入正理論疏八卷　　1101
因寄軒文初集十卷二集六卷補遺一卷　　1297
因話録一卷　　1556，1581，1662，1665
因話録六卷　　1609
因論一卷　　1551，1557
因樹屋書影十卷　　1028
因齋詩存二卷　　1332
回文片錦一卷　　1068
回文類聚正編四卷續編十卷　　1390
回回曆解一卷　　1866
回春夢二卷雲菴遺稿二卷　　1495
回特活德鋼礮一卷　　1761
回部政俗論一卷　　1685
回熱爐法一卷　　1760
回疆則例八卷　　649
回疆風土記一卷　　1685
回疆雜咏一卷　　1635
回疆雜記一卷　　1685
肉蒲團四卷二十回　　1510

肉攫部一卷　1569，1585，1663，1665
年大將軍兵法一卷　1762
年華録四卷　581
年終總省　1150
年歷一卷　1794
朱九江先生集十卷　1317
朱子文略四卷　958
朱子文集十八卷　1638
朱子白鹿洞書院揭示一卷　953
朱子白鹿洞規一卷　1726
朱子年譜四卷　611
朱子年譜四卷考異四卷附録二卷　611，1739
朱子年譜綱目十二卷首一卷末一卷　611
朱子全書六十六卷　1640
朱子抄釋二卷　1719
朱子周易參同契考異三卷　1713
朱子訓學齋規一卷　1715
朱子陰符經考異一卷　1713
朱子集一百四卷　1183
朱子童蒙須知一卷　953
朱子詩選一卷　1373
朱子經濟文衡類編前集二十五卷後集二十五卷續集二十二卷　958
朱子語類一百四十卷　958
朱子語類四纂五卷　1845
朱子語類輯略八卷　1639
朱子增損呂氏鄉約一卷　953
朱子論語集注訓詁考二卷　477
朱子學的二卷　1639
朱子學歸二十三卷　1800
朱子禮纂五卷　1845
朱太守風雪漁樵記雜劇一卷　1500
朱止泉先生文集八卷　1250
朱中丞全集五種　1833

朱氏傳芳集八卷首一卷　1445
朱氏群書六種　1863
朱文公行狀一卷　1724
朱文公政訓一卷　1611
朱文公校昌黎先生文集四十卷外集十卷遺文一卷傳一卷　1167
朱文端公文集四卷補編四卷　1246
朱文端公藏書十三種　1640
朱秉器文集四卷詩集四卷　1833
朱柏廬先生治家格言一卷　953
朱柏廬先生勸言一卷　953
朱雀橋邊野草二卷　1439
朱飲山三韻易知十卷　528
朱飲山千金譜二十九卷朱飲山三韻易知十卷　1471
朱强甫集三卷　1357
朱慶餘詩集一卷　1365，1367，1369
朱簡齋公奏議二卷年譜一卷附遺蹟集録一卷行實一卷　691
朱觀察信札原稿一卷　1341
缶鳴集十二卷　1193
缶廬詩四卷別存一卷　1347
先天斗帝敕演無上玄功靈妙真經一卷　1117
先天集鈔一卷　1373
先公談録一卷　1556
先正讀書訣一卷　973，1763
先考侍郎公年譜一卷　696
先府君事略一卷　1859
先進遺風一卷　1576，1589
先進遺風二卷　1613
先朝議府君行述一卷附知府銜江蘇候補直隸州知州孫君墓志銘　608
先聖生卒年月日考二卷　432，610
先福奏摺底稿不分卷　688
先撥志始二卷　1669

先撥志始四卷　563
先德記二卷附一卷　1873
先德録一卷　1871
先儒正修録三卷先儒齊治録三卷　962
先儒趙子言行録二卷　606
先儒獻靖公韋齋集十二卷附玉瀾集一卷
　蜀中草一卷　1181
廷美集一卷　1380
廷璧集一卷　1381
（乾隆）竹山縣志二十七卷　828
（同治）竹山縣志二十九卷首一卷　828
（嘉慶）竹山縣志十卷首一卷　828
竹友集一卷　1374
竹田樂府一卷　1860
竹生吟館詩草十六卷　1357
竹汀日記一卷　1768
竹汀先生日記鈔二卷　615，1024，1757
竹汀先生日記鈔三卷　1729，1754
竹西詞一卷　1473
竹邨花隖集一卷　1252
竹里耆舊詩一卷　1860
竹里畫者詩一卷　1860
竹里詩萃十六卷　1434
竹坡老人詩話一卷　1566
竹坡老人詩話三卷　1551
竹坡詩話一卷　1616
竹林答問一卷　1732
竹林愚隱集一卷　1359
竹林詩評一卷　1565
竹岡小草一卷　1857
竹岡同學録一卷　1857
竹岡詩草一卷附竹岡詩話一卷　1857
竹岡齋九種　1857
竹岡鴻爪録一卷　1857
竹岡雜綴一卷續不分卷　1857

竹所吟稿一卷　1370，1375
竹泒一卷　1554
竹居小牘十二卷　1357
竹垞行笈書目一卷　1771
竹垞詩鈔一卷　1415
竹柏山房十五種　1861
竹香詞一卷　1474
竹派一卷　1578
竹洲詞一卷　1472，1803
竹洲詩鈔一卷　1372
竹屋癡語一卷　1474
竹素山房集三卷補遺一卷附録一卷　1812
竹素山房詩一卷　1378
竹素齋古文遺稿三卷　1287
竹素齋自訂古今體詩稿一卷　1287
竹素齋時文遺稿三卷　1287
竹莊小稿一卷　1370，1375
竹軒雜著六卷　1814
竹連珠一卷　1632
竹書紀年二卷　1598，1599，1601，1603，
　1606，1607，1679，1777
竹書紀年十二卷　951
竹書紀年校正十四卷　1857
竹書紀年雋句一卷　1037
竹書紀年集證五十卷首一卷　545
竹書紀年補證四卷　1861
竹書紀年統箋十二卷　545
竹書紀年統箋十二卷前編一卷雜述一卷
　1847
竹雪軒印集八卷　1092
竹崦庵金石目録五卷　921
竹崦庵傳鈔書目一卷　941
竹葉亭雜記八卷　1027
竹葉庵文集三十三卷　1268
竹雲題跋四卷　1736，1742

竹閒道人自述年譜一卷　1877

竹窗隨筆一卷竹窗二筆一卷竹窗三筆一
　卷　1111

竹園集記一卷　1444

竹園類輯十卷　1229

竹溪十一稿詩選一卷　1370

（浙江湖州）竹溪沈氏家乘二十卷首一
　卷　590

竹溪詩集一卷　1375

竹溪雜述一卷　1624，1626

竹鄰詞一卷　1767

竹鄰遺稿二卷　1712

竹慇雅課四卷　1256

竹慇筆記一卷　1762

竹嘯軒詩鈔十卷　1248

竹窻詞一卷　1845

竹隱樓詩草一卷　1421

竹谿集一卷　1374

（同治）竹谿縣志十六卷首一卷　828

竹齋集一卷　1379

竹齋詩集四卷附文一卷　1747

竹簾詞一卷　1479

竹譜一卷　1552，1569，1584，1599，1601，
　1602，1628，1659

竹譜詳録七卷　1655

竹嬾畫膡一卷續畫膡一卷　1834

竹嬾墨君題語一卷　1834

竹巖集十八卷補遺一卷續補遺一卷附録
　一卷　1195

（安徽休寧）休寧厚田吳氏宗譜六卷　586

（安徽休寧）休寧蓀浯二溪程氏宗譜四
　卷　585

（道光）休寧縣志二十四卷　740

（康熙）休寧縣志八卷　740

伍真人丹道九篇一卷　1120

伍喬詩一卷　1806

伍喬詩集一卷　1368，1370

伏牛洞記一卷　1694

伏戎紀事一卷　1604，1611

伏虎韜傳奇不分卷　1495

伏侯古今注一卷　1795

伏侯古今注三卷補遺一卷又補遺一卷　1785

伏敬堂詩録十五卷續録四卷　1327

伏鸞堂詩賸四卷　1339

伐蛟説一卷　1721

伐檀集一卷　1373

延川筆記一卷　1802

延平李先生（侗）年譜一卷　610

延平李先生年譜一卷　958

延平李先生師弟子答問一卷後録一卷補
　録一卷　958

（乾隆）延平府志四十六卷首一卷　855

延休堂漫録一卷　1573

延州筆記一卷　1575

延州筆記四卷　1802

（嘉慶）延安府志八十卷　792

（康熙）延安府志九卷　792

延青閣詞一卷　1474

延秋吟館詩鈔四卷　1343

（康熙）延津縣志十卷　783

延福宮曲宴記一卷　1571

（康熙）延綏鎮志六卷　795

延漏録一卷　1559

（光緒）延慶州志十二卷首一卷末一卷
　720

（乾隆）延慶州志十卷首一卷　720

延露詞三卷　1813

仲氏易三十卷　425，1840

仲弘集一卷　1376

仲安遺草一卷　1803

仲長子昌言二卷　1794

仲景九候診法一卷　1770

仲景三部診法一卷　1770

仲淵集一卷　1380

仲蒙子三卷　949

仲愈集一卷　1381

仲蔚先生集二十四卷附錄一卷　1205

仲漁詩草二卷　1354

仲實集一卷　1380

仲實詩存二卷　1353

仲實類稿一卷　1353

仲贄集一卷　1381

仲禮集一卷　1380

仲瞿詩錄一卷　1678，1728

任子道論一卷　1795

任子遺書一卷　954

任中丞集一卷　1362

任氏傳一卷　1664，1667

任氏撰一卷　1660

（乾隆）任丘縣志十二卷首一卷　712

（道光）任丘縣志續編二卷　712

任兆麟述記三卷　1021

任彥升集六卷　1361

任勇烈公遺集一卷二峨草堂遺稿一卷附
　先勇烈公行實　1257

仰山胜錄一卷　1576，1589

仰子遺語一卷　1572

仰止篇三卷　1865

仰節堂集十四卷　1213

仰儀簡儀二銘補注一卷　1053

仰蕭樓文集一卷附國朝經學名儒記一卷
　1351

仿今言一卷　1862

仿指南錄一卷　558

仿唐寫本説文解字木部箋異一卷　508

仿體詩一卷　1840

自反錄一卷　1834

自西徂東五卷　1030

自知錄二卷　1111

自怡小草四卷　1295

自怡軒古文選十卷　1403

自怡集八卷　1290

自家意思集一卷　1380

自然好學齋詩集一卷　1422

自然好學齋詩鈔十卷　1747

自然集一卷　1119

自强軍洋操課程十卷　1776

自遠堂琴譜十二卷　1085

自號錄一卷　1744

自滇入都程記一卷　1630，1700

自樂堂遺文一卷　1314

自題所畫一卷　1122

自警篇一卷　1608

自鏡齋文鈔一卷詩鈔一卷　1329

伊川文集八卷　1819

伊川文集八卷附錄二卷　1819

伊川易傳四卷　1819

伊川草四卷　1834

伊川經説八卷　1819

伊川擊壤集二十卷　1174

伊尹書一卷　1795

伊洛淵源錄十四卷　1639

伊犁日記一卷　1686

伊犁文檔匯鈔不分卷　679

伊犁總統事略十二卷附西陲竹枝詞　904

（乾隆）伊陽縣志四卷　789

伊園文鈔四卷　1866

伊園詩鈔三卷　1866

血梅記十五齣　1496

血證論八卷　997

向秀周易義一卷　434
向果微言二卷述悒一卷　1861
向湖邨舍詩初集十二卷　1351
似昇長生册不分卷　608
似昇所收書畫録一卷　1083
行山路記一卷　1699
行川必要一卷　3039
行水金鑑一百七十五卷首一卷　886
行文寶笈二卷　1471
行在陽秋二卷　557
行在陽秋二卷附嘉定屠城紀略一卷　564
行有恒堂初集二卷　1309
行軍須知二卷　983
行軍鐵路工程二卷附圖一卷　1760
行素草堂金石叢書十六種　921
行素軒算稿五種　1054
行素堂目睹書録十編附汲古閣珍藏祕本
　書目　941
行素堂集古印存二卷　929
行都紀事一卷　1558，1586，1590
（乾隆）行唐縣新志十六卷　715
行朝録十一卷　1814
行朝録六卷　1781
行營防守學一卷　978
行營雜録一卷　1596，1608
行禮部等處咨送坐班册　679
行醫八事圖一卷　1623
肙齋文集八卷詩集四卷　1316
舟山興廢一卷　1837
舟行日記一卷　1698
舟行紀略一卷　1706
舟行記一卷　1698
全上古三代秦漢三國六朝文七百四十六
　卷　1396
全上古三代秦漢三國晉南北朝文編目
　一百三卷　946
全五代詩一百卷　1677
全五代詩一百卷補遺一卷　1410
全史宫詞二十卷　1871
全生指迷方四卷　1673，1723
全吳紀略一卷　558
全吳籌患預防録四卷　664
全河備考一卷　1695
全修海塘録十卷續修海塘録二卷　889
全真清規一卷　1121
全唐文紀事一百二十二卷　1410
全唐近體詩鈔五卷附姚布政傳一卷　1410
全唐詩九百卷目録十二卷　1406
全唐詩三十二卷　1407
全唐詩未備書目一卷　1771
全唐詩逸三卷　1656
全唐詩話六卷　1464，1616
全浙詩話五十四卷　1466
全浙詩話刊誤一卷　1728
全蜀藝文志六十四卷　1435
全像圓夢四卷三十回　1526
全滇形勢論一卷　1700
全閩詩話十二卷　1466
（嘉靖）全遼志六卷　700
全謝山文鈔十六卷　1258
全燬書目一卷抽燬書目一卷　942
全燬書目不分卷附抽燬書目　942
全韻詩二卷　1248
全體入門問答十課　1897
全體新論一卷　1897
全體新論十卷　1737
全體闡微六卷　1897
（同治）合江縣志五十四卷　850
合併脉訣難經太素評林六卷　990
合肥三家詩鈔二卷　1748

合肥李氏三世遺集二十四卷　1441

合肥李勤恪公政書十卷　676

合肥相國七十賜壽圖附壽言不分卷　608

合肥相國壽言一卷　1752

（嘉慶）合肥縣志三十六卷首一卷　742

合肥學舍札記十二卷　1028

合刻三先生東坡文匯四十卷　1177

合刻延平四先生年譜　958

合刻延平四先生年譜四卷　610

合河紀聞十卷附方言二卷　887

合訂删補大易集義粹言八十卷　419，
　423

合校水經注四十卷首一卷附録二卷　886

合諸名家評注三蘇文選十八卷　1445

合諸名家點評古文鴻藻十二卷　1399

合歡令一卷　1068

朵雲山房遺稿十二卷　1221

夙興語一卷　1624，1626

危言四卷　1779

旭華堂文集十四卷補遺一卷續編一卷　1242

各地人物考不分卷附地名考不分卷　616

各省水道圖説一卷　1694

各省鄉試同年全録（光緒二十六至二
　十七年恩正併科）　622

各省鄉試同年齒録（道光五年乙酉科）
　621

各省鄉試題名齒録（嘉慶十三年戊辰科）
　620

各省優貢同年全録（光緒三十二年丙午
　科）　623

各省優貢同年齒録（光緒三十二年丙午
　科）　623

各部院條例册不分卷　669

各國立約始末記三十卷首二卷　663

各國交涉公法論初集四卷二集四卷三集

八卷校勘記一卷　1759

各國金銀銅三品貨幣表不分卷　1755

各國約章纂要六卷首一卷附録一卷　663

各國條約章程　664

各國通商始末記二十卷　662

名人尺牘二卷　1452

名山洞天福地記一卷　1552

名山勝槩記四十六卷名山圖一卷　899

（光緒）名山縣志十五卷　847

名山藏一百九卷　545

名公像記一卷　1576

名公翰墨林四卷　1450

名文前選六卷　1845

名臣事狀六卷　595

名物蒙求一卷　953，1592

名物類考四卷　1544

名法指掌四卷　668

名法指掌附新例增訂四卷　668

名香譜一卷　1568

名馬記一卷　1579

名原二卷　518

名卿績紀四卷　1604

名家詩法彙編十卷　1463

名勝雜記一卷　1698

名畫神品目一卷　1676

名畫記一卷　1567

名畫集錦　1081

名畫獵精一卷　1567

名媛詩歸三十六卷　1391

名疑四卷　1670，1815

名疑集四卷　1832

名賢手札十卷　1452

名賢手札八卷　1452

名劍記一卷　1578

多歲堂詩集四卷載賡集二卷試律詩集一

卷賦集一卷　1282

多暇録二卷　1750

多識集類編六卷　1033

多識編七卷　451

多識録七種　1873

争春園全傳四十八回　1522

争報恩三虎下山雜劇一卷　1499

色相留真一卷　1760

色香俱古之室詩鈔七卷　1308

色楞格河源流考一卷　1696

冰泉常和集一卷續和一卷再續和一卷　1803

冰泉唱和閨集一卷　1803

冰洋事蹟述略一卷　1706

冰壺詞四卷　1478

冰甌館詞鈔一卷　1478

冰嶺紀程一卷附度嶺吟一卷　902

冰蠶詞一卷　1767，1803

亦玉堂稿十卷　1210

亦有生齋集五十九卷　1275

亦有生齋續集七卷收菴居士自叙年譜略二卷　1275

亦吾廬詩草八卷　1333

亦若是齋隨筆十二卷　1027

亦政堂重考古玉圖二卷　923

亦政堂重修考古圖十卷　923

亦政堂宣和博古圖三十卷　923

亦政堂詩集十二卷　1297

亦陶書室新增幼學故事群芳四卷首一卷　972

亦愛廬印存不分卷　1089

交山平寇本末三卷　555

交代款目備考二卷　678

交行摘稿一卷　1651

交州以南外國傳一卷　1682

交州記一卷　1562

交州記二卷　1817

交春集一卷　1846

（康熙）交城縣志十八卷首一卷　746

（光緒）交城縣志十卷首一卷　746

交食細草三卷　1054

交食蒙求三卷　1052

交食管見一卷　1052

交涉約案摘要七卷附編一卷　663

交游録三卷　1442

交翠軒筆記四卷　1777

次柳氏舊聞（明皇十七事）一卷考異一卷　1038

次柳氏舊聞一卷　1559，1584，1607，1611，1662，1664

衣冠盛事一卷　1558

決疑要注一卷　1562

妄談録一卷　1858

羊士諤詩集一卷　1365，1366，1368

羊城古鈔八卷　1437

米元章書史一卷　1551

（光緒）米脂縣志十二卷　801

（康熙）米脂縣志八卷　801

米海岳年譜一卷　1739

州縣提綱四卷　1658，1675，1724

州縣學校謀始一卷　1011

汗青閣文集二卷　1824

汗筠齋叢書四種　1679

汗漫集二卷　1231

汗簡七卷　512

汗簡箋正七卷　512

江上小蓬萊吟舫詩存十八卷詩餘二卷　1340

江上孤忠録一卷　1803

江上遺聞一卷　1749，1803

江口巡船章程一卷　1881

（同治）江山縣志十二卷　810

江止庵遺集八卷　1360

江月松風集一卷　1377

江月松風集十二卷補遺一卷文録一卷附録
　　一卷　1812

江文通文集十卷　1159，1361

江左十五子詩選十五卷　1427

江左三大家詩鈔九卷　1427

江左校士録二卷　1461

江北水利書二卷　1849

江北運程四十卷　657

江令君集一卷　1363

江西水道考一卷　1695

江西考古録十卷　935

江西考略一卷　1684

江西地略一卷　1708

江西全省輿圖十四卷　915

江西全省輿圖十四卷首一卷　914

江西要覽二十卷　882

江西臬司定例彙編八卷目録一卷　649

（光緒）江西通志一百八十卷　703

（雍正）江西通志一百六十二卷首一卷
　　703

江西道院集鈔一卷　1372

江西詩社宗派圖録一卷　1630，1653

江西詩派小序一卷　1653

江西賦役經制全書不分卷　656

江西輿地圖説一卷　1605

江西藩司定例彙編（乾隆三十三年至光
　　緒三十一年）　649

江邨先生集一卷　1380

江邨銷夏録三卷　1778

江行日記一卷　1698，1860

江行雜録一卷　1596，1607

江州司馬青衫涙雜劇一卷　1500

江州筆談二卷　1865

（道光）江安縣志二卷　850

（嘉慶）江安縣志六卷　850

江防海防策一卷　1701

江防總論一卷　1694

江花品藻一卷　1648

江村草堂紀一卷　1628

江村集一卷　1439

江表忠略二十卷　602

江東集鈔一卷　1372

江刻書目三種　941

（光緒）江油縣志二十四卷　846

（道光）江油縣志四卷首一卷　846

江城名蹟記二卷末一卷　871

江南安徽全圖　914

江南別録一卷　1594，1608

江南松江府華亭縣白沙邨孝修回郎寶卷
　　一卷附七七寶卷一卷喫齋經一卷花名
　　寶卷一卷法船經一卷　1487

江南春詞一卷　1477

江南春詞集一卷附録一卷附考一卷　1803

江南星野辨一卷　1625，1627

（乾隆）江南通志二百卷序目一卷首四
　　卷　700

（康熙）江南通志七十六卷　700

江南野録一卷　1560

江南魚鮮品一卷　1622

江南聞見録一卷　557

江南製造局記十卷首一卷附一卷　1892

江南製造總局帳簿不分卷　677

江南餘載二卷　1653，1659，1675

江南機器製造局公牘不分卷　679

江亭集一卷　1378

（光緒）江津縣志十二卷附志存一卷
　　842

（雍正）江都縣志二十卷　733

（嘉慶）江都縣志十二卷首一卷　734
（乾隆）江都縣志三十二卷　733
（光緒）江都縣志三十卷首一卷　734
（同治）江華縣志十二卷首一卷　837
江夏陳氏義莊條規一卷附名宦鄉賢録一
　　卷　617
（同治）江夏縣志八卷附文徵不分卷　822
江浙十二家詩選二十四卷　1427
江浙行省興復海道漕運記一卷　1593
（光緒）江浦埤乘四十卷首一卷　726
江海殲渠記一卷　1605，1609
江陵紀事一卷　558
（光緒）江陵縣志六十五卷首一卷　826
（嘉慶）江陵縣志刊誤六卷　826
江陰李氏得月樓書目摘録一卷　1801，
　　1802
江陰城守紀二卷　558
（道光）江陰縣志二十八卷首一卷　730
（乾隆）江陰縣志二十四卷首一卷　730
（崇禎）江陰縣志八卷首一卷　730
（光緒）江陰縣志三十卷首一卷　730
江陰藝文志二卷校補一卷　1803
江聆幾雜志一卷　1610
江梅夢雜劇一卷　1866
江淮異人録一卷　1653，1659，1727
江淮異人録二卷　1675
江鄉節物詩一卷　1295，1808
江程蜀道現勢書不分卷　898
江道編一卷　1694
江湖長翁文集四十卷　1183
江湖長翁詩鈔一卷　1372
江楚會奏變法第一至三摺附片一件　695
江源考一卷　1694
江源記一卷　1631，1694，1761
江鄰幾雜志一卷　1613，1713

江漢叢談一卷　1575
江漢叢談二卷　1649，1815
江寧同官録（光緒七年）　626
江寧金石待訪目二卷　1763
江寧金石記八卷附待訪目二卷　934
江寧府七縣地形考略一卷附圖　878
（康熙）江寧府志三十四卷　725
（嘉慶）江寧府志五十六卷首一卷　725
江寧府重建普育堂志八卷　875
江寧府重修普育四堂志六卷　875
江寧將軍都興阿髮亂陣中奏稿不分卷　694
江寧棲霞寺古塔釋迦八相石刻不分卷　931
江檻集一卷　1378
江蘇水利圖説不分卷　917
江蘇考略一卷　1684
江蘇地略一卷　1708
江蘇全省興圖不分卷　914
江蘇奏稿八卷　693
江蘇省例四編　649
江蘇省減賦全案八卷　656
江蘇海運全案十二卷　656
江蘇詩徵一百八十三卷　1427
江醴陵集二卷　1362
江變紀略二卷　558
汎舟録二卷　1563
汲古堂印譜十二卷　1087
汲古堂集二十八卷　1214
汲古閣校刻書目一卷補遺一卷刻板存亡
　　考一卷　1722
汲古閣説文訂一卷　1765
汲古録一卷　1874
汲古叢語一卷　1573，1612
汲冢周書十卷　1598，1599，1601，1603，
　　1606，1607
汲冢周書輯要一卷　1857

汲冢書鈔一卷　1794

（乾隆）汲縣志十四卷首一卷末一卷　783

（乾隆）氾水縣志二十二卷　779

氾南詩鈔四卷　1433

池上草堂筆記四集二十四卷　1043

池上題襟小集一卷　1748

池北偶談二十六卷　1020，1843

汝水説一卷　1695

（道光）汝州全志十卷首一卷　789

汝南先賢傳一卷　1561，1582

汝南遺事二卷　1670

汝南遺事四卷　1798

汝海稿五卷　1834

（康熙）汝陽縣志十卷　787

（嘉慶）汝寧府志三十卷首一卷　787

宇内高山大河考一卷　1696

守一齋筆記四卷客窗二筆一卷　1803

守山閣叢書一百十二種　1671

守身執玉軒遺文一卷　1327，1752

守汴日志一卷　1633，1636，1637

守城録四卷　979，1672，1721，1723

守蒙紀略一卷　566

［守愚齋窗稿］一卷肆集一卷伍集一卷　1354

守意龕詩集二十八卷　1274

守溪長語一卷　1605

守溪筆記一卷　1604

守默齋詩稿一卷雜著一卷　1331

守邊輯要一卷　1855

宅經一卷　1570

宅譜指要四卷　1063

宅譜修方五卷　1063

宅譜通言二卷　1063

字林一卷　1566

字林古今正俗異同通考四卷附六書辨異
二卷補遺一卷　518

字林考逸八卷　517，1855

字林考逸八卷補一卷　517

字林經策萃華八卷　1735

字典考證十二卷　1823

字典考證三十六卷　519

字典紀字一卷　1851

字指一卷　1793

字音糾謬一卷糾繆補一卷芋香書館日記
一卷　525

字格一卷　1566

字書三辨三卷　1857

字書大廣益會玉篇三十卷玉篇廣韻指南
一卷　511

字書誤讀一卷　505，1566，1715

字通一卷　1656

字畫二卷　503

字統一卷　1793

字源徵古四卷　1854

字彙十二卷首一卷末一卷　513

字彙十二卷首一卷末一卷附韻法直圖一
卷韻法橫圖一卷　513

字説一卷　518，1831

字課圖説四卷　521

字學三書十四卷　519

字學正本五卷　514

字學津梁不分卷百家姓類音正聲一卷
1073

字學蒙求四卷　521

字學舉隅一卷　504

字學舉隅增補一卷　515

字學韻學一卷　1879

字辨證篆十五卷　519

字觸六卷　1065，1738

字觸補六卷　1066

字體辨正一卷　505
字鑑五卷　503，519，1743
字孿二卷　1721
安天論一卷　1796
安仁車　1133
（同治）安仁縣志三十六卷首一卷末一
　　卷　814
（道光）安平縣志十卷　869
（萬曆）安丘縣志二十八卷　768
安吉施氏遺著五種　1825
（同治）安吉縣志十八卷首一卷　806
安舟雜鈔三十六卷附安舟遺稿一卷附録
　　一卷　1025
安危注四卷　595
安甫遺學三卷　1712，1766
安吳論書一卷　1765
安序堂文鈔十六卷　1235
安序堂文鈔三十卷　1235
（光緒）安東縣志十五卷首一卷　733
（道光）安岳縣志十六卷首一卷　848
（光緒）安岳縣續志四卷　848
安定言行録二卷　1773
（光緒）安定縣志十卷首一卷　864
（道光）安定縣志八卷　792
安居金鏡八卷　1065
安城記一卷　1562
安南小志一卷　1703
安南志略十九卷　908
安南紀游一卷　1638，1661，1703
安南記游一卷　1637
安南傳二卷　1604
安南稿一卷　1377
安南論一卷　1710
安南雜記一卷　1624，1626，1636，1637，
　　1703

安般簃集十卷　1752
安般簃集十卷春闈雜咏一卷　1348
安流舫存稿二卷　1443
（道光）安陸縣志四十卷首一卷　825
（咸豐）安陸縣志補二卷　825
安得長者言一卷　1614
（嘉慶）安康縣志二十卷　796
安庸集一卷　1238
安庸集二卷　1239
安陽集五十卷別録三卷遺事一卷忠獻韓
　　魏王家傳十卷　1173
安陽集鈔一卷　1371
（乾隆）安鄉縣志八卷　838
安雅堂文集二卷重刻文集二卷未刻稿八
　　卷入蜀集二卷詩集一卷二鄉亭詞三卷
　　書啓一卷祭皋陶一卷　1226
安雅堂文集二卷重刻文集二卷詩一卷二鄉
　　亭詞三卷書啓一卷未刻稿八卷　1226
安雅堂集一卷　1376
安雅堂觚律一卷　1567
安禄山事跡三卷　1768
安禄山事跡三卷附校記一卷　1039
（順治）安遠縣志十卷首一卷　821
（道光）安遠縣志三十二卷首一卷　821
（同治）安義縣志十六卷首一卷末一卷
　　816
（同治）安福縣志十八卷首一卷末一卷
　　820
（乾隆）安肅縣志十六卷　709
安静子集五種附一種　1843
安德明詩選遺一卷　1820
（康熙）安慶府志三十二卷　739
（嘉慶）安縣志三十卷首一卷　851
安默庵先生文集五卷　1798
安龍紀事一卷　1749

安徽考略一卷　1684

安徽地略一卷　1708

安徽金石略十卷　1777

（道光）安徽通志二百六十卷首六卷　700

（光緒）安徽通志三百五十卷首一卷補
　遺十卷　701

安徽輿圖表説十卷　914

安瀾紀要二卷　1721

祁大夫字説一卷　517

（乾隆）祁州志八卷續志四卷　710

（同治）祁門縣志三十六卷首一卷　740

祁忠惠公遺集十卷附編一卷　1219

祁忠惠公遺集八卷　1360

祁奕喜紫芝軒逸稿一卷補遺一卷　1220

（同治）祁陽縣志二十四卷首一卷　837

（嘉慶）祁陽縣志二十四卷首一卷　836

（光緒）祁縣志十六卷　746

（乾隆）祁縣志十六卷　746

那文毅公奏議八十卷　693

艮山雜志二卷附録一卷　1810

艮居詩括四卷附艮居文鈔一卷　1339

艮維窩集考一卷　1685

艮獄記一卷　1563，1587，1591，1592，
　1595，1608

艮齋先生薛常州浪語集三十五卷　1183

阮子政論一卷　1795

阮步兵集一卷　1362

阮亭詩鈔二卷　1415

阮嗣宗集二卷　1361

艸艸艸堂詩艸二卷　1329

艸閒堂新編小史警寤鐘四卷十六回　1507

防夷奏議（道光二十至二十三年）不分卷
　688

防江形勢考一卷　1694

防河要覽四卷　887

防疫芻言二卷　1005

防海危言一卷　1710

防海形勢考一卷　1701

防海紀略二卷　903

防海備覽十卷　903

防海新論　1892

防海輯要十八卷　903

防邊危言一卷　1708

防邊紀事一卷　1604

如不及齋咏史詩評一卷　1747

如不及齋詩鈔一卷　1747

如不及齋彙鈔十七種　1747

如是我聞一卷　1122

如是翁集一卷　1380

如是齋集一卷　1441

（江蘇如皋）如皋西鄉李氏族譜十二卷
　588

如皋冒氏詞略一卷　1824

如皋冒氏詩略十四卷　1824

如皋冒氏叢書二十九種　1823

（嘉慶）如皋縣志二十四卷續志十二卷
　續志十六卷　738

（乾隆）如皋縣志三十二卷　738

（同治）如皋縣續志十六卷　739

如園架上書鈔目五卷補一卷　939

如諫果室叢刻四種　1881

如蘭集二十卷　1415

好人歌一卷　1833

好古堂家藏書畫記二卷續記一卷　1674

好生救劫編五卷末一卷　1769

好逑傳四卷十八回　1527

好深湛思室詩存二十二卷　1315

好雲樓初集二十八卷二集十六卷　1329

羽庭集四卷　1359

羽扇譜一卷　1636

羽族通譜一卷　1622

羽族棋譜一卷　1712

牟子一卷　950，1678

牟珠洞記一卷　1694

七畫

弄珠詞一卷　1883

形色外診簡摩二卷　997

形聲類篇五卷　1746

戒士文徵信録二卷　1769

戒殺文一卷　1623

戒菴漫華一卷　1575

戒庵老人漫筆八卷　1801

戒庵漫筆一卷　1802

戒淫功過格一卷附戒色良言一卷　969

戒淫摘要四卷首一卷末一卷　969

戒淫録一卷　1628

戒煙醒世圖　1029

戒溺女文一卷救嬰捷法三卷　969

戒賭文一卷　1625，1635，1722

戒賭彙編一卷　1036

扶荔生覆瓿集十卷　1221

扶南土俗一卷　1562

扶南土俗傳一卷　1682

扶南記一卷　1682

扶南異物志一卷　1682

扶南傳一卷　1682

（乾隆）扶風縣志十八卷首一卷　793

（嘉慶）扶風縣志十八卷首一卷　793

（雍正）扶風縣志四卷　793

扶桑游記一卷　1704

扶桑驪唱集一卷附録一卷　1446

扶雅堂詩初集十卷　1327

技擊餘聞一卷　1045

批點考工記二卷　1603

批點牡丹亭記二卷　1492

批點明詩七言律十二卷　1413

攻渝紀事一卷　558

攻媿集一百十二卷　1643，1646

攻媿集鈔一卷　1372

赤山會約一卷　1805

赤山會語一卷　1805

赤水玄珠三十卷醫案五卷醫旨緒餘二卷　1000

赤水吟一卷　1122，1123

赤城志四十卷　1814

赤城集十八卷　1434，1814

（乾隆）赤城縣志八卷　719

赤堇遺稿六卷　1315

赤雅三卷　1652，1659，1733

赤雅三卷附嶠雅二卷　882

赤溪雜志一卷　1702

赤溪雜志二卷　1803

折肱漫録七卷　994

折肱録一卷　1862

折客辨學文一卷　1841

折獄巵言一卷　1722

折獄便覽一卷　684

折獄龜鑑一卷　1660

折獄龜鑑八卷　1672，1721，1724

孝子傳一卷　1561

孝女存孤北曲一卷　1503

孝友堂家規一卷　1835

（孫子遺書）孝友堂家規一卷家訓一卷　1799

孝弟圖説二卷　969

孝貞顯皇后大事事宜八卷　651

（光緒）孝感縣志二十四卷續補志一卷　824

孝傳一卷　1598，1599，1601

（乾隆）孝義縣志二十卷　752

（光緒）孝義縣續志二卷首一卷末一卷　752

（光緒）孝義廳志十二卷首一卷　792

孝慈堂書目四卷　941

孝慈庵集一卷　1808

孝肅包公奏議十卷　1740

孝經一卷　417，421，490，495，1613，1725，1833

孝經一卷附孝經三本管窺二卷　1640

孝經一卷忠經一卷　472

孝經大全二十八卷首一卷　473

孝經大義一卷　421，424

孝經王氏解一卷　1790

孝經中契一卷　1734，1793

孝經內事一卷　1784

孝經內事圖一卷　1734，1793

孝經今文音義一卷　1740

孝經引證一卷　1613

孝經刊誤一卷　499，1725

孝經古秘一卷　1734，1793

孝經本義二卷　499

孝經左契一卷　1734，1793

孝經右契一卷　1734，1793

孝經外傳一卷　1649

孝經后氏說一卷　1790

孝經全注一卷　1845

孝經安昌侯說一卷　1790

孝經長孫氏說一卷附考一卷　1790

孝經述二卷　1878

孝經述注一卷　1669，1865

孝經述義一卷　1784

孝經或問三卷　499

孝經注一卷　1782，1784

孝經注疏九卷　415，472

孝經注疏九卷附考證　416，472

孝經注疏九卷附校勘記九卷　417，418，419

孝經注解一卷　421，424，473

孝經注解一卷孝經大義一卷　472

孝經宗旨一卷　1613

孝經定本一卷　424

孝經皇氏義疏一卷　1790

孝經衍義一百卷首二卷　473

孝經約義一卷　1825

孝經校勘記三卷釋文校勘記一卷　427

孝經殷氏注一卷　1790

孝經訓注一卷　1790

孝經問一卷　428，1841

孝經章句一卷　1734，1793

孝經章句一卷刊誤辨說一卷　1872

孝經章句一卷或問一卷　1849

孝經章義一卷　1873

孝經集注述疏一卷附讀書堂答問　1886

孝經集傳四卷　473，493

孝經集解一卷　497

孝經集義一卷孝經勘誤一卷　473

孝經傳一卷　1784，1790

孝經傳說圖解不分卷　473

孝經傳說圖解四卷　473

孝經頌義一卷　473

孝經解贊一卷　1790

孝經詳說六卷　473

孝經義疏一卷　428，1790

孝經義疏補九卷　473

孝經義疏補九卷首一卷　1718

孝經雌雄圖一卷　1734，1793

孝經疑問一卷　1765

孝經鄭氏注一卷　1779

孝經鄭氏解一卷　1655

孝經鄭注一卷　1725，1765

孝經鄭注一卷補證一卷　1655

孝經鄭注考證一卷　499

孝經鄭注疏二卷　1880

孝經質疑一卷　1826

孝經徵文一卷　430

孝經劉氏説一卷　1790

孝經緯一卷　532

孝經緯援神契二卷　1734，1793

孝經緯鈎命訣一卷　1734，1793

孝經學凡例一卷　1770

孝經翼一卷　499

孝經嚴氏注一卷　1790

孝經闡要一卷　473

孝經辯義一卷　1878

（同治）孝豐縣志九卷首一卷末一卷　806

坎巨提帕米爾疏片略一卷　1709

均藻五卷　1037

均藻六卷　1831

均藻四卷　1676

投荒雜録一卷　1556

投梭記二卷　1503

投壺考原一卷　1766

投壺新格一卷　1568，1772

投壺儀節一卷　1568，1751

投壺變一卷　1796

投筆集二卷　1780

投筆集箋注二卷　1778

投轄録一卷　1557，1586，1590

投甕隨筆一卷　1575，1650

抗古堂詩集十卷　1337

抗希堂全集十六種　1847

坊表録十六卷　601

坊記集傳二卷春秋坊記問業一卷　493

坊記新解一卷　1770

志林一卷　1557，1661

志林新書一卷　1794

志怪録一卷　1571，1585，1605，1664，
　　1666

志矩堂商語一卷　1834

志雅堂雜抄一卷　1557

志雅堂雜鈔二卷　1714，1737

志遠齋史話六卷　1751

志銘廣例二卷　920，921，1729，1753，
　　1754

志寧堂稿四卷　1847

志樂輯略三卷　1857

志學會約一卷　1632

志學會規一卷　1857

志學編二卷　964

志學録一卷　1836

志學録八卷續録三卷　1873

志學録四卷　964

志學齋集七種　1881

志壑堂詞一卷　1473

志壑堂詩集十二卷後集五卷文集十二卷
　　後集三卷辛酉同游倡和詩餘後集二卷
　　1233

志壑堂雜記一卷　1630

却掃篇三卷　1725

却掃編一卷　1558

却掃編三卷　1014，1617

抒情録一卷　1556

劫灰集詩存一卷　1297

劫灰録一卷　1780

芙村文鈔二卷　1743，1862

芙村學吟一卷　1862

芙航詩襖十二卷　1253

芙蓉山館文鈔八卷　1278

芙蓉山館全集詩鈔八卷詞鈔二卷文鈔八

卷　1278

芙蓉山館師友尺牘一卷芙蓉山館志序存
　稿一卷　1451

芙蓉山館詩鈔八卷補鈔一卷詞鈔二卷文
　鈔三卷　1278

芙蓉池館詩草二卷　1295

芙蓉洞全傳十卷四十回　1484

芙蓉碣傳奇二卷　1497

芙蓉嶂諸山記一卷　1691

邯鄲記二卷　1492，1503

邯鄲道省悟黄粱夢雜劇一卷　1500

邯鄲夢：三醉一卷附工尺譜　1489

西諜一卷附工尺譜　1489

（乾隆）邯鄲縣志十二卷首一卷　717

芸居乙稿一卷　1371，1374

芸居乙稿一卷附補遺一卷附録一卷　1811

芸香館遺詩二卷　1314

芸窗私志一卷　1558

芸隱詩集一卷　1375

芸隱横舟稿一卷倦游稿一卷　1370

芷江詩話八卷補遺一卷題辭一卷　1467

（同治）芷江縣志六十四卷首一卷　836

芷衫詩餘一卷　1476

芷園臆草存案一卷　996

（光緒）芮城縣續志六卷首一卷　758

花九錫一卷　1569，1585，1663，1665

花小名一卷　1579

花山游記一卷　1688

花王閣賸稿一卷　1798

花月痕全書十六卷五十二回　1524

花甲閒談十六卷　616

花甲數譜一卷　1635

花史左編二十四卷　989

花仙小志一卷　1858

花外集一卷　1653

花雨樓七種　1743

花雨樓叢鈔二十四種附一種　1742

花底拾遺一卷　1624，1635

花宜館詩鈔十六卷續存一卷無腔村笛二
　卷　1307

花宜館詩鈔五卷　1307

花草蒙拾一卷　1631，1713

花舫緣一卷　1502

花部農譚一卷　1775

花菴絶妙詞選十卷續集十卷　1472

花鳥聯吟四卷　1831

花萼吟傳奇二卷三十二齣　1505

花間四友東坡夢雜劇一卷　1500

花間笑語五卷　1046

花間堂詩鈔不分卷　1260

花間集十卷　1472，1747

花間集四卷　1479

花間碎事一卷　1614

花窗夢影圖詩四卷詞一卷和韻一卷　1448

花經一卷　1569，1587，1591

花鳳樓吟稿一卷　1422

花語軒詩鈔一卷　1421

花蕊夫人宮詞一卷　1364

花蕊詩鈔一卷　1373

花影庵集二卷　1251

花影庵雜記二卷　1252

花影詞一卷　1749

花寮一卷　1614

花曆一卷　1579

（康熙）花縣志四卷　859

花嶼詞一卷　1474

花嶼讀書堂詩鈔八卷文鈔二卷詞鈔二卷
　1290

花錫新命一卷　1615

花薰閣詩述十卷　1467

花簾詞一卷　1747

花簾詞一卷香南雪北詞一卷　1476

芹宮新譜入泮金針二卷　1453

芹曝録内篇一卷　1879

芥子園書畫　1080

芥子園畫傳二集八卷三集四卷　1080

芥子園畫傳五卷　1080

芥子園畫傳五卷二集八卷三集四卷　1080

芥子園畫傳五卷二集八卷三集四卷四集
　四卷芥子園圖章會纂　1080

芥子園畫傳四集四卷　1080

芥子園畫傳四集四卷芥子園圖章會纂一
　卷　1080

芥子園畫傳初集六卷二集九卷三集六卷
　四集六卷　1081

芥舟學畫編四卷　1076

芥茶彙抄一卷　1625

芥航詩存一卷　1430

芥隱筆記一卷　1555，1581，1656

芬響閣初稿十卷　1443

芬響閣附存稿一卷　1443

芳茂山人文集十二卷　1753

芳茂山人詩集三十卷　1679

芳茂山人詩録九卷附長離閣集一卷　1278

芳草堂試帖一卷　1456

芳茹園樂府一卷　1833

芳堅館題跋四卷　1732

芳雪軒詞一卷　1477

芳蘭軒集一卷　1371

芳蘭軒詩鈔一卷　1372

克庵先生尊德性齋小集三卷補遺一卷
　1656

克復金陵勳德記一卷　1746

克復諒山大略一卷　1745

克虜伯礮表八卷　1761

克虜伯礮準心法一卷附圖　1761

克虜伯礮説四卷　1761

克虜伯礮操法四卷　1761

杜工部草堂詩箋二十二卷附草堂詩話二
　卷杜工部年譜一卷　1163

杜工部集二十卷　1163

杜工部集二十卷年譜一卷諸家詩話一卷
　唱酬題咏附録一卷　1163

杜工部集二十卷附録　1163

杜工部集二十卷首一卷　1163

杜工部集五十卷文集二卷外集一卷年譜
　一卷　1163

杜工部詩集二十卷集外詩一卷文集二卷
　年譜一卷　1164

杜工部詩説十二卷　1164

杜子春傳一卷　1585，1594，1660，1663，
　1666，1727

杜子美七言律一卷　1164

杜氏幽求新書一卷　1795

杜氏體論一卷　1794

杜白二湖全書不分卷　898

杜主開明前志四卷　1714

杜牧之詩酒揚州夢雜劇一卷　1500

杜荀鶴文集三卷　1367，1369

杜秋傳一卷　1585，1663，1666

杜律箋注六卷　1189

杜清獻公集十九卷首一卷末一卷　1185

杜清獻集一卷　1374

杜陽雜編三卷　1584，1609，1662，1664

杜楊雜編一卷　1607

杜詩分類全集五卷　1164

杜詩注釋二十四卷首一卷　1165

杜詩胥鈔十五卷贈言一卷大凡一卷餘論
　一卷　1164

杜詩偶評四卷　1165

杜詩提要十四卷　1165

杜詩虞箋四卷　1164

杜詩會粹二十四卷　1165

杜詩詳注二十五卷首一卷附錄一卷年譜
　　一卷　1165

杜詩詳注二十五卷首一卷附錄二卷　1165

杜詩箋一卷　1565

杜詩論文五十六卷　1165

杜詩雙聲疊韻譜括略八卷　1652，1853

杜詩鏡銓二十卷附年譜一卷讀書堂杜工
　　部文集注解二卷　1165

杜詩闡三十三卷　1165

杜樊川詩集注四卷別集一卷外集一卷
　　1170

杜審言集二卷　1364

杜韓詩句集韻三卷　1407

杜蘂娘智賞金綫池雜劇一卷　1501

杜蘭香傳一卷　1570

杏花天六卷十四回　1523

杏花天四卷十四回　1523

杏花村志十二卷　1806

杏花村傳奇二卷三十二齣　1505

杏東先生文集十卷　1200

杏溪傅氏禹貢集解二卷　420，423

杏廬文鈔八卷　1346

杉亭詞一卷　1474

（光緒）巫山縣志三十二卷　846

（康熙）杞紀二十二卷　778

杞菊軒稿一卷　1381

（乾隆）杞縣志二十四卷　778

李于田詩集十二卷　1212

李于鱗唐詩廣選七卷　1405

李才江詩集三卷　1367，1369

李山甫詩集一卷　1367，1369

李元輔集十八卷　1215

李元賓文集六卷　1364

李元賓集六卷　1740，1797

李太白匹配金錢記雜劇一卷　1499

李太白文集三十六卷　1162

李太白文集三十卷　1162

李公子傳一卷　1579，1589

李公案奇聞初集三十四回　1527

李氏切韻射標一卷　1715

李氏刊誤一卷　1555

李氏易傳校一卷　1875

李氏易解賸義三卷　500，1674，1752

李氏春秋一卷　1794

李氏家集四種　1442

李氏焚書六卷　1209，1780

李氏蒙求六卷　971

李氏遺書八種　1055

李氏學樂録一卷　1661

李氏學樂録二卷　1841

李文公集十八卷補遺一卷附錄一卷　1365

李文忠公外部函稿二十八卷遷移鼉池口
　　教堂函稿二卷　676

李文忠公奏議二十卷　695

李文忠公遺集八卷　1441

李文定公貽安堂集十卷　1205

李文恭公詩文集八卷　1310

李文恭公遺集奏議二十二卷詩集八卷文
　　集十六卷　1310

李文清公遺書八卷附志節編二卷　1311

李文襄公奏議二卷奏疏十卷年譜一卷首
　　一卷別録六卷　692

李文襄公奏議二卷奏疏十卷首一卷別録
　　六卷年譜一卷　1230

李北海集六卷　1359

李白登科記（清平調）一卷　1839

李必恒詩選一卷　1427

李迺仲黃實夫毛詩集解四十二卷首一卷　420

李光祿公遺集八卷　1441

李竹嬾先生説部八種附一種　1834

李延平先生文集四卷　1638

李仲達被逮紀略一卷　558，1803

李行季遺詩一卷詩餘一卷　1806

李丞相詩二卷　1368，1369

李丞相詩集二卷　1366

李运仲黃實夫毛詩集解四十二卷首一卷　423

李克書一卷　1794

李君虞詩集二卷　1366，1368

李長吉歌詩四卷外集一卷首一卷　1170

李長吉歌詩四卷外詩集一卷　1170

李亞仙花酒曲江池雜劇一卷　1499

李林甫外傳一卷　1038，1571，1584，1594，1663，1666

李卓吾先生讀升菴集二十卷　1203

李尚書詩集一卷　1785

李昌谷詩注四卷外集一卷　1170

李昌符詩集一卷　1367，1369

李忠定公文集三十九卷　1180

李忠定公年譜一卷　609

李忠愍公集一卷　1798

李忠愍集一卷　1359

李侍郎使北録一卷　1621

李庚儔先生行狀一卷　609

李泌傳一卷　1659，1663，1666，1727

李空同詩集三十三卷附録一卷　1199，1383

李草閣詩集六卷拾遺一卷文集一卷　1801

李草閣詩集六卷拾遺一卷文集一卷附筠谷詩集一卷　1812

李相國論事集六卷遺文一卷　1797

李咸齋集三卷　1223

李宮詹文集一卷　1437

李祖師女宗雙修寶筏一卷　1123

李娃傳一卷　1660，1663，1666，1727

李素蘭風月玉壺春雜劇一卷　1499

李師師外傳一卷　1723

李恕谷先生年譜五卷　612，1780，1799

李乾命日記不分卷　615

李虛中命書三卷　1672

李章武傳一卷　1594

李商隱詩集三卷　1170，1367，1369

李清傳一卷　1595

李涪刊誤二卷　1550

李習之先生文集二卷　1171

李雲英風送梧桐葉雜劇一卷　1500

李傅相歷聘歐美記二卷　661

李遠詩集一卷　1366，1367，1369

李詩辨疑二卷　1197

李義山文集十卷　1170

李義山詩文全集箋注十一卷　1171

李義山詩集三卷　1170，1647

李滄溟集十四卷　1206

李肅毅伯奏議二十卷　695

李群玉詩集三卷後集五卷補遺一卷　1367，1369

李暮吹笛記一卷　1663，1665

李端詩集三卷　1365

李養一先生詩集四卷附賦、詩餘　1289

李鄴侯年譜一卷　609

李嶠雜咏二卷　1728

李衛公別傳一卷　1595

李衛公望江南二卷　980

李衛公會昌一品集二十卷別集十卷外集四卷補遺一卷　1797

李衛公詩集一卷　1367，1369

李駕部前集四卷後集二卷青霞漫稿一卷　1436

李翰林姑孰遺蹟題咏類鈔六卷首二卷　1344

李翰林集三十卷　1162

李鴻章（中國四十年來大事記）一卷　608

［李鴻章劉含芳辦理旅順海防往來電稿］一卷　676

［李鴻章劉坤一榮禄恩澤納欽致鶴亭信稿］　1451

李蘋香不分卷附天韻閣詩選一卷尺牘選一卷　608

李懷州集一卷　1363

李鰲救母一卷　1488

李襲侯遺集八卷　1441

李鷺洲詩集二十卷文集十卷　1244

求己録三卷　674

求心録一卷　1595

求艾録十卷　969

求古居宋本書目一卷　941

求古精舍金石圖四卷　923

求古録一卷　921，1753，1837

求古録禮説十五卷補遺一卷　430

求古録禮説十六卷補遺一卷附校勘記三　461

求古録禮説補遺一卷續一卷　1729

求在我齋文存八卷　1319

求志居集三十六卷　1317

求志堂存稿彙編六種附二種　1862

求志編一卷　1572

求是齋印譜不分卷　1090

求真是齋詩草二卷　1319

求益齋文集八卷　1876

求益齋全集五種　1876

求益齋隨筆二卷　1876

求益齋讀書記六卷　1876

求野録一卷　557

求復録四卷　1853

求補拙齋文略二卷詩略二卷外集四卷　1877

求實齋叢書十九種　1768

求闕齋日記類鈔二卷　1321，1870

求闕齋弟子記三十二卷　599

求闕齋讀書録十卷　963，1321，1870

車太常集一卷　1681

車制考一卷　429，1771

車制圖解一卷　1632

車陣扣答合編四卷　983

車營百八叩一卷　1798

甫田集三十二卷　1198

甫田集三十六卷　1198

更定文章九命一卷　1624，1626

（乾隆）束鹿縣志十二卷　710

（嘉慶）束鹿縣志十卷　710

吾友于齋詩鈔十二卷　1254

吾丘壽王書一卷　1794

吾竹小稿一卷　1370，1375

吾亦廬稿四卷　428

吾汶稿十卷　1781

吾妻鏡補二十八卷首一卷　1889

吾炙集一卷　1403

吾師録一卷　1650

吾學編十四種　1832

吾學録初編二十四卷　645

吾廬筆談八卷　1040，1868

豆亭集一卷　1381

豆棚閒話十二卷　1516

酉陽雜俎二十卷　1610，1816

酉陽雜俎二卷　1659，1664，1666，1727

酉陽雜俎續集十卷　1816

辰州府義田總記二卷　835

辰州風土記一卷　1682

辰州圖經一卷　1682

（嘉慶）辰谿縣志四十卷首一卷末一卷　835

（咸豐）邳州志二十卷首一卷　736

（嘉慶）邳州志十八卷首一卷　736

否泰録一卷　1603，1608，1621

（嘉慶）夾江縣志十二卷　847

夾注輔教編原教要義一卷　1103

夾漈遺稿三卷　1649，1676

步里客談一卷　1558

步里客談二卷　1673

步隊工程學一卷　978

步隊操法摘要一卷　978

盱江先生全集三十七卷　1173，1174

盱江諸山游記一卷　1690

盱里子集一卷　1378

（光緒）呈貢縣志八卷　867

吳三桂演義四卷四十回　1528

吳士玉詩選一卷　1427

吳才老韻補正一卷　1724

吳下方言考十二卷　532

吳下田家志一卷　1564

吳下喪禮辨一卷　1804

吳山伍公廟志六卷附溧陽縣志十五則　871

吳山城隍廟志八卷　871

吳山紀游一卷　1691

吳山遺事詩一卷　1807

吳山雜撰不分卷　1028

（道光）吳川縣志十卷　863

（光緒）吳川縣志十卷首一卷　863

吳子一卷　978，979

吳子二卷　950，951，980，1678，1724

吳女紫玉傳一卷　1582

吳天璽紀功碑一卷　919

吳太夫人年譜三卷續一卷　1826

吳友如畫寶十二集不分卷　1079

吳友如繪圖第一情書聽月樓全傳二十回　1525

吳中女士詩鈔十種附三種　1428

吳中水利書一卷　1671，1801

吳中判牘一卷　1733

吳中往哲記一卷　1576，1589

吳中故語一卷　1553，1574，1589

吳中勝記一卷　1554，1576

吳中舊事一卷　1676

吳氏一家稿八十一卷　1442

（山東海豐）吳氏世德録四卷　589

吳氏石蓮庵刻山左人詞十七種附一種　1473

吳氏印譜一卷　1568

吳氏遺著五卷　1354

吳文紀四卷　1395

吳文節公遺集八十卷附年譜一卷　1306

吳文蕭公摘稿四卷　1197

吳可讀文集四卷　1322

吳地記一卷　1563，1580，1584，1662，1665

吳地記一卷後集一卷　1606

吳廷楨詩選一卷　1427

吳竹如先生年譜一卷　614，1873

吳江水考增輯五卷附編二卷　3039

吳江沈氏詩集十二卷　1439

（江蘇吳江）吳江金氏家譜六卷　588

吳江旅嘯一卷　1843

（嘉靖）吳江縣志二十八卷首一卷　727

（乾隆）吳江縣志五十八卷首一卷　728

（光緒）吳江縣續志四十卷首一卷　728

吳赤溟先生文集一卷附録一卷　1781

（吳貽善堂）吳邑正租簿　678

（吳貽善堂）吳邑租籍便覽不分卷　678
（吳貽善堂）吳邑副租簿　678
吳社編一卷　1553，1577，1611
吳長興伯集五卷首一卷　1780
吳非熊集四卷　1431
吳門耆舊記一卷　1721
吳門畫舫錄一卷　1772
吳門畫舫錄二卷　1040
吳忠節公遺集二卷　1360
吳侍讀全集二十三卷　1296
吳草廬先生文選六卷　1403
吳柳堂先生誄文正續合編不分卷　1322
吳貞女女貞集三卷　609
吳保安傳一卷　1594
吳風錄一卷　1576，1588
吳郡二科志一卷　1604
吳郡名賢圖傳贊二十卷　584
吳郡志五十卷附校勘記一卷　1671
吳郡金石目一卷　1730
（江蘇蘇州）吳郡程氏支譜六卷　588
吳郡圖經續記三卷　1714，1723
吳郡圖經讀記三卷　1725
吳郡樂圃朱先生餘稿十卷補遺一卷附編
　一卷　1178
吳郡諸山錄一卷　1563
吳耿尚孔四王合傳一卷　558
吳時外國傳一卷　1682
吳梅村先生年譜四卷世系一卷　611
吳梅村詞一卷　1477
吳梅村鷫鸘斑一卷　1712
吳船日記一卷　1881
吳船錄一卷　1563
吳船錄二卷　1611，1654
吳越所見書畫錄六卷　1069
吳越所見書畫錄六卷書畫說鈴一卷　1778

吳越春秋十卷附札記一卷逸文一卷　1775
吳越春秋六卷　1598，1599，1601，1606，
　1607
吳越春秋校勘記一卷附逸文一卷　1866
吳越備史四卷　569
吳越備史四卷補遺一卷雜考一卷　1810
吳越游覽圖咏一卷西江游覽圖咏一卷
　880
吳朝宗先生聞過齋集六卷　1639
吳朝請集一卷　1362
（道光）吳堡縣志四卷首一卷　801
吳淵穎集十二卷　1191
吳淵穎集十二卷附錄一卷　1191
吳瑟甫歌詩一卷附栝玟經一卷　1746
吳聘君年譜一卷　609
吳園易解九卷附錄一卷　1644
吳園周易解九卷附錄一卷　498，1641
吳歙小草十卷學古緒言二十五卷　1431
吳會英才集二十四卷　1428
吳詩集覽二十卷補注二十卷談藪二卷　1223
吳語一卷　1629，1698
吳摯甫文集四卷附詩集一卷鈔深州風土
　記一卷　1344
吳摯甫詩集一卷　1344
吳蕈譜一卷　1629，1713
吳徵君蓮洋詩鈔不分卷　1240
（光緒）吳橋縣志十二卷　714
吳縣長洲二邑租米逐年成色總簿（同治
　五年至光緒二年）　677
吳興山墟名一卷　1766
吳興合璧四卷　878
吳興金石記十六卷　935
吳興科第表（國朝湖州府科第表）不分
　卷　617
吳興科第表不分卷　4668

吳興記一卷　1766

吳興游草一卷　1859

吳興園林記一卷　1563

吳興詩存初集八卷二集十四卷三集六卷
　　四集二十卷　1434

吳學士詩集五卷文集四卷　1280

吳録一卷　1562

（江蘇蘇州）吳趨汪氏支譜二十卷首一
　　卷　588

吳趨風土録一卷　1698

吳禮部詩話一卷　1655

吳醫彙講十一卷　998

吳疆域圖説三卷　1766

吳鰥放言一卷　1629

見物五卷　1719

見黄稿二卷　1239

見黄稿詩删五卷　1238

見道集十二卷　963

見聞紀訓一卷　1576，1589，1613

見聞紀訓二卷　1605

見聞隨筆二十六卷　1024

見聞隨筆二卷　1814

見聞録一卷　1637，1638

見聞録八卷　1614

見聞雜紀九卷續二卷　1015

見聞續筆二十四卷　1044

助語小品一卷　1847

里居雜詩一卷　1808

里乘十卷　1041

里堂學算記十六卷　1859

虬髯客傳一卷　1570，1585，1660，1663，
　　1666，1727

男女丹工異同辨一卷　1121

男女紳言一卷　1612

男王后一卷　1502

困勉齋私記四卷　1852

困學紀聞二十卷　1010

困學紀聞五箋集證二十卷　1010

困學紀聞注二十卷　1010

困學紀聞參注一卷　1857

困學瑣言一卷附牧民贅語一卷　1866

困學録集粹八卷　1639

困學齋集一卷　1378

困學齋雜録一卷　1656，1798

串雅内編四卷　1005

吟香摘蠹集一卷　1421

吟香館詩草一卷　1422

吟秋百律一卷　1444

吟風閣四卷　1503

吟紅閣詩鈔一卷　1422

吟碧山館詞一卷　1876

吟翠軒初稿一卷　1474

吟翠樓詩稿一卷附刻一卷　1332

吹劍録一卷　1557，1586，1590，1674

吹劍録外集一卷　1655

別本結一廬書目一卷　941

別國洞冥記一卷　1582，1612

別國洞冥記四卷　950，1597，1598，1600，
　　1602，1606，1659

別雅五卷　531，1735

別雅訂五卷　1730

別雅類五卷　531

別集補一卷年譜十四卷　1178

（光緒）岐山縣志八卷　793

（乾隆）岐山縣志八卷　793

（順治）岐山縣志四卷　793

岕茶牋一卷　1554，1633

岕茶彙鈔一卷　1626，1823

岕茶箋一卷　1578

岑華居士蘭鯨録八卷外集二卷　1296

岑嘉州集二卷　1364

岑嘉州集八卷　1165

岑襄勤公奏稿三十卷總目一卷首一卷　695

牡丹八書一卷　1579

牡丹亭二卷　1504

牡丹亭骰譜一卷　1635

牡丹亭還魂記二卷　1492

牡丹榮辱志一卷　1552，1569

牡丹譜一卷　1633

我法集注釋四卷補遺注釋一卷　1265

我信録二卷　1775

我爲何不作耶穌門徒　1139

（光緒）利川縣志十四卷首一卷　831

（乾隆）利津縣志續編十卷附補六卷　773

（康熙）利津縣新志十卷　773

秀山公牘五卷　675

秀山志十八卷　1806

（光緒）秀山縣志十四卷首一卷　853

秀水王氏家藏集十二種附六種　1443

（康熙）秀水縣志十卷　804

秀埜草堂合編一卷　1822

秀埜草堂詩集六十六卷　1822

每月統紀傳一卷　1711

兵仗記一卷　1625，1626

兵武聞見録一卷　1855

兵法一卷　1630

兵法彙編十一種　979

兵法類案十二卷　982

兵法類案十三卷　1839

兵垣四編四卷附四種四卷　978

兵船汽機六卷附録一卷　1760

兵船礮法六卷　1761

兵農考一卷　1832

兵謀一卷　1630

兵鏡二十卷綱目一卷　980

兵鏡備考十三卷孫子集注一卷兵鏡或問二卷　981

兵鏡輯要不分卷　980

邱氏家集一卷山陽邱氏文獻私記一卷　1442

邱邦士文集十七卷　1226

（乾隆）邱縣志八卷　778

何大復先生集三十八卷附録一卷　1201

何大復詩集二十六卷附録一卷　1383

何之子一卷　1614

何子雜言一卷　1572

何氏公羊解詁十論一卷續一卷再續一卷　500，1769

何氏心傳一卷　1753

何氏語林三十卷　1016

何文定公文集十一卷首一卷　1199

何北山先生遺集四卷　1818

何仙姑寶卷二卷　1487

何必西厢三十七卷　1484

何竹有詩集二卷　1714

何休注訓論語述一卷　432，1774

何長人集四種　1211

何首烏録一卷　1569

何記室集一卷　1362

何博士備論一卷　979，1723，1815

何博士備論二卷　950，1724

何御史孝子祠主復位録一卷　1841

何義門先生集十二卷　1245

何義門先生集十二卷附録一卷　1245

何端簡公集十二卷　1246

佐玄直指圖解十卷首一卷附上官出行一卷出行求財一卷　1067

佐玄直指圖解九卷首一卷　1062

佐治芻言一卷　1759，1776

佐治芻言三卷　1779

佐治藥言一卷續一卷　684，1654，1853

佐觸萃編六卷　1094

佔畢叢談六卷勤學厄言一卷詩文蠡測一
　卷　1027

（同治）攸縣志五十五卷首一卷　833

伸蒙子三卷　1650，1653，1675

伸顧一卷　1815

佚老巢遺稿二卷悠然自得之廬詩存二卷
　1277

佚禮扶微五卷　1766

作如是觀四卷　1046

作朋集不分卷　1442

作義要訣一卷　1744

作賦例言一卷　1722

伯山詩鈔癸巳集七卷由庚集二卷　1303

伯子論文一卷　1625，1627

伯牙琴一卷　1781

伯牙琴一卷補遺一卷　1726，1811

伯牙琴一卷續補一卷　1653

伯仲諫臺疏草二卷　1805

伯利探路記一卷　1687

伯將集一卷　1380

伯穎雜文一卷　1874

身易一卷　1625，1628

身理啓蒙一卷　1761

身雲閣後集一卷　1883

身雲閣集一卷　1883

（道光）佛山忠義鄉志十四卷　864

佛本行集經六十卷　1099

（光緒）佛坪廳志二卷首一卷　794

（道光）佛岡直隸軍民廳志四卷　864

佛法正輪二卷　1105

佛法金湯編十六卷　1106

佛祖心燈一卷附諸家宗派一卷喇嘛溯源
　一卷　1108

佛祖歷代通載二十二卷　1104

佛頂心陀羅尼經三卷附佛説除一切疾病
　陀羅尼經一卷佛説能净一切眼疾病陀
　羅尼經一卷　1102

佛頂尊勝總持經咒一卷　1105

佛教初學課本一卷注一卷　1878

佛國記一卷　1563，1580，1583，1600，
　1602，1617，1618

佛説大方廣善巧方便經四卷　1103

佛説四十二章經一卷　949，1594，1616

佛説四十二章經解一卷附佛遺教經解一
　卷八大覺人經解一卷　1107

佛説阿彌陀經二卷　1099

佛説阿彌陀經疏鈔四卷附事義一卷問
　辯一卷續問答一卷答問一卷答净土
　四十八問一卷净土疑辯一卷　1111

佛説陀羅尼集經一卷　1100

佛説觀無量壽佛經略論一卷　1878

佛遺教經論疏節要一卷　1111

伽藍記五卷　872，1600，1602

近人詩録一卷　1425

近文堂四書離句七卷　486

近世名人尺牘教本三卷　1452

近古堂書目二卷　1773

近光集一卷　1883

近光集一卷扈從詩一卷　1377

近光集二十八卷　1399

近事會元五卷附校勘記一卷　1672

近事會元五卷附校勘記一卷考證一卷
　1798

近思録十四卷　1639

近思録集注十四卷附一卷校勘記一卷
　957

近思録集注十四卷附考訂朱子世家　957

近思續録十四卷　957

近科分韻館詩　1459

近科館閣詩續鈔二十四卷　1457

近峰記略一卷　1575

近峰記略摘鈔一卷　1605

近峰聞略一卷　1575，1588

近異録一卷　1571，1660

近聖居三刻參補四書燃犀解二十一卷　480

近聖居四書翼經圖解十九卷　482

近溪羅子全集二十二卷　1207

彷園清語一卷　1623

返生香不分卷疏香閣附集一卷窈聞一卷
　　續窈聞一卷　1219

佘潛滄四書解一卷　1871

余忠宣集六卷　1191

希夷先生傳一卷　1570

希夷夢四十卷　1523

希呂集一卷　1381

希姓一卷　1832

希姓録五卷　1676

希鄭堂經義一卷　499

希鄭堂叢書（虞山潘氏叢書）第一集七種
　　499

希臘志略七卷　1761，1775

希臘春秋八卷　1884

希臘學案四卷　1884

坐忘論一卷　1119

谷口山房詩集三十二卷文集六卷　1237

谷水集二十二卷　1222

谷音一卷　1737

谷音二卷　1364

谷園印譜四卷　1091

谷儉集一卷　1681

谷簾先生遺書三卷　1360

谷響集一卷　1377

豸華堂文鈔四集　1308

含青閣詩餘一卷　1476

肘後備急方八卷　1721

劬書室遺集十六卷附理學庸言二卷　1322

狂夫之言三卷續二卷　1614

狂言紀略一卷　1577

角力記一卷　1723

角山樓蘇詩評注彙鈔二十卷附録三卷
　　1176

删正二馮評閱才調集二卷　1647

删正方虛谷瀛奎律髓四卷　1647

删定荀子一卷　1847

删定管子一卷　1847

迎駕始末一卷　1684

迎駕紀一卷　1684

迎駕紀恩一卷　1684

迎駕紀恩録一卷　1625，1627，1684

迎鑾筆記二卷　1873

迎鑾新曲二卷　1810

言行彙纂十卷　1541

言鯖二卷　1637

亨甫詩選八卷　1747

亨利實録　1889

冷吟仙館詩稿八卷詩餘一卷文存一卷
　　1384

冷吟仙館詩稿八卷詩餘一卷文存一卷附
　　吟雲仙館詩稿一卷　1338

冷吟仙館詩餘一卷　1476

冷香齋詩餘一卷　1475

冷紅軒詩集二卷附詞　1312

冷雲齋冰燈詩一卷　1635

冷賞八卷　1647，1648

冷氈漫稿一卷　1823

冷齋夜話一卷　1556

冷齋夜話十卷　1610

冷廬醫話五卷　1008

冷廬雜識八卷　1024

序離騷經一卷　1836

辛巳各省同年全録（道光元年）　618

辛巳泣蘄録一卷　1781

辛巳泣蘄録一卷附録一卷　562

辛丑各國和約附件　664

辛丑紀聞一卷　1749

辛丑銷夏記五卷　1069

辛未偶録一卷　1835

辛甲書一卷　1795

辛卯侍行記六卷　901

辛楣吟稿二卷　1383

冶金録三卷　1759

冶城客論一卷　1573

冶城絜養集二卷　1880

冶城集補遺一卷　1880

冶城遺集一卷　1880

冶梅石譜二卷　1081

冶源紀游一卷　1697

忘筌書十卷　1815

忘懷録一卷　1564，1586，1590

判決録一卷　1557

兌齋集一卷　1379

弟子規一卷　953

弟子箴言十六卷　967

弟子職正音一卷　1762，1862

弟子職音誼一卷附音義補　985

弟子職集解一卷　500，1729，1752，1754，
　1855

汪子中銓六卷　960

汪子文録十卷詩録四卷二録三卷三録三
　卷　1265

汪氏珊瑚網法書題跋二十四卷　1070

汪氏家集四種　1440

汪氏學行記六卷　612

汪直傳一卷　1670

汪南溟集九卷　1209

汪容夫先生國語校文一卷　1764

汪梅村先生文集十二卷文外集一卷悔翁
　詩鈔十五卷補遺一卷悔翁詩餘五卷悔
　翁筆記六卷　1324

汪龍莊先生遺書四種　1853

汪雙池先生年譜四卷　612

汪雙池先生叢書二十九種　1849

汧國夫人傳一卷　1571

汧陽述古編二卷　1757

沅川記一卷　1681

（同治）沅州府志四十卷首一卷　836

沅州圖經一卷　1682

（嘉慶）沅江縣志三十卷　835

沅陵記一卷　1681

（同治）沅陵縣志五十卷首一卷　835

沅湘耆舊集前編四十卷正編二百卷　1435

沅湘通藝録八卷四書文一卷　1764

沅湘攬秀集六卷　1460

（乾隆）沛縣志十卷首一卷　736

（光緒）沔陽州志十二卷首一卷　824

（光緒）沔縣志四卷　795

汰存録一卷　1629，1837

沚亭自删詩一卷　1838

沚亭删定文集二卷　1838

沙州文録一卷　1773

沙州志殘一卷附校録札記一卷　1773

沙州記一卷　1562

沙州記一卷附録一卷　1785

沙門島張生煮海雜劇一卷　1501

沙河逸老小稿六卷嶰谷詞一卷　1738

（乾隆）沙河縣志十卷首一卷末一卷　707

沙定洲紀亂一卷　1837

沙洲石室文字記一卷　1773

（道光）沙縣志二十卷　856

沙彌尼比丘尼戒録要一卷　1111

沙彌律儀要略一卷　1111

汨羅江一卷　1502

沖虛至德真經八卷　948

沖虛至德真經三卷　1118

沖虛至德真經解八卷　973

沖虛經發隱一卷　1878

汽機必以十二卷首一卷附録一卷　1760

（康熙）沃史二十五卷　748

沃州雁山吟一卷　1374

（道光）沂水縣志十卷　774

（康熙）沂州志八卷　773

（乾隆）沂州府志三十六卷首一卷　773

沂陽日記一卷　1573

汾上續談一卷　1833

（光緒）汾西縣志八卷首一卷　749

（康熙）汾西縣志八卷首一卷　749

（萬曆）汾州府志十六卷　752

（乾隆）汾州府志三十四卷首一卷　752

（光緒）汾陽縣志十四卷首一卷　752

（乾隆）汾陽縣志十四卷首一卷　752

（道光）汾陽縣志十四卷首一卷　752

（康熙）汾陽縣志八卷首一卷　752

泛大通橋記一卷　1696

泛百門泉記一卷　1697

泛舟游山録三卷　1828

泛通河記一卷　1696

泛雪小草一卷　1823

泛潁記一卷　1696

泛槳録一卷　1698

泛瀟湘記一卷　1697

汴水説一卷　1628，1695

汴京匄異記八卷　1647

汴故宮記一卷　1563

汴都平康記一卷　1563，1587，1591，
　1592

汴都賦一卷附録一卷　1812

汴圍濕襟録一卷　558

汴游録一卷　1835

（萬曆）汶上縣志八卷續修汶上縣志六
　卷　765

（嘉慶）汶志紀略四卷　852

汶陽端平詩雋四卷　1371

沆瀣子一卷　1572

沆瀣集一卷　1883

沈下賢文集十二卷　1170

沈下賢集十二卷　1169

沈子磻遺文二卷　1803

沈氏四聲考二卷　1647，1799

沈文忠公集十卷　1314

沈文節公事實不分卷　608

沈文肅公政書七卷首一卷　695

沈四山人詩録六卷附録一卷　1730

沈休文集五卷　1159

沈吟樓借杜詩一卷　1836

（乾隆）沈邱縣志十二卷首一卷　781

沈余遺書三種　964

沈侍中集一卷　1363

沈佺期集二卷　1364

沈珠集不分卷　1419

沈蓮溪全集五種附一種　1864

沈端恪公年譜二卷　963，964

沈端恪公遺書二種　963

沈德潛自訂年譜一卷　1848

沈隱侯集二卷　1362

沈歸愚詩文全集十三種　1848

沈蘭軒集五卷　1195

（光緒）沁水縣志十二卷　754

（乾隆）沁州志十卷首一卷　760

（乾隆）沁州志十卷圖考一卷續記一卷
　　補遺一卷　760

（光緒）沁州復續志四卷　760

（雍正）沁源縣志十卷首一卷　760

（光緒）沁源縣續志四卷　760

（乾隆）忻州志六卷　756

（光緒）忻州志四十二卷　756

忱行録一卷　1726

快心編傳奇二集五卷十回　1517

快雪堂漫録一卷　1574，1589，1640

快雪齋集一卷　1378

快閣藏書十種　1615

快説續紀一卷　1625，1635

快樂原全編（家寶四集）三卷　963

宋十五家詩選十六卷　1373

宋十賢傳二卷　580

宋人小説類編四卷補鈔一卷　1044

宋人經義約鈔一卷作義要訣一卷　1411

宋大家王文公文鈔十六卷　1402

宋大家曾文定公文鈔十卷　1402

宋大家歐陽文忠公文鈔三十二卷　1402

宋大家蘇文公文鈔十卷　1402

宋大家蘇文忠公文鈔二十八卷　1176，
　　1402

宋大家蘇文定公文鈔二十卷　1402

宋之問集二卷　1364

宋子一卷　1796

宋王忠文公文集五十卷　1182

宋王忠文公文集五十卷目録四卷　1182

宋王梅溪先生温陵留墨一卷　1436

宋元三十一家詞三十一卷　1472

宋元以來畫人姓氏録三十六卷首一卷
　　1075

宋元本行格表二卷　946

宋元明詩三百首六卷附録摘句一卷　1392

宋元明詩約鈔三百首二卷附録摘句一卷
　　1392

宋元通鑑一百五十七卷　548

宋元資治通鑑六十四卷　548

宋元學案一百卷　961

宋元舊本書經眼録三卷附録二卷　938，
　　1827

宋中興學士院題名一卷　1808

宋中興學士院題名一卷東宮官寮題名一
　　卷行在雜買務雜買場提轄官題名一卷
　　三公年表一卷　1768

宋氏綿津詩鈔八卷　1383

宋文文山先生全集二十一卷　1187

宋布衣集三卷附清平閣唱和詩一卷　1798

宋史四百九十六卷　535，536

宋史四百九十六卷附考證　542

宋史奇書十二卷六十六回　1485

宋史紀事本末一百九卷　553，554

宋史筆斷十二卷　576

宋史新編二百卷　542

宋史翼四十卷　545

宋史藝文志補一卷　1801

宋四子抄釋二十一卷　1719

宋四六話十二卷　1736

宋四六選二十四卷　1411

宋四六叢珠彙選十卷　1411

宋四名家詩二十七卷　1373

宋四家詞選一卷　1730

宋代五十六家詩集五十六卷　1411

宋司星子韋書一卷　1796

宋百家詩存二十卷　1373

宋朱晦菴先生名臣言行録前集十卷後集
　　十四卷續集八卷別集十三卷外集十七
　　卷　596

宋名臣言行録前集十卷後集十四卷續集

八卷別集二十六卷外集十七卷　596

宋名臣言行錄前集十卷後集十四卷續集
　　八卷別集二十六卷外集十七卷附一卷
　　595

宋名家詞六十一種　1473

宋州郡志校勘記一卷　1766

宋丞相李忠定公輔政本末一卷　950

宋李忠定公奏議選十五卷　691

宋李忠定公奏議選十五卷文集選二十九
　　卷首四卷　1181

宋李梅庭先生四六標準四十卷目錄四卷
　　1185

宋何衡陽集一卷　1362

宋邵康節先生伊川擊壤集十卷附三世明
　　賢行實圖像一卷　1174

宋拓道因禪師碑一卷　919

宋拓韓叔節禮器碑一卷　919

宋拓懷仁集右軍聖教序一卷　919

宋若昭女論語一卷　970

宋林和靖先生詩集六卷　1172

宋林和靖先生詩集四卷補遺一卷省心錄
　　一卷附錄一卷　1172

宋東京考二十卷　870

宋忠定趙周王別錄八卷　606

宋忠簡集七卷附辨訛考異一卷　1758

宋季三朝政要五卷　1739

宋季三朝政要六卷　551

宋季三朝政要六卷附錄一卷　1671

宋季昭忠錄一卷　1724

宋金元詩永二十卷補遺二卷　1392

宋金元詩選六卷　1392

宋宗忠簡公全集十二卷首一卷末一卷　1179

宋宗忠簡公集六卷遺事二卷附雜錄一卷
　　始末徵一卷　1179

宋拾遺錄一卷　1561

宋洪魏公進萬首唐人絕句四十卷目錄四
　　卷　1410

宋袁陽源集一卷　1362

宋真西山先生溫陵留墨二卷　1436

宋衷周易注一卷　434

宋高僧傳三十卷　1104

宋宰輔編年錄二十卷　682

宋書一百卷　534，535，536

宋書一百卷附考證　540

宋孫仲益內簡尺牘十卷　1802

宋孫仲益內簡尺牘十卷首一卷　1180

宋淳熙敕編古玉圖譜一百卷　933

宋紹興秘書省續編到四庫書目二卷葉德
　　輝考證　941

宋葉文康公禮經會元四卷　455

宋朝事實二十卷　1642，1645

宋朝燕翼詒謀錄五卷　1550

宋景文公筆記一卷　1555，1580

宋景文公筆記三卷　1551

宋景文筆記三卷　1725

宋景濂先生文選七卷　1403

宋傅光祿集一卷　1362

宋蒙泉文集不分卷　1258

宋稗類鈔八卷　1034

宋詩紀事一百卷　1466

宋詩略十八卷　1411

宋詩鈔初集十七種二集二十三種三集二
　　十四種四集二十九種　1371

宋瑣語不分卷　1857

宋端明殿學士蔡忠惠公文集三十六卷首
　　一卷別紀補遺二卷　1174

宋遼金元四史朔閏考二卷　1737，1853

宋遺民錄十五卷　1655

宋樂類編一卷　1851

宋論十五卷　1839

宋編（宋史紀事本末）十卷　553

宋學士全集三十二卷補十卷　1819

宋儒龜山楊先生（時）年譜一卷　610

宋儒龜山楊先生年譜一卷　958

宋濂溪周元公先生集十卷世系遺芳集五卷　1174

宋舊宮人詩詞一卷　1655

宋徽宗宮詞一卷　1364

宋徽宗聖濟經十卷　1744

宋蘇文忠公居儋錄五卷　1177

宋蘇文忠公膠西集四卷　1177

灾難之由　1150

良吏述一卷　1630

良常仙系記一卷　1573

（光緒）良鄉縣志八卷　706

（康熙）良鄉縣志八卷　706

初月樓文鈔十卷續鈔八卷詩鈔四卷　1742

初月樓古文緒論一卷　1742

初白菴詩評三卷附詞綜偶評一卷　1465

初白詩鈔二卷　1415

初使泰西記一卷　1705

初使泰西記四卷　900

初真戒律一卷　1121

初集書啓合編八卷　1038

初學先言二卷　1839

初學記三十卷　1532，1640

初學記校八卷　1875

初學問答　1151

初學階梯首集　1150

初學辨體增删定本不分卷　1012

社事始末一卷　1630，1651

祀先辨謬　1147

君子堂日詢手鏡一卷　1604

君瑞集一卷　1380

即山論一卷　1615

即墨詩乘十二卷　1432

（同治）即墨縣志十二卷首一卷　772

（乾隆）即墨縣志十二卷首一卷　771

尾蕉叢談四卷　1677

局方發揮一卷　991，992

局外中立往來公牘彙録三卷　675

改土歸流説一卷　1701

改元考同一卷　1624，1626

改併五音集韻十五卷　523

改亭集十六卷　1231

阿比西尼亞國述略一卷　1706

阿文成公年譜三十四卷　613

阿利末加洲各國志一卷　1706

阿剌伯考略一卷　1704

阿根廷政要一卷　1708

阿寄傳一卷　1579，1589

阿達曼群島志一卷附新志一卷婆羅島志一卷　907

阿富汗土耳其斯坦志一卷附新志一卷　909

阿富汗考略一卷　1705

阿塞亞尼亞群島記一卷　1705

壯悔堂文集十卷　1227

壯悔堂文集十卷遺稿一卷　1227

壯悔堂集十卷　1227

壯學堂詩稿六卷　1333

壯懷堂詩初稿十卷　1334

妝樓記一卷　1660，1663，1666

陀羅尼經注一卷　1123

妙一齋醫學正印種子編二卷　1008

妙女傳一卷　1585，1660，1663，1666，1727

妙吉祥室詩鈔十三卷附録詩餘一卷雜存一卷壽閒齋吟草八卷　1298

妙法蓮華經七卷　1097，1098

妙法蓮華經文句十卷　1099

妙法蓮華經玄義節要二卷　1100

妙法蓮華經觀世音菩薩普門品經一卷
　1099

妙香詩草十卷　1290

妖化録一卷　1572

妖妄傳一卷　1664，1667

妒律一卷　1635，1648

邵二泉先生分類集注杜詩七卷　1164

邵子全書二十四卷　1828

邵子湘全集三十卷　1237

邵氏姓解辨誤一卷　1747

邵文莊公經史全書五種二十八卷　1830

邵州圖經一卷　1681

（光緒）邵武府志三十卷首一卷　856

（康熙）邵武府續志十卷　856

邵武徐氏叢書初集二十三種　1746

（咸豐）邵武縣志十九卷首一卷　856

邵青門全集三十卷附邵氏家録二卷　1802

邵康節先生外紀四卷　1612

邵陽志一卷　1681

（光緒）邵陽縣志十卷　834

（光緒）邵陽縣鄉土志四卷　834

邵謁詩集一卷　1367，1369

忍經一卷　1811

忍齋詩贄三卷文贄一卷　1325

忍齋雜識一卷　1805

甬上耆舊詩三十卷　1434

八畫

奉天册命一卷　686

奉天刑賞録一卷　1593

奉天地略一卷　1708

奉天全省地輿圖説圖志　913

奉天全省農業調查書　681

奉天形勢一卷　1684

奉天録四卷　561，1737

奉天録四卷附録一卷　1767

奉天諮議局第一次報告書　680

（光緒）奉化縣志十四卷　725

（乾隆）奉化縣志十四卷首一卷　806

（光緒）奉化縣志四十卷　807

奉使安南水程日記一卷　1604

奉使車臣汗紀程詩三卷　1347

奉使英倫記一卷　1745

奉使金鑑六十卷奉使金鑑續編四十卷　661

奉使金鑑續編四十卷　661

奉使俄羅斯日記一卷　1687

奉使俄羅斯行程録一卷　1650

奉使紀勝一卷　1699

奉使倭羅斯日記一卷　1637

奉使倫敦記一卷　1711

奉使朝鮮日記一卷　616，1707

奉使朝鮮倡和集一卷　1773

奉思録四卷　1876

奉常家訓一卷　1804

奉萱草堂文鈔一卷附廉泉先生字學一得
　一卷　1864

奉萱草堂文續集一卷　1864

奉萱草堂所著書六種附一種　1864

奉萱草堂詩二卷　1864

奉詔録七卷　1828

（光緒）奉節縣志三十六卷首一卷　845

（同治）奉新縣志十六卷首一卷末一卷
　813

（光緒）奉賢縣志二十卷首一卷末一卷
　729

奉勸真假人物論　1129

玩易意見二卷　1719

玩齋集一卷玩齋拾遺一卷　1376

武王克殷日記一卷　1861

武功康志三卷　1720

（正德）武功縣志三卷　799

（正德）武功縣志三卷首一卷　799，800

（康熙）武功縣重校續志三卷　800

（雍正）武功縣後志四卷　800

（光緒）武功縣續志二卷　800

（康熙）武平縣志十卷　857

武夷山志二十四卷　896

武夷山志二十四卷首一卷　895

武夷山志十九卷　895

武夷山游記一卷　1691

武夷志略四卷　895

武夷紀勝一卷　1691

武夷紀游圖咏一卷　1287

武夷游記一卷　1576，1691，1692

武夷新集二十卷附逸詩一卷　1815

武夷新集二十卷逸詩文一卷附西崑酬唱
　集二卷　1172

武夷導游記一卷　1692

武夷雜記一卷　1553

武仲清江集鈔一卷　1371

武仲清江集鈔一卷附文仲清江集鈔一卷
　1178

（乾隆）武安縣志二十卷圖一卷　782

（同治）武邑縣志十卷首一卷　722

武英殿聚珍板書一百四十八種　1643

武英殿聚珍版書一百三十八種　1641

武林元妙觀志四卷　1808

武林西湖高僧事略一卷續一卷　1111

武林西湖高僧事略一卷續高僧事略一卷
　1808

武林往哲遺著前編五十四種後編十種　1811

武林怡老會詩集一卷　1808

武林草一卷附刻一卷　1808

武林理安寺志八卷　1807

（浙江杭州）武林黃氏宗譜不分卷　589

武林第宅考一卷　1809

武林掌故叢編一百八十七種　1807

武林游記一卷　1809

武林新年雜咏一卷　1808

武林藏書録三卷末一卷　940

武林藏書録三卷首一卷末一卷　1811

武林舊事十卷　1807

武林舊事十卷附録一卷　1654

武林舊事六卷後集五卷　1612

武林雜事詩一卷　1811

武林靈隱寺志八卷　872，1809

（康熙）武昌府志十二卷　822

武昌紀事二卷附録一卷陳炯齋遺詩一卷
　566

（光緒）武昌縣志二十六卷首一卷末一
　卷　822

（乾隆）武昌縣志十卷首一卷　822

武岡志一卷　1681

武岡集一卷　1439

武宗外紀一卷　1650，1842

（萬曆）武定州志十五卷　772

（乾隆）武定府志三十八卷　772

（咸豐）武定府志三十八卷首一卷　772

武定詩續鈔二十四卷　1868

（道光）武城縣志續編十四卷首一卷　778

武威耆舊傳四卷　584

武庭詩草六卷　1344

（道光）武陟縣志三十六卷　784

武陵十仙傳一卷　1680

武陵山人遺書十二種　1866

武陵山人雜著一卷　1764

武陵先賢傳一卷　1680

武陵記一卷　1562，1681

武陵著作譚一卷　1885

（同治）武陵縣志三十二卷首一卷　835

（同治）武陵縣志四十八卷　835

武陵競渡略一卷　1577

（道光）武進陽湖縣合志三十六卷首一卷　729

（光緒）武進陽湖縣合志三十卷首一卷　729

（乾隆）武清縣志十二卷首一卷末一卷　707

（光緒）武陽志餘十二卷首一卷附團練紀實一卷　736

（光緒）武鄉縣續志四卷　760

武備心略不分卷地利四卷火攻附水攻一卷　984

武備志二百四十卷　980

武備制勝三十一卷　982

武備新書十種　978

武備輯要六卷　982，1721

武備輯要續編十卷　1721

（道光）武強縣志十二卷　723

武當山記一卷　1692

（嘉慶）武義縣志十二卷首一卷　810

武溪詩鈔一卷　1371

武經七書講義全彙合參十卷　983

武經七書題炬十一卷　982

武經開宗十卷　980

武漢戰紀一卷　1884

（同治）武寧縣志四十四卷　814

青山集一卷　1374，1421

青山稿一卷　1378

青天歌注釋一卷　1113

青田山廬詩鈔二卷詞鈔一卷　1826

（光緒）青田縣志十八卷首一卷　812

青史子一卷　1796

青芝山館全集二十七卷　1287

青芝山館駢體文集二卷　1732

青在堂花卉翎毛譜　1082

青邨遺稿一卷　1379

青邨遺稿二卷　1819

（康熙）青州府志二十二卷　767

（咸豐）青州府志六十四卷　767

青邱高季迪先生詩集十八卷首一卷補遺一卷　1193

青邱高季迪先生詩集十八卷首一卷補遺一卷扣舷集一卷鳧藻集五卷附錄一卷　1193

青門消夏集一卷　1883

青門簏稿十六卷青門旅稿六卷青門賸稿八卷　1237

青泥蓮花記十三卷　1039

青衫記二卷　1504

青城山行記一卷　1692

（乾隆）青城縣志十二卷　772

（光緒）青神縣志五十四卷　849

青原志略十三卷末一卷　895

青烏先生葬經一卷　949，1594，1616

（光緒）青浦縣志三十卷首一卷末一卷　729

（乾隆）青浦縣志四十卷　729

青海考略一卷　1685

青海地略一卷　1709

青海事宜論一卷　1685

青海奏疏不分卷　689

青萊續史十八卷　577

青虛山房集十一卷　1264

青陽先生文集五卷　1359

青陽集一卷　1377

（光緒）青陽縣志十二卷　741

青雲梯一卷　1422

青雲集附注釋分類類編　1460

青雲劍　1491

青暘集四卷補遺一卷　1802

青照堂叢書九十一種　1714

青煙録八卷附嘯岩吟草一卷　1294

青溪弄兵録一卷　1675

青溪寇軌一卷　1560，1596，1818

青溪暇筆一卷　1575，1588，1604，1608

青溪詩選二卷　1428

青溪舊屋文集十一卷　1303

（浙江桐鄉）青溪嚴氏家譜十卷　592

青瑣高議一卷　1557

青瑣詩話一卷　1565

青墅詩鈔初刻四卷附青墅讀史雜感四卷
　1283

青樓尺牘一卷附閨秀尺牘一卷　1452

青樓集一卷　1565，1596，1772

青箱雜記一卷　1556，1580

青箱雜記十卷　1609

（嘉慶）青縣志八卷　713

青燐屑二卷　557

青燈有味書屋詩初稿一卷　1315

青燈淚二卷　1496

青霞仙館詩録一卷　1716

青霞集一卷　1382

青霞集四卷　1360

青霞夢一卷　1881

青霞館論畫絕句一百首一卷　1077

青谿漫稿二十四卷補遺一卷附録一卷
　1812

青藜閣集詩稿一卷詞一卷　1428

青藜閣詞一卷　1475

青藜閣詩集一卷　1421

青藤山人路史二卷　1018

青藤書屋文集三十卷補遺一卷　1736

青鏤管夢一卷　1615

青蘿館集五卷　1220

青囊天玉通義五卷　1746

青囊玉尺度金針集六卷　1064

青囊地理集要不分卷　1062

青囊奧語一卷　1062

青巖叢録一卷　1572，1588，1818

表異録二十卷　1537，1719

（光緒）盂縣志二十二卷首一卷末一卷
　756

（乾隆）盂縣志十卷首一卷末一卷　756

長山公自書年譜一卷　1826

（嘉慶）長山縣志十六卷首一卷　763

（康熙）長山縣志十卷首一卷　762

（嘉慶）長子縣志二十一卷首一卷　751

（光緒）長子縣志十二卷　751

長元吳豐備義倉全案八卷首一卷末一卷
　660

長水日鈔一卷　1611

長公妹一卷　1502

長文襄公自定年譜四卷　613

長生胎元神用經一卷　1117

長生殿：聞鈴一卷附工尺譜　1494

長生籙詞一卷　1479

長白山記一卷　1689

長白山録一卷　1622，1692

長白山録一卷補遺一卷　1844

長白山靈蹟全影不分卷　890

長白先生奏議二卷　696

（宣統）長白彙徵録八卷　725

長行經一卷　1649

長江津要一卷　1694

長江通商統共章程一卷　662

長江集十卷閬仙詩附集一卷　1797

長江圖説十二卷　917

長江礮臺芻議一卷附長江下游礮臺礮位
　編目一卷　1780
長安志一卷　1562
（熙寧）長安志二十卷圖三卷　789
長安志二十卷圖三卷　1667
長安宮詞一卷　1479
長安客話一卷　1574，1588
（康熙）長安縣志八卷　790
（嘉慶）長安縣志三十六卷　790
長安獲古編二卷補一卷　923
（吳貽善堂）長邑租簿便覽不分卷　678
（吳貽善堂）長邑副租簿　678
（吳貽善堂）長邑無閏銀漕副册　678
（吳貽善堂）長邑裝銷　678
（吳貽善堂）長邑經號置産傳　678
長沙方歌括六卷　994
（乾隆）長沙府志五十卷首一卷　832
長沙耆舊傳一卷　1561，1680
長沙圖經一卷　1681
（嘉慶）長沙縣志二十八卷首一卷　832
（同治）長沙縣志三十六卷首一卷　832
長沙縣學宮志六卷首一卷　875
長沙嶽麓書院續志四卷　875
長沙藥解四卷　997
（乾隆）長武縣志十二卷　800
（宣統）長武縣志十二卷　800
（乾隆）長武縣志十二卷續刻一卷　800
長者言一卷　1553，1577
長松茹退二卷　1611
長物志十二卷　1647，1648，1740
長命縷二卷　1491
長河志籍考一卷　1699
長河志籍考十卷　1683，1820
（乾隆）長治縣志二十八卷首一卷末一
　卷　750

（光緒）長治縣志八卷首一卷　751
長春真人西游記一卷　1119
長春真人西游記一卷附錄一卷　1725
長春真人西游記二卷　1682，1720
（嘉慶）長垣縣志十六卷　719
長貞閣詩稿一卷　1421
長洲顧氏家集十種　1822
長恨歌傳一卷　1570，1584，1660，1663，
　1666，1727
長真閣詩餘一卷　1476
長恩書室叢書十九種　1723
長恩閣書目四卷　938
（道光）長清縣志十六卷首一卷末一卷
　763
（同治）長陽縣志七卷首一卷　829
長短經九卷　1674
長短經是非篇一卷　1769
長遠兩友相論十一回　1143
（光緒）長壽縣志十卷　842
（咸豐）長寧縣志四卷末一卷　821
（光緒）長寧縣志四卷首一卷末一卷　821
（同治）長樂縣志十六卷首一卷末一卷
　830
長嘯餘一卷　1615
（同治）長興縣志三卷拾遺二卷　806
長離閣集一卷　1747，1880
長離閣詩集一卷　1421，1679
長蘆鹽法志二十卷附編十卷　657
卦本圖考一卷　429，1730
卦氣解一卷　429，1771
拔貢同年錄（嘉慶十八年癸酉科）　624
拔貢授職官職錄（宣統二年庚戌科）　623
拔慾海二卷　965
坦室遺文一卷　1868
坦室雜著一卷　1868

坦菴詞一卷　1474

坦園文録十四卷詩録二十卷詞録七卷詞餘一卷賦録一卷偶録三卷　1340

坦園叢稿七種　1879

坦齋通編一卷　1557，1587，1591，1592，1672

坤訣一卷　1121

坤德寶鑑九卷　962

坤輿外紀一卷　1637，1661，1727

坤輿全圖二卷　911

坤鑑寶鏡二卷　1127

拊掌録一卷　1559，1586，1590，1595

拍案驚奇十八卷　1506

拍案驚奇八卷二十二回　1506

拍案驚奇三十六卷　1506

拘虛晤言一卷　1573

抱山草堂詩存一卷文存一卷　1349

抱山集選一卷　1844

抱札子内篇一卷外篇一卷　1118

抱朴子内篇二十卷外篇五十卷附篇　1679

抱朴子内篇四卷外篇四卷　951，1598

抱沖齋詩集十七卷　1299

抱沖齋詩集三十六卷眠琴僊館詞一卷　1300

抱拙小稿一卷　1370，1375

抱經樓日課編四卷　1091

抱潤軒文集十卷　1352

抱璞簡記一卷　1575，1650

抱甕集一卷　1252

抱犢山房集六卷　1237

幸存録二卷　557

幸蜀記一卷　1560

幸魯盛典四十卷　650，1645

拙宜園詞二卷　1813

拙政園詩餘一卷　1475

拙修集十卷　1308

拙軒集六卷　1643，1646

拙翁庸語一卷　1622

拙效傳一卷　1579

拙庵集一卷　1380

拙庵詞一卷　1472，1473

拙尊園叢稿六卷　1342

拙園詩選一卷　1445

拙盦叢稿九種附一種　1880

拙齋十議一卷　1805

招山小集一卷　1370，1374

招西秋閱紀一卷　1709

招捕總録一卷　1671

（順治）招遠縣志十二卷　770

（道光）招遠縣續志四卷　770

坡仙集十六卷　1177

坡門酬唱二十三卷　1445

披雲山記一卷　1690

亞拉伯志一卷附新志一卷　910

亞東論略一卷　1709

亞非理駕諸國記一卷　1706

亞剌伯沿革考一卷　1707

亞美利加合省國之總律例　1891

亞美理駕諸國記一卷　1706

亞洲俄屬考略一卷　1687

亞哥書馬島記一卷　1702

亞細亞洲志一卷附新志一卷　906

亞斐利加洲志一卷附新志一卷　910

亞愚江浙紀行集句詩七卷　1371

亞歐兩洲沿岸海道紀要二卷末一卷　1682

亞歐兩洲熱度論一卷　1708

亞墨理格洲合省國志略　1889

耶律楚材西游録注一卷　1680

（榕腔）耶穌上山教訓　1141

（榕腔）耶穌上山傳道　1141

耶穌之要道　1142	苗疆師旅考一卷　1701
耶穌正教答問　1142	苗疆道路考一卷　1701
耶穌巡徒養心日課　1142	苗疆險要考一卷　1701
耶穌言行紀略四卷　1129	苗變記事一卷　1745
耶穌言行録　1142	苗蠻圖説一卷　883
耶穌祈禱文　1141	英吉利小記一卷　1711
耶穌教要旨　1142	英吉利地圖説一卷　1705
（官話）耶穌教問答　1141	英吉利記一卷　1710
（官話）耶穌教聖詩　1141	英吉利國夷情記略一卷　1711
耶穌基利士督我主救者新遺詔書　1141	英吉利國志略一卷　1707
耶穌登山寶訓　1141	英夷説一卷　1710
耶穌聖名考一卷　1142	英字指南六卷　1550
耶穌聖教入華　1136	英法政概六卷　1776
取中亞細亞始末記一卷　1687	英政概一卷　1707
取悉畢爾始末記一卷　1687	英國水師考一卷　1760
取新便覽□□卷　1423	英國印花税章程二卷　1894
苦功悟道經　1105	英國論略一卷　1710
苦瓜和尚畫語録一卷　1076，1653	英國鑄錢説略一卷　1780
昔柳摭談八卷　1029	英軺日記一卷　1705
昔游補咏徵題一卷　1446	英軺日記十二卷　910
若庵集五卷　1250	英軺私記一卷　1763
（光緒）茂名縣志八卷首一卷　862	英雄記鈔一卷　580，1561，1598，1600， 　1601
（道光）茂州志四卷首一卷　852	
茂陵絃二卷　1868	英雄傳一卷　1659，1663，1666，1727
茂邊紀事一卷　1593	英雲夢傳八卷　1521
苗氏説文四種　509	英語集全六卷　518
苗民考一卷　1700	（道光）英德縣志十六卷首一卷　860
苗防備覽二十二卷　666	英藩可録一卷　1560
苗防論一卷　1701	英藩政概一卷　1707
苗俗紀聞一卷　1623，1700	英屬地志一卷　1705
苗俗記一卷　1629，1700	（康熙）茌平縣志五卷　766
苗疆水道考一卷　1696	苻子一卷　1795
苗疆村寨考一卷　1701	苑西集十二卷　1845
苗疆城堡考一卷　1700	苑洛志樂二十卷　463
苗疆風俗考一卷　1701	苑洛集二十二卷　1201

范子計然三卷　1795

范氏後漢書批評一百卷　539

范氏義莊規矩一卷　1715

范文正公文集九卷　1639

范文正公忠宣公全集七十三卷　1439

范文正公集四十八卷　1439

范文忠公文集十卷　1798

范文忠集九卷　1360

范石湖詩集注三卷　1183，1731

范竹溪集一卷　952

范村梅譜一卷　1673

范忠貞公全集四卷首一卷附録一卷　1230

范忠貞公集十卷　1230

范忠宣公全集十卷　1175

范忠宣公集二十五卷　1439

范魯公訓從子詩一卷　953

（嘉慶）范縣志四卷　777

直木齋全集十三卷　1229

直東勦匪電存四卷首一卷　675

直省同年全録（道光二十三年癸卯科）　618，619

直省同年録（道光二十四年甲辰恩科）　619

直省同年録（道光八年戊子科）　618

直省拔貢優貢同年録（道光二十九年己西科）　623

直省鄉貢同年録（道光二十九年己西科）　619

直省鄉試同年全録（光緒五年己卯科）　622

直省鄉試同年全録（道光十二年壬辰科）　622

直省鄉試同年全録（道光十五年乙未恩科）　622

直省鄉試同年齒録（同治九年庚午科）　622

直省鄉試同年齒録（咸豐五年乙卯科）　622

直省鄉試同年齒録（道光二十年庚子恩科）622

直省鄉試同年齒録（嘉慶十五年庚午科）　622

直省釋奠禮樂記六卷首一卷末一卷　651

直道録一卷　1111

直閣朱公祠墓録二卷附刻一卷　1810

直語補證一卷　1635

直積回求一卷　1758

直隸工藝志初編　1893

直隸五道成規五卷　888

直隸考略一卷　1684

直隸地略一卷　1708

（乾隆）直隸邠州志二十五卷　800

（乾隆）直隸易州志十八卷首一卷　721

直隸河渠志一卷　1680

（道光）直隸定州志二十二卷首一卷　723

（雍正）直隸定州志十卷　723

（咸豐）直隸定州續志四卷　723

（嘉慶）直隸南雄州志三十四卷首一卷　864

直隸省情實人犯招册不分卷　671

直隸書録解題二十二卷　1642，1645

（乾隆）直隸通州志二十二卷　738

（同治）直隸理番廳志六卷首一卷　853

（乾隆）直隸商州志十四卷首一卷續志十卷　799

（康熙）直隸深州志八卷　723

（乾隆）直隸深州總志二十卷　723

直隸運售各省官刻書籍總目不分卷　937

（光緒）直隸絳州志二十卷首一卷　759

（乾隆）直隸絳州志二十卷首一卷　758

（道光）直隸靖州志十二卷附靖州學宮志四卷　839

（光緒）直隸趙州志十六卷首一卷末一卷　722

直隸實習工場續定章程　681

（乾隆）直隸遵化州志二十卷　721

（光緒）直隸瀘州志十二卷　850

直齋書錄解題二十二卷　942

直屬統轄考附程途里數駐劄地方憲綱不分卷　802

苕溪集一卷　1374

苕溪集五十五卷　1180

苕溪漁隱詞二卷附感逝吟一卷蜀產吟一卷　1477

苕溪漁隱叢話一卷　1566

苔石效颦集一卷　1767

苔岑集初刊七種　1384

苔岑經義鈔六卷　1743

茅山志十四卷　891

茅山記一卷　1688

茅亭客話一卷　1559，1586，1589

茅亭客話十卷　1723，1767

枉川全集六種　1878

林下四家選集二十九卷　1677

林下風清集一卷　1421

林下偶譚一卷　1556，1580

林下清錄一卷　1564

林下盟一卷　1577

林下詩談一卷　1566

林子會編一百二十一卷附三卷　1017

林水錄一卷　1553，1577

林文忠公政書三十七卷　693

林外野言一卷　1379

林同孝詩一卷　1371

林邑記一卷　1562

林青山先生文集十三卷附錄一卷　1262

林尚書城南書莊集三卷　1437

［林昌彝稿本］　1024

林和靖詩集四卷拾遺一卷　1172

林則徐　607

林泉老人評唱丹霞淳禪師頌古虛堂習聽錄三卷　1104

林泉高致一卷　1567

林泉隨筆一卷　1575

林屋唱酬錄一卷　1446，1738

林屋集二十卷　1204

林提學井丹集四卷　1437

林間社約一卷　1577

林殿撰東莆集二卷　1437

林寬詩集一卷　1366，1368，1369

林蕙堂文集十二卷續刻六卷藝香詞鈔四卷亭皋詩鈔四卷　1228

（乾隆）林縣志十卷首一卷末一卷　782

林蘭香六十四回　1526

林靈素傳一卷　1570，1595

枝山前聞一卷　1574，1588

（同治）枝江縣志二十卷首一卷　827

杯史一卷　1884

杯湖欸乃一卷　1474

析言論一卷附古今訓一卷　1795

析骨分經一卷　1577

析疑指迷論一卷　1119

析疑參正一卷　1149

板橋記一卷　1594

板橋集七卷　1253，1254

板橋題畫一卷　1068

板橋雜記一卷　1635，1727

板橋雜記三卷　1637，1638，1661，1772，1801

來生福彈詞三十六回　1485

來雨軒存稿四卷　1283

來南録一卷　1563，1584，1662，1665

來紫堂合集三卷　1440

來禽館集二十九卷　1212

（同治）來鳳縣志三十二卷首一卷末一卷　830

來齊金石刻考略三卷　1678

來齋金石刻考略三卷　1728

來瞿唐先生易注十五卷首一卷末一卷　436

來鶴草堂稿一卷既白軒稿一卷竹洲歸田稿一卷　1381

松心詩録十卷　1297

松石齋書畫瑣言一卷附贈詩一卷　1077

（嘉慶）松江府志八十四卷序圖一卷首二卷　728

（康熙）松江府志五十四卷附圖　728

（光緒）松江府續志四十卷序圖一卷首一卷　728

松江衢歌一卷　1651

松花庵韻史一卷　1732

松吹讀書堂題咏一卷附小松吹讀書堂題咏一卷　1810

松雨軒集八卷補遺一卷附録二卷　1812

松厓文鈔十八卷　1270

松厓詩録二卷　1455

松風支集四卷　1846

松風閣琴譜二卷附松風閣指法一卷松間集二卷抒懷操贈言集四卷雙壽詩集　1085

松風閣琴譜不分卷附抒懷操一卷　1085

松風閣詩鈔二十六卷歸樸龕叢稿十二卷　1307

松風塵餘集二卷　1846

松風餘韻五十卷末一卷　1429

松亭行紀一卷　1628，1684

松亭行紀二卷　1636，1637

松郡均役成書不分卷　656

松桂堂全集三十七卷南洧集三卷延露詞三卷　1234

集三卷延露詞三卷　1234

松皋文集十四卷　1235

松烟小録六卷　1877

松陵文集初編四卷　1429

松陵文録二十四卷　1429

松陵見聞録十卷首一卷　884

松陰快談一卷　1635

松雪堂印萃四卷　1090

松雪齋全集十卷續集一卷外集一卷　1189

松雪齋集一卷　1376

松雪齋詞一卷　1472，1803

松崖文鈔二卷　1777

松崖筆記三卷　1777

松陽鈔存二卷　1726

（光緒）松陽縣志十二卷　812

松陽講義十二卷　484

松鄉先生文集十卷　1189

松鄉集一卷　1378

松絃館琴譜二卷　1083

松壺先生集二種　1076

松壺集二十卷　1229

松壺畫憶二卷　1749

松壺畫贅二卷　1749

松壺畫贅二卷畫憶二卷　1076

松雲道人集一卷　1380

（同治）松滋縣志十二卷首一卷　826

松窗百説一卷　1655

松窗快筆一卷　1722

松窗夢語八卷　1812

松窗寱言一卷　1572，1593，1670，1716

松窗寱言摘録一卷　1605

松窗雜記一卷　1662，1664，1806

松窗雜録一卷　1607

松園浪淘集十八卷松園偈庵集二卷　1431

松園集一卷　1885

松園浪淘集十八卷松園偈庵集二卷　1778

松筠桐蔭館印譜三卷附百歲紀年一卷　1091

松筠閣貞孝録一卷附録一卷　1803

松鼎室吟草二卷　1278

松漠草一卷　1441

松漠紀聞一卷　1608

松漠記聞一卷　1560

松溪子一卷　1624，1626，1722

（康熙）松溪縣志十卷首一卷末一卷　856

松寥山人詩初集十卷　1311

松牕雜録一卷　1640

松窗雜記一卷　1584

松隱集一卷　1374

松聲池館詩存四卷　1275

松霞館贅言一卷　1615

松瀑稿一卷　1379

松籟閣詩餘一卷　1475

杭大宗七種叢書七種　1850

杭女表微録十七卷　603

杭州八旗駐防營志略二十五卷　665

杭州上天竺講寺志十五卷　1811

（乾隆）杭州府志一百一十卷首六卷　802

杭州城南古蹟記一卷　1699

杭州游記一卷　1699

杭州藝文志十卷　940

杭志三詰三誤辨一卷　1809，1841

杭府仁錢三學灑掃職一卷附録　1809

杭城治火議一卷附録一卷　1809

杭俗遺風一卷　1699

杭郡庠得表忠觀碑記事一卷　1807

述古堂文集十二卷　1274

述古堂藏書目四卷宋板書目一卷　1738

述古叢鈔二十八種　1731

述本堂詩集十六種　1441

述史樓叢書五種　1774

述朱質疑十六卷附釋字一卷　1864

述均十卷　527

述昔吟草四卷　1444

述祖詩一卷　1839

述記不分卷　1021

述書賦二卷　1725

述菴詩零一卷　1352

述異記一卷　1563，1582

述異記二卷　951，1597，1598，1600，
　　1602，1609，1659，1775

述異記三卷　1637，1638

述煮茶小品一卷　1567

述學二卷　427，1718

述學內篇三卷外篇一卷補遺一卷別録一
　　卷　1741

枕干録一卷附録一卷　1824

枕中記一卷　1660，1664，1666

枕中書一卷　1554，1580，1598，1600，
　　1602，1611，1659

枕中經一卷　1116

枕函小史五種　1620

枕烟亭詩輯一卷附録一卷　1824

枕善齋集十六卷　1314

枕經堂文鈔二卷　1867

枕經堂全集五種　1867

枕經堂金石書畫題跋三卷　1867

枕經堂詩集一卷　1867

枕經堂詩鈔（金臺游學草）二卷　1867

枕經堂詩鈔八卷駢體文二卷　1313

枕經堂駢體文二卷　1867

枕譚一卷　1553，1576

枕譚一卷附清明曲　1614

東三省交涉輯要十卷　661

東三省沿革表六卷　570

東三省政略　655

東三省疫事報告書　681

東三省移民開墾意見書一卷　680

東三省蒙務公牘彙編四卷附錄一卷　680

東三省韓俄交界道里表一卷　1683

東三省輿地圖説一卷附錄一卷　1683

東三省輿圖説一卷　1683

東三省邊防議一卷　1685

東土耳其考略一卷　1705

東山存稿一卷　1379

東山草堂文集二十卷　1867

東山草堂全集五種　1867

東山草堂詩集八卷續編一卷　1867

東山草堂邇言六卷　1867

東山詞一卷　1472，1803

東山巖記一卷　1693

（乾隆）東川府志二十卷　868

東井詩鈔四卷文鈔二卷　1443

東井誥敕一卷　1805

東屯集一卷　1846

東方大中集一卷　1361

東方先生集一卷　1361

東方兵事紀略五卷　568，1756

東方朔傳一卷　1570，1582

東古文存一卷　1762

（光緒）東平州志二十七卷首編一卷　775

（乾隆）東平州志二十卷首一卷　775

（道光）東平州志三十卷首二卷　775

東北海諸水編一卷　1695

東北邊防論一卷　1685

東北邊防輯要二卷　1683

東田文集三卷詩集三卷　1196，1798

東田集十五卷　1196

東田皇言一卷　1572

東西二漢水辨一卷　1695

東西二漢水辯一卷　1625，1627

東西洋考十二卷　1719

東西洋考十二卷　904

東西勢社番記一卷　1702

東夷考略一卷附圖　568

（光緒）東光縣志十二卷首一卷　713

（康熙）東光縣志八卷　713

東行日記一卷　1706

東行初録一卷續録一卷三録一卷　1710

東行述一卷　1630

東江子一卷　1622

東江始末一卷　1669，1781

東江詩鈔十二卷　1237

（光緒）東安縣志八卷　837

東牟守城紀略一卷東牟守城詩一卷　567

東巡金石録八卷　921

東巡記一卷　1560，1586，1590

東村集十卷附刊一卷　1227

東里文集二十五卷　1194

東里生燼餘集三卷附王木齋遺文一卷　1294

東谷所見一卷　1551，1564，1590

東谷鄭先生易翼傳二卷　419，422

東谷贅言一卷　1575，1588

東谷贅言二卷　1612

東社讀史隨筆二卷　578

（道光）東阿縣志二十四卷首一卷　775

（光緒）東阿縣鄉土志八卷　775

東坪詩鈔十二卷　1356

東坡七集附東坡集校記二卷　1175

東坡內制集十卷附樂語一卷　1175

東坡文選二十卷　1177

東坡外制集三卷　1175

東坡先生全集七十五卷東坡詩選十二卷
　　年譜一卷宋史本傳一卷　1175

東坡先生全集録九卷　1363

東坡先生志林十二卷　1610

東坡先生志林五卷　1014

東坡先生志林集一卷　1551

東坡先生易傳九卷　1820

東坡先生書傳二十卷　1820

東坡先生集三卷　1439

東坡先生詩集注三十二卷　1176

東坡先生詩鈔七卷　1373

東坡先生編年詩五十卷年表一卷　1176

東坡先生翰墨尺牘八卷　1713

東坡全集一百十五卷目録七卷年譜一卷
　　1175

東坡全集八十四卷　1175

東坡事類二十二卷　1866

東坡居士艾子雜説　1620

東坡奏議十五卷　1175

東坡後集二十卷　1175

東坡烏臺詩案一卷　1675

東坡書傳二十卷　444

東坡集十六卷　1177

東坡集四十卷　1175

東坡詩鈔一卷　1372

東坡詩鈔十八卷　1176

東坡詩話一卷　1565

東坡詩選一卷　1373

東坡詩選十二卷附年譜一卷宋史本傳一
　　卷　1176

東坡養生集十二卷　1178

東坡應詔集十卷　1175

東坡題跋二卷　1375

東坡續集十二卷　1175

東林本末三卷　1806

東林列傳二十四卷末二卷　598

東林事略三卷　558

東林書院志二十二卷　875

東林商語二卷　1833

東林蓮社十八高賢傳一卷　1561，1580，
　　1582

東林會約一卷　1833

（嘉慶）東昌府志五十卷首三卷　766

東明聞見録一卷　557

（乾隆）東明縣志八卷　718

東岡詩賸十四卷首一卷末一卷　1273

東征紀行録一卷　1605，1621

東征集六卷　556，1250，1848

東征雜記一卷　1701

東舍集二卷　1241

東周列國全志二十三卷一百八回　1510

東京夢華録一卷　1563，1580

東京夢華録十卷　1618

東郊土物詩一卷　1808

東河奏稿一卷　693

東河櫂歌一卷　1809

東垣十書十種　993

東垣先生此事難知二卷　993

東垣先生此事難知集二卷　991

東城老父傳一卷　1571，1584，1663，1666

東城志略一卷　1855

東城記餘二卷　882，1811

東城雜記一卷　1630

東城雜記二卷　1737，1808

東南三國記一卷　1702

東南防守便利三卷　1650

東南洋島紀略一卷　1705

東南洋針路一卷　1705

東南洋記一卷　1705

東南紀事十二卷　1746

東南紀略一卷　1746

東南紀聞三卷　1673

東省與韓俄交界道里表一卷　1708

東省鐵路合同原文一卷東省鐵路驛政表
　　一卷　680

東洋記一卷　1703

東洲草堂文鈔二十卷附眠琴閣遺文一卷
　　遺詩二卷浣月樓遺詩二卷　1311

東洲草堂詩鈔三十卷詩餘一卷　1311

東洲賸稿二卷附錄一卷　1200

東宮舊事一卷　1561，1582

東都事略一百三十卷　544

東華錄（天命朝至同治朝）五百九十四卷
　　552，553

東華錄三十二卷　552

東華錄詳節二十四卷　553

東華續錄（光緒朝）二百二十卷　553

（嘉慶）東莞縣志四十六卷　858

東莊吟稿七卷　1778

東莊論畫一卷　1077

東軒吟社畫像一卷　617

東軒筆錄一卷　1560，1586，1590

東軒筆錄十五卷　1609

東軒集一卷　1381

東軒集選一卷補遺三卷附錄一卷　1812

東原文集十卷　1648

東原錄一卷　1650，1675，1744

東倭考一卷　1710

東皋詩存四十八卷　1430

東皋雜鈔三卷　1651

東皋雜錄一卷　1560，1586，1590

東郭記二卷　1503

東海半人詩鈔二十四卷　1285

東海半人詩鈔十卷　1285

東海投桃集一卷　1874

東海筆談六卷首一卷　1028

東海廟殘碑一卷　919

東海褰冥氏三十以前舊學四種　1881

（嘉慶）東流縣志三十卷　741

東家雜記二卷　1723

東陲紀行一卷　903

東陲道里形勢一卷　1685

東萊左氏博議輯注六卷　465

東萊左氏傳議二十五卷　1758

東萊呂氏古易一卷附周易音訓二卷　1758

東萊呂氏古易一卷首一卷　1817

東萊呂紫微師友雜志一卷　1744

東萊呂紫微詩話一卷　1551

東萊呂紫微雜説一卷　1744

東萊先生文集二十卷　1818

東萊先生古文關鍵二卷　1395

東萊先生左氏博議二十五卷　1818

東萊先生左氏博議集要八卷　465

東萊博議四卷　465

東萊集二十卷首一卷　1758

東盛和債案報告十六卷　677

東堂老勸破家子弟雜劇一卷　1499

東野志二卷　879

東國名勝記一卷　1703

東陽兵變一卷　558

東陽夜怪錄一卷　1571，1664，1667

東陽隨筆一卷　498，1863

東鄉風土記一卷　1287

（同治）東鄉縣志十六卷首一卷末一卷
　　818

東越文苑六卷　600

東越文苑後傳一卷　1820，1821

東越祭蛇記一卷　1582

東越儒林後傳一卷　1820，1821

東朝紀一卷　1552

東嵒草堂評訂唐詩鼓吹十卷　1404

東嵐謝氏明詩略四卷　1872

東粵藩儲考十二卷　655

東湖弄珠樓志六卷附紅蘭閣詞三卷　880

東湖記一卷　1695

東湖叢記六卷　1767

東游日記一卷　1704，1710

東游日記不分卷（光緒二十五年六月初
　二日至十一月十一日）　902

東游考察政治叢談不分卷　569

東游吟一卷　1357

東游紀盛一卷　1704

東游紀略二卷　903

東游紀略五卷　1755

東游記一卷　902，1702

東游記三卷　1824

東游彙錄附前藏至西寧路程、自成都府
　至後藏路程、乍了圖說　902

東游瑣記一卷　1704

東游叢錄四卷　902

東塘日劄一卷　1749

東塘日劄二卷　558

東蒙古形勢考一卷　1685

東槎紀略一卷　1633

東槎紀略五卷　881，1863

東槎聞見錄一卷　1704

東槎雜著一卷　1704

東路記一卷　1698

東園友聞一卷　1557，1595，1608

東園集一卷後集一卷　1883

東園詩集十二卷　1298

東園語錄一卷附東園雜咏一卷　1118

東溪草堂詞二卷　1883

東溪集一卷　1380

東溪詞一卷　1472

東溪試茶錄一卷　1552

東溟文集六卷外集四卷後集十四卷外集
　二卷　1863

東溟奏稿四卷　1863

（嘉慶）東臺縣志四十卷　735

東閒剩稿一卷　1441

東塾集六卷　1319

東塾類稿不分卷　1319

東塾讀書記十五卷　1030

東塾讀書記十卷　431

東漢王叔師集一卷　1361

東漢荀侍中集一卷　1361

東漢馬季長集一卷　1361

東漢崔亭伯集一卷　1361

東漢會要四十卷　643，1642，1644

東還紀略一卷　1827

東還紀程一卷　1636，1637

東還紀程一卷續鈔一卷　1661，1700

東齋小集一卷　1370，1374

東齋記事一卷　1557，1587，1591，1660

東齋記事五卷補遺一卷　1672

東齋脞語一卷　1632

東藩紀要十二卷　907

東歸日記一卷　1686

東歸集一卷　1883

東歸錄一卷　1700

（江西南昌）東關甘氏支譜二卷首一卷
　末一卷　592

東關紀略二卷　1863

東瀛詩記二卷　1874

東瀛詩選四十卷補遺四卷　1461

東瀛識略八卷　568

東鷗草堂詞二卷　1824

東鷗草堂詞二卷補遺一卷附錄一卷　1803

東巖周禮訂義八十卷首一卷　421，424
東觀存稿一卷　1820，1821
東觀奏記三卷　1581，1609，1721，1741，1768
東觀集一卷　1373
東觀漢記二十四卷　1642，1644
東觀餘論二卷附錄一卷　1616，1747
東觀餘論校一卷　1875
東籬中正一卷池上菊賦一卷織簾先生池上菊賦一卷渡花居東籬集一卷　1448
或語一卷　1850
臥月軒詩稿一卷　1420
臥月軒稿三卷附錄一卷　1812
臥知齋駢體文二卷外集一卷　1348
臥雪軒吟草一卷　1421
臥象山房詩正集七卷　1233
臥游錄一卷　1564，1612，1818
臥龍崗志二卷　892
事物考八卷　1544
事物紀原十卷　1719
事物紀原集類十卷　1532
事物紀原補十卷目錄二卷　1538
事物原會四十卷　1851
事物異名錄四十卷　1540
事狀四卷　1841
事原一卷　1555，1592
事類統編九十三卷首一卷　1540
事類賦三十卷　1532
兩山墨談十八卷　1719
兩山稿一卷　1378
兩友相論　1143
兩可喻言　1135
兩同書一卷　1555
兩同書二卷　949，1611
兩次批准保和會條約不分卷附紅十字會

新約暨各文件不分卷又附法文本　664
兩征厄魯特記一卷　1685
兩京典詮表一卷　1832
兩京新記一卷　1728
兩京新記二卷　1751
兩京新記五卷　1738
兩垣奏議一卷　1669
兩面樓詩稿一卷　1421，1428
兩竿竹室集六卷　1315
兩軍師隔江鬥智雜劇一卷　1501
兩晋南北史樂府二卷　1742
兩晋解疑一卷　1742
兩峰慚稿一卷　1380
兩般秋雨庵詩選一卷　1775
兩般秋雨盦隨筆八卷　1036
兩浙水利詳考一卷　1695
兩浙防護錄不分卷　580
兩浙金石志十八卷　922
兩浙校士錄六卷　1424
兩浙勝槩圖譜　918
兩浙運庫清查挈要一卷　1860
兩浙輶軒錄四十卷　1419
兩浙輶軒續錄補遺六卷　1424
兩浙澹然先生年譜二卷　1830
兩浙鹽法志三十卷　4704
兩浙鹽法續纂備考十二卷　4704
兩浙鹽務同官鑑不分卷　4726
兩教合辨一卷　1149
兩淮案牘鈔存五卷　671
兩淮鹽法志一百六十卷　658
兩淮鹽法志五十六卷首四卷　658
兩淮鹽筴書引證書目一卷　1771
兩朝剝復錄六卷　563
兩朝從信錄三十五卷　552
兩粵夢游記一卷　558

兩粵猺俗記一卷　1710
兩鈔摘腴一卷　1556
兩湖塵談録一卷　1608
兩當軒集二十二卷考異二卷附録六卷　1276
兩當軒詩鈔十四卷竹眠詞鈔二卷　1276
兩當軒詩鈔十四卷悔存詞鈔二卷　1276
兩當軒詩評一卷　1461
兩廣奏稿四卷　693
兩廣紀略一卷　557
兩廣鹽法志五十五卷　659
兩漢五經博士考三卷　1657，1742
兩漢刊誤補遺十卷　539，1642
兩漢刊誤補遺十卷附校勘記一卷　1644
兩漢刊誤補遺十卷附録一卷　1652，1725
兩漢金石記二十二卷　925
兩漢雋言十六卷　573，1596
兩漢雋言前集十卷後集六卷　1737
兩漢記六十卷兩漢紀字句異同考一卷
　550
兩漢書選三卷　1833
兩漢博聞十二卷　1740
兩漢策要十二卷　687
兩漢蒙拾五卷　1850
兩漢傳經表二卷　1877
兩漢解疑二卷　1742
兩艖舫齋集一卷　1883
兩龍瑣志八卷　885
兩罍軒尺牘十二卷　1322
兩罍軒印考漫存九卷　1086
兩罍軒彝器圖釋十二卷　926
兩蘇經解七種　1819
兩罍軒藏器目一卷　1763
雨花盦詩餘一卷　1476
雨村曲話二卷　1677
雨村詞話四卷　1677

雨村詩話二卷　1677
雨香天經咒注六卷　1122
雨香龕詩草掇餘　1301
雨屋深鐙詞一卷　1479
雨航紀一卷　1576
雨航記一卷　1553
雨航雜録一卷　1574，1588
雨航雜録二卷　1612
雨窗消意録四卷　1735
雨窗漫筆一卷　1077，1614
雨樓印譜不分卷　1090
雨牕寄所記四卷　1862
協和醫學堂徵信録　1898
協律鈎元四卷附外集一卷　1272
郁離子一卷　950
郁離子二卷　1725
郁離子微一卷　1572
奈何天二卷　1504
奈搭勒政要一卷　1707
奇子雜言一卷　1573
奇字名十二卷　1677
奇字韻二卷　1832
奇字韻五卷　524，1676
奇男子傳一卷　1585，1663，1666
奇門一得二卷　1062
奇門行軍要略四卷　983
奇門書不分卷　1058
奇門遁甲玄機一卷　1875
奇門遁甲啓悟一卷　1849
奇姓通十四卷　594
奇鬼傳二卷　1664，1667
奇晉齋叢書十六種　1640
奇冤紀聞二卷清册一卷　671
奇觚室吉金文述二十卷　927
奇觚室樂石文述二卷　932

奇聞類紀摘抄四卷　1605

奇耦典彙三十六卷首一卷　1541

奇賞齋廣文苑英華二十六卷　1387

非水舟遺集二卷　1251

非石日記鈔一卷　1730

非老一卷　1635

非見齋碑錄不分卷　1872

非見齋審定六朝正書碑目一卷　1748

非烟香法一卷　1635

非烟傳一卷　1570，1660，1663，1666，
　　1727

叔苴子內篇六卷外篇一卷　950

叔苴子內篇六卷外篇二卷　1737

叔淵遺稿一卷　1377

肯綮錄一卷　1651，1676

卓氏藻林八卷　1534

卓光祿集三卷　1812

卓吾先生批評龍谿王先生語錄鈔八卷　1204

卓異記一卷　1584，1607，1612，1664，
　　1666

虎口餘生記一卷　1632，1652，1661

虎丘山志十卷首一卷　890

虎丘茶經注補一卷　1622

虎丘隆和尚語錄一卷　1103

虎穴逃生記不分卷　1756

虎邱往還記一卷　1688

虎邱雜事詩一卷游吳郡園林詩一卷　1316

虎苑二卷　1554，1579

虎門記一卷　1702

虎阜石刻僅存錄一卷舊佚錄一卷舊存今
　　佚錄一卷　1876

虎阜登涉圖儀注一卷　1712

虎鈐經二十卷　983，1738

虎經一卷　1731

虎薈六卷　1611

虎癥虎二卷　1094

尚友錄二十二卷　1546

尚史七十卷　544

尚史七十卷世系圖一卷序傳一卷　544

尚書一卷　414，1640

尚書十三卷　490

尚書十三卷附考證　414

尚書七篇解義二卷　1845

尚書三卷　495

尚書大夏侯章句一卷　1786

尚書大傳一卷補遺一卷考異一卷續補遺
　　一卷　1715

尚書大傳二卷　1782

尚書大傳三卷附序錄一卷辨譌一卷　498

尚書大傳三卷補遺一卷續補遺一卷　1724

尚書大傳五卷叙錄一卷辨譌一卷　1820

尚書大傳四卷附補遺一卷考異一卷續補
　　遺一卷　443

尚書大傳四卷附補遺一卷續補遺一卷考
　　異一卷　1815

尚書大傳四卷補遺一卷　1668

尚書大傳注三卷　1782

尚書大傳注四卷　1782

尚書大傳定本二卷　1821

尚書大傳補注七卷　1763，1882

尚書大傳疏證七卷　1880

尚書大傳輯校三卷　429

尚書小札二卷　1875

尚書小夏侯章句一卷　1786

尚書小疏一卷　426，1849

尚書王氏注二卷　1786

尚書五行傳注一卷　1782

尚書中候一卷　1783

尚書中候三卷　1733，1792

尚書中候注一卷　1782

尚書中候注六卷　1782

尚書中候疏證一卷　500，1880

尚書今文二十八篇解不分卷　443

尚書今文新義一卷　1769

尚書今古文考證七卷　1855

尚書今古文注疏三十九卷　427

尚書今古文注疏三十卷　448，1679

尚書今古文集解三十卷附校勘記一卷　429

尚書六卷　417

尚書引義六卷　1839

尚書孔傳參正三十六卷　445

尚書古文考一卷　1676

尚書古文疏證八卷朱子古文書疑一卷　444

尚書古文疏證九卷　428

尚書古文辨一卷　1722

尚書古文辨惑二十二卷目錄二卷　446

尚書古義一卷　1626

尚書札記一卷　1848

尚書平議四卷　432

尚書句解十三卷　420，423

尚書句解考正六卷　444

尚書外傳二卷　1037

尚書考異六卷　1679

尚書考辨四卷　447

尚書地理今釋一卷　425，1669

尚書舌存不分卷　447

尚書伸孔篇一卷　1774

尚書序錄一卷　1730

尚書表注二卷　420，423，1758，1818

尚書述義一卷　1787

尚書卷十一附校勘記一卷隸古文尚書顧
　命殘本補考一卷　1773

尚書注一卷　1783

尚書注十卷　1782

尚書注九卷　1782

尚書注考一卷　1736

尚書注疏二十卷　414，415，443

尚書注疏十九卷附考證一卷　416

尚書注疏考證一卷　425

尚書故三卷附夏小正私箋　1878

尚書故實一卷　1559，1584，1611，1662，
　1664，1797

尚書軌範撮要圖一卷　446

尚書後案三十一卷　426

尚書後案三十卷尚書後辨一卷　447

尚書後案駁正二卷　447

尚書既見三卷　499

尚書約注四卷末一卷　448

尚書馬氏傳四卷　1786

尚書校勘記二十卷釋文校勘記　427

尚書記七卷校逸二卷　1766

尚書通考十卷　420，423，446

尚書異讀書考六卷　1852

尚書略説二卷　429

尚書略説注一卷　1782

尚書逸湯誓考六卷書後一卷　448

尚書商誼三卷　1883

尚書啓幪五卷　446

尚書集注述疏三十五卷附讀書堂答問一
　卷　1886

尚書集注音疏十三卷尚書經師系表一卷
　426

尚書補疏二卷　427，1859

尚書疏衍四卷　447

尚書稗疏一卷　1634

尚書詳解二十六卷　1644

尚書詳解二十六卷首一卷　1641

尚書詳解十三卷　420，423

尚書詳解五十卷　446，1641，1644

尚書義考二卷　1777

尚書蔡傳（書經集傳）六卷　443，444
尚書箋三十卷　1882
尚書説一卷　499
尚書説七卷　420，423
尚書説要五卷　1719
尚書廣聽録五卷　1840
尚書精義五十卷　498
尚書歐陽夏侯遺説考一卷　431
尚書歐陽章句一卷　1786
尚書質疑二卷　1852
尚書餘論一卷　430，500，1752，1865
尚書劉氏義疏一卷　1787
尚書誼略二十八卷叙録一卷　1779
尚書緯二卷　532
尚書緯刑德放一卷　1733，1792
尚書緯考靈曜一卷　1733，1792
尚書緯帝命驗一卷　1733，1792
尚書緯運期授一卷　1733，1792
尚書緯璇璣鈐一卷　1733，1792
尚書曆譜二卷　432
尚書辨解十卷　1814
尚書舊疏考正一卷　431
尚書隸古定釋文八卷附尚書隸古定經文
　　二卷　1777
尚書講義一卷　1877
尚書離句六卷　444
尚書譜一卷　429
尚書繹聞一卷　500
尚書纂傳四十六卷　420，423
尚書釋天六卷　426，447
尚書顧氏疏一卷　1787
尚書讀記一卷　1852
尚書讀記一卷春秋一得一卷　447
尚絅堂外集五種　1284
尚絅堂制藝不分卷　1284

尚絅堂律賦一卷　1284
尚絅堂詞集二卷　1284
尚絅堂試帖一卷　1458
尚絅堂試帖二卷　1284
尚絅堂試帖輯注一卷　1458，1459
尚絅堂詩集五十二卷詞集二卷文集二卷
　　1284
尚絅堂駢體文二卷　1284，1742
盱江集鈔一卷　1372
（乾隆）盱眙縣志二十四卷首一卷　744
（同治）盱眙縣志六卷　744
（光緒）盱眙縣志稿十七卷　744
具戒便蒙一卷　1111
具茨集鈔一卷　1372
具區志十六卷　897
昊天塔孟良盜骨雜劇一卷　1500
味水軒日記八卷　1733
味古齋詩存二卷　1872
味和堂詩集六卷　1249
味根山房詩鈔九卷雜文一卷　1827
味雋齋史義二卷　1862
味雪樓詩稿一卷　1421
味清堂詩鈔三卷　1384
味義根齋全書五種　1879
味經得雋齋律賦一卷　1441
味經齋遺書八種　499
味蕼鱸軒詩鈔一卷　1823
味蕼鱸軒遺文一卷　1823
味蔗軒詩鈔一卷　1757
味餘書室全集定本四十卷目録四卷　1282
味學庵詩稿十卷頤仲遺稿一卷　1216
味燈聽葉廬詩草二卷　1309
味檗齋文集十五卷　1798
味檗齋遺筆一卷　1833
味蘭簃傳奇二種　1505

味靈華館詩六卷　1354

杲堂文鈔六卷詩鈔七卷　1229

杲溪詩經補注二卷　426，1648

果堂全集五種附一種　1849

果堂集一卷　426

果堂集十二卷　1849

果報聞見録一卷　1637，1638

果報録十二卷一百回　1484

果園詩鈔十卷　1348

（道光）昆明縣志十卷　867

昆侖異同考一卷　1693

昆侖釋一卷　1709

（光緒）昌化縣志十一卷首一卷　864

昌平山水記二卷　1837

（光緒）昌平外志六卷　707

（康熙）昌平州志二十六卷　707

昌平州説一卷　1698

昌平遺記一卷　675

昌邑黃先生醫書八種　997

（乾隆）昌邑縣志八卷　771

（光緒）昌邑縣續志八卷　771

昌谷集四卷　1170

（安徽歙縣）昌溪太湖支吳氏族譜不分卷　586

昌黎先生外集十卷附遺文一卷傳一卷　1168

昌黎先生全集録八卷　1363

昌黎先生集四十卷外集十卷遺文一卷朱子校昌黎先生集傳一卷　1167

昌黎先生集四十卷附朱子校昌黎先生集傳一卷韓集點勘四卷　1167

昌黎先生集考異十卷　1183，1750

昌黎先生詩集十卷外集一卷遺詩一卷　1366，1368

昌黎先生詩集注十一卷　1168

昌黎先生詩集注十一卷附年譜一卷　1168

（同治）昌黎縣志十卷　711

昌黎雜説一卷　1558，1660

（嘉慶）昌樂縣志三十二卷首一卷　768

呵凍漫筆二卷　1650

昇平歌咏不分卷　1717

昇勤直公年譜二卷　613

昕天論一卷　1796

明人尺牘一卷　1717

明人尺牘選四卷　1451

明人詩品二卷　1722

明人詩鈔十四卷續集十四卷　1415

明九邊考四卷　1724

明三十家詩選初集八卷二集八卷　1415

明亡述略二卷　558

明五忠手蹟考存一卷　1876

明月篇一卷　1576

明月編一卷　1554

明文奇賞四十卷　1414

明文記類不分卷　1414

明文鈔初編不分卷二編不分卷三編不分卷四編不分卷五編不分卷六編不分卷　1414

明文霱二十卷　1413

明尺牘墨華三卷　1720

明末五小史八卷　564

明末紀事補遺十卷　555

明本排字九經直音二卷補遺一卷　1744

明本釋三卷　1642，1645，1798

明史十二論一卷　1632

明史三百三十二卷　536，543

明史三百三十二卷目録四卷　543

明史分稿殘編二卷　1745

明史紀事本末八十卷　554，555，1800

明史稿三百十卷目録三卷　545

明史樂府一卷　1742
明四子詩集一百二十六卷　1381
明刑管見録一卷　1733，1757
明臣十節一卷　1573
明夷待訪録一卷　1721，1736，1837
明朱白野先生温陵留墨一卷　1436
明廷雜記一卷　1573
明名臣言行録九十五卷　596
明州阿育王山志十卷續六卷　894
明州繫年録七卷　882
明況太守龍岡公治蘇政績全集十六卷續
　　集十二卷首一卷　1195
明良記一卷　1573，1647
明良記四卷　1516
明良録略一卷　1552，1573
明初四家詩四十一卷　1381
明范文忠公畫像宦蹟圖題詞一卷　1876
明季之怪現狀　1529
明季之怪現象上篇一卷　1041
明季北略二十四卷　564
明季南略十八卷北略二十四卷　564
明季稗史彙編十六種　557
明季實録一卷　1634，1753，1837
明季遺聞一卷　1633
明季續聞一卷　564
明治維新四十年政黨史　1888
明狀元圖考三卷附三元喜讌詩二卷　582
明狀元圖考五卷　582
明郝太僕褒忠録六卷附蕭氏旌孝録一卷
　　611
明南雍經籍考二卷　941
明皇十七事一卷　1560
明皇雜録一卷　1662，1664
明皇雜録二卷補遺一卷附校勘記逸文一
　　卷　1672

明律集解附例四百六十卷　666
明洪武四年進士登科録一卷　1651
明宮詞一卷　1750
明紀六十卷　552
明紀全載十六卷　552
明紀事樂府四卷　1330
明珠記二卷　1503
明貢舉考略二卷　623
明真破妄章頌一卷　1119
明夏赤城先生文集二十一卷外集二卷　1197
明倫大典二十四卷　650
明卿集一卷　1381
明書一百七十一卷　1800
明堂大道録八卷　429，1667
明堂月令論一卷　1783
明堂考三卷　1667
明堂制度論一卷　1796
明堂陰陽夏小正經傳考釋十卷　1855
明堂問一卷　1661，1841
明堂億一卷　500
明朝小史十八卷　563
明朝國初事蹟一卷　1758，1818
明鼎甲徵信録四卷清鼎甲徵信録四卷　583
明道文集五卷　1819
明道雜志一卷　1581
明畫録八卷　1674
明楊繼盛奏疏草稿　691
明雷石菴尚書遺集附明胡二峰侍郎遺集
　　1219
明會要八十卷　643
明詩別裁集十二卷　1414
明詩紀事一百八十七卷　1469
明詩評四卷　1604
明詩彙選十三卷　1414
明詩綜一百卷　1414

明詩綜采摭書目一卷　1771

明誠意伯連珠一卷　1613

明誠意伯劉伯温靈棋經解一卷　1714

明經通譜（光緒二十三年丁酉科）附優
　　貢同年全録　619

明經通譜（光緒十一年乙酉科）　619

明經通譜（同治十二年癸酉科）　619

明經通譜（道光二十九年己酉科）　619

明經通譜（道光十七年丁酉科）　619

明經通譜（道光五年乙酉科）　619

明經會約一卷　1577

明嘉靖四十四年（1565）山西祁縣知縣
　　岳木刻本　1017

明嘉靖間刻本　700

明輔起家考一卷　1573

明賢蒙正録二卷　1748，1823

明諸名家尺牘不分卷附人名略録　1450

明編（明史紀事本末）八十卷　553

明儒考一卷　1848

明儒曹月川先生從祀録一卷　1830

明辨齋叢書二十一種　1724

明諡法考　1874

明聶紹昌刻本　1176

明鑑前紀二卷　1732

易一貫六卷　1876

易大象説一卷　1593

易大義一卷　1736

易大義補一卷　497

易小帖五卷　1840

易小傳六卷　419，422

易氏醫案一卷　996

易古文三卷　1677

易史易簡録四卷　439

易生行譜例言一卷　1769

易母挽詞二卷　1884

易守三十二卷　440

易安齋詩集六卷首一卷　1288

易見九卷首一卷附易見啓蒙二卷　438

易卦考一卷　1848

易卦圖説一卷　1855

易卦變圖説一卷　1774

易林釋文二卷　1766

易例二卷　429，1658，1669

易例輯略一卷　1766

易例舉要一卷　441

易注九卷　1782

易研八卷首一卷　438

易音三卷　425，529

易音補顧一卷　1884

易洞林三卷補遺一卷　1796

易飛候一卷　1782

易酌十四卷雜卦圖一卷諸圖附考一卷　435

易原八卷　1641，1644

易通十七卷周易類義八卷　440

易通釋二十卷　427，1859

易理象數合解二卷　1822

易菴集一卷　1382

易堂問目四卷　493

易略例一卷　1724

易象正十二卷初二卷終二卷　493

易象妙於見形論一卷　1786

易象通義六卷　1814

易象集説附録六卷　441

易象鈎解四卷　1671，1833

易象意言一卷　1641，1644，1649，1724

易象彙解二卷　1833

易象圖説内篇三卷外篇三卷　419，423

易象闡微五卷大易圖解一卷　442

易章句十二卷　427，1859

易鈔五種　441

易童子問三卷　1827

易園集七卷　1289

易圓通變五卷　422

易筮遺占一卷　1814

易傳十七卷　1668

易傳十卷易解附錄一卷　432

易傳三卷　1597，1599，1601

易傳燈四卷　498，1675

易解拾遺七卷附周易句讀讀本二卷　441

易解醒豁二卷　439

易話二卷　1859

易義別錄十四卷　427，1858

易義前選五卷　1845

易禆傳一卷外篇一卷　419，422

易經大全會解四卷　437，492

易經古本一卷　1770

易經本意四卷首一卷末一卷　499

易經如話十二卷首一卷　1849

易經述不分卷　437

易經注疏大全合纂六十四卷首一卷周易
　繫辭注疏大全合纂四卷　442

易經訓解四卷　491

易經衷論二卷　1844

易經旁訓三卷　491

易經旁訓四卷　491

易經通注九卷　438

易經異文釋六卷　430

易經象類一卷　1774

易經貫一二十二卷　438

易經揆一十四卷易學啓蒙補二卷　439

易經蒙引二十四卷　435

易經蒙引十二卷　435

易經解注傳義辯正四十四卷首二卷附易
　經圖說辯正二卷　434

易經劄記三卷　1846

易經疑問十二卷　492

易經增注十卷考一卷　1798

易經繹五卷圖一卷　492

易圖明辨十卷　428，1671，1737

易圖定本一卷　1712

易圖條辨一卷　429，1858

易圖通變五卷　419

易圖略八卷　427，1859

易圖解一卷　435，1761

易圖瑣解一卷　1879

易圖說三卷　419，422

易箋八卷首一卷　437

易領四卷　1814

易説一卷　1631，1804

易説二卷　1878

易説十二卷便録一卷　1857

易説六卷　425，497，1641，1644，1724

易説四卷　1671

易説圖解一卷上經一卷下經一卷　1118

易説醒四卷　433

易廣記三卷　1859

易漢學一卷　1633

易漢學八卷　429，1667

易演圖一卷　1879

易璇璣三卷　419，422

易數鈎隱圖三卷遺論九事一卷　419，
　422

易餘籥録二十卷　1771

易緯一卷　532

易緯十二卷　1641，1643

易緯八種　532

易緯坤靈圖一卷　498，532，1641，1644

易緯是類謀一卷　498，532，1641，1644，
　1651

易緯通卦驗二卷　498，532，1641，1644

易緯乾元序制記一卷　498，532，1641，
　　1644
易緯乾坤鑒度二卷　1641，1643
易緯乾坤鑿度二卷　498，532，1651
易緯乾鑒度二卷　1641，1643
易緯乾鑿度二卷　498
易緯略義三卷　1858
易緯稽覽圖一卷　1651
易緯稽覽圖二卷　498，532，1641，1643
易緯辨終備一卷　498，532，1641，1644
易醒增删定本四卷　433
易學一卷　419，422
易學史鏡八卷　437
易學啓蒙小傳一卷古經傳一卷　419，422
易學啓蒙通釋二卷圖一卷　419，422
易學圖説會通八卷　435
易學管窺一卷　1805
易學辨惑一卷　1634
易學贅言二卷　1800
易學濫觴一卷　498，1641，1644，1764
易學闡元一卷　1742，1743
易憲四卷　436
易齋集一卷　1360
易齋馮公年譜一卷　1841
易翼述信十二卷　440
易翼宗六卷　1848
易翼説八卷　1849
易簡齋詩鈔四卷　1273
易鏡十二卷首一卷附易學管窺二卷　438
易韻四卷　1840
易纂一卷　1786
易纂言十二卷首一卷　419，422
易纂言外翼八卷　435
易釋文一卷　1668
易鑑三十八卷　439

迪吉録八集　960
典三膜稿十二卷　1335
典制類林四卷　1548
典故紀聞十八卷　1798
典業須知一卷　957
典語一卷　1794
典論一卷　1668
典禮質疑六卷　1877
典籍便覽八卷　1535
固山叢録一卷　1762
（康熙）固安縣志八卷首一卷末一卷　706
固始詁經精舍章程并書目一卷　936
固哉草亭文集二卷補遺一卷詩集四卷　1251
（萬曆）固原州志二卷　801
忠文靖節編一卷　1633
忠正德文集十卷　1181
忠正德文集八卷　1359
（同治）忠州直隸州志十二卷首一卷　852
（道光）忠州直隸州志八卷　852
忠孝勇烈奇女傳四卷　1528
忠孝録一卷　602
忠武志八卷卧龍崗志二卷　605
忠武祠墓志八卷　874
忠烈備考不分卷　602
忠雅堂文集十二卷　1852
忠雅堂評選四六法海八卷　1394
忠雅堂詩集二十七卷補遺二卷　1852
忠雅堂詩集二十七卷補遺二卷詞集二卷
　　1265
忠雅堂詩集三十一卷　1265
忠裕堂集一卷　1798
忠義水滸全書一百二十回宣和遺事一卷
　　1508
忠義水滸傳二十卷一百十五回　1513
忠義集十卷首一卷附考證十卷　1412

忠肅集二十卷　1643，1798

忠肅集二十卷拾遺一卷　1646

忠經一卷　949，956，1564，1593，1597，
　1598，1599，1601

忠簡公集七卷　1818

咀華録四卷　1451

呻吟語六卷　959，1712

呻吟語六卷附呻吟語疑一卷　1833

呻吟語四卷　1756

呻吟語選二卷　1718

邵亭知見傳本書目十六卷　943

邵亭詩鈔六卷　1321，1827

邵亭遺文八卷　1321，1827

邵亭遺詩八卷　1827

咏古名臣詩注八卷　1295

咏物十詞一卷　1633

咏物詩一卷　1376，1726，1812

咏物詩選八卷　1448

咏梅軒仰觀録二卷　1800

咏梅軒劄記一卷增訂一卷賸稿一卷存要
　一卷　1800

咏雪樓稿五卷首一卷附一卷　1274

咏懷堂新編十錯認春燈謎記二卷二十齣
　1493

（光緒）岢嵐州志十二卷　747

岩棲幽事一卷　1553

帖括枕中秘五卷　1470

帖體類箋七卷　1455

帕米爾分界私議一卷　1707

帕米爾圖叙例一卷　909

帕米爾圖説一卷　1682，1755

帕米爾輯略一卷　1682，1755

帕米爾屬中國考一卷　1709

岣嶁神書一卷　1066

岷江紀程一卷　1870

岷陽古帝墓祠後志八卷　1714

岡州公牘不分卷再牘四卷附高涼贈行録
　一卷高涼公牘一卷濂江公牘不分卷梅
　關公牘不分卷煎茶閒録一卷　674

岡底斯山考一卷　1693

罔極編一卷　1322

制服成誦篇一卷　457

制服成誦編一卷制服表一卷喪服通釋一
　卷　457

制服表一卷　457

制府疏草二卷　1805

制府雜録一卷　1553，1573，1604

制科小録四卷　1271

制科雜録一卷　1630，1841

制科議一卷　1836

制馭澳夷論一卷　1702

制義一卷　1831，1884

制義叢話二十四卷題名一卷　1470

制義體要十九卷　1454

制藝科瑣記四卷　1677

制藝簡摩集五卷　1457

知不足齋試帖一卷　1456

知不足齋叢書一百二種　1652

知止堂詞録三卷　1478

知止齋遺編四卷外編一卷　1334

知本提綱十卷　986

知田集一卷　1846

知生或問一卷　1824

知白齋詩鈔四卷雙橋小築詞存五卷存餘
　一卷　1333

知足常樂一卷　1149

知足齋文集六卷進呈文稿二卷　1800

知足齋詩集二十卷續集四卷文集六卷進
　呈文稿二卷　1268

知足齋叢書十三種　1716

知我録一卷　1629

知非堂稿一卷　1378

知非齋易注三卷首一卷末一卷易釋二卷　437

知命録一卷　1595，1611，1831

知服齋叢書二十種　1754

知畏堂詩五卷詩餘一卷　1269

知退齋稿七卷古文補刊一卷附乞師日記　1333

知悔齋詩稿八卷附續稿　1316

知愧軒尺牘十六卷　1451

知聖道齋書目四卷　1774

知聖道齋讀書跋二卷　1729，1754

知聖篇二卷　1769

知稼翁集鈔一卷　1372

垂老讀書廬詩草二卷附文草一卷　1443

垂老讀書廬詩草二卷附文章一卷　1303

牧令要訣一卷　1855

牧令書二十三卷　684

牧令書鈔一卷　1769

牧令書輯要十卷　684

牧民忠告二卷　1747

（榕腔）牧長詩歌　1133

牧菴集一卷　1378

牧菴雜記六卷　1328

牧堂公集一卷　1445

牧庵集三十六卷　1643，1647

牧雲和尚嬾齋別集十四卷病游初草一卷後草一卷游刃一卷宗本投機頌一卷　1219

牧堅閒談一卷　1556

牧愛堂編十二卷　1233

牧豬閒話一卷　1635

牧廠地略一卷　1708

牧潛集七卷　1812

牧篴餘聲一卷　1869

牧齋初學集一百十卷　1221

牧齋初學集一百十卷有學集五十卷有學集補遺二卷投筆記一卷初學集詩二十卷有學集詩十三卷　1221

牧齋初學集詩注二十卷有學集詩注十四卷　1221

牧齋紅豆莊雜録三卷　1036

牧齋書目不分卷　937

（江蘇常熟）牧齋晚年家乘文一卷錢牧翁先生年譜一卷　587

牧齋詩鈔三卷　1427

牧鑑十卷　1714

物怪録一卷　1664，1667

物原一卷　1656

物理小識十二卷首一卷　1037

物理論一卷　1679

物異考一卷　1553，1572，1614

物類相感志一卷　1555，1556，1580，1587，1591，1611

乖崖集存六卷　1757

乖崖詩鈔一卷　1371

和石湖詞一卷　1653

和林金石録一卷和林金石詩一卷附和林考一卷　1764

（咸豐）和林格爾廳志四卷　761

和林詩一卷　1680

和約彙鈔六卷　661

和陶詩一卷　1858

和梅花百咏詩一卷　1840

（光緒）和順縣志十卷首一卷末一卷　761

和靖尹先生文集十卷　1179

和靖詩鈔一卷　1371

和鳴集一卷　1858

和樂堂詩鈔五卷　1272

秋圃撷餘一卷　1554，1578，1612

季滄葦藏書目一卷　937
季漢書六十卷正論一卷答問一卷　539
委內瑞辣政要一卷　1707
委羽山志六卷續志六卷　896
委巷叢談一卷　1553，1575，1589
佳山堂詩集十卷　1223
佳趣堂書目不分卷　941
侍兒小名録一卷　1565，1587，1591，1592
侍兒小名録拾遺一卷　1609
侍郎葛公歸愚集十卷補遺一卷附録一卷　1802
侍郎集一卷　1380
侍疾要語一卷　1805
侍雪堂詩鈔六卷　1826
（乾隆）岳州府志三十卷首一卷　833
岳州救生局志二卷　885
岳州圖經一卷　1681
岳忠武王文集八卷首一卷末一卷　1181，1182
岳忠武王集一卷　1649
岳忠武王集八卷　1359
岳容齋詩集四卷　1714
岳鄂王行實編年二卷　1724
岳陽乙志一卷　1682
岳陽甲志一卷　1681
岳陽風土記一卷　1563，1606，1721
（雍正）岳陽縣志十卷　748
岳廟志略十卷　873
供祀記一卷　1593
供冀小言一卷　1817，1862
使西日記一卷　1711
使西紀程一卷　1705
使西紀程二卷　900
使西書略一卷　1705
使英雜記一卷　1705

使東述略一卷　1703
使東雜記一卷　1704
使法事略一卷　1705
使法雜記一卷　1705
使俄日記一卷　1687
使俄草一卷　1709
使俄草八卷　662
使俄載筆一卷　1341
使美記略一卷　1706
使徒行傳　1144
使徒行傳略解　1144
使徒保羅達歌林多人前書　1145
使徒保羅達羅馬人書　1145
使高麗録一卷　1552，1561
使琉球紀一卷　1636，1637，1661
使琉球記一卷　1703
使琉球記六卷　902
使琉球録一卷附夷語夷字一卷　1604
使粵日記二卷使蜀日記五卷　614
使粵吟三卷　1326
使粵奏稿八卷　693
使楚叢譚一卷　1699，1852
使蜀日記一卷　1630，1699
使會津記一卷　1704
使滇紀程一卷　1700
使滇集三卷　1245
使閩吟草一卷　1762
使德日記一卷　1705，1763
使緬録一卷　1804
使還日記一卷　1705
兒女英雄傳四十回首一回　1524
兒世説一卷　1576
兒易外儀十五卷　1740
兒孫福：勢利一卷　1490
兒寬書一卷　1794

岱史十八卷　892

岱南閣集二卷　1753，1880

岱雲編三卷　1292

岱覽三十二卷首編七卷附錄一卷　892

侶山堂類辯二卷　996

俯浦詩鈔二卷　1256

佩文詩韻提綱二卷新編佩文詩韻提綱四
　聲譜廣注二卷　526

佩文廣韻匯編五卷　526

佩文齋咏物詩選四百八十六卷　1447

佩文齋書畫譜一百卷　1082

佩文齋廣群芳譜一百卷目錄二卷　989

佩文韻府一百六卷韻府拾遺一百六卷　1547

佩玉齋類稿一卷　1379

佩弦齋文存三卷　1880

佩弦齋律賦存一卷　1880

佩弦齋試帖存一卷　1880

佩弦齋詩存一卷　1880

佩弦齋駢文存一卷　1880

佩弦齋雜存二卷　1880

佩秋閣詞一卷　1476

佩秋閣遺稿四卷（詩稿二卷詞稿一卷駢
　文稿一卷）1333

佩韋齋集一卷　1375

佩韋齋輯聞四卷　1674

佩湘詩稿一卷　1422

佩楚軒客談一卷　1557

佩蘅詩鈔十二卷　1317

佩觿二卷　519

佩觿三卷　503，1566，1581，1656，1743

依園詩略一卷　1441

依隱齋詩鈔十二卷　1317，1870

依隱齋詩鈔十二卷夏雨軒雜文四卷岷江
　紀程一卷附楹帖偶存一卷　1317

郋園山居文錄二卷　1355

郋園書札一卷　1885

郋園詩鈔二十七卷　1355

（同治）阜平縣志四卷首一卷　715

（雍正）阜城縣志二十二卷首一卷　712

（道光）阜陽縣志二十四卷首一卷　743

（乾隆）阜陽縣志二十卷首一卷　743

（光緒）阜寧縣志二十四卷首一卷　732

欣賞編十種　1592

欣賞齋尺牘六卷　1452

征西大將軍楊瑾殘碑一卷　919

征西紀略一卷　1630

征西紀略四卷　556

征安南紀略一卷　1703

征東實紀一卷　1750

征烏梁海述略一卷　1686

征廓爾喀記一卷　1686

征準噶爾記一卷　1685

征撫安南記一卷　1703

征撫朝鮮記一卷　1702

征緬甸記一卷　1703

征緬紀略一卷　1632，1703，1852

征緬紀聞一卷　1703，1852

征藩功次一卷　1574

祖異記一卷　1571

祖徠石先生全集二十卷附錄一卷　1173

祖徠詩鈔一卷　1371

往生集三卷附勸修淨土三章　1111

彼得興俄記一卷　1884

所至錄八卷附錄一卷　1420

所安遺集一卷　1190，1377

所知錄三卷　558

所知錄六卷　564

所南翁一百二十圖詩集一卷　1655，1781

所託山房詩集四卷首三卷　1355

舍是集十卷　1312

金刀記　1498

金山志二十卷　893

金山志十卷續志二卷　893

金山志略四卷首一卷　893

金山姚程三先生遺集十一卷　1431

（光緒）金山縣志三十卷首一卷　729

金山錢氏家刻書目十卷　939

金山雜志一卷　1553

金川瑣記一卷　1700

金川瑣記六卷　1649

金井志四卷首一卷　871

金元明八大家文選五十三卷　1403

金太史集九卷　1360

金水橋陳琳抱粧盒雜劇一卷　1501

金牛湖漁唱一卷　1807

金氏世德紀二卷　1810

金丹大成一卷　1119

金丹大成集一卷　1113

金丹大要十卷　1113

金丹大要三卷　1119

金丹四百字一卷　1612

金丹四百字一卷附石橋歌一卷　1119

金丹四百字內外注解一卷金穀歌注解一
　　卷　1113

金丹四百字注釋一卷　1122

金丹四百字解一卷　1113，1114，1115

金丹妙訣一卷　1114

金丹要訣一卷　1120

金丹詩訣二卷　1613

金文雅十六卷　1411

金文最六十卷　1412

金文靖公北征録一卷　1603，1621

金文靖公後北征録一卷　1621

金玉詩話一卷　1565

金玉瑣碎二卷　1862

金石三例十五卷　920

金石小箋一卷　1634

金石文字（張叔未解元所藏金石文字）
　　不分卷　924

金石文字記六卷　1669，1837

金石文字跋尾二卷　1876

金石文字辨異十二卷　1776

金石文鈔八卷續鈔二卷　924

金石古文十四卷　921，1676

金石史一卷　1633

金石史二卷　1652，1716

金石存十五卷　923，1677

金石全例　920

金石苑六卷　922

金石例十卷　920

金石例十卷附札記一卷　924，1775

金石例補二卷　920，921，1729，1752，
　　1754，1860

金石契一卷　1553，1576，1604

金石要例一卷　920，1731

金石要例一卷附論文管見　1631，1837

金石訂例四卷　1657，1658

金石索十二卷　923

金石書目不分卷　942

金石屑不分卷　924

金石萃編一百六十卷　923

金石萃編補目三卷　1777

金石萃編補略二卷　921

金石略三卷　921

金石摘十卷　923

金石圖二卷　923

金石圖說二卷　923

金石稱例四卷　1865，1866

金石稱例四卷續一卷　920，921，1753

金石綜例四卷　920，921，1753

金石學録補三卷　922

金石録三十卷　921，1720

金石録三十卷附劄記一卷今存碑目一卷　1757

金石録補二十七卷續跋七卷　921，1753

金石識別十二卷附表一卷　1759

金石韻府五卷　513

金石續編二十一卷　924

金石續録四卷　920

金史一百三十五卷　535，536

金史一百三十五卷附考證　536，543

金史紀事本末五十二卷　553

金史詳校十卷附史論五答一卷　543

金仙證論一卷慧命經一卷　1127

金主幣救國議　696

金光明經四卷　1099

金志一卷　1560，1594，1608

金吾事例十一卷　665

金困吟一卷　1376

金門戟一卷　1502

金忠節公文集八卷　1217

金忠潔公文集二卷　1802

金忠潔公集二卷　1360

金忠潔集六卷附金忠潔年譜一卷　1798

金函玉鏡圖二卷　1058

金華子二卷　1725

金華子雜編一卷　1584，1662，1665

金華子雜編二卷　950，1674，1675

金華文萃二十五種　1758

金華文萃書目提要八卷　1758

金華文略二十卷　1434

（康熙）金華府志三十卷　810

金華宗旨一卷金華宗旨闡幽問答一卷　1118

金華晷漏中星表二卷　1054

金華游録一卷　1563，1613

金華鄭氏家範一卷　1715

金華徵獻略二十卷　585

（道光）金華縣志十二卷首一卷　810

金華叢書六十八種　1817

金華叢書書目提要八卷　1817

金峨山館文集不分卷　1342

金剛山志二卷　890

金剛般若波羅密經句解易知二卷　1098

金剛般若波羅密經注解一卷　1098

金剛般若波羅密經略疏二卷附般若波羅密多心經略疏一卷　1102

金剛般若波羅密經淺解一卷　1099

金剛般若波羅蜜經一卷　1098

金剛般若波羅蜜經二卷　1769

金剛般若波羅蜜經六卷　1098

金剛般若波羅蜜經四卷　1098

金剛般若經六譯本六卷　1097

金剛經私訂本一卷　1884

金剛經易氏本一卷　1884

金剛經注二卷　1874

金剛經注解一卷　1099

金剛經殘卷　1097

金剛經感應録分類輯要一卷　1769

金剛經鳩異一卷　1571，1585，1664，1667

金陵冬游記略一卷　1576

金陵朱氏家集二十九種　1439

金陵收復志喜一百韻一卷　1339

金陵志地録一卷　1698

金陵妓品一卷　1579

金陵物産風土志一卷　1855

金陵省城古跡全圖　914

金陵省難紀略一卷　565

［金陵軍需報銷總局報銷册］四卷　678

金陵癸甲摭談一卷　1781

金陵通傳四十五卷補遺四卷姓名韻編一
　卷續傳一卷補傳一卷附金陵通紀十卷
　續四卷　584
金陵瑣志五種　1854
金陵圖咏一卷附金陵古今圖考一卷　914
金陵賦一卷　1801
金陵歷代建置表一卷　1801
金陵舉義文存不分卷　1328
金陵叢刻十五種　1800
金姬傳一卷別記一卷　1669
金頂印不分卷　1497
金雀記二卷　1503
（嘉慶）金堂縣志九卷首一卷末一卷　840
金液還丹印證圖詩一卷　1119
金液還丹思金圖發微一卷　1113
金梁夢月詞二卷　1767
（乾隆）金鄉縣志二十卷　777
（咸豐）金鄉縣志十二卷首一卷　777
金壺七墨十八卷　1042
金壺字考一卷　505，1566，1715
金壺精粹五卷　1542
金軺籌筆一卷　1687
金軺籌筆四卷附録三卷　1735
金粟詞一卷　1476
金粟詞話一卷　1713
金粟箋説一卷　1635，1748，1749
金粟影菴存稿十三卷　1284
金湯借箸十二籌十二卷　981
金淵集六卷　1643，1647
金絲録一卷　1825
金鼓洞志八卷　1808
金蓋山志四卷首一卷　894
金蓮正宗仙源像傳一卷　1121
金蓮正宗記一卷　1121
金蓮記二卷　1503

金詩選四卷　1411
金源紀事詩八卷　1286
金源劄記二卷　543
金碧古文龍虎上經一卷　1117
金碧古文龍虎上經三卷　1113，1117
金臺紀聞一卷　1552，1574，1611
金臺紀聞二卷　1831
金臺紀聞摘鈔一卷　1604
金臺集一卷　1376，1883
金匱方歌括六卷　994
金匱要略方論三卷　992
金匱要略淺注十卷　994
金匱要略淺注補正九卷　997
金匱鈎玄三卷　992，997
金匱懸解二十二卷　997
金精直指一卷　997
金漳蘭譜一卷　1569
金樓子一卷　1556，1583，1661
金樓子六卷　950，1653
金遼備考不分卷　877
金廠行記一卷　1700
金壇見聞記二卷　1876
金壇獄案一卷　1749
（光緒）金壇縣志十六卷首一卷　732
金薤琳琅二十卷　921
金薤琳琅二十卷補遺一卷　930
金薤琳琅補遺一卷　921
金錯膾鮮四卷　1400
金龍四大王祠墓録六卷　1810
金聲玉振集五十種　1593
（道光）金谿縣志二十六卷首一卷　817
（同治）金谿縣志三十六卷首一卷　818
金縷曲廿四疊韻一卷　1478
金闕攀松集一卷　1801
金闕攀松集一卷玉井搴蓮集一卷　1268

金罍子四十四卷　1017

金邊國記一卷　1703

金鐘山房文集一卷　1825

金鐘山房詩集一卷　1825

金鐘傳八卷　1526

金鰲退食筆記二卷　1636，1637，1661，
　1727

金鷄談薈十四卷　566

金鑾密記一卷　1584，1662，1664

（乾隆）郘陽縣全志四卷　797

（順治）郘陽縣志七卷　797

采石瓜洲斃亮記一卷　1640，1675

采芝集一卷　1375

采芝集一卷續集一卷　1371

采芳隨筆二十四卷　989

采茶錄一卷　1567

采香詞四卷　1745

采香樓詩集一卷　1421，1428

采風記五卷　1780

采風記四卷附紀程感事詩一卷時務論一卷
　906

采風詩二集六卷　1302

采風類記十卷　878

采唐集三卷附錄一卷　1024

采菽堂書牘二卷　1881

采菽堂筆記二卷　1881

采異記一卷　1571

采硫日記三卷　1739

采畫錄一卷　1567

采蕈詞一卷　1474

采馨堂詩集十二卷　1293

受子譜選二卷　1094

受宜堂集四十卷目錄四卷　1250

受宜堂駐淮集十二卷　1250

受恒受漸齋集十二卷　1318

受經堂彙稿五種　1712

念八翻傳奇二卷二十八齣　1504

念佛三昧一卷　1623

念佛百問一卷　1108

念宛齋詞鈔一卷　1775

念宛齋詩集十卷文稿八卷文補一卷詞鈔一
　卷詞曲一卷書牘五卷官書八卷　1277

念菴羅先生文集二十二卷　1204

念菴羅先生文集二十四卷　1205

念陽徐公定蜀紀一卷　558

念鞠齋詩文賸稿一卷　1441

念護池館文存四卷　1885

（康熙）肥城縣志二卷　774

（嘉慶）肥城縣志十九卷首一卷　774

（光緒）肥城縣志十卷首一卷　774

（光緒）肥城縣鄉土志九卷　774

（同治）肥鄉縣志三十六卷補遺一卷　717

服食崇儉論一卷　1804

周人經說八卷　1730

周大理明農堂集三卷　1437

周子一卷　1794

周子抄釋三卷　1719

周子書注劄記一卷　1869

周子通書講義一卷　1873

周中丞撫江奏稿四卷　696

周公年表一卷　1763，1777

周氏四史校注四種　536

（上海）周氏家世述不分卷　587

周氏冥通記四卷　1617

周氏喪服注一卷　1796

周氏劉氏注一卷　1796

周氏醫學叢書三十四種　996

周文忠公尺牘二卷附雜文一卷　1451

周文忠公集四卷　1360

周文歸二十卷　1403

周末列國有今郡縣考一卷　1628

周生子要論一卷　1794

周生烈子一卷　1784

周此山先生詩集四卷　1190

周行備覽三集六卷圖一卷　912

周見素詩集一卷　1367，1369

周松靄先生遺書八種　1853

周易一卷　414，1640

周易二卷繫辭一卷　495

周易二閭記三卷　1766

周易丁氏傳二卷　1785

周易十卷略例一卷附考證　414

周易人事疏證八卷　441

周易九卷　417

周易九卷附周易略例一卷　490

周易干氏注三卷　1786

周易大全纂十二卷附周易大全圖説一卷　436

周易大衍辨一卷　1626

周易大象解一卷　1839

周易大義一卷　1786

周易口訣義六卷　435，498，1641，1644

周易子夏傳二卷　1785

周易王氏注一卷　1786

周易王氏注二卷　1785

周易王氏音一卷　1785

周易王氏義一卷　1786

周易王弼注唐寫本殘卷校字記一卷　1781

周易元義一卷　1786

周易互體卦變考一卷　1774

周易互體詳述一卷　1766

周易互體徵一卷　431

周易内傳六卷發例一卷　1839

周易爻辰申鄭義二卷　431

周易爻物當名二卷　1816

周易分野一卷　1785

周易引經通釋十卷　437

周易孔義集説二十卷　434

周易正解二十卷讀易一卷　436

周易古五子傳一卷　1785

周易古今文全書二十一卷　436

周易古義一卷　1626

周易本義十二卷易圖一卷五贊一卷筮儀一卷　442

周易本義十二卷首一卷末一卷附音訓一卷　442

周易本義爻徵二卷　1719

周易本義四卷首一卷　492

周易本義附録纂注十五卷　419，422

周易本義注六卷　1816

周易本義通釋十二卷雲峰易義一卷　422

周易本義通釋十二卷輯録雲峰文集易義一卷　419

周易本義集成十二卷首一卷　419，422

周易本義辯證五卷　496

周易平議二卷　432

周易外傳七卷　1839

周易考占一卷　1774

周易考四卷首一卷末一卷　440

周易考異一卷　1839

周易考異二卷　429

周易朱氏義一卷　1786

周易伏氏集解一卷　1786

周易向氏義一卷　1786

周易李氏音一卷　1786

周易何氏解一卷　1786

周易何氏講疏一卷　1786

周易沈氏要略一卷　1786

周易宋氏注一卷　1785

周易附説一卷　1868

周易玩辭一卷　1866

周易玩辭十六卷　419，422

周易玩辭困學記不分卷　440

周易卦序論一卷　1786

周易卦象集證一卷　1766

周易卦變舉要一卷　1766

周易述二十一卷　426

周易述補五卷　429

周易述補四卷　427

周易述傳二卷　1865

周易述解辨義四卷　438

周易述聞一卷　498，1863

周易述翼五卷　1742

周易尚占三卷　1613

周易明解輯説四卷　435

周易周氏義疏一卷　1786

周易京氏章句一卷　1785

周易注一卷　1716

周易注十二卷　1782

周易注略二卷　438

周易注疏十三卷略例一卷附考證　416

周易孟氏章句二卷　1785

周易函書別集十九卷　438

周易指三十八卷易例一卷易圖五卷易斷辭一卷　438

周易荀氏九家三卷　1858

周易荀氏九家義一卷　427

周易荀氏注三卷　1785

周易要義十卷首一卷　435

周易便解六卷首一卷　440

周易侯氏注三卷　1786

周易後傳八卷易互卦圖一卷　434

周易施氏章句一卷　1785

周易洞林一卷　1782

周易洗心十卷　439

周易姚氏注一卷　1786

周易姚氏學十六卷　430，1815

周易馬氏傳三卷　1785

周易莊氏義一卷　1786

周易校勘記九卷略例校勘記一卷釋文校勘記一卷　427

周易索詁十二卷首一卷　439

周易倚數録二卷附圖一卷　1777

周易徐氏音一卷　1786

周易訓義七卷　442

周易兼義九卷　415

周易兼義九卷附音義一卷注疏校勘記九卷釋文校勘記一卷　416，417，418

周易兼義九卷附略例一卷音義一卷　414

周易陸氏述三卷　1785

周易通十卷　439

周易通義十六卷　437，441

周易通論月令二卷　1777

周易通論四卷　1844，1845

周易探元三卷　1786

周易黄氏注一卷　1786

周易乾鑿度二卷　532，1668

周易略例一卷　1597，1599，1601

周易略解八卷群經互解一卷算略一卷　1816

周易崔氏注一卷　1786

周易象解四卷　441

周易象意三十卷首一卷　441

周易象義四卷　442

周易象義集成三卷　441

周易象義辨例二十卷　442

周易訟卦淺説一卷　1865

周易章句一卷　1782

周易淮南九師道訓一卷　1785

周易梁丘氏章句一卷　1785

周易張氏集解一卷　1786

周易張氏義一卷　1786

周易張氏講疏一卷　1786

周易參同契分章注三卷　1113

周易參同契考異一卷　1673

周易參同契通真義三卷　1113

周易參同契解三卷　1113

周易參義十二卷　419，423

周易董氏章句一卷　1786

周易程氏傳四卷　1819

周易程傳八卷　433

周易傅氏注一卷　1786

周易集解十七卷　498

周易集解補箋四卷　498，1863

周易集解纂疏十卷　1814

周易集説十卷　422

周易補疏二卷　427，1859

周易尋門餘論一卷　1634

周易費氏學八卷叙録一卷　1779

周易發明啓蒙翼傳三卷外篇一卷　419，422

周易統略一卷　1786

周易虞氏易禮二卷　1858

周易虞氏消息二卷　427，1858

周易虞氏略例一卷　430，1777

周易虞氏義九卷　427，1858

周易蜀才注一卷　1786

周易稗疏一卷　1633

周易稗疏四卷　428，1839

周易傳注七卷附周易筮考一卷　434

周易傳義大全二十四卷上下篇義一卷朱子圖説一卷五贊一卷筮儀一卷綱領一卷　433

周易傳義大全二十四卷筮儀一卷上下篇義一卷易五贊一卷朱子圖説一卷綱領一卷　433

周易傳義合訂十二卷　1640

周易傳義附録十四卷首一卷　419，422

周易傳義音訓八卷　433

周易會占一卷　1572

周易會通十二卷　436

周易解九卷　1850

周易詮義十四卷　440

周易詮義十四卷首一卷　1849

周易廓二十四卷　437

周易新義一卷　1786

周易新論傳疏一卷　1786

周易義海撮要十二卷　419，422

周易義傳合訂十五卷　433

周易褚氏講疏一卷　1786

周易經傳一卷　441

周易經傳二十四卷上下篇義一卷周易圖説一卷五贊一卷筮儀一卷　432

周易經傳集程朱解附録纂注十四卷　433

周易經傳集程朱解附録纂注十四卷首一卷　422

周易經傳集程朱解附録纂注十四卷首一卷附一卷　419

周易經義審七卷首一卷　439

周易圖四卷續編一卷　435

周易説十一卷　1882

周易説翼三卷　1719

周易精義四卷首一卷　496

周易鄭氏注三卷　1858

周易鄭氏義二卷　427

周易鄭注十二卷　1677

周易鄭荀義三卷　1858

周易鄭康成注一卷　1829

周易漢讀考三卷　1879

周易翟氏義一卷　1786

周易稽疑一卷　1572

周易劉氏章句一卷　1785

周易劉氏義疏一卷　1786

周易諸卦合象考一卷　1774

周易遵翼約編十卷首一卷　438

周易薛氏記一卷　1785

周易輯聞六卷附易雅一卷筮宗一卷　422

周易輯聞六卷易雅一卷筮宗一卷　419

周易盧氏注一卷　1786

周易舉正一卷　1722

周易學七卷　437

周易辨二十四卷首四卷　439

周易舊注十二卷　440

周易舊疏考正一卷　431

周易韓氏傳二卷　1785

周易繫辭明氏注一卷　1786

周易繫辭荀氏注一卷　1786

周易繫辭桓氏注一卷　1786

周易闡真四卷　1114

周易闡真四卷首一卷　1114

周易闡象五卷　437

周易釋爻例一卷　432

周易讀翼揆方十卷　439

周易變通解六卷首一卷末一卷　440

周易觀彖十二卷　1845

周易觀彖大指二卷　1845

周易觀象十二卷　1844

周忠介公燼餘集三卷　1360

周忠愍公垂光集二卷　1360

周忠愍奏疏二卷　1360

周忠毅公奏議四卷　1360

周忠毅公奏議四卷行實一卷　692

周季編略九卷　550

周官肊測六卷叙録一卷　500

周官司徒類考一卷　1876

周官析疑三十六卷　1847

周官注疏小箋五卷　430

周官指掌五卷　1728

周官故書考四卷　430，1813

周官記五卷　429

周官集注十二卷　1847

周官禄田考三卷　426，1849

周官傳一卷　1783，1787

周官新義十六卷附考工記解二卷　499，
　1739

周官箋六卷　1882

周官説二卷　429

周官説補三卷　429

周官精義十二卷　454

周官辨一卷　1847

周官辨非一卷　496，1630

周官禮干氏注一卷　1787

周官禮注一卷　1783

周官禮異同評一卷　1796

周官禮義疏一卷　1787

周官禮經注正誤一卷　1774

周官總義職方氏注一卷　1680

周官識小一卷　1862

周孟侯先生全書五種　1835

周秦古鉢不分卷　1087

周秦行紀一卷　1571，1584，1663，1666

周秦名字解故補一卷　1777

周秦名字解詁附録一卷　1800

周秦刻石釋音一卷　1744

周恭肅公集十六卷附録一卷　1200

周真人集一卷補遺一卷　1812

（光緒）周莊鎮志六卷首一卷附庚申見
　聞録　739

周益文忠公集二百卷附録五卷年譜一卷
　1828

周益國文忠公近體樂府一卷附遺詩　1828

周益國文忠公奏議十二卷　1828

周益國文忠公書稿十五卷　1828

周書王會補注一卷　1829

周書五十卷　534，535，536，540

周書五十卷附考證　540

周書平議一卷　432

周書斠補四卷　541

周無專鼎銘考一卷　1718

周會魁校正四書大全十八卷　479

周會魁校正易經大全二十卷上下篇義一
　卷朱子圖説一卷易五贊一卷筮儀一卷
　易説綱領一卷　491

周端孝先生血疏貼黄册一卷　1654

周漁潢先生年譜一卷　612

周憩亭集十卷　1429

周憩亭集十卷首一卷末一卷　1314

周濂溪先生全集十三卷　1638

周髀算經二卷附音義一卷　1642，1645，
　1648

周髀算經二卷附音義一卷校勘記一卷
　1753

周髀算經二卷音義一卷　1616，1617

周髀算經述一卷　1816

周髀算經校勘記一卷　1866

周繇詩一卷　1806

周禮二十卷　454

周禮十二卷　490

周禮三家佚注一卷　456

周禮六卷　417，454，495

周禮正義八十六卷　454

周禮古義一卷　1626

周禮札記一卷　499

周禮札記二卷　1848

周禮平議二卷　432

周禮句解十二卷　454

周禮地官冬官徵一卷　1881

周禮杜氏注二卷　1787

周禮李氏音一卷　1787

周禮車服志一卷　1823

周禮序官考一卷　1669

周禮完解十二卷讀周禮一卷　455

周禮注疏小箋五卷　456，1817

周禮注疏四十二卷　414，415，454

周禮注疏四十二卷附考證　416

周禮注疏删翼三十卷　456

周禮政要二卷　455

周禮故書考一卷　1774

周禮訂本略注三卷周禮新義一卷　1770

周禮客難一卷　1634

周禮軍賦説四卷　426

周禮校勘記十二卷釋文校勘記　427

周禮徐氏音一卷　1787

周禮戚氏音一卷　1787

周禮問二卷　1841

周禮集説補三卷　1875

周禮補亡六卷　455

周禮補注六卷　1777

周禮賈氏解詁一卷　1787

周禮節訓六卷　455

周禮摘箋五卷　1677

周禮疑義舉要七卷　425，1671

周禮精華六卷　455

周禮精義六卷首一卷　496

周禮鄭大夫解詁一卷　1787

周禮鄭氏音一卷　1787

周禮鄭司農解詁六卷　1787

周禮鄭注商榷一卷　1770

周禮漢讀考六卷　426，1854

周禮劉氏音二卷　1787

周禮輯義十二卷　455

周禮學二卷　430

周禮聶氏音一卷　1787

周禮醫官詳說一卷　454

周禮纂訓二十一卷　1845

周禮釋注二卷　1865

周顛仙人傳一卷　1579，1589

周顛仙傳一卷　1593

昏禮重別論對駁義二卷　432

昏禮辨正一卷　1840

兔兒山記一卷　1709

匋雅（瓷學）三卷　1884

匋雅二卷　1095

匋齋藏石記四十四卷　931

匋齋藏印四集　929

狐狸緣全傳六卷　1524

刿菴訂定譚子詩歸十卷諸稿自題輯錄一
　　卷　1216

炙轂子錄一卷　1556

京口八旗志二卷　876

京口山水志十八卷　890

京口耆舊傳九卷　1671，1740

京口掌故叢編七種　1804

京口債城錄一卷　1804

（光緒）京山縣志二十七卷首一卷　825

京氏易八卷　1772

京氏易傳三卷　432，1597

京本校正大字醫學正傳八卷　1008

京本校正音釋唐柳先生集四十三卷別集
　　一卷外集一卷附錄一卷　1169

京兆眉一卷　1502

京江耆舊集十二卷　1430

（江蘇丹徒）京江郭氏家乘八卷留餘錄
　　一卷立齋遺詩六卷附錄一卷舫樓拾遺
　　彙鈔一卷種蕉館詩集六卷補遺一卷附
　　錄一卷　588

京江鮑氏三女史詩鈔合刻十二卷　1429

京奉鐵路旅行指南不分卷　877

京板新增注釋古文大全後集十卷　1396

京東考古錄一卷　1636，1637，1661，
　　1727，1837

京房易傳一卷　1782

京房周易章句一卷　434

京音字彙不分卷　518

京音簡字述略一卷　505，515

京津拳匪紀略八卷前編二卷後編二卷
　　566

京華百二竹枝詞　1357

京華百二竹枝詞一卷　877

［京員知府同知通判大挑知縣州同州判
　　等官册］（清道光至同治間）　625

京師外城巡警總廳統計書（光緒三十二
　　年）　1891

京師地名對二卷　876

京師全圖　913

京師坊巷志稿二卷　1880

京師城内首善全圖　913

京師偶記一卷　1698

京師警察法令彙纂　1891

京塵雜錄四卷　1040

京輦題襟集二卷　1883

京畿金石考二卷　921，934，1658，1719，
　　1729，1753

京畿諸水編一卷　1695

享帚集四卷　1305

夜山圖題咏一卷附刻一卷　1810

夜叉傳一卷　1664，1667

夜行燭一卷　1829，1830

夜雨秋燈錄八卷續錄八卷　1046

夜船吹篴詞一卷　1474

夜譚隨錄十二卷　1040

府州廳縣異名録一卷　1684

（乾隆）府谷縣志四卷　795

郊外農談一卷　1573

郊社禘祫問一卷　428，1841

郊社禘祫問一卷　1651

郊居遺稿十卷　1210

（乾隆）兗州府志三十二卷首二卷　764

兗州府鄒縣造送城垣山河地輿圖　914

庚巳編一卷　1574，1588

庚巳編十卷　1604

庚子北京事變紀略一卷　566

庚子秋詞二卷　1480

庚子都門紀事詩六卷首一卷　579

庚子都門紀事詩補一卷　579

庚子海外紀事四卷　661

庚子國變記一卷　557

庚子國變彈詞四十回　1485

庚子銷夏記八卷　920，1069

庚子銷夏記八卷閒者軒帖考一卷　1778

庚午偶録一卷　1835

庚申外史二卷　1612，1736

庚申君遺事一卷　1631

庚申紀事一卷　1669

庚申噩夢記二卷　1876

庚辰集五卷　1455，1647

庚辛之際月表一卷　1882

庚辛泣杭録十六卷　882，1809

庚癸原音四種　529

庚哥國略説一卷　1711

庚寅十一月初五日始安事略一卷　558

庚詞一卷　1635

庚溪詩話一卷　1566

庚溪詩話二卷　1551

净土聖賢録九卷續録四卷附種蓮集一卷　1110

净土資糧全集六卷直音略訓一卷　1106

净海記一卷　1697

净慈寺志二十八卷　872

净德集三十八卷　1643，1646

放生會約一卷　1635

放生儀一卷附戒殺放生文一卷好生懿集　1111

放生辯惑一卷　1577

放言二卷　1865

放言百首箋注一卷　1871

放翁先生詩鈔七卷　1373

放翁家訓一卷　1655，1733

放翁逸稿二卷　1828

放翁題跋六卷　1733

刻一握坤輿十三卷　911

刻四書便蒙講述十一卷　479

刻仰止子參定正傳地理統一全書十二卷首一卷　1061

刻杜少陵先生詩分類集注二十三卷目録一卷　1164

刻注釋藝林聚錦故事白眉十卷　1545

刻曾西墅先生集十卷　1194

刻燭集一卷　1650

於陵子一卷　949，950

於越先賢像傳贊二卷　585

於潛令樓公進耕織圖詩一卷　1727

（嘉慶）於潛縣志十六卷首一卷末一卷　803

炊聞詞二卷　1473

炎陵志十卷首一卷　874

炎徼紀聞一卷　1609

炎徼紀聞四卷　1604，1669

法言十卷　1597，1598，1600，1602

法言十卷附音義一卷　956

法苑珠林一卷　1557，1662，1665

法帖刊誤一卷　1567，1715

法帖刊誤二卷　1551，1567

法帖神品目一卷　1676，1831

法帖譜系一卷　1715

法帖譜系二卷　1551

法帖釋文十卷　1551

法政概一卷　1707

法界宗五祖略記一卷　1109

法界聖凡水陸勝會修齋儀軌六卷　1111

法界觀披雲集一卷　1109

法部第二次統計表　679

法書名畫見聞表一卷　1731

法書苑一卷　1566，1583

法國水師考一卷　1760

法國律例四十六卷　1891

法國海軍職要一卷　1776，1780

法藏碎金録一卷　1559

法蘭西國志略一卷　1707

法蘭西商辦鐵路律一卷　664

泄天機一卷　1122

河工器具圖説四卷　888

河工簡要四卷　887

河上易注八卷圖説二卷　439

河上楮談三卷　1833

河北采風録不分卷　877

河北致用精舍學規一卷　1881

（同治）河曲縣志八卷　757

（道光）河曲縣志四卷　757

河防一覽十四卷　886

河防一覽榷十二卷　886

河防志十二卷　886

河防述言一卷　1715

河防紀略四卷　886

河防通議二卷　1671，1724

河汾諸老詩集八卷　1364，1375，1737

河汾燕閒録二卷　1831

河東先生全集録六卷外集録一卷　1363

河東先生集十五卷附録一卷　1375

河東先生集四十五卷外集二卷龍城録二
　　卷附録二卷集傳一卷　1169

河東先生龍城録二卷　1551，1609，1610

河東君傳不分卷　607

河東記一卷　1562

河東鹽法備覽十二卷　657

河南二程全書七種　1819

河南考略一卷　1684

河南地略一卷　1708

河南先生文集二十七卷附録一卷　1375

河南邵氏聞見録前録二十卷後録三十卷
　　1014

（乾隆）河南府志一百十六卷首四卷　785

河南府張鼎勘頭巾雜劇一卷　1500

河南省司道局收支册　677

（雍正）河南通志八十卷　702

（康熙）河南通志五十卷　702

（順治）河南通志五十卷　702

河南程氏文集十二卷遺文一卷附録一卷
　　1819

河南程氏外書十二卷　1819

河南程氏經説八卷　1819

河南程氏粹言二卷　1819

河南程氏遺書二十五卷附録一卷　1819

河南賦役全書　656

河南關塞形勝説一卷　1699

河洛悟言二卷　960

河洛精蘊九卷　1067

（嘉慶）河津縣志十二卷　760

（乾隆）河津縣志十二卷附圖　760

（光緒）河津縣志十四卷首一卷　760

（康熙）河津縣志八卷　760

（乾隆）河套志六卷　761

河套略一卷　1685

河朔訪古記三卷　1645，1671，1740

河海崑崙録四卷　887

（康熙）河陰縣志四卷　779

河梁歸一卷四齣　1505

（康熙）河間府志二十二卷　712

（乾隆）河間府新志二十卷首一卷　712

河間傷寒心要一卷　991

河間試律矩注釋二卷　1265

（乾隆）河間縣志六卷　712

河間醫學六書五種附三種　990

河間獻王書一卷　1794

河源志一卷　1563

河源記一卷　1695，1722

河源異同辨一卷　1695

河源圖説一卷　1695

河圖洛書同異考一卷　1630

河圖洛書原舛編一卷　1840

河圖緯一卷　532

河賦注一卷　1768

河嶽英靈集三卷　1404

河嶽英靈集選一卷　1365

（順治）泗水縣志十二卷　765

（光緒）泗水縣志十五卷首一卷　765

（光緒）泗虹合志十九卷　744

泊宅編一卷　1557，1587，1591，1592

泊宅編十卷　1674

泊宅編三卷　1609，1674，1733，1758，
　　1818

泊如齋重修宣和博古圖録三十卷　925

泊鷗山房集三十八卷　1263

沿海形勢論一卷　1701

沿海形勢録一卷　1701

沿海險要圖説十六卷長江險要圖説五卷
　　903

注華嚴法界觀門一卷　1109

注陸宣公奏議十五卷　1743

注疏考證六卷　425

注疏瑣語一卷　1631

注疏瑣語四卷　1657

注解章泉澗泉二先生選唐詩五卷　1829

注解傷寒論十卷　991

注釋古周禮五卷考工記一卷　455，456

注釋校正華英四書　1895

注釋唐詩三百首六卷　1409

注釋評點古今名將傳十七卷附録一卷　582

（道光）泌陽縣志十二卷首一卷　786

（康熙）泌陽縣志四卷　786

泥洹集一卷　1119

波弋香一卷六齣　1505

波斯考略一卷　1704

波斯志不分卷　909

波餘遺稿一卷首一卷附録二卷　1280

治下河論一卷　1695

治世餘聞録八卷　1604

治世龜鑑一卷　1721

治平要術一卷　1865

治平略增定全書三十三卷　643

治法彙八卷　993

治河方略十卷首一卷　887

治河要語一卷　1715

治河議一卷　1709

治要節鈔五卷附録一卷　1725

治病説一卷　1804

治浙成規（乾隆三十五年道光十七年）
　　八卷　680

治家格言繹義二卷　1769

治鄉三約一卷　1836

治經堂集二十卷外集四卷　1298

治臺必告録八卷　684

治蝗書一卷　654，987

治潮芻言一卷　1747

治齋讀詩蒙説一卷　1631

性天正鵠一卷　1122

性禾善米軒詩稿一卷　1328

性述八卷　1869

性命雙修萬神圭旨四卷　1125

性海淵源一卷　1029

性理一卷　1845

性理大全書七十卷　959

性理字訓一卷　1592

性理真銓四卷　1151

性理理畫一卷　1879

性理理話一卷　1879

性理會通續編四十二卷　959

性理標題彙要二十二卷　960

性理標題綜要二十二卷　960

性理論四卷　965

性善圖説一卷　1836

性善繹一卷　1824

性源詩存一卷　1430

性學圖説一卷　1866

性學舉隅二卷　1897

怪石録一卷　1068，1633

怪石贊一卷　1622，1846

怪疾奇方一卷　1852

怡志堂文初編六卷　1438

怡志堂詩初編八卷怡志堂文初編六卷　1315

怡怡齋詩集一卷附集一卷　1354

怡軒詩鈔續刻四卷　1392

怡堂散記二卷　998

怡堂散記續編一卷　998

怡雲仙館藏書目録不分卷　938

怡雲詩草二卷附巢睫吟稿二卷　1290

怡雲閣金印記二卷三十八齣　1491

怡賢親王疏鈔一卷　1680

怡蘭堂叢書七種　1779

宗子相集八卷　1209

（榕腔）宗主詩章　1148

宗主詩章附美都會禮文　1148

宗玄先生文集三卷　1166

宗伯集八十一卷　1213

宗忠簡公集四卷　1359

宗法小記一卷　426

宗法論一卷　1632

宗室王公世職章京爵秩襲次全表十卷　624

宗室王公章京世襲爵秩册四卷　624

宗室貢舉備考不分卷　623

宗室覺羅律例三卷　645

宗約歌一卷　1833

宗海集一卷　1378

宗規一卷　1628

宗聖志二十卷　605

宗鏡録一百卷　1102

宗譜纂要一卷　1632

（河北保定）定興鹿氏二續譜十五卷　585

定山堂古文小品二卷續集一卷補遺三卷
　　1838

定山堂全集五種　1838

定山堂詩集四十三卷　1838

定山堂詩餘四卷附芳草詞一卷　1838

定中原一卷四齣　1505

定正洪範集説一卷首一卷　420，423

定宇集一卷　1376

定例成案合鎸三十卷續增不分卷　670

定例彙編（乾隆十八至二十六年）十卷
　　首一卷　669

定例彙編不分卷　669

定性書説一卷　1830

（同治）定南廳志八卷　821

定香亭筆談一卷　1632

定香亭筆談四卷　1038，1718，1743

定峰樂府十卷附諸公論樂府書一卷山左
　　雜咏一卷　1232

定海遺愛録一卷　1767

（光緒）定海廳志三十卷　807

（乾隆）定陶縣志十卷附卷首一卷　776

定鄉小識十六卷　884，1808

定鄉雜著二卷　1807

（光緒）定遠縣志六卷　843

（光緒）定遠廳志二十六卷首一卷　795

（光緒）定興縣志二十六卷首一卷　709

（乾隆）定興縣志十二卷　709

定盦文集三卷續集四卷補四卷補編四卷
　　1306

定盦文集三卷續集四卷補編四卷文拾遺
　　一卷補續録一卷詩三卷詞三卷附龔定
　　盦先生年譜一卷　1306

定盦文集三卷續集四卷補編四卷補四卷
　　1305

定盦詩集定本二卷詞定本一卷集外未刻
　　詩一卷集外未刻詞一卷　1778

（雍正）定襄縣志八卷　756

（光緒）定襄縣補志十三卷附圖一卷　756

定齋先生猶存集八卷　1304

定齋集二十卷　1802

定觀經一卷　1113

（乾隆）宜川縣志八卷首一卷　792

宜之集一卷　1380

宜古宜今一卷　578

宜田彙稿一卷　1441

宜州乙酉家乘一卷　1654

（雍正）宜君縣志不分卷　801

（同治）宜昌府志十六卷首一卷　829

（同治）宜城縣志十卷　827

（光緒）宜城縣鄉土志不分卷　827

（光緒）宜城縣續志二卷　827

宜秋山趙禮讓肥雜劇一卷　1500

宜都記一卷　1562，1583

（康熙）宜都縣志十二卷首一卷末一卷
　　827

（同治）宜都縣志四卷首一卷末一卷　827

（同治）宜黃縣志五十卷首一卷　818

宜略識字二卷　515

（光緒）宜陽縣志十六卷　785

（乾隆）宜陽縣志四卷　785

宜雅堂詩録六卷　1299

宜禄堂收藏金石記六卷補編一卷　1863

宜感聖靈略論　1151

宜稼堂叢書七種　1717

（光緒）宜興荊溪縣新志十卷首一卷末
　　一卷　731

宜齋野乘一卷　1555，1650，1656，
　　1801，1802

宜爐歌注一卷　1625

官制考一卷　1832

官制備考二卷　1834

官制議十四卷　682

官蒲被參紀略二卷　616

官話指南四卷　519

官話經齋課　1153

官話講義不分卷　515

官樣文章一卷　1779

官箴一卷　1551，1564

官韻考異一卷　1649

空一切盦詞一卷　1475

空山堂文集十二卷詩集六卷　1850

空山堂史記評注十二卷　1850

空山堂全集八種　1850

空山夢二卷　1497

空同子一卷　950，1553，1572，1593

空同子集六十六卷目録三卷附録二卷　1199

空同先生集六十三卷　1199

空同集六十三卷　1199

空同詞一卷　1474

空同詩集三十四卷　1382

空同詩鈔十六卷　1199

空谷香傳奇二卷　1852

空青水碧齋文集八卷詩集十三卷附補遺
　一卷　1320

空青石傳奇二卷二十九齣　1504

空堂話一卷　1502

穹天論一卷　1796

（康熙）宛平縣志六卷　706

宛丘先生文粹二十二卷　1371

宛丘詩鈔一卷　1372

宛在園倡和集、續集　1446

宛委山房集二卷　1383

宛委餘編一卷　1575

宛陵先生文集六十卷　1173

宛陵先生文集六十卷拾遺一卷附録一卷
　1173

宛陵先生集六十卷附拾遺一卷附録三卷
　1173

宛陵詩鈔一卷　1371

宛陵詩選一卷　1373

宛陵遺稿一卷　1380

宛雅初編八卷二編八卷三編二十四卷首
　一卷　1431

宛湄書屋文鈔十一卷　1323

宛鄰書屋古詩録十二卷　1391

宛鄰詩二卷文二卷附蓬室偶吟一卷　1285

宓子一卷　1794

郎刺史詩集一卷　1366，1368

郎官石柱記一卷　919

郎官石柱題名一卷　1674

郎潛紀聞十六卷　673

郎潛紀聞初筆七卷二筆八卷三筆六卷　673

房山集一卷　1378

（康熙）房山縣志十卷續志一卷　708

房術奇書二卷　997

（同治）房縣志十二卷首一卷附文武廟
　祀典志一卷　828

祈嗣真詮一卷　1613

（福州土腔）祈禱式文附教會信録　1136

建文年譜四卷辨疑一卷提綱一卷問答一
　卷後事一卷　611

建文帝後記一卷　1629

建文書法儗前編一卷正編二卷附編二卷
　563

建文朝野彙編二十卷　563

建文遜國之際月表二卷　1806

建文遜國臣記八卷　1832

建文遜國記一卷　1832

建文遺蹟一卷　1621

建立伏博士始末二卷　1679

建州女直考一卷　1552，1614

（康熙）建安縣志十卷　856

建邑書林南陽郡鼎鎸會海對類二十卷
　1538

（同治）建昌府志十卷　816

（乾隆）建昌府志六十四卷首一卷　816

建炎以來朝野雜記甲集二十卷乙集二十
　卷　1642

建炎以來朝野雜記四十卷　1675

建炎以來朝野雜記四十卷附校勘記五卷
　1645

建炎時政記三卷　1746，1756

建炎進退志四卷　1746，1756

建炎筆録三卷　1675
建炎復辟記一卷　1810
建炎德安守禦録二卷　1724
（同治）建始縣志八卷首一卷　831
（道光）建始縣志四卷首一卷　831
建昭雁足鐙考二卷　926
（景定）建康志五十卷　700
建康宮殿簿一卷　1561
建康集鈔一卷　1372
建康實録一卷　1562
建康實録二十卷　541
（康熙）建寧府志四十八卷　856
建德尚書七十賜壽圖附壽言不分卷　609
（光緒）建德縣志二十一卷首一卷　811
（宣統）建德縣志二十卷首一卷　741
（道光）建德縣志二十卷首一卷　741
居士集五十卷　1827
居士傳五十六卷　604
居山雜志一卷　1576
居竹軒集一卷　1378
居求録一卷　1034
居東集二卷　1356
居易初集三卷　1344
居易軒詩遺鈔一卷文遺鈔一卷　1223
居易堂集二十卷　1220
居易録三十四卷　1020，1843
居官鑑二卷　1868
居家必備十卷　1618
居家制用一卷　1577
居家宜忌一卷　1577，1722
居庸關説一卷　1698
居敬集一卷　1439
居業堂文集二十卷　1800
居暇邇言二卷　1870
居濟一得八卷　1639

屈子正音三卷　1157
屈子選二卷　1400
屈宋古音考一卷　1724
屈翁山詩集八卷詞一卷　1234
屈賦晰微二卷　1157
屈賦微二卷　1779
屈辭精義六卷　1157
弧三角和較術一卷　1054
弧三角舉要五卷　1052
弧三角舉隅一卷　1054
弧田問率一卷　1758
弧矢啓秘二卷　1053
弧矢箅術細草一卷　1055，1717
弧矢算術細草一卷　1655
弧矢算術細草圖解一卷　1636，1777
弧角七政圖算一卷　1055
弧角設如三卷　1054
弦雪居遵生八牋十九卷目録一卷　1031
弦歌古樂譜一卷　1856
弢甫五嶽集二十七卷洞庭集二卷閩嶠集
　　二卷　1254
弢甫續集二十卷　1254
弢園文録外編十二卷附火器略説一卷
　　1335
弢園尺牘十二卷　1335
弢園尺牘續鈔六卷　1335
承明集十卷　1828
承春堂易學玩圖錐指三十六卷　435
承華事略一卷　1721
承恩堂詩集十卷蘊蘭吟館詩餘三卷秋蘭
　　詩鈔一卷貞白堂詩刻三種附養雲堂試
　　帖一卷　1327
（道光）承德府志六十卷首二十六卷　721
（宣統）承德縣志書不分卷　724
孟一之詩集一卷　1368，1369

孟子二卷　477，495

孟子丁氏手音一卷　1791

孟子七卷　417，477，490，1640

孟子七篇諸國年表一卷説一卷　1774

孟子文評不分卷　478

孟子正義三十卷　427，478，487，1859

孟子古注考一卷　429

孟子札記二卷　487，488，1848

孟子平議二卷　432

孟子四考四卷　429

孟子外書四卷　499

孟子外書四篇四卷　1650，1675

孟子外書補證一卷　1861

孟子出處時地考一卷　429

孟子考一卷　1622

孟子列傳纂一卷　1861

孟子年譜一卷　1713

孟子年譜二卷　610

孟子字義疏證三卷　1648，1780

孟子弟子考一卷　1722

孟子附記二卷　1799

孟子述義二卷　1864

孟子述義續一卷　1864

孟子事實録二卷　1799，1855

孟子注一卷　1784

孟子注疏十四卷附考證　416

孟子注疏解經十四卷　415

孟子注疏解經十四卷附校勘記十四卷　417，418，419

孟子要略五卷　1321，1814，1870

孟子音義二卷　421，424，1740

孟子音義考證二卷　431

孟子校勘記十四卷音義校勘記　427

孟子時事考徵四卷　605

孟子時事略一卷　500，1753，1856

孟子高氏章句一卷　1791

孟子陸氏注一卷　1791

孟子異本考一卷　429

孟子逸文考一卷　429

孟子章指二卷　1784

孟子章指二卷篇叙一卷　1791

孟子張氏音義一卷　1791

孟子程氏章句一卷　1791

孟子集注七卷　477

孟子集注考證七卷首一卷　1818

孟子集疏十四卷　421，424

孟子游歷考一卷　1633

孟子發隱一卷　1878

孟子解一卷　1820

孟子趙注十四卷附音義二卷　1649

孟子趙注考證一卷　497

孟子趙注補正六卷　429

孟子綦毋氏注一卷　1791

孟子説約一卷　1822

孟子鄭氏注一卷　1791

孟子徵八卷　478

孟子劉氏注一卷　1791

孟子劉熙注一卷　1885

孟子論文七卷　1850

孟子編年四卷　610

孟子辨證二卷　1879

孟子雜記四卷　1677，1814，1833

孟子讀法十五卷附中庸二卷大學二卷　478

孟氏八録八種　1853

孟東野集十卷附一卷追昔游集三卷　1166

孟東野詩集十卷　1367，1368

孟門草一卷附録一卷　1822

孟亭居士文稿五卷　1263

（康熙）孟津縣志四卷　785

孟浩然集二卷　1364

孟浩然詩集二卷　1161，1464

孟喜周易章句一卷　434

孟慈府君行述一卷　607

孟塗駢體文鈔一卷　1425

孟德耀舉案齊眉雜劇一卷　1500

（乾隆）孟縣志十卷　784

孟龍川文集二十卷　1210

孟襄陽集三卷　1161

孟襄陽詩集二卷　1364

陋巷志八卷　879

陋軒詩六卷　1228

狀元策不分卷　1454

狀元閣女四書二卷　970

陌花軒雜劇一卷　1502

孤忠錄二卷　602

孤樹襃談一卷　1573

孤嶼志八卷首一卷　893

孤篷倦客稿一卷　1381

孤鴻影一卷　1502

函史上編八十一卷下編二十一卷　544

函海一百五十二種　1675

函樓詩鈔八卷　1335

函潼關要志一卷　1563

陔南池館遺集二卷　1678，1728

陔餘叢考四十三卷　1852

陔蘭書屋詩集六卷二集三卷補遺一卷詞
　一卷　1320

姑妄聽之四卷　1043

姑射山房詩稿　1256

姑溪集一卷　1373

姑溪詞三卷　1473

姑溪題跋二卷　1798

姑蘇名賢小記二卷　1743

（正德）姑蘇志六十卷　700

姑蘇采風類記一卷　1698

姑蘇筆記一卷　1557

姓氏考略一卷　1722

姓氏急就篇二卷　1829

姓氏解紛十卷　1720

姓氏譜纂七卷　1834

姓氏辯誤三十卷　594

姓名二卷　1832

姓匯四卷　1832

姓觿十卷　1832

姓觿十卷刊誤一卷　1815

妮古錄四卷　1614

始興記一卷　1562，1817

始學篇一卷　1793

始豐稿十四卷補遺一卷附錄一卷　1812

九畫

契元公論草一卷　961

契丹國志二十七卷　562

奏事錄一卷　1828

奏定出使章程二卷　669

奏定閣部院官制　683

奏定學堂章程　681

奏定礦務章程　682

奏准工賑事例不分卷　659

奏御集一卷一齋集三卷文集一卷　1277

奏疏一卷　1841，1867

奏疏五卷　1849

奏摺譜　1471，1472

奏對機緣一卷　1625，1635

奏議十八卷　1828

奏議集十八卷　1827

春及堂稿一卷　1803

春水船詩鈔一卷補遺文鈔一卷　1320

春在堂尺牘六卷　1874

春在堂全書三十五種　1874

春在堂全書校勘記一卷　1874

春在堂全書録要一卷　1874

春在堂詞録三卷　1874

春在堂傳奇二種二卷　1874

春在堂詩編二十三卷　1874

春在堂隨筆十卷　1874

春在堂雜文四十三卷　1874

春帆紀程一卷　1698

春池文鈔十卷　1304

春社猥談十種　1620

春雨堂集一卷　1439

春雨堂集四種　1847

春雨堂雜抄一卷　1831

春雨樓叢書六種　1863

春雨雜述一卷　1553，1575，1613

春明退朝録一卷　1580，1608

春明退朝録三卷　1550，1560，1725，
　　1798

春明夢餘録七十卷　877，1640

春明叢説二卷　1857

春咏亭集一卷　1380

春波影一卷　1502

春草堂三種　1862

春草堂詩話十六卷　1467

春草堂遺稿一卷　1765

春草園小記一卷　1808

春草遺句一卷附詩餘　1859

春星草堂集九卷　1315

春星堂詩集十卷　1825

春星堂續集十卷　1825

春秋一卷　414，1640

春秋一得一卷　1852

春秋三家異文蓋一卷　1777

春秋三書三十一卷　466

春秋三傳二卷　1864

春秋三傳比二卷　1677

春秋三傳折中一卷　1770

春秋三傳異同考一卷　1625，1627，1649

春秋三傳異同説一卷　1789

春秋三傳揭要六卷首一卷　471

春秋三傳雜案十卷　1852

春秋土地名一卷　1783，1790

春秋大成三十一卷春秋大成講意三十一
　　卷　469

春秋大全三十卷附録三卷　468

春秋大事表五十卷輿圖一卷　466

春秋大事表六十六卷輿圖一卷　428

春秋大傳一卷　1789

春秋大傳補説四卷　499

春秋大義一卷論語微言一卷　471

春秋王霸列國世紀編三卷　420，424

春秋井田記一卷　1790

春秋五論一卷　421，424

春秋五禮例宗十卷　1740

春秋五禮源流口號一卷　1632

春秋不傳十二卷　471

春秋比二卷　1857

春秋比事目録四卷　1847

春秋比事參義十六卷　470

春秋日月考四卷　1879

春秋日南至譜一卷　432

春秋日食質疑一卷　1628

春秋日食贊疑一卷　1669

春秋内事一卷　1734，1793

春秋毛氏傳三十六卷　1840

春秋毛詩傳三十六卷　425

春秋公羊注疏二十八卷　415

春秋公羊注疏二十八卷附考證　416

春秋公羊注疏質疑二卷　467

春秋公羊通義十二卷叙一卷　426

春秋公羊傳十二卷考一卷春秋穀梁傳十二
　　卷考一卷　468

春秋公羊傳不分卷附考一卷　417

春秋公羊傳平議一卷　432

春秋公羊傳注疏考證一卷　426

春秋公羊傳校勘記十一卷釋文校勘記一
　　卷　427

春秋公羊傳異文釋一卷　430

春秋公羊傳箋十一卷　1882

春秋公羊傳曆譜十一卷　430

春秋公羊經何氏釋例十卷　428

春秋公羊經傳通義十二卷　1856

春秋公羊經傳解詁十二卷　490

春秋公羊經傳解詁十二卷附校記　467

春秋公羊穀梁二傳評一卷　1790

春秋公羊穀梁傳集解一卷　1784

春秋公羊穀梁傳解詁一卷　1789

春秋公羊穀梁諸傳彙義十二卷　469

春秋公羊禮疏十一卷　496，1765

春秋公羊顏氏記一卷　1789

春秋公法比義發微六卷　472

春秋文諡例一卷　1789

春秋正旨一卷　1671

春秋正辭十一卷附春秋舉例一卷春秋要
　　旨一卷　499

春秋正辭十一卷春秋舉例一卷春秋要指
　　一卷　426

春秋世族譜一卷　1716，1746

春秋世族譜拾遺一卷　1766

春秋世論五卷　1839

春秋古經說二卷　431，1817

春秋本義十卷　470

春秋本義三十卷首一卷　421，424

春秋札記五卷　1848

春秋左氏小疏一卷　1849

春秋左氏古義六卷　430，1730

春秋左氏古經十二卷　1854

春秋左氏古經十二卷附五十凡一卷　1658

春秋左氏古經說義疏十二卷　1770

春秋左氏長經章句一卷　1789

春秋左氏函傳義一卷　1790

春秋左氏傳地名補注十二卷　430，1730

春秋左氏傳述義一卷　1784

春秋左氏傳述義二卷　1790

春秋左氏傳事類始末五卷附錄一卷　420，
　　424，465

春秋左氏傳章句一卷　1789

春秋左氏傳嵇氏音一卷　1789

春秋左氏傳補注十二卷　430，1730

春秋左氏傳補注十卷　421，424

春秋左氏傳賈服注輯述二十卷　466

春秋左氏傳解詁一卷　1783

春秋左氏傳解詁二卷　1789

春秋左氏傳義注一卷　1789

春秋左氏傳說二十卷　423

春秋左氏經傳章句一卷　1789

春秋左氏經傳義略一卷　1790

春秋左氏膏肓釋疴一卷　1789

春秋左傳十七卷　464

春秋左傳十五卷　464

春秋左傳三十卷　464

春秋左傳小疏一卷　426

春秋左傳王氏注一卷　1789

春秋左傳分國土地名二卷　1657

春秋左傳古義凡例一卷　500，1769

春秋左傳平議三卷　432

春秋左傳杜林合注五十卷異名考一卷列
　　國圖説一卷總目一卷列國指掌圖一卷
　　諸侯興廢一卷　467

春秋左傳杜注三十卷　464

春秋左傳杜注三十卷首一卷　464

春秋左傳杜注校勘記一卷　1779

春秋左傳注六十卷　417

春秋左傳注評測義七十卷世系譜一卷名
　　號異稱便覽一卷地名配古籍一卷東坡
　　圖説一卷總評一卷　465

春秋左傳注疏六十卷　415

春秋左傳注疏六十卷附考證　416

春秋左傳注疏考證二卷　425

春秋左傳注解辯誤二卷古字奇字音釋一
　　卷補遺一卷　465

春秋左傳校勘記三十六卷釋文校勘記六
　　卷　427

春秋左傳異文釋十卷　430

春秋左傳許氏注一卷　1789

春秋左傳詁二十卷　429

春秋左傳補注三卷　428

春秋左傳補注六卷　426，1658，1671

春秋左傳補疏五卷　427，1859

春秋左傳賈服注輯述二十卷　430

春秋左傳解誼四卷　1789

春秋左傳義疏一卷　1790

春秋左傳綱目定注三十卷　467

春秋左傳識小録二卷　1863

春秋左傳類對賦注一卷　465

春秋左傳類聯一卷　1636

春秋左傳釋人十二卷首二卷附録一卷　466

春秋占筮書三卷　428，1661，1840

春秋四傳三十八卷綱領一卷總目一卷列
　　國東坡圖説一卷春秋二十國年表一卷
　　諸國興廢説一卷　469

春秋四傳私考二卷　1815

春秋四傳糾正一卷　1629

春秋外傳國語孔氏注一卷　1796

春秋外傳國語平議二卷　432

春秋外傳國語唐氏注一卷　1796

春秋外傳國語虞氏注一卷　1796

春秋考十六卷　1641，1644

春秋地名一卷　1649

春秋地名辨異三卷附晋書地理志證今一
　　卷　466，1801

春秋地理考實四卷　425

春秋臣傳三十卷　420，423

春秋列女圖考一卷　1881

春秋列國地行口號一卷　1630

春秋列國論二十四卷　466

春秋成長説一卷　1789

春秋年表一卷　420，423

春秋年譜不分卷　470

春秋名字解詁補義一卷　431

春秋名號歸一圖二卷　420，423

春秋決事一卷　1783，1789

春秋決事比一卷　431

春秋攻昧一卷　1790

春秋折衷論一卷　1790

春秋困學録十二卷　471

春秋別典十五卷　1671，1816

春秋初讀一卷　1869

春秋長厤一卷　1783

春秋長曆一卷　1649

春秋長曆十卷　428

春秋直解十二卷　1847

春秋直解十五卷　470

春秋或問二十卷　421，424

春秋或問十卷　421，424

春秋或辯一卷　1649

春秋非左二卷　1814

春秋非左二卷附春秋楚地答問一卷　465

春秋咏史樂府一卷　1634

春秋例表三十八篇　471

春秋例統一卷　1796
春秋金瑣匙一卷　1725
春秋金鎖匙一卷　1649
春秋命歷序一卷　1734，1792
春秋春王正月考一卷辨疑一卷　421，424
春秋指掌三十卷前二卷附二卷　470
春秋胡傳三十卷　492
春秋胡傳三十卷綱領一卷總目一卷列國東坡圖說一卷諸國興廢說一卷　468
春秋胡傳三十卷綱領一卷總目一卷列國東坡圖說一卷諸國興廢說一卷正經音訓一卷　468
春秋皇綱論五卷　420，423
春秋後傳一卷　1784
春秋後語一卷　1784
春秋客難一卷　1634
春秋夏正二卷　1729，1754
春秋條貫篇十一卷　1840
春秋師說三卷附錄二卷　421，424
春秋徐氏音一卷　1790
春秋訓解四卷　491
春秋旁訓四卷　491
春秋朔閏至日考三卷春秋日食辨正一卷春秋朔閏表一卷　471
春秋朔閏異同二卷　430
春秋家說三卷　1839
春秋書法解一卷　466
春秋通一卷　492
春秋通例一卷　1790
春秋通義一卷　1764
春秋通說十三卷　421，424
春秋通論四卷　1847
春秋規過二卷　1790
春秋異文箋十三卷　428

春秋國都爵姓考一卷附補一卷　1740
春秋啖趙二先生集傳辨疑十卷　498
春秋啖趙集傳纂例十卷　498，499
春秋貫玉四卷世系一卷　470
春秋提綱十卷　420，424
春秋董氏學八卷　471
春秋單合析義三十卷　470
春秋集古傳注二十六卷首一卷　469
春秋集注十一卷綱領一卷　421，424
春秋集注四十卷　1641，1644
春秋集傳一卷　1790
春秋集傳十五卷　421，424
春秋集傳十六卷首一卷末一卷　1849
春秋集傳大全三十七卷序論一卷東坡圖說一卷春秋二十國年表一卷諸國興廢說一卷　468
春秋集傳大全三十七卷序論一卷春秋諸國興廢說一卷春秋二十國年表一卷　492
春秋集傳辨異十二卷首一卷　469
春秋集傳纂例十卷附校勘記一卷　1644
春秋集傳纂例校一卷　1875
春秋集傳釋義大成十二卷首一卷　421，424
春秋集解二卷　1442
春秋集解十二卷　499
春秋集解三十卷　420，423
春秋集義十二卷　1873
春秋集義五十八卷首一卷末一卷　471
春秋鈔十卷　1640
春秋尊王發微十二卷　423
春秋尊王發微十二卷附錄一卷　420
春秋楚地答問一卷　1814
春秋盟會圖一卷　1783
春秋稗疏一卷　1633

春秋稗疏二卷　428，1839
春秋傳十二卷　1850
春秋傳三十卷綱領一卷總目一卷列國圖
　　説一卷諸國興廢一卷　468
春秋傳三十卷諸國興廢説一卷列國圖説
　　一卷　468
春秋傳正誼四卷　1873
春秋傳服氏注十二卷　1782
春秋傳駁一卷　1790
春秋傳説例一卷　1641，1644，1650，
　　1725
春秋牒例章句一卷　1789
春秋微旨三卷　498，499
春秋會要四卷　643
春秋會義二十六卷　469
春秋亂賊考一卷　1777
春秋詩話五卷　1816
春秋經玩四卷　1649
春秋經傳比事二十二卷　1861
春秋經傳日月考一卷　471
春秋經傳集解三十卷　490
春秋經傳集解三十卷附考證又附春秋年表
　　一卷春秋名號歸一圖二卷附考證　414
春秋經傳闕疑四十五卷　470
春秋經傳類求十二卷　470
春秋經解十五卷　1641，1644
春秋摘微一卷　1765
春秋圖表二卷　1769
春秋箋例三十卷首一卷　472
春秋疑問十二卷　492
春秋疑義二卷　497
春秋疑義錄二卷　471
春秋説一卷　1669
春秋説二卷　1779
春秋説十五卷　425

春秋説志五卷　1719
春秋説約十二卷　469
春秋説略十二卷　1857
春秋精義四卷首一卷　496
春秋綱目左傳句解六卷　464
春秋穀梁注疏二十卷　415
春秋穀梁注疏二十卷附考證　416
春秋穀梁傳十二卷　490
春秋穀梁傳不分卷附考一卷　417
春秋穀梁傳平議一卷　432
春秋穀梁傳注疏考證一卷　426
春秋穀梁傳注義一卷　1790
春秋穀梁傳校勘記十二卷釋文校勘記一
　　卷　427
春秋穀梁傳時月日書法釋例四卷　430，
　　1739
春秋穀梁傳徐氏注一卷　1790
春秋穀梁傳異文釋一卷　430
春秋穀梁傳章句一卷　1789
春秋穀梁傳説一卷　1789
春秋穀梁傳鄭氏説一卷　1790
春秋穀梁傳糜氏注一卷　1789
春秋穀梁經傳補注二十四卷　468
春秋滕薛杞越莒邾許七國統表六卷　471
春秋劉氏傳十五卷　420，423
春秋諸國統紀六卷　421，424
春秋諸傳會通二十四卷　421，424
春秋諸傳斷七卷　466
春秋緯二卷　532
春秋緯元命苞二卷　1734，1792
春秋緯文耀鈎一卷　1734，1792
春秋緯考異郵一卷　1734，1792
春秋緯合誠圖一卷　1734，1792
春秋緯佐助期一卷　1734，1792
春秋緯保乾圖一卷　1734，1792

春秋緯握誠圖一卷　1734，1792
春秋緯運斗樞一卷　1734，1792
春秋緯感精符一卷　1734，1792
春秋緯説題辭一卷　1734，1792
春秋緯漢含孳一卷　1734，1792
春秋緯演孔圖一卷　1734，1792
春秋緯潛潭巴一卷　1734，1792
春秋辨疑四卷　1641
春秋辨疑四卷附校勘記一卷　1644
春秋辨疑校一卷　1875
春秋繁露十七卷　467，467，951，1598，
　1599，1601，1815
春秋繁露十七卷附凌注校正十七卷　1797
春秋繁露十七卷附錄一卷　498，1641
春秋繁露十七卷附錄一卷校勘記一卷　1644
春秋繁露十七卷題跋一卷　1597
春秋繁露注十七卷　430，496
春秋繁露集注二卷　1826
春秋繁露義證十七卷　467
春秋燨餘四卷　1845
春秋職官考略三卷　466，1801
春秋簡書刊誤二卷　425，1840
春秋識小錄九卷　1801
春秋識小錄初刻三書　466
春秋類對賦一卷　421，424
春秋闡微纂類義統一卷　1790
春秋釋一卷　431
春秋釋四卷　470
春秋釋地韻編五卷首一卷　1881
春秋釋例一卷　1783，1789
春秋釋例十五卷　498，1641
春秋釋例十五卷附校勘記二卷　1644
春秋權衡十七卷　420，423
春秋屬辭十五卷　421，424，469
春秋屬辭比事記四卷　425，1661，1840

春秋屬辭辨例編六十卷首二卷　471
春秋鑽燧四卷　1867
春秋讞義補三卷　1875
春風堂隨筆一卷　1575，1588，1612，
　1831
春卿遺稿一卷續一卷補一卷　1802
春浮園文集二卷附錄一卷　1835
春浮園偶錄二卷　1835
春浮園集六種附二種　1835
春渚紀聞一卷　1559，1586，1590
春渚紀聞十卷　1617，1815
春渚紀聞六卷　1612
春夢錄一卷　1571
春煦軒文集六卷　1872
春煦軒詩集二卷　1872
春暉堂試帖詳注四卷二集四卷　1459
春暉堂叢書十一種　1728
春暉堂叢書九種　1728
春暉雜稿十一種　1879
春園吟稿十六卷　1291
春蕪記一卷　1503
春影樓詩稿一卷　1384
春樹齋叢説一卷附錄一卷　1048
春融堂集六十八卷春融堂雜記八卷附年
　譜二卷　1266
春融堂雜記八種　1852
春燈新集一卷　1094
春闈雜咏一卷　1752
珂雪詞二卷補遺一卷　1473
珍珠船四卷　1614
珍珠船印譜四卷二集二卷　1088
珍珠囊指掌補遺藥性賦四卷雷公炮製藥
　性解六卷　1001
珍席放談二卷　1675，1725
珍埶宧文鈔七卷　1856

珍埶宦詩鈔二卷　1856

珍埶宦遺書十二種　1855

玲瓏山館叢刻六種　1721

珊瑚玦傳奇二卷二十九齣　1504

珊瑚鉤詩話三卷　1551，1566

玻利非亞政要一卷　1708

封氏見聞錄十卷　1668

封氏聞見記十卷　1797

封長白山記一卷　1625，1627，1636，

　1637，1661，1689

封泥考略十卷　929

封建考一卷　1804

持世陀羅尼經法一卷　1123

持志塾言二卷　1871

持雅堂文集五卷詩集四卷　1300

持靜齋書目五卷藏書紀要二卷　938

持靜齋藏書紀要二卷　943

（乾隆）垣曲縣志十四卷　759

（光緒）垣曲縣志十四卷　759

（道光）城口廳志二十卷　853

城北天后宮志一卷　1808

城北艸堂存稿七卷　1303

城北集八卷　1845

（同治）城步縣志十卷　834

（道光）城武縣志十四卷首一卷　776

（康熙）城固縣志十卷　794

城南寺一卷　1502

城南集一卷　1320

城南樵唱一卷附題詞　1337

政府應制稿一卷　1828

政法類典　1890

政治源流　1890

政經一卷　1564

政學集續編下卷　1842

政學集續編上卷　1842

政學錄五卷　1800

赴召集一卷　1883

括地志一卷　1751

括地志八卷　1728

括地志八卷補遺一卷　1752

括地略一卷　1683

括異志一卷　1553，1571，1589

括蒼金石志十二卷續志四卷　924

括蒼金石志補遺四卷　1777

郝太僕遺集一卷　1360

郝氏遺書三十三種　1857

郝文忠公陵川文集三十九卷附錄一卷　1188

郝文忠公集二十五卷　1359

郝雪海先生筆記三卷　1800

垢硯吟一卷　1441

拾雅二十卷　531

拾雅十卷字音一卷　1715

拾雅注二十卷　532

拾遺名山記一卷　1563，1583

拾遺記十卷　950，1599，1600，1602，

　1605，1606，1607

挑燈新錄六卷　1041

垛積比類四卷　1053

垛積籌法二卷　1055

指月錄三十二卷　1106

指玄篇一卷　1113

指述寶錄四卷　1127

指南要言四卷　905

指南後錄三卷　1728

指南針　1148

指迷編（勸戒鴉片附方）一卷　1029

指頭畫說一卷　1075，1634，1762

荊石王相國段注百家評林班馬英鋒選十

　卷　575

荊州土地記一卷　1680

（光緒）荆州府志八十卷首一卷　831

（乾隆）荆州府志五十八卷首一卷　831

荆州記一卷　1562，1583，1680

荆州記三卷　1885

荆州記三卷附録一卷　1680

荆州萬城隄志十二卷　889

荆州萬城隄續志十二卷　889

荆州圖記一卷　1680

荆州圖副一卷　1680

荆州圖經一卷　1680

（乾隆）荆門州志三十六卷首一卷　831

（同治）荆門直隸志十二卷首一卷　831

荆南地志一卷　1680

荆南苗俗記一卷　1710

荆南倡和集一卷履道集一卷　1381

荆南高山大川圖考不分卷　890

荆南萃古編一卷　935

荆釵記二卷　1503

荆湘近事一卷　1558

荆楚臣重對玉梳記雜劇一卷　1501

荆楚歲時記一卷　1564，1583，1599，
　1601，1602，1611，1681

荆園小語一卷　1628，1670，1798

荆園進語一卷　1628，1670，1798

荆園語録二卷　1732

荆溪林下偶談四卷　1611

荆溪集鈔一卷　1372

荆溪疏一卷　1553，1576

荆溪盧司馬殉忠實録一卷　558

（嘉慶）荆溪縣志四卷首一卷　731

荆駝逸史五十種　558

革命駁議一卷　1012

革除遺事一卷　1573

革除遺事六卷　1593，1621

革除遺事節本六卷　1669，1816

革雷得志略一卷　1711

草木子一卷　1572

草木子四卷　1016

草木春秋演義三十二回　1517

草木鳥獸蟲魚疏二卷　1612

草木疏校正二卷　1852

草莽私乘一卷　1781

草書狀一卷　1793

草堂外集十五卷　1265

草堂集一卷　1119

草堂詩餘五卷　1742

草堂詩餘四卷目録一卷　1472

草間日記一卷　1804

草窗詞二卷補二卷　1473，1655，1746

草聖彙辯不分卷　1072

草廬吴文正公集四十九卷道學基統一卷
　外集三卷首一卷　1188

草廬校定古今文孝經一卷附孝經三本管
　窺一卷　472

草廬集一卷　1376

草廬詞一卷　1473

草廬經略十二卷　1738

草韻彙編二十六卷　1071

草韻辨體五卷　1071

（嘉慶）莒州志十六卷首一卷　774

茯苓仙一卷　1498

茶山集八卷　1643

茶山集八卷拾遺一卷　1646

茶史補一卷　1633

茶半軒集一卷　1884

茶花女遺事一卷　1529

茶具圖贊一卷　987，1592

茶香室經説十六卷　496，1874

茶香室叢鈔二十三卷續鈔二十五卷三鈔
　二十九卷四鈔二十九卷　1874

茶香閣詞一卷　1476

茶香閣遺草一卷附録一卷　1720

茶香閣遺草二卷　1313

茶書二十七種　987

（康熙）茶陵州志二十二卷首一卷　833

茶董補一卷酒顛補一卷　987

茶董補二卷　1736

茶集二卷　987

茶疏一卷　1554，1578

茶夢盦劫後詩稿十卷　1336

茶解一卷　1578

茶經三卷　987，1552，1567，1581，1585，
　　1663，1665

茶箋一卷　1578

茶餘客話一卷　1629

茶餘客話十二卷　1021，1651

茶寮記一卷　1578，1612

茶録一卷　1552，1578，1587，1591

茶録二卷　1567

茶譜一卷　987，1578

荀子二十卷　948，948，951，955

荀子二十卷附校勘補遺一卷　955，1797

荀子三卷　949

荀子考異一卷　1767

荀子集解二十卷首一卷　955

荀子補注一卷　1856

荀子補注二卷　1857

荀子箋釋二十卷　955

荀子選二卷　1400

荀爽周易注一卷　434

荀勖笛律圖注一卷　1728，1772

茗柯文初編一卷二編二卷三編一卷四編
　　一卷　1858

茗柯文初編一卷二編二卷三編一卷四編
　　一卷詞一卷　1712

茗柯文編五卷　1742，1743

茗柯文編初編一卷二編二卷三編一卷四
　　編一卷　1283

茗柯詞一卷　1742，1743，1859

茗香詩論一卷　1655

茗洲吳氏家典八卷　969

荒政備覽二卷　1860

荒政輯要九卷首一卷　660，1721

荒政叢書十卷附録二卷　660，1671，
　　1721

荒書一卷　1779

故友詩録初編六種　1384

故城賈氏手澤彙編四卷　1822

（雍正）故城縣志六卷　713

故宮遺録一卷　1653，1659

胡子知言六卷疑義一卷附録一卷　949，
　　1738

（湖南湘潭）胡氏世典十二卷附録一卷
　　593

胡氏印存初集四卷　1091

胡氏禹貢圖考正一卷　431

胡氏雜説一卷　1574

胡文忠公遺集八十六卷　694

胡文敬公年譜一卷　609

胡仲子集十卷　1191，1819

胡非子一卷　1795

胡敬齋先生居業録八卷　1639

胡敬齋先生集三卷　1638

胡廣漢制度一卷　1783

胡端敏公奏議十卷　691

胡蝶秋齋藏册不分卷　1083

胡澹庵先生文集三十二卷　1181

茹古略集三十卷　1537

茹草紀事一卷　1569

荔村草堂詩鈔十卷　1348

荔村草堂詩續鈔一卷　1348

荔社紀事一卷　1635

荔枝話一卷　1622

荔枝譜一卷　1552，1569，1579，1625，
　　1626

荔枝譜一卷附錄一卷　1803

荔枝譜二卷　1579

荔裳詩鈔一卷　1415

荔牆詞一卷　1732

荔牆叢刻十三種　1732

荔譜一卷　1632

南工廟祠祀典三卷　651

南山先生集一卷　1380

南山素言一卷　1572

南山集十四卷補遺三卷　1243

南天痕二十六卷　545

南中紀聞一卷　1647，1647

南方草木狀三卷　1552，1569，1583，
　　1599，1601，1602，1659，1727

（嘉慶）南平縣志三十八卷首三卷末一
　　卷　855

南北史補志十四卷　541

南北花旗戰記十八卷　1761

南北朝四六文鈔二卷　1394

南北詞名宮調彙録二卷　1851

南北游草二卷　1211

南田畫跋一卷　1733

南田詩鈔五卷　1429

南史八十卷　534，535，536

南史八十卷附考證　541

南史演義三十二卷　1520

（乾隆）南召縣志四卷　786

（光緒）南皮縣志十五卷首一卷末一卷
　　714

南邦黎獻集十六卷　1429

南西廂記二卷　1503

南邨帖考四卷　1778

南曲入聲客問一卷　1626，1627

南行日記一卷　1698，1709，1710

南行述一卷　1630

南行記一卷　1710

南行雜録一卷　1238

（嘉慶）南充縣志八卷附圖考　844

南州草堂集三十卷首一卷續集四卷菊莊
　　詞二卷楓江漁父圖題詞一卷青門集一
　　卷　1237

南州草堂詞話一卷　1629

南州異物志一卷　1682

南江文鈔四卷附南江札記四卷　1274

南江札記一卷　1743

南江札記四卷末一卷　1813

南江考一卷　1695

南江書録一卷　1777

（康熙）南安州志六卷　868

（乾隆）南安府志二十二卷　821

（同治）南安府志三十二卷首一卷　822

（光緒）南安府志補正十二卷首一卷　822

南巡日録一卷　1573，1589

南巡名勝圖説一卷　1684

南巡盛典一百二十卷　650

南巡扈從紀略一卷　1630，1684

南巡詩一卷　1848

南村草堂文鈔二十卷詩鈔二十四卷　1294

南村草堂詩鈔二十四卷　1294

南村輟耕録一卷　1608

南村觴政一卷　1623

南宋六陵遺事一卷　1631

南宋文範七十卷外編四卷　1411

南宋文録録二十四卷　1411

南宋古蹟考二卷　1807

南宋市肆紀一卷　1560，1562

南宋故都宮殿一卷　1560

南宋宮闈雜咏一卷　1811

南宋院畫録八卷　1074，1808

南宋書六十八卷　542

南宋群賢小集七十三種　1370

南宋館閣録十卷續録十卷　682，1808

南宋雜事詩七卷　1411

南苑一知集四卷　1825

南苑唱和詩一卷　1730

南來志一卷　1702，1843

（乾隆）南昌府志七十六卷首一卷末一卷　813

（同治）南昌府志六十六卷首一卷末一卷　813

南昌葆靈女書院章程一卷　654

（道光）南昌縣志三十九卷首一卷末一卷　813

（同治）南昌縣志三十六卷首一卷末一卷　813

南岡草堂詩選二卷　1427

（光緒）南和縣志十二卷首一卷　716

南岳商語一卷　1833

南阜山人詩集類稿六集三十三卷敎文存稿十五卷附夷白草一卷補遺一卷　1251

南征日記一卷　1331

南征紀略二卷　1838

南征集一卷　1858

南京圖書局閱覽室檢查書目二編不分卷　1899

南河成案五十四卷　886

南河成案續編一百六卷　887

南陔六舟記一卷　1577

南陔詩稿一卷古匏詩稿一卷　1223

南城召對一卷　674

（同治）南城縣志十卷　817

南柯記一卷　1660，1664，1666

南柯夢記二卷　1503

南省公餘録八卷　673，1861

南畇小題文稿一卷　1823

南畇文稿十二卷　1822

南畇文稿十二卷密證録一卷姚江釋毁録一卷南畇小題文稿一卷附不諼録一卷儒門法語輯要一卷　1240

南畇全集（長洲彭氏家集）八種　1822

南畇詩稿二十七卷附南畇老人自訂年譜一卷　1822

南畇詩稿二十五卷　1240

南洋各島國論一卷　1705

南洋述遇一卷　1705

南洋述遇不分卷　1755

南洋事宜論一卷　1705

南洋記一卷　1705

南洋通志一卷　907

南洋勸業會直隸出品類纂合編　1037

南洋蠡測一卷　1710

（光緒）南宮縣志十八卷　722

（道光）南宮縣志十六卷　722

（康熙）南宮縣志十卷　722

南屏百咏一卷　1807

南華山房詩鈔六卷賦一卷南華山人詩鈔十六卷　1252

南華字一卷　1836

南華真經十卷　948，975

南華真經八卷　1118

南華真經四卷　1118

南華真經旁注五卷　975

南華真經副墨八卷讀南華真經雜説一卷　975

南華真經評注十卷　975

南華真經義纂八卷　973

南華真經影史九卷　1835

南華通七卷　1715

南華發覆八卷　976

南華經十六卷　975

南華經內篇集注七卷首一卷　975

南華經副墨八卷　975

南華經發隱一卷　1878

南華經傳釋一卷　1651

南華經解三十二卷　976

南華瀝摘萃一卷　1825

南華釋名一卷　1836

南軒先生孟子説七卷　421，424

南軒先生論語解十卷　421，424

南翁夢録一卷　1574，1588，1604

南高平物産記二卷　1867

南唐二主詞一卷補遺一卷　1771

南唐近事一卷　1560，1580，1611

南唐拾遺記一卷　1631

南唐書十八卷　569，1731，1828

南唐書十八卷音釋一卷　542

南唐書三十卷　569，1731

南唐書合刻二種　569

南部烟花記一卷　1563，1585，1662，1665

南部新書一卷　1557

南部新書十卷　1737

（道光）南部縣志三十卷首一卷　843

南部縣輿圖考不分卷　915

南浦秋波録三卷金臺殘涙記三卷翠眉亭
　　稿一卷碧雲遺稿一卷　1311

（廣東南海）南海九江朱氏家譜十二卷
　　首四卷　593

南海古蹟記一卷　1563

南海百咏一卷　1185，1723

南海先生四上書記四卷　1776

南海先生詩集四卷　1353

南海桂氏經學叢書五種　497

南海麥仕治先生廣州俗話書經解義四卷
　　448

南海麥仕治先生廣州俗話詩經解義四卷
　　453

南海集二卷　1843

南海集鈔一卷　1372

南海普陀山志十五卷首一卷　893

（宣統）南海縣志二十六卷末一卷　858

（同治）南海縣志二十六卷首一卷　858

（道光）南海縣志四十四卷首一卷末一
　　卷　858

南陸志一卷　1576

（光緒）南陵小志四卷首一卷　741

南陵無雙譜不分卷　1081

南陵縣建置沿革表一卷　1774

南通州五山全志二十卷　890

南菁札記十四種　1751

南菁書院叢書四十一種　1765

南菁講舍文集六卷二集六卷三集十二卷
　　1423

南野堂筆記六卷　1467

南國講録三卷　1834

（同治）南康府志二十四卷首一卷　815

南康記一卷　1562

（同治）南康縣志十四卷　816

南陽人物志八卷　584

南陽名畫表一卷　1731

（嘉慶）南陽府志六卷圖一卷　785

南陽府南陽縣圖　914

南陽法書表一卷　1731

南陽書院學規二卷　1846

南陽集六卷　1643

南陽集六卷拾遺一卷　1646
南陽集鈔一卷　1371
南陽樂傳奇二卷三十二齣　1505
（光緒）南陽縣志十二卷　786
（康熙）南陽縣志六卷首一卷　785
南越志一卷　1562，1583
南越筆記一卷　1702
南越筆記十六卷　900，1677
南朝史精語十卷札記一卷　1767
南朝佛寺志二卷　1855
南朝煙花瑣記金粉録四卷三十四回　1526
南極新地辨一卷　1705
南雁蕩紀游一卷　1691
南雅堂醫書全集十五種　994
（嘉慶）南翔鎮志十二卷首一卷　738
南湖考一卷南湖志考一卷節録餘杭縣南
　　湖事略一卷　898
南湖草堂詩集六卷　1342
南湖倡和集一卷　1807
南湖集一卷　1379
南湖集十卷　1653
南湖集鈔十二卷　1806
南渡宮禁典儀一卷　1560
南渡録四卷　1781
南游日記一卷　1698
南游草一卷　1352
南游記一卷　901，1698
南游筆記一卷　1698
南滁會景編十卷　1431
南窗紀談一卷　1654，1673
南窗記談一卷　1557
南窗漫記一卷　1840
南窗雜志十二卷　1026
南楚新聞一卷　1584，1662，1665
（乾隆）南匯縣新志十五卷首一卷　729

南雷文定三集三卷附録一卷　1837
南雷文定後集四卷　1837
南雷文定前集十一卷　1836
南雷文定前集十一卷後集四卷三集三卷
　　詩歷四卷世譜一卷附録一卷　1740
南雷文約四卷　1836
南雷文案四卷外卷一卷　1837
南雷詩歷四卷　1837
南雷餘集一卷　1778
南園花信詩一卷　1382
南園前後五先生詩二十五卷附南園花信
　　詩一卷　1382
南園詩選二卷　1850，1851
南雍州記一卷　1562
（同治）南溪書院志四卷　875
（嘉慶）南溪縣志十卷　844
（同治）南溪縣志八卷　844
南溪韓公年譜一卷　1745
南墅閒居録一卷　1555
南齊孔詹事集一卷　1362
南齊書五十九卷　534，535，536
南齊書五十九卷附考證　540
南齊竟陵王集二卷　1362
（乾隆）南鄭縣志十六卷　794
南漢文字略四卷　1865，1866
南漢地理志一卷　1817
南漢金石志二卷　1817
南漢紀五卷　1817
南漢書十八卷　1865，1866
南漢書考異十八卷　1865，1866
南漢書叢録二卷　1865
南漢叢録二卷　1866
南漳子一卷　1632
南漳子二卷　1808
（同治）南漳縣志集鈔二十六卷首一卷

827

（乾隆）南寧府志五十六卷　866

南遷日記一卷　1831

（康熙）南樂縣志十五卷　718

（光緒）南樂縣志十卷首一卷　718

南澗文集二卷　1731

南澗甲乙稿二十二卷　1643

南澗甲乙稿二十二卷拾遺一卷　1646

（乾隆）南澳志十二卷附一卷　861

南澳氣記一卷　1705

（浙江湖州）南潯周氏家譜八卷首一卷　590

（咸豐）南潯鎮志四十卷首一卷　805

（嘉靖）南畿志六十四卷　700

南學製墨剳記一卷　1096

南嶽志二十六卷　895

南嶽志八卷　895

南嶽記一卷　1681

南嶽單襌記一卷　1108

南嶽總勝集一卷　1121

南嶽總勝集三卷　895，1772

南齋集六卷南齋詞二卷沙河逸老小稿六卷嶰谷詞一卷　1440

南齋集六卷詞二卷　1738

南濠詩話一卷　1578，1652

南豐先生元豐類稿五十卷集外文二卷續附一卷　1174

南豐先生全集録二卷　1363

南豐風俗物産志一卷　1699

南豐詩選一卷　1373

（同治）南豐縣志四十六卷附首一卷末一卷　817

南歸日録一卷　1835

南歸記一卷　1698

南歸録一卷　1828

南疆逸史二十八卷　545

南疆繹史勘本三十卷首二卷附繹史恤諡考八卷繹史摭遺十八卷　545

枯木襌琴譜八卷　1084

柯山集五十卷　1643

柯山集五十卷拾遺十二卷續拾遺一卷　1646

柯山集補十二卷　1875

柯庭餘習十二卷　1244

柯家山館遺詩六卷詞三卷　1813

柘西精舍詞一卷　1813

柘坡居士集十二卷　1261

（乾隆）柘城縣志十八卷首一卷　782

（光緒）柘城縣志十卷　782

柘軒集四卷附録二卷　1812

查士標手書天冠山詩一卷　1226

查浦詩鈔十二卷　1243

相手板經一卷　1568，1583

相牛經一卷　1569，1583

相地骨經一卷　1570

相貝經一卷　1568，1581，1583

相雨書一卷　1570，1751

相兒經一卷　1570，1583

相宗八要八卷　1100

相宗八要直解八卷　1100

相馬書一卷　1569

相國寺公孫合汗衫雜劇一卷　1499

相臺書塾刊正九經三傳沿革例一卷　497，1739，1815

相鶴經一卷　1583

相鸛經一卷　1569

柚堂筆談四卷附一卷　1022

柚堂續筆談三卷　1813

柏香書屋詩鈔二十四卷　1259

柏梘山房文集三十一卷　1301

柏梘山房駢體文鈔一卷　1425

柏堂全集（柏堂遺書）八種附一種　1872

柏堂集前編十四卷次編十三卷續編二
　　十二卷後編二十二卷餘編八卷補存三
　　卷外編十二卷　1873

柏堂賸稿三卷　1746

（乾隆）柏鄉縣志十卷首一卷　723

柏葉盦印存一卷浮芥亭印存一卷　1090

柏盧外集四卷　1748

柳下集一卷　1883

柳下詞一卷　1767，1862

柳文七卷　1169

柳文四十三卷別集二卷外集二卷附錄一
　　卷　1169

柳文惠公全集四十三卷別集二卷外集二
　　卷附錄一卷　1169

柳岸吟一卷　1840

柳河東先生詩集三卷　1366，1368

柳河東詩集二卷　1364

柳南隨筆六卷續筆四卷　1670

柳柳州外集一卷附錄一卷　1168

柳亭詩話三十卷　1466，1742

柳堂師友詩錄初編　1422

柳參軍傳一卷　1595

柳塘外集一卷　1375

柳毅傳一卷　1571，1585，1660，1663，
　　1666，1727

柳營詩傳四卷　1433

柳邊紀略一卷　1633，1684

柳歸舜傳一卷　1595

柿葉庵詩選一卷　1800

桍湖文集十二卷　1316

桍湖詩錄一卷　1735

軌政紀要三編　1893

要用字苑一卷　1793

要修科儀戒律鈔四卷　1121

要雅一卷　1796

柬埔治以北探路記六卷　908

咸定錄一卷　1559

咸陟堂文集二十五卷二集六卷　1320

咸淳遺事二卷　1671，1737

（乾隆）咸陽縣志二十二卷首一卷（道光）
　　續志一卷　790

（嘉慶）咸寧縣志二十六卷　790

（康熙）咸寧縣志八卷　790

咸豐以來功臣別傳三十卷　597

（同治）咸豐縣志二十卷首一卷　831

威卿集一卷　1378

（乾隆）威遠縣志八卷首一卷　847

（嘉慶）威遠縣志六卷　847

研六室文鈔十卷附補遺　1298

研六室雜著一卷　428

研北雜志一卷　1556，1581

研北雜志二卷　1613

研秋齋筆記二卷詩略一卷文略一卷附皇
　　清賜同進士出身敕授承德郎國子監博
　　士加三級顯考芷裳府君行述　1290

研桅齋文集二卷筆記一卷　1275

研堂詩十卷續稿二卷晚稿二卷拾遺一卷
　　花外散吟一卷贈言三卷　1259

研幾圖一卷　1818

研鄰偶存一卷　1835

研露齋文鈔三卷詩鈔八卷　1263

厚德錄一卷　1564，1608，1715

厚德錄四卷　1550，1610

面城精舍雜文甲乙編二卷　1036

面城精舍雜文甲編一卷乙編一卷　1356

面城樓集鈔四卷　1817

耐安類稿五種　1034

耐俗軒新樂府一卷　1798

耐菴詩存三卷文存六卷　1300

耐寒齋詩鈔二卷　1313

（咸豐）郟縣志十二卷　789

（康熙）郟縣志四卷　789

（乾隆）郟縣續志一卷　789

皆山詩鈔二卷　1290

貞一齋集十卷貞一齋詩説一卷　1250

貞一齋詩説一卷　1634

貞女詩文二卷　1272

貞定先生遺集四卷　1284，1827

貞居先生詩集七卷補遺二卷附録二卷
　1812

貞居詞一卷　1654

貞素齋集一卷　1379

貞期生稿一卷　1381

貞壽堂贈言一卷　1869

貞菽稿略文一卷詩一卷　1651

貞豐詩萃五卷　1428

貞觀公私畫史一卷　1567，1663，1665

貞觀政要十卷　561

省心紀一卷　960，1869

省心短語一卷　1798

省心録一卷　1564，1611，1715

省心雜言一卷　1675

省吾堂五種二十七卷　496

省身初學不分卷　1897

省身指掌九卷　1897

省身要言不分卷　964

省身淺説不分卷　1897

省身録一卷　1804

省身録十卷　1869

省身録六卷　966

省軒考古類編十二卷　1539

省闈日記一卷　1698，1712

省齋文稿四十卷　1828

省齋別稿十卷　1828

是汝師齋遺詩一卷　1817

是非要義二卷　1151

是庵尊信録二卷　963

是程堂集十四卷二集四卷耶溪漁隱詞二
　卷　1298

是夢集一卷　1252

鄆事紀略一卷附録一卷　563

則古昔齋算學十三種　1053

則堂先生春秋集傳詳説三十卷綱領一卷
　421，424

盼雲軒畫傳四卷　1082

冒巢民先生年譜一卷　1823

禺于日録一卷　1704

禺峽山志四卷　896

星土釋三卷首一卷　1048

（同治）星子縣志十四卷首一卷　816

星軺指掌四卷　660

星硯齋存稿一卷　1441

星湄詩話二卷　1467

星槎勝覽一卷　1609

星槎勝覽三卷　1604

星槎勝覽四卷　1594，1670

星經二卷　1058，1570，1582，1599，
　1601，1602

星閣正論一卷　1805

星閣史論一卷　1805

星軺考轍四卷　1893

星學發軔十六卷　1047

星變志一卷　1605

昨非庵日纂二十卷　1019

昨非庵日纂二十卷二集二十卷三集二十
　卷　1019

昨非集四卷　1871

昨非録十二卷　961

昨夢録一卷　1553，1559，1586，1590，

1595

昭元秘訣二卷　1107

（道光）昭化縣志四十八卷　843

（雍正）昭文縣志十卷首一卷　727

（乾隆）昭平縣志八卷　866

昭代名人尺牘小傳二十四卷　1731

昭代典則二十八卷　551

昭代經濟言十四卷　1816

昭代樂章恭紀一卷　1630

昭代叢書九十種　1624

昭代叢書五百六十二種　1626

昭代簫韶二十卷首一卷　1496

昭君出塞一卷　1501

昭君夢一卷　1502

昭忠逸咏一卷　1378

昭忠録一卷　1671，1737

昭忠録五卷附録一卷　600，1810

昭昧詹言十卷續八卷續録二卷　1861

昭陵六駿贊辯一卷　1626，1628

昭陵碑録三卷附札記一卷　1771

昭陽扶雅八卷　1436

昭德新編一卷　1557

昭德新編二卷　1821

昭覺丈雪醉禪師語録一卷　1826

畏齋文集四卷　497

畏齋四書客難四卷　497

畏齋周易客難一卷　497

畏齋周禮客難八卷　497

畏齋春秋客難二十四卷　497

畏齋書經客難三卷　497

畏齋詩經客難二卷　497

畏齋爾雅客難一卷　497

畏齋儀禮客難一卷　497

畏齋禮記客難四卷　497

畏壘筆記一卷　1634

（江蘇武進）毗陵十里牌周氏宗譜八卷　587

毗陵六逸詩鈔二十三卷　1429

毗陵科第考八卷　618

毗陵鄉貢考五卷（洪武十七年甲子科至光緒十七年辛卯科）　617

毗陵集十六卷　1643

毗陵集十六卷拾遺一卷　1646

毗陵集十六卷補遺一卷附録一卷　1802

毗陵集三卷　1166，1366，1368

（江蘇武進）毗陵鄒氏宗譜十一卷　587

毗陵諸山記一卷　1689

毗陵諸水記一卷　1695

虹城子集四卷　1439

虹橋老屋遺稿九卷　1323

思兄樓文稿一卷爨餘稿一卷　1355

思玄庸言一卷　1572

思伯子堂詩集三十二卷　1311

思忠録一卷　1803

思居堂集十三卷　1249

思亭詩鈔八卷　1304

思益梵天所問經四卷　1098

思益堂詞鈔一卷　1475

思益堂詩鈔六卷古文二卷詞一卷書札十卷駢文一卷　1324

思益堂駢體文鈔一卷　1425

思陵典禮紀四卷　1669

思陵書畫記一卷　1566，1587，1591，1592

思陵勤政紀一卷　1669

思陵録二卷　1828

思問録一卷　1634

思問録內篇一卷外篇一卷　1840

思貽堂集一卷　1735

思貽堂詩集六卷　1292

思無邪室吟草三卷　1384
思無邪齋文存六卷　1341
思復堂文集十卷附錄二卷　1814
思補齋筆記八卷　1757
思補齋詩集六卷　1290
思源録一卷　1805
思適齋集十八卷　1678，1728
思綺堂文集十卷　1253
思辨録輯要二十二卷後集十三卷附先儒
　　陸子從祀一卷　962
思舊録一卷　1629，1631，1762，1837
思濟堂方書五卷　1004
品花寶鑒六十回　1522
品芳録一卷　1881
品茶八要一卷　1614
品茶要録一卷　1567，1587，1591
品冠家儀考四卷　1862
咽喉脉證通論一卷　1757，1765
哈薩克述略一卷　1686
峒谿纖志一卷　1637，1638，1661，1700，
　　1727
峒谿纖志三卷　1683，1844
峒谿纖志志餘一卷　1628
迴流記傳奇一卷　1505
迴瀾紀要二卷　1721
迴瀾紀要二卷安瀾紀要二卷　887
幽心瑶草一卷　1833
幽明録一卷　1571，1582，1723
幽怪録一卷　1571，1580，1584，1660，
　　1664，1666
幽閒鼓吹一卷　1560，1584，1607，1613，
　　1662，1664
幽夢影一卷　1635
幽夢影二卷　1733
幽夢續影一卷　1730，1733

幽閨記二卷　1503
幽蘭山房藏稿八卷常談二卷　1241
幽蘭草一卷　1384
拜日學課　1151
拜月亭記二卷　1491
拜石山房詞鈔四卷　1749
拜梅山房几上書二十三種　1717
拜梅圖咏一卷　1287
拜經日記八卷　427
拜經文集一卷　427
拜經樓詩集十二卷　1269
拜經樓詩話四卷　1651
拜經樓藏書題跋記五卷　944
拜經樓藏書題跋記五卷附録一卷　1729，
　　1754
拜颺集八卷　1661
看花雜咏一卷　1722
看雲小集一卷　1370
看雲草堂集八卷　1839
看雲集一卷　1379
看楓約一卷　1712
看詩隨録八十九卷　1392
看錢奴買冤家債主雜劇一卷　1501
看鑑偶評五卷附補評　575
看蠶詞一卷　1441
矩綫原本四卷　1054
矩齋雜記一卷　1630，1713
矩齋籌算六種附二種　1054
香山詩選六卷　1169
（光緒）香山縣志二十二卷　859
（道光）香山縣志八卷附録一卷　859
香天談藪一卷　1629
香宇詩談一卷　1578
（康熙）香河縣志十一卷　707
香草居集七卷　1443

香草堂詩鈔五卷　1429

香草詞二卷　1767

香草詞五卷　1870

香草齋詩注六卷　1251

香南居士集十九卷　1315

香南雪北詞一卷　1747

香南精舍金石契不分卷　925

香研居詞麈五卷　1674

香研居詞麈五卷　1481，1733

香亭文稿十二卷續編一卷　1269

香祖筆記十二卷　1843

香祖樓二卷　1852

香乘二十八卷　1095

香消酒醒詞一卷附香消酒醒曲六卷　1498

香案牘一卷　1553，1576，1614

香屑集十八卷　1247

香葉草堂詩存不分卷　1269

香詞百選一卷　1858

香溪集鈔一卷　1372

香溪瑤翠詞一卷　1474

香奩咏物詩一卷　1068

香奩集三卷　1365

香墅漫鈔四卷續四卷又續四卷　1021

香銷酒醒詞一卷曲一卷　1478

香樹齋詩集十八卷詩續集十四卷文集二
　　十八卷　1252

香禪詞四卷　1876

香禪精舍集九種附四種　1876

香禪精舍游記三卷　1876

香隱盦詞一卷　1876

香谿集二十二卷　1818

香蘇山館文集二卷　1287

香蘇山館古體詩鈔十七卷今體詩鈔十九
　　卷　1287

香蘇山館全集　1287

香蘇山館詩集二十九卷　1287

香蘇草堂圖咏一卷　1287

香嚴老人壽言一卷　1752

香嚴略紀二卷　880

香譜一卷　1568，1581

香譜二卷　1552

香韻一卷　1614

香儷園偶存一卷　1823

香囊記二卷　1504

香鑪峰紀游一卷　1693

秋水軒印存四卷　1091

秋水軒詞一卷　1476

秋水軒詩詞集一卷　1747

秋水堂遺集文集六卷詩集六卷餘集二卷
　　1252

秋水庵花影集五卷　1216

秋水集十六卷附翠滴樓詩集六卷　1222

秋水園印説一卷　1633

秋水閣墨副九卷　1205

秋水鏡一卷　1615

秋心集一卷續一卷　1858

秋江集注六卷　1251

秋江煙草一卷　1370，1374

秋谷集一卷　1378

秋谷詩鈔二卷　1415

秋坪新語十二卷　1043

秋林琴雅四卷　1477

秋岡先生集一卷　1378

秋宜集一卷　1376

秋星閣詩話一卷　1624，1626

秋泉先生遺稿一卷　1196

秋籹樓眉判一卷　1615

秋室集十卷　1813

秋室集七卷　1281

秋屏詩存一卷　1430

秋紅丈室遺詩一卷　1678，1728

秋浦冷署閒吟一卷　1350

秋浦雙忠録五種　1806

秋浦雙忠録四十卷　601

秋陰雜記一卷　1862

秋堂遺稿一卷　1374

秋崖小稿鈔一卷　1373

秋崖詞一卷　1473

秋崖詩選一卷　1373

秋笴集八卷　1234

秋笴集八卷附補遺一卷　1234

秋笴集八卷附録一卷　1738

秋笴集八卷補遺一卷　1778

秋笴詞一卷　1476

秋雅一卷　1878

秋閒戲鐵八卷續一卷　1088

秋窗隨筆一卷　1633

秋夢盦詞鈔二卷詞續一卷詞再續一卷　1478

秋槎雜記一卷　428

秋槎雜記一卷義迹山房詩稿一卷　1271

秋園雜佩一卷　1630，1740，1801

秋塍文鈔十二卷　1254

秋塍書屋詩鈔八卷文鈔二卷　1292

秋瘦閣詞一卷　1476

秋澗集一卷　1376

秋審比校條款五卷　671

秋審實緩五卷章程一卷直省附録一卷　1716

秋審實緩比較成案二十四卷　671

秋樹蟬聲不分卷　1350

秋樵雜録一卷　1804

秋曉先生覆瓿集四卷末一卷附録一卷　1436

秋錦山房外集三卷　1237，1443

秋錦山房詞一卷　1813

秋燈叢話一卷　1630

秋燈叢話十八卷　1040

秋聲集一卷　1377

秋聲集三卷　1436，1747

秋鐙録一卷　1634

秋讞輯要六卷　671

科侖比亞政要一卷　1707

科場則例一卷　1717

科場條貫一卷　1604，1831

科場異聞録五卷　1043

科舉一卷　1832

科學叢録　1895

重文二卷　514

重刊人子須知資孝地理心學統宗八卷　1061

重刊八行圖説不分卷　1033

重刊芝龕記樂府六卷　1497

重刊佛祖道影四卷　1108

重刊宋本十三經注疏附校勘記　416，417，418

重刊武經七書彙解七種　979

重刊併音連聲韻學集成十三卷直音篇七卷　524

（嘉慶）重刊宜興縣志四卷首一卷　731

重刊紀慎齋先生祈雨全書二卷　654

重刊校正唐荆川先生文集十二卷　1205

重刊校正唐荆川先生文集十二卷補遺五卷外集三卷附録一卷　1205

重刊救荒補遺書二卷　659

重刊許氏説文解字五音韻譜十二卷　506

重刊道藏輯要　1115

重刊道藏輯要子目初編四卷續編一卷　1115

重刊道藏輯要總目一卷　1115

重刊補注洗冤録集證五卷　672

重刊補注洗冤録集證六卷　672

重刊詳校篇海五卷　513

重刊繪圖三教源流搜神大全七卷　1097

重刻十三經注疏附考證　416

重刻仕學大乘十二卷　684

重刻來瞿塘先生日録内篇七卷外篇五卷　1017

重刻修真寶傳一卷　1488

重刻校正增補皇明資治通紀十卷　551

重刻徐幼文北郭集六卷　1381

重刻黃文節山谷先生文集三十卷　1178

重刻張來儀静居集四卷　1381

重刻渼陂王太史先生全集二十七卷　1197

重刻楊孟載眉菴集十二卷補遺一卷　1381

重刻詳訂世史類編六十一卷首一卷　548

重刻增補故事白眉十卷　1545

重刻增補燕居筆記十卷　1506

重刻翰林校正少微通鑑大全二十卷首二卷總論一卷　546

重刻讀書鏡十卷重刻昨非庵日纂十八卷　579

重定金石契不分卷　923

重建文昌橋志八卷附一卷續修文昌橋志略四卷附一卷三修文昌橋志略二卷　880

重建清江豐濟倉圖案不分卷　660

（同治）重修上高縣志十四卷　819

（道光）重修太原縣志十八卷附續太原縣志二卷　745

重修四川青羊宮碑記一卷　1121

重修百泉祠廟碑一卷　933

（光緒）重修曲陽縣志二十卷　724

（道光）重修伊陽縣志七卷　789

重修名法指掌圖四卷　669

（道光）重修沔陽縣志十二卷首一卷　794

（光緒）重修青縣志十卷　713

（乾隆）重修和順縣志八卷首一卷　761

重修政和經史證類備用本草三十卷目録一卷　1001

重修宣和博古圖録三十卷　925

（雍正）重修陝西乾州志六卷　799

重修馬蹟山志八卷首　893

（道光）重修略陽縣志四卷　795

（寶祐）重修琴川志十五卷　727

（嘉慶）重修揚州府志七十二卷首一卷　733

（浙江紹興）重修登榮張氏族譜二十四卷首一卷　591

（光緒）重修會同縣志十四卷首一卷　839

（光緒）重修新樂縣志六卷　715

重修滬游雜記四卷　901

（道光）重修儀徵縣志五十卷首一卷　734

（光緒）重修盧氏縣志十八卷首一卷　788

（咸豐）重修興化縣志十卷　735

（乾隆）重修靈寶縣志六卷　788

重訂三家詩拾遺十卷　1817

重訂文選集評十五卷首一卷末一卷　1387

重訂古史全本六十卷史拾載補不分卷遺聞四卷廣覽七卷衆斷五卷　544

重訂本草從新六卷　1003

重訂主客圖二卷　1466

重訂幼學須知句解四卷　972

重訂合聲簡字譜一卷　505

重訂批點春秋左傳詳節句解三十五卷　464

重訂李義山年譜一卷附詩詁一卷　611

重訂易經疑問十二卷　436

重訂周易二閒記三卷　1813

重訂周易小義二卷　1813

重訂法國志略二十四卷　910

重訂河渠紀略一卷　888

重訂居官寡過録六卷　1715

重訂春秋綱目左傳句解全書八卷　464

重訂香屑集箋注十八卷首一卷末一卷　1247
重訂馬氏等音内集一卷外集一卷　526
重訂教乘法數十二卷　1106
重訂梅菴詩鈔五卷　1278
重訂梁山伯牡丹記　1488
重訂越南圖説六卷　1876
重訂診家直訣二卷　997
重訂路史全本前紀九卷後紀十四卷國名
　紀八卷發揮六卷餘論十卷　559，560
重訂詩料詳注四卷　1393
重訂談天正義一卷　1876
重訂嘯餘譜十一卷　1488
重訂擬瑟譜一卷　1728
重訂懿畜編三卷　1715
重栞張運青先生治鏡録二卷　684
重桂堂集十一卷　1309
重校十三經不貳字一卷　503，504
重校臨文便覽六種　503，504
重陽全真集三卷　1119
重陽教化集一卷　1119
重陽庵集一卷附録二卷　1807
重集列女傳例一卷　1629
重游嶽麓記一卷　1687
重游靈應峰記一卷　1694
重斠唐韻考五卷　1799
重廣補注黃帝内經素問二十四卷　999
重廣補注黃帝内經素問二十四卷遺篇一
　卷　991
重閬齋文集二卷　1825
重論文齋筆録十二卷　1813
（道光）重慶府志九卷　842
重慶府治全圖　915
重編楚辭十六卷　1821
重編廣韻五卷　522
重編瓊臺會稿二十四卷　1195

重學二十卷　1896
重學淺説一卷　1741
重雕足本鑒誡録十卷　1655
重鍥鳳洲王先生文抄注釋四卷續刻四卷
　1209
重鐫心齋王先生全集六卷　1202
重鐫官板天機會元增補地學剖秘萬金琢
　玉斧三卷　1061
重纂三遷志十卷首一卷　605
重譯輪船布陣圖説二卷　983
重續歙縣會館録二卷　875
段太尉集一卷　1784
段氏説文注訂八卷　507
段氏説文注訂八卷附札記一卷　504
段成式詩一卷　1367，1369
便宜行事虎頭牌雜劇一卷　1499
便蒙删補書經翼七卷　447
俠女奇緣八卷四十四回首一卷　1524
俠女記十二卷　1505
修本堂稿四卷　1862
修本堂叢書十種　1862
修史試筆二卷　564，1250，1848
修竹齋試帖一卷　1458
修竹齋試帖輯注一卷　1458，1459
修竹廬吟稿一卷　1421，1428
（道光）修武縣志十卷首一卷　784
修治道途　1900
修華嚴奧旨妄盡還源觀一卷　1109
修真九要一卷　1114
修真後辨一卷　1114
修真秘要一卷　997
修真辨難一卷　1114
修真辨難一卷後辨一卷　1114
修真辯難參證二卷　1122
修設瑜珈集要施食壇儀一卷　1111

修設瑜珈集要施食壇儀補注一卷　1111

修習止觀坐禪法要二卷六妙法門一卷　1100

修業堂稿三卷文稿二卷　1382

修筠閣詩草四卷　1339

修匲餘編一卷　1651

修辭指南二十卷　1544

保甲書四卷　665

保生月録一卷　1564

保生心鑑一卷附活人心法　997

保生要録一卷　1564

保生胎養良方一卷　1733

保民訓要一卷　1574

（康熙）保安州志十二卷　720

（道光）保安州志八卷首一卷　720

（光緒）保安州續志四卷　721

保和殿曲宴記一卷　1571

保和齋稿五卷　1382

（康熙）保定府志二十九卷　708

（光緒）保定府志七十九卷首一卷　708

（康熙）保定縣志四卷　708

保孤記一卷　1573

（同治）保康縣志七卷首一卷末一卷　829

保越録一卷　1744

保閒堂集二十五卷　1224

保富述要二卷　1776

保福山聖教醫館略述十七編　1898

（道光）保寧府志六十二卷圖考一卷補
　　遺一卷　843

（康熙）保德州志十二卷首一卷　757

保德風土記一卷　1699

保嬰全書二十卷　1006

保羅言行二十章附補注　1134

保羅達提摩太前後書　1134

促織志一卷　1579

促織經一卷　1079

俄史輯譯四卷　1759

俄西亞尼嘎洲志略一卷　1705

俄游日記一卷　1687

俄游日記四卷　910

俄游彙編十二卷　910

俄羅斯山形志一卷　1693

俄羅斯互市始末一卷　1686

俄羅斯水道記一卷　1696

俄羅斯分部説一卷　1686

俄羅斯方域一卷　1741

俄羅斯户口略一卷　1687

俄羅斯形勢考一卷　1686

俄羅斯附記一卷　1687

俄羅斯國志略一卷　1707

俄羅斯國紀要一卷　1741

俄羅斯國鑑略不分卷　910

俄羅斯盟聘記一卷　1687

俄羅斯源流考一卷　1686

俄羅斯諸路疆域考一卷　1686

俄羅斯叢記一卷　1687

俄羅斯疆界碑記一卷　1687

俄羅斯疆域編一卷　1686

俄疆客述一卷　1709

俄屬海口記一卷　1687

俄屬游記二卷　910

俗考一卷　1620

俗言一卷　1676

俗言解字一卷　1831

俗呼小録一卷　1576

俗砭一卷　1622

俗書證誤一卷　505，1566，1715

俗話傾談二卷二集二卷　1040

俗語集對一卷　1869

俗説一卷　1796

信口吟草一卷　1442

信芳閣詩草五卷　1329
（光緒）信宜縣志八卷拾餘一卷　863
信約録　1141
（乾隆）信陽州志十二卷首一卷　787
信陽詩集二十六卷　1382
（宣統）信義志稿二十一卷首一卷末一
　　卷　727
信撫一卷　1778
信徵録一卷　1637，1638
信齋詞一卷　1472，1802，1803
（道光）信豐縣志十六卷　821
皇王大紀八十卷　547
皇王史訂四卷　549
皇氏論語義疏參訂不分卷　475
皇甫司農集一卷　1784
皇甫司勳集六十卷　1203
皇甫持正文集六卷補選一卷　1365
皇甫御史詩集一卷補遺一卷　1366，1368
皇甫補闕詩集二卷補遺一卷　1366，1368
皇言定聲録八卷　1841
皇宋書録三卷　1654
皇明十六名家小品三十二卷　1382
皇明十六種小傳四卷　582
皇明三禮述二卷　1832
皇明大事記五十卷　552
皇明大政記十卷　1832
皇明大政記三十六卷　552
皇明大政纂要六十三卷　551
皇明大訓記十六卷　685
皇明天文述一卷　1832
皇明文徵七十四卷　1413
皇明文選二十卷　1412
皇明世法録九十二卷　643
皇明本紀一卷　1621
皇明平吳録一卷　1593

皇明北虜考一卷　1832
皇明史竊一百五卷　552
皇明四夷考二卷　1832
皇明地理述二卷　1832
皇明臣謚彙考二卷　653
皇明百方家問答十五卷　481
皇明百官述二卷　1832
皇明百家文範八卷　1413
皇明同姓諸王表二卷傳三卷附異姓三王
　　傳一卷孔氏世家一卷　1832
皇明名臣言行録十四卷　596
皇明名臣言行録新編三十四卷　596
皇明名臣記三十卷　1832
皇明名臣經濟録十八卷　687
皇明名臣經濟録五十三卷　687
皇明名僧輯略一卷　1111
皇明吳郡丹青志一卷　1611
皇明表忠記十卷附録一卷　601
皇明英烈志傳四卷　1509
皇明直文淵閣諸臣表一卷　1832
皇明典故紀聞十八卷　562
皇明典禮志二十卷　650
皇明法傳録嘉隆紀六卷續紀三朝法傳全
　　録十六卷　552
皇明奏疏類鈔六十一卷　668
皇明紀略一卷　1608
皇明留臺奏議二十卷　688
皇明通紀集要六十卷　551
皇明盛事一卷　1574
皇明異姓諸侯表一卷傳二卷　1832
皇明從信録四十卷　551
皇明開國臣傳十三卷　597
皇明詔制十卷　685
皇明疏鈔七十卷　688
皇明疏議輯略三十七卷　688

皇明詩話二卷　1037

皇明詩選十三卷　1414

皇明資治通紀十四卷皇明續紀三卷　551

皇明資治通紀三十卷　551

皇明遜國臣傳五卷首一卷　597

皇明經濟文輯二十三卷　688

皇明嘉隆兩朝聞見紀十二卷　552

皇明輔世編六卷　596

皇明論衡六卷　1414

皇明館課經世宏辭續集十五卷　1453

皇明鴻獻錄十六卷　555

皇明職方地圖不分卷　911

皇荂曲一卷　1370，1374

皇帝疆域圖表不分卷　1770

皇祖四大法十二卷　563

皇華紀聞四卷　1843

皇華摯要不分卷　1755

皇象本急就章一卷　1763

皇清太子太傅蕭毅伯文華殿大學士直隸
　總督贈太傅一等侯李文忠公神道碑一卷
　609

皇清文穎一百卷首二十四卷目録六卷　1416

皇清文穎續編一百八卷首五十六卷目録
　十卷　1418

皇清地理圖韻編三卷　913

皇清奏議六十八卷　688

皇清開國方略三十二卷首一卷　553

皇清詩選三十卷首一卷　1415

皇清經解一百七十二種　425

皇清經解提要二卷續編一卷　1862

皇清經解淵源録一卷外編一卷　1862

皇清經解淵源録不分卷　1756

皇清經解橫直縮本編目十六卷　945

皇清經解檢目録要八卷附縮本通用表　944

皇清經解縮版編目十六卷　945

皇清經解續編二百七種　428

皇清經解續編目録十七卷　945

皇清誥授光禄大夫太子太傅兵部尚書都
　察院右都御史陝甘總督管巡撫事予諡
　莊毅顯考東巖府君年譜一卷　613

皇清職貢圖九卷　905

皇朝文典七十四卷　674

皇朝文獻通考三百卷　642

皇朝文獻通考詳節二十六卷　642

皇朝文獻通考輯要二十六卷　642

皇朝本記一卷　1603

皇朝平吳録二卷　1621

皇朝武功紀盛四卷　563，1651，1674，
　1852

皇朝事略一卷　565

皇朝政典挈要八卷　645

皇朝政典類纂五百卷目録六卷　644

皇朝貞孝節烈文編六卷　601

皇朝冠服志二卷　1865

皇朝通志一百二十六卷　640

皇朝通典一百卷　640

皇朝盛事一卷　1588

皇朝祭器樂舞録二卷　651

皇朝掌故彙編六十卷外編四十卷首一卷
　567

皇朝鼎甲録一卷　1717

皇朝詞林典故六十四卷　683

皇朝道咸同光奏議六十四卷　688

皇朝聖師考七卷　599

皇朝蓄艾文編八十卷　1425

皇朝經世文三編八十卷　1424

皇朝經世文統編一百七卷　1425

皇朝經世文新編二十一卷　1426

皇朝經世文新編三十二卷　1426

皇朝經世文新編續集二十一卷　1424

皇朝經世文編一百二十卷　1420

皇朝經世文編一百二十卷總目一卷　1420

皇朝經世文續編一百二十卷　1425

皇朝經義　1471

皇朝經濟文編一百二十八卷　1424

皇朝經籍志六卷　1720

皇朝駢文類苑十四卷首一卷　1422

皇朝輿地略一卷　912

皇朝輿地略一卷附皇朝輿地韻編一卷　912

皇朝輿地略一卷附皇朝輿地韻編一卷皇
　朝各省地輿指掌圖一卷　912

皇朝諡法表十卷　654

皇朝禮器圖式十八卷　650

皇朝藩部要略二十卷　904

皇朝藩屬輿地叢書二十八種　1682

皇朝類苑一卷　1559

皇朝類苑六十三卷目録五卷　1031

皇朝續文獻通考三百二十卷　642

皇極書一卷皇極外書一卷　1037

皇極經世十卷　1828

皇極經世書一卷　1120，1756

皇極經世書七卷　1828

皇極經世書八卷首一卷　1058

皇極篇十種　1834

皇極闔闢證道仙經三卷　1122

皇輿考十卷　911

皇輿表十六卷　912

皇霸文紀十三卷　1395

皇覽一卷　1668

皇覽逸禮一卷附中霤禮一卷　1783

泉石清譚十卷　1031

泉布統志九卷　928

泉史十六卷　928

（乾隆）泉州府志七十六卷首一卷　854

泉志一卷　1568

泉志十五卷　1618

泉志校誤四卷　1750

泉南雜志一卷　1553，1576

泉南雜志二卷　1614

泉幣彙考十六卷首一卷附制錢通考四卷
　928

鬼谷子一卷　950，951

鬼國記一卷　1572，1587，1591

鬼國續記一卷　1572，1587，1591

鬼董五卷　1654，1661

鬼塚志一卷　1664，1666

禹山記一卷　1691

（道光）禹州志二十六卷續志二卷　780

（乾隆）禹州志十四卷　780

（嘉慶）禹城縣志十二卷　763

（康熙）禹城縣志八卷　763

（光緒）禹城縣鄉土志不分卷　763

禹貢三江考三卷　426

禹貢水道考異南條五卷北條五卷首一卷
　887

禹貢分箋七卷　445

禹貢正詮四卷　446

禹貢本義一卷　446

禹貢因一卷　445

禹貢指南四卷　445，1641，1644，1724

禹貢約注不分卷　445

禹貢班義述三卷　432，445

禹貢章句四卷圖説一卷　1879

禹貢集解二卷　1758，1818

禹貢集釋三卷　1865

禹貢會箋十二卷圖一卷　1847

禹貢解八卷　1849

禹貢新圖説二卷　446

禹貢蔡傳正誤一卷　1865

禹貢説一卷　432

禹貢説二卷　445

禹貢説斷四卷　1641，1644，1671

禹貢鄭氏略例一卷　431

禹貢鄭注釋二卷　429，1859

禹貢錐指二十卷例略圖一卷　425

禹貢錐指二十卷圖一卷　445

禹貢錐指正誤一卷　430，1865

禹貢譜二卷　445

侯元傳一卷　1595

侯氏書品一卷　1716，1742

侯官陳氏遺書二十種　1820

（光緒）侯官縣鄉土志八卷　854

侯官謝希安先生年譜一卷　614

侯城雜誡一卷　1572

侯國職官表一卷　1628

侯鯖集十卷賞番圖百韻詩一卷　1262

侯鯖詞五種　1474

侯鯖録一卷　1555

侯鯖録八卷　1609，1610，1655

追昔游詩集三卷　1367，1369

侯命録十卷　1873

侯後編六卷補録一卷附録一卷　1019

侯菴集一卷　1377

侯解一卷　1840

盾鼻餘瀋一卷　1323

衎石齋記事稿十卷　1299

衎石齋記事稿十卷刻楮集四卷旅逸小稿
　　二卷　1299

衎石齋記事續稿四卷　1299

待制集一卷　1376

待采篇二卷　1036

待珠亭文鈔初集不分卷　1304

待堂文一卷　1748

待清軒遺稿一卷　1377

待質録一卷　1034

待潮集一卷　1439

待廬遺集文一卷詩二卷　1861

衍元小草二卷　1055

衍元要義一卷　1758

衍波詞一卷　1475，1764

衍波詞二卷附一卷　1473，1749

衍琵琶行一卷　1630

衍極一卷　1566，1613

衍極五卷　1744

〔衍聖制十全老人之寶説〕不分卷　1086

衍慶録十卷　607

律吕元音一卷　1764

律吕古義六卷　1766

律吕通今圖説一卷　529

律吕通今圖説一卷律易一卷　463

律吕新義四卷　1728

律吕新論二卷　1671

律吕精義内篇十卷外篇十卷　462

律吕臆説一卷　1728，1772

律門祖庭彙志不分卷　872

律易一卷　529

律例七言一卷　1747

律例便覽八卷處分則例圖要六卷　646

律例館校正洗冤録四卷　672

律服考古録二卷　1758

律法須知二卷　669

律宗燈譜八卷　1108

律音彙考八卷附琴旨申邱一卷　463

律陶一卷　1835

律詩四辨四卷　1845

律詩定體一卷　1751

律綱六卷　1716

律賦揀金録四卷　1417

律曆融通四卷附音義一卷　463

律學新説四卷　462

後山先生集二十四卷　1179

後山先生集二十四卷首一卷　1179

後山居士文粹四卷　1371

後山居士詩話一卷　1551，1566，1610

後山集鈔三卷　1647

後山詩十二卷　1643，1646

後山詩鈔一卷　1372

後山詩話一卷　1616

後山談叢一卷　1556，1580

後山談叢四卷　1611

後北征記一卷　1593

後北征錄一卷　1593，1603

後甲集（躍雷館日記）二卷　1729，1754

後出塞錄一卷　1706

後耳目志一卷　1557

後西征述一卷　1699

後西征集一卷　1883

後村別調一卷補遺一卷　1771

後村居士詩二十卷　1185

後村詩鈔一卷　1372

後村詩話一卷　1565

後村雜著三卷　1267

後冶堂藏書五種　1712

後知不足齋叢書四十七種　1657

後知不足齋叢書初編十六種　1656

後洛中吟一卷　1822

後紅樓夢三十回附二卷　1519

後圍編年稿十六卷　1245

後渠漫記一卷　1572，1588

後渠雜識一卷　1574

後湘詩集九卷二集五卷續集七卷　1863

後湘詩集五卷　1300

後游桃花源記一卷　1692

後畫品錄一卷　1567，1583，1663，1665

後蒙古紀事本末二卷　555

後蜀毛詩石經殘本一卷　491

後養議一卷　1788

後漢三公年表一卷　1634

後漢公卿表一卷　1874

後漢郡國令長考一卷　1728，1774

後漢紀三十卷　550

後漢紀校釋三卷　1751

後漢書一卷　1716

後漢書九十卷志三十卷　534

後漢書九十卷續漢志三十卷　534，535，
　　536，538

後漢書大秦國傳補注一卷　1682

後漢書注補正八卷　536

後漢書朔閏考五卷　1826

後漢書補表八卷　1658，1679，1738

後漢書補注二十四卷　1738

後漢書疏證三十卷　539

後漢書蒙拾二卷　1737，1850

後漢儒林傳補逸一卷附續增一卷　1775

後緹縈南曲十齣　1497

後續大宋楊家將文武曲星包公狄青初傳
　　十四卷六十八回　1522

後鑒錄一卷　559

後鑒錄七卷　1842

後鑒錄三卷　1621

後觀石錄一卷　1628，1841

後艷品一卷　1579

叙古千文一卷　953，1738

（光緒）叙州府志四十三卷首一卷末一
　　卷　853

叙錄一卷　1782

俞氏易集説十三卷　419

俞俞齋文稿初集四卷附詩二卷　1346

俞俞齋詩稿初集二卷　1346

俞樓詩記一卷　1808

俞樓雜纂五十卷　1874

弇山堂別集一百卷　1209

弇州山人四部稿一百七十四卷目録十二卷　　1209

弇州山人年譜一卷　1853

弇州山人詩集五十二卷　1382

逃虚閣詩集六卷　1274

食古研齋詩初集七卷食古研齋集蘇詩二卷　　1298

食古録一卷　1034

食古齋詩録四卷詩餘一卷文録一卷　1341

食物本草二十二卷首一卷　1001

食物本草七卷日用本草三卷　1001

食物本草三卷　1001

食物本草會纂十二卷　1003

食物本草會纂十二卷圖一卷　1003

食珍録一卷　1567

食經一卷　1567

食舊慝齋雜著不分卷　1024

食譜一卷　1567，1585，1663，1665

（順治）胙城縣志四卷　783

脉因證治四卷　996

脉訣一卷　991，992，993

脉訣刊誤集解二卷　996

脉訣刊誤集解附録一卷　996

脉訣指掌病式圖説一卷　992

脉望八卷　1611

脉望館書目一卷　1773

脉義簡摩八卷　996

脉經一卷　1570

脉經十卷　991，992，996，1672

脉經十卷人元脉影歸指圖説二卷　1000

脉經考證一卷　1770

脉學輯要評三卷　1770

脉簡補義二卷　996

胎息經一卷　949，1594，1616

胎息經一卷疏一卷　951

胎息經注一卷　1113，1117

胎息經疏一卷　1577

胎産護生篇一卷補遺一卷　1746

負喧雜録一卷　1557

負喧野録二卷　1656

負薪記傳奇一卷　1505

勉益齋偶存稿八卷　1308

勉益齋偶存稿八卷續存稿十六卷　1307

風土記一卷　1562，1583

風土雜録一卷　1698

風木盦圖題咏一卷　1811

風水一書七卷　1064

風水二書形氣類則四卷　1064

風水祛惑一卷　1773

風月争奇三卷　1506

風月堂詩話二卷　1612，1677

風月堂雜識一卷　1650

風月夢三十二回　1525

風后握奇經一卷　1569，1594，1616

風后握奇經一卷附握奇經續圖一卷八陣總述一卷　949，1581，1583，1600，1602

風角書八卷　1728

風雨像生貨郎旦雜劇一卷　1501

風雨樓叢書二十五種　1778

風俗通姓氏篇二卷　1754，1784

風俗通義十卷　1597，1599，1600，1602

風俗通義四卷　1605，1606，1607

風俗通義逸文一卷　1853

風俗通議十卷　950

風倒梧桐記二卷　558

風流棒傳奇二卷二十六齣　1504

風雲會二卷　1498

風雅倫音二卷　1839
風雅逸篇十卷　1676
風雅遺音二卷　1647
風箏誤二卷　1504
風憲忠告一卷　1747
風騷旨格一卷　1461，1565
風騷補編不分卷　1455
尫書五十卷　1029
急救仙方六卷　995，1004
急救奇痧方一卷　994
急就章一卷考證一卷　1730
急就篇四卷　503，520，1762，1829
急覽類編十卷　1538
訂正史記真本一卷　1722
訂訛雜録一卷　1635
訂訛雜録十卷　1011，1678
訂補明醫指掌十卷　1005
計倪子一卷　950，1656
計然萬物録一卷　1785
哀生閣初稿四卷續稿三卷　1320
哀江南賦注一卷　1629
哀忠集三卷　1303
哀絃集二卷　1839
亭林文集六卷　1837，1838
亭林文集六卷餘集一卷　920，1225
亭林先生神道表一卷　1838
亭林先生遺書彙輯　1225
亭林先生遺書彙輯二十三種附三種　1837
亭林軼詩一卷　1838
亭林詩集五卷　1837，1838
亭林餘集一卷　1838
亭林雜録一卷　1837
度支部軍餉司奏案彙編第一編（光緒戊
　申）四卷　690
度支部試辦宣統三年預算案總表　1894

度支部幣制奏案輯要不分卷　690
度針編不分卷　1026
度朔君別傳一卷　1582
度算釋例二卷　1053
度藍關一卷八齣　1505
度嶺日記一卷　1709
度隴記一卷　1699
度隴記四卷　901
弈旦評一卷　1578
弈律一卷　1554，1578
弈理指歸圖三卷　1093
弈理指歸續編一卷　1093
弈問一卷　1578
弈程不分卷　1094
奕律一卷　1835
庭訓格言一卷　1756
庭訓筆記一卷　1872
庭聞録六卷附平定緬甸一卷　568
庭誥一卷　1793
咨議局章程及選舉章程解釋彙鈔　679
音分古義二卷附録一卷　1750
音同義異辨一卷　1667，1732
音別四卷　528
音注隨園尺牘八卷　1263
音義辨同七卷　1854
音樂考一卷　1832
音論一卷　425
音論三卷　529
音調定程原音一卷　529
音學五書三十八卷　529
音學辨微一卷附三十六字母辨一卷　1669
音聲樹集一卷　1883
音韻正訛四卷　524
音韻逢源四卷　528
音韻問答一卷　1633

音韻闡微十八卷　525
音釋坐花志果八卷　1045
彥周詩話一卷　1616
彥威集一卷　1378
彥德集一卷　1380
帝女花二卷　1868
帝王世記一卷　1561
帝王要略一卷　1794
帝王紀年纂要一卷　1593
帝王經世圖譜十六卷　1645，1818
帝王廟諡年諱譜一卷　1718
帝京景物略八卷　876
帝城景物略一卷　1577
帝範四卷　1641，1645
帝輿合覽二卷　912
帝鑑圖説不分卷　579
（浙江餘姚）施氏宗譜十五卷貽編二卷
　592
施氏詩説一卷　1787
施放行營礮章程一卷　978
施放礮書一卷　978
施注蘇詩四十二卷　1640
施注蘇詩四十二卷蘇詩續補遺二卷王注
　正譌一卷東坡先生年譜一卷　1176
（同治）施南府志三十卷首一卷　830
（光緒）施南府志續編十卷　830
施愚山文集二十八卷詩集五十卷別集四
　卷外集二卷施氏家風述略二卷年譜四
　卷附隨村先生遺集六卷　1228
施愚山先生全集七十八卷　1228
美人書四卷　1507
美人譜一卷　1622
美華公會徵信録　1149
美華書院短篇集　1141
美理哥國志略一卷　1711

美國水師考一卷　1760
美國地理兵要一卷　1707
美國記一卷　1706
美國博物大會圖説六卷　1900
美國續增條約一卷　663
美會紀略一卷　1706
送米溪先生詩文一卷　1426
送京訪譜一卷附工尺譜　1491
迷仙志一卷　1614
迷青瑣倩女離魂雜劇一卷　1500
迷樓記一卷　1570，1584，1606，1662，
　1665
前北征録一卷　1593
前令鄭壺陽靖海紀略一卷　555
前明忠義別傳三十二卷　601
前定録一卷　1564，1581，1584，1664，
　1666
前定録一卷續一卷　1551
前定録補一卷　1574，1589
前型紀略一卷　1872
前後二十四孝一卷　968
前後元夕讌集詩二卷　1824
前後守寶録二十卷　884
前後藏考一卷　1686
前秦廣武將軍碑一卷　919
前唐十二家詩二十四卷　1364
［前清貢院試卷］　1458
前游桃花源記一卷　1692
前蒙古紀事本末二卷　554
前聞記一卷　1605
前塵夢影録二卷　1764
前漢紀校釋三卷　1751
前漢書一百卷　534，536，538
前賢小集拾遺五卷　1371
前敵須知四卷附圖一卷　1760

前編（通鑑紀事本末前編）十二卷　553
前藏三十一城考一卷　1686
前徽録一卷　1765
首陽山記一卷　1692
逆降義一卷　1796
炳燭室雜文一卷　1730，1774
炳燭軒詩集五卷　1210
炳燭偶鈔一卷　1650
炳燭編四卷　1729
炳燭齋文集初刻一卷續刻一卷　1215
洱海叢談一卷　1630，1700
洪氏集驗方五卷　1004
洪文安公年譜一卷　610
洪文敏公年譜一卷　610，1853
洪文惠公年譜一卷　610，1853
洪花洞記一卷　1688
洪武正韻十六卷　523
洪武正韻高唐王篆書五卷　523
洪武正韻彙編四卷　523
洪武聖政記一卷　1593，1621，1669
洪武聖政記二卷　1758，1818
洪忠宣公年譜一卷　610
洪刻五種　1726
（雍正）洪洞縣志九卷　747
（光緒）洪雅縣志十二卷首一卷　847
洪範九疇數三卷　1057
洪範五行傳二卷　1783
洪範五行傳三卷　1820
洪範五行傳輯本三卷　1821
洪範明義四卷　493
洪範原數一卷　1876
洪範統一一卷　498，1651，1675，1724
洪範彙成二卷附二卷　1057
洪範説二卷　1845
洰詞十二卷附年譜一卷　1200

（嘉慶）洧川縣志八卷首一卷　779
洩湖入江議一卷　1695
洞山岕茶系一卷　1623，1802
洞天清禄集一卷　1736
洞天清録一卷　1568，1581
洞天清録集一卷　1674
洞天福地記一卷　1563，1585，1662，1665
洞天福地嶽瀆名山記一卷　1121
洞方術圖解一卷　1873
洞玄子一卷　1772
洞玄金玉集二卷　1119
洞玄靈寶八仙王教誡經一卷　1115
洞玄靈寶自然九天生神玉章經解三卷　1115
洞玄靈寶自然九天生神章經注三卷附音釋　1115
洞玄靈寶自然九天生神章經解義四卷　1115
洞玄靈寶定觀經注一卷　1116
洞玄靈寶真靈位業圖一卷　1120
洞玄靈寶諸天世界造化經一卷　1116
洞庭秋一卷　1840
（江蘇吳縣）洞庭秦氏宗譜五卷首三卷末一卷　587
洞庭記一卷　1681
洞庭湖志十四卷　898
洞庭湖柳毅傳書雜劇一卷　1501
洞真上清青要紫書金根衆經一卷　1117
洞真太上三元流珠經一卷　1117
洞真太上太霄琅書一卷　1117
洞真西王母寶神起居經一卷　1117
洞極真經一卷　1795
洞微志一卷　1560，1586，1590
洞經示讀三卷　1115
洞霄詩集十四卷書後一卷　1653
洞霄圖志六卷　1654

洞麓堂集十卷　1204

洞簫記一卷　1579，1589

洞簫詞一卷　1767

洞簫樓詞一卷　1475

洞簫樓詩紀二十八卷　1295

洞靈真經一卷　1118

泂溪道情一卷　1850

泂溪醫案一卷　995，1850

泂溪醫案一卷附一卷　1733

洙泗考信餘錄三卷　1855

洙泗考信錄四卷　1855

洙泗考信錄四卷餘錄三卷　1799

洗心錄一卷　1804

洗冤錄表四卷　672

洗冤錄集證二卷　672

洗冤錄集證彙纂五卷　672

洗冤錄補注全纂六卷　671

洗冤錄詳義四卷　672

洗冤錄詳義四卷附洗冤錄摭遺二卷補一
　卷　672

洗冤錄義證四卷　672

洗冤錄辨正一卷　1747

洗硯新錄一卷　1575，1651

洗影樓集五卷　1439

活人方彙編六卷　1009

活物學二卷　1898

活法機要一卷　992，993

洽聞記一卷　1558

染香集一卷　1883

（乾隆）洵陽縣志十四卷　796

（光緒）洵陽縣志十四卷　796

（嘉慶）洛川縣志二十卷首一卷　801

洛中九老會一卷　1565，1584，1662，1665

洛中吟一卷　1822

洛中紀異錄一卷　1586，1589

洛水悲一卷　1501

洛花集一卷　1883

洛言一卷　1822

洛京獵記一卷　1594

洛神傳一卷　1594

洛陽名園記一卷　1563，1606，1612，
　1617，1736

洛陽花木記一卷　1569

洛陽牡丹記一卷　1552，1569，1673，
　1767

洛陽伽藍記一卷　1563，1583

洛陽伽藍記五卷　872，1599，1606，
　1617，1773

洛陽伽藍記五卷附集證一卷　872

洛陽耆英會一卷　1564

洛陽記一卷　1562

洛陽搢紳舊聞記五卷　1652

（嘉慶）洛陽縣志六十卷　785

洛陽龍門志一卷　873

洛學拾遺補編二卷　1442

洛學編五卷　1843

洺水集一卷　1374

洨民遺文一卷　1763

洨濱語錄二十卷　1798

洋防輯要二十四卷　903

洋務經濟通考十六卷　1894

洋務叢鈔（敦懷堂洋務叢鈔）十一種　1741

洋菊譜一卷　1630

（光緒）洋縣志八卷　794

洴澼百金方十四卷　981

洲居集一卷　1439

津門保甲圖説不分卷　665

津門感舊詩一卷　1073

津門徵獻詩八卷　1427

津門雜記一卷　1701

津門雜記二卷　877

津河廣仁堂所刻書十三種　1748

津逮秘書十五集　1616

恒山志五卷　891

恒山記一卷　1688

恒山蹟志一卷　1709

恒山續志一卷　891

恒言録十卷　1853

恒言録六卷　1718

恒星説一卷　1634

恒星餘論二卷　1805

恒軒所見所藏吉金録一卷　926

恒産瑣言一卷　1630，1650，1748

恒敬齋詩鈔一卷　1762

恒嶽記一卷　1688

恒齋文集十二卷　1233

（乾隆）宣化府志四十二卷首一卷　719

（康熙）宣化縣志三十卷　719

（光緒）宣平縣志二十卷首一卷　812

宣明論方十五卷　990

宣和石譜一卷　1568

宣和北苑貢茶録一卷　1567，1587，1591，
　　1592，1674

宣和奉使高麗圖經四十卷附録一卷　1654

宣和牌譜一卷　1578

（嘉靖）宣府鎮志四十二卷　719

宣宗皇帝御製詩一卷　1603，1621

宣宗章皇帝御製官箴一卷　1621

宣城李氏述德録不分卷　581

（乾隆）宣城縣志三十二卷首一卷　741

（光緒）宣城縣志四十卷首一卷志餘一
　　卷　741

宣政雜録一卷　1595，1608

宣南夢憶二卷　1344

宣南鴻雪集輯注四卷　1457

宣室志一卷　1558，1662，1665

宣室志十卷補遺一卷　1610

（同治）宣恩縣志二十卷首一卷　830

宣卿詞一卷　1472

宣道指歸　1136

宣德鼎彝譜八卷　925，1673

宣講金針四卷　1486

宣爐歌注一卷　1626，1823

宣驗記一卷　1572，1582

宦拾録十八卷　1252

宦海升沉録二十二回　1512

宦海指南五種　684

宦海慈航一卷　1717

宦鄉要則七卷　653

宦游小草六卷補遺四卷附池上姚氏詩鈔
　　四卷　1327

宦游日記一卷　1805

宦游紀略二卷　617

宦游紀聞一卷　1574，1802

宦游隨筆四卷　617

宮本雜劇段數一卷　1560

宮室考一卷　1777

宮室考二卷　1832

宮詞一卷　1632

宮閨小名録五卷後録一卷　603

宮閨文選二十六卷姓氏小録一卷　1423

宮閨聯名譜二十二卷　603

宮鴻曆詩選一卷　1427

穿山小識一卷　1707

穿山記一卷　1707

客杭日記一卷　1652，1807

客舍偶聞一卷　1745

客退紀談一卷　1558

客座新聞一卷　1574，1588

客座贅語一卷　1636

客座贅語十卷　1801

客越志一卷　1553，1576

客越志略一卷　1807

客窗偶吟二卷　1823

客窗閒話八卷續八卷　1040

客窗閒話初集四卷續集四卷　1040

客窗偶談一卷　1629

冠服考一卷　1832

冠昏喪祭儀考十二卷　1862

冠柳集一卷　1824

冠禮約制一卷　1788

軍峰山小記一卷　1690

軍峰記一卷　1690

軍陽山記一卷　1690

軍臺道里表一卷　1685

軍興本末紀略四卷　557

扁善齋文存二卷詩存二卷　1347

扁善齋詩選二卷　1427

扁鵲心書三卷附扁鵲心書神方一卷　996

扁鵲心書三卷神方一卷　1004

衲蘇集（悔餘集句）二卷　1094

祛疑説一卷　1551，1564

祛疑説纂一卷　1609

祐山雜説一卷　1575，1613

祖國女界文豪譜不分卷　1403

神十誡注釋　1137

神山引一卷　1498

神川遯士集一卷　1378

神女傳一卷　1660，1663，1666，1727

神功妙濟真君禮文一卷　1121

神仙傳一卷　1582

神仙傳十卷　1600，1601，1659

神仙傳五卷　1727

神仙餘論補一卷　1875

神奴兒大鬧開封府雜劇一卷　1499

神州古史考一卷　1809

神兵旗式一卷　1059

神相全編十二卷首一卷　1060

神相彙編四卷續一卷　1060

神室八法一卷　1114

神峰張先生通考闢謬命理正宗大全四卷　1060

神異經一卷　950，1563，1583，1597，1598，1600，1602，1659

神道要論六卷　1137

神道碑銘二卷　1841

神道論贖救世總説真本　1137

神農本草經二卷　1002

神農本草經三卷　996，1668

神農本草經四卷　1866

神農本草經百種録一卷　995，1849

神農本草經疏三十卷　1002

神農本草經讀四卷　994

神農書一卷　1795

神詩合選　1137

神境記一卷　1562，1681

神僊傳十卷　1598

神僧傳一卷　1570，1582

神僧傳九卷　1106，1606

神機制敵太白陰經十卷　979，1723

祝子小言一卷　1613

祠部集三十五卷　1643，1646

昶園享帚軒吟草二卷　1351

郡城文渠志二卷　3039

郡國外夷一卷　1832

郡閣雅言一卷　1555

郡縣分韻考十卷　1720

郡齋筆乘六卷　1822

郡齋讀書志二十卷附志二卷　942

退一步齋集詩十六卷文四卷附蕉軒續録

二卷　　1325

退休集鈔一卷　　1372

退厓日劄四卷　　1822

退厓公牘文字五卷　　1822

退性圖十卷　　964

退思軒詩集一卷　　1443

退思軒詩集六卷補遺一卷　　1349

退室詩稿一卷　　1858

退耕堂詩集十卷附詩餘一卷　　1306

退菴金石書畫跋二十卷　　925

退菴題跋二卷　　925

退庵先生遺集二卷　　1371

退庵自訂年譜一卷　　1861

退庵隨筆一卷　　1774

退庵隨筆二十二卷　　1861

退庵賸稿一卷　　1774

退遂齋詩續集二卷　　1336

退補齋詩存十六卷文存十二卷　　1335

退餘叢話二卷　　1777

退齋雅聞録一卷　　1555

退齋筆録一卷　　1559，1608

既勤著述五種叙例一卷　　1822

既勤著述叙例一卷　　936

咫進齋叢書三十五種　　1765

咫聞録十二卷　　1045

屏山全集二十卷　　1181

屏山集鈔一卷　　1372

（乾隆）屏山縣志八卷首一卷續編一卷
　　845

（光緒）屏山縣續志二卷首一卷　　845

屏居十二課一卷　　1647

陣紀四卷　　979，1673，1719，1721，1723

韋自東傳一卷　　1594

韋居聽輿一卷　　1557，1587，1591，1592

韋弦佩一卷　　1577

韋庵經説一卷　　1721

韋鮑二生傳一卷　　1595

韋齋詩鈔一卷　　1372

韋蘇州全集十卷　　1166

韋蘇州集十卷　　1166

韋蘇州集十卷拾遺一卷　　1363，1366，
　　1368

韋蘇州詩集二卷　　1364

韋廬初集一卷續集一卷近集一卷　　1276

眉山詩案廣證六卷　　1467

眉山詩鈔一卷　　1372

眉公先生晚香堂小品二十四卷　　1213

（嘉慶）眉州屬志十九卷　　849

眉庵詞一卷　　1771

胥屏山館詩存二卷文存二卷　　1716

陝甘奏稿一卷　　693

陝甘諸山考一卷　　1692

陝西考略一卷　　1684

陝西地略一卷　　1708

陝西全圖　　914

（道光）陝西志輯要六卷首一卷關中漢
　　唐存碑跋一卷秦疆治略一卷漢南游草
　　一卷　　702

陝西南山谷口考一卷　　1683

陝西南山谷口考不分卷　　1756

（雍正）陝西通志一百卷首一卷　　702

陝西歷科進士録（順治三年丙戌科至光
　　緒十八年壬辰科）　　619

（同治）陝州直隸州志二十卷首一卷附
　　續志二卷　　788

（光緒）陝州直隸州志十五卷首一卷　　788

陝衛治略十卷　　666

除紅譜一卷　　1568，1772

院本名目一卷　　1851

姚少監詩集十卷　　1171，1367，1369

姚氏先德傳六卷　1863

姚氏殘語一卷　1558

姚氏藥言一卷　1765

姚文敏公遺稿十卷附錄一卷　1752

姚石甫年譜一卷　1863

姚生傳一卷　1594

姚江學辨二卷　1868

姚江釋毀録一卷　1823

姚牧庵先生文選五卷　1403

姚刻三種（姚氏叢刻）　529

姚信周易注一卷　434

姚秦三藏西天取清解論一卷　1105

姚鏡塘先生全集三種　1287

娖爐封傳奇一卷　1879

飛丸記二卷　1504

飛白録二卷　1072

飛武全傳四卷三十二回　1519

飛來峰記一卷　1693

飛虎夢不分卷　1529

飛雲洞記一卷　1694

飛燕外傳一卷　1598，1600，1601，1659

飛燕遺事一卷　1570，1660

飛霞館選百家纂雋十卷　1538

飛霞館選百家纂雋十卷附百家書目題辭
　1033

飛鴻堂印譜初集八卷二集八卷三集八卷
　四集八卷五集八卷　1092

飛騰集二卷　1846

盈朒演代一卷　1751

盈書閣遺稿一卷　1421，1851

勇廬閒詰評話一卷　1803

癸巳存稿十五卷　1720

癸巳存稿四卷　430

癸巳類稿十五卷　1025

癸巳類稿六卷　430

癸酉消夏詩一卷　1730

癸辛雜識一卷　1556

癸辛雜識前集一卷後集一卷續集二卷別
　集二卷　1610，1617

柔克齋集一卷　1381

柔佛略述一卷　1705

柔遠新書四卷　666，1735，1741

象象論一卷　499

象傳論二卷　499

紅牙小譜不分卷　1503

紅术軒紫泥法一卷　1086，1670

紅术軒紫泥法定本一卷　1623

紅羊劫後賸草不分卷　1350

紅豆村人詩稿十四卷　1850，1851

紅豆詩人集十九卷　1266

紅豆樹館書畫記八卷　1078

紅拂記二卷　1503

紅苗紀略一卷　1706

紅雨樓詩鈔二卷附錄一卷　1444

紅亭日記二卷　901

紅雪山房集詩鈔十二卷聚政簸衍全編二
　卷附淳安荒政紀略一卷　1286

紅雪軒詩槁一卷　1421

紅雪詞鈔四卷附錄二卷　1720

紅崖碑釋文一卷　1867

紅梨記二卷　1504

紅雲社約一卷　1577

紅雲續約一卷　1577

紅犀館詩課八集附丹山倡和詩一卷海山
　小集分韻詩一卷　1423

紅綫女一卷　1502

紅綫傳一卷　1585，1660，1663，1666，
　1727

紅蕙山房吟稿一卷　1656

紅蕉山館題畫詩一卷續和題畫詩一卷

　　1256

紅樓夢評贊一卷附紅樓夢賦一卷紅樓夢
　　雜記一卷紅樓夢竹枝詞一卷紅樓夢題
　　詞一卷　1523

紅樓夢傳奇八卷　1496

紅樓夢廣義二卷附紅樓夢戲咏一卷紅樓
　　夢百美合咏一卷　1527

紅樓夢賦一卷　1228

紅蝠山房詩鈔九卷二編二卷補鈔一卷續
　　鈔一卷補遺一卷　1297

［紅樹山莊曲譜選鈔］一卷　1498

紅樹山莊詩草四卷附黔游草一卷　1326

紅藕山莊詩存　1351

紅橺書屋詩集四卷　1272，1649

紅鵝館詩選二卷　1256

約拿書　1144

約章分類輯要三十八卷　663

約章成案匯覽甲篇十卷乙篇四十二卷　663

約喪禮經傳一卷　457，1631

約園志不分卷　874

約園詞四卷　1478

約翰聖經釋解　1131

約翰傳福音書　1132

約翰福音　1132

約翰福音書　1132

約翰福音略解　1132

級數回求一卷　1053

紀元本末十六卷　653

紀元要略二卷補一卷　1650

紀元要略二卷補輯一卷　1847

紀元通考十二卷　570

紀元編三卷末一卷　1739

紀公求雨篇一卷　1762

紀文達公文集十六卷詩集十六卷　1265

紀文達公遺集三十二卷　1265

紀半樵詩一卷　1678，1728

紀事約言二卷　1728

紀城文稿四卷　1843

紀城詩稿四卷　1843

紀效新書十八卷　980

紀效新書十八卷首一卷　1721

紀琉球入太學始末一卷　1625

紀游草四卷　1876

紀載彙編十種　1749

紀夢編年一卷續編一卷　1817

紀聞類編十四卷　1036

紀談録一卷　1555

紀録彙編一百二十一種　1603

紀藝一卷　1567

紀聽松庵竹鑪始末一卷　1633，1651

紉齋畫賸不分卷　1075

紉蘭佩一卷六齣　1505

十畫

耕禄稿一卷　1551，1565，1587，1591，
　　1610

耕養齋集二卷　1383

耕餘小稿一卷　1859

耕餘居士詩集十八卷　1256

耕餘博覽一卷　1557

耕織圖詩一卷附録一卷　1653，1659

耘莊詩稿二卷詞稿一卷　1277

耘莊題畫稿四卷　1277

耘硯山房全集二十五卷前明小記一卷前
　　明雜事詩一卷耘硯山房文集二卷百六
　　吟一卷耘硯山房時藝偶存一卷篷窗吟
　　一卷耘硯却睡録一卷　1251

泰山石經峪六卷　920

泰山生令記一卷　1582

泰山志二十卷　892

泰山刻石一卷　918

泰山脉絡紀一卷　1687

泰山紀勝一卷　1637，1638，1661，1687，
　1727

泰山蒐玉集二卷　1447

泰山道里記一卷　917，1687

泰西人物志一卷　1885

泰西各國兵政考不分卷　1755

泰西各國采風記一卷　1711

泰西事物叢考八卷　1549

泰西河防不分卷　1755

泰西城鎮記一卷　1706

泰西著述考一卷　1741

［泰州仲氏閨秀集合刻］七種　1430

（雍正）泰州志十卷首一卷　735

（道光）泰州志三十六卷首一卷附刊謬
　二卷　735

（乾隆）泰安府志三十卷首一卷末一卷
　774

（道光）泰安縣志十二卷首一卷末一卷
　774

（光緒）泰伯梅里志八卷　730

（同治）泰和縣志三十卷首一卷　819

（道光）泰和縣志四十八卷首一卷　819

泰階六符經一卷　1796

泰雲堂文集二卷駢體文集二卷詩集十八
　卷詞集三卷附年譜一卷　1290

（同治）泰順分疆録十二卷首一卷　811

（雍正）泰順縣志十卷　811

（光緒）泰興縣志二十六卷首一卷末一
　卷　735

泰嶽府君記一卷　1582

秦子一卷　1795

秦女賣枕記一卷　1582

秦中歳時記一卷　1564

秦公緒詩集一卷　1366，1368

秦廷築一卷　1502

秦修然竹塢聽琴雜劇一卷　1501

秦亭山民移居倡和詩一卷　1811

秦淮士女表一卷　1579

秦淮春泛圖咏一卷　1287

秦淮畫舫録二卷畫舫餘譚一卷　1044

秦淮劇品一卷　1579

秦雲擷英小譜一卷　1635，1772

秦蜀兼籌二卷附贈言　693

秦蜀驛程後記二卷　1843

秦蜀驛程記一卷　1699

秦漢瓦當文字二卷續一卷　934

秦漢瓦圖記四卷補遺一卷　933

秦漢文鈔六卷　1396

秦漢印範六卷　929

秦漢書疏十八卷　687

秦篆殘字跋一卷　932

秦疆治略不分卷　904

秦韜玉詩集一卷　1366，1367，1369

（同治）珙縣志十五卷　845

珠采一卷　1615

珠塔寶卷全集二卷　1488

珠叢別録二十八種　1673

珩璜新論一卷　1673

珞琭子三命消息賦注二卷　1672

珞琭子賦注二卷　1672

班馬字類二卷　1657，1657，1721

班馬異同三十五卷　538

班蘭臺集一卷　1361

敖山記一卷　1692

敖公紀述二卷　609

敖器之詩話一卷　1565

素女方一卷　1679，1772

素女經一卷　1772

素文女子遺稿一卷　1851

素仙簡要四卷　1762

素行録二卷續編一卷　1800

素行録不分卷　608

素軒公集一卷　1445

素軒集一卷　1379

素書一卷　949，950，978，1118，1554，
　　1597，1598，1600，1602，1615

素問玄機原病式一卷　990，991，992

素問病機氣宜保命集三卷　990，991

素問隋楊氏太素注本目録一卷　1770

素問靈臺秘典論篇新解一卷瘧解補證一
　　卷　1770

素問靈樞類纂約注三卷　999

素園遺書十八卷末二卷　1218

素賞樓詩稿一卷　1421

素履子三卷　949，1651，1675

素履堂稿一卷　1257

素履齋稿一卷　1378

素靈微蘊四卷　997

匪石山人詩一卷　1764

埔裏社紀略一卷　1702

捕蝗考一卷　1629，1651，1721，1724

捕蝗要訣一卷附除蝻八要一卷　987

（上海土白）馬太傳福音書　1133

馬太傳福音書　1132

馬太福音　1132

馬太福音書　1132

［馬氏］文通十卷　1471

馬氏醫案印機草一卷　997

馬丹陽三度任風子雜劇一卷　1501

馬丹陽度脱劉行首雜劇一卷　1501

馬文莊公文集選十五卷　1825

馬文莊公文集選十五卷附譚誤四卷　1206

馬弔説一卷　1636

（榕腔）馬可傳福音書　1133

馬可福音　1133

馬可福音略解　1133

（客話）馬可福音傳　1133

馬自然傳一卷　1595

（乾隆）馬巷廳志十八卷首一卷　855

（光緒）馬崑志十六卷首一卷　790

馬端肅公三記三卷　1593，1603

馬徵君遺集六卷　1315

馬融周易傳一卷　434

馬戲圖譜一卷　1751

（嘉慶）馬邊廳志略六卷首一卷　845

振綺堂詩存一卷　1264

振綺堂叢書二集十二種　1745

振綺堂叢書初集十種　1745

振興中國棉業説二卷　1756

起世經一卷　1570

起起穀梁癈疾一卷　1770

起黃二卷質顧一卷廣王二卷　965

起雲閣詩鈔一卷　1421

起雲閣詩鈔四卷　1429

起廢疾一卷　1657，1667

捍海塘志一卷　1808

貢舉考略四卷　623

捐務題稿附捐務鹽務告示章程　677

袁山松後漢書一卷　544

袁子正書一卷　1794

袁子正論二卷　1794

袁天綱外傳一卷　1595

袁太史時文一卷　1851

袁太史稿不分卷　1263

袁太常三疏稿一卷　696

袁中郎先生批評唐伯虎彙集四卷唐六如
　　先生畫譜三卷外集一卷紀事一卷傳贊
　　一卷　1197

袁中郎狂言二卷狂言別集二卷　1214

袁氏世範一卷　1715

袁氏世範三卷　1654

袁氏家書六卷　1824

袁氏痘疹叢書五卷　1006

袁氏傳一卷　1594，1660，1664，1667

袁氏義犬一卷　1502

袁氏藝文金石錄二卷　1752

袁文合箋十六卷　1263

袁文箋正十六卷　1263

（同治）袁州府志十卷首一卷　819

袁忠憲集一卷　1359

袁浦札記一卷　1862

袁海叟詩集四卷補一卷　1750

袁家三妹合稿四卷　1851

袁督師事蹟一卷　1817

袁督師計斬毛文龍始末一卷　558

袁端敏公奏稿不分卷　694

袁緒欽雜文稿　1340

袁魯望集十二卷　1208

袁簡齋續詩品一卷　1712

挹秀山房叢書十一種　1735

挹青閣詩集六卷　1292

挹翠樓詩存二卷　1428

挹綠軒詩稿四卷續稿一卷吟餘詩草一卷
　詩稿補遺一卷　1291

都公談纂二卷　1647

都公譚纂二卷　1647

都孔目風雨還牢末雜劇一卷　1501

（同治）都昌縣志十六卷首一卷　816

都門竹枝調不分卷　1426

都門紀略七卷　876

都城紀勝一卷　1807

都梁志一卷　1681

哲匠金桴五卷　1676，1831

哲理新發明　1897

埃及紀略一卷　1706

埃及國記一卷　1706

埃及碑釋一卷　1745

耻言二卷　1651

耻堂存稿八卷　1186，1643，1646

耿拾遺詩集一卷補遺一卷　1366，1368

耿湋詩集一卷　1365

華山志概一卷　1688

華山碑考四卷　932

華山經一卷　1622，1688

華川卮辭一卷　1572，1758，1818

華氏中藏經三卷　1679

華氏新論一卷　1794

華夷花木鳥獸珍玩考十二卷　985

華先生中藏經八卷　991

華延年室題跋三卷附殘明大統曆、殘明
　宰輔表　944

（光緒）華州三續志十二卷　798

（乾隆）華州再續志十二卷　798

（隆慶）華州志二十四卷　798

（康熙）華州續志四卷　798

華谷集一卷　1375

華英通商事略一卷　1741

華英通語不分卷　522

華事夷言一卷　1710

華泉先生集選四卷附邊仲子詩一卷　1844

華泉先生集選四卷睡足軒詩一卷附錄一
　卷　1200

（光緒）華亭縣志二十四卷首一卷末一
　卷　728

（乾隆）華亭縣志十六卷　728

華洋義振會報告　1889

華洋戰書初編一卷　1741

華峰集二卷　1439

華峰漫稿一卷　1380

（光緒）華容縣志十五卷首一卷　833

（萬曆）華陰縣志九卷　798

華國編唐賦選二卷　1416

華陽真逸詩二卷　1365

華陽國志十二卷　1599，1606，1675

華陽國志十四卷　1600，1601

華陽國志校勘記一卷　1866

華陽散稿二卷　1253

華陽集一卷　1374

華陽集四十卷　1643，1646

（嘉慶）華陽縣志四十四卷首一卷　840

華陽觀主王先生碑一卷　919

華番和合通書　662

華蓋山浮邱王郭三真君事實一卷　1121

華語初階一卷　965

華影吹笙室詞一卷　1477

華嶠後漢書二卷　544

華嶽志八卷首一卷　892

華嚴一乘十玄門一卷　1109

華嚴一乘教義分齊章四卷　1109

華嚴五十要問答二卷　1109

華嚴金師子章解一卷　1109

華嚴法界玄鏡三卷　1109

華嚴經旨歸一卷　1109

華嚴經明法品内立三寶章一卷　1109

華嚴經音義四卷　1738

華嚴經義海百門一卷　1109

茝香詞一卷　1475

莆田水利志八卷　889

（乾隆）莆田縣志三十六卷首一卷　854

莆風清籟集六十卷　1436

莆陽黄御史集二卷別録一卷附録一卷　1762

恭迎大駕記一卷　1625，1627

（光緒）恭城縣志四卷　865

恭愨公蘭堂遺稿二卷　1244

莽蒼蒼齋詩二卷　1881

莫高窟石室祕録一卷　933

莫愁湖志四卷　897

荷戈紀程一卷　1686

荷塘詩集十二卷　1268

荷蘭國通商和約章程一卷　663

莅戎要略一卷　1722

莅政摘要二卷　1748

荻存小咏史一卷　1823

荻芬書屋詩稿四卷文稿不分卷氈底零箋一卷試帖二卷　1318

（浙江湖州）荻溪章氏支譜不分卷　590

荻樓雜抄一卷　1558

莘野纂聞一卷　1574，1588

（光緒）莘縣志十卷　766

（康熙）莘縣志八卷　766

（光緒）莘縣鄉土志一卷　766

莘齋文鈔四卷詩鈔七卷詩餘一卷附播變紀略一卷　1346

晋人麈一卷　1635

晋八王易知略一卷　1881

晋王大令集一卷　1362

晋王右軍集二卷　1158，1362

晋太康三年地記一卷　1667

晋中興書一卷　1561

晋公談録一卷　1608

晋文紀二十卷　1395

晋史乘一卷　1560，1606，1607

晋司隸校尉傅立集三卷　1885

晋成公子安集一卷　1362

（康熙）晋州志十卷　715

晋杜征南集一卷　1362

晋束廣微集一卷　1362

晋宋書故一卷　1857

晋政輯要八卷　654

晋紀一卷　1680

晋泰始笛律匡謬一卷　1776

晋真人語録一卷　1119

晋乘蒐略三十二卷　879

晋記六十八卷　544

晋書一百三十卷　534

晋書一百三十卷附考證音義三卷　540

晋書一百三十卷附音義三卷　536

晋書一百三十卷音義三卷　534，535，
　539

晋書一百三十卷音義三卷　539，540

晋書地理志新補正五卷　1667，1729，
　1754

晋書校文五卷　540

晋書補傳贊一卷　1850

晋陵先賢小傳不分卷　585

晋陶靖節年譜一卷　1865

晋問一卷　1557

晋張司空集一卷　1362

晋張孟陽集一卷　1362

晋張景陽集一卷　1362

晋陽明備録不分卷　879

晋陽秋一卷　1561

晋游小草一卷　1822

晋摯太常集一卷　1362

晋劉越石集一卷　1362

晋藏小録一卷　1686

晋齋詩存二卷　1284

莎車行紀一卷　1686

莎車行記一卷　1867

真山民集一卷　1815

真山民詩集一卷　1781

真文忠公心經一卷　1828

真文忠公全集（真西山全集）七種　1828

真文忠公政經一卷　1828

真文忠公續文章正宗二十卷　1395

真正京調曲本八十三種　1483

真功發微二卷　1153

真西山先生集八卷　1639

真西山政訓一卷　1611

真州風土記一卷　1698

真修寶卷一卷　1487

真神十誡　1143

真神耶穌之論　1146

真珠船八卷　1612

真娘墓詩一卷　1663，1665

真理三字經　1128

真理易知　1137

（官話）真理問答　1143

真理問答　1143

真傀儡一卷　1502

真率筆記一卷　1558

真率會約一卷　1622

真道入門　1143

真詮三卷　1120

真誥三卷　1120

真賞齋賦一卷　1768

真學易簡篇一卷　1716

真臘風土記一卷　1563，1594，1606，1609

真靈位業圖一卷　1553，1561，1582

莊子十卷　949，951，976

莊子內篇注四卷　976

莊子因六卷　977

莊子奇文四卷　1779

莊子注一卷補遺一卷音一卷逸篇一卷逸
　語一卷逸語注一卷疑義一卷　1785

莊子注二卷　1882

莊子故八卷　1779

莊子南華真經十卷　948，975

莊子南華真經三卷附札記　951

莊子南華真經三卷附札記一卷　976

莊子南華真經四卷附音義四卷　973

莊子通一卷　1840

莊子通十卷讀莊概辨一卷　977

莊子通義十卷　976

莊子雪三卷　977

莊子章義五卷附録一卷　1854

莊子集解八卷　976

莊子集釋十卷　976

莊子解一卷　1634

莊子解十二卷　1806

莊子解三十三卷　1840

莊子新解一卷　1770

莊子經説叙意一卷　1770

莊子選四卷　1400

莊子翼八卷　977

莊子翼評點八卷　1826

莊子闕誤一卷　951，976，1572，1676，
　1831

莊子識小一卷　1879

莊恪集一卷　1439

莊敏公遺集一卷附莊敏公家傳　1442

莊渠先生遺書十二卷　1202

莊靖先生集一卷　1376

莊靖先生遺集十卷　1187

莊稼多作工的人少　1150

莊諧選録十二卷　1046

桂苑珠叢一卷　1793

桂苑珠叢一卷補遺一卷　1751

桂苑筆耕集二十卷　1736

桂苑叢談一卷　1557，1584，1611，1662，
　1664

桂林諸山別記一卷　1693

桂林霜二卷　1852

桂枝女子傳一卷　1615

桂枝香傳奇一卷　1879

（同治）桂東縣志二十卷首一卷　839

桂洲文集四卷　1360

桂洲奏議二十卷　691

桂留山房詩集十二卷附桂留山房詞集一
　卷　1302

桂海虞衡志一卷　1563，1594，1606，
　1607

桂海虞衡志十四卷　1581

桂陽石洞記一卷　1694

桂陽列仙傳一卷　1680

桂陽先賢傳一卷　1680

桂陽志一卷　1681

（同治）桂陽直隸州志二十七卷　838

桂陽風俗記一卷　1699

桂陽記一卷　1681

桂陽圖經一卷　1681

桂隱集一卷　1378

桂馨書屋遺文一卷　1864

桂馨堂集六種附二種　1860

桂馨塾課不分卷　1864

桂鬱巖洞記一卷　1634，1693

栲栳山人集一卷　1377

郴州圖經一卷　1681

郴江志一卷　1681

郴東桂陽小記一卷　1699

桓子新論一卷　1668

桓令君集一卷　1681

桓階別傳一卷　1680

桓譚新論一卷　1561

栖雲閣文集十五卷詩十六卷拾遺三卷
　1225

栖雲閣文集十五卷詩十六卷拾遺三卷附

留畊堂遺詩四卷　1225

栯堂山居詩一卷　1191，1379

桐江集一卷　1376

桐江詩話一卷　1565

桐花吟館詩一卷　1440

桐花閣詞一卷補遺一卷　1477

桐花閣詞鈔一卷　1475，1817

桐花齋自警錄二卷　1338

（安徽桐城）桐陂趙氏宗譜二十八卷首
　　一卷　586

桐城方氏七代遺書二十種　1824

桐城吳氏古文讀本十三卷　1401

桐城吳先生文集四卷　1878

桐城吳先生文集四卷詩集一卷尺牘六卷
　　尺牘補遺一卷諭兒書一卷　1344

桐城吳先生尺牘五卷補遺一卷　1878

桐城吳先生全書六種　1878

桐城吳先生詩集一卷　1878

桐城吳先生諭兒書一卷　1879

桐城吳先生點勘諸子七種　949

桐城耆舊傳十二卷附列女傳一卷　584

（康熙）桐城縣志八卷　739

（乾隆）桐柏縣志八卷首一卷　786

桐屋遺稿一卷　1757

桐華舸詩鈔八卷詩續鈔八卷遺詩一卷明
　　季咏史詩鈔一卷褒忠詩鈔一卷　1318

桐華閣文集十二卷　1877

桐華閣詞鈔二卷　1877

桐華閣叢書六種　1877

桐陰吟詩甲編二卷　1423

桐陰清話四卷　1030

桐陰畫訣一卷　1077

桐陰論畫二卷首一卷附錄一卷畫訣二卷續
　　桐陰論畫一卷二編二卷三編二卷　1076

桐陰舊話一卷　1595，1608

桐埜詩集四卷　1246

（光緒）桐鄉縣志二十四卷首四卷附楊
　　園淵源錄四卷　805

（嘉慶）桐鄉縣志十二卷　805

（康熙）桐鄉縣志五卷　805

桐堦副墨一卷　1623

桐雲閣試帖一卷　1458

桐雲閣試帖集注二卷　1460

桐雲閣試帖輯注一卷　1458，1459

桐窗囈説一卷　1716

桐園臥游錄一卷　1083

桐溪耆隱集二卷補錄一卷　1752

桐譜一卷　1569，1581

（乾隆）桐廬縣志十六卷　811

桃花人面一卷　1502

桃花女破法嫁周公雜劇一卷　1500

桃花泉弈譜二卷　1093

桃花扇傳奇二卷　1494

桃花扇傳奇四卷首一卷　1494

桃花扇傳奇後序詳注四卷　1495

桃花隖諸山記一卷　1691

桃花新夢　1528

桃花源一卷　1839

桃花源志二十四卷　871

桃花源志略十三卷附桃花源五排三百韻
　　871

桃花源傳奇一卷　1879

桃花影傳奇二卷　1495

桃花潭文徵六卷　1448

桃源手聽一卷　1557

桃源洞天志不分卷　871

（道光）桃源縣志二十卷首一卷　835

（光緒）桃源縣志十七卷首一卷末一卷
　　835

（乾隆）桃源縣志十卷首一卷　733

（江西南昌）桃溪黄氏宗譜四卷　592

桃谿雪二卷　1496，1868

格古瑜論不分卷　1068

格言僅録一卷　1625，1628

格言聯璧一卷　1769

格言聯璧不分卷　972

格物入門七卷　1894

格物中法十二卷　1058

格物中法六卷　1894

格物探原六卷　1895

格致古微五卷表一卷　1780

格致古微六卷　1067

格致書院西學課程：數學課題　1895

格致答問類編不分卷　1755

格致質學啓蒙一卷　1761

格致餘論一卷　991，992

格致總學啓蒙三卷　1761

格致鏡原一百卷　1539

格術補一卷　1873

格魯森五十三七米粒密達快放礮操法一卷　978

杉華館駢體文四卷　1053

校刊史記集解索隱正義札記五卷　537

校刊增注四書便蒙十卷　479

校正九章算術及戴氏訂訛一卷　1860

校正三娘教子京調全本一卷　1482，1483

校正天水關京調全本一卷　1483

校正元親征録一卷　562

校正五臺山京調全本一卷　1484

校正文昭關京調全本一卷　1484

校正孔氏大戴禮記補注十三卷　1797，1883

校正玉堂春京調全本一卷　1484

校正古今人表一卷　1861

校正四書釋地八卷附孟子生卒年月考一卷　489

校正汾河灣京調全本一卷　1482，1484

校正尚友録統編二十四卷　1546

校正金光陣京調全本一卷　1483

校正京調□蛟觀畫一卷　1483

校正京調一捧雪全本一卷　1482，1483

校正京調二進宮全本一卷　1483，1483

校正京調七星燈全本一卷　1483

校正京調三氣周瑜全本一卷　1482，1483

校正京調三疑計後本一卷　1482

校正京調三疑計前本一卷　1482

校正京調三疑記後本一卷　1483

校正京調三疑記前本一卷　1483

校正京調大保國後本一卷　1483，1484

校正京調大補缸全本一卷　1483

校正京調小上墳全本一卷　1482，1483

校正京調小磨房一卷　1483

校正京調天水關全本一卷　1482

校正京調五雷陣上本一卷　1484

校正京調六月雪全本一卷　1482，1483

校正京調文昭關全本一卷　1482

校正京調丑表功全本一卷　1484

校正京調打金枝全本一卷　1484

校正京調打鼓罵曹全本一卷　1482，1484

校正京調打龍袍全本一卷　1482，1484

校正京調四郎回令後本一卷　1483

校正京調四郎探母中本一卷　1483

校正京調四郎探母前本一卷　1483

校正京調吊金龜一卷　1484

校正京調別宮祭江全本一卷　1484

校正京調坐樓殺息全本一卷　1482，1483

校正京調取城都全本一卷　1483

校正京調牧羊卷全本一卷　1482，1483

校正京調金水橋全本一卷　1483

校正京調金光陣全本一卷　1482
校正京調定軍山後本一卷　1482，1483
校正京調定軍山前本一卷　1482，1483
校正京調空城計全本一卷　1482，1483
校正京調南天門走雪逃難全本一卷　1482，
　1484
校正京調宮門帶全本一卷　1483
校正京調秦瓊起解全本一卷　1483
校正京調秦瓊賣馬全本一卷　1483
校正京調捉放曹後本一卷　1482，1483
校正京調捉放曹前本一卷　1482，1483
校正京調晋陽宮全本一卷　1483
校正京調柴桑口全本一卷　1482
校正京調殺淫僧一卷　1482
校正京調桑園寄子全本一卷　1483
校正京調桑園會全本一卷　1482
校正京調探寒窰一卷　1482，1483
校正京調黃金臺全本一卷　1482，1483
校正京調斬黃袍一卷　1483
校正京調彩樓配全本一卷　1483
校正京調魚藏劍全本一卷　1484
校正京調清官册全本一卷　1482，1483
校正京調陽平關全本一卷　1483
校正京調黑風帕全本一卷　1483
校正京調渭水河全本一卷　1482，1483
校正京調翠屏山全本一卷　1482
校正京調賣胭脂全本一卷　1484
校正京調審刺客全本一卷　1483
校正京調擋諒全本一卷　1482
校正京調薦諸葛全本一卷　1483
校正京調戰北原全本一卷　1483
校正京調戰樊城全本一卷　1482
校正京調磨房產子一卷　1483
校正京調雙投山一卷　1482，1483
校正京調雙官誥全本一卷　1482

校正京調雙帶箭全本一卷　1482
校正京調斷密澗一卷　1484
校正京調斷蜜澗全本一卷　1482
校正京調繪圖八郎探母全本一卷　1482，
　1484
校正京調繪圖法門寺全本二卷　1482，1484
校正京調繪圖鍘美案全本一卷　1482，1483
校正京調獻美妃一卷　1483
校正南陽關京調全本一卷　1482，1483
校正洪羊洞京調全本一卷　1482，1483
校正柴桑口京調全本一卷　1483
校正烏盆計京調全本一卷　1483
校正殺四門京調一卷　1483
校正殺淫僧京調一卷　1483
校正桑園寄子京調全本一卷　1482
校正桑園會京調全本一卷　1483
校正硃批增注七家詩選七卷　1458
校正康對山先生武功縣志三卷　1714
校正清河橋京調全本一卷　1482，1483
校正張補五千字文圖注一卷　521
校正朝邑志一卷　1721
校正雅觀樓京調全本一卷　1482，1484
校正翠屏山京調一卷　1483
校正樊城長亭京調全本一卷　1483
校正韓汝慶先生朝邑縣志一卷　1714
校正雙官誥京調全本一卷　1483
校正雙帶箭京調一卷　1483
校正雙龍會京調一卷　1483
校正蘆花河京調全本一卷　1482，1483
校正寶蓮燈京調二卷　1482
校正寶蓮燈京調全本一卷　1483
校邠廬抗議二卷　963
校注橘山四六二十卷　1184
校訂困學紀聞集證二十卷　1010
校補玉海瑣記二卷深寧年譜一卷　1829

校補四書異同商六卷補訂異同商六卷　483
校碑隨筆不分卷　932
校準京調黃鶴樓全本一卷　1483
校準京調鬮王廟全本一卷　1483
校經山房叢書二十七種　1753
校經堂集初集四卷二集九卷　1459
校經廎文稿十八卷　1286
校禮堂文集一卷　427
校禮堂詩集十四卷附梅邊吹笛譜二卷晋
　　泰始笛律匡謬一卷　1277
校讎通義三卷　1738
核訂現行刑律　1891
栟櫚集一卷　1374
栟櫚詞一卷　1472
栩栩齋文鈔一卷　1821
栩栩齋筆記二卷　1821
栩栩齋詩鈔一卷　1821
栩菴詩稿一卷　1384
軒渠録一卷　1559，1586，1590
軒轅皇帝傳一卷　1678
連山一卷附諸家論説　1785
連山書院志六卷　876，1846
（道光）連山綏猺廳志不分卷　865
連文釋義一卷　1626，1627
（廣東連平）連平顏氏宗譜不分卷　593
（同治）連州志十二卷　864
（嘉慶）連江縣志十卷首一卷　854
連居閣吟草四卷附連居閣親朋唱和詩録
　　一卷　1356
連陽八排風土記八卷　882，1846
連筠簃叢書十四種　1720
哥薩克東方侵略史不分卷　568
鬲津草堂詩六卷　1820
酌中志二十四卷　1736
酌中志餘二卷　1728
酌古準今九種　1800
酌雅堂駢體文集二卷　1341，1881
酌雅齋四書遵注合講十九卷附圖説一卷
　　485
夏小正分箋四卷　430，1774
夏小正正義一卷　1762，1862
夏小正四卷　1607
夏小正考注一卷　460，1667
夏小正注四卷　1856
夏小正通釋一卷　460
夏小正異義二卷　430
夏小正集説四卷　460
夏小正集説四卷補一卷存説二卷　1873
夏小正詁一卷　1629，1658，1712
夏小正補傳一卷　1863
夏小正疏義附釋音異字記四卷　428
夏小正箋一卷　1676
夏小正戴氏傳四卷　421，424
夏內史集九卷附録一卷　1651
夏考信録二卷　1799，1855
夏東巖先生文集十四卷首一卷　1197
夏雨軒雜文四卷　1317，1870
夏侯子新論一卷　1794
夏侯鬼語記一卷　1582
夏侯常侍集一卷　1362
夏侯陽算經三卷　1642，1645，1648
（乾隆）夏津縣志十卷首一卷　778
夏桂洲先生文集十八卷年譜一卷　1201
夏峰先生集十四卷　1799
夏峰先生集十四卷補遺二卷　1835
夏雲存稿五卷　1847
夏雲堂稿一卷　1439
夏節愍公集四卷　1360
夏節愍全集十卷首一卷末一卷補遺一卷
　　續補遺一卷　1217

夏蟲自語一卷　1746

夏寶晋文稿一卷　1304

砥齋題跋一卷　1722

砲録十卷砲録後編一卷軍火雜録一卷　984

破邪詳辯四卷首一卷　1126

破邪論一卷　1631，1837

破邪顯證鑰匙經二卷　1105

破幽夢孤雁漢宮秋雜劇一卷　1499

破張郃銘一卷　919

破鐵網二卷　1768

破蠻唱詞一卷附工尺譜　1498

原人論一卷　1109

原化記一卷　1556

原本茶經三卷續茶經三卷附茶法一卷　987

原本海公大紅袍傳六十回　1517

（乾隆）原武縣志十卷　784

原象一卷　1631，1648

原善一卷　1631

原善三卷　1648，1780

原富三卷　1899

原詩一卷　1631

原獻文録四卷詩録三卷　1433

逐鹿記一卷　1552，1573

烈女記八卷　1505

烈皇小識八卷　557

殉身録一卷　1552，1573

盍山文録八卷盍山詩録二卷　1347

盍山志八卷　896

盍山詩録二卷　1428

致曲術一卷　1873

致曲圖解一卷　1873

致身録一卷　1360，1552，1573，1722

致虛雜俎一卷　1558

鬥花籌一卷　1068

鬥花籌譜一卷　1712

鬥杯堂集一卷　1884

鬥杯堂詩集一卷　1884

鬥茶記一卷　1567

柴氏古韻通八卷附正音切韻復古編一卷　524

柴村文集十二卷古今體詩鈔五卷柴村賦集附一卷蝶庵自藥一卷附德滋堂歌詩附鈔一卷　1222

柴車倦游集一卷　1421

柴墟文集十五卷　1197

迍邅璊言一卷　1575

虔臺逸史一卷　1781

逍遥山萬壽宮通志二十二卷　872

逍遥集一卷　1654

逍遥詞一卷　1472

時中集一卷　1380

時方妙用四卷　994

時方歌括二卷　994

時事新編六卷　674

時物典彙一卷　1834

時病論八卷　1009

時務通考三十一卷　1011

時務通考三卷　655

時務通論　1900

時務報　1899

時務論一卷　1796

時學正衡一卷　1352

時憲曆（雍正三年、五年）　1050

逞風流王焕百花亭雜劇一卷　1501

哺記一卷　1635

晁氏客語一卷　1551，1556

晁氏叢書五種　1821

晁具茨先生詩集十五卷　1736，1821

晁無咎詞六卷　1821

剔弊廣增分韻五方元音二卷　528

晏子春秋一卷　1858

晏子春秋七卷附音義二卷校勘記二卷　954

晏子春秋八卷　950

晏子春秋九卷　951

晏子春秋六卷　954

蚍蜉傳一卷　1594

蚓庵瑣語一卷　1637，1638

哭盦叢書十三種　1884

哦月廔詩餘一卷　1476

（道光）恩平縣志十八卷首一卷末一卷　862

（乾隆）恩平縣志十卷　862

（同治）恩施縣志十二卷首一卷　830

恩恤諸公志略二卷　558

恩福堂年譜一卷　613

恩福堂書目四卷附拾遺録一卷　938

恩福堂筆記二卷　1027

恩福堂詩鈔十卷附外集一卷　1291

恩賜御書記一卷　1625，1627

恩賜廕生同官齒録三種　625

恩餘堂經進初稿十二卷續稿二十二卷三稿十一卷恩餘堂策問存課二卷知聖道齋讀書跋尾二卷　1268

恩餘堂輯稿四卷　1268

（宣統）恩縣志十卷首一卷　767

（萬曆）恩縣志六卷　767

（雍正）恩縣續志五卷　767

豈止快録一卷　1704

豈有此理四卷更豈有此理四卷附刪定陰間秀才詩稿一卷　1030

峽川志略一卷　1633，1699

峽江救生船志二卷川行必要一卷峽江圖考一卷　898

峽江圖考不分卷　917

（同治）峽江縣志十卷首一卷　818

峴傭説詩一卷　1468

峴樵山房詩集初編八卷續編四卷　1339

峨秀堂詩鈔四卷　1757

峨眉紀游一卷　900

（嘉慶）峨眉縣志十卷首一卷　847

峐山圖志二卷　892

峰青館詩鈔七卷　1324

特健藥齋外編三種　1881

郵傳部奏議類編五卷　689

郵傳部第一次統計表（清光緒三十三年）　677

郵傳部第二次統計表（清光緒三十四年）　677

造邦賢勳録略一卷　1552，1573

造各表簡法一卷　1873

造硫强水法一卷　1760

造管之法一卷　1760

乘方捷算三卷　1873

乘查筆記一卷　900

乘異記一卷　1571，1660

乘槎筆記一卷　1705

秣陵春傳奇二卷四十一齣附通天臺一卷二齣臨春閣一卷四齣　1493

秣陵集六卷表一卷圖考一卷　1292

租船咏史集一卷　1880

秘册彙函十七種　1617

秘書廿一種　1606

秘書廿八種　1607

秘書省續編到四庫闕書四卷　937

秘傳水龍經五卷　1670

秘傳花鏡六卷　989

秘傳證治要訣十二卷　992

秘殿珠林二十四卷　1070

秘閣閒話一卷　1557

秘製大黄清寧丸方一卷　1679

秘魯形勢録一卷　1706

秘録一卷　1578

透簾細草一卷　1656

笑中緣圖説十二卷七十五回　1486

笑林一卷　1796

笑得好二卷　1027

笑禪録一卷　1580，1589

笏山詩集十卷　1258

笏巖詩鈔一卷　1803

笋譜一卷　1552

倩影廎遺詞一卷　1476

借根方法淺説補一卷　1054

借菴詩鈔十二卷　1305

借庵詩鈔十二卷　1430

借閒隨筆一卷　1745

借箸録三卷　1874

借箸籌防論略一卷附礮概淺説一卷　1780

倚松老人集一卷　1374

倚松老人詩集二卷　1179

倚修竹軒詩草不分卷　1353

倚雲閣詞一卷　1477

倚雲閣詩存三卷補遺一卷詩餘存三卷
　1311

倚晴樓集二種　1868

倚晴樓詩集十二卷續集四卷詩餘四卷　1868

倚霞宮筆録三卷　1884

倒杖一卷　1061

條奏疏稿一卷續刊一卷　1669

條教一卷　1849

條對七經略十四卷　493

倘湖樵書十二卷　1032

倭文端公遺書十一卷　1867

倪文正公年譜四卷　1740

倪文正集四卷　1360

倪文貞公文集二十卷奏疏十二卷首一卷
　1217

倪文僖公集三十二卷補遺一卷附録一卷
　1812

俾路芝考略一卷　1705

俾路芝志一卷馬留土股志一卷紐吉尼亞
　島志一卷西里伯島志一卷附新志一卷
　909

俾路芝沿革考一卷　1707

倫理約編一卷　1770

倫敦竹枝詞一卷　1751

倫敦風土記一卷　1711

雋永録一卷　1566

隻塵譚二卷　1805

倦游集一卷　1439

倦游雜録一卷　1559，1586，1590

健修堂詩集二十二卷空青館詞稿三卷
　1324

健餘先生文集十卷　1799

健餘先生尺牘四卷　1799

健餘先生撫豫條教四卷　1799

健餘先生讀書筆記六卷　1799

健餘劄記四卷　1799

（嘉慶）射洪縣志十八卷　848

射書四卷首一卷　1075

射經一卷　1568，1578

射鷹樓詩話二十四卷　1468

（江蘇如皋）皋東劉氏宗譜二十卷　588

皋亭倡和集一卷　1810

皋蘭載筆一卷　1699

皋蘭課業四種　1455

皋鶴堂批評第一奇書金瓶梅一百回　1514

躬厚堂詩録十卷詩初録四卷絳跌仙館
　詞録三卷雜文八卷附梅花閣遺詩一卷
　1316

躬耻齋詩鈔十四卷文鈔二十卷　1307

息尚編四卷　1239

息柯白牋八卷　1871

息柯先生全集九種　1871

息柯雜著六卷　1871

息軒草初集一卷二集二卷　1230

息游咏歌一卷　1864

息園吟草二卷　1288

息養廬文集十一卷　1333

息影偶録八卷　1045

息影廬殘稿一卷　1876

（順治）息縣志十卷　788

（嘉慶）息縣志八卷首一卷　788

（康熙）息縣續志八卷　789

島夷志略一卷　1754

島居隨録十卷續録十卷三録十卷　1336

（同治）郯縣志四十四卷　840

（嘉慶）郯縣志四十四卷首一卷　840

烏石山志九卷首一卷　896

烏石山房詩存十二卷　1341

烏衣鬼軍記一卷　1582

烏拉乖政要一卷　1708

烏將軍記一卷　1595

烏斯藏考一卷　1686

（乾隆）烏程縣志十六卷　805

（光緒）烏程縣志三十六卷圖一卷　805

烏臺詩案一卷雜記一卷　1742

烏魯木齊雜記一卷　1686

師山先生文集九卷　1359

師山集一卷　1377

師子林別録一卷　1377

師友札記四卷　1869

師友行輩議一卷　1625，1627

師友詩傳録一卷　1461

師友詩傳録一卷師友詩傳續録一卷　1731

師友詩傳續録一卷　1461

師友談記一卷　1555，1725

師竹軒詩集四卷　1338

師竹齋集十四卷　1276

師伏堂咏史一卷詞一卷駢文二種四卷詩
　　草六卷　1880

師伏堂叢書十五種　1880

師善堂詩集十卷　1247

師鄭堂集六卷　1356

師魯集一卷　1380

師曠禽經一卷　1552

師讓盦漢銅印存不分卷　1090

徑山游草一卷洞霄游草一卷龍門游草一
　　卷　899

徐子一卷　1794

徐氏一家詞四種　1475

徐氏筆精八卷　1018

徐氏醫書八種　995

徐文長文集三十卷　1208

徐正字集四卷　1365

徐永宣詩選一卷　1427

徐州二遺民集二種　1430

（同治）徐州府志二十五卷首一卷　735

（乾隆）徐州府志三十卷首一卷　735

（光緒）徐州府銅山縣鄉土志不分卷　736

徐州輿地考一卷　1699

徐孝穆全集六卷備考一卷　1159

徐位山六種　1847

徐東癡詩集二卷　1844

徐雨峰中丞勘語四卷　1758

徐昂發詩選一卷　1427

徐迪功集六卷附談藝録一卷重選徐迪功
　　外集四卷　1201

徐迪功詩集四卷外集三卷附録一卷　1383

徐念陽公集八卷　1360

徐昭夢詩集三卷　1368，1369

徐都講詩一卷　1421，1842

徐恭勤公年譜四卷　613

徐烈婦詩鈔二卷同心梔子圖續編一卷吳
　　絳雪年譜一卷　1241

徐海本末一卷　1670

徐照集補三卷　1875

徐園秋花譜一卷　1629，1713

（康熙）徐溝縣志四卷　746

徐僕射集一卷　1363

徐樂書一卷　1795

徐徵士年譜一卷　609

徐璣集補一卷　1875

徐整長曆一卷　1562

徐騎省集三十卷附補遺并校勘記　1172

徐靈胎先生遺書十三種　1849

殷文圭詩一卷文一卷　1806

殷文珪詩集一卷　1366

殷虛書契前編卷一　1781

殷商貞卜文字考一卷　933

般若波羅蜜多心經一卷　1773

般鳥紀略一卷　1705

般陽詩萃十五卷　1432

航海吟草一卷　1343

航海述奇一卷　1705

航海圖説一卷　1701

航海簡法四卷　1894

航澥遺聞一卷　558

途中記一卷　1702

針灸大成十卷　1001

針灸甲乙經十二卷　991，992，1753

殺車槌法一卷　992，998

殺狗記二卷　1504

豹隱紀談一卷　1556，1590

豹隱堂集詩一卷文三卷　1327

奚囊寸錦圖三卷讀法一卷　1093

奚囊橘柚一卷　1558

奚囊蠹餘二十卷補遺一卷附録二卷　1812

倉田通法續編三卷　1054

倉庚集一卷　1615

倉庚傳一卷　1579

倉頡二卷　503

倉頡訓詁一卷　1793

倉頡篇一卷　1716，1793

倉頡篇三卷　1750

倉頡篇校證三卷補遺一卷　522

倉頡篇補本續一卷　1751

翁山詩外十八卷　1234

翁氏家事略記一卷　616

翁仲仁先生原本幼科七種大全七種　998

翁拾遺詩集一卷　1368，1369

翁梅莊遺草六卷　1815

（嘉慶）翁源縣新志十二卷首一卷末二
　　卷　860

翁襄敏東涯集六卷　1437

翁鐵庵年譜一卷　1669

胭肢鳥傳奇二卷　1496

胭脂紀事一卷　1635

胭脂獄一卷　1498

留青日札摘鈔四卷　1604

留青廣集十二卷　1388

留松堂詩存二卷　1352

留春山房集古詩鈔九卷　1296

留春草堂詩鈔六卷　1279

留耕堂詩集一卷　1800

留都見聞録二卷　1781

留都見聞録二卷南都應試記一卷　1806

留真譜初編十二卷　946

留書種閣集　1874

留餘堂史取十二卷　576

留餘堂詩鈔八卷二集八卷附新安紀行草

　　一卷　1283

留谿外傳十八卷　1802

（道光）留壩廳志十卷附足徵録四卷　795

芻言三卷　1675

芻蕘小言一卷　1824

芻蕘集四卷　1359

芻蕘奥論二卷　1737

訏謨成竹一卷　1864

託素齋文集六卷　1228

託素齋詩集四卷　1228

訓女圖説二卷　970

訓兵六則一卷　983

訓兒録二卷　1444

訓蒙條例一卷　1622

訓蒙歌訣一卷　522

訓經室叢鈔五種附一種　497

訓學齋規一卷　1564

訓纂篇一卷　1793

記英俄二夷搆兵一卷　1741

記事珠一卷　1576，1585，1620，1662，
　　1665

記荔枝一卷　1579

記紅集三卷詞韻簡一卷　1479

記海錯一卷　1858

記過齋文稿二卷　1869

記過齋藏書六種　1869

記過齋叢書七種　1869

記過齋贈言一卷附言行略一卷崇祀鄉賢
　　録一卷　1869

記夢四則一卷　1869

記錦裾一卷　1571，1585

訒庵遺稿一卷　1824

凌犯視差新法二卷附表　1048

凌次仲先生年譜四卷　612

凌忠介公文集二卷　1360

凌波影一卷　1868

凌谿先生集十八卷　1200

凍蘇秦衣錦還鄉雜劇一卷　1499

高力士外傳一卷　1039

高力士傳一卷　1570，1584，1660，1663，
　　1666

高士傳三卷　602，1561，1598，1600，
　　1601，1606，1607，1816

高上玉皇心印妙經一卷　1117

高上玉皇心印經一卷　1117

高上玉皇本行集經三卷　1117

高上玉皇本行集經注解三卷諸義考目一
　　卷　1117

高上神霄玉清真王紫書大法三卷　1117

高子遺書十二卷附録一卷　1213

高子遺書六卷　1360

高王觀音經一卷　1110

高太史論鈔四卷　578

高氏三宴詩集三卷附香山九老會詩　1771

高氏塾鐸一卷　1622

高平行紀一卷　1685

（乾隆）高平縣志二十二卷首一卷末一
　　卷　753

（同治）高平縣志八卷　753

（光緒）高平縣續志十六卷　753

高令公集一卷　1363，1797

（道光）高州府志十六卷首一卷　862

高州詩集二卷　1239

（同治）高安縣志二十八卷首一卷　818

（嘉慶）高邑縣志十卷首一卷附録　723

高坡異纂一卷　1575，1588

（乾隆）高苑縣志十卷　768

高東溪先生遺集二卷　1639

高東溪集一卷　1359

高昌行紀一卷　1561

高季迪先生大全集十八卷　1194

高宗幸張符節次略一卷　1560，1586，
　1590

高宗皇帝御製翰墨志一卷　1551

高弧日景表細草不分卷　1049

高弧細草一卷　1054

（道光）高要縣志二十二卷首一卷　861

高厚蒙求四集　1048

高皇帝御製文集二十卷訓行録三卷　1193

高峰大師語録一卷附行狀塔銘　1104

高峰大師語録不分卷　1104

高郵王氏四種　1823

（雍正）高郵州志十二卷　734

（嘉慶）高郵州志十二卷首一卷　734

（乾隆）高郵州志十二卷首一卷末一卷
　734

（光緒）高郵州志八卷首一卷　734

（道光）高郵州志六卷　734

（道光）高唐州志八卷　767

（光緒）高唐州志八卷首一卷末一卷　767

高唐夢一卷　1501

高家堰記一卷　1695

（嘉靖）高陵縣志七卷　790，791

高陶堂遺集八卷　1340

高常侍集二卷　1364，1797

（光緒）高淳縣志二十八卷首一卷　726

（光緒）高密縣志十卷首一卷末一卷　771

（乾隆）高密縣志十卷首一卷末一卷　771

高陽文集三卷　1360

（雍正）高陽縣志六卷　710

高等小學堂暫用課本之書目　1892

高道傳一卷　1561

高僧傳十三卷　1736

高僧傳十五卷　604

高僧傳四集六卷　604

高適集一卷　1162

（同治）高縣志五十四卷　845

高齋漫録一卷　1595，1608，1673

高齋叢刻八種　1750

高麗水道考一卷　1703

高麗好太王碑六卷　919

高麗形勢一卷　1702

高麗風俗記一卷　1702

高麗瑣記一卷　1702

高麗論略一卷　1702

（光緒）亳州志二十卷附卷首一卷　743

（道光）亳州志四十三卷首一卷　742

亳州牡丹表一卷　1579

亳州牡丹述一卷　1633

郭大理遺稿八卷　1300

郭山廟志八卷　873

郭子一卷　1796

郭子翼莊一卷　1675

郭元釪詩選一卷　1427

郭氏元經十卷　1062

郭氏玄中記一卷　1885

（湖南湘陰）郭氏家譜十卷首一卷末一
　卷　592

郭氏傳家易説十一卷總論一卷　433，
　1641，1644

郭文簡公文集六卷管見一卷　1205

郭弘農集二卷　1362

郭孝童墓記略一卷　1810

郭忠節宛在堂集一卷　1437

郭侍郎奏疏十二卷　694

郭家池記一卷　1709

郭景純集二卷　1359

郭給諫疏稿二卷　1816

席上腐談一卷　1557，1587，1590，1661

席上腐談二卷　1612

席氏讀說文記十五卷　509，1669

庫倫記一卷　1685

庫葉附近諸島考一卷　1684

庫爾喀喇烏蘇沿革考一卷　1706

庫儲實存簿（同治六至十二年）　677

堂集五十卷補遺二卷續八卷附冬録一卷　1247

病中抽史一卷　1615

病逸漫記一卷　1575，1588，1605，1608，1621，1804

病榻手欧一卷　1576

病榻吟一卷　1846

病榻夢痕録二卷録餘一卷　1267，1853

病榻寱言一卷　1553，1573，1611，1716

病榻遺言一卷　1605

病機氣宜保命集三卷　992

病機部二卷　993

脊令原二卷　1868

效顰集一卷　1380

唐人三家集二十九卷　1364

唐人五十家小集七十二卷　1365

唐人五言長律清麗集六卷　1409

唐人六家集七種　1365

唐人萬首絶句選七卷　1404，1843

唐人試帖四卷　1453

唐人試律説一卷　1647，1731

唐九成宮醴泉銘一卷　919

唐三昧集箋注三卷　1407

唐大家柳柳州文鈔十二卷　1402

唐大家韓文公文鈔十六卷　1402

（光緒）唐山縣志十二卷首一卷末一卷　716

唐子一卷　1795

唐女郎魚玄機集一卷　1772

唐女郎魚玄機詩一卷　1366，1775

唐中丞遺集奏稿二卷　694

唐中興間氣集二卷　1404

唐化度寺邕禪師碑一卷　919

唐月令注補遺一卷附考一卷　1785

唐氏壽域一卷　1062

唐六如詩鈔一卷　1712

唐文初集一卷二集一卷　1406

唐文拾遺七十二卷　1410

唐文恪公文集十六卷首一卷　1212

唐文粹一百卷　1404

唐文粹補遺二十六卷　1404

唐文粹詩選六卷　1365，1404

唐石經考異一卷　428

唐石經校文十卷　490，491

唐史論斷三卷　1650，1675，1737

唐史論斷三卷附校勘記一卷　1644

唐四家詩八卷　1364

唐代叢書（唐人説薈）一百六十四種　1662，1664

唐市徵獻録二卷續編二卷　1428

唐司空文明詩集三卷　1365，1366，1368

唐年補録一卷　1560

唐任藩詩小集一卷　1368，1369

唐丞相曲江張先生文集十二卷附録一卷　1161

唐折衝府考四卷　1775

唐折衝府考補一卷　1781

唐李長吉詩集四卷外集一卷首一卷　1826

唐李推官批沙集六卷　1365，1368，1369

唐李問對一卷　979

唐求詩集一卷　1365

唐吟萃錦十五卷　1339

唐宋八大家二十卷　1402

唐宋八大家文鈔一百四十四卷　1402

唐宋八大家文鈔十九卷　1639

唐宋大家全集録十種　1363

唐宋小樂府一卷　1742

唐宋石經考一卷　1628，1713

唐宋白孔六帖一百卷目録二卷　1532

唐宋名賢歷代確論一百卷　576

唐宋詩本七十六卷目録八卷　1391

唐宋舊經樓稿一卷　1421

唐宋叢書九十二種　1580

唐英歌詩三卷　1367，1369

唐林邵州遺集一卷　1365

唐述山房目録一卷　1633

唐兩京城坊考五卷　1720，1800

唐兩京城坊考補記一卷　1768

唐尚書省郎官石柱題名考二十六卷附録
　　一卷　624

唐尚書省郎官石柱題名考二十六卷首一
　　卷附録一卷　1773

唐尚顔詩集一卷　1366

唐明皇秋夜梧桐雨雜劇一卷　1499

唐荆川先生文集十八卷補遺一卷附録一
　　卷　1802

唐荆川先生文選七卷　1403

唐荆川先生編纂左氏始末十二卷　465

唐荆川先生纂輯武編十二卷　980

唐柳河東集四十五卷外集五卷遺文一卷
　　附録一卷　1169

唐昭陵石蹟考略五卷　1740，1750

唐律疏義三十卷　666

唐律賦鈔一卷論賦集鈔一卷　1410

唐風集三卷　1806

唐音戊籤二百一卷餘閏六十四卷　1406

唐音癸籤三十三卷　1464

唐姚鵠詩集一卷　1367，1369

唐秦望山法華寺碑一卷　919

唐昍手記一卷　1594

唐書二百二十五卷　534，535

唐書二百二十五卷附考證附釋音二十五
　　卷　542

唐書二百二十五卷附釋音二十五卷　536

唐書二百二十五卷釋音二十五卷　534

唐書合鈔二百六十卷附唐書宰相世系表
　　訂訛十二卷唐書合抄補正六卷　574

唐書直筆四卷　1642，1644，1764

唐陸宣公奏議讀本四卷　690

唐陸宣公集二十二卷　1166

唐陸宣公翰苑集二十四卷　1166

唐陵宣公年譜一卷　1865

唐國史補一卷　1580

唐國史補三卷　1013，1617

唐皎然詩集一卷　1365

唐貫休詩集一卷　1366

（光緒）唐棲志二十卷　805

唐棲志略稿二卷　1807

唐雲麾將軍李秀碑一卷　919

唐雅八卷　1405

唐開元小説六種　1038

唐御史臺精舍題名考三卷　1773

唐虞世南孔子廟堂碑一卷　919

唐虞考信録四卷　1799，1855

唐虞恭公温公碑一卷　919

唐會要一百卷　643，1642，1644

唐解元仿古今畫譜一卷　1079

唐詩三百首六卷　1409

唐詩三百首注釋六卷唐詩三百首續選不
　　分卷　1409

唐詩三百首續選不分卷　1409

唐詩五言長律鈔四卷　1410

唐詩百名家全集一百種　1366，1368

唐詩別裁集十卷　1408

唐詩別裁集引典備注二十卷　1408
唐詩英華二十二卷　1406
唐詩金粉十卷　1408，1737
唐詩品彙九十卷拾遺十卷詩人爵里詳節
　一卷　1405
唐詩紀一百七十卷目録三十四卷　1405
唐詩紀事八十一卷　1463
唐詩酒底二卷　1410
唐詩酒籌一卷　1068
唐詩排律七卷　1408
唐詩掞藻八卷　1407
唐詩貫珠六十卷　1407
唐詩笙蹄集六卷末三卷　1406
唐詩解五十卷　1406
唐詩箋注十卷　1408
唐詩粹選響十五卷　1405
唐詩選十三卷　1882
唐詩選勝直解八卷　1406
唐詩諧律二卷　1410
唐詩類苑二百卷　1405
唐詩繹三十卷　1408
唐詩體經六卷　1407
唐詩觀瀾集二十四卷唐人小傳一卷　1409
唐詩艷逸品四卷　1405
唐摭言十五卷　1668，1733
唐語林一卷　1607
唐語林八卷　1643，1719
唐語林八卷附校勘記一卷　1673
唐語林八卷校勘記二卷　1645
唐語林補　1875
唐齊己詩集一卷　1366
唐鄭嵎詩一卷　1367，1369
唐賢三昧集三卷　1365，1843
唐確慎公集十卷首一卷末一卷　1358
唐樂曲譜一卷　1568

唐寫本説文解字木部箋異一卷　504，1826
唐選部醉經樓集二卷　1437
唐駱先生文集六卷　1160
唐駱先生集八卷附録一卷　1160
唐駢體文鈔十七卷　1410
唐盧户部詩集十卷　1166
（光緒）唐縣志十二卷首一卷　709
（乾隆）唐縣志十卷　786
（康熙）唐縣志八卷首一卷　786
（康熙）唐縣新志十八卷　709
唐澤波將軍年譜一卷　610
唐隱居詩一卷　1367，1369
唐韓昌黎集四十卷外集十卷遺文一卷附
　録一卷　1167
唐韻正二十卷　529
唐韻考五卷　1671
唐類函二百卷目録二卷　1536
唐釋湛然輔行記四十卷　1110
唐鑑二十四卷　1818
唐靈一詩集一卷　1365
涼州記一卷　1562，1785
涼州異物志一卷　1785
旁門録一卷　1122
旅舍備要方一卷　1673，1723
旅書一卷　1632
旅順實戰記　1890
旅譚五卷　1877
旌林紀略一卷　1686
畜德録一卷　1576，1604，1621
羞園詩草一卷詩餘一卷　1762
瓶山草堂集六卷　1297
瓶水齋詩集十七卷別集二卷　1800
瓶史一卷　1554，1579，1610
瓶史二卷　1670
瓶史月表一卷　1579

瓶花書屋醫學叢書七種　994

瓶花齋集十卷　1214

瓶城山館詩鈔十二卷　1335

瓶華書屋叢書十三種　1720

瓶笙館修簫譜四卷　1489

瓶廬詩鈔四卷詞鈔一卷文鈔一卷　1337

拳匪紀略八卷前編二卷後編二卷　566

拳匪聞見録一卷　567，1745

拳禍記　567

益公平園續稿鈔一卷　1372

益公省齋稿鈔一卷　1372

益古演段三卷　1655

益州于役記一卷　1699

益州名畫録三卷　1074，1567，1581，1675

益州記一卷　1562

益神智室詩二卷　1310，1431

益都丁壬集三卷　1432

益都方物略記一卷　1618

益都金石記四卷　922

益都耆舊傳一卷　1561，1582

（康熙）益都縣志十四卷首一卷　767

（光緒）益都縣圖志五十四卷　767

益部方物略記一卷　1563

（同治）益陽縣志二十五卷首一卷　833

益雅堂叢書（玲瓏山館叢書）六十五種
　　1733

益聞散録三卷　1716

益齋亂稿十卷　1740

兼三圖一卷　1579

兼山堂弈譜一卷　1093

兼明書五卷　1613

兼齋文集十九卷附三卷初一卷尺牘一卷
　　詩六卷附二卷　1231

兼濟堂文集選二十卷首一卷　1227

兼濟堂集九卷　1800

朔方備乘六十八卷首十二卷　904

朔方備乘札記一卷　1680，1763

朔方備乘札記不分卷　1755

（萬曆）朔方新志四卷　795

（雍正）朔平府志十二卷　755

（雍正）朔州志十二卷　755

朔風吟略十一卷　1331

朔雪北征記一卷　1576

烟草録一卷　1712

烟艇永懷三卷　1669

烟霞萬古樓文集六卷詩選二卷仲瞿詩録
　　一卷　1741

烟霞萬古樓詩選二卷　1678，1728

烟霞嶺游記一卷　1693

烟譜一卷　1630，1717

剡源文鈔四卷佚文一卷　1188

剡源集一卷　1376

剡源集三十卷札記一卷　1717

剡源集三十卷附札記一卷　1188

剡溪野語一卷　1558

剡録十卷　1747

（嘉慶）郯城縣志十卷附光緒郯城縣賦
　　役全書不分卷　773

浙西水利備考不分卷　889

浙西六家詩鈔六卷　1433

浙江水師費用報告冊　665

浙江平湖縣查編保甲事宜一卷　1860

浙江四大家史論合編四卷　578

浙江考略一卷　1684

浙江地略一卷　1708

浙江全省輿圖并水陸道里記　915

浙江忠義録十卷續編二卷表八卷續表
　　602

浙江海運漕糧全案初編八卷續編四卷新
　　編八卷　657

（雍正）浙江通志二百八十卷首三卷　702

（康熙）浙江通志五十卷首一卷　702

浙江通省志圖説一卷　1848

浙江採集遺書總録十集　942

浙江鄉試硃卷一卷　1455

浙江鄉試録（光緒二十九年癸卯恩科）　622

浙江解進書目一卷　937

浙江甄録四卷　935

浙江諸水編一卷　1695

浙江藏書樓甲編書目一卷補遺乙編書目一卷補遺附日文書目　940

浙東籌防録四卷　903

浙省倉庫清查節要一卷　1860

浙程備覽五卷　1750

浙游日記一卷　1707

浙醼紀事一卷　1805

浙醼紀事一卷附録一卷　1809

浦山論畫一卷　1077

（浙江浦江）浦江鄭氏旌義編二卷　592

浦城遺書十四種　1815

（光緒）浦城縣志四十二卷首一卷　856

浦陽人物記二卷　1654，1758，1818

浦陽江記一卷　1695

浦雲堂詩集九卷　1238

浦鐸不分卷　1885

涑水紀聞十六卷補遺一卷　1816

涑水記聞十六卷　1643，1646

涑水家儀一卷　1564

浯溪考二卷　1844，1871

浯溪記一卷　1697

（乾隆）浯溪新志十四卷首　837

酒小史一卷　1567

酒中趣不分卷　1094

酒史二卷　1613

酒令叢鈔四卷　1094

酒考一卷　1614

酒名記一卷　1567，1587，1591

酒社芻言一卷　1625，1635

酒春秋一卷　1712

酒律一卷　1622

酒律一卷下酒物二卷　1094

酒乘一卷　1567

酒痕集一卷　1885

酒經一卷　1567

酒箴一卷　1622

酒顛補三卷　1736

酒譜一卷　1552，1567，1581

酒鑒一卷　1648

涇川文載一百卷　1431

涇川金石記一卷　1777，1806

涇川詩話三卷　1805

涇川叢書四十五種續七種　1805

涇西書屋詩稿四卷文稿二卷　1716

涇林續記一卷　1019，1731

涇皋藏稿二十二卷　1834

涇皋藏稿二十二卷顧端文公年譜四卷　1212

涇野子內篇二十七卷　960

（乾隆）涇陽縣志十卷　791

涉史隨筆一卷　1652，1713

涉史隨筆二卷　1758，1818

涉江集一卷　1883

涉洋管見一卷　1706

涉異志一卷　1574，1588，1605

涉園題咏一卷　1443

（嘉慶）涉縣志八卷　782

消夏百一詩二卷　1355

消暑隨筆四卷　1034

消暑隨筆四卷子目二卷　1716

消閒戲墨二卷　1858

消寒詩話一卷　1635

浩然齋視聽抄一卷　1557

浩然齋雅談三卷　1643，1647，1742

海上九家畫譜不分卷　1081

海上竹枝詞一卷　1341

海上名家畫稿不分卷　1083

海上紀略一卷　1701

海上紀聞一卷　1573

海上繁華夢新書二集六卷三十回　1527

海上繁華夢新書後集八卷四十回　1527

海山仙館叢書五十六種　1735

海山存稿二十卷　1261

海山記一卷　1570，1584，1606，1662，
　　1665

海山詩屋詩話十卷　1469

海天旭日硯記一卷　1096

海天琴思錄八卷續錄八卷　1023

海日堂集七卷　1232

海內十洲記一卷　950，1563，1583，1598，
　　1600，1602，1606，1612，1659，1727

海內經附傳一卷　1876

海公大紅袍全傳四卷六十回　1517

海石先生文集二十九卷目錄二卷附錄一
　　卷　1204

海外竹枝詞　1461

海外怪洋記一卷　1588，1591

海外番夷錄不分卷　905

海外群島記一卷　1705

海曲方域小志一卷　1699

（嘉慶）海州直隸州志三十二卷首一卷
　　738

海防奏疏二卷撫畿奏疏十卷計部奏疏四
　　卷　692

海防要覽二卷　1741

海防圖論一卷　979，1658，1724

海防圖論一卷補輯一卷　979

海防篇一卷　1701

海防餘論一卷　1711

海防錄要二卷　1769

海防總論一卷　1701

海虹記傳奇二卷　1505

海沂子五卷　950

海表奇觀八卷附安政三略　884

海東札記四卷　881

海東金石存考一卷待訪目一卷　1771

海東金石苑一卷　1821

海東逸史十八卷　1746

海味索隱一卷　1579，1589，1615

（道光）海昌備志五十二卷附錄二卷　803

海門直隸廳圖志圖不分卷志二十卷　914

海門詩鈔八卷外集四卷附賦鈔一卷　1259

海忠介公年譜一卷　611

海忠介公集六卷　1382

海岳名言一卷　1551，1566

海岱史略一百四十卷　584

海珊詩一卷　1433

海珊詩鈔一卷　1722

海珊詩鈔十一卷補遺二卷明史雜咏四卷
　　1254

（光緒）海城縣志十卷　724

海南日抄三十卷　1027

海秋詩集二十六卷　1314

海叟詩集四卷集外詩一卷附錄一卷　1194

海洋要覽不分卷附閩浙概說　903

海客日譚六卷　906

海軍調度要言三卷附圖一卷　1761

海峰文鈔一卷　1746

海峰先生詩集十卷　1255

海峰先生詩集八卷文集八卷制藝不分卷
　　1255

海峰詩集十一卷文集八卷　1255

海島逸志一卷　1705

海島逸志六卷　907

海島算經一卷　1642，1645

海陵三仙傳一卷　1595

海陵文徵二十卷　1430

海帶政要一卷　1708

海雪唫傳奇一卷　1505

海野詞一卷　1474

海國公餘輯録六卷　907

海國見聞録一卷　1724

海國春秋四十卷　1523

海國聞見録一卷　1630

海國聞見録一卷附圖一卷　1649

海國聞見録二卷　905

海國圖志一百卷　905

海國圖志徵實一百卷首一卷　905

海國輿地釋名十卷　906

（嘉慶）海康縣志八卷　863

海涵萬象録一卷　1572

海寇後編二卷　1593

海寇記一卷　1630

海寇議一卷　1670

海寇議前一卷　1593

（乾隆）海陽縣志八卷　770

（光緒）海陽縣志四十六卷首一卷　860

（光緒）海陽縣續志十卷首一卷　770

海隅從事録一卷　1687

海參崴埠通商論一卷　1687

海巢集一卷　1377

海粟集一卷　1380

海雲禪藻集四卷　1437

海棠譜一卷　1569

海棠譜三卷　1552，1726，1811

海棠譜詩二卷　1569

海道經一卷　1593

海道經一卷附録一卷　1670

海道圖説十五卷附長江圖説一卷　917

海道編一卷　1701

海運説一卷　1804

海運編二卷　1593

海塘新志六卷　889

海塘新志六卷續志四卷　889

海塘説一卷　1701

海塘輯要十卷附釋一卷　1760

海塘擘要十二卷首一卷　889

海槎餘録一卷　1553，1576，1604，1612

海虞三陶先生集合刻二十五卷　1440

海虞文徵三十卷　1428

（江蘇常熟）海虞翁氏族譜不分卷　587

（江蘇常熟）海虞曾氏家譜不分卷　587

海虞畫苑略一卷補遺一卷　1722

海虞詩苑十八卷　1428

海虞藝文志六卷　940

海源閣藏書目一卷　941

海語三卷　1613，1713，1816

海漚漁唱一卷　1775

（乾隆）海寧州志十六卷首一卷　803

（康熙）海寧縣志十三卷圖一卷　803

（嘉靖）海寧縣志九卷　802

海潮説三卷　1650

海潮輯説二卷　1650

（福建龍海）海澄梧貫吳氏家譜五卷　593

（乾隆）海澄縣志二十四卷首一卷　855

海樵子一卷　949，1572，1615

海戰指要一卷　1780

海錯百一録五卷　990

海録一卷　1705

海録二卷　882，1737

海録碎事二十二卷　1533

海龍戰守事蹟六卷　567
海藏老人陰證略例一卷　1743
海藏樓詩一卷　1354
海藏癡論萃英一卷　991，992，993
海嶽志林一卷　1714
海嶽軒叢刻十種　1881
海瓊玉蟾先生文集六卷續集二卷　1186，
　　1361
海瓊白真君語録一卷　1119
海豐吳氏詩存四卷　1442
（康熙）海豐縣志十二卷首一卷　772
（乾隆）海豐縣志十卷末一卷　860
海鷗小譜一卷　1636
海鹽張氏涉園叢刻八種　1443
（光緒）海鹽縣志二十二卷首一卷末一
　　卷　804
（天啓）海鹽縣圖經十六卷　804
（乾隆）海鹽縣續圖經七卷　804
浠川政譜二卷　1838
浴温泉記一卷　1696
浮山紀勝一卷　1693
（同治）浮山縣志三十七卷　748
（乾隆）浮山縣志三十七卷　747
（光緒）浮山縣志三十四卷　748
浮生六記六卷　1750
浮邱子十二卷　1025
浮沚集九卷　1643，1646
浮物一卷　1593
浮眉樓詞二卷　1749，1859
浮海前記一卷　1701
浮梁陶政志一卷　1722
浮槎山房詩稿五卷賦稿一卷試帖一卷　1334
浮溪集三十二卷　1643
浮溪集三十卷拾遺三卷　1646
浮溪集鈔一卷　1372

浮黎鼻祖金華秘訣一卷　1117
流芳亭記一卷　1809
流沙訪古記一卷　1773
流香一覽一卷　1807
流通古書約一卷　1653，1767
浣水續談一卷　1833
浣花集十卷補遺一卷　1367，1369
浣青詩草一卷　1421
浣青詩餘一卷　1476
浣俗約一卷　1577
浣紗記二卷　1503
浣紗詞一卷　1475
浪游記快一卷　1698
浪跡叢談十一卷續談八卷　1023
浪語集三十五卷　1814
浪語集鈔一卷　1372
浪齋新舊詩一卷　1730
涌翠山房文集四卷　1332
悟玄篇一卷　1119
悟真直指四卷　1114，1115
悟真注疏直指詳説三乘秘要一卷　1113
悟真篇三卷　1119
悟真篇三卷拾遺一卷　1119
悟真篇直指詳説一卷　1119
悟真篇注疏三卷　1113
悟雪堂詩鈔一卷　1421
悟雪樓詩存三十四卷　1295
悟道録二卷　1114，1115，1127
悟語一卷　1635
悔翁詩鈔十五卷　1324
悔菴學文八卷補遺一卷　1293
悔過齋文集七卷劄記一卷續集七卷補遺
　　一卷　1866
悔庵學文八卷補遺一卷　1813
悔餘庵詩稿十三卷樂府四卷文稿九卷附

餘辛集三卷　1326
悔廬文鈔五卷首一卷詩鈔四卷夢溪權謳
　　二卷悔廬文補一卷　1310
悦心集五卷　1643
悦心集四卷　1388
悦生隨抄一卷　1556，1587，1590
悦坳遺詩一卷　1826
悦軒文鈔二卷　1257
悦容編一卷　1636
悦容編評林一卷　1621
悦學彙編不分卷　1756
悦親樓詩集三十卷外集二卷　1273
宸垣識略一卷　1632
宸垣識略十六卷　876
宸章集録一卷　1621
家人子語一卷　1624，1626，1722
家王故事一卷　1585，1589
家世舊聞一卷　1585，1589，1828
家用良藥不分卷　1898
家言隨記四卷　966
家政法一卷　1795
家庭講話三卷　967
家訓一卷　1622
家訓筆録一卷　1675
家規二卷　1857
家常語一卷　953
家祭禮一卷　1836
家誡要言一卷　1722
家誡録二卷　1853
家語疏證六卷　1729，1754
家語選四卷　1400
家語證偽十一卷　1774
家範十卷　966，1640
家學樹坊一卷　1770
家禮五卷　1038

家禮全集六卷　462
家禮喪祭拾遺一卷　457
家禮集議一卷　462
家禮集成七卷　1038
家禮節要不分卷附射禮儀節一卷　462
家禮會通四卷　462
宵練匣一卷　1572
宴金臺一卷六齣　1505
容安齋穌譚十卷　1016
容甫先生遺詩五卷補遺一卷　1274
容甫先生遺詩五卷補遺一卷附録一卷　1778
容居堂三種曲六卷　1504
容春堂前集二十卷後集十四卷續集十八
　　卷別集九卷　1197
容春堂雜鈔一卷　1830
容城三賢集十二卷　1426
容城文靖劉先生文集四卷　1426
容城忠愍楊先生文集四卷　1426
容城耆舊集四卷　1435
（光緒）容城縣志八卷　710
（咸豐）容城縣志八卷　710
容城鍾元孫先生文集四卷　1426
容美紀游一卷　1699
容窗集一卷　1380
容園詞綜一卷　1884
容臺文集九卷詩集四卷別集四卷　1212
容臺隨筆一卷　1572
容臺稿一卷符臺稿一卷二臺稿一卷　1209
容齋千首詩八卷　1236
容齋詩集二十八卷古香詞一卷補遺一卷
　　文鈔十卷　1273
容齋隨筆十六卷續筆十六卷　1015
容齋隨筆十六卷續筆十六卷三筆十六卷
　　四筆十六卷五筆十卷　1015
朗州圖經一卷　1681

袪疑説一卷　1716

袖中記一卷　1555，1583

袖中書二卷　1874

袖中錦一卷　1620

袖海編一卷　1630，1703

袖裏金百中經不分卷附萬年曆、新萬年曆
　　1050

祥止室詩鈔四卷　1300

祥卿集一卷　1380

祥異記一卷　1571

祥符茶陵圖經一卷　1681

（乾隆）祥符縣志二十二卷　778

（光緒）祥符縣志二十四卷首一卷　778

祥符衡州圖經一卷　1681

冥音録一卷　1571，1664，1667

冥祥記一卷　1572

冥通記一卷　1571，1581，1582

冥通記四卷　1618

冥報録二卷　1637，1638

冥寥子游一卷　1553，1579

冥寥子游二卷　1610

冥樞會要三卷　1104

冥影契一卷　1572

冤債志一卷　1664，1667

書八卷　1841

書小史十卷　1726，1811

書古文訓十六卷　420，423

書古微十二卷　431

書古微十二卷首一卷　447

書目答問五卷別録一卷國朝著述諸家姓
　　名略一卷校勘記一卷　946

書目答問五卷輶軒語一卷附國朝著述
　　諸家姓名略一卷四川尊經書院記一卷
　　946

書目答問四卷輶軒語一卷　946

書史二卷　1566

書史會要九卷補遺一卷續編一卷　1068

書舟詞一卷　1474

書序述聞一卷　429

書苑菁華二十卷　1731

書林外集一卷　1377

書林揚觶二卷　1860

書事七則一卷　1630，1801

書尚書弘道編一卷書中候弘道編一卷　1769

書法一卷　1566，1585，1663，1665

書法約言一卷　1625，1626

書法離鉤十卷　1719

書契原悎十四卷　517

書品一卷　1566，1583，1599，1600，
　　1602，1610，1616，1676，1831

書品優劣一卷　1566

書後緣起一卷　1841

書叙指南二十卷　1673，1719

書院論文甲乙種　1459

書記洞詮一百十六卷目録十卷　1449

書啓四卷　1038

書啓合璧　1417

書啓合璧二集八卷　1451

書啓稿簿　1359

書張尚書之洞勸學篇後一卷　1779

書紳要語一卷　1614

書紳語略一卷　1846

書筏一卷　1632

書集傳或問二卷　420，423

書集傳音釋六卷尚書纂圖一卷　444

書集傳纂疏六卷首一卷　420，423

書評一卷　1566，1583

書畫史一卷　1554，1578，1614

書畫同珍二刻四卷　1082

書畫所見録三卷　1862

書畫金湯一卷　1578

書畫舫詩課十一卷　1456

書畫跋跋三卷續三卷　1070

書畫傳習録四卷書畫續録一卷梁谿書畫徵
　一卷　1074

書畫説鈴一卷　1748，1749

書畫緣書譜姓類二十卷首一卷末一卷書畫
　緣畫宗姓類十二卷首一卷末一卷　1072

書畫題跋記十二卷　1070，1778

書畫鑑影二十四卷　1070，1868

書肆説鈴一卷　1574，1588

書傳大全十卷綱領一卷圖一卷　444

書傳正誤一卷　1572

書傳補商十七卷　444

書傳補義三卷　1873

書義主意六卷　1740

書經六卷　443

書經文鈔不分卷　443

書經地理今釋一卷　1629

書經近指六卷　447，1835

書經注十二卷　1743

書經注疏大全合纂五十九卷首一卷　448

書經訓解六卷　491

書經衷論四卷　1844

書經旁訓二卷　491

書經旁訓四卷　491

書經旁訓合璧六卷補考一卷　448

書經集注十卷　443

書經集注六卷　492

書經集傳六卷　443

書經稗疏四卷　1839

書經詮義十二卷首二卷　1849

書經疑問十二卷　492

書經精義四卷首一卷末一卷　496

書經繹二卷　492

書經體注大全合參六卷　445，493

書蔡氏傳旁通六卷　420，423

書蔡氏傳輯録纂注六卷首一卷　420，
　423

書疑九卷　420，423，1758，1818

書説二卷　1857

書蕉二卷　1614，1733

書儀十卷　462

書餘一卷　1866

書輯三卷　1831

書學捷要二卷　1655

書齋清事一卷　1614

書簡十卷　1827，1827

書斷四卷　1551，1566，1616

書譜一卷　1551，1566

書繹一卷　1724

書纂言四卷　420，423

展峰詩草六卷　1351

弱水集二十二卷　1246

弱水詩八卷　1246

陸士衡文集十卷附札記一卷　1764

陸士衡集十卷　1361

陸士龍文集十卷　1158，1361

陸士龍集校　1875

陸子一卷　1795

陸子學譜二十卷　962

陸太常集一卷　1362

陸氏周易述一卷　498

陸氏草木鳥獸蟲魚疏疏二卷　1766

陸氏要覽一卷　1796

陸氏傳家集十六種　1823

陸氏經典異文輯六卷　1657

陸文安公年譜一卷附補一卷　609

陸右丞蹈海録一卷　1781

陸平原集二卷　1362

陸地戰例新選一卷　1776

陸次雲雜著九種　1844

陸忠烈公集一卷　1359

陸放翁先生年譜一卷　1853

陸放翁全集六種一百五十七卷　1828

陸宣公年譜一卷　609

陸宣公全集二十四卷　1166

陸宣公奏議十五卷制誥十卷附錄一卷
　690

陸宣公集四卷首一卷　1638

陸陳二先生文鈔十二卷詩鈔十六卷　1384

陸桴亭先生遺書二十一種　1836

陸桴亭思辨錄輯要二十二卷　1639

陸象山全集三十六卷　1184

陸清河集二卷　1362

陸清獻公年譜一卷　612

陸清獻公治嘉格言一卷　1756

陸塘初稿一卷　1441

陸稼書先生文集二卷　1639

陸稼書先生松陽鈔存一卷　1639

陸稼書先生問學錄四卷　1639

陸機要覽一卷　1561，1583

（乾隆）陸豐縣志十二卷　860

陸顒傳一卷　1594

陸續周易述一卷　434

陵川集一卷　1376

（乾隆）陵川縣志二十八卷　754

（光緒）陵川縣志三十卷首一卷　754

（乾隆）陵川縣志三十卷首一卷　754

陵陽先生詩四卷倚松老人文集二卷　1180

陵陽室中語一卷　1557

陵陽集一卷　1376

陵陽詩鈔一卷　1372

（道光）陵縣志二十二卷　764

（康熙）陵縣志六卷首一卷　763

陳子昂集二卷　1364

陳子要言一卷　1795

陳子旅書一卷　1636

陳太史較正易經大全二十卷　492

陳比部遺集三卷　1729

陳中立聖賢圖真蹟不分卷　1081

陳氏小兒病源方論四卷　1006

陳氏東塾叢書四種附一種　1870

陳氏聯珠集十卷　1441

陳文忠公遺集十一卷　1437

陳文肅公遺集一卷年譜一卷　1257

陳司業集十一卷　1249

陳同甫集三十卷　1184

陳先生適適齋鑑鬚集七卷　1219

陳州牡丹記一卷　1569

陳羽詩集一卷　1366，1368

陳孝女遺集二種　1358

陳克齋先生集五卷　1185，1638，1726

陳伯玉文集十卷附錄一卷　1160

陳伯玉文集三卷詩集二卷附錄一卷　1161

陳臥子先生安雅堂稿十五卷首一卷　1220

陳明卿太史考古詳訂遵韻海篇朝宗十二
　卷　523

陳忠裕公集十五卷首一卷　1220

陳忠裕全集八卷　1360

陳忠裕全集三十卷首一卷　1220

陳忠肅公墓錄一卷　1810

陳忠簡公遺集三卷　1360

陳季卿悮上竹葉舟雜劇一卷　1500

陳侍郎玉簡山堂集一卷　1437

陳定宇先生文集十七卷　1189

陳思王集二卷　1361

陳修園醫書（南雅堂醫書全集）十七種
　994

陳修撰集四卷　1359

陳後主集一卷　1362

陳眉公珍珠船四卷　1016

陳眉公訂正物異考一卷夷俗考一卷　1042

陳眉公訂正研北雜志二卷　1015

陳眉公訂正觚不觚録一卷　1039

陳留風俗傳一卷　1563

陳留耆舊傳一卷　1561

陳記室集一卷　1361

陳書三十六卷　534，535，536，540

陳副使遺稿一卷　1373

陳虛白規中指南二卷　1113

陳清端公文集十卷　1243

陳清端公文集八卷　1243

陳清瀾先生學蔀通辯十二卷　1639

陳張事略一卷　1670

陳張散騎集一卷　1363

陳剩夫先生集四卷　1639

陳嵩伯詩集一卷　1367，1369

陳蔡二先生合併痘疹方一卷　998

陳輔之詩話一卷　1565

陳德殘碑一卷　918

陳餘山先生所著書二種　500

陳學士文集十八卷　1247

陳學士文集十五卷　1800

陳學士文鈔一卷　1680

陳學士先生初集三十六卷　1218

陳龍川文鈔二卷　1724

陳檢討四六二十卷　1232

陳檢討集二十卷　1232

陳檢討集十二卷　1232

陳檢討填詞圖一卷　1480

陳禮部詩稿十六卷禮部文集一卷　1307

陳簠齋丈筆記一卷　1730

陳巖野先生集三卷　1360

陳纘思印存不分卷　1092

牂柯客談七卷　883

孫子一卷　978，1795

孫子二卷　979，1598，1602

孫子十三篇直講一卷　979

孫子十家注十三卷　951

孫子十家注十三卷叙録一卷遺説一卷　979

孫子九地問對一卷　1741

孫子三卷　950，979

（滿漢合璧）孫子兵法四卷　979

孫子參同五卷　979

孫子算經三卷　1642，1645，1648，1652

孫夫人集一卷　1726，1812

孫不二元君法語一卷　1119

孫不二元君傳述丹道秘書三卷　1119

孫內翰北里志一卷　1596

孫公談圃一卷　1608

孫公談圃三卷　1551，1555，1610

孫氏成敗志一卷　1794

孫氏周易集解十卷　1739

孫氏祠堂書目內編四卷外編三卷　1771

孫氏瑞應圖一卷　1562

孫氏養正樓印存六卷　1090

孫文志疑十卷　1825

孫文定公奏疏十二卷　693

孫文定公集六種　1838

孫文恭公遺書六種　1833

孫可之文集二卷　1171

孫可之文集十卷　1365

孫可之先生文集二卷　1171

孫廷尉集一卷　1362

孫批胡刻文選五卷　1385

孫花翁墓徵一卷　1810

孫明復小集三卷　1173

孫春皋集四卷外集二卷　1714

孫退谷碑帖考一卷　1712

孫真人備急千金要方五卷　1118
孫夏峰先生年譜二卷　1799
孫夏峰全集十三種　1835
孫高陽前後督師略跋一卷　558
孫馮翊集一卷　1362
孫淵如先生年譜一卷　1768
孫淵如先生全集二十二卷　1879
孫愷陽先生殉城論一卷　558
孫徵君先生日譜録存三十六卷　1836
孫谿朱氏經學叢書初編十三種　500
陰丹内篇一卷　1119
陰常侍詩集一卷　1785
陰符七篇一卷　1656
陰符玄解一卷　1117
陰符經一卷　951，1119，1554，1598，
　　1600，1602
陰符經一卷解一卷　1615
陰符經三皇玉訣三卷　1113
陰符經玄解正義一卷　1122
陰符經注一卷　1114，1835，1845，1850
陰符經疏三卷　1673
陰符經發隱一卷　1878
陰符經解一卷　1577，1611，1613
陰陽五要奇書五種附一種　1062
陰陽書一卷　1796
陰陽寶海三元玉鏡奇書（三白寶海）三
　　卷　1062
陰騭文制藝試帖合璧不分卷文昌帝君陰
　　騭文詩不分卷　1459
陰騭文注一卷　1120
陰騭文頌一卷　1635
陰騭文圖説四卷　1126
陰騭文圖説四卷附性天真境一卷欲海慈
　　航一卷御虛階功過格一卷　1126
題上方二山紀游一卷　1688

題上方二山紀游集一卷　1635
陶人心語六卷附一卷　1251
陶山集十六卷　1643，1646
陶山詩録二十八卷前録二卷　1279
陶子師先生集四卷首一卷南崖集四卷首
　　一卷　1440
陶文殘一卷　1745
陶文毅公全集六十四卷首一卷末一卷
　　1297
陶主敬先生年譜一卷　1864
陶朱新録一卷　1560，1586，1590，1673
陶冶圖説一卷　1762
陶門弟子集十六卷陶門續集三卷陶門餘
　　集三卷陶門詩話一卷　1284
陶退菴先生集二卷首一卷　1440
陶韋合集十九卷　1363
陶真白集二卷　1361
陶峴傳一卷　1663，1666
陶堂志微録五卷　1340
陶晚聞先生集十卷首一卷補録一卷　1440
陶庵文集一卷　1360
陶庵文集七卷補遺一卷詩集一卷補遺一
　　卷吾師録一卷自監録四卷　1218
陶庵文集七卷詩集八卷吾師録一卷　1218
陶庵集二十二卷首一卷附谷簾學吟一卷
　　1218，1755
陶庵集十五卷首一卷　1218
陶庵夢憶八卷　1737
陶彭澤集一卷　1362
陶彭澤集六卷　1363
陶荅雜記四卷附陶荅行狀一卷　1835
陶雲汀先生奏疏五十二卷　693
陶然集一卷　1379
陶淵明文集十卷　1158
陶淵明集十卷　1158

陶淵明集八卷首一卷末一卷　1158

陶淵明集不分卷　1158

陶園文集八卷詩集二十四卷詩餘二卷六
　　如亭傳奇二卷　1264

陶詩附考一卷解招魂一卷　1861

陶詩真詮一卷　1873

陶詩集注四卷東坡和陶詩一卷　1237

陶詩彙評四卷東坡和陶合箋四卷　1159

陶靖節集十卷總論一卷　1158，1361

陶靖節集八卷總論一卷　1363

陶靖節詩集四卷附東坡和陶詩一卷律陶
　　詩一卷敦好齋律陶纂一卷陶靖節詩話
　　不分卷陶淵明詩集考異不分卷　1159

陶靖節詩集四卷附律陶一卷敦好齋律陶
　　纂一卷東坡和陶詩一卷　1158

陶靖節詩箋五卷首一卷　1867

陶閣史詩集二卷附録一卷　1681

陶説六卷　1661

陶樓雜著四種　1876

陶徵士年譜一卷　609

陶學士先生文集二十卷事蹟一卷　1193

陶學士醉寫風光好雜劇一卷　1499

陶隱居集一卷　1362

陶齋吉金録八卷　928

陶齋吉金續録二卷附補遺　928

陶廬五憶一卷　1803

陶廬文集十二卷　1884

陶廬外篇一卷　1884

陶廬後憶一卷　1803

陶廬詩續集十卷　1884

陶廬箋牘四卷　1884

陶廬叢刻二十七種　1883

陶廬雜憶一卷附續咏一卷　1803

陶廬續憶補咏一卷　1803

陶龕詩鈔八卷　1322

陪集十三卷續陪四卷文閣詩選一卷　1235

娛老集一卷　1850

娛書堂詩話一卷　1566，1578

娛書堂詩話二卷　1674

娛萱草彈詞三十二卷　1485

娛園叢刻（榆園叢刻）十種　1748

娛園叢刻十種附一種　1748

娛親雅言六卷　1813

恕谷後集十三卷　1799

（同治）通山縣志八卷　823

通天臺一卷　1502

通介堂經説三十七卷　495，1826

通父詩存四卷詩存之餘二卷　1353

通父類稿四卷續編二卷　1353

通占大象曆星經二卷　1594，1597

通玄真經十二卷　1743

通玄真經三卷　1118

（康熙）通州志十二卷　706

（光緒）通州志十卷首一卷末一卷　706

（乾隆）通州志十卷首一卷末一卷　706

（光緒）通州直隸州志十六卷　738

通志二百卷　640

通志二百卷考證三卷　640

通志堂經解一百四十種　419，422

通志堂經解目録一卷　1739

通甫類稿四卷續編二卷補過軒四書文一卷
　　右軍年譜一卷詩存四卷續編二卷　1315

通奉公年譜一卷　1822

通肯河一帶開民屯議一卷　1708

通典二百卷　639，640

（同治）通城縣志二十四卷首一卷　823

通俄道里表一卷　1687

通俗文一卷　1793

通俗文二卷　503

通俗編十五卷　1677

通俗編三十八卷　1540

通紀直解十四卷續二卷　551

通書一卷　1120

通書述解二卷　1829，1830

通書法竅秘訣三卷　1062

（乾隆）通許縣志十卷　778

通商各國條約　664

通商各國條約不分卷　664

通商各關華洋貿易總册（光緒四年至三十四年）　663

通商表四卷　663

通商和約章程　664

通商約章類纂三十五卷　664

通商條約章程成案彙編三十卷　664

通商稅則善後條約不分卷　662

通商諸國記一卷　1705

通雅五十二卷首三卷　1012

通雅堂詩鈔十卷續集二卷　1341

通雅齋叢稿八種　1885

通詁二卷　1677

通經表二卷　1742

通疑一卷　1794

通語一卷　1794

通德遺書所見錄十八種附一種　1782

通德類情十三卷　1066

通學書籍考不分卷　1756

通學彙編不分卷　1755

通學齋叢書五十三種　1755

通隱堂詩存四卷　1310

通齋集五卷外集一卷文集二卷南行紀程一卷垂金蔭綠軒詩鈔二卷　1330

通藝閣和陶集三卷附白石鈍樵禊帖詩一卷　1295

通藝閣詩錄八卷續錄八卷三錄八卷　1295

通關文二卷　1114

通鑑本末紀要八十一卷首三卷　554

通鑑地理通釋十四卷　1829

通鑑全史彙編歷朝傳統錄八卷　548

通鑑長編紀事本末一百五十卷　554

通鑑直解二十八卷　548

通鑑注辯正二卷　1853

通鑑胡注舉正一卷　1847

通鑑紀事本末二百三十九卷　553

通鑑紀事本末正編四十二卷　553

通鑑紀事本末四十二卷　554

通鑑答問五卷　1829

通鑑評語五卷　1798

通鑑綱目分注補遺四卷附書法存疑一卷　547

通鑑綱目釋地糾謬六卷補注六卷　547

通鑑摯要前編二卷附錄一卷正編十九卷續編八卷明史摯要八卷　550

通鑑類纂四十卷　573

通鑑釋文辯誤十二卷　545，546

能一編二卷首一卷　1751

能改齋漫錄一卷　1555

能改齋漫錄十八卷　1642，1672

能改齋漫錄十八卷拾遺一卷　1646

能書錄一卷　1566

務民義齋算學十一卷　1765

務時敏齋存稿十卷　1329

務實勝窩彙稿十九種附補遺　1879

桑子庸言一卷　1804

桑孝子旌門錄一卷　1810

桑梓五防一卷　1804，1836

桑麻水利族學彙存四卷　987

桑寄生齋試帖一卷　1456

（同治）桑植縣志八卷首一卷　838

桑榆漫志一卷　1575

桑園圍志十四卷　889

桑蠶提要二卷　988
純一圖一卷　1716
純白齋類稿二十二卷　1819
純白類稿一卷　1380
純師集十二卷　1396
純陽呂真人文集八卷　1114
純節先生集一卷　1380
純德彙編八卷　599
納書楹曲譜二十二卷　1489
納書楹曲譜全集八卷　1489
納蘭詞五卷首一卷補一卷　1749
紛欣閣叢書十三種　1713
紙箋譜一卷　1578
紡織機器圖説一卷　1776
絋如鼓一卷四齣　1505
邕州小集一卷　1771

十一畫

春陵志一卷　1681
春陵舊圖經一卷　1681
責備餘談二卷　1653
現世寶卷二卷　1487
現果隨録一卷　1637，1638
理財考鏡初稿十卷　655
理財節略　1894
理財學　1893
理氣三訣三卷賴公撥砂訣一卷　1062
理氣三訣四卷　1063
理虛元鑑二卷　1733
理虛元鑑五卷　995
理堂詩集四卷文集十卷外集一卷附録一
　卷　1266
理畫括例四卷　1879
理窟九卷　1153
理學一卷　1832

理學正宗十五卷　965，1756
理學宗傳二十六卷　598，1835
理學逢源十二卷　1849
理學備考正編二卷副編一卷　1714
理學集四卷　1830
理學簡言一卷　1816
理瀹外治方要一卷附應驗諸方　995
理靈坡傳奇一卷　1879
琉球入太學始末一卷　1627
琉球入學見聞録四卷　906
琉球小志一卷補遺一卷説略一卷　907
琉球向歸日本辦一卷　1703
琉球形勢略一卷　1703
琉球使略一卷　1574，1589
琉球國志十六卷首一卷　906
琉球國志略十六卷　1642
琉球國志略十六卷首一卷　1645
琉球朝貢考一卷　1703
琉球説略一卷　1703
琉球實録一卷　1703
琉璃志一卷　1636
琅琊代醉編四十卷　1019
琅琊漫抄一卷　1588
琅嬛秘書四卷　1838
琅嬛集二種　1838
琅嬛詩集四卷　1838
琅嬛獺祭十二種　1037
（乾隆）琅鹽井志四卷　868
規中指南一卷　1119
規矩繩墨一卷　1471
規過一卷　1784
捧月樓詞二卷　1851
堵文忠公集十卷年譜一卷附録一卷　1218
堵文忠公集六卷　1360
排律六卷　1842

押虱新話一卷　1556，1580

押虱新話四卷　1612

捫腹齋詩鈔四卷　1443

捫腹齋詩餘二卷　1443

堆山先生前集鈔一卷　1802

堆垛求積術一卷　1053，1758

推步迪蒙記一卷　1766

推步法解五卷　1672

推步惟是四卷　1054

推易始末四卷　1661，1840

推背圖不分卷　1059

推蓬寤語一卷　1575

推蓬寤語一卷　1588

埤倉二卷　503

埤雅二十卷　530，531，1735

埤蒼一卷　1793

採輯歷朝詩話一卷辨訛考異四卷　1363

採蘭雜志一卷　1558

授時平立定三差詳説一卷　1053

授經圖二十卷　1719

教女圖説一卷　971

教女遺規三卷　971

教女遺規摘鈔一卷補鈔一卷　971

教孝編一卷　1622，1803

教坊記一卷　1565，1585，1596，1606，
　1662，1665

教育統計圖表（清光緒三十三年至宣統
　元年）　1892

教要序論　1136

教秦緒言一卷　1833

教案奏議彙編八卷　689

教務紀略四卷　1133

教務輯要内編一卷外篇一卷　1133

教務輯要四卷　1133

教童子法一卷　1763，1767

（榕腔）教會信録　1130

教會聖禮規則　1128

教會準繩　1130

教會禱文　1130

教會禱文六卷　1136

教稼書一卷　654

溪詩話一卷　1565

溪詩話十卷　1463，1643，1652

披垣類稿七卷　1828

（乾隆）披縣志八卷　770

培花小園詩鈔六卷　1259

培遠堂手札節存三卷　1254

培遠堂偶存稿四十八卷　1255

培遠堂詩集一卷　1421

接護越南貢使日記一卷　1822

執殳集一卷　1883

執事譜不分卷　697

探地記一卷　1706

探春歷記一卷　1583

探道本原二卷　1150

探路日記一卷　1700，1704

探親一卷附工尺譜　1491

探靈巖記一卷　1694

掃軌閒談一卷　1713

掃墓論一卷　1149

（榕腔）基督徒日用神糧書　1129

勘旅順記一卷　1708

勘處播州事情疏一卷　1604

聊一軒詩稿一卷　1421

（宣統）聊城縣志十二卷附耆獻文徵五
　卷　766

（康熙）聊城縣志四卷　766

（光緒）聊城縣鄉土志不分卷　766

聊復軒斐集一卷　1380

聊齋志異十六卷　1044

聊齋志異拾遺一卷　1714

聊齋志異新評十六卷　1044

聊齋志異遺稿四卷　1044

（光緒）菱湖鎮志四十四卷首一卷　806

菱溪詩話不分卷　1468

萊公遺事一卷　1608

（乾隆）萊州府志十六卷首一卷　770

（康熙）萊陽縣志十卷　770

黄山史概一卷　1628，1690

黄山志七卷首一卷　891

黄山松石譜一卷　1624，1626

黄山紀游一卷　1690

黄山游草一卷　1848

黄山游記一卷　1690

黄山詩留十六卷　1226

黄山領要録二卷　1655

黄山導四卷　891

黄氏日抄古今紀要逸編一卷　1655

（上海崇明）黄氏家乘二十二卷　586

黄氏家集四種　1443

黄氏筆記一卷　1556

黄氏畫譜八種　1079

黄文節公年譜一卷附詩派圖　609

黄文獻公全集十一卷　1190

黄文獻公集十二卷　1819

黄石公三略一卷　979

黄石齋先生文集十三卷補遺一卷　1216

黄石齋先生集十六卷　1360

黄白鏡一卷續一卷　1613

黄皮山游紀略一卷　1690

（光緒）黄州府志四十卷首一卷　824

（光緒）黄安縣志十卷首一卷　824

（道光）黄安縣志十卷首一卷　824

黄孝子紀程二卷附一卷　1652

（同治）黄陂縣志十六卷　824

黄忠端公年譜二卷　611，1874

黄忠端公明誠堂十四札疏證一卷題詞一卷
　1876

黄忠端公集三卷　1360

（光緒）黄岡縣志二十四卷首一卷　824

（道光）黄岡縣志二十四卷首一卷　824

黄河考一卷　1715

［黄河圖等］　917

黄河説一卷　1695

黄河編一卷　1694

黄河營記名外委册不分卷　625

黄勉齋先生文集八卷　1638，1726

黄庭内景五臟六腑圖説一卷　1114

黄庭内景經一卷外景經三卷　1116

黄庭經解一卷　1114，1115

黄帝内經二十四卷　951

黄帝内經太素三十卷　1752

黄帝内經太素篇目一卷　1770

黄帝内經明堂一卷　1770

黄帝内經明堂叙一卷　1770

黄帝内經素向重校正叙一卷　1770

黄帝内經素問二十四卷遺篇一卷　992

黄帝内經素問九卷　999

黄帝内經素問注證發微九卷　999

黄帝内經素問校義一卷　1730

黄帝内經素問靈樞合編十卷　999

黄帝内經靈樞注證發微九卷黄帝内經素
　問注證發微九卷　999

黄帝宅經二卷　1594，1816

黄帝金匱玉衡經一卷　1678

黄帝祠額解一卷　1613

黄帝素問宣明論方十五卷　991，992

黄帝素問靈樞經十二卷　991，992

黄帝陰符經一卷　978，1117

黄帝陰符經十真集解三卷　1117

黃帝授三子玄女經一卷　1593，1616，
　1651，1678
黃帝龍首經二卷　1678
［黃莘田先生自筆古硯圖及記］不分卷
　1082
黃書一卷　1840
黃書不分卷　1756
黃陵書牘二卷　1881
黃陵詩鈔一卷　1881
（光緒）黃梅縣志四十卷首一卷　825
黃處士遥峰閣集一卷　1438
黃堂隆道宮志十四卷首一卷　1126
黃崑圃先生年譜三卷　1800
黃梨洲先生年譜三卷　1836，1874
黃淮安瀾編二卷　497
黃婆洞記一卷　1694
黃琢山房集十卷　1266
黃堯圃先生年譜二卷　1764
黃葉邨莊詩集八卷　1239
黃葉邨莊詩集八卷續集一卷後集一卷　1239
黃御史集二卷別録一卷附録一卷　1171
黃御史集八卷　1365
黃運河口古今圖説不分卷　917
黃楊集一卷　1377
黃詩全集五十八卷　1178
黃滔詩集二卷　1368，1369
黃漳浦集五十卷首一卷目録二卷年譜二
　卷　1216
黃堯圃先生年譜二卷　613
黃頭志一卷　1079
（乾隆）黃縣志十二卷　769
（同治）黃縣志十四卷　769
黃龍山記一卷　1691
黃嫻餘話八卷　1733
黃鵠山人詩鈔十八卷　1319

黃鵠山志十二卷　895
黃鵠山記一卷　1692
黃鶴樓一卷　1502
黃鶴賦一卷　1114
（光緒）黃巖縣志四十卷　809
菽園雜記一卷　1574，1588，1605
菽園雜記十一卷　1621
菽園雜記十五卷　1673
菽園雜記摘鈔七卷　1604
菌譜一卷　1552，1569，1673
菜香書屋詩草八卷　1277
菜根軒詩鈔十四卷續一卷　1302
菜根譚前集一卷後集一卷　961
菜堂節録二十卷　1026
菊坡精舍集二十卷　1457
菊坡叢語一卷　1575
菊部群英二卷　876
菊逸山房天學一卷　1735
菊語一卷　1569
菊説一卷　1633
菊潭集一卷　1378
菊潭集四卷　1768
菊潭詩集一卷　1370，1375
菊潭詩鈔八卷　1292
菊磵小集一卷　1370
菊磵詩選一卷　1373
菊譜一卷　1552，1569，1762
菊籬詞一卷　1476
萃升書院藏書總目二卷附藏貯官書章程
　940
萃林詩賦一卷　504
萃龍山記一卷　1692
（光緒）菏澤縣志十八卷　776
（光緒）菏澤縣鄉土志不分卷　776
萍因蕉夢十二圖題辭二卷附松陰詩逸圖

題辭一卷　1449

萍草删存不分卷殢花詞一卷　1246

萍洲可談三卷附校勘記一卷　1673

萍海墨雨四卷　1029

（同治）萍鄉縣志十卷首一卷　819

乾元秘旨一卷　1674

乾州小志一卷　1631，1699

（崇禎）乾州志二卷　799

（光緒）乾州志稿十四卷首一卷別録四卷　799

乾坤大略十卷補遺一卷　1800

乾坤正切八卷　1048

乾坤正氣集一百一種　1359

乾坤兩卦解一卷　1843

乾坤變異録一卷　1875

乾乾居士集一卷　1381

乾清門奏對記一卷　1628

乾淳起居注一卷　1560

乾淳教坊樂部一卷　1560

乾淳御教記一卷　1560

乾淳歲時記一卷　1564

乾隆己酉科各省選拔同年齒録一卷　618

乾隆壬申萬壽恩科雲南武鄉試題名録一卷　4668

乾隆府廳州縣圖志五十卷　912

乾道庚寅奏事録一卷　1563，1587，1591，1592

乾道茶陵圖經一卷　1681

乾道稿二卷　1643

乾道稿二卷淳熙稿二十卷章泉稿五卷拾遺一卷　1646

乾道臨安志十五卷　1807

乾道臨安志十五卷附札記一卷　1754

乾道臨安志三卷　1740

乾道臨安志三卷札記一卷　1729

乾溪洞記一卷　1694

乾嘉詩壇點將録一卷附東林點將録一卷　1772

乾膜子一卷　1556，1661

菉友肊説一卷　1763

菉竹堂書目六卷　1739

菉竹堂碑目六卷　1739

菰中隨筆一卷　1736，1837

梵網經心地品菩薩戒義疏發隱五卷附事義一卷問辯一卷　1111

梵網經菩薩戒本疏十卷　1101

梵隱堂詩存十卷　1325

梧下雜鈔二卷　1231

梧生駢體文鈔一卷　1425

（乾隆）梧州府志二十四卷首一卷　866

梧風竹月書巢試帖一卷　1872

梧溪集一卷　1377

梧溪集七卷補遺一卷　1656

桯史一卷　1557，1586，1590，1608，1660

桯史十五卷　1610

桯史十五卷附録一卷　1015

梅山詞一卷　1472

梅山夢草一卷　1826

梅子新論一卷　1794

梅氏中西筆算合解十卷　1055

梅氏筆算五卷　1715

梅氏遺書不分卷　1311

梅氏叢書（曆算全書）二十九種　1052

梅仙觀記一卷　1121

梅妃傳一卷　1038，1570，1584，1660，1663，1666，1727

梅花什一卷　1445

梅花字字香一卷　1379

梅花字字香前集一卷後集一卷　1723

梅花草堂集十四卷　1016

梅花草盦藏器目一卷　1763

梅花衲一卷　1371

梅花菴稿一卷　1378

梅花喜神譜二卷　1656

梅花夢二卷　1485

梅花園詩餘一卷　1475

梅花詩附録一卷　1726

梅花溪續草一卷附錢有轂蔗軒遺稿一卷
　1282

梅花盦詩集四卷　1333

梅花簪二卷　1505

梅村山水記一卷　1690

梅村文集二十卷　1778

梅村集二十卷　1223

梅村詩集箋注十八卷　1223

梅村詩鈔三卷　1427

梅村詩話一卷　1750，1804

梅里古印譜二卷　1091

梅里詩輯二十八卷續輯十二卷　1433

梅谷十種書十種　1859

梅谷文稿一卷　1859

梅谷行卷一卷　1859

梅谷偶筆一卷　1630，1859

梅谷續稿三卷　1859

梅坪詩鈔三卷　1429

梅品一卷　1569

梅叟閒評四卷　1858

梅屋吟一卷　1370

梅屋吟稿一卷　1374

梅屋集一卷　1375

梅屋詩稿一卷融春小綴一卷梅屋三稿一
　卷梅屋四稿一卷　1370

梅屋詩餘一卷　1473

梅莊詩鈔十六卷　1317

梅軒遺草一卷　1275

梅峰語録二卷　1805

梅野集十一卷　1359

梅崖居士文集三十卷外集八卷　1262

梅喜緣傳奇二卷　1505

梅莘詩鈔五卷首一卷　1278

梅詞一卷　1472

梅道人遺墨一卷　1733

梅道人遺墨一卷續集一卷外集一卷　1190

梅溪詩選一卷　1373

梅澗詩話一卷　1565

梅磵詩話三卷　1674

梅邊吹笛譜二卷　1741

梅譜一卷　1552，1569

梅鶴詞一卷　1474

桴亭先生文集六卷補遺一卷　1836

桴亭先生文鈔六卷　1384

桴亭先生文鈔六卷確菴先生文鈔六卷　1224

桴亭先生詩集十卷　1836

桴亭先生詩鈔八卷　1384

梓溪文鈔内集八卷外集十卷　1202

梓潼士女志一卷　1561，1583

梓潼縣文昌文明書院藏書章程不分卷　936

（咸豐）梓潼縣志六卷　852

（安徽休寧）梯山汪氏家譜十五卷　585

梡鞠録二卷　1775

救人良方一卷　1005

救文格論一卷　1636，1637，1731，1837

救世主耶穌基督行論之要略傳九卷　1135

救世教詩歌附教會禮文　1135

救生船四卷　1126

救主文　1135

（榕腔）救主行傳　1136

救主奇恩　1135

救主堂會規　1135

救孝子賢母不認屍雜劇一卷　1500

救灾真言　1150

救命書一卷　1747，1869

救命書二卷　1670，1721

救荒活民書三卷拾遺一卷　1673，1723

救荒備覽四卷附録二卷　1816

救荒簡易書四卷　660

救時芻言　1900

救靈獲福文　1135

（乾隆）鄆城縣志十八卷首一卷　788

曹大家女誡一卷　970

曹子建集十卷　1361

曹月川先生年譜一卷　1829，1830

曹月川先生家規輯略一卷　1829，1830

曹月川先生語録一卷　1829，1830

曹月川先生遺書九種　1829

曹月川先生録粹一卷　1829，1830

曹氏傳芳録五種　1444

曹氏墨林二卷　1096

曹氏叢書六種　1442

（康熙）曹州志二十卷　776

（乾隆）曹州府志二十二卷　776

曹江孝女廟志八卷首一卷末一卷　874

曹松詩集二卷　1368，1369

曹祠部詩集二卷補遺一卷　1367，1369

曹從事詩集一卷　1367，1369

曹集銓評十卷逸文一卷年譜一卷　1158

曹楊胡合稿三卷　1384

曹鄴詩集二卷　1365

（康熙）曹縣志十八卷　776

（光緒）曹縣志十八卷首一卷　776

曹學士帖體詩二種附七十二候考一卷　1268

敕世要言　1143

敕建弘慈廣濟寺新志三卷　871

敕建净慈寺志二十八卷首二卷末一卷　1809

敕封大王將軍紀略一卷畫像一卷　604

敕封天后志二卷　604

敕修百丈清規八卷　1105

敕修兩浙海塘通志二十卷首一卷　889

敕修河東鹽法志十二卷圖考一卷　657

敕議或問一卷　1603，1621

區太史詩集二十七卷　1212，1436

區田圖説一卷　1746

區田編一卷　654

區種五種附一種　986

堅白石齋詩集十六卷　1281

堅白齋詩存一卷　1735

堅白齋詩存三卷駢文存一卷雜稿存四卷　1326

帶星草堂詩集一卷　1878

帶格一卷　1568

帶經堂書目四卷　939，1778

帶經堂集九十二卷　1236

帶經堂詩話三十卷　1465

硃批諭旨不分卷　686

硃砂擔滴水浮漚記雜劇一卷　1499

瓠里子筆談一卷　1651

瓠息齋前集二十四卷　1260

瓠落詞一卷　1767

匏瓜録十卷　493

匏翁家藏集七十七卷補遺一卷　1196

匏庵詩鈔二卷　1444

匏園掌録二卷　1733

匏潛子四時四聲山居草五卷　1224

匏隱廬文稿一卷詩稿一卷　1318

匏齋遺稿五卷　1339

匏廬詩話三卷　1813

爽鳩要録二卷　1762

盛世危言五卷　1027

盛事美談一卷　1558

盛明十二家詩選十二卷　1412

盛明雜劇三十種　1501

盛京考略一卷　1684

盛京典制備考八卷　651

（乾隆）盛京通志一百三十卷首一卷　700

（康熙）盛京通志三十二卷　700

（乾隆）盛京通志四十八卷　700

盛京諸水編一卷　1695

盛京疆域考六卷　1777

雩都行記一卷　1699

（同治）雩都縣志十六卷首一卷　821

（道光）雩都縣志三十二卷　820

雪山集十六卷　1643，1646

雪中人一卷　1852

雪月梅傳十卷五十回　1520

雪月梅傳奇十卷五十回　1520

雪竹樓詩稿十四卷文稿一卷　1262

雪舟謎語一卷　1558

雪杖山人詩集八卷附友陶居士詩集一卷

　秦濤居士詩集一卷　1298

雪坡小稿一卷　1375

雪坡小稿二卷　1370

雪林删餘一卷　1370，1374

雪門詩草十四卷　1327

雪岩吟草一卷　1370

雪莊西湖漁唱七卷　1809

雪莊類稿一卷　1376

雪浪集一卷懷山園遺文一卷　1439

雪浪齋日記一卷　1555

雪菴集一卷　1380

雪虛聲堂詩鈔三卷　1349

雪堂墨品一卷　1623，1846

雪窗小集一卷補遺一卷　1370

雪窗小稿一卷　1374

雪窗雜咏一卷　1263

雪蓬集一卷　1382

雪蓬稿一卷　1370

雪溪集一卷　1374

雪樓集一卷　1376

雪履齋筆記一卷　1676，1804

雪蓬詩稿一卷　1374

雪壓軒詞一卷　1477

雪磯叢稿一卷　1375

雪磯叢稿五卷　1371

雪齋集一卷　1378

雪鴻再録一卷　1698，1852

雪鴻堂文集二卷　1444

雪鴻堂文集十八卷　1444

雪鴻堂文集四卷　1444

雪鴻堂全集三種　1444

雪鴻偶鈔詩四卷詞一卷　1393

雪鴻詞二卷　1826

雪濤小説一卷　1580

雪濤詩評一卷　1578

雪濤談叢一卷　1589

雪廬讀史快編六十卷　571

雪巖和尚住潭州龍興寺語録二卷　1104

鹵簿舟車考一卷　1832

虛白齋存稿十四卷　1250

虛舟題跋（竹雲題跋）十四卷　932

虛舟題跋十四卷　1070

虛舟題跋十卷　1742

虛舟題跋原三卷　1742

虛字考一卷　1747

虛字説一卷　1719

虛字闡義三卷讀書説約合編三卷　502

虛谷閒抄一卷　1559，1586，1590，1596

虛受堂集三十五卷　1346

虛皇天尊初真十戒文一卷　1120

虛窗雅課初集一卷二集一卷　1239

虛静沖和先生徐神翁語録一卷　1120

虛齋名畫録十六卷　1081
虛齋格致傳補注一卷　1836
虛齋樂府一卷　1472，1803
（光緒）處州府志三十卷首一卷末一卷　812
（康熙）堂邑縣志二十卷　766
常山貞石志二十四卷　931
（光緒）常山縣志六十八卷首一卷末一卷　811
常平權法一卷　1836
常州先哲遺書第一集四十二種　1801
（康熙）常州府志三十八卷首一卷　729
（江蘇常州）常州觀莊趙氏支譜十六卷首一卷尾一卷　587
常侍言旨一卷　1584，1662，1664
（乾隆）常昭合志十二卷首一卷　727
（光緒）常昭合志稿四十八卷首一卷末一卷　727
常拜真神之道　1134
常郡八邑藝文志十二卷　1429
（同治）常寧縣志十六卷首一卷　835
（嘉慶）常寧縣志三十二卷　834
（嘉慶）常德府志四十八卷首一卷附文徵九卷叢談三卷　835
常德圖經一卷　1682
常談一卷　1675
（康熙）常熟縣志二十六卷首一卷末一卷　727
（嘉靖）常熟縣志十三卷　727
（萬曆）常熟縣私志十四卷　727
晨風閣叢書二十二種　1771
眺秋樓詩八卷　1229
眼兒媚一卷　1502
眼科百問二卷　1007
眼科證治三卷　1007

眼福編初集十四卷二集十五卷三集七卷　1340
野人閒話一卷　1557，1590
野古集三卷　1195
野老記聞一卷　1557
野老書一卷　1795
野谷詩集一卷　1374
野谷詩稿六卷　1371
野叟曝言二十卷一百五十四回　1511
野客叢書十二卷附録一卷　1610
野客叢書三十卷附録一卷　1610
野航史話一卷　1575
野航亭稿一卷　1379
野航集二卷　1231
野航詩集二卷　1244
野記一卷　1608
野記四卷　1039，1621
野菴詩鈔四卷　1257
野菜箋一卷　1579
野菜贊一卷　1629
野菜譜一卷　1569，1579
野雪鍛排雜說一卷　1558
野蔌品一卷　1554
野趣有聲畫一卷　1375
野獲編三十卷補遺四卷　1033
野齋集一卷　1378
野鴻詩的一卷　1634
問山文集八卷詩集十卷　1232
問水集一卷　1593
問字堂集一卷　427
問字堂集六卷　1278，1753，1880
問字樓詩一卷　1885
問花亭詩初集八卷外集二卷　1286
問花樓詞話一卷　1823
問花樓詩集一卷　1421

問花樓詩鈔一卷　1823

問花樓詩話三卷　1823

問奇一覽二卷　526

問奇典注六卷　1548

問奇室詩集二卷續集一卷文集一卷　1878

問奇集一卷　1613

問津院志七卷　875

問通證一卷論語集注通證二卷孟子集注
　　通證二卷　425

問魚篇二卷附録一卷　1835

問答語録全真活法一卷　1114

問答録一卷　1612

問園詩集一卷　1384

問經堂印譜初集四卷二集四卷三集四卷
　　1089

問經堂叢書十八種　1667

問影樓輿地叢書第一集十五種　1683

問禮俗一卷　1783，1788

嫛山易輪一卷　1848

嫛江條議一卷　1804，1836

嫛江雜詞一卷　1805

（乾隆）嫛縣志三十卷首一卷末一卷　728

（光緒）嫛縣續志二十卷　728

曼先生語録一卷　1746

曼陀羅華閣瑣記二卷　1745

曼陀羅華閣叢書十六種　1745

曼盦壺盧銘一卷　1733

曼盦詩稿四卷　1357

晦明軒稿不分卷附壬癸金石跋　1343

晦菴文鈔七卷詩鈔一卷　1183

晦菴詞一卷　1472

晦堂詩鈔一卷　1359

晦庵先生朱文公易説二十三卷　419，422

晦庵先生所定古文孝經句解一卷　421，
　　424

晦庵先生語録類要十八卷　958

晦庵詩説一卷　1461

晦鳴録二卷　1735

晞髮近稿鈔一卷附天地間集一卷　1373

晞髮集十卷晞髮遺集二卷補一卷天地間
　　集一卷　1781

晞髮集十卷遺集二卷補一卷附天地間集
　　一卷登西臺慟哭記注一卷冬青樹引注一
　　卷冬青樹引重注一卷附録一卷　1187

晞髮集鈔一卷　1373

唵勌道政要一卷　1708

冕服考四卷　1774

（咸豐）冕寧縣志十二卷首一卷末一卷
　　846

晚邨先生家訓真蹟五卷　969

晚年批定四書近指十七卷　1836

晚村先生八家古文精選八卷　1402

晚香居詞二卷　1476

晚香亭詩鈔不分卷　1311

晚香堂分韻標新八卷　1468

晚香唱和集六卷附念堂詩草一卷東郡趨庭
　　集一卷子壽詩鈔一卷夢游仙館集一卷利
　　于不息齋集一卷樹君詩鈔一卷　1446

晚香詞三卷　1473，1820

晚笑堂畫傳四卷明太祖功臣圖一卷　1081

晚唐詩鈔二十六卷　1407

晚書訂疑三卷　429，1777

晚晴軒集一卷　1883

晚晴軒儷體文存二卷　1337

晚聞居士遺集九卷首一卷　1280

晚聞堂集十六卷　1217

晚聞録一卷　1853

晚翠軒筆記八卷　1030

晚翠堂批點玉樓春二十四回　1519

晚學集八卷　1729

晚學齋文集十二卷　1295
晚學齋集二十六卷　1332
異方便净土傳燈歸元鏡三祖實錄二卷
　1108
異字一卷　1793
異苑一卷　1571，1581，1582
異苑十卷　1618
異苑五卷　1617
異林一卷　1553，1580，1581，1589，1620
異物志一卷　1817
異疾志一卷　1663，1666
異域竹枝詞三卷　1650
異域錄一卷　1631，1687
異域錄二卷　1670
異魚圖贊一卷　1832
異魚圖贊四卷　1613，1650，1676
異魚圖贊閏集一卷異魚圖贊補三卷　1676
異號類編二十卷　1871
異聞記一卷　1559，1586，1590
異聞益智叢錄三十四卷　1045
異聞實錄一卷　1571，1581
異聞總錄四卷　1610
異語十九卷　1773
異説五虎平西珍珠旗演義狄青前傳六卷
　一百十二回　1528
異端辨論　1148
異蹟問答　1148
趼廛筆記不分卷　1045
略注喪服經傳一卷　1788
略釋新華嚴經修行次第決疑論四卷　1109
蛉石齋詩鈔四卷　1826
蛇譜一卷　1635
鄂行日記二卷　1876
鄂拊堂經解十二卷首一卷稽古軒經解存
　稿八卷　502
鄂省丁漕指掌十卷　657
鄂省州縣驛傳全圖　917
鄂宰四種　1862
鄂國金佗稡編二十八卷續編三十卷　606
鄂渚紀事一卷附錄一卷　1713
鄂湘酬唱集一卷　1884
唱名記一卷　1560
唱道真言五卷　1117，1127
唱經堂才子書十種　1836
唱經堂古詩解一卷　1778，1836
唱經堂左傳釋一卷　1778，1836
唱經堂批歐陽永叔詞十二首一卷　1778，
　1836
唱經堂杜詩解四卷　1778
唱經堂杜詩解四卷附沈吟樓借杜詩一卷
　1836
唱經堂通宗易論一卷　1778，1836
唱經堂聖人千案一卷　1778，1836
唱經堂語錄纂二卷　1778，1836
唱經堂隨手通一卷　1778
唱經堂釋小雅一卷　1778，1836
唱經堂釋孟子四章一卷　1778，1836
國山碑考不分卷　931
國子先生全集四十三卷　1263
國子監石經十五種　490
國史文苑傳二卷　597
國史四傳　597
國史考異六卷　1730
國史循吏傳一卷　597
國史補一卷　1662，1665
國史補三卷　1713
國史經籍志五卷附錄一卷　1738
國史賢良祠王大臣小傳二卷　597
國史儒林傳二卷　597
國老談苑一卷　1608

國老談苑二卷　1551

國地異名録一卷　1683

國志蒙拾二卷　1776

國秀集選一卷　1365

國初事蹟一卷　1593，1669

國初禮賢録一卷　1593，1603

國脉民天一卷　654

國風省篇一卷　1840

國琛集二卷　1604

國朝二十四家文鈔二十四卷　1419

國朝十家四六文鈔十一卷　1425

國朝小題雕蟲集五十三卷　1034

國朝山左詩鈔十卷　1432

國朝天台詩存十四卷補遺一卷　1434

國朝五言長律廔颺集十六卷　1416

國朝中州文徵五十四卷　1432

國朝中州名賢集二十五卷　1433

國朝六家詩鈔九卷　1415

國朝文苑傳一卷　1884

國朝文匯二百卷　1426

國朝文徵四十卷　1418

國朝文廟崇祀録十七卷首一卷補遺二卷　583

國朝文録八十二卷　1420

國朝文録不分卷續編不分卷　1419

國朝未刊遺書志略一卷　1750

國朝正雅集九十九卷首一卷　1423

國朝古文正的五卷附遜學齋文鈔一卷移芝室古文一卷　1422

國朝古文彙鈔初集一百七十六卷二集一百卷　1419

國朝古文選二卷　1714

國朝右文掌録一卷　654

國朝石經考異一卷　428

國朝四庫全書辨正通俗文字一卷　1715

國朝列卿紀一百六十五卷　597

國朝先正事略六十卷　583

國朝全閩詩録初集二十一卷續十一卷　1435

國朝名人著述叢編十三種　1731

國朝名公翰藻五十二卷氏名爵里一卷　1413

國朝名臣言行録十六卷　597

國朝名臣事略校四卷　1875

國朝名家詩鈔小傳　600

國朝孝子小傳一卷　1884

國朝宋學淵源記二卷　1739

國朝宋學淵源記二卷附記一卷　1734

國朝松陵詩徵二十卷　1428

國朝杭郡詩輯三十二卷　1433

國朝杭郡詩續輯四十六卷　1433

國朝事略六卷　565

國朝兩浙科名録不分卷（順治三年至光緒八年）　4668

國朝兩浙科名録不分卷（順治三年至咸豐五年）　4668

國朝典故四十種　1621

國朝制義存真集訂注不分卷　1454

國朝律賦偶箋四卷　1416

國朝風雅七卷雜編三卷　1375

國朝柔遠記十八卷附編二卷　666

國朝貢舉考略二卷　623

國朝貢舉考略三卷　623

國朝貢舉考略三卷附明貢舉考略二卷　623

國朝耆獻類徵初編七百二十卷附賢媛類　583

國朝書人輯略十一卷首一卷　1071

國朝書畫家筆録四卷　1075

國朝常州詞録三十一卷　1480

國朝常州駢體文録三十一卷附結一宧駢體文一卷　1429

國朝掌故彙編二卷　1756

國朝御史題名（雍正元年至光緒十三年）　624

國朝御史題名不分卷附滿洲蒙古御史題名録（順治元年至光緒十年）不分卷　624

國朝詞垣考鏡五卷　624

國朝詞綜續編二十四卷　1480

國朝湖州詩録三十四卷　1434

國朝畫家書四卷荔香室石刻二卷小傳四卷　1073

國朝畫徵録三卷續録二卷　1078

國朝畫識十七卷　1075

國朝虞陽科名録四卷首一卷　4668

國朝嵊詩鈔四卷　1434

國朝詩十卷外編一卷補六卷　1418

國朝詩人徵略初編六十卷二編六十四卷　1467

國朝詩正聲集七卷首一卷　1417

國朝詩的六十二卷　1416

國朝詩評一卷　1616

國朝詩鐸二十六卷首一卷　1304

國朝滄州詩鈔十二卷　1427

國朝閨秀正始集二十卷附録一卷補遺一卷題詞一卷續集十卷附録一卷補遺一卷輓詞一卷　1419

國朝閨閣詩鈔一百種　1420

國朝漢學師承記八卷國朝經師經義目録一卷　1739

國朝漢學師承記八卷經師經義目録一卷　1734

國朝賦楷六卷　1416

國朝畿輔詩傳六十卷　1426

國朝駢體正宗十二卷　1419

國朝駢體正宗評本十二卷補遺一卷　1743

國朝歷科館選録二卷　617

國朝歷科題名碑録初集不分卷（順治三年至同治十三年）附明題名碑録不分卷（洪武四年至崇禎十六年）　617

國朝學案目録一卷　1884

國朝儒林正論四卷　1420

國朝館閣九家詩箋九卷　1456

國朝嶺南文鈔十八卷　1436

國朝謚法考一卷　1625，1627

國朝謚法考六卷　654

國朝蘇州府長元吳三邑科第譜四卷　617

國朝麗體金膏四卷　1727

國朝嚴州詩録八卷　1434

國朝繡像千家詩二卷　1423

國雅二十卷續四卷雜附一卷國雅品一卷　1413

國策地名考二十卷　1739

國策編年一卷　1866

國語二十一卷札記一卷　560

國語九卷　560

國語三君注輯存四卷　1866

國語三君注輯存四卷發正二十一卷考異四卷　560

國語明道本考異四卷　1866

國語注一卷　1784

國語音一卷　1796

國語校注本三種　1866

國語章句一卷　1796

國語補注一卷　1766

國語補音三卷　1649

國語補校一卷　429，1856

國語發正二十一卷　430，1866

國語賈景伯注一卷　1877

國語解詁二卷　1796

國語釋地三卷　1879

國粹叢書五十一種　1780

國學禮樂録二十卷　652

國學叢刊十一種　1781

國寶新編一卷　1576，1589，1593，1604

唾玉集一卷　1556

唾絨詞一卷　1477

唯心詩集三卷　1330

唫雲仙館詩稿一卷　1384

啖敢覽館稿一卷　1729

崦樓詞一卷　1477

崑山郡志六卷　737，1750

（嘉靖）崑山縣志十六卷　726

（萬曆）崑山縣志八卷　726

崑厓詩鈔一卷　1762

崑崙山房集一卷　1239

崑崙奴一卷　1502

崑崙奴傳一卷　1594

崑崙河源考一卷　1670

崑崙記一卷　1705

崑崙集一卷續一卷附録一卷　1447

崑崙説一卷　1707

（道光）崑新兩縣志四十卷首一卷末一卷　726

（光緒）崑新兩縣續修合志五十二卷首一卷末一卷　726

崔公入藥鏡注解一卷　1113

崔氏政論一卷　1795

崔東洲集二十卷續集十一卷　1200

崔東壁遺書八種附一種　1855

崔府君祠録一卷　1775，1807

崔府君斷冤家債主雜劇一卷　1500

崔清獻公言行録三卷　1816

崔清獻公集五卷　1816

崔煒傳一卷　1594

崔塗詩集一卷　1365

崔翰林遺集二卷附録一卷　1350

崤山集六卷　1382

（乾隆）崞縣志八卷　757

崇川列朝詩選彙存二卷崇川各家詩鈔彙存五十二卷首八卷補遺六十一卷　1431

崇川咫聞録十二卷　878

崇文書局彙刻書（三十三種叢書）三十三種　1815

崇文總目五卷補遺一卷　1657，1658，1739

崇文總目五卷補遺一卷附録一卷　1679

崇百藥齋文集二十卷　1292

崇百藥齋續集四卷三集十二卷合肥學舍札記十二卷五真閣吟稿一卷　1293

崇祀名宦録不分卷附録一卷　597

崇祀録一卷　597

（乾隆）崇明縣志二十卷首一卷　737

（雍正）崇明縣志二十卷首一卷　737

（光緒）崇明縣志十八卷　737

（同治）崇陽縣志十二卷首一卷　823

崇雅堂文鈔四卷詩鈔十卷定鄉雜著二卷應制存稿一卷刪餘詩一卷　1289

崇睦山房詞一卷　1851

（同治）崇義縣志十二卷　822

（光緒）崇義縣志八卷續增一卷　822

崇福寺志四卷續志一卷　1807

崇禎五十宰相傳一卷　1755

崇禎宮詞一卷　1630

崇禎朝記事四卷　1801

（光緒）崇寧縣志四卷　841

（光緒）崇慶州志十二卷首一卷　841

（嘉慶）崇慶州志十卷首一卷　841

崆峒山志二卷　892

過波蘭記一卷　1711

過度天盤神數不分卷　1065

過庭記聞一卷　1805

過庭録一卷　1555，1609

過庭録五卷　429

過雲精舍詞二卷　1851

過雲樓書畫記十卷　1070

過雲廬畫論一卷　1077

過蜀峽記一卷　1709

過墟志一卷　1749

過關山記一卷　1690

梨岳集一卷　1367，1369

梨洲遺著彙刊二十二種　1836

梨雲榭詞一卷　1476

梨雲館廣清紀四卷　1039

梨雲館類定袁中郎全集二十四卷　1214

移人集八卷附選詩前後集諸咏一卷　1406

移芝室詩鈔一卷　1735

動物考二卷　1832

動物學啟蒙八卷　1761

笛漁小稿十卷　1242

笙月詞五卷　1749

笠杖集四卷　1329

笠東草堂遺稿二卷文集補遺　1305

笠亭詩集十二卷　1271

笠舫詩稿六卷附文稿一卷　1384

笠翁一家言全集五種　1838

笠翁文集四卷　1838

笠翁別集二卷　1838

笠翁偶集六卷　1838

笠翁傳奇十種二十卷　1504

笠翁詩集三卷　1838

笠翁餘集一卷　1838

笠澤叢書三卷　1171

笴河文集十六卷首一卷　1800

第一生修梅花館詞五卷附存悔詞一卷香
　海棠館詞話一卷　1353

第一奇書一百回　1514

第一奇書野叟曝言二十卷一百五十四回
　1511

第一樓叢書三十卷　1874

第一樓叢書附考一卷　1732

第二碑一卷　1852

第十一段錦詞話一卷　1635

第八才子書白圭志四卷十六回　1521

第五才子書十二卷一百二十四回　1509

第五才子書水滸傳七十五卷七十回　1509

第五才子書施耐庵水滸傳七十五卷七十
　回　1508

第六才子書八卷附才子西廂醉心篇一卷
　1490

第六才子書六卷首一卷　1489

第六絃溪文鈔四卷　1657，1658

敏求軒述記十六卷　583

敏求齋詩集一卷　1422

敏果齋七種　1721

敏修賸稿二卷　1429

（乾隆）偃師縣志三十卷首一卷　785

偃曝談餘二卷　1614

偵探記二卷　882

偶存草一卷雁字和韻詩一卷　1806

偶存草詩集六卷　1237

偶記四卷　1018

偶書一卷　1625，1627

偶然欲書一卷　1631

偶譚一卷　1553，1577，1610

偷甲記二卷三十四齣　1493

偷閒集賸稿一卷　1443

貨郎旦：女彈一卷附工尺譜　1489

進修譜一卷　1861

進賢説一卷　1624，1626

（同治）進賢縣志二十五卷首一卷　813

進藏紀程一卷　1629，1686

停雲閣詩稿一卷　1428

停戰條約　661

停驂隨筆一卷　1698

停驂録一卷續停驂録三卷　1831

停驂録摘鈔一卷　1604

偏旁舉略一卷　519

鳥臺詩案一卷　1566

鳥蠻瀧夜談記一卷　1576

兜率龜鏡集三卷　1107

偉觀集一卷　1375

術數辨謬不分卷　1067

術藝雜録一卷　1832

得一録十六卷　964

得一齋雜著四種　1750

得之集一卷　1378

得天居士集六卷　1253

得月簃叢書二十種　1713

得慶記一卷　1686

從古堂款識學十六卷　926

從戎紀略一卷　608

從西紀略一卷　1633，1685

從吾所好齋紀恩排律一卷　1762

從祀鄉賢録一卷　1835

從征安南記一卷　1703

從征緬甸日記一卷　1670

從姑山記一卷　1690

從政緒餘録七卷　1747

從政録一卷　1552，1572

從政觀法録三十卷　597

從軍紀事一卷附下小雅京口從軍圖序一
　卷　1804

從軍雜記一卷　1685

從野堂存稿八卷補遺一卷附録一卷　1802

從野堂存稿五卷　1360

從駕記一卷　1560，1586，1590

船山師友記十八卷　600

船山詩草二十卷　1285

船山詩草二十卷補遺六卷　1285

船山遺書五十五種　1839

船窗夜話一卷　1557

船塢論略一卷附圖一卷　1761

船窻夜話一卷　1587，1590

斜川集六卷　1180

斜川集六卷附録二卷訂誤一卷　1656

斜川集六卷訂誤一卷附録二卷　1180

斜川詩集十卷　1180

斜弧三邊求角補術一卷　1053，1758

釣磯立談一卷　1558，1725

釣磯立談一卷附録一卷　1652

釵小志一卷　1565

彩選百官鐸一卷　1578

貧士傳二卷　1553，1576，1610

（榕腔）貧女勒詩嘉　1135

脚氣集一卷　1575，1588

脚氣集二卷　1612

魚服記一卷　1595

魚品一卷　1579

魚凫彙刻三種　1724

（乾隆）魚臺縣志十三卷首一卷末一卷
　777

（光緒）魚臺縣志四卷首一卷末一卷　778

象山先生全集三十六卷附少湖徐先生學
　則辯一卷　1184

象山記一卷　1689

（道光）象山縣志二十二卷首一卷附象
　山文類二卷　807

（乾隆）象山縣志十二卷　807

（同治）象州志二卷　865

（乾隆）象州志四卷　865

象州沸泉記一卷　1697

象邑夏王廟志二卷附録二卷西城雜録二
　卷　873

象言破疑二卷　1114

象數一原七卷　1056

逸民史二十二卷　602

逸周書十卷　1597

逸周書十卷校正補遺一卷附録一卷　1754

逸周書集訓校釋十卷附周書逸文一卷　1815

逸周書集訓校釋十卷逸文一卷　431

逸周書補注二十二卷首一卷末一卷　560

逸周書雜志四卷　429

逸孟子一卷　1677

逸亭易論一卷　1622

逸雅八卷　530

逸園印輯不分卷　1088

逸經一卷　1877

逸論語一卷　1784

逸講箋三卷　1841

逸齋詩補傳三十卷篇目一卷　420，423

（雍正）猗氏縣志八卷　750

猗覺寮雜記一卷　1557

猗覺寮雜記二卷　1643，1646，1652

斛山楊先生遺稿四卷　1203

猛鳥鳥得記一卷　1709

祭文一卷　1849

祭典一卷　1788

祭煉心咒注一卷　1122

訥盦叢稿八種　1885

許水南詩集二卷　1714

許氏古均閣書目四卷　938

許氏説文解字雙聲疊韻譜一卷　1657

許文穆公集六卷　1209

許玉峰先生集三卷附陳松田先生遺文一卷
　1330

許印林遺著一卷　1730

許竹篔先生出使函稿十四卷　660

（道光）許州志十六卷首一卷　787

許君年表考一卷許君年表一卷附録一卷
　504

許松濱先生全集四十三卷　1354

許叔重淮南子注一卷　1877

許彦周詩話一卷　1551，1566，1610

許國公奏議四卷　1744

許琳詩集一卷　1367，1369

許然明先生茶疏一卷　1612

許魯齋先生訓子詩一卷　953

許魯齋先生集六卷　1638

許學叢刻九種　504

許學叢書十四種　504

許鍾斗文集五卷　1216

設險守邊圖説一卷　1593

訪徐福墓記一卷　1710

訪蘇泉記一卷　1697

庶物異名疏三十卷　1537

庶齋老學叢談三卷　1655

麻姑山志十二卷　896

麻姑仙壇記一卷　919

麻姑傳一卷　1571，1582

（光緒）麻城縣志四十卷首一卷末一卷
　節孝録五卷　825

（同治）麻陽縣志十四卷首一卷　836

（康熙）麻陽縣志十卷附續志二卷　836

麻灘驛傳奇一卷　1879

庾度支集一卷　1362

庾開府全集　1160

庾開府集二卷　1363

庾開府集十二卷　1361

庾開府集四卷　1363

痎瘧論疏一卷　995

痎瘧論疏一卷痎瘧疏方一卷　996

痕夢詞一卷　1443

康南海傳一卷　608

康熙甲子史館新刊古今通韻十二卷　526

康熙字典十二集　516

康熙字典十二集三十六卷總目一卷檢字
　　一卷辨似一卷等韻一卷補遺一卷備考
　　一卷　515

康熙字典撮要　522

康熙政要二十四卷　645

康熙拾伍年分奉旨丈量銷圩魚鱗清册不
　　分卷　681

康熙幾暇格物編二卷　1755，1894

康對山先生文集十卷附錄一卷　1200

康輶紀行一卷　1686

康輶紀行十六卷　884，1863

康濟改修魚雷練船并添購器具卷宗不分
　　679

康濟譜二十五卷　582

庸行編八卷　962

庸言一卷　1632，1824

庸言四卷　964

庸書一卷　1572

庸書內篇二卷外篇二卷　1030

庸書內篇四卷外篇四卷　1776

庸庵筆記六卷　1040

庸閒齋筆記十二卷　1039

庸閒齋筆記八卷　1039

庸盦文外編四卷　1342，1878

庸盦文編四卷　1878

庸盦文續編二卷　1878

庸盦全集六種　1878

庸盦尚書奏議十六卷　695

庸盦海外文編四卷　1343，1878

庸齋小集一卷　1370，1374

鹿文端公榮哀錄八卷　608

鹿皮子集一卷　1376

鹿皮子集四卷　1819

鹿邨詩集一卷　1255

（乾隆）鹿邑縣志十二卷首一卷　781

（光緒）鹿邑縣志十六卷首一卷　781

鹿門子一卷　949

鹿門先生批點漢書九十三卷　573

鹿門宕嶽諸游記一卷　1704

鹿門集三卷拾遺一卷續補遺一卷　1771

鹿門詩集三卷拾遺一卷續補詩一卷　1367，
　　1369

鹿門隱書一卷　1554

鹿忠節公年譜二卷　1798

鹿忠節公集二十一卷　1360

鹿洲公案二卷　1848

鹿洲全集七種　1848

鹿洲全集八種　1848

鹿洲全集四十二卷　1250

鹿洲初集二十卷　1848

鹿洲奏疏一卷　1848

鹿菴集一卷　1378

裒遺草堂詩鈔一卷　1735

裒遺草堂詩鈔十二卷　1871

章水經流考一卷　497，1722

章介菴文集十一卷　1203

（康熙）章丘縣志十二卷首一卷　762

章孝標詩集一卷　1366

（乾隆）章邱縣志十三卷首一卷　762

（道光）章邱縣志十六卷首一卷末一卷
　　762

（光緒）章邱縣鄉土志二卷　762

章谷屯志略一卷　1745

章泉稿五卷　1643

章華詞一卷　1473

章臺柳傳一卷　1585，1660，1663，1666，

1727

章碣詩集一卷　1366，1367，1369

章實齋先生遺書六卷附録一卷　1272

竟山樂録四卷　1661，1727，1841

産育寶慶方二卷　1004

産育寶慶集二卷　1675

産育寶慶集方二卷　995

産寶諸方一卷　995

翊翊齋遺書三種　1821

翊運録一卷　1573

商子五卷　950，1597

（乾隆）商水縣志十卷首一卷　780

商文毅公集十卷　1195

商丘宋氏三世遺集四卷附一種　1442

商考信録二卷　1799，1855

商邱史記十卷　1714

（康熙）商邱縣志二十卷首一卷　781

商君書五卷　951，984

商周彝器釋銘六卷　1876

（道光）商河縣志八卷首一卷　772

（嘉慶）商城縣志十四卷首一卷末一卷　789

商洛行程記一卷　1699，1852

商務官報　1894

商標注册試辦章程附細目類書呈照式　681

旍異記一卷　1571，1661

旍義編二卷　1818

（乾隆）旍德縣志十卷　741

旋宮合樂譜一卷　463

望三益齋叢書（金峩山館叢書）十一種　1732

望山堂詩文全集三十四卷　1280

望江亭中秋切鱠雜劇一卷　1501

（乾隆）望江縣志八卷　739

（乾隆）望都縣志十一卷　709

（光緒）望都縣鄉土圖説不分卷　710

望氣經一卷　1570

望益編一卷　1805

望崖録一卷　1575

望雲寄廬讀史臆説五卷　1878

望雲閣詩集一卷　1421

望溪先生文不分卷望溪先生文外集不分卷　1847

剪桐載筆一卷　1844

剪桐載筆不分卷　1016

剪燭録二卷　1874

敝帚千金　1036

敝帚軒吟草一卷　1350

敝帚集二卷　1312

敝帚齋餘談一卷　1647，1648，1813

（滿漢合璧）清文虛字指南編二卷　518

清人文鈔（記新疆邊防二則）一卷　904

（光緒）清水河廳志二十卷　761

清水篇四卷　1199

清六家詩鈔六卷　1417

清末户部執照國子監監照　679

清末刑案及公文雜鈔不分卷　670

［清末奏稿雜鈔］不分卷　688

清末萬卷樓刻本　466

清平調一卷　1502

（嘉慶）清平縣志十七卷　766

（宣統）清平縣志十六卷首一卷　766

清史一卷　1614

［清代軍事檔案］不分卷　665

［清代書院試卷十八種］　1455

清白士集校補四卷　1776

清光緒丙戌年通書一卷　1052

清光緒四年曆書　1050

清同治三年甲子曆書　1050

清同治至光緒間八千卷樓刻本　1726
清全齋讀春秋編十二卷　421，424
清江貝先生詩集十卷　1193
清江集一卷　1378
清江碧嶂集一卷　1377
（同治）清江縣志十卷首一卷　818
清芬堂集十六卷續集六卷　1285
清芬集二卷　1354
清芬閣集十二卷　1339
清芬樓遺稿四卷　1247
清吟堂全集十一種　1845
清吟堂集九卷　1845
清邑泮宮樂舞圖説四卷　1084
清言一卷　1553，1577
（康熙）清苑縣志十二卷首一卷　708
（同治）清苑縣志十八卷首一卷　709
清苑齋集一卷　1371
清苑齋詩鈔一卷　1372
清和真人北游語録一卷　1120
清夜録一卷　1559，1586，1590，1608
清河文集七卷附録一卷　1768
清河風俗物産志一卷　1698
清河秘篋書畫表一卷　1731
清河書畫舫十二卷鑑古百一詩一卷　1069
清河集一卷　1378
（光緒）清河縣志二十六卷　733
（康熙）清河縣志十八卷　717
（光緒）清河縣志四卷　717
（同治）清河縣志再續編二卷　733
清波三志三卷　1810
清波小志一卷　1631
清波小志二卷　1674，1733
清波小志二卷附清波小志補一卷　1807
清波小志補一卷　1631，1674，1733
清波雜志一卷　1556

清波雜志十二卷別志三卷　1654
清波雜志三卷　1610
清宗室敬徵日記不分卷　614
清咸豐甲寅年通書一卷　1052
清咸豐癸丑年通書一卷　1052
［清咸豐會銜奏檔］六卷　674
清香閣詩草一卷　1421
（同治）清泉縣志十卷首一卷末一卷　834
清風草堂詩鈔八卷　1291
清風遺集一卷　1352
清素堂詩集九卷文集八卷　1279
清真先生遺事一卷　1781
清真指南十卷　1128
清真釋疑補輯不分卷　1128
清秘述聞十六卷　683
清秘述聞續十六卷補一卷　683
清秘述聞續八卷　683
清秘藏二卷　1731
清雋集鈔一卷　1373
清凉山志十卷　891
清凉山志輯要二卷　891
清凉帖一卷　1614
清凉傳三種附一種　1023
（道光）清流縣志十卷首一卷　857
（康熙）清浪衛志略不分卷　870
清容居士集一卷　1376
清容居士集五十卷札記一卷　1717
清容居士集五十卷附札記一卷　1189
清娛閣吟稿六卷　1281
清娛閣詩集一卷　1421
清娛閣詩鈔六卷　1429
清規玄妙二卷　1123
清虛齋集一卷　1762
清虛雜著三卷補闕一卷　1652
清異編珠二卷　1539

清異録二卷　1014，1719

清異録二卷表異録二十卷　1037

清異録四卷　1572，1581，1613

清國行政法　1891

清訟章程不分卷　671

清康熙葉永茹萬卷樓刻本　1164

清暑筆談一卷　1553，1573，1589，1610

清貽堂存稿四卷附録一卷　1443

清貽堂賸稿一卷　1443

清閟供一卷　1577，1636

［清順治十三年陸月祖澤遠揭帖］　693

清童試卷一卷　1461

清尊集十六卷　1309

清尊録一卷　1553，1559，1586，1590，
　1595

清道光乙巳年通書一卷　1052

［清道光秋審條例及各省案例彙鈔］十
　六卷　671

清湖南省標營領用清册　682

（光緒）清遠縣志十六卷首一卷　859

清閟閣全集十二卷　1802

清閟閣稿一卷　1377

清暉堂同人尺牘彙存四卷附題辭一卷
　1450

清暉閣贈貽尺牘二卷　1778

清暉贈言十卷　1778

清暉贈言十卷附録一卷　1445

清愛堂石刻四卷　931

清頌堂叢書八種　1716

（光緒）清源鄉志十八卷首一卷　747

（順治）清源縣志二卷　747

清溪暇筆二卷　1621

清溪詩稿一卷　1428

清嘉録十二卷　1733

清閨遺稿一卷　1443

清聞齋詩存三卷　1765

清瘦閣讀畫十八種　1077

清漢對音字式一卷　522

清寧合撰二卷　1282

清寤齋心賞編一卷　1844

清綺軒詞選十三卷　1479

清輝樓稿一卷　1379

清儀閣金石題識四卷　1750

清儀閣藏器目一卷　1763

清儀閣題跋四卷　925

清儀閣雜咏一卷　1860

清課餘言二卷　960

（道光）清澗縣志八卷　801

清隱山房叢書七種　1875

清齋位置一卷　1577

（同治）清豐縣志十卷首一卷　718

（康熙）清豐縣志十卷首一卷　718

清獻堂全編八種　1852

清獻堂詩文集八卷　1852

清獻詩鈔一卷　1371

清鑑録一卷　1859

添丁小酉之廬詩草一卷附楚生文存一卷
　1826

渚宮故事一卷　1555

渚宮舊事五卷補遺一卷　1679

淇泉摹古録一卷　1627

（順治）淇縣志十卷圖考一卷　783

（咸豐）淅川廳志四卷　786

（光緒）淶水縣志八卷首一卷末一卷　721

（乾隆）淶水縣志八卷首一卷末一卷　721

淞故述一卷　1651

淞南夢影録一卷　1701

淞南樂府一卷　1651

淞隱漫録十二卷　1046

淞濱花影二卷　1083

（乾隆）涿州志二十二卷首一卷　707
（同治）涿州續志十八卷　708
渠風集略七卷　1432
渠亭山人半部稿五種　1850
渠亭文稿一卷　1850
渠務書不分卷　888
（嘉慶）渠縣志五十二卷　849
（同治）渠縣志五十二卷首一卷　849
渠縣渠江書院藏書章程不分卷　936
淑艾録一卷　1634
混同天牌譜一卷　1635
湔嗳存愚二卷　1845
淮水考一卷　1694
淮水説一卷　1694
淮水編一卷　1694
淮北水利説一卷　1695
淮北票鹽續略十二卷　658
（康熙）淮安府志十三卷首一卷　732
（乾隆）淮安府志三十二卷　732
（光緒）淮安府志四十卷首一卷附藝文
　　志十卷　732
淮安藝文志十卷　1430
淮封日記一卷　1831
淮南子二十一卷　948，951，1013
淮南子許注一卷　1668
淮南子補校一卷　1856
淮南子選二卷　1401
淮南天文訓補注二卷　1816
淮南中十場志十卷　658
淮南萬畢術一卷　1668，1766
淮南萬畢術一卷補遺一卷再補遺一卷
　　1785
淮南萬畢術二卷　1885
淮南鴻烈間詁二卷　1885
淮南鴻烈解二十一卷　950，1012，1013，

1598，1600，1602
淮南鴻烈解二十八卷　948
淮南鴻烈解三卷　1118
淮南鹽法紀略十卷　658
淮軍平捻記十二卷　566
淮海同聲集二十卷　1430
淮海先生文粹十四卷　1371
淮海英靈集二十四卷　1718
淮海易談四卷　1833
淮海集十七卷後集二卷淮海詞一卷　1179
淮海集四十卷首一卷後集九卷　1179
淮海集鈔一卷　1372
淮陰金石僅存録一卷附編一卷補遺一卷
　　934
淮陽水利圖説不分卷　888
淮陽集一卷　1378
淮陽樂府一卷　1473
淮雲問答一卷續編一卷　1721
淮雲問答輯存一卷　1836
（道光）淮寧縣志二十七卷　780
淮關統志十四卷　656
淮醝問舍一卷　1862
淮醝備要十卷　658
淳化秘閣法帖考正十二卷　1658，1073
淳化秘閣法帖考正十卷附二卷淳化閣帖
　　釋文二卷　1073
淳化秘閣法帖源流考一卷　1634
淳化閣帖跋一卷　1633
淳化閣帖釋文十卷　1073
（乾隆）淳化縣志三十卷　800
（光緒）淳安縣志十六卷首一卷　811
淳祐臨安志□卷　1807
淳祐臨安志輯逸八卷　1810
淳熙玉堂雜紀三卷　1550
淳熙玉堂雜記三卷　1617

淳熙稿二十卷　1643
淳熙薦士録一卷　1675
（同治）涪州志十六卷首一卷附涪州義勇彙編一卷　842
涪翁雜説一卷　1556
（同治）淡水廳志十六卷　857
淡安遺文一卷　1823
淡吟集一卷　1883
淡災蠡述一卷　887
淡淡軒詩抄七卷　1337
淡墨録十六卷　1677
淚影詞一卷　1885
淚餘續草四卷　1444
深衣考一卷　1669，1765
深衣考誤一卷　425
深衣釋例三卷　429，1855
（道光）深州直隸州志十卷首一卷末一卷　723
（同治）深州風土記二十五卷附表五卷　723
深牧齋日涉録一卷　1835
深柳堂彙輯書經大全正解十二卷圖一卷深柳堂禹貢增删集注正解讀本一卷　444
深省堂集九卷　1293
深雪偶談一卷　1556，1587，1590
深寧先生年譜一卷　1853
（雍正）深澤縣志十二卷首一卷　724
渌水亭雜識一卷　1631，1762
涵芬樓古今文鈔一百卷　1401
涵芬樓藏書目録不分卷　939
婆羅岸全傳二十回　1521
梁上清真人許長史舊館壇碑考一卷　919
梁山伯李遠負荆雜劇一卷　1501
（嘉慶）梁山縣志十八卷首一卷　852

（光緒）梁山縣志十卷首一卷　853
梁元帝集一卷　1362
梁氏三禮圖一卷　1796
梁文紀十四卷　1395
梁石門先生集十卷　1192
梁四公記一卷　1570
梁丘司空集一卷　1362
梁主善堂壽言不分卷　608
梁州記一卷　1562
梁江文通集十卷　1159
梁武帝西來演義四十回　1520
梁武帝御製集一卷　1362
梁京寺記一卷　1562，1583
梁昭明太子文集五卷補遺一卷　1801
梁昭明太子集一卷　1362
梁昭明文選十二卷　1386
梁皇寶卷一卷　1487
梁書五十六卷　534，535，536，540
梁書五十六卷附考證　540
梁補闕集二卷　1166
梁園風雅二十七卷　1432
［梁誠書啓簿及函電文牘］不分卷　676
梁溪詩鈔五十八卷　1429
梁溪漫志一卷　1555，1586，1590
梁谿先生文集一百八十卷附録一卷年譜一卷行狀三卷　1180
梁谿漫志十卷　1801
梁谿漫志十卷附録一卷　1652
梁谿遺稿二卷補遺一卷　1802
梁簡文帝御製集二卷　1362
（山東淄博）淄川畢氏世譜不分卷　589
（乾隆）淄川縣志八卷首一卷　762
淄陽詩話二卷　1465
淄硯録一卷　1634
情史類略二十四卷　1039

惜心書屋詩鈔一卷　1757

惜抱尺牘八卷　1269

惜抱先生尺牘補編二卷　1854

惜抱軒今體詩選十八卷　1269

惜抱軒文後集十卷　1269

惜抱軒文集十六卷　1268

惜抱軒全集四十六卷　1268

惜抱軒書録四卷　1854

惜抱軒遺書三種　1854

惜陰軒叢書三十四種　1719

惜陰軒叢書續編一種　1719

惜陰書院緒言一卷　1805

惜硯録三卷附皇清誥授中憲大夫湖北糧
　　儲道祖考敏齋公行狀　1310

惜道味齋集二卷　1354

惕甫未定稿二十六卷　1280

惕庵石譜一卷　1622

惕盦自訂年譜一卷　614

惕齋經説四卷　497

惕齋遺書三種　497

惟清齋全集十九卷　1278

惟實集二卷　1359

寇忠愍公詩集三卷　1172

寅夫集一卷　1381

寅甫小稿一卷　1865

寅甫日記一卷　1864

寄生山館詩賸一卷瘦玉詞鈔一卷　1750

寄青霞館弈選正編八卷續編八卷　1093

寄梅館詩鈔一卷　1421

寄庵詩鈔二卷　1349

寄庵雜著二卷　1304

寄情稿一卷　1381

寄傲山房新增幼學故事瓊林四卷首一卷
　　1547

寄傲山房塾課纂輯御案易經備旨七卷

441

寄傲軒讀書隨筆十卷續筆六卷　1022

寄榆盦詩鈔一卷　1342

寄園寄所寄十二卷　1021

寄蝸殘贅十六卷　1026

寄漚詩存二卷　1428

寄盦試律賸二卷　1358

寂音尊者智證傳十卷附雲巖寶鏡三昧一
　　卷　1102

寂園説印一卷　1884

寂園叢書十五種　1884

（光緒）宿州志三十六卷　743

（同治）宿遷縣志十九卷　736

（光緒）密雲縣志六卷　707

（嘉慶）密縣志十六卷首一卷　780

（康熙）密縣志六卷　780

密齋筆記五卷續筆記一卷　1723

密蹟金剛神咒注一卷　1123

密證録一卷　1823

（光緒）郿城縣志十六卷首一卷　776

（康熙）郿城縣志八卷　776

扈從西巡日録一卷　1628，1636，1637，
　　1684，1845

扈從東巡日録一卷附録一卷　1684

扈從東巡日録二卷附録一卷　1845

扈從紀程一卷　1684

扈從賜游記一卷　1684

啓文集一卷　1381

啓東録六卷　877

啓雋類函一百九卷目録九卷　1545

啓蒙六種　972

啓蒙記一卷　1793

啓禎兩朝剝復録十卷附札記一卷　1806

啓禎兩朝剝復録三卷　558

啓禎宮詞一卷　1635

啓顔録一卷　1556

視聽抄一卷　1558

書簾緒論一卷　1551，1715

（道光）尉氏縣志二十卷首一卷　779

（順治）尉氏縣志四卷首一卷　779

尉遲恭單鞭奪槊雜劇一卷　1500

尉繚子一卷　979

尉繚子二卷　950，951

屠先生評釋謀野集四卷　1210

張三丰先生全集十卷　1120

張三丰先生全集八卷附如意寶珠二卷　1125

張三丰祖師無根樹詞注解一卷　1125

張大司馬奏稿四卷　694

張大受詩選一卷　1427

張子正蒙注九卷　1840

張子正蒙釋要一卷　953

張子西銘全注一卷　953

張子全書十五卷　1640

張子抄釋六卷　1719

張子東銘全注一卷　953

張子野詞二卷補遺二卷　1654

張子語録釋要一卷　953

張天如先生校正文公小學音注句解十卷
　　附孝經集注詳解一卷忠經集注詳解一
　　卷　523

張天如先生校正標題孝經集注詳解一卷
　　472

張天師斷風花雪月雜劇一卷　1499

張元箸先生事略一卷　1837

張太常集一卷　1784

張公奏議二十四卷　693

張公襄理軍務紀略六卷　567

張氏三娘賣花寶卷全集一卷　1488

張氏三禮圖一卷　1796

張氏可書一卷　1673，1675

張氏卮言一卷　1633

張氏母訓二卷　954

張氏詩集合編八卷續編一卷　1438

張氏醫書七種　993

張文烈公遺詩一卷　1780

張文節公遺集二卷　1729

張文僖集一卷　1360

張文端公全書六種　1844

張文端公恒產瑣言一卷　953

張文襄公手劄　1342

張文襄公事略一卷　608

張文襄幕府紀聞二卷　567

張孔目智勘魔合羅雜劇一卷　1501

張可菴先生書牘十卷　1193

張丘建算經三卷　1648，1653

張白雲選名公扇譜一卷　1079

張令傳一卷　1595

張司空集一卷　1359

張司馬定浙二亂志一卷　1604

張司業詩集八卷　1367，1368

張司業樂府集一卷　1366

張仲景傷寒論原文淺注六卷　994

張亨甫全集二十七卷文集六卷首一卷　1311

張長史十二意筆法一卷　1566

張忠敏公遺集十卷首一卷附録六卷　1217

張河間集一卷　1361

張亞齋遺集不分卷　1231

張南軒先生文集七卷　1638

（安徽涇縣）張香都朱氏支譜三十二卷
　　首一卷末一卷　586

（安徽涇縣）張香都朱氏續修支譜三十
　　六卷首一卷末一卷　586

張香濤學使學究語一卷　1768

張洪陽注解陰符經一卷　1113

張洪陽注解道德經二卷　1113

張宣公全集六十一卷　1183

張祜詩集二卷　1367，1369

張祠部詩集一卷　1366，1368

張袁兩友相論十一回　1143

張皋文箋易詮全集十五種　1858

張家口至烏里雅蘇台竹枝詞一卷　1775

張處士詩集五卷　1806

張陽和文選三卷　1639

張無頗傳一卷　1594

張喬詩一卷文一卷　1806

張喬詩集四卷　1367，1369

張爲主客圖三卷　1647

張遠兩友相論十二回　1142

張蒼水全集十二卷附録四卷　1219

張蒼水全集十二卷附録四卷題咏二卷人
　物考略一卷傳略補一卷　1780

張楊園先生年譜一卷附録一卷　612，
　1726

張楊園先生訓子語一卷　953

張閣學文集二卷　1360

張説之文集二十五卷補遺五卷　1757

張説之集二十五卷補遺五卷　1161

［張廣生等稟函稿］　1452

張横渠先生文集十二卷　1638

張遵言傳一卷　1595

張璠周易集解一卷　434

張璠漢記一卷　544

張燕公集二十五卷　1643，1646

張翰林校正禮記大全三十卷總論一卷
　458，491，492

張龍湖先生文集十五卷　1202

張憶娘簪華圖卷題咏一卷　1764

張蠙詩集一卷　1365，1368，1369

隋丁道護啓法寺碑一卷　919

隋文紀八卷　1395

隋姚恭公墓志一卷　919

隋唐兵符圖録一卷　1781

隋唐刻石拾遺二卷關中金石記隋唐刻石
　原目一卷　1777

隋唐嘉話一卷　1559，1584，1607，1662，
　1664

隋書八十五卷　534，536，541

隋書八十五卷附考異　535

隋書八十五卷附考證　541

隋書地理志考證九卷附漢書地理志補校
　二卷　541

隋巢子一卷　1795

隋煬帝集一卷　1363

隋經籍志考證十三卷　936，1815

隋遺録一卷　1607

隋遺録二卷　1550

（乾隆）鄆縣志十八卷首一卷　794

（雍正）鄆縣志十卷　793

將就園記一卷　1624，1626

（道光）陽山縣志十五卷首一卷　864

陽曲丈清地糧圖册　987

（道光）陽曲縣志十六卷　745

（康熙）陽曲縣志十四卷首一卷　745

陽冰筆訣一卷　1566

（光緒）陽江縣志八卷　862

（乾隆）陽江縣志八卷　862

陽宅十書四卷　1061

陽宅三格辯一卷　1064

陽宅大成四種　1063

陽宅大全四集四卷　1063

陽宅指南一卷　1064

陽宅集成八卷　1063

陽宅撮要二卷　1670

陽宅闢謬一卷　1726，1765

陽邑芙蓉湖修堤録八卷　888

陽邑芙蓉湖修堤録五卷　888

（乾隆）陽武縣志十二卷　784

陽明先生文録十七卷陽明先生語録三卷　1198

陽明先生文録五卷外集九卷別録十卷　1198

陽明先生年譜一卷　1830

陽明先生集要四種　1830

陽明先生道學鈔七卷附年譜二卷　959

陽明按索五卷　1062

陽明按索五卷首一卷　1062

陽春白雪八卷外集一卷　1473，1740

陽春集一卷　1472，1655，1802

（道光）陽春縣志十四卷首一卷　862

（同治）陽城縣志十八卷　754

（乾隆）陽城縣志十六卷　753

（乾隆）陽信縣志八卷首一卷　772

（雍正）陽高縣志六卷　755

陽羨名陶録一卷　1631

陽羨名陶録二卷　1748，1749

陽羨名陶録二卷浮梁陶政志一卷　1095

陽羨茗壺系一卷　1623，1802

陽羨茗壺系一卷附洞山岕茶系一卷　1801

陽羨風土記一卷附校勘記一卷補輯一卷
　續補輯一卷　1802

陽關三疊圖譜一卷　1554，1577

隆平紀事一卷　1633

隆平集二十卷　561

隆吉詩鈔一卷　1373

隆武紀年一卷　1837

（道光）隆昌縣志四十一卷首一卷　845

（咸豐）隆昌縣志四十二卷首一卷末一
　卷　845

婚禮辨正一卷　1650

娜嬛記一卷　1558

婦人集一卷　1631

婦人集一卷附補一卷　1736

婦人集一卷補一卷　1713

婦人集注一卷　1824

婦人集補一卷　1631，1824

婦人鞋襪考一卷　1622

婦科秘方一卷　1746

婦學一卷　1632，1649

習之先生全集録二卷　1363

習見搜四卷　519

習苦齋畫絮十卷　1075

習苦齋詩集八卷古文四卷　1314

習苦齋詩集四卷　1314

習是編二卷　962

習園藏稿一卷　1668

習學記言五十卷　1010

習齋記餘十卷　1798

習嬾齋稿一卷　1378

參同契一卷　1554，1598，1600，1602

參同契三卷　1118

參同契分章注三卷　1118

參同契直指三相類二卷　1114，1115

參同契直指箋注三卷　1114，1115

參同契注一卷　1845

參同契經文直指三卷　1114，1115

參同契闡幽二卷　1118

參兩算經一卷　1860

參案則例一卷　681

參寥集十二卷附録二卷　1812

參寥詩鈔一卷　1373

參學知津二卷首一卷附地輿名目一卷　1110

參譜一卷　1670

參讀禮志疑二卷　1849

貫華堂選批唐才子詩甲集七言律八卷　1406

鄉曲枝辭二卷　1857

鄉守輯要合鈔十卷　981

鄉約一卷　1798

鄉射直節一卷　1578

鄉訓十三則　1129

鄉訓五十二則　1129

鄉程日記一卷　1698

鄉飲詩樂譜六卷　463

鄉會要訣一卷　503，504

鄉試同年譜（嘉慶二十四年己卯科）　623

（乾隆）鄉寧縣志十五卷　749

鄉黨正義一卷　430

鄉黨圖考十卷　476

鄉黨圖考補正六卷附札記一卷　476

紺珠集十三卷　1015

終南十志一卷　1585，1662，1665

終南八祖説心印妙經解一卷　1117

終南山祖庭仙真内傳一卷　1121

終南山説經臺歷代真仙碑記一卷　1121

終南草堂十志一卷　1563

終軍書一卷　1794

絃詩塾詩六卷　1331，1431

絃徽宣秘原音一卷　529

紹武争立紀一卷　1837

紹前集一卷　1439

紹陶録一卷　1558

紹陶録二卷　1744

紹熙行禮記一卷　1586，1589

紹熙長沙志一卷　1681

紹德堂詩鈔八卷　1299

紹興内府古器評二卷　1617

紹興先正遺書十二種　1813

（乾隆）紹興府志八十卷首一卷　807

（康熙）紹興府志六十卷　807

紹興題名録一卷　1740

巢氏諸病源候論校一卷　1875

巢氏諸病源候總論五十卷　996，1003

巢民文集七卷　1823

巢民詩集六卷　1823

巢林筆談六卷　1026

巢經巢集經説一卷　1868

巢經巢詩鈔九卷　1868

巢經巢詩鈔九卷後集四卷　1317

巢經巢經説一卷　431

巢經巢遺文五卷附鳧氏爲鍾圖説一卷　1317

十二畫

絜華樓存稿三卷　1443

絜齋毛詩經筵講義四卷　1641，1644，1724

絜齋集二十四卷　1643

絜齋集二十四卷附宋儒袁正獻公從祀録六卷　1186

絜齋集二十四卷拾遺一卷　1646

琵琶記二卷　1503

琵琶語一卷六齣　1505

琵琶録一卷　1569

琵琶譜三卷　1085

（道光）琴川三志補記十卷續補記八卷　727

琴心記一卷　1503

琴曲萃覽一卷　1851

琴曲譜録一卷　1568，1587，1591，1592

琴好樓小製一卷　1428

琴況一卷　1629

琴香閣詩箋一卷　1421

琴律考一卷　1848

琴音三疊集二卷　1330

琴洲詞二卷　1826

琴書一卷　1789

琴清英一卷　1783，1789

琴清閣詞一卷　1475
琴畫樓詞鈔二十五種　1474
琴話四卷　1772
琴箋圖式一卷　1568
琴語堂雜體文續一卷　1340
琴粹四卷　1772
琴趣外篇六卷　1473
琴餘漫録二卷　1772
琴操一卷　1783
琴操二卷　1679
琴操二卷補一卷　1674，1747
琴歷一卷　1789
琴學入門二卷　1084
琴學八則一卷　1623
琴學隨筆二卷　1772
琴學叢書六種　1772
琴隱園詩集三十六卷詞集四卷　1296
琴聲十六法一卷　1622
琴聲經緯一卷　1568
琴鏡九卷　1772
琴譜三卷　1772
琴譜指法省文一卷　1838
琴譜諧聲六卷十四均聲律表洞簫譜合刊
　　1084
琴韻居詩存一卷　1255，1872
琴鶴山房駢體文鈔一卷　1425
琴鶴堂印譜不分卷　1091
琴籟閣詩鈔十九卷　1284
琳琅秘室叢書三十種　1723
琬琰録一卷　1573
瑯邪臺刻石一卷　918
瑯琊漫抄一卷　1575，1608
瑯琊漫鈔摘録一卷　1605
瑯嬛記三卷　1617
款目源流二卷　656

堯山堂外紀一百卷　1017
堯峰文鈔四十卷　1231
堯峰文鈔四十卷詩鈔十卷　1231
堯陵考二卷　874
塔志銘二卷　1841
塔爾巴哈臺沿革考一卷　1706
馭交記十二卷　1740
項氏家説十卷　1642
項氏家説十卷附録二卷　1645
項城袁氏家集七種　1824
（乾隆）項城縣志十卷　780
（宣統）項城縣志三十二卷　780
項斯詩集一卷　1365，1367，1369
越中金石記十卷　935
越中從政録五種　1860
越史略三卷　1671，1682
越事備考十三卷　908
（浙江紹興）越城江橋陳氏宗譜四卷　591
越南山川略一卷　1703
越南世系沿革略一卷　1703
越南考略一卷　1703
越南地輿圖説一卷　1703
越南地輿圖説五卷　908
越南志一卷　1703
越南道路略一卷　1703
越南游記一卷　1703
越南游歷記不分卷　908
越南輯略不分卷　908
越南疆域考一卷　1703
越風三十卷　1434
越問一卷　1622
越絶書十五卷　569，1598，1599，1601，
　　1606
越絶書十五卷附札記一卷　1764
越臺輿頌一卷　1420

越語肯綮録一卷　1841

（光緒）越嶲廳全志十二卷　847

越諺三卷謄語二卷　1453

越縵堂駢體文四卷散體文一卷　1337

超然集一卷　1380

超然樓印賞八卷　1092

提牢備考四卷　671

揚子太玄別訓四卷　1058

揚子太玄經十卷說玄一卷　1058

揚子法言一卷　949

揚子法言十三卷附音義一卷　956

揚子法言十卷　948

揚子雲集三卷　1361

揚子新注一卷　1555

揚文會策議不分卷　1028

揚州十日記一卷　558

揚州水利論一卷　1695

揚州水道記四卷　897

揚州芍藥譜一卷　1552，1569，1673

揚州名勝録一卷　1698

揚州足徵録二十七卷　1726

（同治）揚州府志二十四卷　733

（嘉慶）揚州府志七十二卷補志二十四卷　733

（雍正）揚州府志四十卷　733

揚州畫舫録十八卷　878

揚州鼓吹詞序一卷　1637，1661，1727

揚州夢一卷補一卷　1614

揚州夢記一卷　1585，1660，1663，1666

揚州夢傳奇二卷　1494

揚芬集十卷　1294

揚侍郎集一卷　1361

揚清祠志一卷　1808

（乾隆）博山志稿八卷　768

（乾隆）博山縣志十卷首一卷　768

博子墩游記一卷　1711

（道光）博平縣志六卷　766

（道光）博白縣志十六卷　867

博物志十卷　951，1599，1600，1602，1605，1606，1607，1609，1615

博物志十卷補二卷　1713

博物典彙二十卷　1537

博物典彙十八卷　1537

博物要覽十二卷　1677

博物記一卷　1795

博物新編圖說　1898

博約堂文鈔十卷　1340，1878

博約齋經說三卷　499

（乾隆）博野縣志八卷　709

博異志一卷　1571，1581，1584，1659，1664，1666，1727

博異記一卷　1602，1606，1607

博雅十卷　530，1598，1599，1601

博雅備考二十七卷　1548

（道光）博興縣志十三卷　768

博濟方五卷　1673

（乾隆）博羅縣志十四卷　860

揭子一卷　1841

揭文安公文粹二卷　1737

揭曼碩詩三卷　1736

（乾隆）揭陽縣志八卷首一卷　861

（光緒）揭陽縣續志四卷首一卷　861

喜聞過齋文集十二卷　1284

（嘉慶）彭山縣志六卷　849

（光緒）彭水縣志四卷首一卷　853

彭公筆記一卷　1574，1588

彭文敬公自訂年譜一卷　613

彭文憲公筆記一卷　1604，1621，1670

彭城集四十卷　1643，1646

彭剛直公奏稿八卷詩集八卷　694

（光緒）彭縣志十三卷首一卷末一卷補
　　遺一卷　841

（嘉慶）彭縣志四十二卷　841

（同治）彭澤縣志十八卷首一卷　817

（乾隆）彭澤縣志十六卷　817

彭蠡小龍記一卷　1586，1590

揣龠續録三卷　1048

揣籥小録一卷　1054

揣籥續録三卷　1054

搜玉集選一卷　1365

搜采異聞録五卷　1609

搜神後記一卷　1571，1581，1660

搜神後記二卷　1582，1600，1602

搜神後記十卷　951，1617

搜神秘覽一卷　1556

搜神秘覽一卷　1660

搜神記一卷　1571，1582

搜神記二十卷　950，1617

搜神記八卷　1598，1600，1602，1609，
　　1659，1727

煮茶夢記一卷　1579

煮泉小品一卷　1578，1611

煮藥漫抄二卷　1469

援黔録十二卷　566

援鶉堂筆記五十卷附刊誤一卷刊誤補遺
　　一卷　1027

達天録二卷　1846

達生編一卷　996

達生驗方合編四種　1005

達亭老人遺稿三種　1858

達僧問答一卷　1063

（嘉慶）達縣志五十二卷　849

達齋叢説一卷　431

達觀樓集二十四卷　1214

達觀堂詩話八卷　1467

報暉堂集三十卷　1345

報應記一卷　1564

揮塵餘話一卷　1559

揮塵録一卷　1559，1581

揮塵詩話一卷　1647，1648

揮塵録一卷　1608

揮塵録二卷　1550

壹是紀始二十二卷補遺一卷　1541

壹齋集四十卷奏御集二卷雜著五卷蕭湯
　　二遺老詩合編一卷　1277

壺中樂一卷　1881

壺中贅録一卷　1556

壺中攬勝一卷　1712

壺矢銘一卷　1578

壺庵五種曲五卷　1880

（乾隆）壺關縣志十八卷　751

（道光）壺關縣志十卷首一卷　751

（光緒）壺關縣續志二卷　751

握奇經注一卷　1845

握奇經定本一卷正義一卷圖一卷　1746

握奇經解一卷握奇經續圖一卷八陣總述
　　一卷　1651

揆日候星紀要一卷　1052

掾曹名臣録一卷　1552，1573

斯文精萃不分卷　1400

期不負齋政書九卷文集五卷　1336

葑烟亭詞四卷　1826

葚原詩説四卷　1824

葉小鸞返生香一卷　1712

葉子譜一卷　1554，1579

葉天寥自撰年譜一卷續一卷天寥年譜別
　　記一卷附録一卷　1781

葉太史參補古今大方詩經大全十五卷首
　　一卷　449，492

葉太史參補古今大方詩經大全十五卷首

　一卷綱領一卷圖一卷　491

葉氏存古叢書七種　942

葉氏眼科方一卷　1732

葉忠節公遺稿十二卷　1238

葉忠節公遺稿十六卷　1238

葉案存真類編二卷　997

（同治）葉縣志十卷首一卷　787

葉戲原起一卷　1825

葉鶴塗文集二卷　1279

葫頭集三卷　1038

散花牌譜一卷　1712

散家財天賜老生兒雜劇一卷　1499

葬考一卷　1804

葬度一卷　1577

葬書一卷　1061

葬經内篇一卷　949，1816

葬經箋注一卷圖説一卷　1670

葬經翼一卷　1616

葬禮一卷　1788

萬山草堂詩集六卷　1348

萬山綱目二十一卷　896

萬子迂談八卷　1208

萬户集一卷　1380

萬世玉衡録四卷　969

萬年書十二卷　1055

萬年曆備考三卷　463

（同治）萬年縣志十二卷首一卷　814

（道光）萬全縣志十卷　719

（乾隆）萬全縣志十卷首一卷　719

萬充宗先生經學五書五種　496

（道光）萬州志十卷　864

（同治）萬安縣志二十卷首一卷末一卷　820

萬里行程記一卷　1683

萬邑公會紀略六卷　885

萬言肄雅一卷　517

萬忠貞公遺集三卷　1216

萬卷書屋詩存一卷　1730

萬卷堂書目四卷　941，1773

萬卷讀餘五卷　1034

萬法歸心録不分卷　1109

萬柳溪邊舊話一卷　1653，1801

（乾隆）萬泉縣志八卷　750

萬國分類時務大成四十卷　1541

萬國史記二十卷　1888

萬國地理全圖集一卷　1711

萬國風俗考略一卷　1711

（榕腔）萬國通鑑二卷　1888

萬國通鑑四卷地圖一卷　1888

萬國總説三卷　1741，1759

萬象一原九卷首一卷　1745

萬象一原演式九卷首一卷　1056

萬斛珠璣六十五卷　1035

萬善花室文稿七卷　1800

萬善花室文稿六卷　1303

萬善花室文稿六卷續集一卷　1767

萬善花室詞一卷　1767

萬善花室詩集四卷文稿七卷詞稿一卷　1303

萬善花室駢體文鈔一卷　1425

萬善堂集十卷　1677

萬善堂詩集十卷文集六卷　1261

萬壽盛典初集一百二十卷　650

萬壽衢歌樂章六卷　1643，1647

萬曆錢塘縣志不分卷　1809

萬縣西南山石刻記二卷附録一卷　933

（同治）萬縣志三十六卷首一卷　846

萬壑雲樓詩二卷　1384

葛中翰集三卷　1360

葛中翰遺集十二卷　1218

葛氏喪服變除一卷　1788

葛仙翁太極沖玄至道心傳一卷　1118

葛仙翁肘後備急方八卷　993，1118

葛𠴰上先生選評古文雷橄六卷　1396

葛剌巴傳一卷　1705

葛覃集一卷　1439

葛無懷小集一卷　1370

葛稚川內篇四卷外篇四卷　1613

葛端肅公集十八卷附識闕一卷家訓二卷　1205

葛壇游記一卷　1693

亭詩草十六卷　1294

董子一卷　1794

董子文集一卷　1797

董子春秋繁露一卷附太玄集事一卷揚子太玄經一卷　467

董子詵文二卷　1053

董氏叢書　1358

董氏叢書十六種　1825

董方立遺書十種　1053

董心葵事記一卷　1749

董仲舒集一卷　1361

董華亭書畫録一卷　1079，1763

董遇周易章句一卷　434

董漢陽碧里雜存二卷　1797

董膠西集一卷　1361

董興誥命一卷　685

葆化録一卷　1558

葆光集一卷　1119

葆素齋集三卷　1441

葆淳閣集二十四卷附易説二卷王文端公年譜一卷　1265

葆璞堂文集四卷　1243

葂經旁意一卷　1835

敬仲集一卷　1380

敬吾心室彝器款識不分卷　926

敬孚類稿十六卷　1341

敬君詩話一卷　1578

敬承堂憶存二卷詩稿删存一卷守撫紀略一卷　1334

敬信録　1127

敬亭集十卷補遺一卷附録一卷附姜貞毅先生自著年譜一卷府君貞毅先生年譜續編一卷　1219

敬恕堂文集紀年十卷紀事略一卷耿嵩陽先生傳一卷　1230

敬恕堂詩鈔九卷　1255

敬恕齋遺稿二卷　1338

敬業堂詩集五十卷　1242

敬業堂詩續集六卷　1242

敬静定齋文鈔不分卷　1295

敬聚齋稿一卷　1381

敬學軒文集十二卷　1276

敬學録一卷　1804

敬齋古今黈八卷　1643，1736，1798

敬齋古今黈八卷拾遺五卷　1646

敬齋古今黈補五卷　1875

敬齋先生古今黈十二卷逸文二卷　1768

敬簡堂學治雜録四卷求治管見一卷續增求治管見一卷讀律心得一卷附刑名八字義　685

落帆樓文遺稿二卷　1778

落花詩一卷　1840

落落齋遺集十卷附録一卷　1802

落落齋遺集六卷　1360

落颿樓文稿四卷　1720

朝天集三卷　1444，1883

朝天集鈔一卷　1372

朝天續集鈔一卷　1372

朝市叢載七卷附鞠臺集秀録　877

（乾隆）朝邑志十一卷首一卷　797
（正德）朝邑縣志二卷　797
（咸豐）朝邑縣志三卷附志例一卷後録一卷　797
（康熙）朝邑縣後志八卷　797
朝邑韓志一卷　1720
朝京打馬格一卷　1578
朝俄交界考一卷　1710
朝野申捄疏六卷　688
朝野僉言一卷　1608
朝野僉載一卷　1584，1595，1607，1662，1664，1797
朝野僉載六卷　1612
朝野遺紀一卷　1595
朝野遺記一卷　1608
朝野雜記校一卷　1875
朝野類要五卷　1643，1646，1654，1725
朝廟宮室考并圖一卷附田賦考　429
朝鮮八道紀要一卷　1702
朝鮮三種　569
朝鮮小記一卷　1702
朝鮮史略六卷　569
朝鮮考略一卷　1702
朝鮮志二卷　1649
朝鮮近世史二卷　1888
朝鮮風土記一卷　1702
朝鮮風俗記一卷　1702
朝鮮風俗略述一卷　1702
朝鮮紀事一卷　1574，1589，1604，1773
朝鮮載記備編二卷　569
朝鮮會通條例一卷　1702
朝鮮諸水編一卷　1703
朝鮮興地説一卷　1702
朝鮮雜述一卷　1703
朝鮮疆域紀略一卷　1702

（嘉慶）葭州志二卷　795
喪服今制表一卷　457
喪服世行要記一卷　1796
喪服古今集記一卷　1788
喪服或問一卷　457，1622
喪服要記一卷　1783
喪服要記注一卷　1788
喪服要集一卷　1788
喪服通釋一卷　457
喪服會通説四卷　431
喪服經傳一卷　1783
喪服經傳王氏注一卷　1788
喪服經傳馬氏注一卷　1788
喪服經傳袁氏注一卷　1788
喪服經傳陳氏注一卷　1788
喪服經傳略注一卷　1783
喪服翼注一卷　457，1631
喪服雜説一卷　457
喪服難問一卷　1788
喪服釋疑一卷　1783，1788
喪服變除一卷　1782，1783
喪服變除圖一卷　1783，1788
喪祭雜説一卷　456
喪葬雜録一卷　456
喪禮吾説篇十卷　1840
喪禮或問一卷　1847
喪禮經傳約一卷　430，1729
喪禮輯略一卷　1853
喪禮雜説一卷　457
喪禮雜説附常禮雜説一卷　1622
葦航紀談一卷　1556，1587，1591
葦間詩集五卷　1238
葦碧軒集一卷　1371
葦碧軒詩鈔一卷　1372
葵青居詩録一卷夢蝶草一卷　1730

葵書十六卷　1026

楮記室一卷　1555

棋品一卷　1569

棋訣一卷　1673

棋訣一卷附録一卷　1726，1811

棋經一卷　1569，1672

植杖閒談一卷　1557

植杖閒譚一卷　1590

植物考二卷　1832

植物名實圖考三十八卷　989

植物名實圖考長編二十二卷　989

植物近利志不分卷　1756

植物學啓蒙一卷　1761

焚香七要一卷　1578

焚香記二卷　1503

焚香録一卷　1853

焚船喻言　1135

焚椒録一卷　1570，1610

焚餘小草一卷　1422

焚餘偶録二卷續編一卷　1863

棲香閣詞二卷　1475

棲霞小志一卷　1768

棲霞山游記一卷　1693

棲霞山攬勝記一卷　1688

（乾隆）棲霞縣志十卷　769

椒生詩草六卷續草三卷　1346

椒生隨筆八卷　1346

椒丘文集三十四卷外集一卷　1195

椒宮舊事一卷　1552，1573

椒園詩鈔七卷　1826

棉陽學準五卷　1848

棉業圖説八卷　987

棣垞集四卷棣垞外集三卷　1352

棣香齋叢書（婁東雜著）五十二種　1804

棣華館小集一卷　1374

棣懷堂隨筆六卷　1322

棣韡堂吟賸二卷　1440

極玄集選一卷　1365

極東外交感慨史不分卷　661

極樂世界傳奇八卷　1497

惠山聽松庵竹鑪圖咏四卷　1448

惠子一卷　1795

惠氏讀説文記十五卷　504，1669

（乾隆）惠民縣志十卷首一卷　772

（光緒）惠民縣志三十卷首一卷末一卷　772

惠民藥局記一卷　1587，1591

（光緒）惠州府志四十五卷首一卷　860

（雍正）惠來縣志十八卷　861

惠蜀書二卷　1724

惠翰鈔存二卷　1857

粟香室叢書五十六種　1802

粟香隨筆八卷二筆八卷三筆八卷四筆八卷五筆八卷　1029

棗花書屋詩集一卷　1863

棗林詩集不分卷　1217

棗香書屋詩鈔一卷　1304

（咸豐）棗陽縣志十五卷首一卷　827

（同治）棗陽縣志三十卷首一卷末一卷　828

棗强縣古漳河官隄志十卷　888

（嘉慶）棗强縣志二十卷補正五卷　722

（同治）棗强縣志補正五卷　722

棘聽草十二卷賦役詳稿一卷　1229

（道光）厦門志十六卷　854

皕宋樓藏書志一百二十卷續志四卷　944

皕宋樓藏書源流考一卷　940

硤川詩續鈔十六卷附詞一卷　1433

（嘉慶）硤川續志二十卷　804

硯山堂集二卷　1383

硯北雜志一卷　1714

硯史一卷　1552，1568

硯史四卷　1096

硯林一卷　1625，1626

硯林小品一卷附一卷　1097

硯林拾遺一卷　1773

硯思集六卷　1820

硯崗筆志一卷　1558

硯巢未定稿一卷　1359

硯雲十六種　1647

硯雲十種　1648

硯農制義一卷　1872

硯録一卷　1670

硯隱集一卷　1421

硯譜一卷　1551，1554，1568，1578，1592

雁山便覽記一卷　1691

雁山圖志不分卷　894

雁山雜記一卷　1622，1691

雁字詩一卷　1840

雁門野説一卷　1557

雁門集一卷天錫集一卷　1376

雁門集十四卷倡和録一卷別録一卷　1190

雁門集六卷　1190

雁門集六卷附卷一卷補遺一卷倡和録一卷別録一卷　1190

雁帛書北曲一卷　1503

殘局類選二卷　1093

殘明表忠録十六卷　601

殘唐五代史演義傳六卷　1513

裂繒一卷　1779

（康熙）雄乘三卷　710

雄樹堂集一卷　1884

（光緒）雄縣鄉土志一卷　710

雲山洞紀游一卷　1709

雲山集二卷　1119

雲川閣集詩十四卷詞七卷　1246

雲中事記一卷　1574，1589，1604

（順治）雲中郡志十四卷　754

雲中紀程一卷　1699

雲中紀程二卷　1740

雲中集六卷　1306

雲水前後集二卷　1348

雲水集二卷　1345

雲左山房詩鈔八卷附卷一卷　1300

雲丘道人集一卷　1381

雲仙散録一卷　1651

雲仙散録十卷附札記一卷　1775

雲仙雜記一卷　1659

雲仙雜記十卷　1572，1733

雲仙雜記九卷　1581

雲在文稿一卷　1712

雲光集一卷　1119

雲自在龕叢書五集十九種　1766

雲杜故事一卷　1815

雲谷卧餘二十卷　1020

雲谷雜記一卷　1557，1587，1591

雲谷雜記四卷　1646

雲谷雜記四卷首一卷末一卷　1642，1736

雲林石譜三卷　1097，1568，1581，1656

雲林別墅新輯酬世錦囊全集十九卷　1038

雲林集一卷　1376

雲林遺事一卷　1576，1589，1669

雲松野褐集一卷　1381

雲松巢集一卷　1379

雲卧山莊別集五卷　1332

雲卧山莊詩集八卷行述一卷　1332

雲卧詩集一卷　1370

雲門初集二卷　1882

雲岫山游記一卷　1691

（同治）雲和縣志十六卷　812

雲南三江水道考一卷　1696

雲南山川志一卷　1576，1641，1676，1832

雲南考略一卷　1684

雲南地略一卷　1708

雲南全省輿圖　916

雲南志略一卷　1562

雲南初勘緬界記一卷　904

（康熙）雲南府志二十六卷　704

雲南風土記一卷　1700

（光緒）雲南通志二百四十二卷首四卷附忠義録三十二卷忠義備考一卷烈女録八卷　705

（乾隆）雲南通志三十卷首一卷　704

（道光）雲南通志稿二百十六卷首三卷　704

雲南勘界籌邊記一卷　1707

雲南勘界籌邊記二卷　904

雲南清理財政局説明書初稿　678

（道光）雲南備徵志二十一卷　705

雲南諸水編一卷　1696

雲南機務抄黄一卷　1593，1604，1719

（光緒）雲南縣志十二卷　867

雲南礦廠工器圖略二卷附滇南礦廠興程圖略一卷　673

雲笈七籤一百二十二卷　1104

雲笈七籤十三卷　1120

雲泉詩一卷　1370

雲泉詩集一卷　1371，1375

雲泉詩稿一卷補遺一卷　1811

雲起軒詞鈔一卷　1775

雲華閣詩略六卷坡亭詞鈔一卷　1437

雲莊四六餘話一卷　1674

雲圃集一卷　1439

雲峰書屋集印譜八卷　1089

雲峰集一卷　1376

雲氣占候篇二卷　1751

雲烟過眼録二卷續集一卷　1744

雲烟過眼録四卷　1610

雲烟過眼續録一卷　1610，1640

雲悦山房偶存稿六卷　1317

雲庵真净禪師語録六卷附録一卷　1103

雲陽集一卷　1377

雲陽集八卷　1191

（咸豐）雲陽縣志十二卷　846

雲巢詩鈔一卷　1372

雲棲大師山房雜録二卷　1111

雲棲大師塔銘一卷附行略、祭文、偈、頌、贊　1111

雲棲大師遺稿三卷附補遺　1111

雲棲共住規約二卷別集一卷附集一卷附囑語再囑　1111

雲棲法彙二十九種　1111

雲棲紀事一卷附孝義無礙庵録一卷　1111，1807

雲間邦彦畫像不分卷　584

（紹熙）雲間志三卷　728

雲間志三卷續入一卷附華亭縣建學記一卷　1750

雲間第宅志一卷　1651

雲閒雜志三卷　1640

雲貴奏稿十卷　693

雲岊詩鈔一卷　1762

（道光）雲夢縣志十一卷首一卷末一卷　826

雲夢藥溪談一卷　1574，1589，1834

雲溪友議一卷　1659，1662，1665，1727

雲溪友議十二卷　1609

雲溪樂府二卷　1803

雲臺山記一卷　1689

雲臺集一卷　1379

（道光）雲臺新志二十卷　736

雲臺編三卷　1367，1369

雲蕉館紀談一卷　1575

雲樣集八卷　1418

雲嶠集一卷　1379

雲麾將軍李思訓碑一卷　919

雲緬山川志一卷　1683

（康熙）雲龍州志十二卷首一卷　867

雲谿友議一卷　1556

雲齋廣録一卷　1558，1661

雲濤談叢一卷　1575

雲麓漫抄一卷　1556

雲麓漫抄四卷　1609，1610

雯窗瘦影詞一卷　1476

雅存堂詩鈔四卷　1429

（乾隆）雅州府志十六卷　847

雅州道中小記一卷　1700

雅安書屋贈言録一卷　616

雅克薩考一卷　1685

雅林小稿一卷　1370，1374

雅雨堂詩集二卷文集四卷雅雨山人出塞
　　集一卷　1252

雅雨堂叢書十三種　1668

雅尚齋遵生八牋十九卷　1031

雅俗通用釋門疏式十卷　1106

雅音會編十二卷　1412

雅倫二十四卷　1466

雅趣藏書一卷　1491

紫石泉山房文集十二卷詩鈔三卷　1274

紫竹山房詩集十二卷文集二十卷　1256

紫花梨記一卷　1663，1665

紫泥酬唱集一卷　1883

紫荆花院排律一卷　1712

紫荆花傳奇二卷　1496

紫荆吟館詩集四卷　1338

紫柏老人集二十九卷首一卷　1211

紫皇鍊度玄科一卷　1121

紫桃軒雜綴三卷又綴三卷　1813，1834

紫峰陳先生文集十三卷附年譜二卷　1199

紫琅游記一卷　1689

紫釵記二卷　1503

紫陽朱先生（熹）年譜一卷　610

紫陽朱先生年譜一卷　958

紫陽家塾詩鈔二十四卷　1441

紫陽庵集一卷　1808

（道光）紫陽縣志八卷首一卷　796

紫雲書院志不分卷　1846

紫微詩話一卷　1566

紫幢軒詩集二十一種　1846

紫薇二集一卷三集一卷　1883

紫薇花館全集　1344

紫薇花館詩稿四卷文稿一卷文稿續編一
　　卷雜纂一卷裕德堂一家言一卷　1344

紫薇集一卷　1374，1883

紫薇詩話一卷　1616

紫薇雜記一卷　1556

紫瓊巖詩鈔三卷　1260

紫藤書屋叢刻七種　1658

紫蘋館詩鈔二卷　1227

紫簫記二卷　1504

紫蘭堂集一卷　1883

紫巖居士易傳十卷　419，422

紫巖集一卷　1378

棠陰比事一卷　670

棠湖詩稿一卷　1765

棠蔭録四卷　673

掌銓題稿三十四卷　691

掌綸集一卷　1883

晴窗隨筆四書講義七卷　482

最近社會齷齪史二十回　1512

最新四川地理教科書七章　1892

最新全圖歸除算法課本一卷　1056

最樂編五卷　961

毹經筆記一卷　500，1752

晰次齋稿十二卷晰次齋名家贈什一卷晰
　　次齋同人尺牘一卷　1229

晰獄龜鑑一卷　1556

量倉通法五卷　1054

貯月軒詩稿一卷　1422

貯素樓詞一卷　1475

貯書小譜一卷　1614

貽山詩餘一卷　1473

貽硯齋詩稿一卷　1421

貽溪集一卷　1379

貽經堂試帖全稿四卷　1314

睄海樓詩一卷　1884

鼎刻江湖歷覽杜騙新書四卷　1506

鼎刻京板太醫院校正增補青囊醫方捷徑
　　二卷　1004

（康熙）鼎修霍州志十卷　757

鼎湖山慶雲寺志八卷首一卷　874

鼎鋟百名公評林訓釋古今奇文品勝五卷
　　1399

鼎録一卷　1568，1584，1599，1601，1602，
　　1611，1659

鼎鍥幼幼集成六卷　1006

鼎鍥葉太史彙纂玉堂鑑綱七十二卷　549

鼎鍥趙田了凡袁先生編纂古本歷史大方
　　綱鑑補三十九卷首一卷　549

鼎鐫睡庵湯太史四書脉六卷　481

鼎鐫漱石山房彙編注釋士民便觀雲箋柬
　　四卷　1450

鼎鐫諸方家彙編皇明名公文雋八卷　1413

嗒史一卷　1630

開天傳信記一卷　1550，1560，1607，
　　1662，1665

開元天寶遺事一卷　1560，1607，1662，
　　1665

（光緒）開化縣志十四卷首一卷　811

開方之分還原術一卷　1778，1803

開方古義二卷　1054

開方用表簡術一卷　1766

開方別術一卷　1054

開方通釋一卷　1772

開方説三卷　1055，1717

（道光）開平縣志十卷　862

開有益齋經説五卷　431

開有益齋讀書志六卷附續志一卷金石文
　　字記一卷　943

開成石經圖考一卷　490，1768

（嘉慶）開州志八卷　718

（光緒）開州志八卷首一卷　718

開金沙江議一卷　1696

開卷偶得十卷　1861

開河記一卷　1570，1584，1606，1662，
　　1665

（康熙）開封府志四十卷　778

開城録一卷　1556

（咸豐）開原縣志八卷首一卷　724

開浦殖民地志一卷附新志一卷　906

開國平吳事略一卷　558

開國龍興記一卷　1684

開煤要法十二卷　1760

開諸乘方捷術一卷　1054

（咸豐）開縣志二十七卷首一卷　846

開縣李尚書政書八卷首一卷　675

開禧德安守城録一卷　1814

開顏集一卷　1558

開礦器法圖説十卷　1893

開闢傳疑二卷　1861

閑居叢稿一卷　1376

閑家編八卷　969

閑閑老人滏水文集二十卷補遺一卷附一
　卷　1798

閩中今古録一卷　1575，1588

閩中今古録摘抄一卷　1604

閩青堂詩鈔一卷　1762

閩者軒帖考一卷　1652，1748，1749

閒居新編四卷　1424

閒居擇言一卷　1833

閒居録一卷　1726，1812，1828

閒書杜律一卷　1578

閒情十二憮一卷　1636

閒情小品二十七種　1614

閒情偶寄十六卷　1020

閒閒老人年譜二卷　1884

閒閒老人詩集十卷　1884

閒閒老人詩集目録二卷　1884

閒窗括異志一卷　1609

閒署日抄二十二卷　1018

閒餘吟稿一卷　1822

閒餘筆話一卷　1624，1635

閒餘雜録一卷　1822

閒談録一卷　1559

閒燕常談一卷　1559，1586，1590，1608

遇恩録一卷　1574，1588，1603

遇變紀略一卷　558

遇變記略一卷　1713

晚學集八卷　1754

景子一卷　1794

景文集六十二卷　1643，1646

景文詩集一卷　1373

景石齋詞略一卷　1817

景仰撮書一卷　1576，1801

（乾隆）景州志六卷首一卷　712

景岳全書二十四集六十四卷　1008

景岳新方砭四卷　994，1733

景定嚴州續志十卷　1751

景陸粹編八卷　609

景教三威蒙度贊一卷　1773

景教碑文紀事考正一卷　931

景紫堂文集十四卷　1864

景紫堂全書十一種　1864

（同治）景寧縣志十四卷首一卷末一卷
　813

跋一卷　1841

跋南雷文定一卷　1861

貴耳集一卷　1608

貴耳集二卷　1612

貴耳録一卷　1559，1586，1590

貴州考略一卷　1684

貴州地略一卷　1708

（康熙）貴州通志三十七卷首一卷　705

（乾隆）貴州通志四十六卷首一卷　705

貴州道中記一卷　1700

貴池先哲遺書十八種　1806

貴池先哲遺書待訪目一卷　1806

（光緒）貴池縣志四十四卷首一卷　741

貴陽山泉志一卷　1576

（道光）貴陽府志八十八卷餘編二十卷
　869

（同治）貴溪縣志十卷首一卷　815

（光緒）貴縣志八卷　866

（乾隆）鄖西縣志二十卷　829

（同治）鄖西縣志二十卷首一卷　829

（嘉慶）鄖西縣續志四卷首一卷　829

（嘉慶）鄖陽志十卷　828

（同治）鄖陽府志八卷首一卷　828

（同治）鄖縣志十卷首一卷　828

（乾隆）單縣志十二卷附菏單防河紀略
　　一卷　776
喉科秘本一卷附喉科附方一卷　1670
喻子十三種秘書兵衡十三卷　981
喻林一百二十卷　1545
喻道傳一卷　1150
喻梟詩集一卷　1365，1367，1369
喤嗁集一卷　1189，1559，1586，1590
喀什噶爾略論一卷　1685
喀納塔政要一卷　1707
喀爾喀地略一卷　1709
喀爾喀風土記一卷　1685
買田二十約一卷　1712
買愁集四卷　1507
嵯峨山記一卷　1692
黑水考一卷　1696
黑水洋考一卷　1701
黑心符一卷　1584，1660，1664，1666
黑白衛一卷　1839
黑河紀略一卷　1703
黑旋風雙獻功雜劇一卷　1500
黑蝶齋詞一卷　1813
黑龍江水道編一卷　1695
黑龍江外紀一卷　1685，1708
黑龍江外記八卷　1682，1751
黑龍江地略一卷　1708
黑龍江全省輿圖　913
黑龍江述略一卷　1706
黑龍江述略六卷　1750
黑龍江墾務要覽四編不分卷　656
黑龍江輿地圖　913
黑龍江輿圖説一卷　914
黑韃事略一卷附校勘記一卷　1683
黑蠻風土記一卷　1706
圍棋義例一卷　1569
圍棋譜一卷　1093
圍碁近譜四集　1093
圍爐詩話六卷　1465
圍爐瑣憶一卷　1872
無上玉皇心印經一卷　1113
無上秘要一卷　1611
無上黃籙大齋立成儀一卷　1121
無止境初存稿六卷集外詩一卷　1443
無止境續存稿六卷　1443
無可恃齋詩草四卷　1293
無用閒談一卷　1575
無邪堂答問五卷　1028，1880
無名氏詩集一卷　1366
無近名齋文鈔四卷二編二卷外編一卷雜
　　著二卷　1334
無長物齋詩存四卷　1349
無事爲福齋隨筆二卷　1731
無依道人録二卷　1109
無根樹解一卷　1114，1115
無益有益齋論畫詩二卷　1775
無欲齋詩草七卷附尋聲譜一卷　1215
無欲齋詩鈔不分卷　1215
（乾隆）無極縣志十一卷末一卷　715
無量壽經優波提舍願生偈略釋一卷　1878
無爲清静長生真人至真語録一卷　1119
無爲集一卷　1373
無暇璧傳奇二卷三十二齣　1505
無聞子一卷　1877
無聞集四卷　1855
無盡燈一卷　1615
無緣縣圖經八卷　916
無機化學講義　1896
（光緒）無錫金匱縣志四十卷　730
（嘉慶）無錫金匱縣志四十卷首一卷　730
（道光）無錫金匱續志十卷首一卷　730

（乾隆）無錫縣志四十二卷首一卷　730

無聲詩史七卷　1069，1731

無題詩二卷　1252

無懷小集一卷　1375

無纇生詩選一卷　1812

掣鯨堂詩選九卷　1714

缾水齋詩集十七卷別集二卷詩話一卷　1286

缾花譜一卷　1554，1579，1612

智利政要一卷　1708

智慧真言注一卷　1122

智囊補二十八卷　1032

（嘉慶）犍爲縣志十卷首一卷　847

嵇中散集一卷　1362

嵇中散集十卷　1361

嵇中散集九卷　1359

嵇相國曹尚書進呈賀平定兩金川詩不分卷
　1448

嵇庵詩集十卷文集二卷　1309

程山三世詩四卷　1838

程山遺書三種附二種　1838

程山謝明學先生年譜一卷　1838

程子香文鈔二卷　1742

程子詳本二十卷　961

程氏考古編十卷　1675

程氏所見詩鈔二十四卷　1441

程氏家塾讀書分年日程三卷　971，1639，
　1726

程氏家塾讀書分年日程三卷綱領一卷　972，
　1748，1756

程功録四卷　1847

程朱粹言一卷　1756

程尚書禹貢論二卷後論一卷山川地理圖
　二卷　420，423

程門主敬録一卷　1839

程侍郎遺集十卷　1740

程孟陽集四卷　1431

程洺水先生集三十卷附録一卷　1185

程雪樓集三十卷附年譜一卷　1188

程巽隱先生文集二卷　1359

程墨前選二卷　1845

喬羽書巢詩集内集六卷外集四卷　1353

喬園詩餘存稿　1479

等不等觀雜録八卷　1878

等韻一得外篇一卷　1055

策府統宗六十五卷　1549

策時末議二卷　1900

策問一卷　1841，1849

策略六卷　1849

策學例言一卷　1722

策學備纂三十二卷首一卷　1541

策學淵萃四十六卷　1542

策鼇雜撦八卷　907

答三辨文一卷　1841

答周禮難一卷　1782

答問一卷　1835

（孫子遺書）答問二卷　1799

答順宗心要法門一卷　1109

答薄氏駁穀梁義一卷　1784

答臨碩難禮一卷　1782

筍譜一卷　988

筍譜二卷　1569，1581

箏船詞一卷　1851

筆史一卷　1748，1749

筆花軒一卷　1648

筆花書屋詩鈔二卷　1315

筆陣圖一卷　1566

筆記一卷　1779

筆記二卷　1614

筆記四卷　1805

筆勢論略一卷　1566

筆經一卷　1568，1583

筆算五卷　1053

筆塵一卷　1640

筆隨論一卷　1717

筆諫十八卷首一卷附録一卷　969

筆疇一卷　1572

筆疇二卷　1610

筆髓論一卷　1566

傲軒吟稿一卷　1377

傲徠山房所藏五朝墨跡　1072

備忘小抄一卷　1558

備急灸方一卷附針灸擇日編集一卷　1001

備倭圖記一卷　1613

備遺録一卷　1552，1573，1596，1609，1669

備邊屯田車銃議一卷車銃圖一卷倭情屯田議一卷　1649

傅子一卷　949，1602，1642，1645

傅子三卷附訂譌一卷　1885

傅子五卷　956

傅中丞集一卷　1362

傅氏眼科審視瑤函六卷首一卷　1007

傅青主先生年譜卷上　1781

傅忠肅公文集三卷附校勘記一卷　1181

傅忠肅集一卷　1359，1374

傅忠毅公全集八卷首一卷　1230

傅相游歷各國日記二卷　615

傅鶉觚集一卷　1362

賤譜銘一卷　1578

牌經一卷馬吊脚例一卷　1579

牌譜一卷　1625

貸園叢書初集十二種　1658

順天地略一卷　1708

順天拔貢同年齒録（道光二十九年己酉科）　623

（光緒）順天府志一百三十卷　706

順天府宣統二年統計表　676

順天府霸州賦役册不分卷　656

順天鄉試同年齒録（光緒二十年甲午科）　621

順天鄉試同年齒録（光緒二年丙子科）　621

順天鄉試同年齒録（光緒十七年辛卯科）　621

順天鄉試同年齒録（光緒十九年癸巳恩科）　621

順天鄉試同年齒録（光緒十四年戊子科）　621

順天鄉試同年齒録（光緒元年乙亥恩科）　621

順天鄉試同年齒録（咸豐五年乙卯科）　621

順天鄉試同年齒録（道光八年戊子科）　621

順安詩草八卷　1860

（道光）順昌縣志十卷　855

順宗實録五卷　1736

順適堂吟稿一卷　1374

順適堂吟稿甲集一卷乙集一卷丙集一卷丁集一卷戊集一卷　1370

順寧雜著一卷　1700

（咸豐）順德縣志三十二卷　858

（康熙）順慶府志十卷增續一卷　843

梅香騙翰林風月雜劇一卷　1500

集千家注批點杜工部詩集二十卷年譜一卷　1163

集世説詩一卷　1632

集古印譜不分卷　1091

集古印譜六卷　1087

集古考圖一卷　1592

集古官印考證十七卷集古虎符魚符考一
　　卷　1086

集古梅花詩二卷　1726，1812

集古録一卷　1567，1715

集古録目十卷原目一卷　1767

集古録目五卷　921，1720

集古録跋尾十卷　921，1720，1827

集仙傳一卷　1561

集字避複一卷　516

集杜一卷　1762

集注毛詩一卷　1787

集注喪服經傳一卷　1788

集注爾雅一卷　1791

集思堂外集六卷　1259

集美人名詩一卷　1823

集唐詩一卷　1260

集虛草堂叢書甲集十種　1778

集虛齋四書口義十卷　482

集虛齋學古文十二卷附離騷經解略一卷
　　1265

集異志一卷　1664，1666

集異志四卷　1611

集異記一卷　1571，1581，1584，1606，
　　1607，1666

集異記校補四卷　1875

集腋編　1550

集解孝經一卷　1790

集新堂三字經集注一卷　512

集説詮真續編一卷提要一卷　1153

集課記一卷　1841

集選詩一卷　1879

集韻十卷　522，529

集韻考正十卷　1814

集韻校四卷　1875

集靈記一卷　1572

焦山六上人詩十九卷附一種　1430

焦山古鼎一卷　1626

焦山古鼎考一卷　1627

焦山志二十六卷首一卷續志八卷　897

焦山紀游集一卷　1738

焦山鼎銘考一卷　926

焦山續志八卷　1430

焦氏易林四卷　950，1597，1599，1601

焦氏易林校略十六卷　1861

焦氏筆乘六卷續八卷　1737

焦氏叢書九種附一種　1859

焦氏類林八卷　1032，1740

焦里堂先生軼文一卷　1775

焦尾編二卷　1384

（光緒）皖志便覽三卷　701

皖典類編八卷　701

（道光）皖省志略四卷附録一卷　701

（安徽桐城）皖桐壽塝湯氏宗譜三十四
　　卷　586

（安徽桐城）皖桐璩氏族譜二十六卷首
　　一卷末一卷　586

皖學編十三卷　599

衆妙集一卷　1364

粵十三家集一百八十卷　1436

粵中見聞三十五卷附紀一卷　901

粵中偶記一卷　558

粵西五家文鈔二十四卷　1438

粵西文載七十五卷　1438

粵西金石略十五卷　935

粵西偶記一卷　1636，1637，1661，1700

粵西得碑記一卷　1871

粵西詩載二十五卷　1438

粵西瑣記一卷　1629，1700

粵西種人圖説一卷　1710

粵行紀事一卷　1655

粤江諸水編一卷　1696
粤英要語一卷　521
粤述一卷　1636，1637，1661，1700
粤東三子詩鈔十四卷　1437
粤東市舶論一卷　1710
粤東金石略九卷首一卷附二卷　935
粤東省例新纂八卷　649
粤東省城圖　916
粤東皇華集四卷　1270，1677
粤東葺勝記八卷首二卷　900
粤東剿匪紀略五卷　1747
粤氛紀事十三卷　556
粤風四卷　1677
粤音指南四卷　532
粤海關志三十卷　656
粤商自治會函件初編　676
粤雅堂叢書　1737
粤游小志一卷　1702
粤游小志八卷　901
粤游日記一卷　1287
粤游見聞一卷　557
粤游録一卷　1702
粤詩蒐逸四卷　1817
粤滇紀略八卷附堵胤錫始末一卷　882
粤滇雜記一卷　1700
粤臺徵雅録一卷　1817
粤囊一卷　1702
奥斯馬加國條款税則章程一卷　662
（滿漢合璧）御製翻譯書經六卷　443
御世仁風四卷　966
御史臺精舍碑題名一卷　1674
御舟召見恭紀一卷題跋一卷　1712
御批資治通鑑綱目全書一百九卷　547
御注孝經疏一卷　1790
御定七政四餘萬年書（清乾隆二十一年
至道光三十年）不分卷　1056
御定仿宋相臺岳氏本五經九十六卷　414
御定全唐詩録一百卷　1406
御定全唐詩録一百卷御定全唐詩人年表
　一卷　1406
御定易經通注四卷　1814
御定駢字類編二百四十卷　1548
御定歷代紀事年表一百卷三元甲子編年
　一卷　570
御定歷代賦彙一百四十卷外集二十卷逸
　句二卷補遺二十二卷目録三卷　1393
御定歷代賦彙一百四十卷外集二十卷補
　遺二十二卷　1393
御定歷代題畫詩類一百二十卷　1447
御訂全金詩增補中州集七十二卷首二卷
　1411
御案七經要説三十六卷　1714
御塞行程一卷　1560
御製大誥一卷續編一卷三編一卷　666
御製文初集三十卷目録二卷二集四十四
　卷目録二卷　1261
御製平西蜀文一卷　1603
御製西征記一卷　1603
御製巡幸盛京詩一卷　1298
御製孝慈録一卷　1603
御製周顛仙人傳一卷　1603
御製重輯明心寶鑑二卷　1032
御製皇陵碑一卷　1603
御製律呂正義上編二卷下編二卷續編一
　卷　1641
御製律呂正義五卷　463
御製律呂正義後編一百二十卷　463
御製律曆淵源四種　1641
御製紀夢一卷　1603
御製耕織圖一卷　988

御製耕織圖不分卷　988

御製訓飭士子文淺解一卷　1846

御製盛京賦三十二卷　1260

御製揀魔辨異錄八卷　1110

御製圓明園圖咏二卷　1260

御製詩文十全集五十四卷　1643，1647

御製詩初集四十四卷目錄四卷　1260

御製詩初集四十四卷目錄四卷二集九十卷
　　目錄十卷三集一百卷目錄十二卷　1260

御製詩第三集八卷　1243

御製廣寒殿記一卷　1603，1621

御製增訂清文鑑四十五卷　1417

御製數理精蘊上編五卷下編四十卷表八卷
　　1641

御製曆象考成上編十六卷下編十卷　1049

御製曆象考成上編十六卷下編十卷表十六
　　卷　1641

御製避暑山莊詩一卷附圖　918

御製避暑山莊詩二卷　1243

御寨行程一卷　1586，1589

御選宋金元明四朝詩三百二卷首二卷姓
　　名爵里十三卷　1392

御選妙覺普度和聖寒山大士詩一卷御選
　　圓覺慈度合聖拾得大士詩一卷中峰净
　　土詩一卷附豐干詩　1161

御選明臣奏議四十卷　1642，1645

御選唐宋文醇五十八卷　1403

御選唐宋詩醇四十七卷　1391

御選唐宋詩醇四十七卷目錄二卷　1391

御選唐詩三十二卷目錄三卷　1407

御選悦心集五卷　1647

御選語錄十九卷　1110

御選歷代詩餘一百二十卷　1479

御錄宗鏡大綱二十卷　1104

御錄經海一滴六卷　1110

御題棉花圖不分卷　987

御纂七經七種　414

御纂七經綱領不分卷　496

御纂內則衍義十六卷　970

御纂周易折中二十二卷首一卷　414，
　　434

御纂性理精義十二卷　965

御纂詩義折中二十卷　449

御纂醫宗金鑑九十卷首一卷　1009

御覽孤山志一卷　1807

御覽詩集選一卷　1365

御覽經史講義三十卷首一卷　963

御覽闕史二卷　1652，1659，1727，1815

復小齋賦話二卷　1813

復古編二卷校正一卷附錄一卷　512

復初集一卷　1347

復初集賸稿一卷　1443

復初齋文存一卷　1270

復初齋文集三十五卷　1270

復初齋時文一卷帖經舉隅三卷　1269

復初齋詩集七十卷翁氏家事略記一卷　1270

復社姓氏傳略十卷首一卷附復社姓氏錄
　　一卷　599

復社紀事一卷　1630，1669，1712

復社紀略四卷附復社紀事一卷　1781

復莊詩問三十四卷　1316

復堂類集二十二卷　1338

復堂類集文四卷詩十一卷詞九卷日記八
　　卷　1748

復庵遺書一卷　1871

復園紅板橋詩一卷　1808

復辟錄一卷　1552，1573，1596，1603，
　　1608

復盦全集二十三卷　1356

復齋日記一卷　1608

復齋公集一卷　1445

復齋易説六卷　419，422

復齋閒記一卷　1559

復齋詩集四卷文集二十一卷　1276

循陔文集一卷　1252

徧行堂集十六卷　1226

須賈大夫誶范叔雜劇一卷　1500

須溪集一卷　1379

艇齋詩話一卷　1565，1723

舒梓溪先生全集二十卷　1202

舒藝室尺牘偶存一卷　1869

舒藝室全集（覆瓿集）十三種　1868

舒藝室詩續存一卷　1869

舒藝室隨筆六卷續筆一卷餘筆三卷　1868

舒藝室雜存四卷　1869

舒藝室雜著甲編二卷乙編二卷賸稿一卷
　1868

舒藝詩存七卷索笑詞二卷　1869

畬香草存三卷續刻一卷　1281

畬香草存六卷　1857

鈃園集十四卷　1200

鉅文十二卷　1398

（道光）鉅野縣志二十四卷首一卷　776

鉅鹿東觀集十卷附録　1172

（光緒）鉅鹿縣志十二卷首一卷　716

鈍吟書要一卷　1633

鈍吟集三卷　1383

鈍吟集三卷餘集一卷別集一卷　1713

鈍吟雜録十卷　1670

鈍翁文録十六卷　1231

鈍翁前後類稿六十二卷　1231

鈍齋詩集二卷　1852

鈐山堂書畫記一卷　1654

鈐山堂集四十卷　1201

（道光）欽州志十二卷首一卷附地圖　863

欽明大獄録二卷　670

欽定三通考證七卷　642

欽定工部則例一百十六卷　648

欽定工部則例一百四十二卷　648

欽定工部續增則例一百三十六卷　648

欽定工部則例五十卷　648

欽定大清刑律不分卷　668

欽定大清律例四十七卷附五卷附督捕則
　例三流道里表洗冤録　667

欽定大清會典一百卷　644

欽定大清會典八十卷　644

欽定大清會典事例一千二百二十卷目録
　八卷　644

欽定大清會典事例九百二十卷目録八卷
　644

欽定大清會典圖一百三十二卷目録二卷
　644

欽定大清會典圖二百七十卷首一卷　644

欽定王公處分則例四卷　645

欽定天禄琳瑯書目十卷後編二十卷　937

欽定元承華事略補圖六卷　574

欽定五軍道里表十八卷　648

欽定日下舊聞考一百六十卷　876

欽定中樞政考七十二卷　665

欽定中樞政考四十卷欽定中樞政考續纂
　四卷　665

欽定内務府現行則例四卷續二卷　645

欽定户部則例一百卷　646

欽定户部則例十五卷　646

欽定户部軍需則例九卷欽定兵部軍需則
　例五卷欽定工部軍需則例一卷　647

欽定户部軍需則例九卷續纂一卷欽定兵
　部軍需則例五卷欽定工部軍需則例一
　卷　647

欽定户部漕運全書九十六卷　657

欽定古今圖書集成一萬卷目録三十二卷
　　1539

欽定古今圖書集成一萬卷目録四十卷
　　1539

欽定平定七省方略一千一百五十卷　557

欽定平定回疆剿捹逆裔方略八十卷首六
　　卷　557

欽定平定陝甘新疆回匪方略三百二十卷
　　557

欽定平定教匪紀略四十二卷　556

欽定平定雲南回匪方略五十卷　557

欽定平定貴州苗匪方略四十卷　557

欽定平定臺灣紀略六十五卷首五卷　556

欽定四庫全書考證一百卷　1642，1645

欽定四庫全書附存目録十卷　946

欽定四庫全書總目二百卷首四卷　943，
　　1645

欽定四庫全書總目提要四部類叙一卷
　　943，1763

欽定四庫全書簡明目録二十卷　945，
　　946

欽定吏部則例八十七卷　646

欽定吏部則例六卷　646

欽定吏部處分則例五十二卷　646

欽定同文韻統六卷　528

欽定回疆則例八卷　649

欽定全唐文一千卷　1418

欽定各郊壇廟樂章不分卷　1084

欽定兵部處分則例三十九卷　647

欽定武英殿聚珍版程式一卷　1642，1645

欽定武場條例十六卷　647

欽定協紀辨方書三十六卷　1065

欽定明鑑二十四卷首一卷　552

欽定物料價值則例（直隸省）二十四卷
　　649

欽定物料價值則例（雲南省）十卷　649

欽定佩文韻府一百六卷韻府拾遺一百六
　　卷　1547

欽定周官義疏四十八卷首一卷　414

欽定宗人府則例三十一卷　645

欽定宗室王公功績表傳十二卷首一卷
　　597

欽定春秋左傳讀本三十卷　464

欽定春秋傳説彙纂三十八卷首二卷　414

欽定科場條例五十四卷　647

欽定科場條例六十卷首一卷　647

欽定科場條例六十卷首一卷附續增不分
　　卷　647

欽定科場條例四卷　647

欽定重刻淳化閣帖釋文十卷　1642，
　　1645

欽定皇輿西域圖志四十八卷首四卷　916

欽定宮中現行則例四卷　645

欽定軍衛道里表十八卷　648

欽定軍器則例二十四卷　648

欽定軍器則例三十二卷　648

欽定書經傳説彙纂二十一卷首二卷書序
　　一卷　414

欽定書經圖説五十卷　444

欽定理藩部則例六十四卷　649

欽定授時通考全書七十八卷　986

欽定國子監志八十二卷　683

欽定國子監則例四十五卷　647

欽定國史大臣列傳□□卷　597

欽定國朝詩別裁集三十二卷　1416

欽定康濟録四卷　660，1721

欽定勝朝殉節諸臣録十二卷首一卷　601

欽定滁陽王廟碑歲祀册一卷敕賜滁陽王
　　廟碑一卷　1621

欽定蒙古源流八卷　562

欽定詩經傳説彙纂二十一卷首二卷詩序
　　二卷　414

欽定詩經樂譜三十卷附樂律正俗一卷
　　1644

欽定詩經樂譜全書三十卷樂律正俗一卷
　　1641

欽定廓爾喀紀略五十四卷首四卷　556

（道光）欽定新疆識略十二卷首一卷　705

欽定剿平三省邪匪方略正編三百五十二
　　卷續編三十六卷附編十二卷首九卷表
　　文一卷　556

欽定剿平捻匪方略三百二十卷　557

欽定剿平粵匪方略四百二十卷　557

欽定臺規四十二卷　683

欽定熙朝雅頌集一百六卷首集二十六卷
　　餘集二卷　1419

欽定遼金元史語解四十六卷　543

欽定儀象考成三十卷首二卷　1641

欽定儀禮義疏四十八卷首二卷　414

欽定學政全書八十六卷　654

欽定錢録十六卷　927

欽定禮記義疏八十二卷首一卷　414

欽定禮部則例二百二卷　647

欽定總管內務府堂現行則例四卷　645

欽定續文獻通考輯要二十六卷　642

欽定續纂外藩蒙古回部王公表十二卷
　　595

欽頒州縣事宜一卷　684

鈞天樂一卷　1502，1839

鈞天樂二卷　1494

鈞玄一卷　1557

鈞喙録八卷　1715

鈕非石遺文一卷　1730

番社采風圖考一卷　1632，1649，1701，
　　1761

（同治）番禺縣志五十四卷附録一卷　858

（宣統）番禺縣續志四十四卷　858

番禺雜記一卷　1562

番郡璪録四卷　884

番境補遺一卷　1701

禽經一卷　1569，1581，1583，1601，1602

禽獸決録一卷　1569

爲可堂初集二十六卷　1225

爲政忠告四卷　1747

爲學大指一卷　1867

舜山是仲明先生年譜一卷　612

舜典補亡一卷　1650，1840

創世紀　1152

（官話）創世紀　1152

（翻譯福州平話）創世傳　1152

創設學校議一卷　1900

創辦中國華商銀行草案不分卷　677

飯有十二合説一卷　1626，1628

飯頌一卷　1648

飲水詞鈔二卷　1851

飲水詩集一卷詞集一卷　1738

飲冰室詩話五卷　1469

飲食考一卷　1832

飲食紳言一卷　1612

飲食須知不分卷　1008

飲露詞一卷　1476

脾胃論三卷　991，992

勝朝彤史拾遺記六卷　1650，1842

勝朝殉揚録三卷　601

勝朝遺事初編六卷二編八卷　559

勝飲編十八卷　1739

勝蓮社約一卷　1577，1809

猩猩灘記一卷　1697

猥談一卷　1553，1580，1620

猶存集四卷　1296

猶見篇一卷　1622

猶龍傳一卷　1117

觚不觚錄一卷　1553，1574，1588，1611，
　1670

觚賸一卷　1637，1638

然後知齋答問二十卷　484

然脂集例一卷　1625，1627

然犀志二卷　1677

然燈記聞一卷　1751

然燈記聞一卷附律詩定體一卷　1731，
　1757

然藜餘筆一卷　1558

然鐙記聞一卷　1461

貿易通志一卷　1711

鄒子一卷　1795，1796

（道光）鄒平縣志十八卷　762

（康熙）鄒平縣志八卷　762

鄒平縣景物志十六卷　762

鄒叔子遺書八種附一種　1867

鄒南皋集選七卷　1212

鄒陽書一卷　1795

鄒徵君存稿一卷　1873

鄒徵君遺書八種附二種　1873

（康熙）鄒縣志三卷　765

（光緒）鄒縣鄉土志不分卷　765

（光緒）鄒縣續志十二卷首一卷　765

詁幼一卷　1797

詁經精舍七集十二卷　1458

詁經精舍三集六卷　1457

詁經精舍文集十四卷　1717，1718

詁經精舍文續集八卷　1456

詁經精舍四集十六卷　1457

評乙古文一卷　1799

評林注釋要刪古文大全後集十一卷　1397

評論出像水滸傳二十卷七十二回　1509

評選四六法海八卷　1852

評點周禮政要二卷　455

評鑑闡要十二卷　575

診皮篇補證一卷　1770

診宗三昧一卷　993

診骨篇補證一卷　1770

診家直訣二卷　996

診家樞要一卷　996

診筋篇補證一卷附十二筋病表一卷　1770

詅癡子集十卷　1334

詞一卷　1114

詞旨一卷　1462，1554，1566

詞名集解六卷續編二卷　1851

詞苑英華四十三卷　1472

詞苑叢談十二卷　1736

詞林分類次韻便讀三字錦九卷末一卷
　1035

詞林正韻三卷發凡一卷　1733

詞林典故八卷　682

詞林海錯十六卷　1545

詞林萬選四卷　1472

詞林韻釋一卷　1473，1775

詞林韻釋二卷　1739

詞品一卷　1566

詞科掌錄十七卷餘話七卷　600

詞科舊稿三卷　1828

詞律二十卷　1481

詞律校勘記二卷　1745

詞致錄十六卷　1401

詞評一卷　1554，1566，1616，1722

詞統源流一卷　1731

詞話二卷　1842

詞源二卷　1473，1673，1739，1749

詞綜三十八卷附明詞綜十二卷國朝詞綜
　四十八卷二集八卷　1480

詞綜三十六卷　1480

詞餘叢話三卷　1879

詞學全書四種　1474

詞學叢書六種　1473

詞辨二卷附介存齋論詞雜著一卷　1481

詞譜四十卷　1481

詞韻二卷附詞韻論略一卷　1474

詔獄慘言一卷附天變邸抄一卷　1669

詒晋齋後集一卷隨筆一卷　1277

詒晋齋集八卷　1732

詒晋齋集八卷附後集一卷隨筆一卷　1277

詒晋齋隨筆一卷題跋一卷　1762

詒經堂藏書七種　1677

馮少墟集二十二卷　1212

馮氏小集三卷　1713

馮氏清芬集四種　1445

馮氏錦囊秘録四種　998

馮玉蘭夜月泣江舟雜劇一卷　1501

馮用韞先生北海集四十六卷　1213

馮曲陽集一卷　1361

馮舍人遺詩六卷　1241，1383

馮燕傳一卷　1660，1663，1666，1727

就日録一卷　1553，1559，1595

就正録一卷　1123

敦夙好齋詩初編十二卷續編十一卷　1320

敦交集一卷　1375

敦艮吉齋文鈔四卷　1323，1779

敦艮吉齋詩存二卷詩存補遺一卷　1779

敦艮齋遺書十七卷　1283

敦好堂論印一卷　1086

敦煌石室真蹟録五卷附一卷　1038

敦煌石室真蹟録六卷附一卷　1038

敦煌石室遺書十三種　1773

敦煌新録一卷　1562

廋詞一卷　1625

廋辭偶存一卷　1869

痘疹大全四種　998

痘疹方論一卷　998

痘疹全集十五卷　998

痘疹金鏡録三卷　998

痘疹傳心録十八卷附種痘一卷　994

痘疹論二卷　998

痘訣餘義一卷　998

痛餘雜録一卷　1656

童山詩集四十二卷文集二十卷　1270

童山詩集四十二卷文集二十卷補遺一卷
　　蠹翁詞二卷　1677

童山詩選五卷　1714

（榕腔）童子拓胸歌　1138

（榕腔）童子拓胸歌一卷　1138

童子問路四卷　1470

童蒙訓三卷　1726

童蒙須知韻語一卷　953

童溪王先生易傳三十卷　419，422

棄假歸真論　1150

善夫先生集一卷　1379

（光緒）善化縣志三十四卷首一卷　832

善本書室藏書志四十卷　943

善易者言一卷　1615

善卷堂四六十卷　1242

善思齋文鈔九卷　1335

善誘文一卷　1551，1564

善謔集一卷　1558

普天忠憤集十四卷　1423

（光緒）普安直隸廳志二十二卷　869

普陀山志二十卷　893

普陀山志六卷　893

普陀紀勝一卷　1691

普法兵事記一卷　1881

普法戰紀二十卷　1890

普法戰紀輯要四卷　1725

普通百科新大辭典不分卷　1542

普陽琴餘草五卷　1248

粧臺記一卷　1565

粧樓記一卷　1565，1585

尊孟辨三卷續辨二卷別錄一卷　1671

尊俎餘功一卷　1574

尊前集二卷　1472

尊瓠室詩一卷　1355

尊經書院初集十二卷　1459

尊經書院試卷五十四種　1460

尊經閣募捐藏書章程一卷祀典錄一卷　1752

尊聞居士集八卷　1270

尊聞堂詩集十六卷　1314

尊聞錄八卷　967

尊德堂詩鈔八卷　1252

遒徇編一卷　1572，1589

道山紀略不分卷　896

道山清話一卷　1551，1590

道古堂文集四十八卷詩集二十六卷集外
　　文一卷集外詩一卷軼事一卷　1254

道西齋日記二卷　615

道西齋尺牘二卷　1343

道光倉米奏稟不分卷　690

道光崑山縣深字魚鱗册不分卷　681

（嘉慶）道州志十二卷　837

（光緒）道州志十二卷首一卷　837

道州風俗記一卷　1681

道州圖經一卷　1681

道言內外五種秘錄十二卷　1126

道言內外秘訣全書六卷　1111

道門一切經總目四卷　1115

道門功課一卷　1120

道命錄十卷　1656

道法心傳一卷　1119

道宗六書三十六卷　973

道南淵源錄十二卷首一卷　964

道南源委六卷　1639

道南講授十三卷　1845

道咸同光四朝詩史甲集八卷首一卷　1426

道原精萃圖　1133

道旁散人集五卷附錄一卷　1779

道海津梁一卷　1122，1123

道書一貫真機易簡錄十二卷　1122

道書二十三種　1114

道書十二種　1114

道書杯溪錄三卷　1122，1123

道情一卷　1717

道鄉先生文集四十卷補遺一卷附錄一卷
　　1179

道鄉詩鈔一卷　1372

道場山游記一卷　1691

道援堂詩集十二卷詞一卷　1234

道貴堂類稿十一種　1231

道腴堂詩編三十卷　1252

道統錄二卷附錄一卷　1639

道園學古錄一卷道園遺稿一卷　1376

道園學古錄五十卷　1189，1190

道園學古錄不分卷道問類集　1190

道福堂詩集四卷　1872

道齊正軌二十卷　964

道榮堂文集六卷首一卷　1246

道樞四卷　1120

道德上經釋辭一卷下經釋辭一卷叙道德
　　經旨總論一卷　1116

道德指歸論六卷　1616，1617

道德真經注四卷　951，974，1116，1739

道德真經指歸十三卷附錄一卷　1779

道德真經指歸校補二卷　1875

道德真經集注釋文一卷　497

道德真經集解四卷　1764
道德真經義解四卷　973
道德經注一卷　1850
道德經達詁一卷　1880
道德經評注二卷　948，1602
道德經發隱一卷　1878
道德經解二卷　974
道德經釋義二卷附常清静經一卷金玉經
　一卷　974
道餘録一卷　1105
道學淵源録一百卷　963
（同治）遂川縣志十八卷首一卷末一卷
　820
（乾隆）遂平縣志十六卷首一卷　787
遂初堂書目一卷　1555，1736，1801
遂初堂詩集十六卷文集二十卷　1241
遂昌山人雜録一卷　1674
遂昌山樵雜録一卷　1595，1608
（道光）遂昌縣志十二卷　812
（光緒）遂昌縣志十二卷首一卷外編四
　卷　812
遂昌雜録一卷　1610
（乾隆）遂寧縣志十二卷首一卷　848
（光緒）遂寧縣志六卷　848
曾子注釋四卷　427
曾子注釋四卷首一卷　954，1718
曾子家語六卷　954
曾子問講録四卷　1840
曾太傅毅勇侯傳略一卷　607
曾太僕左夫人詩稿合刻十一卷　1384
［曾中堂遺摺何中丞奏稿及上諭選鈔附
　金陵勝蹟楹聯］　687
曾公遺録□卷　1768
曾文正公大事記四卷　1870
曾文正公大事記四卷附曾文正公家訓二

卷曾文正公榮哀録一卷　607
曾文正公手書日記不分卷　615
曾文正公文集四卷　1321，1870
曾文正公文集四卷詩集四卷　1321
曾文正公四種　1870
曾文正公年譜十二卷　1321，1870
曾文正公全集一百五十六卷首一卷　1321
曾文正公全集十四種　1870
曾文正公批牘六卷　1321，1870
曾文正公事略四卷　607
曾文正公奏稿三十六卷　1870
曾文正公奏稿三十卷　1321
曾文正公家訓二卷　1870
曾文正公家書十二卷　1321
曾文正公家書十卷　1870
曾文正公書札三十三卷　1321，1870
曾文正公詩集四卷　1321，1870
曾文正公榮哀録一卷　1870
曾文正公雜著二卷　1870
曾文正公雜著四卷　1321
曾文正公雜著鈔一卷　1768
曾文定公年譜一卷　609
曾忠襄公文集二卷　1333
曾忠襄公年譜四卷　614
曾忠襄公奏議三十二卷　695
曾忠襄公書札二十二卷　695
曾忠襄公榮哀録一卷曾文正公楹聯一卷
　607
曾忠襄公榮哀録二卷　607
曾季衡傳一卷　1595
曾惠敏公全集四卷　1343
曾惠敏公遺集十七卷　1343
曾廣濟詩稿一卷　1358
焠掌録二卷　1028
勞氏碎金三卷　944

湛恩紀咏一卷　1762

湛然居士文集十四卷　1188，1752

湛然居士集一卷　1376

湛淵集一卷　1378

湛淵静語二卷　1653，1811

湛淵遺稿三卷補一卷　1655

湛淵遺稿三卷補遺一卷附録一卷　1811

湛園未定稿六卷　1238

湛園札記一卷　425

湛園札記四卷　1020

湛園題跋一卷　1634，1722

湖上青山集一卷　1809

湖上草堂詩一卷　1880

湖上篇一卷　1812

（嘉慶）湖口縣志十八卷首一卷　816

（同治）湖口縣志十卷首一卷　817

湖山便覽一卷　1696

湖山便覽十二卷　899

湖山叙游一卷　1808

湖山雜咏一卷附録一卷　1809

湖山類稿五卷　1726

湖山類稿五卷附亡宋舊宮人詞一卷　1811

湖山懷古集一卷　1809

（乾隆）湖北下荆南道志二十八卷　829

湖北四至程限四卷　917

湖北考略一卷　1684

湖北地略一卷　1708

湖北金石志十四卷　935

湖北金石詩一卷　935，1720

（嘉慶）湖北通志一百卷首五卷　703

湖北漢水圖説一卷　917

湖北叢書三十種　1814

湖北驛站四至輿圖册　915

湖西遺事一卷　1781

（同治）湖州府志九十六卷　805

（乾隆）湖州府志四十八卷首一卷　805

湖州詞徵二十四卷　1480

湖州叢書十二種　1813

湖南文徵一百三十五卷　1435

湖南方物志一卷　1699

湖南方物志八卷　1720

湖南考略一卷　1684

湖南地略一卷　1708

湖南全省掌故備考三十五卷　881

湖南全省圖　915

湖南全省輿地圖表　915

湖南全省輿圖説六卷　915

湖南苗防屯政考十五卷　655

湖南風土記一卷　1681

［湖南貢卷咸豐癸丑科貢生馬維乾册］一卷　1420

（乾隆）湖南通志一百七十四卷首一卷　703

（嘉慶）湖南通志二百十九卷首三卷末六卷　703

（光緒）湖南通志二百八十八卷首八卷末十九卷　703

湖南鄉試録（道光二十九年己酉科）　622

湖南襃忠録初稿五十七卷　585

湖南優級師範學堂章程附藏書樓規則　654

湖南釐務彙纂十八卷　655

湖南疆域驛傳總纂十卷　881

湖舫詩一卷　1810

湖唐林館駢體文鈔一卷　1336

湖海文傳七十五卷　1417

湖海草堂詞一卷　1767

湖海集十三卷　1241

湖海詩傳四十六卷　1417

湖海樓全集文集六卷儷體文集十二卷詩集十二卷詞集二十卷　1232

湖海樓全集詩十二卷補遺一卷詞二十卷
　　文集六卷儷體文十二卷　1232
湖海樓詩稿十二卷　1678
湖海樓叢書十二種　1677
湖海樓叢書續編十四種　1678
湖船録一卷　1635，1808
湖塘林館駢體文鈔二卷　1425
湖傳續録二卷　1808
湖墅小志四卷　899
湖墅詩鈔八卷　1801
湖墅錢氏家集十八卷　1442
湖墅叢書四種　1801
湖墅雜詩二卷　1801，1807
湖廣奏稿五卷　693
（康熙）湖廣通志八十卷圖考一卷　703
湖樓校書記一卷餘記一卷　1869
湖樓集一卷　1809
湖隱外史一卷　1781
湖壖雜記一卷　1637，1638，1661，1727，
　　1808，1844
湘上詩緣録四卷附新安詩萃一卷　1468
湘山録一卷　1562
湘子十二度韓昌黎全傳八卷三十回附金
　　丹大要二卷　1515
湘中草六卷　1839
湘中怨詞一卷　1662，1665
湘中記一卷　1562，1583，1680
湘水記一卷　1695
湘行記一卷　1697
湘舟漫録三卷　1858
湘州記一卷　1680，1681
湘州滎陽郡記一卷　1681
湘雨樓詞鈔一卷　1475
湘軍志十六卷　1882
湘軍記二十卷　565

（光緒）湘陰縣圖志三十四卷首一卷末
　　一卷　832
（同治）湘鄉縣志二十三卷首一卷末一
　　卷　833
湘雲遺稿一卷　1474
湘湖水利志三卷　1841
湘瑟秋雅一卷　1885
湘筠館詞二卷　1476
湘煙録十六卷　1017，1018
湘管齋寓賞編六卷　1081
湘綺樓文集八卷　1882
湘綺樓文集八卷詩集十四卷箋啓八卷　1331
湘綺樓全書十九種　1882
湘綺樓詞鈔一卷　1475
湘綺樓詩一卷　1735
湘綺樓詩八卷　1331
湘綺樓詩集十四卷　1882
湘綺樓駢體文鈔一卷　1425
（乾隆）湘潭縣志二十五卷首一卷　832
（光緒）湘潭縣志十二卷　832
（嘉慶）湘潭縣志四十卷　832
湘潭縣節孝志十卷　601
湘轎叢刻十三卷　1348
湘繭合稿六種附二種　1440
湘靈集一卷　1421
渤海三家詩選六卷　1438
渤海舊聞一卷　1779
滇水紀行一卷　1697
測天約術一卷　1817
測地志要四卷　1055，1874
測字秘牒一卷　1065
測候叢談四卷　1047，1759
測海集六卷　1272
測量法義一卷　1736
測量異同一卷　1736

測量學摘要一卷　978

測圓海鏡細草十二卷　1655

湯子遺書十卷年譜一卷附録一卷　1843

湯子遺書十卷首一卷　1843

湯子遺書續編二卷　1843

（江蘇武進）湯氏家乘十六卷首一卷末
　　一卷　587

湯文正公全集（湯子遺書）五種　1843

湯文正公遺書擇抄一卷　1756

湯陰風俗志一卷　1699

湯陰精忠廟志十卷　873

（乾隆）湯陰縣志十卷　782

湯液本草三卷　991，992，993

湯義仍先生還魂記二卷　1492

（乾隆）湯溪縣志十卷首一卷　810

湯潛庵先生集二卷　1639

温太真玉鏡臺雜劇一卷　1499

温公易説六卷　498

温公瑣語一卷　1558

温氏母訓一卷　1726

温州古甓記一卷　935

（乾隆）温州府志三十卷首一卷　811

温州府城全圖　915

（嘉慶）温江縣志三十六卷首一卷　840

（光緒）温江縣鄉土志十二卷　840

温侍讀集一卷　1363

温泉銘殘卷　1773

温庭筠詩集七卷集外詩一卷別集一卷　1367，
　　1369

温飛卿詩集九卷　1171

温飛卿詩集箋注九卷　1171

温恭毅公文集三十卷　1211

温陵陳氏家集二種　1443

温陵遺墨三種　1436

温經日記六卷　497

温熱經緯五卷　1732

温熱論一卷　997

（乾隆）温縣志十二卷首一卷　784

温寶忠先生遺稿十卷　1360

渭南文集五十二卷目録二卷　1182

渭南文集五十卷　1828

（乾隆）渭南志十四卷　791

渭南詩集二卷　1367，1369

（光緒）渭南縣志十二卷　791

（道光）渭南縣志十八卷　791

滑疑集八卷　1261

滑稽叢話十卷南亭聯話六卷楹聯佳話二
　　卷　1046

（同治）滑縣志十二卷　784

（乾隆）滑縣志十四卷首一卷　783

滑耀編不分卷　1398

淵雅堂全集　1280

淵雅堂編年詩稿二十卷　1280

淵穎集一卷　1376

淵穎集十二卷　1191，1819

淵鑒齋御纂朱子全書六十六卷　958

淵鑑類函四百五十卷　1640

淵鑑類函四百五十卷目録四卷　1539

湟中雜記一卷　1773

（同治）漵浦縣志二十四卷首一卷　836

（乾隆）漵浦縣志二十卷首一卷末一卷
　　836

漵園秦漢印譜不分卷　1089

渡海後記一卷　1701

游七星巖記一卷　1694

游九仙記一卷　1692

游九華山記一卷　1690

游九華記一卷　1690

游三游洞記一卷　1694

游三龍潭記一卷　1696

游大小玲瓏山記一卷　1691

游大伾山記一卷　1709

游大明湖記一卷　1697

游大孤山記一卷　1690

游大雲山記一卷　1692

游上方山記一卷　1688

游小盤谷記一卷　1693

游山日記十二卷　1858

游山南記一卷　1710

游千頂山記一卷　1688

游天王山記一卷　1704

游天井峰記一卷　1694

游天平山記一卷　1692

游天目山記一卷　1691

游天台山記一卷　1691，1709

游天窗巖記一卷　1693

游五姓湖記一卷　1697

游五蓮記一卷　1692

游五腦山記一卷　1689

游支硎中峰記一卷　1693

游太行山記一卷　1709

游太室記一卷　1687

游太華寺記一卷　1698

游少林寺記一卷　1698

游日光山記一卷　1704

游中岳記一卷　1707

游中嶽記一卷　1687

游水尾巖記一卷　1693

游牛頭山記一卷　1692

游牛頭�657記一卷　1693

游丹霞記一卷　1693

游丹霞巖九龍洞記一卷　1694

游方山記一卷　1689

游玉甑峰記一卷　1693

游玉簾泉記一卷　1696

游石山記一卷　1704

游石公山記一卷　1689

游石門記一卷　1692

游石柱山記一卷　1690

游石崆庵記一卷　1698

游石鐘山記一卷　1690

游平波臺記一卷　1697

游北固山記一卷　1689

游北岳記一卷　1707

游仙居諸山記一卷　1691

游仙都峰記一卷　1693

游仙夢記一卷　1587，1591

游仙詩二卷　1713

游仙巖記一卷　1693

游白雲山記一卷　1692，1693

游白龍洞記一卷　1694

游白鵲山記一卷　1691

游白鶴峰記一卷　1693

游瓜步山記一卷　1688

游包山記一卷　1689

游永州三巖記一卷　1694

游永州近治山水記一卷　1692

游台宕路程一卷　1576

游西山記一卷　1688

游西洞庭記一卷　1688

游西陽山記一卷　1691

游百門泉記一卷　1697

游伏波巖記一卷　1694

游仰天記一卷　1692

游名山一覽記十六卷　899

游名山記四卷　1612

游江上諸山記一卷　1689

游扶桑本牧記一卷　1710

游赤壁記一卷　1694

游志續編一卷　1750

游吴山記一卷　1688

游吼山記一卷　1691，1709

游岠嵋院諸山記一卷　1692

游佛峪龍洞記一卷　1694

游甬東山水古蹟記一卷　1563

游武夷山記一卷　1692

游青山記一卷　1690

游青原山記一卷　1691

游卦山記一卷　1692

游英京記一卷　1706

游林慮山記一卷　1692

游林慮記一卷　1707

游松連高雄二山記一卷　1704

游兩尖山記一卷　1691

游雨花臺記一卷　1697

游虎山橋記一卷　1697

游虎邱記一卷　1688

游明聖湖日記一卷　1807

游徂徠記一卷　1692

游金牛山記一卷　1692

游金華洞記一卷　1693

游金陵城南諸刹記一卷　1697

游金粟泉記一卷　1697

游金焦北固山記一卷　1689

游周橋記一卷　1697

游京口南山記一卷　1689

游定夫先生集二卷　1179

游孤山記一卷　1691，1709

游姑蘇臺記一卷　1697

游珍珠泉記一卷　1697

游城南注一卷　1563

游城南記一卷　1611，1768

游荆山記一卷　1709

游茶山記一卷　1688

游南池記一卷　1697

游南雁蕩記一卷　1691

游南湖記一卷　1696

游南嶽記一卷　1687

游柯山記一卷　1691

游保津川記一卷　1704

游後湖記一卷　1696

游風穴山記一卷　1709

游洞庭西山記一卷　1688

游洞庭兩山記一卷　1689

游宦紀聞一卷　1558，1587，1590

游宦紀聞十卷　1609，1653

游宦餘談一卷　1833

游軍山記一卷　1689

游泰山記一卷　1687

游秦偶記一卷　1699

游秦園記一卷　1697

游馬鞍山記一卷　1689

游馬駕山記一卷　1688

游華不注記一卷　1689

游晋祠記一卷　1698

游桂林諸山記一卷　1693

游桐柏山記一卷　1692

游桃源山記一卷　1692

游連雲山記一卷　1692

游趵突泉記一卷　1697

游唤一卷　1613，1835

游峽山寺記一卷　1698

游峨眉山記一卷　1692

游凌雲記一卷　1692

游高麗王城記一卷　1702

游唐王山記一卷　1689

游烟霞洞記一卷　1694

游浯溪記一卷　1697

游消夏灣記一卷　1696

游海嶽庵記一卷　1698

游浮山記一卷　1690，1709
游陳山記一卷　1691
游通天巖記一卷　1693
游黃山記一卷　1690
游黃公澗記一卷　1696
游黃紅峪記一卷　1694
游黃龍山記一卷　1691
游乾陽洞紀略一卷　1694
游梅田洞記一卷　1693
游釣臺記一卷　1697
游象山麓記一卷　1689
游麻姑山記一卷　1690
游麻姑洞記一卷　1688
游章山記一卷　1692
游清凉山記一卷　1688
游婆羅洲記一卷　1705
游張公洞記一卷　1693
游細林山記一卷　1689
游越南記一卷　1710
游喜雨亭記一卷　1697
游萬柳池記一卷　1696
游敬亭山記一卷　1690
游惠州西湖記一卷　1697
游硤石兩山記一卷　1691
游雁蕩山記一卷　1637，1638，1661，
　　1691，1727
游雁蕩日記一卷　1691
游雁蕩記一卷　1691
游雲臺山北記一卷　1689
游雲臺山記一卷　1689
游雲龍山記一卷　1689
游雲巖記一卷　1693
游嵐峽記一卷　1704
游智門寺記一卷　1698
游程符山記一卷　1692

游焦山記一卷　1689
游善卷洞記一卷　1693
游普陀峰記一卷　1694
游道堂集四卷　1279
游道場白雀諸山記一卷　1691
游勞山記一卷　1707
游湖心寺記一卷　1698
游寒山記一卷　1688
游媚筆泉記一卷　1696
游鼓山記一卷　1691
游蒜山記一卷　1689
游幕府山泛舟江口記一卷　1688
游蒙山記一卷　1692
游楊歷巖記一卷　1694
游虞山記一卷　1689
游睢寧諸山記一卷　1689
游蜀山記一卷　1689
游蜀日記一卷　1700
游蜀後記一卷　1700
游愛蓮亭記一卷　1697
游獅子林記一卷　1697
游滄浪亭記一卷　1697
游福山記一卷　1690
游靜谷衝記一卷　1694
游碧落洞記一卷　1694
游碧巖記一卷　1693
游銅瓦寺記一卷　1698
游漁洋山記一卷　1689
游滴水巖記一卷　1693
游寧古塔記一卷　1684
游翠微山記一卷　1688，1709
游翠微峰記一卷　1691
游綿溪記一卷　1704
游橫山記一卷　1689
游橫雲山記一卷　1689

游盤山記一卷　1688

游盤日紀一卷　1252

游劍門記一卷　1693

游潮水巖記一卷　1694

游潭柘寺記一卷　1697

游燕子洞記一卷　1694

游燕子磯沿山諸洞記一卷　1693

游歷山記一卷　1692

游歷西班牙聞見録一卷　1711

游歷西藏紀一卷　1709

游歷芻言一卷　1704，1750

游歷記存一卷　1683

游歷葡萄牙聞見録一卷　1711

游歷筆記一卷　1706

游歷瑞典那威聞見録一卷　1711

游歷意大利聞見録一卷　1711

游歷聞見拾遺一卷　1711

游歷聞見總略一卷　1711

游歷圖記不分卷　906

游駕鴦湖記一卷　1697

游龍山記一卷　1692

游龍池山記一卷　1689

游龍門記一卷　1692

游龍泉記一卷　1697

游龍亭記一卷　1697

游龍洞山記一卷　1692

游龍巖記一卷　1694

游禪窟寺記一卷　1698

游隱山六洞記一卷　1693

游隱山記一卷　1693

游磻溪記一卷　1697

游戲三昧一卷　1648

游戲三昧十二卷　1854

游戲三昧不分卷　1089

游戲録二卷　1656

游龜峰山記一卷　1690

游鍾山記一卷　1688

游襄城山水記一卷　1692

游藝厄言一卷　1885

游藝録六卷　1874

游鸉鴒峰記一卷　1693

游豐山記一卷　1692

游蹤選勝一卷　1698，1857

游鵝湖山記一卷　1690

游雙谿記一卷　1696

游羅浮山記一卷　1693

游羅浮記一卷　1693

游羅漢巖記一卷　1693

游譜一卷　1835

游廬山天池記一卷　1690

游廬山後記一卷　1690

游廬山記一卷　1690，1835

游瀨鄉記一卷　1697

游懷玉山記一卷　1690

游韜光庵記一卷　1709

游寶華山記一卷　1688

游寶藏寺記一卷　1697

游攝山記一卷　1688

游覽東洋日記不分卷　1755

游鐵城記一卷　1694

游鷄足山記一卷　1693

游鷄鳴寺記一卷　1697

游爛柯山記一卷　1693

游鑪山記一卷　1690

游觀音門譙樓記一卷　1697

游鹽原記一卷　1710

游靈山記一卷　1690

游靈巖山記一卷　1688

游靈巖記一卷　1688，1694

游鷹窠頂記一卷　1691

游欖山記一卷　1693
（光緒）滋陽縣志十四卷　764
（康熙）滋陽縣志四卷　764
滋溪集一卷　1379
滋蕙堂法帖題跋一卷　1629
渾然子一卷　1613
渾蓋通憲圖説二卷首一卷　1672
（乾隆）渾源州志十卷　754
（光緒）渾源州續志十卷　754
渾儀一卷　1796
溉之集一卷　1378
溉亭述古録二卷　426，1718，1729，1754
溉堂前集九卷續集六卷文集五卷詩餘二卷　1228
溉餘唫草三十卷　1298
湄湖吟十一卷聽松軒遺文一卷　1229
（光緒）湄潭縣志八卷　870
（光緒）滁州志十卷首一卷末一卷　744
湧幢小品三十二卷　1019
惺諟齋存稿十卷　1353
惺齋新曲六種十三卷　1505
愧郯録一卷　1560
愧郯録十五卷　1653
愧訥集十二卷附録一卷　1748
惲子居文鈔四卷　1281
割圓連比例術圖解三卷　1758
割圜連比例術圖解三卷　1053，1057
寒山子詩集一卷　1162
寒山子詩集一卷豐干拾得詩一卷　1161
寒山金石林部目一卷　1771
寒山堂金石林時地考二卷　1739
寒山舊廬詩一卷　1810
寒支初集十卷二集六卷　1222
寒支集初集十卷二集四卷首一卷　1222
寒村詩文選三十六卷　1238

寒秀草堂筆記四卷　1765
寒松堂全集十三卷附年譜一卷　1227
寒松堂集十卷　1800
寒松堂詩集三卷　1800
寒松閣全集十九卷　1355
寒夜叢談三卷　1750
寒拾里人稿一卷　1379
寒香館詩鈔四卷文鈔八卷　1302
寒碧孤吟一卷　1823
寒碧軒詩存一卷　1747
寒碧堂詩輯一卷　1824
寒檠膚見一卷　1574，1588
寒燈絮語一卷　1632
寒廳詩話一卷　1634
富山孏稿一卷　1376
（光緒）富川縣志十二卷　865
（光緒）富平縣志十卷首一卷　792
（乾隆）富平縣志八卷　791
富民策二卷　1899
（康熙）富民縣志不分卷　867
富良江源流考一卷　1696
富國養民策一卷　1761，1776
（光緒）富陽縣志二十四卷首一卷　803
（光緒）富陽縣新舊志校記二卷　803
（同治）富順縣志三十七卷　844
（道光）富順縣志三十八卷　844
（乾隆）富順縣志五卷　844
寓舟詩集八卷　1256
寓林清言一卷　1577
寓林集三十二卷詩六卷　1213
寓真軒詩鈔十二卷　1338
寓圃雜記一卷　1575，1588
寓圃雜記二卷　1593，1605，1621
寓庵集八卷　1768
寓園小草一卷　1231

寓意編一卷　1640

寓意録四卷　1069，1678，1728

寓嘐雜咏一卷　1805

寓簡一卷　1556

寓簡十卷附録一卷　1652

窗閒記聞一卷　1558

運河水道編一卷　1695

運河文職官册（道光至同治間）　625

運泉約一卷　1577

運氣占不分卷　1052

運氣略一卷　993

運規約指三卷　1893

運掌經一卷　1579

運甓記二卷　1496，1503

運瀆橋道小志一卷　1855

祓庵黛史一卷　1623

補三史藝文志一卷　1632

補三國藝文志四卷　1817

補上古考信録二卷　1799，1855

補小爾雅釋度量衡一卷　1873

補天石傳奇八種　1505

補元史氏族表三卷藝文志四卷　571

補五代史藝文志一卷　1801

補不足齋雜著四種　1881

補刊蘇黃題跋五卷　1375

補宋書刑法志一卷　1857

補宋書食貨志一卷　1857

補陀洛伽山傳一卷　1023

補侍兒小名録一卷　1609

補注李滄溟先生文選四卷　1206

補注洗冤録集證四卷附刊檢骨圖格一卷
　　作吏要言一卷　672

補注黃帝内經素問二十四卷黃帝内經素
　　問遺篇一卷靈樞十二卷　999

補修宋占天術一卷　1055，1717

補修宋奉元術一卷　1055，1717

（光緒）補修徐溝縣志六卷　746

補衍一卷　1572

補後漢書藝文志四卷　1817

補紅樓夢四十八回　1521

補晋書經籍志四卷　936

補勤詩存二十四卷首一卷　1330

補農書二卷　986，1756

補疑年録四卷　595

補漢兵志一卷　1652

補輯雜文一卷附録一卷　1833

補瓢存稿六卷　1254

補學軒文集四卷　1438

補學軒文集外編四卷　1867

補學軒批選時文二卷　1867

補學軒制藝四卷附制藝雜話一卷　1867

補學軒詩集十二卷　1867

補寰宇訪碑録五卷失編一卷　1753

補寰宇訪碑録五卷失編附刊誤一卷　921

補寰宇訪碑録五卷附失編一卷　930

補闕疑一卷　1804

補欄詞一卷　1476

補續漢書藝文志一卷　1633

補續漢書藝文志二卷　1774

補讀書齋遺稿十卷　1296

補籬遺稿八卷　1346

裕靖節公遺書十二卷首一卷　1308

尋花日記二卷　1722

尋常事一卷　1615

尋淮源記一卷　1694

尋親紀程一卷　1700

尋親記二卷　1503

尋壑外言五卷　1443

畫友詩一卷　1763

畫中人傳奇二卷　1493

畫中九友歌一卷松陵畫友詩一卷　1078

畫石軒詩集四卷畫石軒卧游隨録四卷　1271

畫史一卷　1567，1581，1617

畫史會要五卷　1074

畫竹譜一卷　1567，1581

畫妃亭試帖一卷　1883

畫品一卷　1567，1613，1676

畫屏齋稿一卷　1846

畫眉筆談一卷　1635

畫眉解一卷　1079

畫耕偶録四卷　1081

畫舫約一卷　1577

畫家三昧八卷　1078

畫梅題記一卷　1656

畫梅譜一卷　1567

畫訣一卷　1077，1626，1627，1633，1654

畫跋一卷　1670

畫筌一卷　1077，1630，1654，1713

畫筌析覽一卷　1731

畫墁集八卷補遺一卷　1655

畫墁録一卷　1015，1555，1580，1609

畫語録一卷　1630

畫説一卷　1554，1578，1611

畫塵一卷　1578

畫論一卷　1567，1581，1632

畫學秘訣一卷　1567，1585，1663，1665

畫麈一卷　1554，1633

畫憶二卷　1076

畫禪一卷　1554，1578，1613

畫禪室隨筆四卷　1069

畫贅二卷　1076

畫羅漢頌一卷　1630

畫簾緒論一卷　1564

畫譜三卷　1830

畫繼十卷　1074，1617

畫鑒一卷　1567，1581

遐域瑣談四卷　884

强恕堂傳家集十卷　1869

强聒録一卷　1632，1636

强蕘圃太守上當事三書一卷　1768

强識編四卷續一卷　1863

費氏古易訂文十二卷　1883

費氏易一卷　1785

費氏易林一卷　1785

費冠卿詩一卷　1806

（光緒）費縣志十六卷首一卷　773

（康熙）費縣志十卷首一卷　773

粥飯緣二卷　1648

粥經一卷　1648

巽隱先生文集一卷　1813

巽齋小集一卷　1370，1374

疎香閣詞一卷　1477

疎影軒詩稿一卷　1421

疎齋集一卷　1380

疏河心鏡一卷　1633

疏野堂集十卷　1312

疏寮小集一卷　1370

疏蘭僊館詩集四卷續集六卷再續集四卷
　　沮江隨筆二卷　1329

違礙書目一卷　1765

絮雪吟一卷　1422

媿林漫録二卷　961

媕雅堂集二卷　1383

媕雅堂詞一卷　1474

媕雅堂詩話一卷　1732

媚幽閣文娱不分卷　1414

賀氏喪服要記一卷　1788

賀氏喪服譜一卷　1788

賀文忠公集四卷　1360

（光緒）賀縣志八卷　866

賀蘭山口記一卷　1699

登大王峰記一卷　1694

登小孤山記一卷　1689，1690

登千佛山記一卷　1689

登天嶽山記一卷　1692

登太華山記一卷　1688

登西臺慟哭記一卷　1571，1587，1591，
　1592

（順治）登州府志二十二卷（乾隆）續登
　州府志十二卷　769

（光緒）登州府志六十九卷首一卷　769

登君山記一卷　1692

登岱記一卷　1687

登金華山記一卷　1704

登南嶽記一卷　1687

登科記考三十卷　1765

登洞庭兩山記一卷　1688

登泰山記一卷　1687

登華山記一卷　1688

登華記一卷　1637，1638，1687

登涉符籙一卷　1564，1583

登嵫山記一卷　1692

登道場山記一卷　1691

登富士山記一卷　1704

登富嶽記一卷　1704

登壇必究四十卷　980

登燕山記一卷　1689

登燕子磯記一卷　1693

登嶧山記一卷　1692

發公羊墨守一卷　1782

發明義理一卷　1554

發音録一卷　1577，1715

發蒙記一卷　1562，1793

發微曆眼通書大全九種十二卷　1049

發墨守一卷　1657，1667，1782

發墨守評一卷　428

婺書八卷　585

婺舲餘稿一卷　1858

婺源沱川余氏族譜不分卷　584

（光緒）婺源鄉土志不分卷　740

（康熙）婺源縣志十二卷　740

（乾隆）婺源縣志三十九卷首一卷　740

（光緒）婺源縣志六十四卷首一卷　740

結一廬朱氏賸餘叢書四種　1757

結一廬書目四卷　938，941，1771

綑緼集一卷　1380

（康熙）絳州志四卷　758

絳守居園池記注一卷　1167

絳帖平六卷　1642，1645

絳珠閣繡餘草一卷　1314

絳雪詞一卷　1475

絳雲山房詩鈔二十卷　1299

絳雲樓書目四卷　1738

絳雲樓書目補遺一卷　941

絳跗草堂詩集六卷　1821

絳跗閣詩稿十一卷　1252

（光緒）絳縣志十四卷　759

（乾隆）絳縣志十四卷附圖　759

絶倒録一卷　1556

絶域紀略一卷　1637，1684

幾何原本六卷　1736

幾何補編五卷　1052

幾亭外書二卷　1813

幾亭全書六十二卷　1216

十三畫

瑟庵遺詩一卷附詞一卷　1384

瑟榭叢談二卷　1025，1778

瑟譜六卷　499，1738

瑟廬遺詩一卷　1826

瑞芍軒詩鈔四卷詞稿一卷　1300
瑞芝山房詩鈔八卷文鈔八卷　1388
瑞芝室家傳一卷瑞芝室志銘一卷　1878
瑞芝錄三卷　1124
瑞竹堂經驗方五卷　995，1004
（同治）瑞州府志二十四卷　818
（嘉慶）瑞安縣志十卷　811
（乾隆）瑞昌縣志二十二卷　816
（同治）瑞昌縣志十卷首一卷　816
（同治）瑞金縣志十六卷　822
瑞桂堂暇録一卷　1557
瑞圖詩鈔一卷　1421
瑞雲詞一卷附鏡心齋詞鈔一卷　1478
瑞筠圖傳奇二卷三十二齣　1505
瑞應圖一卷　1796
瑞應圖記一卷　1885
瑜伽燄口施食起止規範一卷　1101
琿春瑣記一卷　1687
頑石廬經說十卷　430
填詞六卷　1842
填詞名解四卷　1474
填詞圖譜四卷續集三卷　1474
載咏樓重鐫硃批孟子二卷　477
載書圖詩一卷　1844
搏沙録一卷　1635
（同治）鄢陵文獻志四十卷　779
（道光）鄢陵縣志十八卷　779
鄢署雜鈔十二卷首一卷末一卷　879
損英詩鈔二卷補遺一卷　1328
損齋文鈔十五卷　1875
損齋外集鈔一卷　1875
損齋先生全書五種　1874
損齋先生全書附録一卷　1875
損齋備忘録一卷　1596，1605，1609
損齋備忘録二卷　1621

損齋語録鈔三卷　1875
損齋遺書二卷　1872
損齋遺書三十卷　1875
遠山戲一卷　1501
遠西奇器圖説録最三卷　1672
遠西奇器圖説録最三卷諸器圖説一卷　1095
（同治）遠安縣志八卷首一卷　831
遠志齋詞衷一卷　1713
遠村啽稿一卷國朝杭郡詩續輯一卷　1266
遠春樓四史筆存四卷　1825
遠春樓讀經筆存二卷　1825
遠遺堂集外文初編一卷續編一卷　1881
遠鏡説一卷　1651
鼓山志十四卷首一卷　896
鼓缶集三卷　1231
鼓棹初集一卷二集一卷　1840
摛文堂集十五卷附録一卷　1802
聖人家門喻一卷　1846
聖山諧歌　1147
聖水寺志六卷補遺一卷　1809
聖公會大綱　1150
聖母行實三卷　1134
聖安本紀六卷　558
聖安皇帝本紀二卷　557
聖安紀事二卷　1837
聖宋名賢五百家播芳大全文粹一百二十
　六卷　1410
聖宋錢塘賦一卷　1808
聖君初政記一卷　1552，1573
聖武記十四卷　557
聖雨齋詩文集十卷　1835
聖雨齋詩集三卷　1813
聖門人物志十二卷　599
聖門名字纂詁二卷補遺一卷　594
聖門志六卷　598

聖門志六卷附録一卷　598

聖門事業圖一卷　1550

聖門通考十二卷年譜二卷　599

聖門禮樂志不分卷　652

聖門禮樂統八卷　652

聖門釋非録五卷　1841

聖差言行傳　1147

聖祖五幸江南恭録一卷　1745

聖祖仁皇帝庭訓格言一卷　686

聖馬耳可傳福音書　1147

聖書五常撮要　1148

聖書日課初學便用二卷　1128

聖書地理　1144

聖書論略　1151

聖域述聞二十八卷　1720

聖教三字經　1137

聖教例言　1136，1137

聖教便覽五字經　1147

聖教理證一卷　1137

聖教擇要禮文　1138

聖教鑑略　1138

聖節會約一卷　1628

聖詩樂譜　1147

聖經外傳　1144

聖經全書　1138

聖經直解十四卷目録一卷　1138

聖經要言　1144

聖經問答　1138

聖經略説　1143

聖經集箋一卷　1143

聖經爲寶一卷　1143

聖經新約：使徒行傳至腓立比　1144

哥羅西至默示録　1144

聖經新約全書　1139

聖經新遺詔：馬太福音傳　1132

聖經新遺詔全書　1143

聖經新遺詔全書二十七卷　1143

聖經圖記　1144

聖經圖説啓蒙　1144

聖經廣益三卷　1138

聖經擇要　1143

聖經學規纂二卷　1799

聖經證據　1138

聖壽萬年曆二卷　463

聖嘆秘書七種　1836

聖賢高士傳一卷　1794

聖賢高士傳贊一卷　1779

聖賢象贊三卷　580

聖廟祀典圖考五卷首一卷　652

聖廟祀典爵里姓氏印譜不分卷　1089

聖駕南巡日録一卷　1603，1831

聖駕親征葛爾丹方略一卷　555

聖駕親征噶爾旦方略一卷　555

聖學入門書一卷　1869

聖學入門書三卷桴亭雜著三卷　972

聖學宗傳十八卷　598

聖學格物通一百卷　961

（榕腔）聖學問答八卷　1149

聖學範圍圖説一卷　1552，1572，1613

聖諭衍義三字歌俗解一卷　1846

聖諭宣講儀注一卷　1846

聖諭芻言一卷　686

聖諭像解二十卷　967

聖諭圖像衍義二卷　1846

聖諭廣訓一卷　685

聖諭廣訓直解一卷　686

聖諭廣訓集證二卷　1769

聖諭樂本解説一卷　1628

聖諭樂本解説二卷　1841

聖蹟全圖不分卷　604

聖蹟圖一卷　604

聖證論一卷　1784，1792

聖證論補評二卷　500，1880

聖譯樓叢書三種　1757

聘盟日記一卷　1687

聘盟日記不分卷　1755

戡定回疆記一卷　1685

戡定新疆記八卷　556

戡靖教匪述編十二卷　556

蓋地論一卷　1683

（浙江鄞州）鄞邑小皎厲氏宗譜二卷
　592

（咸豐）鄞縣志三十二卷首一卷　806

（乾隆）鄞縣志三十二卷首一卷　806

勤補拙齋漫錄一卷　1885

蓮因室詞一卷　1476

蓮因室詞一卷補一卷　1475

蓮因室詩集二卷詞集二卷　1328

蓮池四種　654

蓮花博士圖咏一卷　1287

蓮社高賢傳一卷　1561，1600，1601

蓮坡詩話一卷　1635

蓮坡詩話三卷　1252，1466，1659

蓮洋集二十卷蓮洋吳徵君年譜一卷附錄
　一卷　1240

蓮洋集十二卷補遺一卷　1239，1240

蓮峰志五卷　1840

蓮塘詩話二卷　1723

蓮溪文稿不分卷　1864

蓮溪吟稿八卷　1306，1864

蓮溪試帖一卷　1864

蓮臺仙會品一卷　1579

蓮漪文鈔八卷　1323

蓮潔詩存三卷續集一卷　1331

蓮潔詩翰釋文一卷　1331

蓮鬚閣集二十六卷首一卷　1437

蓮鬚閣集六卷　1360

蓮龕集十六卷　1243

蓮龕尋夢記一卷　1869

蓮廳建成案錄一卷　678

靳文襄公奏疏八卷　692

靳兩城先生集二十卷　1210

蒔古齋吟稿二卷　1859

蒔古齋隨筆一卷　1859

蒔古齋遺言一卷　1859

蒔古齋輯著五種　1859

墓田記行述一卷　1868

墓志銘十六卷　1841

墓表五卷　1841

墓表志銘一卷　1849

墓碑銘二卷　1841

墓銘舉例四卷　920

幕學舉要一卷　684

夢山存家詩稿八卷　1207

夢中緣二卷　1505

夢月岩詩集二十卷詩餘一卷　1242

夢幻居畫學簡明五卷獸畜鱗蟲譜一卷題
　畫詩稿一卷夢香園賸草一卷夢幻圖題
　句一卷夢香園題咏一卷　1078

夢幻緣一卷　1502

夢占逸旨八卷　1649，1833

夢白先生集三卷　1833

夢因錄一卷　1869

夢林玄解三十四卷首一卷　1067

夢松堂帖體詩存一卷　1301

夢陔堂詩集三十五卷　1291

夢雋一卷　1796

夢悟一卷　1716

夢書一卷　1570，1584，1857

夢堂詩稿十五卷　1259

夢痕録節鈔一卷　684
夢痕館詩話四卷　1881
夢梁録二十卷　1656
夢萱室遺詩一卷　1746
夢硯齋遺稿八卷附昭忠録　1308
夢蛟山人詩集五卷　1444
夢湘廎詞一卷　1475
夢湘樓桐葉吟一卷　1440
夢湘樓梓餘草一卷　1440
夢湘樓詞稿一卷　1440
夢湘樓詩稿二卷　1440
夢湘樓蔗根詞一卷　1440
夢游録一卷　1571，1584，1594，1660，
　1663，1666
夢窗甲稿一卷乙稿一卷　1474
夢窗甲稿一卷乙稿一卷丙稿一卷丁稿一
　卷補遺一卷續補遺一卷　1746
夢園書畫録二十五卷　1070
夢園叢説内篇八卷外篇八卷　1034
夢溪筆談二十六卷補筆談一卷　1609
夢溪筆談全編二十六卷　1014
夢溪補筆談二卷　1613
夢梁録二十卷　1809
夢緑草堂詩鈔十二卷　1324
夢緑草堂詩鈔續集四卷　1325
夢緑亭會和詩一卷續編一卷　1871
夢樓詩集二十二卷　1267
夢影詞三卷　1859
夢影廎詞一卷　1476
夢影盦遺稿二卷詩三卷詩餘一卷　1353
夢餘筆談一卷　1826
夢餘録一卷　1575
夢廠雜著七種　1856
夢曉樓隨筆一卷　1722
夢澤張先生手授選評四六燦花十二卷

　1394
夢憶一卷　1647
夢闌瑣筆一卷　1635
夢觀集一卷　1379
蒼谷全集十二卷附録一卷　1200
蒼茫獨立樓印選不分卷　1092
蒼莨集詩十卷文六卷詞賦五卷附畚塘芻
　論二卷河防紀略四卷　1328
蒼峴山人集五卷微雲集詩餘一卷　1238
（同治）蒼梧縣志十八卷首一卷　866
蒼梧雜志一卷　1557
蒼雪軒全集二十卷　1214
蒼筤詞鈔一卷　1475
蒯子一卷　1795
蓬軒類紀四卷　1621
（道光）蓬萊縣志十四卷　769
（康熙）蓬萊縣志八卷　769
（光緒）蓬萊縣續志十四卷　769
蓬窗日録八卷　1017
蓬窗續録一卷　1575，1588
（道光）蓬溪縣志十六卷首一卷　848
蓬攏夜話一卷　1577
蓬廬文鈔八卷　1267
蒿子先生遺稿一卷附衛衷膌稿一卷　1226
蒿里遺文目録卷上　1781
蒿庵閒話一卷　1632
蒿庵閒話二卷　1658
蒿庵集三卷附録一卷　1225
蒿庵集三卷拾遺一卷附録一卷蒿庵閒話
　二卷　1225
蒿庵遺集十二卷　1336
蒹葭堂雜抄一卷　1575，1589
蒹葭堂雜著摘抄一卷　1605
（乾隆）蒲州府志二十四卷圖一卷　749
（光緒）蒲江縣志五卷　850

（乾隆）蒲江縣志四卷　850

（同治）蒲圻縣志八卷　823

（乾隆）蒲城縣志十五卷　798

（康熙）蒲城縣志四卷　798

（光緒）蒲城縣新志十三卷首一卷　798

蒲室集一卷　1377

（乾隆）蒲臺縣志四卷首一卷　773

蒲團上語一卷　1615

（乾隆）蒲縣志十卷首一卷續志不分卷　760

蓉湖草堂存稿一卷　1746

蓉湖草堂贈言録不分卷　1446

蓉塘紀聞一卷　1651

蓉塘詩話一卷　1578

蓉槎蠡説十二卷　1020

蒙川先生遺稿四卷補遺一卷　1814

蒙川遺稿一卷　1359

（康熙）蒙化府志六卷首一卷　868

蒙古五十一旗考一卷　1685

蒙古水道略一卷　1696

蒙古文晰義四卷　521

蒙古史二卷　1889

蒙古吉林土風記一卷　1685

蒙古考略一卷　1685

蒙古地志不分卷　884

蒙古地略一卷　1709

蒙古西域諸國錢譜四卷　1745

蒙古沿革考一卷　1685

蒙古律十二卷　668

蒙古游牧記一卷　1708

蒙古游牧記十六卷　901，1682

蒙古臺卡略一卷　1685

蒙古邊防議一卷　1685

（乾隆）蒙自縣志六卷　868

蒙求三卷　1797

蒙香室賦録二卷　1346

蒙泉集一卷　1381

蒙泉詩稿一卷　1371

蒙泉雜言一卷　1572

蒙泉類博稿一卷　1593

蒙旗全墾收發款目清册　677

蒙養函書三編總目一卷　973

蒙養詩教一卷　1624，1635

蒙學課本二卷　1756

蒙墾奏議　689

蒙墾續供一卷　656

蒙齋年譜一卷續一卷補一卷　1820

蒙齋筆談一卷　1558，1595

蒙齋筆談二卷　1609

蒙齋集二十卷　1643

蒙齋集二十卷拾遺一卷　1646

蒙韃備録一卷　1560，1594，1608

（光緒）蒸里志略十二卷　739

椿莊文輯一卷　1822

禁室女守志殉死文一卷　1841

禁書總目一卷　1765

楚小志一卷　1576

楚王鑄劍記一卷　1582

楚中會條一卷　1805

楚史檮杌一卷　1560，1606，1607

楚昭公疎者下船雜劇一卷　1499

楚國先賢傳一卷　1561，1582，1680

楚詞辨韻一卷　1817

楚游紀略一卷　1699

楚蒙山房文集二十卷　1849

楚蒙山房易經解十六卷　1848

楚蒙山房集四種　1848

楚蒙山房詩集五卷　1849

楚畹閣集十二卷　1308

楚畹閣詩餘一卷　1476

楚漢春秋一卷附疑義一卷　1658，1785

楚漢春秋一卷附疑義一卷考證一卷　1752

楚漢帝月表一卷　1806

楚漢諸侯疆域志三卷　1752

楚漕江程十六卷　657

楚騷品一卷　1579

楚騷綺語六卷　1157，1596，1737

楚辭二卷　1156

楚辭十七卷　1156

楚辭十七卷附録一卷　1156

楚辭五卷　1359

楚辭句解評林十七卷附録一卷　1156

楚辭芳草譜一卷　1569

楚辭通釋十四卷　1840

楚辭章句十七卷　1156，1815

楚辭章句十七卷附録一卷　1156

楚辭達一卷　1668

楚辭集注八卷　1156，1815

楚辭集注八卷首一卷　1156

楚辭集注八卷辯證二卷　1156

楚辭集注八卷辯證二卷後語六卷　1156

楚辭補注十七卷　1719

楚辭疏十九卷屈原傳一卷讀楚辭語一卷
　　雜論一卷　1157

楚辭新注八卷首一卷　1715

楚辭新注八卷楚懷襄二王在位事蹟考一
　　卷末一卷　1157

楚辭圖注十卷　1157

楚辭燈四卷楚懷襄二王在位事蹟考一卷
　　屈原列傳一卷　1157

楚辭講義一卷　1769

楚辭釋十一卷　1882

楚辭辯證二卷　1815

楚寶四十卷外篇五卷附考異、增輯　584

棟亭書目不分卷　937

楷法溯源十四卷帖目一卷古碑目録一卷
　　918

楷法溯源十四卷所采古碑目録一卷所采
　　集帖目録一卷　1072

楊子巵言六卷　1019

楊子法言二卷　1401

楊子書繹六卷　447

楊太后宮詞一卷　1364

楊太真外傳二卷　1038，1570，1660，1663，
　　1666，1727

楊少尹詩集一卷　1166，1367，1368

楊中議公自訂年譜八卷附吹蘆小草一卷
　　613

楊升庵先生批點文心雕龍十卷　1469

楊升庵先生異魚圖贊四卷　1713

楊仁山居士遺著十三種　1878

楊氏女殺狗勸夫雜劇一卷　1499

楊氏太素三部診法補證一卷楊氏太素九
　　候篇診法補證一卷附十二經動脉表一
　　卷　1770

楊氏太素診絡篇補證三卷附診絡篇病表
　　一卷診絡名詞一卷　1770

楊氏全書八種　1846

楊氏全書三十七卷　1245

楊氏易傳二十卷　433

（江蘇崑山）楊氏婁城支譜不分卷　589

楊文公談苑一卷　1555，1587，1591

楊文節公集文集四十三卷錦繡策二卷首
　　一卷詩集三十二卷　1183

楊文憲公升庵先生年譜一卷　1714

楊仲宏集八卷　1189，1815

楊全甫諫草四卷　692

楊忠烈公文集五卷　1360

楊忠愍公全集二卷　1207

楊忠愍公全集四卷　1207

楊忠愍公全集四卷靈驗記一卷　1207

楊忠愍公集二卷　1360，1798

楊忠愍公集七卷　1363

楊忠愍公集五卷首一卷末一卷　1207，
　1755

（光緒）楊舍堡城志稿十四卷　730

楊胡解紛四卷　1716

楊幽妍別傳一卷　1579

楊炯集二卷　1364，1365

楊勇愨公奏議十六卷首一卷　695

楊斛山集一卷　952

楊娟傳一卷　1660，1663，1666

楊椒山先生文集二卷　1638

楊椒山先生家訓一卷　969

楊椒山先生集四卷年譜一卷　1207

楊椒山先生集四卷自著年譜一卷　1207

楊椒山先生遺訓一卷　953

楊貴妃三卷　606

楊園先生全集五十四卷附年譜一卷　1224

楊監筆記一卷　1773

楊輝算法六卷札記一卷　1717

楊凝詩集一卷　1366，1368

楊龍石印存不分卷　1088

楊龜山先生集六卷　1638

（安徽桐城）楊鍾氏宗譜十二卷　586

楊議郎著書一卷　1817

想當然詩一卷　1717

楞伽阿跋多羅寶經會譯四卷　1106

楞嚴摸象記一卷附諸經摸象記一卷　1111

槐西雜志一卷如是我聞一卷排悶録不分
　卷　1028

槐西雜志四卷　1043

槐次吟一卷　1846

槐卿政蹟六卷槐卿遺稿六卷附録一卷
　1309

槐廬叢書四十六種　1752

槐廳載筆二十卷　683

（同治）榆次縣志十六卷首一卷末一卷
　745

（乾隆）榆次縣志十四卷　745

（光緒）榆次縣續志四卷　745

（乾隆）榆社縣志十二卷　761

（光緒）榆社縣志十卷首一卷末一卷　745

（道光）榆林府志五十卷首一卷　795

榆图讀史草二卷　579

榆園叢刻二十五種　1749

榆園雜興詩一卷　1752

榆塞紀行録四卷　1757

楓山章先生集十九卷　1819

楓山章先生語録一卷　1818

楓山語録一卷　1670

楓南山館遺集七卷末一卷　1320

楓香詞一卷　1846

（宣統）楓涇小志十卷首一卷　804

楓窗小牘二卷　1558，1581，1610，1611

槎上老舌一卷　1647，1648

槎庵燕語一卷　1572，1614

楹帖一卷識字編一卷江南催耕課稻編一
　卷　1309

楹帖偶存一卷　1870

楹帖新華五卷　1448

楹書隅録五卷續編四卷　943

楹書集一卷　1439

楹聯録存七卷　1874

楹聯叢話十二卷續話四卷　1467

楸花盦詩二卷附録一卷外集一卷　1730

椽筆樓初集二卷　1358

裘文達公文集六卷附補遺一卷詩集十二
　卷奏議一卷附行述、墓志銘、神道碑、
　崇祀録　1261

甄異記一卷　1571，1660
賈子次詁十六卷　955
賈太傅祠志四卷　874
賈氏説林一卷　1558
賈氏談録一卷　1559
賈氏叢書（賈氏躬自厚齋叢書、故城賈
　氏躬自厚齋叢書）十二種　1822
賈氏譚録一卷　1672
賈長沙集一卷　1361
賈浪仙長江集十卷　1367，1369
賈魯河説一卷　1695
酬世錦囊四集　1038
酬世錦囊全書五種　1038
蜃中樓二卷　1504
蜃樓志二十四回　1522
感天動地竇娥冤雜劇一卷　1501
感逝集四卷　1420
感逝詩一卷　1860
感舊集十六卷　1415
感應經一卷　1570，1587，1591
感應類從志一卷　1570
掔雅堂詩八卷　1334
掔經室一集十四卷二集八卷三集五卷四
　集文二卷詩十一卷續集十一卷外集五
　卷　1286
掔經室文集不分卷　1286
掔經室全集四十卷外集五卷續集十一卷
　1718
掔經室訓子文筆二卷　967
掔經室集七卷　427
掔經室詩録五卷　1286，1718，1740
碑文摘奇一卷　1866
碑別字五卷　932
碑帖二卷　1831
碑版文廣例十卷　920，921，932

碑記十一卷　1841
碑傳集一百六十卷首二卷　581
碎金詞譜六卷附碎金詞一卷　1481
碎金詞韻四卷　1481
碎金碑一卷六齣　1505
碎錦詞一卷　1473
匯古菁華二十四卷　1398
（乾隆）鄠縣新志六卷　791
（道光）電白縣志二十卷　862
電氣鍍金略法一卷　1760
電氣鍍鎳一卷　1760
電學十卷首一卷　1896
電學綱目一卷　1759
雷氏遺書二種　1352
雷民傳一卷　1660，1663，1666
（嘉慶）雷州府志二十卷首一卷　863
雷刻八種　1872
（光緒）雷波廳志三十六卷首一卷　845
［雷峰塔］：水鬥一卷　1495
斷橋一卷　1495
雷峰塔傳奇四卷　1495
雷塘庵主弟子記七卷　599
雷塘庵主弟子記八卷　599
雷溪草堂詩集一卷　1762
零陵先賢傳一卷　1561，1582，1680
零陵志一卷　1681
（光緒）零陵縣志十五卷　836
（嘉慶）零陵縣志十六卷補二卷　836
零陵總記一卷　1681
零錦集詞稿二卷　1478
督捕則例二卷　668
歲周地度合考一卷　1052
歲星表一卷　1776
歲華紀麗四卷　1580，1617
歲華紀麗譜一卷　1564，1612

歲時廣記四十卷首一卷末一卷　1744

歲時雜記一卷　1564

歲寒居詞話一卷　1881

歲寒堂詩話一卷　1566

歲寒堂詩話二卷　1463，1643，1647

縏花軒詩稿（湄君詩集）二卷　1850，1851

縏花樓詩稿一卷　1384

虞山商語三卷　1833

虞子集靈節略一卷　1613

虞氏易言二卷　429，1858

虞氏易事二卷　429

虞氏易候一卷　429，1858

虞氏易消息圖説一卷　431

虞氏易消息圖説初稿一卷　1729

虞氏易象彙編一卷　1766

虞氏易禮二卷　427，1742，1743

虞氏春秋一卷　1794

虞文靖公道園全集文四十四卷詩八卷詩遺稿八卷　1714

虞文靖公道園全集四十四卷詩八卷詩遺稿八卷　1189

虞東先生文録八卷　1722

（光緒）虞城縣志十卷　781

虞夏贖金釋文一卷　1821

虞書命義和章解一卷　1817

（乾隆）虞鄉縣志十二卷　750

（光緒）虞鄉縣志十二卷首一卷　750

虞鄉雜記三卷　1670

虞喜志林一卷　1561

虞道園先生文選八卷　1403

虞翻周易注十卷　434

虜廷事實一卷　1560

當下繹一卷　1834

（同治）當陽縣志十八卷首一卷末一卷　831

（光緒）當陽縣補續志四卷　831

當湖外志八卷續志八卷附忠義紀略一卷　585

（乾隆）當塗縣志三十三卷　742

當歸草堂醫學叢書初編十種　994

當歸草堂叢書八種　1726

睦仁舊傳一卷　1595，1663，1666

睦州古蹟記一卷　1563

瞄準要法一卷　978

睫巢集六卷後集二卷　1762

睫巢鏡影十二種　1068

睡方書一卷　1614

睡菴文稿初刻四卷二刻六卷三刻四卷　1215

睡餘偶筆二卷　1872

（康熙）睢州志七卷　781

睢州志七卷首一卷　781

（光緒）睢寧縣志稿十八卷　736

暘谷漫録一卷　1557

暘谷謾録一卷　1586，1590

電記四卷　960

愚一録十二卷　1732，1867

愚山詩鈔一卷　1415

愚菴小集十五卷　1222

愚庵及禪師語録十卷　1104

愚庵雜著一卷　1634

愚鼓詞一卷　1840

愚溪詩稿一卷　1718

愚慮録五卷　1034

愚齋反經録十六卷　965

暖姝由筆一卷　1575，1802

歇菴集十六卷　1213

暗室燈二卷　963

暇日記一卷　1557，1587，1591，1592

照心犀一卷　1615

照膽臺志略一卷　1810

暌車志一卷　1586，1590	農桑二編一卷　1715
暌車志六卷　1610	農桑衣食撮要二卷　1673，1723
路史一卷　1607	農桑書録要一卷　1715
路史節讀十卷　560	農桑輯要七卷　988，1642，1645，1752
路加傳福音書　1131	農曹案彙卷不分卷　679
路加福音　1131，1132	農業全書十六卷　986
路得至詩篇　1131	農歌集鈔一卷　1373
路得記　1130	農説一卷　949，1553，1577，1612
遣愁集十二卷　1047	農學新法一卷　1776，1780
遣興詩一卷　1840	幀府燕閒録一卷　1560，1586，1589
蛾術堂集十四種　1862	置書懷袖不分卷　1272
蛾術編八十二卷　1012	罪言存略一卷　694
蛾術齋試帖一卷　1456	蜀九種夷記一卷　1710
蜂衙小記一卷　1858	蜀才周易注一卷　434
蜕菴集一卷　1376	蜀中詩話一卷　1578
蜕巖詞二卷　1653	蜀水考四卷　3039
畹香樓詩稿二卷　1440	蜀石經考異一卷　428
農工商部現行章程　1891	蜀石經殘字一卷　491
農工商部統計表第一、二次　679	蜀秀集九卷　1459
農丈人詩集八卷文集二十卷　1208	蜀典十二卷　881
農丹一卷　1768	蜀故二十七卷　881
農田餘話一卷　1573，1588	蜀都雜抄一卷　1553，1576，1611，1831
農田餘話二卷　1612	蜀破鏡三卷　1714
農事試驗場報告書第一期　986	蜀雅二十卷　1677
農事論略一卷　1776	蜀景彙考十九卷　881
農具記一卷　1622	蜀牋譜一卷　1568
農政全書六十卷　985	蜀道驛程記一卷　1699
農候雜占四卷附月令　1861	蜀道驛程記二卷　1843
農家必讀十五章　986	蜀游日記一卷　1700
農家諺一卷　1564	蜀游紀略一卷　1699
農書一卷　1634	蜀游記一卷　1668
農書二十二卷　1642	蜀碑記十卷　1676，1818
農書三十六卷　985，1645	蜀碑記十卷附辨僞考異一卷　934
農書三卷　1653，1659，1675，1727	蜀碑記補十卷　1677
農務集一卷　1379	蜀詩十五卷　1435，1714

蜀碧四卷　564，1669

蜀僚問答一卷讀律心得三卷　673

蜀語一卷　1676

蜀漢文紀二卷　1395

蜀輶日記一卷　1699

蜀輶日記四卷　614

蜀徼紀聞一卷　1632，1700，1852

蜀錦袍傳奇二卷　1505

蜀錦譜一卷　1568

蜀檮杌一卷　1560，1608

蜀檮杌二卷　1650，1675

蜀難叙略一卷　1631，1654

蜀鑑十卷　1671

（同治）嵊縣志二十六卷首一卷末一卷
　　808

（道光）嵊縣志十四卷首一卷末一卷　808

嵩山景迁生集二十卷附録一卷　1821

嵩山説一卷　1687

嵩少游草一卷　1846

嵩年奏檔不分卷　694

嵩洛訪碑日記一卷　1739

嵩庵閒話二卷　1738

嵩陽雜識一卷　1573

（康熙）嵩縣志十卷首一卷　785

（乾隆）嵩縣志三十卷首一卷　785

嵩嶽考一卷　1687

嵩嶽廟史十卷　873

嵊山甜雪十二卷　1720

圓香夢雜劇一卷　1866

圓覺真經一卷　1110

骰子選格一卷　1568

稚黄子一卷　1622

稗史一卷　1557

稗史集傳一卷　1608

稗史彙編一百七十五卷　1016

稗海七十種　1609

稗海四十六種　1609

稗販八卷　1021

稗販雜録四卷　1872

筠心堂文集十卷詩集四卷外集三卷　1293

筠石山房詩話鈔六卷　1464

筠谷詩集一卷　1801

筠軒文鈔八卷詩鈔四卷　1286

（同治）筠連縣志十六卷　845

筠廊偶筆二卷　1637，1846

筠廊偶筆二卷二筆一卷　1636

筠清館金石文字五卷　919

筠溪牧潛集一卷　1377

筠溪詩草二卷　1384

筠緑山房詩草四卷筠緑山房詞草一卷
　　1303

筠谿詞一卷　1472

筮仕金鑒二卷　1804

筮吉肘後經二卷　1057

筱雲詩集二卷　1850，1851

節孝先生文集三十卷　1175

節孝先生文集三十卷節孝先生語録一卷附
　　節孝集事實一卷本朝名臣言行録一卷
　　皇朝東都事略卓行傳序一卷諸君子帖
　　一卷　1175

節孝詩鈔一卷　1372

節俠記二卷　1504

節庵集八卷續稿一卷　1812

節録易翼述信讀法一卷　441

節齋公集一卷　1445

與竹居棄稿不分卷　1279

與林奮千先生書一卷　1123

傳世忠節義不分卷　1525

傳古別録不分卷　942

傳忠堂學古文一卷　1803，1824

傳是樓宋元本書目一卷附録一卷　1774

傳信適用方四卷　995

傳神秘要一卷　1077，1670

傳家至寶十卷　968

傳家陽宅得一録一卷　1064

傳家集一卷　1373

傳家寶四集三十二卷首一卷　968

傳書樓詩稿一卷　1732

傳國璽譜一卷　1568

傳載一卷　1558

傳載略一卷　1558，1586，1590

傳經表一卷通經表一卷　1729，1753

傳經表二卷　1742

傳經表補正十三卷　499

傳經堂詩鈔十二卷　1262

傳疑録一卷　1612

傳疑録二卷　1831

傳樸堂詩稿四卷補遺一卷附㾨華堂詩稿
　　一卷　1342

傳講雜記一卷　1556

傳贊事狀一卷　1849

鼠璞一卷　1551

鼠璞二卷　1555，1580，1656

鼠壤餘蔬一卷　1869

催官一卷　1062

催官篇四卷　1063

傷逝記一卷　1576

傷寒一提金一卷　992，998

傷寒八卷　993

傷寒九十論一卷　1723

傷寒六書六種　997

傷寒六經定法一卷　1731

傷寒心要一卷　990，992

傷寒心鏡一卷　990

傷寒心鏡別集一卷　992

傷寒古本考一卷　1771

傷寒古本訂補一卷　1771

傷寒平議一卷　1771

傷寒舌鑑一卷　993

傷寒附翼二卷　1000

傷寒直格論方三卷　990，992

傷寒明理論四卷　991，992

傷寒明理續論一卷　992，998

傷寒金鏡録一卷　996

傷寒真方歌括六卷　994

傷寒兼證析義一卷　993

傷寒家秘的本一卷　992，998

傷寒問答一卷　1731

傷寒第一書四卷附餘二卷　1000

傷寒補亡論二十卷　996

傷寒補例二卷　997

傷寒微旨論二卷　1673，1723

傷寒瑣言一卷　992，998

傷寒説意十卷首一卷　997

傷寒緒論二卷　993

傷寒標本心法類萃二卷　990，991，992

傷寒論注六卷傷寒論附餘二卷傷寒例新
　　注一卷讀傷寒論心法一卷迴瀾説一卷
　　時節氣候決病法一卷　995

傷寒論注解十卷　992

傷寒論後條辯十五卷附録一卷　1000

傷寒論淺注六卷　994

傷寒論淺注補正七卷　997

傷寒論陽明病釋四卷　995

傷寒論類方一卷　995，1850

傷寒論類方四卷　995

傷寒講義一卷附桂枝湯一卷　1771

傷寒總論一卷　1771

傷寒醫訣串解六卷　994

傷寒醫鑒一卷　990，992

傷寒雜病論古本一卷　1771

傷寒雜病論集一卷　1866

傷寒證治準繩八卷　993

傷寒證脉截江網一卷　998

傷寒證脉藥截江網一卷　992

傷寒懸解十四卷首一卷末一卷　997

傷寒纘論二卷　993

微言摘要一卷　1118

微尚齋文集一卷　1326

微尚齋詩初集四卷續集二卷適適齋文集
　二卷　1326

微尚齋詩集初編四卷　1326

微波詞一卷　1749

微波榭遺書一卷　1668

微泉閣文集十六卷詩集十四卷　1230

微積溯源八卷　1895，1896

徯月軒詩稿十六卷　1349

艅艎日疏一卷　1558

（同治）鉛山縣志三十卷　815

愈妄闢齋所著書二種　499

愈愚集六卷續集四卷後集四卷賸稿二卷
　補讀書齋集二卷　1312

愈愚錄六卷　1012

會心內集二卷外集二卷　1114

會心集內集二卷外集二卷　1128

會仙女志一卷　1613

（嘉慶）會同縣志十卷　839

會昌進士詩集一卷　1366

會昌進士詩集一卷補遺一卷　1367，1369

會典簡明錄一卷　644，1752

會真記一卷　1571，1585，1660，1664，
　1666

會通河水道記一卷　1695

會通館校正宋諸臣奏議一百五十卷　687

（乾隆）會理州志十二卷　846

（光緒）會理州續志二卷　846

會試同年齒錄（光緒二十一年乙未科）
　620

會試同年齒錄（光緒十五年己丑科）　620

會試同年齒錄（光緒十六年庚寅恩科）
　620

會試同年齒錄（光緒九年癸未科）　620

會試同年齒錄（同治十年辛未科）　620

會試同年齒錄（同治七年戊辰科）　620

會試同年齒錄（同治四年乙丑科）　620

會試同年齒錄（道光二十四年甲辰科）
　620

會試同年齒錄（道光十三年癸巳科）　620

會試同年齒錄（道光十五年乙未科）　620

會試同年齒錄（道光九年己丑科）　620

會試硃卷一卷　1770

會稽三賦一卷　1678

會稽三賦四卷　880

會稽三賦注四卷　1719

會稽外史集一卷　1381

會稽先賢傳一卷　1561，1582

會稽明董文簡公中峰集十一卷首一卷附
　錄三卷　1825

會稽典錄一卷　1561

（浙江紹興）會稽秦氏宗譜不分卷　591

會稽記一卷　1562

會稽掇英總集校一卷　1875

（康熙）會稽縣志二十八卷首一卷　807

（萬曆）會稽縣志十六卷　807

遙集集前編六卷後編十卷　1403

愛日山房稿七卷　1295

愛日吟廬書畫錄四卷補錄一卷續錄八卷
　別錄四卷　944

愛日堂文集八卷詩集二卷外集一卷　1225

愛日堂詩集二十八卷　1242

愛日精廬藏書志三十六卷續志四卷　943

愛日齋集二卷　1324

愛日齋叢抄一卷　1555

愛日齋叢鈔一卷　1581

愛日齋叢鈔五卷　1672

愛吾鼎齋藏器目一卷　1764

愛吾廬文鈔一卷　1730

愛吾廬詩稿一卷附補遺一卷　1226

愛梅樓雜著七種　1863

愛蘭詩鈔一卷　1428

飽明遠集十卷　1361

飼鳩記略一卷　1805

飴山詩集二十卷　1246

飴山詩集二十卷文集十二卷附錄一卷
　　聲調譜三卷談龍錄一卷禮俗權衡二卷
　1245

頒發條例（道光元年至同治十三年）　669

頌天臚筆二十四卷　564

頌主聖詩　1146

頌主詩歌　1146

頌主詩歌譜　1147

頌言一卷　1829，1830

頌酒雜約一卷　1614

詹元善先生遺集二卷　1815

詹言一卷　1631

肄業要覽一卷　1776，1779

鳩巢漫稿一卷　1378

獅子崖記一卷　1694

獅吼記二卷　1504

猺獞傳一卷　1700

觥記注一卷　1567

解八綫割圓之根一卷　1052

解文毅公集十六卷首一卷　1194

（乾隆）解州平陸縣志十六卷首一卷　758

（乾隆）解州安邑縣志十六卷首一卷　758

（乾隆）解州安邑縣運城志十六卷　758

（乾隆）解州芮城縣志十六卷首一卷
　758

（乾隆）解州夏縣志十六卷首一卷　758

（光緒）解州夏縣志十卷首一卷　758

解字小記一卷　426

解字贅言一卷　1876

解毒編一卷　1852

解迷顯智成悲十朋論一卷　1109

解春集二卷　425

解鳥語經一卷　1569

解酲語一卷　1553，1559

解疑論一卷　1789

解學士全集十卷附年譜二卷　1194

試帖紫雲仙館三集二十四卷　1454

試帖詩課合存九卷　1455

試帖錦囊四卷試賦錦囊一卷　1549

試茶錄一卷　1567

試律大觀三十二卷附詩韻音訓辨同一卷
　　詩賦類腋一卷　1549

試策便覽十六卷　1456

試筆一卷　1616

試篆存稿八卷　1072

試辦遷旗實邊報告初編一卷　982

詩人玉屑二十卷　1464

詩人主客圖三卷　1461

詩小序一卷　1580

詩小學三十卷　453

詩山書院志十卷　875

詩比興箋四卷　1390

詩比興箋四卷簡學齋詩存一卷　1390

詩中畫二卷　1076

詩毛氏傳疏三十卷　450

詩毛氏傳疏三十卷附釋毛詩音四卷毛詩
　　說一卷毛詩傳義類一卷鄭氏箋考徵一

卷　450

詩毛詩傳疏三十卷　430

詩文浪談一卷　1578

詩文集七卷　1830

詩古微十七卷　431

詩古微上編三卷中編十卷下編二卷首一
　　卷　453

詩本音十卷　425，529

詩本義十五卷附鄭氏詩譜補亡一卷　423

詩本義十五卷鄭氏詩譜補亡一卷　420

詩本誼一卷　1748

詩札二卷　1840

詩史十二卷　579

詩史六十卷　1227

詩句題解韻編六卷　1469

詩外傳十卷　1616

詩式一卷　1461，1462，1565，1581

詩式五卷　1745

詩考一卷　1616，1829

詩考異字箋餘十四卷　1772

詩考補注二卷　1865

詩考補注二卷補遺二卷　1743

詩地理考六卷　1616，1829

詩地理徵七卷　431

詩名物證古一卷　431

詩志八卷　1850

詩材類對纂要四卷　1548

詩删二十三卷　1391

詩序辨正八卷首一卷　1825

詩序辨說一卷　1616

詩序議四卷　1877

詩附記四卷　1799

詩苑天聲二十二卷　1453

詩苑眾芳一卷　1744

詩林韶濩二十卷　1392

詩所八卷　453，1845

詩法火傳十六卷　1463

詩法家數一卷　1461

詩宗子集二卷　1359

詩持一集四卷二集十卷三集十卷　1415

詩品一卷　1461，1462，1659，1717

詩品三卷　1461，1565，1583，1599，1600，
　　1602，1607，1615，1659，1767

詩品三卷附詩品二十四則一卷　1463

詩品印譜四卷　1087

詩律武庫十五卷後集十五卷　1818

詩音辯略二卷　1676

詩紀一百五十六卷目錄三十四卷　1389

詩紀匡謬一卷　1654

詩倫二卷　1643，1647

詩雋類函一百五十卷　1545

詩病五事一卷　1565

詩家全體十四卷　1390

詩家直說一卷　1578

詩家直說四卷　1461

詩書古訓十卷　429

詩書古訓六卷　1738

詩問一卷　1658，1712

詩問七卷　1857

詩問六卷　450

詩宿二十八卷詩人考世二卷　1389

詩細十二卷　1852

詩答問二卷　1743

詩牌譜一卷　1578，1751

詩集傳名物鈔八卷　420，423，1758，1818

詩集傳音釋二十卷詩序一卷札記一卷詩
　　圖一卷詩傳綱領一卷　449

詩鈔十六卷　1309

詩評一卷　1616

詩詞餘話一卷　1566

詩詞雜俎十四種　1364

詩夢鐘聲録一卷　1392

詩畸八卷附外編二卷　1424

詩傳大全二十卷綱領一卷圖一卷詩序辨
　　説一卷　449

詩傳孔氏傳一卷　1597，1599，1601，
　　1616

詩傳名物集覽十二卷　1814

詩傳注疏三卷　1653，1829

詩傳旁通十五卷　1801

詩傳補義三卷　1873

詩傳詩說駁義五卷　1840

詩傳遺說六卷　420，423

詩解頤四卷　420，423

詩話八卷　1842

詩話類編三十二卷　1462

詩義指南一卷　1653

詩義標準一百十四卷　1391

詩經八卷　448

詩經小學三十卷　1854

詩經小學四卷　426

詩經世本古義二十八卷首一卷末一卷
　　450

詩經叶韻辨一卷　1839

詩經申義十卷　452，1854

詩經四家異文考五卷　431，453，1820

詩經四家異文考補一卷　1771

詩經考異一卷　1839

詩經序傳擇參一卷　1869

詩經協韻考異一卷　1722

詩經注疏大全合纂三十四卷綱領一卷圖
　　一卷　452

詩經拾遺一卷　1857

詩經訓解八卷　491

詩經旁訓四卷　491

詩經旁訓讀本不分卷　453

詩經通論十八卷　452

詩經異文四卷　1877

詩經異文釋十六卷　430

詩經喈鳳詳解八卷　451

詩經備考二十四卷　451

詩經備旨八卷　449

詩經集注八卷　492

詩經集傳八卷詩序辨説一卷　449

詩經補注附考備旨八卷　449

詩經補箋二十卷　1882

詩經稗疏四卷　428，1839

詩經詮義十二卷首一卷末二卷　1849

詩經劄記一卷　1846

詩經疑問十二卷　492

詩經疑問七卷附編一卷　420，423

詩經説約二十八卷　450

詩經廣大全二十卷　450

詩經精義四卷首一卷末一卷　496

詩經增訂旁訓四卷　453

詩經融注大全體要八卷　492

詩經融注大全體要八卷詩經八卷　449

詩經講義一卷周禮講義三卷儀禮講義二
　　卷禮記講義一卷春秋講義一卷　495

詩經類考三十卷　451

詩經繹三卷　492

詩經繹參四卷　451

詩經蠡簡四卷　452

詩疑二卷　420，423，1651，1758，1818

詩說一卷　420，423，1580，1597，1599，
　　1601，1616，1631，1651，1669

詩說二卷　1857

詩說三卷　452，1669

詩說三卷附録一卷　425，497

詩說補二卷　1875

詩説解頤總論二卷正釋三十卷字義八卷　449

詩誦五卷　500

詩廣傳五卷　1839

詩賦約編不分卷　1455

（榕腔）詩篇全書　1134

詩餘偶鈔六種　1475

詩餘圖譜三卷　1472

詩論一卷　1565，1649

詩談一卷　1565，1578

詩緝三十六卷　448

詩緯一卷　532

詩緯汜歷樞一卷　1734，1792

詩緯汜歷樞訓纂一卷　1880

詩緯含神霧一卷　1734，1792

詩緯含神霧訓纂一卷　1880

詩緯推度災一卷　1734，1792

詩緯推度災訓纂一卷　1880

詩緯集證四卷　1820

詩緯新解一卷　1769

詩學金丹一卷　1847

詩學集成押韻淵海二十卷　1543

詩學禁臠一卷　1461

詩學纂聞一卷　1631，1731，1825

詩學權輿二十二卷　1464

詩辨説一卷　500，1752

詩聲類十二卷詩聲分例一卷　429

詩聲類十二卷聲類分例一卷　1856

詩總聞二十卷　498，1641，1644

詩藪內編六卷外編六卷雜編六卷續編二卷　1464

詩觿九卷附編三卷　1423

詩歸五十一卷　1389，1389

詩譚十卷續錄一卷　1464

詩識名解十五卷　452

詩譜一卷　1565，1583，1724

詩譜三卷　1782

詩譜考正一卷　430

詩韻合璧五卷附虛字韻藪一卷　527

詩韻含英十八卷詩韻異同辨十八卷　526

詩韻珠璣五卷　528

詩韻瑤林八卷　525

詩韻輯略五卷　524

詩韻檢字一卷韻字辨似一卷　1720

詩韻類錦十一卷附録一卷　525

詩繹二卷　1724

詩觸十六種　1461

詩譯一卷　1461，1840

誠是録一卷　1853

誠意伯劉先生文集二十卷　1192

誠齋先生易傳二十卷　498

誠齋江湖集鈔一卷　1372

誠齋易傳二十卷　433，1641，1644

誠齋集一百二十七卷　1183

誠齋詩集十六卷　1183

誠齋詩選一卷　1373

誠齋録四卷　1194

誠齋雜記二卷　1617

誠齋雜記一卷　1558

話山草堂文鈔一卷　1861

話山草堂詞鈔一卷　1861

話山草堂詩鈔四卷　1861

話山草堂遺集四種　1861

話山草堂雜著七卷　1861

話腴一卷　1559，1586，1590，1595

詢蒭録一卷　1574

該聞録一卷　1560，1586，1590

詳解九章算法一卷類纂一卷札記一卷　1717

稟稿二卷　688

亶爰子詩集二卷附録一卷　1812

廓軒竹枝詞一卷窮塞微吟一卷　1351

廓爾喀不丹合考一卷　1686

廉石居藏書記二卷　1729，1754

廉石居藏書記二卷　1771

（道光）廉州府志二十六卷首一卷　863

（嘉慶）資州直隷州志三十卷首四卷　850

資治通鑒綱目正編五十九卷續編二十七
　　卷　547

資治通鑑刊本識誤三卷　1750

資治通鑑地理今釋十六卷　546

資治通鑑補二百九十四卷　546

資治通鑑綱目三編二十卷　1640

資治通鑑綱目五十九卷首一卷　546

資治通鑑綱目前編二十五卷　547

資治通鑑綱目前編二十五卷正編五十九
　　卷續編二十七卷　546

資治通鑑綱目集説五十九卷前編二卷
　　547

資治通鑑綱目發明五十九卷　547

資治通鑑釋文三十卷　1743

資治新書二集二十卷　673

資深集補編注釋四卷　965

（咸豐）資陽縣志四十八卷首二卷　850

資暇集三卷　1656

資暇録一卷　1555，1581

靖夷紀事一卷　1604

（光緒）靖州直隷州志十二卷　839

（光緒）靖州鄉土志四卷　839

靖州圖經一卷　1682

（康熙）靖江縣志十八卷首一卷　731

（光緒）靖江縣志十六卷首一卷　731

（同治）靖安縣志十六卷首一卷　814

靖逆記六卷　565

靖海記二卷　555

靖逸小集一卷　1370

靖逸小稿一卷　1375

靖康孤臣泣血録二卷　1781

靖康要録十六卷　1744

靖康朝野僉言一卷　1595

靖康傳信録三卷　1675，1736，1746，1756

靖康傳信録三卷建炎進退志四卷建炎時
　　政記三卷　562

靖康緗素雜記十卷　1613，1672

靖節先生集十卷首一卷末一卷靖節先生
　　年譜考異二卷　1159

（光緒）靖邊志稿四卷　793

靖難功臣録一卷　1596，1604，1609

新山詩集一卷　1444

新山稿一卷　1379

（同治）新化縣志三十五卷首一卷末一
　　卷　834

新化學田志十卷　655

新刊大字周易本義四卷圖説一卷筮儀一
　　卷卦歌一卷　442

新刊五百家注音辯昌黎先生文集四十卷
　　1167

新刊仁齋直指附遺方論二十六卷小兒附
　　遺方論五卷醫脉真經二卷傷寒類書活
　　人總括七卷　1004

新刊六子全文注釋摘錦六卷　948

新刊文選考注前集十五卷後集十四卷
　　1386

新刊正文對音捷要琴譜真傳六卷　1083

新刊古今名儒論學選粹前集二卷後集三
　　卷　1397

新刊古列女傳七卷續一卷　1718

新刊迂齋先生標注崇古文訣三十五卷　1395

新刊合併官板音義評注淵海子平五卷　1059

新刊名臣碑傳琬琰之集上集二十七卷中集

五十五卷下集二十五卷　596
新刊宋文憲公詩集二卷　1192
新刊宋學士全集三十三卷　1192
新刊京本脉訣疏義一卷新刊方脉主意一
　　卷　1000
新刊京本風鑑相法人相編六卷首一卷　1060
新刊京本校正增廣聯新事備詩學大全三十
　　卷　1543
新刊性理大全七十卷首一卷　959
新刊重訂出像附釋標注音釋趙氏孤兒記
　　二卷　1493
新刊皇明名臣言行録四卷　596
新刊秘訣三命指迷賦一卷　1674
新刊訓解直音書言故事大全六卷　1542
新刊唐荆川先生稗編一百二十卷目録三
　　卷　1534
新刊陳眉公先生精選古論大觀四十卷
　　1396
新刊道書全集二十五種　1113
新刊聖蹟圖記不分卷　605
新刊群書考正性理大全七十卷　959
新刊增入諸儒議論杜氏通典詳節四十二
　　卷圖譜一卷
新刊增補古今名家詩學大成二十四卷　1544
新刊翰林考正綱目點音少微通鑑節要會
　　成二十卷外紀二卷　546
新刊翰林考正綱目點音資治通鑑節要會成
　　二十卷　548
新刊憲臺考正宋元通鑑全編二十一卷　547
新刊憲臺考正綱目點音資治通鑑節要會成
　　二十卷　547
新刊簪纓必用翰苑新書前集十二卷後集
　　七卷續集八卷別集二卷　1542
新刊續文章軌範七卷　1397
新世鴻勳四卷二十二回　1517

新本白羅衫四卷　1490
（道光）新平縣志八卷　868
新田十憶圖咏四卷　1287
（嘉慶）新田縣志十卷　837
新史奇觀全傳四卷二十二回　1517
（宣統）新民府志一卷　724
新出南昌大教案紀略初集二卷　568
新加九經字樣一卷　503，1649，1657，
　　1715，1721
新式毛瑟快槍學一卷　978
新西厢二卷　1495
新列國志一百八回　1510
新安二布衣詩八卷　1431
新安王襄臨書孫過庭書譜附釋文不分卷
　　1072
新安文獻志一百卷先賢事略二卷目録二
　　卷　940，1431
新安先集二十卷　1431
（淳熙）新安志十卷　739
新抄濃情秘史二卷十一回　1520
新序十卷　949，1597，1598，1600，1601，
　　1743
新序選二卷　1401
新板全補天下便用文林鈔錦萬寶全書三
　　十八卷　1537
（康熙）新昌縣志十八卷　808
（同治）新昌縣志三十二卷首一卷末一
　　卷　819
新門散記一卷　1808
新知録一卷　1574，1588
新知録摘鈔一卷　1605
新金山記一卷　1705
新刻一札三奇八卷　1546
新刻乙丑科華會元四書主意金玉髓十四
　　卷　481

新刻乙未科翰林館課東觀弘文十卷　1453

新刻九我李太史校正古本歷史大方通鑑
　　二十一卷　549

新刻三合明珠寶劍全傳六卷四十二回
　　1522

新刻三妙傳六卷　1514

新刻三狀元評選名公四美士林必讀第一
　　寶四卷　1453

新刻三寶太監西洋記通俗演義二十卷
　　一百回　1515

新刻小學千家詩二卷　1390

新刻山家清事一卷　1014

新刻女二十四孝圖説一卷　971

新刻天花藏批評玉嬌梨四卷二十回　1518

新刻天花藏批評平山冷燕四卷二十回　1519

新刻元龜會解斷易神書三卷　1064

新刻友花居上林鴻四卷　1450

新刻文房清事一卷　1095

新刻玉支磯全傳四卷二十回　1520

新刻玉洞金書一卷　1067

新刻玉釧緣全傳三十二卷　1484

新刻玉嬌梨四卷二十回　1518

新刻古今玄屑八卷　1535

新刻古今碑帖考一卷　932

新刻古杭雜記詩集四卷　1807

新刻石渠閣彙纂諸書法海三十四卷　1546

新刻田家五行二卷拾遺一卷　986

新刻四書通典備考十二卷　489

新刻出相音注勸善目連救母行孝戲文三
　　卷　1492

新刻出像增補搜神記六卷　1041

新刻出像點板時尚崑腔雜出醉怡情八卷
　　1498

新刻全本明心正文　961

新刻全補評注文豹金璧故事四卷　1547

新刻全像三寶太監西洋記通俗演義二十
　　卷一百回　1515

新刻全像浪史四卷四十回　1516

新刻全像漢劉秀雲臺記二卷四十四齣
　　1492

新刻全像點板張子房赤松記二卷　1492

新刻李太史選釋國策三注旁訓評林四卷
　　561

新刻李袁二先生精選唐詩訓解七卷　1405

新刻何氏類鎔三十五卷　1017

新刻宋文丞相信國公文山先生全集二十
　　卷　1187

新刻卧子陳先生編纂歷代名賢古文宗六
　　卷　1399

新刻昇仙傳演義八卷五十六回　1525

新刻易測十卷　436

新刻典故古列女傳四卷　970

新刻金瓶梅奇書八卷一百回　1514

新刻京陵原板參補針醫牛經大全二卷　990

新刻京臺公餘勝覽國色天香十卷　1506

新刻京臺公餘勝覽國色天香十卷　1045

新刻按鑑演義三國英雄志傳二十卷　1512

新刻按鑑編纂開闢衍繹通俗志傳六卷八十
　　回　1516

新刻按鑑編纂開闢衍繹通俗志傳六卷八十
　　回圖一卷　1516

新刻星平總會命海全編十卷首一卷　1060

新刻重校增補圓機活法詩學全書二十四
　　卷新刊校正增補圓機詩韻活法全書
　　十四卷　1544

新刻皇明經世要略五卷　643

新刻音釋旁訓評林寅義三國志史傳二十
　　卷　1512

新刻洪武元韻勘正切字海篇群玉二十卷
　　大藏直音三卷篆林肆考十五卷　1537

新刻眉公陳先生編輯諸書備采萬卷搜奇
　　全書三十七卷　1537
新刻袁中郎先生批評紅梅記二卷三十四
　　齣　1493
新刻桃花菴四卷二十四回　1528
新刻校定脉訣指掌病式圖説一卷　991
新刻徐玄扈先生纂輯毛詩六帖講意四卷
　　451
新刻針醫參補馬經大全四卷　990
新刻旁注四六類函十二卷　1412
新刻陳明卿先生對類會海二十卷　1536
新刻麻衣相神異賦一卷圖一卷附錄一卷
　　附新刻相字心法一卷　1059
新刻章臺柳四卷十六回　1519
新刻張太岳先生詩文集四十七卷　1209
新刻彭氏類編雜説六卷　1535
新刻搜集諸家卜筮源流斷易大全四卷
　　1066
新刻蒐集群書紀載大千生鑑六卷　1535
新刻夢中緣十五回　1524
新刻解注和韻千家詩選二卷　1390
新刻群佳樂四卷十二回　1528
新刻説唱金鳳寶卷二卷　1488
新刻養生導引法一卷　1008
新刻增校切用正音鄉談雜字大全二卷
　　1547
新刻增補音易四書五經字考萬花谷二卷首
　　一卷合刻鑑紀通考萬花谷六卷　1547
新刻劍嘯閣批評西漢通俗演義八卷　1514
新刻劍嘯閣批評西漢演義傳八卷東漢演
　　義傳十卷　1515
新刻醒心寶卷二卷　1487
新刻學餘園類選名公四六鳳采四卷附錄
　　一卷　1413
新刻錢希聲先生四書課兒捷解八卷　481

新刻鴛鴦四卷十二回　1517
新刻鴛鴦譜四卷　1047
新刻鍾伯敬先生批評封神演義十九卷圖
　　像一卷　1515
新刻鍾伯敬先生批評封神演義十卷一百
　　回　1515
新刻鍾情記六卷六回　1493
新刻濟顛大師醉菩提全傳四卷二十回
　　1520
新刻瓊琯白先生集十四卷　1185
新刻藝圃球瑯集注四卷　1017
新刻羅經解三卷　1061
新刻韻學大成十二卷　1544
新刻繪圖粉粧樓全傳十二卷八十回　1513
新刻繡像昇仙傳演義八卷五十六回　1525
新刻續千家詩二卷　1426
新刻艷芳配六卷十二回　1529
新法表異一卷　1634
（光緒）新河縣志十六卷　722
新注朱淑真斷腸詩集十卷後集七卷補遺
　　一卷　1726，1811
新定三禮圖二十卷　421，424
新定牙牌數一卷　1874
新定禮一卷　1788
新官場現形記二卷八回　1526
新建陸軍兵略録存八卷　982
（乾隆）新建縣志十四卷　813
（同治）新建縣志九十九卷首一卷末一
　　卷　813
新春吉慶大全一卷　1052
新城王氏西城別墅十三咏一卷　1846
新城伯子文集八卷　1283
（同治）新城縣志十二卷首一卷末一卷
　　817
（道光）新城縣志十八卷首一卷　709

（康熙）新城縣志十四卷首一卷附續志
　　二卷　763
新城録一卷　1560
新政真詮　1890
新政策一卷　1779
新修本草殘十一卷　1745
（乾隆）新修曲沃縣志四十卷　748
新修長蘆鹽法志十六卷　657
（康熙）新修萊蕪縣志十卷　775
（同治）新修鄞縣志七十五卷　806
（康熙）新修齊東縣志八卷續志一卷　763
新修龍龕手鑑四卷　511
（乾隆）新修懷慶府志三十二卷首一卷
　　圖經一卷　784
新訂王氏羅經透解二卷　1062
新訂四書補注備旨十卷　480
新訂晋代許旌陽得道擒蛟鐵樹記二卷
　　十五回　1515
新訂解人頤廣集八卷　1025
（官話）新約全書　1140
（廣東土白）新約全書　1140
新約全書　1139，1140
（官話）新約全書　1140
（榕腔）新約全書　1139
新約全書五卷　1139
新約串珠　1140
新約聖書　1139，1140
新約聖經　1140
（乾隆）新泰縣志二十卷　774
（乾隆）新泰縣志二十卷首一卷　775
（光緒）新泰縣鄉土志不分卷　775
（道光）新都縣志十八卷首一卷　840
新真好唱四卷　1485
新校尚書減注六卷　447
新校經史海篇直音五卷　519

新倩籍一卷　1576，1589，1604
新唐書糾繆一卷　1581
新唐書糾謬一卷　1555
新唐書糾謬二十卷附校勘記二卷　1644
新唐書糾謬二十卷附録一卷　1654
新書一卷　1580
新書十卷　949，955，1598，1600，1601
新書十卷附録一卷　1597，1615
新採奇聞小説全編萬斛泉十二回　1508
（乾隆）新野縣志九卷首一卷　786
（同治）新淦縣志十卷首一卷　818
新婦譜一卷　1622
新婦譜補一卷　1622
（乾隆）新鄉縣志三十四卷首一卷　783
新開地中河記一卷　1706
新喻梁石門先生集十卷首一卷末一卷
　　1192
（同治）新喻縣志十四卷首一卷　818
（道光）新喻縣志十四卷首一卷附渝水
　　詩存一卷渝水文存一卷　818
新評龍圖神斷公案十卷　1507
新測中星圖表一卷　1054
新測更漏中星表　1048
新測更漏中星表三卷　1054
新測恒星圖表一卷　1054
（光緒）新會鄉土志十五卷　859
（道光）新會縣志十四卷首一卷　858
新義一卷　1795
新義録一百卷首一卷　1541
新斠注地理志集釋十六卷　698
新嘉坡風土記一卷　1763
（乾隆）新蔡縣志十卷　787
新爾雅不分卷　531
新製諸器圖説三卷　1672
新製靈臺儀象志十六卷　1049

新箋決科古今源流至論別集十卷　1533

新箋決科古今源流至論前集十卷後集十卷續集十卷別集十卷　1533

新語二卷　949，1597，1598，1600，1601

新説生花夢奇傳四卷十二回　1518

新齊諧二十四卷續十卷　1850，1851

（乾隆）新鄭縣志三十一卷首一卷　780

（康熙）新鄭縣志四卷　780

（光緒）新寧州志六卷首一卷　866

（光緒）新寧縣志二十六卷首一卷　859

（同治）新寧縣志八卷　849

新增三字鑑一卷　520

新增西藥略釋　1898

新增全圖珍珠塔後傳麒麟豹三十卷六十回　1524

新增批點繡像紅樓夢一百二十回　1511

新增都門紀略七卷　876

新增格古要論十三卷　1031，1719

新增智囊補二十八卷　1032

新增聖書節解一卷　1144

新增説文韻府群玉二十卷　1543

新增爵秩全覽（光緒二十一年乙未春季）　627

新增爵秩全覽（光緒三十一年乙巳春、夏、秋、冬季）　627

新增爵秩全覽（光緒三十年甲辰秋季）　627

新增願體集四卷　962

新撰類林抄□□卷　1426

新遺詔聖經　1136

新儀象法要三卷　1672

新德軒文存四卷詩存一卷附海邑耆舊傳一卷　1289

新鍥抱朴子內篇四卷外篇四卷　1123

新鍥烟波釣徒奇門定局一卷　1613

新鍥葛稚川內篇四卷外篇四卷　1123

新鍥增補注釋珊瑚古文大全八卷　1397

新鍥翰林校正鰲頭合併古今名家詩學會海大成三十卷首一卷　1545

新論十卷　1598，1600，1602

新選今古奇聞二十二卷　1508

新編元寶媒傳奇二卷二十八齣　1504

新編分門古今類事二十卷　1744

新編古今事文類聚前集六十卷後集五十卷續集二十八卷別集三十二卷新集三十六卷外集十五卷　1533

新編西川圖二卷三十齣　1491

新編事文類聚翰墨大全一百三十四卷　1534

新編事文類聚翰墨大全甲集十二卷乙集九卷丙集五卷丁集五卷戊集五卷己集七卷庚集二十四卷辛集十卷壬集十二卷癸集十一卷後甲集八卷後乙集三卷後丙集六卷後丁集八卷後戊集九卷　1534

新編事文類聚翰墨全書庚集二十四卷　1534

新編兩肉緣十二回　1529

新編併音連聲韻學集成十三卷直音篇七卷　524

新編金匱要略方論三卷　991

新編春燈迷史十回　1523

新編張仲景注解傷寒百證歌五卷　1731，1744

新編張仲景注解傷寒發微論二卷　1744

新編曠野奇逢四卷　1486

新編繡像碧玉環十二卷七十三回　1484

新編繡像簇新小説麟兒報十六回　1517

新編覺世梧桐影十二回　1528

新輯山東地理問答不分卷　879

新輯中東字典不分卷　516

新曆曉或一卷　1632

新學三字經音注圖解初編一卷　522

新雕徂徠石先生文集二十卷　1173

新聲譜一卷　1775

（官話）新舊約全書　1146

（官話）新舊約聖經　1146

（同治）新繁縣志十六卷首一卷　840

（光緒）新繁縣鄉土志十卷　840

新鍥正譌訓解標類書言故事大全十卷　1542

新鍥四書心鉢九卷　480

新鍥李卓吾先生增補批點皇明正續合併
　通紀統宗十二卷首一卷附録一卷　551

新鍥華夷一統大明官制四卷　682

新鍥晉雲江先生闡蒙衍義集注不分卷
　451

新鍥提頭音釋官板大字明心寶鑑正文二
　卷　1032

新鍥會元湯先生批評空同文選五卷　1199

新鍥臺閣校正注釋補遺古文大全八卷　1397

新鍥翰林三狀元會選二十九子品彙釋評二
　十卷首一卷　1010

新鍥簪纓必用增補秘笈新書十三卷別集
　三卷　1543

新鍥纂集諸家全書大成斷易天機六卷　1059

新豐酒法一卷　1567

新鐫七言唐詩畫譜一卷　1079

新鐫工師雕斲正式魯班木經匠家鏡四卷
　首一卷　1095

新鐫工師雕斲正式魯班木經匠家鏡四卷首
　一卷　673

新鐫木本花鳥譜一卷　1079

新鐫五言唐詩畫譜一卷　1079

新鐫分類評注文武合編百子金丹十卷　1033

新鐫六言唐詩畫譜一卷　1079

新鐫玉茗堂批評按鑑參補南宋志傳十卷

五十回　1509

新鐫玉茗堂批評按鑑參補南宋志傳十卷
　五十回北宋志傳十卷五十回　1509

新鐫古今大雅北宮詞紀六卷　1481

新鐫古今大雅南宮詞紀六卷　1482

新鐫古今事物原始全書三十卷　1538

新鐫古文覺斯新編八卷　1399

新鐫古本批評三世報隔簾花影四十八回
　1517

新鐫四書説約大全合參十九卷　481

新鐫出像點板怡春錦曲六卷　1482

新鐫全像一見賞心編十四卷　1039

新鐫全像武穆精忠傳八卷　1514

新鐫全像通俗演義隋煬帝艷史八卷四十
　回　1516

新鐫批評出相韓湘子三十回　1515

新鐫批評出像通俗演義禪真後史十卷
　六十回　1516

新鐫批評繡像人間樂十八回　1520

新鐫批評繡像玉嬌梨小傳二十回　1518

新鐫批評繡像巧聯珠小説十五回　1518

新鐫批評繡像後西游記四十回　1519

新鐫武經入學第一明解七卷武經七書集
　注七卷　982

新鐫京板工師雕鏤正式魯班木經匠家鏡
　二卷秘訣仙機一卷　673

新鐫注釋出像皇明千家詩四卷　1413

新鐫注釋里居通用合璧文翰二卷　1449

新鐫性理奧十卷首一卷　960

新鐫草本花詩譜一卷　1079

新鐫草本花詩譜一卷附木本花鳥譜一卷
　唐解元仿古今畫譜一卷梅竹蘭菊四譜
　一卷　1082

新鐫重訂西晉志傳出像通俗演義題評四
　卷　1520

新鐫重訂增補名文珠璣不分卷　1398

新鐫後續繡像五虎平南狄青演傳六卷
　　四十二回　1529

新鐫桃花影四卷十二回　1518

新鐫秘本續英烈傳二十回　1516

新鐫笑林廣記十二卷　1046

新鐫旁批詳注總斷廣名將譜二十卷　582

新鐫海內奇觀十卷　898

新鐫書柬便裁十卷　1413

新鐫陳太史子史經濟言十二卷經制考略
　　八卷　1536

新鐫通紀集略五卷　551

新鐫通鑑集要十卷附潘氏總論一卷　548

新鐫黃貞父訂補四書周莊合解十卷　482

新鐫梅竹蘭菊四譜一卷　1079

新鐫異說五虎平西珍珠旗演義狄青前傳
　　十四卷一百十二回　1528

新鐫雅俗通用珠璣藪八卷　1537

新鐫道書五篇注五卷　1122

新鐫道書度人梯徑八卷　1122

新鐫道書樵陽經一卷附集一卷　1122

新鐫增補全像評林古今列女傳八卷　602

新鐫增補時憲臺曆袖裏璇璣星命須知一
　　卷　1060

新鐫增補較正寅幾熊先生尺牘雙魚九卷
　　1450

新鐫樂府清音歌林拾翠二集　1490

新鐫劉生覓蓮記六卷十六回　1514

新鐫選釋歷科程墨二三場藝府群玉八卷
　　1453

新鐫歷代名賢事類通考十卷　1545

新鐫歷朝捷錄增定全編大成四卷　576

新鐫曆法便覽象吉備要通書大全二十九
　　卷　1049

新鐫舉子六經纂要不分卷　1547

新鐫濃情快史六卷三十回　1518

新鐫繆當時先生四書九鼎十三卷　481

新鐫繪圖十二美女玉蟾緣四卷五十三回
　　1526

新鐫繪圖第一奇書鍾情傳六卷一百回　1514

新鐫繡像小說夢花想十八回　1519

新鐫繡像旁批詳注總斷廣百將傳二十卷
　　582

新鐫釋和魁斗千家詩選二卷　1390

新鐫鑑略四字書一卷　972

新蘅詞六卷外集一卷　1478

新羅山人離垢集五卷　1313

新羅真鑒禪師銘一卷　919

（光緒）新疆大記六卷首一卷　705

新疆山脉圖志六卷　1884

新疆外藩紀略七種　909

新疆地略一卷　1709

新疆全省輿地圖附阿爾泰山圖　916

新疆要略四卷　1682

新疆省雨雪陰晴統計表及雨雪平均量每
　　月統計表　1897

新疆後事記一卷　1685

新疆紀略一卷　1685

新疆國界圖志八卷　1884

新疆設行省議一卷　1685

新疆清理財政詳文一卷附辦事細則局員
　　銜名摺　690

新疆賦一卷　1682，1854

新疆疆域總叙一卷　1706

新纂氏族箋釋八卷　594

新纂事詞類奇三十卷　1535

新纂門目五臣音注揚子法言十卷　948，
　　955

新纂約章大全七十三卷　664

新纂聖道備全　1144

新纂聖經釋義　1141

新釋地理備考全書十卷　1737

意中緣二卷　1504

意見一卷　1574，1588，1612

意茗山館詩稿十六卷　1305

意林五卷　1014，1725

意林五卷逸文一卷補二卷　1642

意林五卷補遺一卷　1014，1816

意林六卷拾遺一卷　1645

意林注五卷逸文一卷附編一卷　1778

意園文略二卷附意園事略一卷　1350

雍大記三十六卷　879

雍正集二卷　1846

雍州金石記十卷記餘一卷　1719

雍益集一卷　1843

雍録十卷　1606

義山雜纂一卷　1557，1565，1585，1620，
　　1662，1665，1742

義火可握國記一卷　1710

義妖傳二十八卷五十四回　1485

義虎傳一卷　1579，1589

義門先生集十二卷附何義門先生家書四
　　卷　1245

義門題跋一卷　1634，1722

義門讀書記五十八卷　1022

義貞記二卷　1495

義俠好逑傳四卷十八回　1527

義俠記二卷　1504

義勇武安王集四卷　605

義莊規矩一卷　1564

義國條約税則章程一卷　662

（同治）義寧州志四十卷首一卷　814

義豐集鈔一卷　1372

豢龍子一卷　1572

煎茶七類一卷　1578

煎茶水記一卷　1552，1567，1585，1663，
　　1665

煎茶集一卷　1883

（同治）慈利縣志十四卷　838

（光緒）慈利縣志十卷首一卷　838

慈暉館詩詞草二卷　1309

（浙江寧波）慈溪東街錢氏世系譜不分
　　卷　592

慈溪黄氏日抄分類九十七卷　958

慈輝館詞一卷　1476

（雍正）慈谿縣志十六卷　806

（光緒）慈谿縣志五十六卷附編一卷　806

慈谿嚴氏壽芝山莊公牘章程彙録一卷
　　676

煙嶼樓文集四十卷　1323

煙嶼樓文集四十卷詩集十八卷尚書逸湯
　　誓考六卷山中學詩集五卷附游杭合集
　　一卷　1323

煉石編三卷附圖一卷　1760

煉鋼要言一卷附録一卷圖一卷　1760

煬帝迷樓記一卷　1596，1607

煬帝海山記一卷　1596，1607

煬帝開河記一卷　1596，1607

煨芋館藏書目不分卷　938

溝南漫存稿一卷　1377

溝洫疆理小記一卷　426

漠皋詩話一卷　1565

滇考一卷　1837

滇考二卷　1814

滇行日録一卷　1700，1852

滇行紀略一卷　1576

滇行紀程一卷　1636，1637

滇行紀程一卷續鈔一卷　1661

滇行紀程一卷續鈔一卷　1700

滇苗圖説一卷　883

滇南古金石録一卷　1012，1718

滇南通考一卷　1700

滇南新語一卷　1651，1700

滇南慟哭記一卷　1574

滇南憶舊録一卷　1651

滇南雜志一卷　1700

滇南雜記一卷　1700

滇海虞衡志十三卷　1668

滇海虞衡志十三卷附校勘記一卷　1683

滇軺紀程一卷　1700

滇軺紀程一卷荷戈紀程一卷林文忠公政
　書蒐遺一卷　902

滇游日記一卷　1700

滇游記一卷　1700

滇游詞一卷　1474

滇載記一卷　1554，1574，1594，1604，
　1609，1650，1676，1832

滇粹不分卷　883

滇緬分界疏略一卷　1709

滇緬劃界圖説一卷　1683

滇緬邊界記略一卷　1709

滇還日記一卷　1700

滇黔土司婚禮記一卷　1628，1655，1700

滇黔土司婚禮記不分卷　1755

滇黔紀游一卷　1637，1661

滇黔紀游二卷　1636

滇繫十二卷　883

（光緒）溧水縣志二十二卷　725

（嘉慶）溧陽縣志十六卷　732

（光緒）溧陽縣續志十六卷　732

滅國五十考一卷　1861

裟羅館逸稿二卷　1610

裟羅館清言二卷　1610

滌齋公自訂年譜一卷　1822

準齋雜説二卷　1673

準齋雜説二卷附録一卷　1811

塗山紀游一卷　1709

塗説四卷　1040

溪雲集一卷　1381

溪蠻叢笑一卷　1563，1594

（乾隆）滄州志十六卷　713

滄江野史一卷　1573

滄江散人集一卷　1379

滄洲紀事一卷　558

滄洲集一卷　1375

滄海遺珠録二卷　1026

滄浪小志二卷　874

滄浪吟二卷　1747

滄浪吟三卷　1436

滄浪吟卷一卷　1615

滄浪集鈔一卷　1371

滄浪詩話一卷　1461，1462，1566，1616，
　1747

滄浪詩話一卷滄浪吟一卷　1464

滄浪詩話注五卷　1464

滄浪櫂歌一卷　1675

滄浪嚴先生詩談一卷　1611

滄桑艷二卷　1498

滄粟庵詩鈔二卷　1322

滄溟先生集三十二卷　1206

滄溟先生集三十卷附録一卷　1206

滄溟詩集十四卷　1382

滄螺集六卷　1802

滄螺集六卷補遺一卷附録一卷　1802

滂喜齋宋元本書目一卷　1771

滂喜齋學録十一卷　1877

滂喜齋叢書五十種　1729

溯流史學鈔二十卷　963

溶溪雜記一卷　1573

梁清傳一卷　1570

慎子一卷　949，950

慎子一卷附逸文一卷　1672

慎守要録九卷　1736

慎言十三卷　973

慎言集訓二卷　1611，1726

慎修堂集二十卷　1208

慎修堂詩稿一卷附秦游記一卷　1290

慎柔五書五卷　994，997

慎疾芻言一卷　995，1732，1733，1742，
　　1765，1850

慎餘齋詩鈔四卷　1268

慎盦文鈔二卷詩鈔二卷　1316

慎鸞交二卷　1504

慊齋詩鈔二卷附文鈔一卷　1343

塞上雜記一卷　1685

塞北小鈔一卷　1628，1636，1637，1684

塞北紀行一卷　1682，1755

塞北紀程一卷　1685

塞北漠南諸水彙編一卷　1696

塞外雜識一卷　1670

塞程別紀一卷　1625，1627，1685

塞爾維羅馬尼蒲加利三國合考一卷　1711

塞語一卷　1798

愙齋藏器目一卷　1763

寧古塔紀略一卷　1754

褚氏遺書一卷　993，1553，1570，1583

褚亮集一卷　1811

褚堂文集一卷　1824

褚堂閒史考證一卷附録一卷校勘記一卷
　　1810

褚遂良集一卷　1811

裨勺一卷　1712

裨海紀游一卷　1630，1701

福山公遺集一卷附福山公家傳　1442

（乾隆）福山縣志十二卷　769

福州文廟敬事録　1084

福州猴王神記一卷　1588，1591

福州奮興會詩歌　1147

福建考略一卷　1684

福建地略一卷　1708

福建沿海圖説一卷附海島表一卷　915

（道光）福建通志二百七十八卷首七卷
　　附一卷　704

（乾隆）福建通志七十八卷首五卷　703

福建鄉試録（乾隆十七年壬申恩科）
　　623

（乾隆）福建續志九十二卷首四卷　704

福建鹽法志二十二卷　659

福建鹽務公牘不分卷　1885

福星輪船被澳順撞沉案二卷　663

（榕腔）福音四書　1141

福音調和八卷　1152

福康安奏摺　693

福惠全書三十二卷　655

福禄鴛鴦閣遺稿一卷　1747

福寧紀事二卷　565

福盦藏印六集六卷　1087

禘祫答問一卷　430

禘祫問答一卷　1628

禘祫觿解篇一卷　500

禘説二卷　429，1667

（乾隆）肅寧縣志十卷　712

肅雝集一卷　1377

群玉樓稿七卷困亨別稿一卷　1203

群仙要語二卷　1113

群仙珠玉集成四卷　1113

群英書義二卷　1740

群居解頤一卷　1557

群書札記十六卷　1028

群書考索前集六十六卷後集六十五卷續

集五十六卷別集二十五卷　1533
群書典彙十四卷　1537
群書治要子鈔二卷　1768
群書治要五十卷　1720
群書拾補初編三十七卷　1813
群書校補三十九種　1875
群書提要一卷　1862
群書答問二卷補遺一卷　1772
群書集事淵海四十七卷　1534
群書疑辨十二卷　1011
群書雜義一卷　1862
群碎録一卷　1553，1576，1614
群經大義一卷　1770
群經凡例一卷　1769
群經平議三十五卷　432，1874
群經字詁七十二卷　501
群經音辨二卷　498
群經音辨七卷　503，519，1739，1743，
　1798
群經音辨校一卷　1875
群經宮室圖二卷　429，501，1859
群經理畫一卷　1879
群經理話二卷　1879
群經補義五卷　425，494，497
群經義證八卷　429
群經説四卷　1877
群經質二卷　500
群經賸義一卷　1766
群經識小八卷　426
群經釋地六卷　1876
群碧樓書目初編九卷附書衣雜識一卷　939
群輔録一卷　1561，1582，1598，1600，
　1601，1659，1727
群賢小集補遺十二卷　1371
群談採餘十卷　1018

殿閣詞林記二十二卷　596
辟邪紀實三卷附一卷　1153
辟邪録三卷首一卷附録　1153
辟寒部四卷　1611
辟疆園杜詩注解十七卷　1165
辟疆園遺集四種　1384
裝潢志一卷　1625，1626，1731
遜志堂雜鈔十卷　1753
遜志齋集二十二卷　1359
遜志齋集二十四卷附録一卷　1194
遜國神會録二卷　583
遜國記一卷　1573
遜敏堂叢書三十二種　1722
遜學齋文鈔十二卷詩鈔十卷　1325
遜學齋文鈔十二卷詩鈔六卷文續鈔五卷
　1325
預備立憲京内官制全案一卷　683
彙苑詳注三十六卷　1534
彙刻三代遺書六種　1603
彙刻太倉舊志五種　737
彙刻書目二十卷　941
彙刻書目初編十卷附補編一卷　941
彙集經驗方一卷　1852
彙選子集奇賞七卷　1033
彙纂功過格注釋録要四卷　1127
彙纂功過格兼注釋十二卷末一卷　1127
彙纂詩法度針八集三十三卷首一卷　1466
經天該一卷　1651
經丹霞山記一卷　1693
經心書院集四卷　1460
經心書院續集十二卷　1459
經正堂商語一卷　1834
經世石畫三卷　1074
經世要談一卷　1573
經世學引初編一卷附圖表　569

經史子集題解韻府十八卷　1035

經史百家簡編一卷　1768

經史百家簡編二卷　1321

經史百家雜鈔二十六卷　1321，1401

經史析疑二十四卷　1011

經史通用古今直音四卷　524

經史問答七卷　425

經史鈔三十三卷　1668

經史管窺一卷　1634

經史質疑録一卷　1777

經外雜抄二卷　1611

經邦軌轍一卷　1875

經考五卷　493，1775

經行記一卷　1682

經字辨體八卷首一卷　517

經言拾遺十四卷　1847

經玩二十卷　502

經武要略四卷　1875

經苑二十五種　498

經述三卷　432

經典文字辨證書五卷　1667

經典異文補六卷　1657

經典詩文叙録一卷　1742

經典釋文三十卷　422，425，501

經典釋文補條例一卷　1745

經使百家簡編二卷　1870

經使百家雜鈔二十六卷　1870

經咫一卷　1629

經咫摭録一卷　457

經訓約編不分卷　1455

經訓書院自課文三卷　1880

經訓堂叢書十七種　1667

經書厄言一卷　1632

經書字音辨要九卷　527

經書言學指要一卷　1803，1847

經書源流歌訣一卷　1845

經書源流歌訣一卷三禮儀制歌訣一卷歷
　　代姓系歌訣一卷附榕村字畫辨訛一卷
　　501

經書算學天文考一卷　428

經書算學天文考二卷　1742，1743

經問十八卷　1841

經問十四卷補一卷　425

經問補三卷　1841

經笥堂文鈔二卷　1255

經笥質疑易義原則六卷首一卷易義附篇
　　四卷首一卷附三五本紀補一卷　441

經進文稿六卷　1845

經筵玉音問答一卷　1652

經腴類纂二卷　1036，1037

經詞衍釋十卷附補遺一卷　502

經絡考一卷　993

經絡歌訣一卷　1731

經傳九州通解一卷　1770

經傳小記一卷　429，1856

經傳考證八卷　428，494

經傳字音考正四卷　529

經傳建立博士表一卷　499

經傳禘祀通考一卷　1855

經傳摭餘五卷　1715

經傳繹義五十卷　494

經傳釋詞十卷　427，1671，1823

經傳釋詞補一卷　1743

經傳釋詞續編二卷　497

經鉏堂雜志一卷　1564

經解入門八卷　494

經解指要二十二卷　501

經話甲編二卷　1770

經義一卷　1840

經義未詳説五十二卷　494

經義正衡叙録二卷　1352

經義史論尋源四卷　1470

經義考三百卷　944

經義考補正十二卷　944，1738

經義述聞二十八卷　427

經義述聞十五卷　494

經義述聞三十二卷　1823

經義知新記一卷　427

經義尋中十卷　1878

經義模範一卷附作義要訣一卷四六金針
　　一卷　1454

經義叢鈔三十卷　428

經義雜記十卷　425

經義懸解五卷　1881

經圖説辯正二卷　434

經説八卷　1819

經説八卷遺説一卷　1823

經説五卷　1863

經説略二卷　432

經遼疏牘十卷　688

經德堂文集四卷　1438

經餘必讀八卷　1023

經餘必讀八卷二編八卷三編四卷　1023

經課續編八卷　1874

經學五變記箋述二卷　1769

經學不厭精二卷　496

經學文鈔十五卷首三卷　496

經學史學策一卷　497

經學卮言六卷　426，1856

經學初程一卷　1769

經學通論五卷　500，1880

經學提要十五卷　494

經學輯要二十四卷　495

經學歷史一卷　500，1880

經營外蒙古議一卷　1709

經窺十六卷　495

經濟集一卷　1377

經濟集七卷　1830

經濟類考約編二卷　1540

經濟類編一百卷　1535

經禮補逸九卷　424

經禮補逸九卷附録一卷　421

經藝淵海不分卷　1459

經韻集字析解二卷附拾遺補注一卷　527

經韻樓集十二卷　1270，1383，1854

經韻樓集六卷　426

經韻樓叢書十一種　1854

經籍要略不分卷附勸學八則　945

經籍訪古志六卷補遺一卷　943

經籍跋文一卷　1729

經籍跋文一卷附對策六卷　1754

經籍舉要一卷附吳晴舫學使告示六條家
　　塾課程一卷中江講院添設季課示一卷
　　945

經籍舉要一卷附録三卷　1752

經籍舉要一卷附録中江書院尊經閣藏書
　　目、中江講院建立經誼治事兩齋章程
　　945

經籍纂詁一百六卷首一卷附補遺　531

經讀考異八卷　426

經讀考異八卷補一卷句讀叙述二卷補一
　　卷附翟晴江四書考異内句讀一卷　485

經驗丹方彙編不分卷附補遺一卷　1005

綏服厄魯特蒙古記一卷　1685

綏服内蒙古記一卷　1685

綏服外蒙古記一卷　1685

綏服西屬國記一卷　1686

綏服紀略一卷　1687

綏寇紀略十二卷附補遺三卷　555

（光緒）綏遠志十卷首一卷　761

綏遠奏議一卷　689

綏廣紀事一卷　1604

（光緒）綏德直隸州志八卷　801

剿奴議撮一卷　1614

剿説四卷　1677

剿闖小説十回　1517

十四畫

璉川詩集八卷　1207

瑣言續一卷　1123

瑣語一卷　1832

瑣綴録一卷　1573

静一齋詩餘一卷　1475

静用堂偶編十卷　1250

静佳乙稿一卷静佳龍尋稿一卷　1370

静佳詩集一卷　1374

静春堂集一卷　1376

静春堂詩集五卷附録三卷　1656

静思集一卷　1377

静香閣詩存一卷　1337

静香閣詩草一卷　1421

静修先生文集十二卷　1798

静軒公集一卷　1445

静軒筆記十九卷　1027

静軒集五卷附録一卷　1768

（道光）静海鄉志三卷　738

（同治）静海縣志八卷　713

静菴文集四卷詩集六卷　1273

静菴文集四卷詩集六卷蔡傳正訛六卷　1273

静惕堂宋元人集書目一卷　941

静惕堂詩集四十四卷　1226

静園詩鈔後集　1343

静廉齋詩集二十四卷　1257

静樂稿一卷　1381

静學廬逸筆二卷　1825

静學廬遺文一卷　1825

静齋至正直記四卷　1740

静觀自得録一卷　1068

静觀書屋詩集七卷　1806

静觀齋詩鈔一卷　1384

碧山堂集一卷　1379

碧天霞傳奇二卷　1495

碧血録二卷　1654

碧血録五卷　595

碧里雜存一卷　1574，1588，1613

碧苑壇經三卷首一卷末一卷　1122

碧城僊館詩鈔八卷　1291

碧城僊館詩鈔八卷附一卷　1763

碧桃館詞一卷　1475

碧琅玕館詩注二卷　1322

碧琅玕館詩鈔四卷續鈔四卷　1332

碧梧山館詞二卷　1851

碧梧紅蕉館詞一卷　1476

碧雲集三卷　1368，1369

碧雲詞一卷　1885

碧雲盦詞二卷樂府餘論一卷　1767

碧雲騢一卷　1559，1586，1590

碧腴齋詩存八卷　1259，1851

碧湖雜記一卷　1556，1595

碧筠館詩稿四卷補遺一卷附録二卷　1812

碧溪詩話十卷　1647

（江蘇蘇州）碧鳳顧氏支譜不分卷　588

碧幢雜識一卷　1712

碧聲吟館叢書八種　1498

碧雞漫志一卷　1556，1581

碧雞漫志五卷　1653

瑶石山人詩稿十六卷　1436

瑶石集七卷　1382

瑶光閣集十卷　1360

瑶草珠華閣詩鈔一卷　1422

瑤草軒詩鈔一卷　1421

瑤華集二十二卷附二卷詞人姓氏爵里表一卷　1480

瑤華閣詞一卷補遺一卷　1476

瑤華閣詩草一卷閩南雜咏一卷詞一卷詞補遺一卷　1310

瑤華閣詩草二卷詞一卷詞補遺一卷　1310

瑤想詞一卷　1280

熬波圖二卷　1078

髦餘雜識一卷　1611

墐户録一卷　1576

駁五經異義一卷補遺一卷　1650，1657，1667，1725

駁五經異義十卷　1782

駁吕留良四書講義不分卷　483

駁春秋名字解詁一卷　432

駁案成編不分卷　670

駁案新編三十二卷續編七卷　670

趙凡夫先生印譜十二卷　1087

趙氏孤兒大報讎雜劇一卷　1501

趙氏淵源集十卷　1441

趙文恪公自訂年譜一卷附遺集二卷　614

趙文敏公松雪齋全集十卷外集一卷續集一卷　1189

趙文蕭公集四卷　1205

趙后外傳一卷　1606

趙后遺事一卷　1570，1660

趙合傳一卷　1594

（光緒）趙州屬邑志八卷　722

趙忠定奏議四卷　691

趙忠節公遺墨一卷附温次言先生詩録一卷　1331

趙忠毅公文集十八卷　1360

趙忠毅公全集十二種　1833

趙忠毅公儕鶴先生史韻補注四卷　576

（道光）趙城縣志三十七卷首一卷　758

趙盼兒風月救風塵雜劇一卷　1499

趙待制遺稿一卷　1655

趙飛燕外傳一卷　1570，1582，1597

趙恭毅公賸稿八卷　1240

趙恭毅公賸稿八卷附趙裘萼公賸稿四卷　1240

趙清獻公集十卷附校字　1173

（至元）嘉禾志三十二卷　803

嘉府典故纂要八卷　878

嘉定四先生集七十七卷　1430

嘉定先生奏議二卷　696

嘉定長白二先生奏議四卷　696

嘉定屠城紀略一卷　557

（康熙）嘉定縣志二十四卷　737

（光緒）嘉定縣志三十二卷首一卷　737

嘉定錢氏著述三種　1822

嘉定錢氏潛研堂全書二十三種　1853

嘉定錢氏藝文志略一卷附先德述聞一卷　941

（嘉定）嘉定鎮江志二十二卷首一卷附録一卷校勘記二卷　737

（上海嘉定）嘉定顧氏宗譜不分卷　586

嘉祐集選一卷　1833

嘉峪關外安西青海合圖嘉峪關外鎮迪伊犁合圖　916

（光緒）嘉祥縣志四卷首一卷　777

（乾隆）嘉祥縣志四卷首一卷　777

（同治）嘉魚縣志十二卷　823

（嘉慶）嘉善縣志二十卷　804

（光緒）嘉善縣志三十六卷首一卷　804

（正德）嘉善縣志六卷　804

嘉善録一卷　1867

嘉蔭簃論泉絶句二卷　928

嘉蔭簃論泉截句二卷　1821

嘉蔭簃藏器目一卷　1764

嘉靖仁和縣志十四卷　1809

嘉靖以來内閣首輔傳八卷　1669

嘉賓心令一卷　1579

嘉穀堂集一卷　1753，1880

嘉樹山房集二十卷外集二卷　1280

（康熙）嘉興府志十六卷　803

（光緒）嘉興府志八十八卷首二卷　803

（道光）嘉興府志六十卷首三卷　803

（光緒）嘉興縣志三十七卷首二卷末一
　卷　803

嘉應平寇紀略一卷　1733

（光緒）嘉應州志三十二卷　864

臺北道里記一卷　1702

臺海使槎錄八卷　881，1800

臺游筆記一卷　1701

臺溪集一卷　1846

臺閣集一卷　1366，1368

臺懷隨筆一卷　1684，1852

臺灣小志一卷　1701

臺灣生熟番紀事一卷　882

臺灣外紀三十卷　881

臺灣地輿圖説一卷　1707

臺灣近事末議一卷　1710

臺灣使槎錄一卷　1701

臺灣紀略一卷　1637，1661，1701

臺灣番社考一卷　1702

臺灣隨筆一卷　1628，1701

臺灣輿圖　915

臺灣雜記一卷　1637，1638，1661，1701

截球解義一卷　1873

摭古遺文二卷再增摭古遺文一卷　512，
　513

摭言一卷　1559，1585，1609，1662，1665

摭青雜説一卷　1555，1586，1590，1660

摭異記一卷　1560，1584，1664，1666

摘要書柬便裁十卷　1450

摘録古今類傳麗句四卷　1401

摘纂隨園史論一卷　1715

（光緒）墊江縣志十卷　852

壽山堂易説不分卷　434

壽世青編二卷　1008

（嘉慶）壽光縣志二十卷　768

（乾隆）壽州志十二卷首一卷末一卷　743

（光緒）壽州志三十六卷首一卷末一卷
　743

壽花軒詩略一卷　1732

壽者傳三卷　1856

（寶祐）壽昌乘一卷　823

壽研山房詞一卷　1476

壽雪山房詩稿十卷越中忠節詩一卷　1279

（光緒）壽張縣志十卷首一卷　766

（康熙）壽張縣志八卷　765

（光緒）壽陽縣志十三卷　756

（光緒）壽陽縣志十三卷首一卷　756

（乾隆）壽陽縣志十卷首一卷　756

壽鼎齋印存一卷　1091

（康熙）壽寧縣志八卷　857

壽藤齋時文一卷　1821

壽藤齋詩三十五卷　1259，1821

（同治）綦江縣志十二卷首一卷　842

聚星札記一卷　1778

聚學軒叢書六十種　1776

蓴鄉贅筆三卷　1638

慕耕草堂詩鈔四卷　1826

慕皋廬雜刻十二種　1884

慕皋廬雜稿一卷　1884

慕萊堂詩文徵存十卷　1449

摹古印譜五卷　1092

摹印述一卷　1768

蔥嶺三幹考一卷　1693

蔡中郎文集十卷外傳一卷　1744

蔡中郎集二卷　1361

蔡中郎集八卷　1361

蔡氏九儒書九卷　1445

蔡氏月令五卷　1766

蔡氏月令章句二卷　1774

蔡氏易説一卷　1785

蔡氏喪服譜一卷　1788

蔡忠恪公語録一卷　1360

蔡癸書一卷　1795

蔡福州外紀十卷附録一卷　606

蔗尾詩集十五卷　1254

蔗根集十七卷　1420

蔗塘未定稿九卷外集七卷芸書閣賸稿一
　　卷　1251

熙朝尺牘一卷　1717

熙朝宰輔録二卷　624

熙朝新語十六卷　1041

熙朝新語刊要二卷　1716

熙朝樂事一卷　1553，1577

熙寧酒課一卷　1567

熙豐日曆一卷　1560，1586，1589

（光緒）蔚州志二十卷首一卷　720

（乾隆）蔚州志補十二卷首一卷　720

蔚村三約一卷　1804

（乾隆）蔚縣志三十一卷　720

蔚盧劉子文集四卷詩集四卷　1347

蔣子文傳一卷　1585，1595，1660，1663，
　　1666，1727

蔣子萬機論一卷　1795

蔣氏日録一卷　1558

蔣氏四種　1852

蔣氏家訓一卷　1670

蔣氏游藝秘録二卷　1092

蔣丹林學使義學規條一卷　1768

蔣廷錫詩選一卷　1427

蔣侑石遺書三種　1877

蔣恭侯集一卷　1681

蔣無爲史館奏牘一卷　696

蔣道林先生桃岡日録一卷　1017

蔣鉛山九種曲（清容外集）十三卷　1852

蓼花洲閒録一卷　1586，1590，1596

蓼花洲聞録一卷　1560

蓼花齋詩存四卷詩餘一卷試帖二卷附録
　　一卷　1334

蓼齋集四十七卷後集五卷　1220

薌嶼裘書七種　1854

檟園四種　1874

（浙江嘉興）檇李梅溪雙桂張氏宗譜不
　　分卷　591

檇李曹太史評鐫古今全史一覽六卷　577

檇李遺書二十種　1813

槁簡贅筆一卷　1556

榕村四種　1844

榕村全書三十二種附十種　1844

榕村全集四十卷榕村續集七卷榕村別集
　　五卷　1845

榕村字畫辨訛一卷　1845

榕村制義初集一卷二集一卷三集一卷四
　　集一卷　1845

榕村詩選八卷首一卷　1845

榕村語録三十卷　1845

榕村講授三卷　965，1845

榕村譜録合考二卷　1845

榕村韻書五卷　1845

榕城格致書院畢業單　1892

榕城詩話三卷　1652，1850

榕城隨筆一卷　1576

榕腔神詩　1131

榕園全集　1308

榕園叢書六十二種續刻三種　1724

榕壇問業十八卷　961

輔仁録四卷　1873

輕世金書便覽四卷　1129

塹堵測量二卷　1052

歌者葉記一卷　1663，1665

歌林多書注解　1145

歌麻古韻考四卷　1800

歌學譜一卷　1577

歌録一卷　1783

監本附音春秋公羊注疏二十八卷附校勘記
　　二十八卷　417，418

監本附音春秋穀梁注疏二十卷附校勘記二
　　十卷　417，418

監本書經四卷　443

監利風土志一卷　1699

（同治）監利縣志十二卷首一卷　826

酸齋集一卷　1378

厲學一卷　1797

歷官表奏十六卷　691

（乾隆）碭山縣志十四卷首一卷　736

碣石宮鬢語一卷　1614

（康熙）磁州志十八卷　717

（同治）磁州續志六卷　718

爾雅一切注音十卷　1771

爾雅二卷附音釋　530

爾雅十一卷　417

爾雅三卷　490，495，1616

爾雅小箋三卷　1775

爾雅正郭三卷　531

爾雅正義二十卷　426，531

爾雅古注斠三卷　504

爾雅古義二卷　429

爾雅古義十二卷　1725

爾雅平議一卷　432

爾雅四卷　529

爾雅匡名二十卷　430，530，1813

爾雅李氏注三卷　1791

爾雅直音二卷　1762

爾雅注一卷　1784

爾雅注疏十一卷　415，529

爾雅注疏十一卷附考證　416

爾雅注疏十卷附校勘記十卷　417，418，
　　419

爾雅注疏本正誤五卷　1774

爾雅音義一卷　1791

爾雅施氏音一卷　1791

爾雅校勘記六卷釋文校勘記二卷　427

爾雅郭注佚存補訂二十卷　1883

爾雅郭注補正三卷　530

爾雅孫氏注三卷　1791

爾雅孫氏音一卷　1791

爾雅貫珠一卷　1036，1037

爾雅犍爲文學注三卷　1791

爾雅集解十九卷　1882

爾雅詁二卷　1766

爾雅補注殘本一卷　1730

爾雅補郭二卷　429，1735，1765，1771

爾雅蒙求二卷　530

爾雅稗疏四卷　1751

爾雅新義二十卷附叙録一卷　530

爾雅新義二十卷叙録一卷　1739

爾雅義疏十九卷　428，1857

爾雅經注集證三卷　431

爾雅裴氏注一卷　1792

爾雅圖贊一卷　1784，1791

爾雅鄭注三卷　1715

爾雅漢注三卷　1667，1753

爾雅樊氏注一卷　1791

爾雅劉氏注一卷　1791

爾雅謝氏音一卷　1791

爾雅翼三十二卷　530

爾雅釋地四篇注一卷　429

爾雅顧氏音一卷　1791

爾爾書屋文鈔二卷附家藏書畫記一卷　1871

爾爾書屋詩草八卷　1871

霆軍紀略十六卷　566

蜚雲閣凌氏叢書六種　496

裴子語林二卷　1796

裴少俊牆頭馬上雜劇一卷　1499

裴氏新言一卷　1795

裴仙先別傳一卷　1594

裴啓語林一卷　1561，1583

翡翠林閨秀雅集一卷　1428

翡翠樓集繡餘草一卷浣紗詞一卷　1428

翡翠樓詩集一卷　1422

雌木蘭一卷　1501

雌雄淵一卷　1751

睿川易義合編十八卷　440

睿夫集一卷　1381

對山印稿八卷　1088

對山書屋墨餘録十六卷　1043

對山樓詩稿十六卷　1251

對雨樓叢書四種　1767

對雨編一卷　1564，1586，1590

對牀夜語五卷　1652，1726，1811

對馬島考一卷　1710

對策六卷　1729

對語集腋四種　1741

對數尺記一卷　1873

對數尖錐變法釋一卷　1053

對數探源二卷　1053

對數簡法一卷續一卷　1764

對影閒吟草十二卷　1311

對聯五卷　1038

對聯集成五卷　1094

對聯匯海十四卷　1094

對嶽樓詩續録四卷韓齋文稿四卷　1318

對類二十卷習對發蒙格式一卷　1543

賑紀八卷　659

睽車志一卷　1572，1595，1661

嘆世無爲經一卷　1105

暢春苑御試恭紀一卷　1624，1627

暢叙譜一卷　1751

暢園叢書五種　1751

閨秀詞鈔十六卷補遺一卷　1477

閨門必讀五種　970

閨訓千字文一卷　1762

閨訓圖説二卷　971

閨閣才子奇書四卷　1518

聞戒一卷　1833

聞見近録一卷　1580

聞見偶録一卷　1632

聞見録一卷　1558

聞見雜録一卷　1595，1608

聞見雜録五卷　1750

聞妙香室詞一卷　1476

聞妙香室詞鈔四卷　1478

聞妙香室詩十二卷文十九卷　1297

聞妙香室詩稿四卷　1354

聞奇録一卷　1571，1585，1664，1666

聞過齋集一卷　1379

聞過齋集四卷　1192

（乾隆）聞喜縣志十二卷首一卷　759

（光緒）聞喜縣志補四卷　759

（光緒）聞喜縣志斠三卷首一卷　759

（光緒）聞喜縣志續四卷　759

閩小紀二卷　1636，1637，1661

閩小記一卷　1701

閩川名士傳一卷　1561

閩川閨秀詩話四卷　1861

閩中紀略一卷　1634

閩中海錯疏一卷　1724

閩中海錯疏三卷　1650

閩中攬勝集一卷附習軒詩鈔一卷　1324

閩行日志一卷　900

閩行日記一卷　1698

閩江諸水編一卷　1695

閩事紀略一卷　1749

閩都記三十三卷　881

閩部疏一卷　1554，1576，1605，1612，
　1670

閩海蠱毒記一卷　1588，1591

（乾隆）閩清縣志十卷首一卷　854

閩游月記二卷　558

閩游紀略一卷　1701

閩游偶記一卷　1707

閩詩錄甲集六卷乙集四卷丙集二十三卷
　丁集一卷戊集七卷　1435

閩嶠賦約四卷附夢竹齋賦草一卷　1436

（光緒）閩縣鄉土志不分卷　853

閩雜記一卷　1701

閩難記一卷　1630，1713

閩鹽正告書不分卷　1885

間史瑣言一卷　1805

閣注文鈔四卷　1275

閣學公集二十卷　1824

閣學公集十卷　1343

嘔絲一卷　1615

蝸角新棋一卷　1068

蝸巢聯語一卷　1885

蝸笑偶言一卷　1553，1575，1611

團花鳳一卷　1502

鳴求軒詩存不分卷　1350

鳴沙山石室祕錄一卷　945

鳴春集一卷　1268

鳴真集一卷　1119

鳴原堂論文二卷　1321，1870

鳴琴集一卷　1380

鳴鳳記二卷　1503

鳴鶴山記一卷　1588，1591

鳴鶴堂文集十卷詩集十一卷　1227

鳴鶴餘音一卷　1120

鳴鶴餘音一卷附馮尊師二十首　1676

噉蔗全集十六卷附喪禮祥考一卷周官隨
　筆一卷　1269

罰爵典故一卷　1567

圖民錄四卷　957，1756

圖注八十一難經四卷校正圖注脉訣四卷校
　正瀕湖脉學一卷奇經八脉考一卷　1000

圖書衍五卷　1835

圖書集成醫部總目表一卷　1770

圖書編一百二十七卷　1535

圖書檢要七卷　1714

圖書寶鑑五卷補遺一卷　1725

圖開勝蹟六卷紀恩慕義一卷附戰功紀略一
　卷　880

圖畫精意識一卷　1628，1753

圖像本草蒙筌十二卷首一卷總論一卷　1002

圖像新撰五劍十八義四卷四十回　1527

圖繪宗彝八卷　1074

圖繪寶鑑七卷補遺一卷　1074

圖繪寶鑑五卷補遺一卷　1074

圖繪寶鑑六卷補遺一卷　1074，1617

骸稿一卷　1370，1375

（道光）舞陽縣志十二卷　786

酈鄭學廬地理叢刊四種　1680

酈齋叢書二十種　1774

製火藥法三卷附圖一卷　1761

製曲枝語一卷　1625，1626

製肥皂法二卷　1760

製油燭法一卷　1760

稧帖緒餘四卷　1854

種子秘剖二卷　997

種玉記二卷　1504

種芋法一卷　1579

種松園集十二卷　1254

種痘心法一卷　1670

種痘指掌一卷　1670

種榆僊館印譜不分卷　1090

種筠書屋較訂撼龍經一卷疑龍經一卷　1060

種蔗製糖論略一卷　987

種樹軒遺集四卷　1323

種樹書一卷　1569，1752

種樹書三卷　1554

種蘭訣一卷　1554

稱呼帖式三卷　1038

稱謂考辨一卷　1804

稱謂録三十二卷　1549

箕裘集詩鈔二十四卷　1440

箕龜論一卷　1570

箋元遁甲句解煙波釣叟歌一卷　1057

箋卉一卷　1628

箋注唐賢絕句三體詩法二十卷　1404

箋經室叢書三種　1885

算式集要四卷　1758

算迪八卷　1816

算法全書不分卷　1895

算術問答一卷　1634

算經一卷　1570，1581

算牖四卷　1057

算學啓蒙三卷　1056

算學報三卷　1826

算學新說一卷　462

算學瑣解五卷　1879

算學演圖一卷　1879

算賸初編一卷續編一卷餘稿二卷　1866

劏記一卷　1869

管子二十四卷　948，949，950，951，984

管子地員篇注四卷　984

管子義證八卷　1774

管子權二十四卷　984

管子選四卷　1400

管色考一卷　1728，1772

管見理畫二卷　1879

管見理話二卷　1879

管刻詩學問難一卷　1468

管城碩記三十卷　1847

管榆詩選一卷　1427

管窺編一卷　1122

管窺輯要八十卷　1052

管窺輯要八十卷附天文步天歌　1047

管礦法程四卷　1780

毓秀堂畫傳四卷　1079

儆季雜著五種附兩種　1877

儆居集五種　1863

僊屏書屋初集年記三十一卷　1308

（乾隆）僊游縣志五十三卷首一卷　854

僑吳集一卷　1377

僞官據城記一卷　558

僞齊録二卷　1768

僧訓日記一卷　1111

僧無可詩集二卷　1366

槃薖文甲集三卷乙集二卷　1352

槃薖紀事初稿四卷　1352

（道光）銅山縣志二十四卷首一卷　735

銅板四書遵注合講十九卷附四書圖考一卷四書人物考一卷　485

銅政便覽八卷　659

銅符鐵券一卷　1118

銅符鐵券三卷　1112

（光緒）銅梁縣志十六卷首一卷　843

銅鼓書堂遺稿三十二卷　1262

銅鼓書堂藏印不分卷　1089

銅熨斗齋隨筆八卷　1729，1754

銀山鐵壁謾談一卷　1576

銀合太子走國十卷　1486

銀瓶梅四卷二十三回　1527

銀瓶徵一卷　606，1807

銀海指南四卷　1007

銀經發秘二卷　659

銀漢槎傳奇二卷　1496

銀價駁議一卷　659

銀礦指南一卷附圖一卷　1760

鄱陽記一卷　1562

鄱陽集一卷　1373

鄱陽集四卷首一卷末一卷　1181

（同治）鄱陽縣志二十四卷首一卷末一
　　卷　814

（道光）鄱陽縣志三十二卷首一卷末一
　　卷　814

遯世論十四卷　1018

遯世編十四卷　602

遯窟讕言十二卷　1046

遯盦秦漢古銅印譜不分卷　1087

遯盦秦漢印選四集　1087

遯齋閒覽一卷　1557

鳳氏經說三卷　1740

鳳仙譜一卷　1636

鳳池吟稿十卷　1193

鳳求凰二卷　1504

鳳洲雜編六卷　1604

鳳凰山記一卷　1690

鳳凰山聖果寺志一卷　1808

鳳凰琴二卷　1496

鳳凰臺記事一卷　1575

（道光）鳳凰廳志二十卷首一卷　839

（光緒）鳳陽府志二十一卷　742

（乾隆）鳳陽縣志十六卷首一卷　742

（乾隆）鳳翔府志十二卷首一卷　793

（乾隆）鳳翔府志略三卷　793

（乾隆）鳳翔縣志八卷首一卷　793

鳳臺祇謁筆記一卷　901，1684

鳳臺祇謁筆記一卷永寧祇謁筆記一卷
　　901

（光緒）鳳臺縣志二十五卷首一卷　743

（乾隆）鳳臺縣志二十卷　753

（光緒）鳳臺縣續志四卷首一卷　753

鳳墅殘帖釋文二卷　1658

（光緒）鳳縣志十卷首一卷　795

鳳麓小志四卷　1855

鳳簫樓詩集一卷　1421

疑仙傳一卷　1611

疑仙傳三卷　1723

疑年表一卷太歲超辰表三卷　1729，1754

疑年錄四卷　594，1722，1739，1762，
　　1853

疑雨集四卷　1217

疑團二卷　1037

疑龍經一卷　1741

疑耀七卷　1010，1816

疑辯錄三卷　497

（乾隆）雒南縣志十二卷附志一卷　799

雒書緯一卷　532

雒閩源流錄十八卷　598

鄠峰真隱漫錄五十卷　1182

語小一卷　1624，1626

語石十卷　931

語言談一卷　1574

語林考辨一卷　1804

語怪一卷　1553，1580，1589，1620

語録一卷　1848

（孫子遺書）語録二卷　1799

語録大觀七卷附孚佑帝君正教編一卷　1118

語窺今古一卷　1574，1588

誥屏山記一卷　1692

誥詞一卷　1841

誨爾録二卷　1034

説文二徐箋異十四卷　508

説文五翼八卷　508

説文分韻易知録十卷　509

説文引詩辨證一卷　1804

説文引經考二卷補遺一卷　1765

説文引經考異十六卷　507

説文引經考證七卷互異説一卷　506

説文引經考證七卷附説文引經互異説一卷　506

説文引經例辨三卷　1872

説文正字二卷　508，1668

説文古籀補十四卷　509

説文古籀疏證六卷　511，1730

説文古籀疏證目一卷　1856

説文外篇十五卷補遺一卷　1872

説文字原考略六卷　509

説文字原集注十六卷附説文字原表一卷說文字原表説一卷　507

説文字原韻表二卷　504，507

説文字通十四卷説文經典異字釋一卷　506

説文字辨十四卷　498，1863

説文長箋一百卷首二卷解題一卷六書長箋七卷　506

説文拈字七卷附補遺一卷　509

説文建首字讀一卷　509

説文段注撰要九卷　504

説文訂訂一卷　504

説文校定本十五卷　1863

説文校訂本一卷　1765

説文校議十五卷　504，511，1858

説文徐氏新補新附考證一卷　508，1774

説文部目一卷　507

説文部首歌一卷　504

説文書目不分卷附補遺　942

説文通訓定聲十八卷　511

説文通訓定聲補遺十八卷　1863

説文通論一卷　1735

説文偏旁考二卷　509

説文逸字二卷附録一卷　1762，1868

説文淺説一卷　1735

説文提要一卷　506

説文答問一卷　504

説文答問疏證六卷　504，509，1732，1735，1765

説文發疑六卷　511，1658

説文統釋自序一卷　508，1732

説文楬原二卷　1658

説文解字十五卷　503，505，1679

説文解字五百四十部目　511

説文解字句讀三十卷　508

説文解字述誼二卷　1777

説文解字注十五卷　426，1854

説文解字注三十二卷　505

説文解字音均表十七卷首一卷　430

説文解字校勘記殘稿一卷　1771

説文解字校録十五卷附説文刊誤一卷説文玉篇校録一卷　505

説文解字索隱一卷補例一卷　1763

説文解字部目一卷　507

説文解字通正十四卷　1777

説文解字通釋四十卷附校勘記三卷　505

説文解字義證五十卷　507

説文解字斠詮十四卷　508

説文解字篆韻譜五卷　506

説文解字篆韻譜五卷附録一卷　503

説文解字舊音一卷　1667

説文解字繫傳四十卷附校勘記三卷　503

説文解字繫傳四十卷附録一卷　1662

説文解字韻譜十卷　506

説文解字韻譜五卷　1675

説文新附考六卷　1735，1765

説文新附考六卷續考一卷　507

説文新附考六卷續考一卷附札記一卷　504

説文新附考六卷續考一卷段氏説文注訂
　　八卷　507

説文新附考校正一卷　505

説文義例一卷附小學字解　1633

説文叠韻二卷首一卷續編二卷　1871

説文經字考一卷　504，1732

説文經典異字釋一卷　506

説文經斠十三卷附補遺一卷説文正俗一
　　卷　510

説文閩音通一卷附録一卷　1872

説文管見三卷　507，1730，1777

説文疑疑二卷附録一卷　504

説文説一卷　504

説文廣義十二卷　506

説文廣義三卷　1839

説文廣義校訂三卷末一卷　509

説文粹言疏證二卷　499

説文審音十六卷　1752

説文審音十六卷附校記一卷　511

説文舉例一卷　504

説文諧聲孳生述不分卷　1775

説文諧聲譜九卷　430

説文凝錦録一卷　920，1632

説文辨字正俗八卷　507

説文辨疑一卷　504，507，1872

説文辨疑一卷條記一卷　1777

説文聲系十四卷　511，1738，1858

説文聲訂二十八卷　509

説文聲訂二卷附札記一卷　504

説文聲類二卷　1772

説文聲類十六卷聲類出入表一卷　429

説文聲讀表七卷　431，509，1762

説文舊音一卷　504

説文舊音補注一卷補遺一卷續一卷改錯
　　一卷　1766

説文檢字二卷補遺一卷　1765

説文職墨三卷　1766

説文雙聲二卷　1871

説文繫傳考異四卷附録一卷　1774

説文繫傳校録三十卷附文字蒙求四卷　505

説文韻譜校五卷　508

説文釋例二十卷　508

説文釋例二十卷附補正二十卷　508

説文釋例二卷　504

説文辯疑一卷　504

説文蠡箋一卷　504

説叩一卷　1631，1649

説快又續筆一卷　1068

説苑二十卷　949，1597，1598，1600，
　　1602

説苑選五卷　1401

説易十二卷　1835

説帖類編三十六卷　680

説性一卷　1865

説郛一百二十弓續説郛四十六弓　1554

説唐前傳十卷六十八回後傳八卷五十八

回　1523

説部精華十二卷　1733

説教一卷　963

説蛇一卷　1636

説硯一卷　1670

説雅一卷　530

説雅二卷　1742，1743

説嵩三十二卷　892

説鈴一卷　1633，1733

説鈴前集三十七種後集十六種　1637

説鈴前集三十三種後集十九種　1636

説詩菅蒯一卷　1629

説詩章義三卷　1873

説詩晬語一卷　1716，1731

説詩晬語二卷　1461，1733，1848

説詩晬語二卷南巡詩一卷黄山游草一卷
　　台山游草一卷浙江通省志圖説一卷歸
　　田集三卷　1249

説詩樂趣類編二十卷附偶咏草續集一卷
　　1462

説經五稿五種附一種　500

説經囈語一卷附趙貞婦曲題畫詩　494

説篆一卷　1086

説劍堂集不分卷　1353

説緯一卷　428

説學齋經説一卷　1651

説儲一卷　1780

説疇一卷　1835

説鱄諸伍員吹簫雜劇一卷　1500

説蠻一卷　1631，1700

認真草十六卷　1798

誦芬咏烈編八十卷首二十五卷　1442

誦荻齋曲二種　1497

敲爻歌直解一卷　1114

豪傑指南一卷　1779

豪譜一卷　1656

塾課小題正鵠初集不分卷二集二卷三集
　　三卷　1457

塾課古文匯選八卷　1400

塾課賸編不分卷　1266

塾講規約一卷　1624，1626

廣小匡咏一卷　1475

廣川書跋十卷　921，1753

廣川畫跋六卷　1744

（乾隆）廣元縣志十三卷首一卷　843

廣文字會寶不分卷　1398

廣文選六十卷　1387

廣右戰功一卷　1593

廣右戰功録一卷　1669

（乾隆）廣平府志二十四卷　716

（康熙）廣平府志二十卷　716

（光緒）廣平府志六十三卷首一卷　717

廣平侯闞一卷　919

（康熙）廣平縣志五卷　717

廣田水月錢譜一卷　1635

廣西三江源流考一卷　1696

廣西考略一卷　1684

廣西地略一卷　1708

廣西存書總目不分卷　940

廣西全省地輿圖説　916

廣西昭忠録八卷附平桂紀略四卷股匪總
　　録二卷堂匪總録十二卷廣西道里表一
　　卷　602

（嘉慶）廣西通志二百七十九卷首一卷
　　704

（嘉靖）廣西通志六十卷　704

（光緒）廣西通志輯要十七卷附廣西昭
　　忠録八卷平桂紀略四卷股匪總録二卷
　　堂匪總録十二卷廣西道里表一卷　704

廣西善後芻議附芻議之餘　689

廣西輿地全圖　916

廣百川學海一百三十種　1552

廣列女傳二十卷　603

廣成子解一卷　950，1572，1650，1675

廣成集十二卷　1172

廣名將傳二十卷　1736

廣州人物傳二十四卷　1816

廣州先賢傳一卷　1561

（光緒）廣州府志一百六十三卷　858

（乾隆）廣州府志六十卷首一卷　858

廣州記一卷　1562，1583

廣州游覽小志一卷　1625，1627，1702，
　1843

（咸豐）廣安州志八卷　844

廣孝集一卷　1129

廣孝歸宗論　970

廣抑戒錄一卷　1622

廣志一卷　1562

廣志二卷　1796

廣志繹五卷　1814

廣近思錄十四卷　1639

廣快書五十種　1614

廣祀典議一卷　1627

廣英堂遺稿一卷　1310

廣林一卷　1794

廣東考略一卷　1684

廣東地略一卷　1708

廣東校士錄十卷　617

廣東海防彙覽四十二卷　903

廣東海圖說不分卷　3039

（道光）廣東通志三百三十四卷首一卷
　704

（雍正）廣東通志六十四卷　704

廣東鄉土史教科書　1892

廣東鄉試同年齒錄（光緒十七年辛卯科）
　623

廣東新語二十八卷　1021

廣東圖說九十二卷首一卷附廣東圖二十
　三卷　915

廣東闈墨不分卷　1455

廣東輿地全圖　916

廣事類賦四十卷　1540

（光緒）廣昌縣志十四卷首一卷末一卷
　721

（同治）廣昌縣志十卷首一卷　817

廣金石韻府五卷　514

廣金石韻府五卷纂集玉篇偏旁形似釋疑
　文字一卷考古書傳一卷　514

廣治平略三十六卷補編八卷　644

廣治平略四十四卷　643

（同治）廣宗縣志十二卷　716

（乾隆）廣信府志二十六卷首一卷　814

（同治）廣信府志十二卷首一卷　815

廣皇輿考二十卷　911

廣客談一卷　1608

廣莊一卷　1553，1572，1610

廣連珠一卷　1632

廣唐賢三昧集四編　1408

廣陵女士殿最一卷　1579

廣陵月一卷　1502

廣陵曲江復對一卷　1810

廣陵妖亂志一卷　1584，1663，1666

廣陵妖亂志一卷逸文一卷　1768

廣陵事略七卷　1858

廣陵通典十卷　878

廣陵詩事十卷　1718

廣陵詩鈔一卷　1372

廣理學備考八十種　951

廣黃帝本行記一卷　1678

廣菌譜一卷　1579

廣異記一卷　1571，1660

廣清凉傳三卷　1023

廣惜字説一卷　1623

廣陽雜記五卷　1031，1731，1780，1800

廣博物志五十卷　1536

廣博物志增删二十卷　1536

廣雁蕩山志二十八卷首一卷末一卷　894

廣雅十卷　503，1605，1735

廣雅書局書目一卷　939

廣雅書院藏書目録七卷附廣雅書院督署
　發存書籍目録　939

廣雅堂試帖一卷　1883

廣雅堂詩集四卷　1342

廣雅補疏四卷　1883

廣雅疏證十卷　426，531

廣雅疏證十卷博雅音十卷　1797

廣雅碎金四卷附録一卷　1752

（道光）廣順州志十二卷首一卷末一卷
　869

廣温熱論四卷廣温熱論方一卷　995

廣寒梯傳奇二卷補一卷三十二齣　1505

廣寒殿記一卷　1579，1589

廣畫録一卷　1567

廣蒼一卷　1793

廣虞初新志四十卷　1039

廣愛録一卷　1853

廣新聞八卷　1043

廣福廟志一卷　1807

廣廣事類賦三十二卷　1540

廣漢魏叢書八十種　1597

（道光）廣寧縣志十七卷首一卷　862

（乾隆）廣德州志五十卷首一卷　744

（光緒）廣德直隸州志六十卷首一卷末
　一卷　744

廣論學三説一卷　1804

廣錢譜一卷　1713

廣輿古今鈔二卷　697

廣輿記二十四卷　911

廣輿圖二卷　911

廣濟耆舊詩集十二卷　1435

（同治）廣濟縣志十六卷首一卷　825

（同治）廣豐縣志十卷首一卷　815

廣雜纂一卷　1712

廣韻五卷　503，522

廣韻藻六卷　1547

廣釋名二卷　1656，1735，1740

（乾隆）廣靈縣志十卷首一卷末一卷　755

廣鹽桑説輯補二卷　1752

瘍醫大全四十卷　1007

瘍醫準繩六卷　993

瘦石文鈔二卷　1714

瘦吟詞一卷　1476

瘦吟樓詩草一卷　1421

瘦吟樓詩草四卷詩餘一卷　1325

瘦春仙館詩賸一卷　1353

塵缶集一卷　1762

塵餘一卷　1629

（廣東南海）廖氏族譜不分卷　593

廖陽殿問答編一卷　1122

（道光）彰化縣志十二卷　857

彰明附子記一卷　1569

（嘉靖）彰德府志八卷　782

（乾隆）彰德府志三十二卷首一卷　782

（萬曆）彰德府續志三卷　782

（康熙）韶州府志十八卷　859

（同治）韶州府志四十卷首一卷　859

端人集二十卷　1438

端石擬三卷附藜閣十硯銘一卷　1443

端平集一卷　1374

端居室集十二卷　1281

端敏公集二十四卷　1824
端溪書院志一卷　1857
端溪硯石考一卷　1622
端溪硯史三卷　1817
端溪硯坑記一卷　1803
端溪硯志三卷　1096
端溪硯譜一卷　1462，1551，1568
端溪硯譜記一卷　1632
端溪詩述六卷　1437
端溪課藝一卷　1857
端綺集二十八卷　1716
端撫部勸漢人婦女勿再纏足説一卷　1022
端隱吟稿一卷　1370，1375
端谿硯史三卷　1748，1749
適可齋記言四卷　1776
適安藏拙餘稿一卷　1375
適安藏拙餘稿一卷乙稿一卷　1370
適來子一卷　1634
適園印印一卷　1088
適齋居士集四卷　1295
齊山巖洞志一卷　1629，1690
齊山巖洞志二十六卷　892，1806
齊山巖洞志二十六卷首一卷　892
齊太史移居倡詶集四卷首一卷尾一卷　1446
齊世子灌園記三卷　1492
齊永明諸王孝經講義一卷　1790
齊民要術一卷　1564，1583
齊民要術十卷　1617，1752，1877
齊民要術十卷雜説一卷　950
齊民要術校一卷　1875
齊東妄言二卷　1857
齊東埜語一卷　1590
齊東野語一卷　1556，1608
齊東野語二十卷　1610
齊東絶倒一卷　1502

齊物論齋集二卷　1712
齊物論齋詞一卷　1767
（雍正）齊河縣志十卷首一卷　763
齊春秋一卷　1561
（至元）齊乘六卷附考證、釋音　701
齊推女傳一卷　1595
齊張長史集一卷　1362
齊張長史集一卷南齊孔詹事集一卷梁武
　帝集一卷　1159
齊雲山人文集一卷　1767
齊雲山志五卷　891
齊詩傳二卷　1787
齊詩遺説考十二卷　431
齊詩遺説考四卷　1820
齊詩冀氏學疏證二卷　1820
齊詩翼氏學四卷　430
齊詩翼氏學疏證二卷　431
齊魯游紀略一卷　1699
齊論語一卷　1790
齊諧記一卷　1796
旗亭讌一卷　1502
旗軍志一卷　1625，1627，1761
養一齋文集二十卷　1289
養一齋文集二十卷詩集四卷　1289
養一齋集二十六卷四書文不分卷詩話十
　卷李杜詩話三卷劄記九卷試帖一卷詞
　三卷　1300
養一齋詩話十卷附李杜詩話三卷　1468
養一齋劄記九卷　1030
養心光室詩稿八卷　1337
養心神詩新編　1141
養正書屋全集定本四十卷目録四卷　1299
養正圖解一卷附御題詩一卷御製贊一卷
　967
養正圖解二卷　966

養正篇一卷　1839
養正類編十三卷　1639
養生十三則闡微一卷　1122
養生月録一卷　1564
養生集覽五種　997
養生導引法一卷　997
養吉齋叢録二十六卷餘録十卷　1026
養羊法一卷　1795
養志居文稿彙存二卷　1823
養志居僅存稿八種　1823
養志居詩殘稿一卷　1823
養花軒詩鈔一卷　1422
養拙堂詞一卷　1472
養拙齋詩十四卷附録桂隱詩存　1330
養知書屋文集二十八卷詩集十五卷　1328
養知書屋全集五十五卷　1328
養知書屋詩集一卷　1735
養素居畫學鈎深一卷　1732
養素堂文集三十五卷　1294
養素園詩四卷　1448，1808
養真集二卷　1120
養疴三編八卷　1864
養疴漫筆一卷　1596
養魚法不分卷　1756
養魚經一卷　1554，1569，1795
養閒草堂隨筆二卷　1885
養蒙先生集一卷　1378
養蒙針度五卷　972
養默山房詩稿二十五卷　1300
養龢軒隨筆一卷　1801
養蠶秘訣一卷　988
養蠶秘訣不分卷　1756
精抄論文　1461
精忠記二卷　1503
精刻古今女史十二卷詩集八卷姓氏字里

詳節一卷　1387
精訂綱鑑廿四史通俗衍義二十六卷四十四
　回　1511
精勤堂公暇録不分卷　1425
精選古今名賢叢話詩林廣記十卷後集十
　卷　1462
精選名儒草堂詩餘三卷　1473，1674，
　1739
精選東萊先生左氏博議句解十六卷　465
精選黃眉故事十卷　1545
精選畫譜采新初集附西湖十八景　1081
鄰水莊詩話二卷詞説一卷　1468
（道光）鄰水縣志六卷首一卷　844
鄰幾雜志一卷　1558
鄰鶴齋詩稿不分卷　1292
鄭小谷先生全集六種　1867
鄭子尹遺書五種　1868
鄭少谷先生全集二十卷附録二卷　1202
鄭氏三禮目録一卷　1774
鄭氏爻辰補六卷　441
鄭氏六藝論一卷　1775
鄭氏古文尚書十卷　1675
鄭氏佚書二十三種　1782
鄭氏周易三卷周易爻辰圖一卷　1668
鄭氏周易注三卷補遺一卷　498
（浙江紹興）鄭氏宗譜五卷　591
鄭氏家範一卷　1564
鄭氏婚禮一卷　1788
鄭氏喪服變除一卷　1788
鄭氏詩箋禮注異義考一卷　497
鄭氏詩譜一卷　1783
鄭氏詩譜考正一卷　1742，1746，1865
鄭氏箋考徵一卷　430
鄭氏儀禮目録校證一卷　429
鄭氏聯璧集一卷　1381

鄭孔目風雪酷寒亭雜劇一卷　1500

鄭司農集一卷　1668

鄭成功傳一卷　1837

鄭成功傳不分卷　607

（乾隆）鄭州志十二卷首一卷　779

鄭志一卷　1716

鄭志八卷　1782

鄭志三卷附録一卷　1657，1679，1738

鄭志三卷拾遺一卷　1642

鄭志三卷補遺一卷　498，1667

鄭志三卷補遺一卷附校勘記一卷　1644

鄭志考證一卷　1766

鄭志疏證八卷附答鄭記考證一卷臨孝存
　　周禮難一卷　1880

鄭志疏證八卷鄭記考證一卷附答臨孝存
　　周禮難疏證一卷　500

鄭君紀年一卷　1782

鄭君駁正三禮考一卷　431

鄭君粹言三卷　499

鄭長者書一卷　1795

鄭東父遺書六卷　1779

鄭所南文集一卷　1781

鄭所南先生文集一卷　1655

鄭記一卷　1782

鄭康成年譜一卷　1633

鄭康成周易注三卷補遺一卷　434

鄭巢詩集一卷　1811

鄭敷文書説一卷　1650

鄭德璘傳一卷　1594

鄭學録四卷　964，1868

鄭齋芻論一卷　1899

鄭齋漢學文編六卷　1356

歎夫文稿四卷時體詩七卷册子四卷　1256

（道光）榮成縣志十卷首一卷　770

（光緒）榮昌縣志二十二卷　842

（同治）榮昌縣志二十二卷　842

（乾隆）榮河縣志十四卷　750

（光緒）榮河縣志十四卷首一卷　750

榮性堂集十二卷　1274

（道光）榮縣志三十八卷首一卷　847

（乾隆）滎陽縣志十二卷附滎陽縣輿圖、
　　滎陽縣河圖　779

（乾隆）滎經縣志九卷末一卷　847

（乾隆）滎澤縣志十四卷首一卷　779

漢三統術三卷　1717

漢上易傳十一卷周易卦圖三卷周易叢説
　　一卷　419

漢上易傳十二卷周易卦圖三卷周易叢説
　　一卷　422

漢上消閒集十六卷附消閒社主集九卷
　　1447

漢口山陝西會館志二卷　876

漢口竹枝詞六卷　1312

漢口叢談六卷　881

（光緒）漢川圖記徵實不分卷　823

（同治）漢川縣志二十二卷首一卷　824

漢天師世家九卷　1121

漢元后本紀補一卷　1881

漢太初曆考一卷　1766

漢中士女志一卷　1561，1583

漢水發源考一卷　1628，1695

漢甘泉宮瓦記一卷　1626，1627

漢石例六卷　920，921，1720，1752

漢石經考異一卷　428

漢石經殘字考一卷　491

漢史億二卷　1838

漢四女唐五女碑記彙鈔一卷　1444

漢四女唐五女詩咏彙鈔一卷　1444

漢四分術三卷　1717

漢氾勝之遺書一卷附區田圖説一卷　1775

漢地理志詳釋四卷　1877

漢西域圖考七卷　916

漢西域圖考七卷首一卷　1682

漢延熹西嶽華山碑考四卷　1718

（嘉慶）漢州志四十卷首一卷末一卷　841

漢州郡縣吏制考二卷　1876

（同治）漢州續志二十四卷首一卷補一卷　842

漢氾勝之遺書一卷　1634

漢字母音釋二卷　527

漢安徵信録一卷　1724

漢丞相諸葛忠武侯集二十一卷　1120

漢丞相諸葛忠武侯傳一卷　1744

漢志水道疏證四卷　1743

漢志武成日月表一卷　1773

漢武故事一卷　1595，1606，1607

漢武帝內傳一卷　1570，1582，1598，1600，1601，1659

漢武帝內傳一卷附録一卷附校勘記一卷　1673

漢英字典不分卷　517

漢林四傳一卷　1805

漢事會最人物志三卷　1763

漢事會最人物志三卷　573

漢易十三家二卷　1880

漢制考四卷　1616，1829

漢官一卷　1658，1678，1754

漢官七種十一卷　682

漢官典職儀式選用一卷　1658，1679，1754

漢官答問五卷　1745

漢官解詁一卷　1658，1678，1754

漢官儀一卷　1561

漢官儀二卷　1658，1678，1754

漢官儀三卷　1744

漢官舊儀二卷補遺一卷　1641，1644，1725

（嘉慶）漢南續修郡志三十二卷首一卷　794

漢皇德傳一卷　1784

漢泉漫稿一卷　1376

漢律輯證六卷　666，1877

漢後記一卷　1716

漢晉印章圖譜一卷　1592

漢雋十卷　573

漢射陽石門畫像彙考一卷　1801

漢記一卷　1716

漢高皇濯足氣英布雜劇一卷　1501

漢唐事箋十二卷後集八卷　1543

漢唐事箋前集十二卷後集八卷　1740

漢唐諸儒與聞録六卷　1864

漢書一百二十卷附考證　538

漢書一百卷　534，535，538

漢書古字類一卷　1876

漢書地理志水道圖説七卷　1870

漢書地理志校本二卷　698

漢書地理志稽疑六卷　1739

漢書西域傳補注二卷　1682，1729，1754，1800，1854

漢書注校補五十六卷　536

漢書音義三卷補遺一卷　1771

漢書評林一百卷　538

漢書補注一百卷首一卷　538

漢書疏證三十六卷　538

漢書蒙拾三卷　1737，1850

漢書蒙拾三卷後漢書蒙拾二卷　1596

漢書管見四卷　1880

漢書纂不分卷　538

（嘉慶）漢陰廳志十卷首一卷　796

漢乾象術二卷　1055，1717

漢戚伯著碑一卷　918

漢淳于長夏承碑一卷　918

（同治）漢陽縣志二十八卷　823

（光緒）漢陽縣識十卷首一卷附同治漢
　　陽縣志校一卷漢陽縣志沿革表疑一卷
　　823

漢詔疏六卷　685

漢孳室文鈔二卷　432

漢孳室文鈔四卷補遺一卷　1814

漢鼓吹鐃歌曲句解一卷　1856

漢賈誼政事疏考補一卷　1864

漢碑引經考六卷漢碑引緯考一卷　490，
　　1880

漢碑經義輯略二卷　490

漢碑範八卷　1073

漢詩評十卷　1465

漢詩統箋三卷　1403

漢詩統箋三卷急救搜奇一卷　1404

漢詩總説一卷　1633

漢溪書法通解八卷　1071

漢褚先生集一卷　1361

漢酸棗令劉熊碑一卷　918

漢鄭君年譜一卷　1865

漢儀一卷　1658，1679，1754

漢劉子政集一卷　1361

漢劉子駿集一卷　1361

漢熹平石經殘字一卷　918

漢冀州刺史王純碑一卷　918

漢冀州從事張表碑一卷　918

漢學拾遺一卷　1856

漢學商兌三卷　1753，1860

漢學諧聲二十四卷附說文補考一卷又考
　　一卷　517

漢儒通義七卷　1870

漢舊儀二卷附補遺二卷　1678

漢舊儀二卷補遺二卷　1658，1754

漢隸分韻七卷　519

漢隸字源五卷碑目一卷附字一卷　512

漢隸異同十二卷　515

漢魏二十一家易注二十一種　433

漢魏六朝百三家集一百三種　1361

漢魏六朝志墓金石例三卷附唐人志墓諸
　　例一卷　1657，1721

漢魏六朝墓銘纂例四卷　920，921，1753

漢魏石經考一卷　1628，1713

漢魏別解四十七種　1619

漢魏遺書鈔一百五種　1782

漢魏諸名家集二十一種附一種　1361

漢魏叢書三十八種　1596

漢禮器制度一卷　1658，1678，1754，
　　1783

漢藝文志考證十卷　1829

漢雜事秘辛一卷　1570，1582，1617

漢關侯事蹟彙編八卷附錄四卷　605

漢蘭臺令李伯仁集一卷　1361

漢鐃歌十八曲集解一卷　1763

漢鐃歌釋文箋正一卷　1404

（乾隆）滿城縣志十二卷　709

滿洲四禮集五種　652

滿洲考略一卷　1684

滿洲家祠祭祀儀注一卷　652

滿洲祭天祭神儀注一卷　652

滿洲婚禮儀注一卷　652

滿洲喪葬追遠論一卷　652

滿洲源流考二十卷　877

滿洲慎終集一卷　652

滿洲實業案　681

滿蒙新藏述略一卷　883

滿漢名臣傳九十卷　597

滿漢爵秩全書不分卷　624

漆雕子一卷　1794

漸西村人初集十三卷　1348

漸西村人詩十三卷　1348

漸西村舍叢刻四十二種　1751

漸悟集一卷　1119

漸源唱和集初集四卷續集八卷三集十卷　1447

漸學廬叢書第一集七種　1755

漕糧漕運奏稟不分卷　690

漱六山房文集十二卷詩集十三卷　1338

漱玉詞一卷　1364

漱玉詞一卷補遺一卷附錄一卷　1473，1477

漱石閒談一卷　1574

漱石詩鈔七卷　1257

漱石齋吟草十四卷　1294

漱芳軒合纂四書體注十九卷　482

漱華隨筆四卷　1670

漱琴室存稿四種　1865

漱經齋座右銘類編一卷續編一卷　1851

漱潤齋詩存二卷　1301

漚羅盦詩稿十六卷夢蝶詞一卷文稿一卷　1313

漂粟手牘一卷　1558

溽南詩話三卷　1652，1659

溽南遺老集四十五卷詩集一卷續編詩集一卷　1798

漫叟詩話一卷　1565

漫笑錄一卷　1559

漫記一卷　1605

漫堂説詩一卷　1625，1627，1731，1846

漫堂墨品一卷　1623，1749，1846

漫堂墨品一卷附雪堂墨品　1749

漫堂墨品一卷附雪堂墨品一卷　1748

漫游隨錄一卷　1706

漫塘詩鈔一卷　1372

（上海）淞溪李氏族譜四卷　587

漁山詩草二卷　1243

漁石集四卷　1819

漁舟記談二卷續談一卷　1024

漁村記傳奇不分卷　1496

漁具咏一卷　1569

漁洋山人文略十四卷　1843

漁洋山人秋柳詩箋一卷　1762

漁洋山人集外詩二卷　1750

漁洋山人詩問二卷　1751

漁洋山人詩集二十二卷續集十六卷　1843

漁洋山人詩集續集十六卷　1236

漁洋山人精華錄十卷　1843

漁洋山人精華錄訓纂十卷補十卷首一卷目錄二卷年譜二卷附金氏精華錄箋注辨譌十卷　1236

漁洋山人精華錄箋注十二卷補一卷年譜一卷附錄一卷　1236

漁洋古詩選五十卷　1390

漁洋書籍跋尾二卷　1733

漁洋感舊集小傳四卷附補遺一卷　600

漁洋詩法三卷詩法淺説二卷　1465

漁洋詩話一卷　1623

漁通問俗一卷　1707

漁陽三弄一卷　1501

漁陽石譜一卷　1568

漁溪詩稿一卷　1374

漁溪詩稿二卷乙稿一卷　1370

漁溪詩稿二卷乙稿一卷補遺一卷　1811

漁談一卷　1630，1636

漁樵問答一卷　1629

漁樵閒話一卷　1558，1660

漁樵閒話錄一卷　1612

漁樵對問一卷　1550，1554

漁隱叢話前集六十卷後集四十卷　1464，
　1736
漪香山館文集一卷　1351
漪園四種附一種　1505
（光緒）漳州府志五十卷首一卷　855
（乾隆）漳州府志四十六卷首一卷　855
漳河源流考一卷　1695
（康熙）漳浦縣志二十卷　855
（光緒）漳浦縣志二卷　855
滴天髓二卷　1065
演説文一卷　1793
演繁録一卷　1555，1581
演礮圖説輯要四卷重訂圖説一卷　981
滬游雜記一卷　1701
滬游雜記四卷　901
漏刻經一卷　1570
賓告一卷　1629
賓客嘉話録一卷　1662，1664
賓退録一卷　1555
賓退録十卷　1015
賓退録四卷　1805
賓萌外集四卷　1874
賓萌集六卷　1874
賓鴻吟稿八卷續稿三卷海濱紀事二卷
　1358
察木多西諸部考一卷　1686
察哈爾地略一卷　1709
蜜梅花館文録一卷詩録一卷　1718
寧子一卷　1794
寧化風俗志一卷　1699
（康熙）寧化縣志七卷　856
寧古塔志一卷　1628
寧古塔紀略一卷　1632，1682，1684，1713，
　1755
寧古塔紀略不分卷　1755
寧古塔記略一卷　1751
（崇禎）寧志備考十二卷　809
（乾隆）寧志餘聞八卷　809
（光緒）寧羌州志五卷　795
（乾隆）寧武府志十二卷首一卷　755
（乾隆）寧河縣志十六卷　707
（光緒）寧河縣志十六卷　707
（雍正）寧波府志三十六卷　806
（嘉靖）寧波府志四十二卷　806
（光緒）寧洋縣志十二卷　857
（光緒）寧津縣志十二卷首一卷　712
（道光）寧陝廳志四卷　792
寧都三魏全集六種　1444
（康熙）寧晋縣志十卷　723
（同治）寧海州志二十六卷　770
（康熙）寧海州志十卷　770
寧海將軍固山貝子功績録一卷　1669
（光緒）寧海縣志二十四卷首一卷　809
（康熙）寧海縣志十二卷首一卷　809
（康熙）寧陵縣志十二卷首一卷　781
（宣統）寧陵縣志十二卷首一卷末一卷
　781
寧陽詩存六卷外編一卷　1432
（光緒）寧陽縣志二十四卷　764
（光緒）寧陽縣鄉土志一卷　764
（同治）寧鄉縣志四十四卷首一卷　832
寧極齋稿一卷　1376
（嘉慶）寧遠縣志十卷首一卷　837
（光緒）寧遠縣志八卷　837
寧澹居奏議一卷　1824
寧澹居遺文一卷　1824
寧澹語二卷　1824
寧藏七十九族番民考一卷　1686
寤硯齋學詩一卷　1267
寥天一閣文二卷　1881

實事求是之齋經義二卷　495
實事求是齋經義二卷　430
實事求是齋遺稿四卷　1282
實政録七卷　682，1833
實測上海城厢租界圖附上海地名一覽表
　914
實學文導二卷　1900
實學指針不分卷　1023
實齋咏梅集一卷　1375
（道光）肇慶府志二十二卷　861
（道光）肇慶府志二十二卷首一卷　861
盡言集十三卷　1798
隨山宇方鈔一卷　1732
隨山館尺牘二卷　1877
隨山館全集七種　1877
隨山館猥稿十卷續編二卷　1877
隨山館詞稿一卷續稿一卷　1877
隨山館詩簡編四卷　1335
隨山館叢稿四卷　1877
（同治）隨州志三十二卷首一卷　826
（康熙）隨州志四卷　826
隨何賺風魔蒯通雜劇一卷　1499
隨使日記一卷　1705
隨軒金石文字九種　924
隨庵徐氏叢書十種　1775
隨輶筆記四卷　900
隨園八十壽言六卷　1851
隨園三十種　1850，1851
隨園女弟子詩選六卷　1851
隨園女弟子詩選四卷　1417
隨園咏物詩鈔二卷穀人咏物詩鈔二卷
　1263
隨園食單一卷　1850，1851
隨園食單不分卷　988
隨園詩話十六卷補遺十卷　1850，1851

隨園隨筆二十八卷　1850，1851
隨園續同人集十七卷　1851
隨輂集十卷續集一卷　1845
隨隱漫録五卷　1610
隨鑾紀恩一卷　1684
翟元周易義一卷　434
翠紅鄉兒女兩團圓雜劇一卷　1499
翠娛閣評選王季重先生小品二卷　1382
翠娛閣評選文太青先生小品二卷　1383
翠娛閣評選李本寧先生小品二卷　1382
翠娛閣評選袁小修先生小品二卷　1383
翠娛閣評選袁中郎先生小品二卷　1383
翠娛閣評選徐文長先生小品二卷　1382
翠娛閣評選陳明卿先生小品二卷　1383
翠娛閣評選陳眉公先生小品二卷　1383
翠娛閣評選黃貞父先生小品二卷　1382
翠娛閣評選曹能始先生小品二卷　1383
翠娛閣評選屠赤水先生小品二卷　1382
翠娛閣評選張侗初先生小品二卷　1383
翠娛閣評選董思白先生小品二卷　1382
翠娛閣評選湯若士先生小品二卷　1382
翠娛閣評選虞德園先生小品二卷　1382
翠娛閣評選鍾伯敬先生小品二卷　1382
翠虛吟一卷　1123
翠虛篇一卷　1113
翠鄉夢一卷　1501
［翠雲軒曲譜鈔］一卷　1492
翠寒集一卷噫噠集一卷鯨背吟一卷　1376
翠筠館詩存二卷　1305
翠微山記一卷　1688
翠微山説一卷　1707
翠微北征録十二卷　1806
翠微南征録一卷　1374
翠微南征録十一卷雜録一卷　1806
翠微亭題名考一卷　1808

翠微峰記一卷　1691

翠鈿緣一卷　1502

翠薇山房數學十五種　1054

翠薇僊館詞一卷　1477

翠螺閣詞一卷　1476

翠螺閣詩詞稿五卷　1338

翠螺閣詩詞稿一卷　1726

熊勿軒先生文集六卷　1639

熊先生經説七卷　422，425

熊劉詩集二卷　1383

熊鍾陵詩一卷　1384

熊襄愍公書牘不分卷　1449

熊襄愍公集十卷首一卷末一卷　1215

熊襄愍公集七卷　1360

（咸豐）鄧川州志十六卷手一卷末一卷　867

鄧子一卷　949，950

鄧太史評選三國策十二卷　574

鄧公嶺經行記一卷　1690

（江蘇無錫）鄧氏宗譜二十卷　588

鄧析子二卷　978

鄧尉探梅詩四卷　1448

斯冰詞三卷　1649

緒言三卷　1737

緒訓一卷　1564

緒餘集碎錦一卷　1762

綺川詞一卷　1472

綺樓重夢四十八回　1521

綺樹閣詩賦稿二卷　1843

綱目大戰錄三卷　1716

綱目志疑一卷　1634

綱目訂誤四卷　1847

綱目通論一卷　1856

綱目疑誤一卷　1555

綱師園唐詩箋十八卷　1416

綱鑑正史約三十六卷　549

綱鑑合纂三十五卷首一卷御撰資治通鑑綱目三編六卷　548

綱鑑易知録九十二卷明鑑易知録十五卷　549

綱鑑會編九十八卷歷代統系表略三卷歷代官制考略二卷歷代郡國考略三卷　550

綱鑑會纂三十九卷首一卷附歷代建都考　548

綱鑑擇語十卷　546

網山月魚集一卷　1374

維西見聞紀一卷　1632，1649，1700

維周詩鈔十六卷　1330

維揚殉節紀略一卷首一卷　1669

維園鉛擿一卷　1575

維摩詰所説經（不可思議解説經）三卷　1098

（道光）綿竹縣志四十六卷　852

（嘉慶）綿竹縣志四十四卷　852

（光緒）綿竹縣鄉土志不分卷　852

（同治）綿州直隸州志五十五卷　851

綿津山人集六種附二種　1846

綿津山人詩集二十九卷　1846

綿陽學準五卷　1250

綵毫記一卷　1503

綠月廔詞一卷　1475

綠牡丹傳奇二卷　1493

綠净軒詩鈔一卷　1421

綠秋草堂詞一卷　1851

綠秋書屋詩集一卷　1421

綠珠傳一卷　1570，1723

綠陰亭集二卷　1742

綠陰紅雨軒詩鈔一卷　1421

綠陰槐夏閣詞一卷　1474

綠雪亭雜言一卷　1575，1589

綠雪堂遺集二十卷　1294

綠野仙蹤八十回　1522

綠野齋文集四卷　1296

綠野齋前後合集六卷　1296

綠窗吟稿一卷　1422

綠窗遺稿一卷　1377

綠夢軒遺詞一卷　1476

綠筠軒詩四卷　1276

綠筠軒稿四卷　1382

綠滿書窗六種　1711

綠漪草堂文集三十卷外集二卷別集二卷
　　詩集二十卷研華館詞三卷　1316

綠漪草堂詩鈔一卷　1735

綠蕉館詩鈔四卷　1324

綠蕉館詩鈔四卷附繡燈問字圖一卷　1443

綠蘿山莊文集二十四卷詩集三十三卷
　　1358

綴白裘新集合編二十四卷　1498

綴學堂初稿四卷　1355

緇衣集傳四卷　493

緇門崇行錄一卷　1111

十五畫

慧山記四卷續編三卷首一卷　893

慧日永明智覺壽禪師山居詩一卷福源
　　石屋珙禪師山居詩一卷幻居詩一卷
　　1341

慧因寺志十二卷附錄一卷　1807

慧超往五天竺國傳殘一卷附校錄札記一
　　卷　1773

慧超往五天竺國傳箋釋　1107

慧福廎詞一卷　1476

慧福樓幸草一卷　1874

璜川吳氏經學叢書十四種　497

珱山房詩稿八卷補遺一卷附唱和詩一卷
　　1282

璇璣碎錦一卷　1629

璇璣經一卷　1062

璪言一卷　1615

輦下歲時記一卷　1564

撻虜紀事一卷　1604

撒母耳後書　1131

撒母耳前書　1131

駟思室答問一卷　1766

駒陰冗記一卷　1574，1588

駐春園小史六卷二十四回　1526

駐粵八旗志二十四卷　665

趣園初集五種　1869

撫本禮記鄭注考異二卷　427

（光緒）撫州府志八十六卷首一卷　817

（雍正）撫州府志四十五卷　817

撫安東夷記一卷　1593，1604，1605

撫吳公牘五十卷　674

撫苗錄不分卷附沿邊營汛路程一卷新
　　撫苗寨路程一卷紅苗歸化恭紀詩一卷
　　666

撫東政略二卷　661

撫津疏草四卷　692

撫郡農產考略二卷種田雜說一卷　987

撫雲集九卷　1241

撫掌詞一卷　1473

（宣統）撫順縣志略二十二卷　724

（宣統）撫順縣志略不分卷　724

撫楚公牘一卷　1824

撫楚疏稿一卷　1824

撫綏西藏記一卷　1686

（光緒）撫寧縣志十六卷　711

撫黔奏疏八卷　692

熱河小記一卷　1698

熱河源記一卷　1695

熱海游記一卷　1704

播雅二十四卷　1438

搏齋先生緣督集十二卷　1184

增刪卜易六卷　1066

增刪校正算法統宗十一卷校記一卷　1055

增版東西學書録四卷附二卷　1900

增注三千字文一卷　521

增注四書人物類典串珠四十卷　488

增注校正孔子家語十卷　954

增注硃批七家詩選七卷　1458

增注類證活人書二十二卷　991

增注類證活人書二十二卷釋音一卷傷寒
　　藥性一卷辨誤一卷　1000

增定古今逸史五十五種　1605

增定歐陽文忠公年譜一卷　1629

（嘉慶）增城縣志二十卷首一卷　858

（光緒）增修甘泉縣志二十四卷首一卷
　　734

增修東萊書說三十五卷　423

增修東萊書說三十五卷首一卷　420, 1758,
　　1818

增修河東鹽法備覽八卷　657

（嘉慶）增修宜興縣舊志十卷首一卷末
　　一卷　731

增修雲林寺志八卷　872, 1809

增修詩話總龜四十八卷後集五十卷　1463

（光緒）增修諸城縣續志二十二卷　769

增修鵝湖書田志四卷首一卷　1287

增修籌餉事例條款不分卷　660

（嘉慶）增修贛榆縣志四卷首一卷　738

增訂二三場群書備考四卷　1535

增訂二論詳解四卷　484

增訂三字鑑注釋一卷附紀年一卷　520

增訂中國歷史教科書　1892

增訂心相百二十善一卷　1624, 1635,

1722

增訂古今秘苑二卷　1031

增訂四書大全三十八卷　479

增訂幼學須知雜字采珍大全　1548

增訂刑部説帖八卷通行條例二卷　648

增訂合聲簡字譜一卷　505

增訂金壺字考十九卷金壺字考二集二十一
　　卷補録一卷補注一卷　512

增訂春秋世族源流圖考六卷春秋女譜一
　　卷　470

增訂春秋衡庫三十卷附録三卷備録一卷
　　470

增訂則例圖要便覽四十九卷　645

增訂宦鄉帖式應酬備要七卷　684

增訂敬信録全書八集　1127

增訂遏淫敦孝篇二卷　968

增訂端溪硯坑志六卷　1097

增訂精忠演義説本全傳二十卷八十回
　　1518

增訂漢魏叢書八十六種　1599

增訂漢魏叢書九十四種　1601

增訂錦字箋四卷　1548

增訂韻辨摘要一卷　503, 504

增訂釋義經書便用通考雜字二卷重訂增
　　補釋義經書四民便用雜字通考全書外
　　卷一卷　522

增智慧真言一卷　1122

增評加批金玉緣圖説十二卷一百二十回
　　首一卷　1511

增評補像全圖金玉緣一百二十回首一卷
　　1511

增補三字經訓蒙析解一卷　520

增補左繡匯參三十卷首一卷　469

增補四書人物備考十二卷圖一卷　488

增補四書經史摘證四卷　487, 488

增補幼學瓊林四卷首一卷　1547
增補如面談新集十卷首一卷　1451
（雍正）增補汗陽志（石門遺事）不分
　　卷　794
增補事類統編九十三卷首一卷　1540
增補注釋事類捷録十五卷　1536
增補注釋故事白眉十卷　1545
增補星平會海命學全書十卷首一卷　1060
增補素翁指掌雜著全集　1544
增補貢舉考略五卷　623
增補都門紀略　876
增補秘傳萬法歸宗五卷　1124
增補萬寶全書二十卷　1542
增補萬寶全書三十卷　1542
增補箋注繪像第六才子西廂釋解八卷附西
　　廂記摘句骰譜一卷圍棋闈局一卷　1490
增補諸家選擇萬全玉匣記二卷　1067
（康熙）增補盧龍縣志六卷首一卷　722
增補蘇批孟子二卷附孟子年譜一卷　477
增補繪圖針灸大成十二卷　1001
增補鑑略妥注五卷　549
增像玉茗堂批點按鑑參補北宋楊家將全
　　傳十卷五十回　1509
增像全圖加批西游記八卷一百回　1513
增像第六才子書五卷會真記一卷　1490
增像繪圖青樓夢六十四回　1523
增像繪圖青樓夢六卷六十四回　1524
增圖地理大全三種附二種　1063
增圖續今古奇觀六卷三十回　1508
增廣大生要旨五卷　1006
增廣太平惠民和劑局方十卷指南總論三
　　卷　1656
增廣幼學須知鰲頭雜字大全四卷　1548
增廣尚友録統編二十二卷　1546
增廣注釋音辯唐柳先生集四十三卷別集

二卷外集二卷附録一卷　1168
增廣海上名人畫譜采新初集　1082
增廣聖宋高僧詩選前集一卷後集三卷續
　　集一卷補遺一卷　1371
增廣新術二卷　1774
增選小題真珠船初續合集不分卷　1036
增輯難經本義二卷　996
（同治）增續長垣縣志二卷　719
穀山筆麈十八卷　1020
穀玉類編五十卷　1541
（同治）穀城縣志八卷　828
穀梁大義述三十卷　431
穀梁古義一卷　1627
穀梁補注十四卷　431
穀梁傳四卷　495
穀梁傳例一卷　1784
穀梁傳注一卷　1784
穀梁傳補注一卷　1766
穀梁廢疾一卷　1784
穀梁廢疾申何二卷　428
穀梁禮證二卷　431，1817
穀詒堂集古詩鈔十卷　1345
穀語一卷　499
撰聯偶記一卷　1869
蕙西先生遺稿一卷　1319，1729
蕙榜雜記一卷　1750
蕈溪自課一卷　1623
邁堂文略四卷　1294
蕉林詩集十八卷　1229
蕉雨軒詩草四卷澹如齋偶草一卷晋游消
　　遺集一卷　1330
蕉雨軒稿一卷　1347
蕉帕記二卷　1504
蕉軒詩鈔一卷　1319
蕉軒摭録十二卷　1041

蕉軒隨録十二卷　1028

蕉雲詩稿一卷附盆梅詩　1242

蕉窗十則注解二卷　1769

蕉窗日記一卷　1632

蕉窗日記二卷　1674

蕉窗詞一卷　1476

蕉影齋詩集四卷補遺　1339

蕉聲館文集八卷詩集二十卷詩補遺四卷
　　詩續補一卷　1291

蕉聲館集八卷　1291

蕉聲館詩集二十卷補遺四卷　1291

蕉聲館詩集十六卷　1291

蕩平準部記一卷　1685

蕩平髮逆圖記二十二卷　565

薄唐詩集八卷　1301

蔬果争奇三卷　1506

蔬香詞一卷　1845

蔬食譜一卷　1569，1587，1591

横山草堂詞一卷　1475

横山記一卷　1691

横山游紀一卷　1808

横山游記一卷　1690

横山詩文鈔二十二卷　1240

（乾隆）横州志十二卷　866

横浦詩鈔一卷　1372

横渠先生易説三卷　419，422

横塘集二十卷　1814

横橋吟館圖題咏一卷　1810

樞言一卷續一卷　1815

樞垣紀略二十八卷　683

標營武職官册不分卷　625

樗蒲經演一卷　1569

樗園銷夏録三卷　1860

樗壽贈言六卷　1872

樗寮先生全集四種　1295

樗寮詩話三卷　1295

樓山堂集二十七卷　1739，1806

樓山堂集十八卷　1360

樓山詩集六卷　1250

樓村詩集二十五卷　1240

樓居小草一卷　1850，1851

（光緒）樓霞縣續志十卷首一卷　770

樅江游記一卷　1699

樊山公牘二卷　1883

樊山文甲一卷乙一卷　1883

樊山全集五十一種　1882

樊山批判時文不分卷　1883

樊山政書二十卷　676

樊山跋書二十卷　1883

樊川文集二十卷外集一卷別集一卷　1170

樊川集六卷補遺一卷　1367，1369

樊川夢一卷　1881

樊公祠録二卷　1811

樊南文集補編十二卷　1170

樊南文集詳注八卷　1170

樊榭山房集十卷文集八卷續集十卷　1253

樊榭山房集三十九卷　1253

樊榭山房集外詩一卷　1750

樊榭山房詞一卷　1474

樊榭山房游仙詩一卷　1726

樊榭山房詩一卷　1433

橡村治驗一卷　998

橡村痘訣二卷　998

橢圓求周術一卷　1758，1873

橢圜正術解二卷　1053

橢圜求周術一卷　1053

橢圜拾遺三卷　1053

橢圜術一卷　1720

橢圜新術二卷　1053

輞川集一卷　1564

輪船布陣十二卷首一卷附圖　983
輪船布陣十二卷首一卷附圖一卷　1761
輪輿私箋二卷附圖一卷　431
輟耕録三十卷　1015
敷文書説一卷　498，1724
敷文鄭氏書説一卷　1675
甌北全集七種　1852
甌北集五十三卷　1266，1852
甌北詩鈔二十卷　1266
甌北詩鈔十七卷　1852
甌北詩話十二卷　1466
甌北詩話十卷續二卷　1852
甌江逸志一卷　1637，1638，1661，
　　1701，1727
甌香書屋詩鈔四卷　1284
甌香館集十二卷補遺二卷附録一卷　1235
甌鉢羅室書畫過目考四卷附録一卷　1069
（康熙）甌寧縣志十三卷　856
歐公試筆一卷　1566
歐美政治要義　1890
歐洲十一國游記不分卷　910
歐洲史略十三卷　1761
歐洲列國戰事本末二十二卷　1883
歐洲各國開闢非洲考一卷　1711
歐洲族類源流略五卷　1883
歐洲新志不分卷　1755
歐洲總論一卷　1705
歐陽文公圭齋集十五卷附録一卷　1191
歐陽文忠公五代史抄二十卷　574
歐陽文忠公年譜一卷　609
歐陽文忠公全集一百五十三卷　1827
歐陽文忠公全集一百五十三卷首一卷附
　　録五卷　1827
歐陽文忠公集一百五十三卷附録六卷　1827
歐陽文忠公試筆一卷　1551

歐陽文忠詩鈔一卷　1371
歐陽四門集八卷　1365
歐陽助教詩集一卷　1367，1368
歐陽修撰集三卷　1359
歐陽書考十二卷末一卷　1071
歐游隨筆一卷　1705
歐游隨筆二卷　910
歐游雜録一卷　1705
歐羅巴各國總叙一卷　1710
豎步吟一卷　1441
賢母録四卷旌節録一卷　1720
賢奕編四卷　1611
賢首五教儀科注四十八卷　1108
賢首五教儀開蒙一卷　1109
賢異録一卷　1571
賢識録一卷　1605
（光緒）遷江縣志四卷　865
（同治）遷安縣志十八卷首一卷末一卷
　　711
（乾隆）遷安縣志三十卷　711
醉山草堂文集二卷詩集二卷　1318
醉月山人詩稿一卷文稿五卷　1349
醉月隱語一卷　1068
醉白堂文集四卷續集一卷　1230
醉后居評次名山業皇明小論不分卷　1414
醉吟草六卷紅樹山莊詩草四卷黔游草一
　　卷暨陽與頌不分卷峰泖去思集不分卷
　　1287
醉茶志怪四卷　1043
醉思鄉王粲登樓雜劇一卷　1500
醉叟傳一卷　1579
醉軒集一卷　1374
醉翁寱語一卷　1559
醉鄉日月一卷　1567，1585，1663，1665
醉鄉律令一卷　1578

醉鄉約法一卷　1629

醉筆堂三十六善一卷　1622

醉愛居印賞一卷　1087

醉緑圖一卷　1568

醉盦硯銘一卷　1096，1733

醉蘇齋畫訣不分卷　1075

確山駢體文四卷　1742

（乾隆）確山縣志四卷　787

確庵先生文鈔六卷　1384

確庵先生詩鈔八卷　1384

遼文存六卷附藝文志金石存目二卷　1412

遼史一百十六卷　535，536

遼史一百十六卷附考證　536，543

遼史紀事本末四十卷　553

遼史紀事本末四十卷金史紀事本末五十二
　卷　554

（雍正）遼州志八卷　761

遼志一卷　1560，1594，1608

遼邸記聞一卷　1575，1589

遼東行部志一卷　1768

遼東志略一卷　1562

遼東軍餉論一卷　979

遼金元姓譜一卷　1631，1853

遼陽海神傳一卷　1594

（光緒）遼陽鄉土志一卷　724

遼陽圖記一卷　1613

遼詩話一卷　1631，1853

遼詩話二卷　1731

震川先生集三十卷別集十卷附録一卷　1205

震軒夏先生易咏一卷　441

震澤長語一卷　1575，1588

震澤長語二卷　1018，1612，1670

震澤長語摘抄一卷　1604

震澤紀聞一卷　1574，1588，1593，1608

震澤紀聞二卷　1018，1670

（乾隆）震澤縣志三十八卷首一卷　728

震澤龍女傳一卷　1594

（道光）震澤鎮志十四卷首一卷末一卷
　728

霄峥集一卷　1418

霄峥集八卷　1418

鴉片流毒中國史一卷　568

閶門神一卷　1502

劇評一卷　1580

劇談録一卷　1553，1662，1665

劇談録二卷　1617，1733

劇談録二卷附逸文一卷　1806

鄴中記一卷　1562，1582，1598，1642，
　1645，1725

鄴芸文集五卷　1279

鄴侯外傳一卷　1570，1584，1594，1607

輝山存稿一卷　1376

（宣統）輝南直隸廳志二卷　725

（道光）輝縣志二十卷首一卷末一卷　783

賞心樂事一卷　1577

賞延素心録一卷　1630，1748，1749

賞雨茅屋外集一卷　1732

賞雨茅屋詩集十二卷　1350

賞奇樓蠹餘稿一卷　1428

賞音編六卷首一卷　1466

賞菊倡和詩一卷　1252

賦珍八卷　1393

賦海類編二十卷　1393

賦得詩二卷　1280

賦閒樓詩集一卷　1443

賦鈔箋略十五卷　1419

賦話十卷　1677

賦燕廎詞一卷　1476

賭博明論略講　1029

賭棋山莊八十壽言一卷　1872

賭棋山莊所著書（賭棋山莊全集）八種　1872

賭棋山莊集文七卷續二卷又續二卷詩十四卷酒邊詞八卷　1872

賭棋山莊詞話十二卷續五卷　1872

賭棋山莊餘集文三卷詩一卷詞一卷　1872

賜姓始末一卷　557，1837

賜書堂文稿六卷詩稿四卷　1249

賜書樓嶢山集四卷補刻一卷詩詞一卷　1242

賜硯堂叢書新編四十種　1712

賜硯齋題畫偶録一卷　1678，1728，1733

賜游西苑記一卷　1573

賜誠堂文集六卷　1360

賜墨齋詩二卷詞一卷　1272

賜墨齋詩二卷賜墨齋詞一卷　1431

瞎牛菴題畫詩一卷　1357

瞑庵詩録一卷　1735

瞑庵學詩一卷　1735

瞑庵叢稿一卷　1735

瞑庵雜識四卷二識二卷　1735

噶瑪蘭紀略一卷　1702

（咸豐）噶瑪蘭廳志八卷　857

閱古隨筆二卷　1033

閱史郄視四卷續一卷　1799

閱莒草堂遺草四卷　1330

閱微草堂筆記二十四卷　1042，1043

閱藏知津四十四卷　1109

閱藏知津四十四卷總目四卷　1109

（咸豐）閬中縣志八卷　843

數往録一卷　1869

數度衍二十三卷首三卷　1057

數根術解一卷　1054

數書九章十八卷札記四卷　1717

數理精蘊五十三卷　1056

數術記遺一卷　1570，1616，1617，1648，

1753

數學八卷續一卷　1672

數學五書　1054

數學精詳十二卷　1056

數錢葉譜一卷　1579

暹羅考一卷　1703

暹羅考略一卷　1703

暹羅志一卷　1703

暹羅別記一卷　1703

暹羅近事末議一卷　1710

暹羅政要一卷　1707

暹羅國志一卷　907

影山草堂六種　1826

影眉庵憶語一卷　1635

影梅庵憶語一卷　1713，1823

影園集一卷　1360

影談一卷　1029

影燈記一卷　1564

踐阼篇集解一卷　1829

遺山先生集四十卷附七種十四卷　1187

遺山先生詩集二十卷　1187

遺山先生詩集二十卷補遺一卷　1187

遺山集一卷　1376

遺山題跋一卷　1640

遺史紀聞一卷　1557

遺史記聞一卷　1660

（浙江紹興）遺風龐氏宗譜不分卷　591

遺書二十八卷附録一卷　1819

遺教經一卷金剛般若波羅蜜經一卷　1098

遺像題詞六卷　607

遺經樓文稿一卷　1855

遺稿一卷　1850

蝶仙小史彙編六卷蝶史楹聯一卷鐵樓楹帖一卷來蝶軒詩一卷　1388

蝶庵詩鈔八卷賦鈔箋注二卷　1302

蝴蝶媒四卷十六回　1517

蝦夷紀略一卷　1687

罷讀樓彙刊贈言十卷　1448

嶠西詩鈔二十一卷　1438

嶠南瑣記二卷　1647

嶠雅二卷　1219，1781

墨子十五卷目一卷篇目考一卷　1667

墨子十六卷　949，950，977，978

墨子刊誤三卷　978

墨子注七卷　1882

墨子閒詁十五卷目録一卷附録一卷後語
　　二卷　978

墨子斠注補正二卷　1883

墨井畫跋一卷　1631

墨井詩鈔二卷　1722

墨井詩鈔二卷別卷一卷外卷一卷　1235

墨井題跋一卷　1722

墨史三卷　1654

墨西哥述略不分卷　1755

墨西哥記一卷　1706

墨竹工卡記一卷　1686

墨竹譜一卷　1567

墨池浪語一卷　1575

墨池瑣録一卷　1831

墨池瑣録二卷　1676

墨池璅録一卷　1578

墨池編二十卷印典八卷　1068

墨池編六卷　1068

墨志一卷　1634，1740

墨花吟館感舊懷人集一卷　1331

墨花吟館詩鈔十六卷　1331

墨花吟館輯志四圖一卷海外墨緣一卷
　　1332

墨花香館詩存八卷　1357

墨君題語一卷　1834

墨妙亭碑目考二卷附考一卷　932

墨表一卷　1096

墨林今話十八卷續編一卷　1075

墨昆侖傳一卷　1663，1666

墨法集要一卷　1096，1642，1645

墨香居畫識十卷　1075

墨亭新賦一卷　1831

墨洲雜記一卷　1706

墨客揮犀一卷　1555，1595

墨客揮犀十卷　1609，1610

墨莊漫録一卷　1556

墨莊漫録十卷　1609

墨記一卷　1568

墨娥小録十三卷　1031

墨娥漫録一卷　1556

墨梅人名録一卷　1714

墨崑崙傳一卷　1585

墨商三卷　978

墨畬錢鎛一卷　1651

墨經一卷　1568，1581，1594

墨憨齋重訂永團圓傳奇二卷　1504

墨憨齋訂定人獸關傳奇二卷　1504

墨憨齋新編繡像醒名花十六回　1510

墨緣小録不分卷　1072

墨緣彙觀六卷　1071

墨緣彙觀四卷　1071

墨藪一卷　1744

墨蘭譜不分卷　1082

墨蘭譜不分卷墨竹譜不分卷　1082

稽山會約一卷　1805

稽古日鈔八卷　494

稽古堂文集二卷　1824

稽古録二十卷　546

稽古齋全集八卷　1261

稽古齋讌集一卷　1717

稽神録一卷　1571，1585，1664，1667

稽神録六卷拾遺一卷　1506，1617

稽神録校補二卷　1875

（浙江紹興）稽剡鄭氏總五房宗譜六卷　591

稽瑞一卷　1657，1658，1721

稽瑞樓書目不分卷　938

稽瑞樓書目四卷　1730

（光緒）稷山縣志二卷　759

（同治）稷山縣志十卷　759

（乾隆）稷山縣志十卷　759

（嘉慶）稷山縣志十卷　759

稻品一卷　1554

稻香樓詩稿一卷　1860

黎氏家集十二種附四種　1826

黎文肅公公牘十卷　1877

黎文肅公奏議十六卷　1877

黎文肅公書札三十卷　1877

黎文肅公遺書六種　1877

（光緒）黎平府志八卷首一卷　869

（嘉慶）黎里志十六卷首一卷　739

（光緒）黎里續志十六卷首一卷　739

黎岐紀聞一卷　1631，1702

（光緒）黎城縣續志四卷　751

黎陽王襄敏公集四卷年譜一卷　1210

黎襄勤公奏議六卷　693

稼邨類稿一卷　1378

稼軒詞十二卷　1473

稼書先生年譜一卷　1722

篋中集一卷附札記一卷　1775

篋中集選一卷　1365

篋中詞六卷續四卷　1748

篋外録一卷　1331

篋衍集十二卷　1415

範家集略六卷　967

箴友言一卷　1805

箴左氏膏肓一卷　1782

箴言全書　1134

箴銘録要一卷　1857

箴膏肓一卷　1657，1782

箴膏肓一卷起廢疾一卷發墨守一卷　1649

箴膏肓起廢疾發墨守一卷　1724

箴膏肓一卷　1667

箴膏肓評一卷　428

篁村集十二卷　1270

篁墩程朱闕里祠志八卷　874

篁墩程先生文粹二十五卷　1196

篆文六經四書六十三卷　514

篆印發微一卷　1086

篆字彙十二卷　518

篆林肆考十五卷　1071

篆刻十三略一卷　1086，1658

篆刻針度八卷　1086，1732

篆書正四卷　1071

篆訣辯釋一卷　1735

篆訣辯釋不分卷　1072

篆學指南一卷　1085

篆學瑣著（篆學叢書）三十種　1085

儉重堂詩十二卷　1249

儉德堂讀書隨筆二卷　1024

儀宋堂文二集十卷　1304

儀鄭堂文二卷　1718

儀鄭堂殘稿二卷　1678，1728

（康熙）儀徵縣志二十二卷　734

（嘉慶）儀徵縣續志十卷　734

儀衛軒全集（方植之全集）十八種　1860

儀衛軒遺詩二卷　1861

儀禮十七卷　417，490

儀禮士冠禮箋一卷　500

儀禮小疏一卷　1849

儀禮小疏八卷　426
儀禮今古文異同疏證五卷　430
儀禮正義四十卷　430，457
儀禮古今文異同五卷　1813
儀禮古今文疏義十七卷　429，456，1815
儀禮古今考二卷　1677
儀禮古義一卷　1627
儀禮石經校勘記四卷　491，1718，1739
儀禮平議二卷　432
儀禮四卷　495
儀禮肊測十七卷叙録一卷　500
儀禮先易六卷　458
儀禮私箋八卷　431，1868
儀禮析疑十七卷　457，1847
儀禮易讀十七卷　458
儀禮注疏十七卷　415，456
儀禮注疏十七卷附考證　416
儀禮注疏五十卷附校勘記五十卷　416，418
儀禮恒解十六卷首一卷　458
儀禮校勘記十七卷釋文校勘記　427
儀禮逸經傳一卷　421，424
儀禮章句十七卷　425，456
儀禮商二卷附録一卷　496
儀禮喪服文足徵記十卷　426
儀禮集説十七卷　421，424
儀禮集釋三十卷　499，1641，1644
儀禮節略二十卷　1640
儀禮節解十七卷　457
儀禮經注一隅二卷　1863
儀禮經注疏正訛十七卷　457
儀禮經注疏正譌十七卷　430
儀禮經傳內編二十三卷外編五卷　456
儀禮經傳通解二十三卷儀禮集傳集注十四卷附儀禮經傳通解續二十九卷　456

儀禮瑣辨一卷　457
儀禮圖十七卷旁通圖一卷　424
儀禮圖十七卷旁通圖一卷附儀禮本經十七卷　421
儀禮圖六卷　429，458
儀禮管見十七卷　429
儀禮管見三卷附録一卷　1740
儀禮疑義二卷　1840
儀禮精義不分卷補編一卷　496
儀禮鄭注句讀十七卷監本正誤一卷石本誤字一卷　458
儀禮漢讀考一卷　426，1854
儀禮選要一卷附讀易入門便鈔一卷　457
儀禮學一卷　430
儀禮禮服通釋六卷　1771
儀禮識誤三卷　1641，1644，1714
儀禮韻言二卷　458
儀禮纂録二卷　1845
儀禮釋例一卷　428，1671
儀禮釋注二卷　1865
儀禮釋官九卷　427，457
儀禮釋宮一卷　499，1641，1644，1671，1725
儀禮釋宮增注一卷　428
儀禮蠡測十七卷　458
（同治）儀隴縣志六卷　844
儀顧堂集十六卷　1340
儀顧堂題跋十六卷續跋十六卷　944
（嘉慶）樂山縣志十六卷首一卷　847
樂元語一卷　1783，1789
（同治）樂平縣志十卷首一卷　814
（道光）樂至縣志十六卷首一卷　849
（雍正）樂安縣志二十卷　768
（同治）樂安縣志十卷首一卷附兵難録二卷　818

樂志堂文略四卷附録一卷　1817

樂志堂詩集十二卷文集十八卷　1312

樂社大義一卷　1789

（同治）樂昌縣志十二卷首一卷　859

樂典三十六卷　463

樂府古題要解二卷　1461，1462，1617，
　1716，1725

樂府侍兒小名二卷　1677

樂府指迷一卷　1462，1554

樂府指迷二卷　1611

樂府津逮三卷　1854

樂府雅詞三卷拾遺二卷　1473

樂府雅詞六卷拾遺二卷　1740

樂府補亡一卷　1885

樂府補題一卷　1653

樂府傳聲一卷　1850

樂府傳聲二卷　1728

樂府解題一卷　1568

樂府詩集一百卷　1389

樂府新編陽春白雪五卷　1482

樂府新編陽春白雪前集五卷後集五卷
　1775

樂府標源二卷　1851

樂府遺聲一卷　1851

樂府餘編一卷　1614

樂府雜録一卷　1585，1596，1606，1663，
　1665，1672

樂郊私語一卷　1555，1610

樂律心得二卷　1054

樂律考一卷　1848

樂律考二卷　1826

樂律全書四十九卷　462

樂律表微八卷　463

樂律逢源一卷　1860

樂律義一卷　1789

樂亭四書文鈔不分卷續編二卷　1872

（光緒）樂亭縣志十五卷首一卷末一卷
　711

（乾隆）樂亭縣志十四卷首一卷　711

樂軒集一卷　1374

樂記一卷　1789

樂記不分卷　462

樂部一卷　1789

樂書一卷　1789

樂書二百卷　462

樂書要録三卷　1728

（乾隆）樂陵縣志八卷首一卷末一卷　772

樂陶吟草三卷　1211

樂章集一卷　1473

樂善堂全集定本三十卷目録一卷　1261

樂善録一卷　1564

樂善録二卷　1609

樂道堂詩文鈔十六卷　1339

樂道堂詩鈔十卷文鈔五卷　1339

樂游聯唱集二卷　1667

樂園文鈔八卷　1282

（康熙）樂會縣志四卷　864

樂經一卷　1783，1789

樂經或問三卷　1849

樂經律吕通解五卷　463

樂静居士集一卷　1373

樂餘静廉齋文稿不分卷詩稿初集一卷二
　集一卷續集二卷海風蕭詞一卷　1313

樂論一卷　1783

樂緯一卷　532

樂緯叶圖徵一卷　1734，1792

樂緯動聲儀一卷　1734，1792

樂緯稽耀嘉一卷　1734，1792

樂縣考二卷　1739

樂學新説一卷附樂經古文一卷　462

樂譜集解一卷　1789

質孔説二卷　1723

質園詩集三十二卷　1256

質疑一卷　425

質疑二卷　1674

質疑删存三卷　1776

質疑録一卷　996

質學叢書初集三十種　1779

（同治）德化縣志五十四卷首一卷　816

（光緒）德平縣志十二卷首一卷　764

（嘉慶）德平縣志十卷首一卷　764

德州田氏叢書十三種　1820

（乾隆）德州志十二卷　764

（康熙）德州志十卷　764

德字初桃二卷　515

（光緒）德安府志二十卷首一卷末一卷　825

（同治）德安縣志十五卷　816

德壯果公年譜三十二卷　612

德風亭詞一卷　1476

德國水師事宜一卷　1780

德國合盟本末一卷　1780

德國合盟紀事本末一卷　1775

德國軍制述要一卷　1776

德國新制紀要不分卷　1755

德國學校論略一卷　1776

德國學校論略二卷附録一卷　1780

德國議院章程一卷　1763，1775，1780

（同治）德陽縣志四十四卷首一卷　851

（光緒）德陽縣志續編十卷末一卷　851

（道光）德陽縣新志十二卷首一卷末一卷　851

德隅齋畫品一卷　1616

德善齋菊譜詩不分卷附録一卷　989

德蔭堂集十六卷附年譜一卷　1252

德意志國志略一卷　1707

（乾隆）德慶州志十八卷　862

（光緒）德慶州志十五卷首一卷末一卷　862

德機集一卷　1376

（同治）德興縣志十卷首一卷末一卷　814

德禮堂酬唱集不分卷　1447

徵初編十二卷

徵君孫先生年譜二卷　1836

徵刻唐宋祕本書目一卷考證二卷　941

徵刻唐宋秘本書目一卷　1633

徵信録二卷　1825

徵訪明季遺書目一卷　942

徵驗圖考一卷　1063

徹悟禪師遺稿二卷　1108

衛夫人筆陣圖一卷　1616

衛公故物記一卷　1568，1585，1663，1665

衛生家寶産科備要八卷　1744

衛生彙編不分卷　1756

衛生寶鑑二十補遺一卷　1719

衛花符一卷　1502

衛身撮問　1898

衛陽先生集十四卷　1210

（乾隆）衛輝府志五十三卷首一卷末一卷　783

衛藏通志十六卷首一卷附校字記一卷　1751

（嘉慶）衛藏通志十六卷首一卷附校字記一卷　705

衛藏圖識四卷附蠻語一卷　918

衛藏識略一卷　1686

衛濟餘編五卷　1007

衛濟寶書二卷　995

盤山志十六卷首五卷　890

盤山志十卷盤山志補遺四卷　890

盤山紀游草一卷　1846

盤山棲雲王真人語録一卷　1120

盤亭小録一卷　927

銷夏部四卷　1611

銷燬抽燬書目一卷　1765

銷燬抽燬書目一卷禁書總目一卷違礙書
　　目一卷奏繳咨禁書目一卷　1781

鋤月山房文鈔二卷　1329

鍛王趙二先生校閲音義天梯春秋正文二
　　卷　472

劍光樓詩鈔四卷文鈔一卷詞鈔一卷　1310

（同治）劍州志十卷　843

劍南詩鈔一卷　1372

劍南詩鈔六卷　1182

劍南詩稿八十五卷　1828

劍南詩選二卷　1373

劍虹居文集二卷　1323

劍虹盦詞一卷　1475

劍虹齋集十二卷　1257

劍俠傳一卷　1570，1584，1659，1663，
　　1666，1727

劍俠傳四卷　1606，1607

慾海迴狂寶訓集説一卷　1769

虢季子白盤銘考一卷惠山聽松石牀題字
　　一卷　927

貓乘一卷　1636

餓方朔一卷　1502

（同治）餘干縣志二十卷首一卷末一卷
　　814

餘甘軒詩鈔十二卷詩餘一卷　1321

餘生録一卷　1781

餘冬序録摘抄六卷　1604

餘辛集三卷　1326

（光緒）餘杭縣志稿不分卷　803

（浙江餘姚）餘姚朱氏宗譜十六卷首一
　　卷　592

（乾隆）餘姚志四十卷　808

餘姚兩孝子萬里尋親記一卷　1656

（光緒）餘姚縣志二十七卷首一卷末一
　　卷　808

餘師録四卷　1673

餘師録前集十四卷後集十卷續集八卷
　　1468

餘園詩鈔六卷　1248

餘墨偶談四集十六卷　1468

餘墨偶談四集三十二卷　1468

餘稿括抄四卷　1835

餘慶堂十二戒一卷　1622

滕寓信筆一卷　1824

滕王閣一卷　1502

（道光）滕縣志十四卷首一卷　765

（光緒）滕縣鄉土志不分卷　765

膠西課存一卷　1869

膠西講義一卷　1869

（乾隆）膠州志八卷首一卷　771

（道光）膠州志四十卷　771

魯大夫秋胡戲妻雜劇一卷　1499

（嘉慶）魯山縣志二十六卷　789

魯公文集十五卷　1162

魯氏遺書五種　1353

魯紀年二卷　1837

魯連子一卷　1794

魯詩故三卷　1787

魯詩傳一卷　1783

魯詩遺説考二十卷　431

魯詩遺説考六卷叙録一卷　1820

魯齋述得一卷　1650

魯齋集一卷　1376

魯齋集二十卷　1818

魯齋遺書十四卷　1188

魯禮禘祫志一卷　1783，1788

魯禮禘祫義一卷　1782

魯禮禘祫義疏證一卷　1880

（同治）潁上縣志十二卷首一卷　744

（乾隆）潁上縣志十二卷首一卷　744

（道光）潁上縣志十三卷首一卷　744

潁川語小二卷　1672

（乾隆）潁州府志十卷首一卷　743

潁濱先生春秋集解十二卷　1820

潁濱先生集一卷　1439

潁濱先生道德經解二卷　1820

劉子一卷　1118

劉子二卷　950，1013

劉子十卷　1797

劉子文心雕龍二卷附注二卷　1469

劉子文編十卷　1360

劉子全書四十卷　1215

劉子威集五十二卷　1208

劉子新論十卷　1597

劉叉詩集三卷　1366

劉中丞全集三十二卷　1326

劉中丞奏議二十卷　694

劉公旦先生死義記一卷　558

劉氏來賓閣清查書目不分卷　940

劉氏春秋意林二卷　420，423

劉氏政論一卷　1795

劉氏家塾四書解二十卷　484

劉氏碎金一卷　1872

劉氏詩說十二卷　448

劉氏遺書一卷　427

劉氏遺著一卷　1730

劉氏鴻書一百八卷　1536

劉氏雜志一卷　1574，1588

劉氏類山十卷　1536

劉文烈公全集十二卷　1220

劉文烈公集一卷　1360

劉文清公遺集十七卷應制集三卷　1263

劉户曹集一卷　1362

劉左史文集四卷　1445，1814

劉令君集一卷　1681

劉式訓奏議函電稿不分卷　696

劉光禄遺稿二卷　1328

劉江東家藏善本葬書一卷　1723

劉更生年表一卷　1774

劉伶臺記一卷　1697

劉希仁文集一卷　1816

劉壯肅公奏議十卷　695

劉武慎公遺書二十五卷附劉武慎公年譜
　　三卷　1328

劉表周易章句一卷　434

劉兩谿文集二十卷　1360

劉攽貢父詩話一卷　1551，1566

劉河間傷寒直格論方三卷　991

劉河間傷寒醫鑒一卷　991

劉注七家詩七卷　1458

劉孟塗集詩前集十卷後集二十二卷文十
　　卷駢體文二卷　1299

劉炫規杜持平六卷　466，1766

劉秘書集一卷　1362

劉兼詩集一卷　1366

劉涓子鬼遺方五卷　1674

劉海峰文集八卷詩集十一卷　1255

劉雪湖梅譜二卷　989

劉晨阮肇悮入桃源雜劇一卷　1501

劉庶子集一卷　1362

劉葆真太史遺稿二卷　1354

劉敬書一卷　1794

劉貴陽説經一卷　431

劉貴陽説經殘稿一卷　1730

劉無雙傳一卷　1570，1585，1660，1663，
　　1666，1727

劉須溪先生記鈔八卷　1186

劉馮事始一卷　1557

劉給諫文集五卷　1445，1814

劉槎翁先生詩選十二卷補遺四卷　1193

劉虞部詩集四卷　1366，1368

劉稚川詩一卷　1384

劉滄詩集一卷　1365

劉端臨先生文集一卷　1856

劉端臨先生遺書八種　1856

劉賓客文集三十卷外集十卷　1169，1757

劉賓客文集三十卷補遺一卷　1797

劉賓客嘉話録一卷　1559，1584

劉隨州集十一卷　1797

劉隨州詩十卷補遺一卷　1366，1368

劉熊碑殘字一卷附釋文　932

劉駕詩集一卷　1365

劉豫事迹一卷　1632

劉豫事蹟一卷　1670

劉豫章集一卷　1362

劉禮部集十二卷　1294

劉瓛周易義疏一卷　434

皺水軒詞筌一卷　1632，1636

請雨止雨書一卷　1796

請息齋未定稿不分卷　1355

請纓日記十卷　615

諸子平議三十五卷　1874

諸子粹言一卷　1865

諸子綱目類編八卷附昭代子快一卷　1032

諸子類纂四卷　1033

諸子釋地一卷　1876

諸方節氣加時日軌高度表一卷　1052

諸史拾遺五卷　1853

諸史品節四十卷後集八卷　571

諸史將略十六卷　981

諸史提要十五卷　571

諸史然疑一卷　1631，1652，1850

諸史會編大全一百十二卷　549

諸寺奇物記一卷　1576

諸名家字説不分卷　1072

（乾隆）諸城縣志四十六卷　768

（光緒）諸城縣鄉土志二卷　769

（道光）諸城縣續志二十三卷　769

諸脉條辨一卷　997

諸華香處詩集十三卷首一卷　1297

諸真玄奧集成九卷　1113

諸家易象別録一卷　1766

諸家藏畫簿十卷　1677

諸葛子一卷　1795

諸葛丞相集一卷　1361

諸葛武侯文集四卷　1638

諸葛武侯集五卷　1363

諸葛忠武侯年譜一卷　609

諸葛忠武侯全集二十卷首三卷　1157

諸葛忠武侯傳一卷　1724

諸葛忠武書十卷　1724

諸經日誦集要二卷附西方願文略釋一卷　1111

諸經緯遺一卷　1715

（光緒）諸暨縣志六十一卷首一卷　808

諸蕃志二卷　1675

諏吉便覽不分卷　1063

諏吉通書五種　1063

諸皋記一卷　1571，1659，1664，1666，1727

諸皋廣志一卷　1629

課子隨筆鈔六卷　1769

課兒草一卷續刻一卷　521

課慎堂詩集十九卷詩餘一卷文集二十卷　1241

課餘偶筆一卷　1804

課餘偶録四卷續録五卷　1872

課餘彙鈔八卷　1034

課餘隨録三卷　1668

誰園詩存不分卷　1313

論山詩選十五卷　1273

論化電氣一卷　1759

論文四則一卷　1630

論文偶記一卷　1722

論文章本原三卷　1873

論生物電氣一卷　1759

論印絶句一卷　1086

論印絶句一卷續編一卷　1733

論吸鐵氣一卷　1759

論吸鐵氣雜理一卷　1759

論吸鐵電氣一卷　1759

論孟厄言一卷　477

論孟疑義一卷　1877

論書序大傳一卷　1779

論畫十則一卷　1804

論畫瑣言一卷　1578

論聖靈　1132

論電氣吸鐵一卷　1759

論電氣時辰鐘及諸雜法一卷　1759

論電氣報一卷　1759

論語二卷　475，495

論語十卷　417，475，490，1640

論語十卷附録一卷　1745

論語王氏義説一卷　1790

論語王氏説一卷　1790

論語太史氏注一卷　1791

論語比一卷　1861

論語比考讖一卷　1793

論語孔子弟子目録一卷　1790

論語孔氏訓解十一卷　1790

論語孔注辨僞二卷　430，500，1730，

1753

論語正義二十四卷　431，476，487

論語古注集箋二十卷　430

論語古注集箋十卷附論語考一卷　477

論語古解十卷　1865，1866

論語古義一卷　1627

論語古韻二十卷　477

論語札記二卷　1848

論語札記三卷　487，488

論語平議二卷　432

論語包氏章句二卷　1790

論語旨序一卷　1791

論語江氏集解二卷　1791

論語李氏集注二卷　1791

論語沈氏訓注一卷　1791

論語沈氏説一卷　1791

論語附記二卷　1799

論語范氏注一卷　1791

論語述何二卷　428

論語述注十六卷　1866

論語述義一卷　1864

論語述義續一卷　1864

論語周氏章句一卷　1790

論語周生氏義説一卷　1791

論語注一卷　1784

論語注二十卷　476，1766

論語注十卷　1782，1782

論語注參二卷　1805

論語注疏二十卷附考證　416

論語注疏解經二十卷　415，475

論語注疏解經二十卷附校勘記二十卷
　417，418，419

論語注疏解經十卷附札記一卷　475

論語糾滑讖一卷　1793

論語拾遺一卷　1820

論語後案二十卷　476
論語素王受命讖一卷　1793
論語馬氏訓説二卷　1790
論語袁氏注一卷　1791
論語校勘記十卷釋文校勘記一卷　427
論語殷氏解一卷　1791
論語訓二卷　1882
論語陳氏義説一卷　1790
論語孫氏集解一卷　1791
論語陰嬉讖一卷　1793
論語通釋一卷　1771
論語崇爵讖一卷　1793
論語偶記一卷　428
論語庾氏釋一卷　1791
論語淺解四卷　477
論語梁氏注釋一卷　1791
論語梁武帝注一卷　1791
論語張氏注一卷　1791
論語琳公説一卷　1791
論語筆解一卷　1580
論語筆解二卷　498，1650
論語集注考證十卷首一卷　1818
論語集注考證十卷首一卷孟子集注考證
　　七卷首一卷大學疏義一卷　479
論語集注旁證二十卷　476
論語集注補正述疏十卷附讀書堂答問一
　　卷　1886
論語集解校補一卷　1877
論語集解義疏十卷　487，498，1653
論語集説十卷　421，424
論語竢質三卷　1723
論語補注三卷　476
論語補疏二卷　427
論語補疏三卷　1859
論語發疑四卷　476

論語發隱一卷　1878
論語發隱一卷孟子發隱一卷　478
論語絶句一卷　1650
論語虞氏贊注一卷　1791
論語詩一卷　1717，1839
論語話解十卷　475
論語詳解二十卷讀論語一卷　475
論語詳説十卷　475
論語意原四卷　499，1642，1644
論語義疏一卷　1784
論語褚氏義疏一卷　1791
論語經正録二十卷附先府君年譜一卷　477
論語摘衰聖承進讖一卷　1793
論語摘輔象一卷　1793
論語蔡氏注一卷　1791
論語説約二卷　1822
論語説義十卷　429
論語鄭氏注十卷　1790
論語鄭義一卷　432
論語隨筆二十卷　1850
論語熊氏説一卷　1791
論語撰考讖一卷　1793
論語稽求篇七卷　425，1661，1840
論語篇目弟子一卷　1782
論語衛氏集注一卷　1791
論語餘説一卷　1855
論語魯讀考一卷　430，1813
論語緯一卷　532
論語駢枝一卷　1856
論語隱義一卷　1784
論語隱義注一卷　1791
論語繆氏説一卷　1791
論語顏氏説一卷　1791
論語譙氏注一卷　1791
論語類考二十卷　1677，1814，1833

論語釋疑一卷　1791

論語顧氏注一卷　1791

論語體略一卷　1791

論語欒氏釋疑一卷　1791

論語讖八卷　1734，1793

論説歌一卷　1114

論熱電氣一卷　1759

論墨絶句詩一卷　1096

論篆一卷　1085，1566，1658

論學二卷　1799

論學三説一卷　1731，1757，1804

論學制備忘記一卷　1631

論學俚言一卷　1805

論學酬答四卷　1721，1836

論衡三十卷　950，1013，1597，1598，
　　1600，1602

論覺罪之事　1135

調查民事習慣問題附調查民事習慣章程
　　十條　680

調謔編一卷　1559，1586，1590

調爕類編四卷　1736

談天十八卷附表一卷　1759，1896

談言一卷　1580

談苑四卷　1611

談虎一卷　1630

談往一卷　1637，1638

談書録一卷　1631，1825

談剩一卷　1576

談淵一卷　1559，1586，1590，1608

談塵四卷　1498

談撰一卷　1559

談徵四卷　1030

談龍録一卷　1461，1649，1658，1731，
　　1757

談藝珠叢二十七種　1461

談藝録一卷　1383，1461，1462，1578，
　　1804

談藝録二卷　1467

談藪一卷　1559，1586，1590，1595

談瀛録四卷　907

廟制折衷二卷　1840

廟祝問答　1152

廟堂忠告一卷　1747

摩尼經殘卷附摩尼教流行中國考略一卷
　　1773

摩洛哥政要一卷　1707

摩訶僧祇律四十卷　1099

摩電氣二卷　1759

褒谷古蹟輯略一卷　871

瘞雲巖二卷　1498

瘞鶴銘考一卷　1740

瘞鶴銘考補附山樵書外紀　926

瘞鶴銘圖考一卷　1765

瘞鶴銘辯一卷　1626，1628

廣和録二卷　1816

（光緒）慶元縣志十二卷首一卷　812

慶元黨禁一卷　1653

慶典成案内務府三卷禮部一卷工部一卷
　　651

慶典章程禮部一卷工部一卷内務府三卷
　　651

（康熙）慶都縣志六卷　709

（光緒）慶符縣志五十五卷　844

（嘉慶）慶雲縣志十二卷首一卷末一卷
　　714

慶湖集一卷　1373

（道光）慶遠府志二十卷首一卷　865

毅堂集一卷　1439

毅齋奏疏一卷　1805

毅齋經説一卷　1805

毅齋遺集五卷　1873

羯鼓録一卷　1569，1585，1611，1663，
　1665，1672

翦勝野聞一卷　1553，1574，1588，1604，
　1608

翦綃集二卷　1364，1371

（光緒）遵化通志六十卷　721

遵化詩存十卷　1427

遵主聖範四卷　1136

遵義平匪日記一卷　1745

（貴州遵義）遵義沙灘黎氏家譜一卷　593

（道光）遵義府志四十八卷首一卷　870

遵聞録一卷　1573，1605

遵巖先生文集二十五卷　1205

導古堂文集二卷　1350

導江三議一卷　1815

澎湖紀略一卷　1702

（光緒）澎湖廳志十四卷　857

（乾隆）潮州府志四十二卷首一卷　860

潮州耆舊集二十種　1437

潮州海防記一卷　1702

（光緒）潮陽縣志二十二卷首一卷　860

潮嘉風月一卷　1857

潮嘉風月記一卷　1636

潭柘山岫雲寺志二卷　872

（乾隆）潛山縣志二十四卷　739

潛夫論十卷　949，1597，1598，1600，
　1602

潛夫論箋十卷　1678

潛州集一卷　1850

（康熙）潛江縣志二十卷首一卷　825

（光緒）潛江縣志續二十卷首一卷　825

潛邱劄記二卷　425

潛邱劄記六卷附左汾近稿一卷　1012

潛采堂宋元人集目録一卷　942

潛居録一卷　1559

潛研堂文集五十卷　1266，1853

潛研堂文集五十卷詩集十卷詩續集十卷
　1266

潛研堂文集六卷　426

潛研堂金石文字目録八卷　1853

潛研堂金石文跋尾二十卷　1853

潛研堂詩集十卷續集十卷　1853

潛修膚言二卷　960

潛室陳先生木鍾集十一卷　958

潛室劄記二卷　1800

潛書四卷　965，966

潛虛一卷　1580，1654

潛虛先生文集十四卷補遺一卷　1243

潛虛述義四卷考異一卷　1817

潛虛解一卷　1651

潛庵先生遺稿五卷　1232

潛庵先生擬明史稿二十卷　1843

潛庵集□卷　1232

潛溪集八卷附録一卷　1192

潛溪詩眼一卷　1565

潛溪邃言一卷　1572

潛確居類書一百二十卷　1536

潛學稿十九卷　1210

潛齋尚書賜壽圖一卷附序一卷詩一卷楹
　牓一卷　608

潛齋詞一卷　1473

潛齋詩鈔一卷　1373

潤玉傳一卷　1595

潤經堂自治官書不分卷　654

潤經堂自治官書六卷　1309

澗泉日記一卷　1558

澗泉日記三卷　1643，1646

（康熙）澂江府志十六卷　868

澂景堂史測十四卷　578，1747

澂潭山房古文存稿四卷詩集十七卷附刻
　　一卷　1262

澳大利亞可自强説一卷　1710

澳大利亞洲志譯本一卷　1682，1755

澳大利亞洲新志一卷　1764

澳門公牘錄存一卷　1745

澳門形勢篇一卷　1702

澳門形勢論一卷　1702

澳門記一卷　1702

澳門記略一卷　1634

澳門圖説一卷　1702

澳洲紀游一卷　1705

澳蕃篇一卷　1702

潘子真詩話一卷　1565

潘太常集一卷　1362

潘公免灾救難寶卷三卷　1487

潘文勤公年譜一卷　614

潘方伯公遺稿六卷　1332

潘刻五種　1757

潘黃門集一卷　1362

潘黃門集六卷　1361

潘潁川聞和草賦七卷詞集一卷　1313

潘豐豫莊本書一卷　1748

潘瀾筆記二卷　1012，1721，1860

（乾隆）潼川府志十二卷　848

（光緒）潼川府志三十卷　848

（康熙）潼關衛志三卷（嘉慶）續潼關
　　廳志三卷　798

（道光）潯州府志七十六卷首一卷　866

（同治）潯州府志三十八卷首一卷　866

潯陽記一卷　1562

潯谿詩徵四十卷　1434

澄江集一卷　1844

（乾隆）澄城縣志二十卷　798

（順治）澄城縣志二卷　797

（嘉慶）澄海縣志二十六卷首一卷　861

澄清堂詩存四卷　1337

澄清堂詩稿二卷續稿一卷　1880

（嘉慶）澄邁縣志十卷　864

澄懷書屋詩鈔四卷　1298

澄懷園文存十五卷　1248

澄懷園語四卷　1733

澄懷錄一卷　1556

澄懷錄二卷　1725

潑墨軒集六卷　1283

憐香伴二卷　1504

寫竹簡明法二卷　1078

寫均廎詞一卷　1476

寫定尚書一卷　443

寫麋廎詞一卷　1475

寫韻軒小稿二卷　1280

寫韻樓詩集五卷題詞一卷　1288

審定風雅遺音二卷　1799

審是帙一卷　1615

審看擬式四卷首一卷末一卷　671

審音鑑古錄不分卷　1505

審齋詞一卷　1473

窮怪錄一卷　1571，1660

窮愁志一卷　1557

窳櫎詩質一卷　1824

窰器説一卷　1633

憨山老人夢游集五十五卷　1211

憨子一卷　1648

遲悔齋文集六卷　1442

遲雲閣詩稿四卷遲雲閣文稿五卷　1879

遲鴻軒詩存一卷文存一卷　1329

履二齋集二卷　1383

履坦論一卷　1149

履園叢話二十四卷　1025

履齋示兒編二十三卷　1655

彈山吾家山游記一卷　1688

紺素雜記一卷　1556，1580

彈丸小記一卷　1706

練川名人畫像六卷續編三卷　585

彈棋經一卷　1569

練中丞金川集一卷　1359

彈緑詞一卷　1476

練江詩鈔八卷　1251

選材録一卷　1632，1853

練兵實紀九卷雜集六卷　984，1672，1721

選青閣藏器目一卷　1764

練虱心傳一卷　1629

選注六朝唐賦不分卷　1393

練湖志十卷　897

選時造命四卷　1063

練閲火器陣記一卷　1629

選雅二十卷　523

緬甸考略一卷　1703

選集漢印分韻二卷續集漢印分韻二卷　1089

緬甸志一卷　1703

緬甸國志一卷附英領緬甸志一卷緬甸新志一卷　908

選夢樓詩鈔八卷　1306

選詩七卷詩人爵里一卷　1386

緬甸瑣記一卷　1703

選詩句圖一卷　1551

緬甸圖説一卷　1710

選詩補注八卷補遺二卷續編四卷　1391

緬甸論一卷　1710

選賦六卷名人世次爵里一卷　1386

緬述一卷　1683

選擇天鏡三卷　1064

緬事述略一卷　1703

選擇叢書集要五種　1062

緬藩新紀一卷　1703

險異録圖説合覽　1045

緝古算經一卷　1648，1653，1675

豫東公牘一卷　674

緝古算經一卷細草一卷圖解三卷音義一卷　1056

豫軍紀略十二卷　565

豫乘識小録二卷　879

緝古算經細草三卷　1656

豫章古今記一卷　1563，1582

緝雅堂詩話二卷　1469

豫章先生文粹四卷　1371

緝齋文集八卷首一卷附録二卷詩稿八卷首一卷　1259

豫章先賢十五家年譜十五種　609

豫章閨秀詩鈔二十六卷　1435

緱山先生集二十七卷　1213

豫章語録一卷　1872

緱山集（雙丰公輓詩）一卷　1858

豫章漫抄一卷　1576，1588

緱山集一卷　1379

豫章漫抄四卷　1831

緩堂文述二卷詩話二卷　1466

豫章漫鈔摘録一卷　1604

編注本草駢文便讀十一卷　1003

（江西南昌）豫章羅氏族譜不分卷　592

編珠二卷補遺二卷續編二卷　1532

豫章羅先生（從彦）年譜一卷　610

緯青詞一卷　1476

豫章羅先生年譜一卷　958

緯青遺稿一卷　1803

豫醫雙璧二種　996

緯略一卷　1557

豫變紀略八卷首一卷　564

緯略十二卷　1015，1672

緯蕭草堂詩三卷　1846

緯蕭草堂詩六卷　1244

緯攟十二種　532

畿東河渠通論一卷　1695

畿南河渠通論一卷　1695

畿輔人物考八卷　1836

畿輔水利四案四卷附錄一卷　888

畿輔水利私議一卷　1680

畿輔水利輯覽一卷　1680

畿輔水利議一卷　689

畿輔水道管見一卷　1680

畿輔同官錄不分卷　625

畿輔安瀾志五十六卷　888，1645

畿輔河道水利叢書九種　1680

畿輔條鞭賦役全書（光緒九年）不分卷
　656

（雍正）畿輔通志一百二十卷首一卷　700

（同治）畿輔通志三百卷首一卷　700

畿輔義倉圖不分卷　659

畿輔叢書一百七十四種　1797

十六畫

璞疑詩集一卷　1439

璞齋集詩六卷捶琴詞一卷附清足居集一
　卷蕉窗詞一卷　1347

聲隅子歔欷瑣微論二卷　950

聲隅子歔欷瑣微論二卷　1654

隸古定尚書孔傳唐寫本殘卷校字記一卷
　1781

駱文忠公自訂年譜二卷　613

駱文忠公奏稿十卷　694

駱丞集四卷　1818

駱丞集四卷附辨訛考異二卷　1758

駱丞集注四卷　1160

駱侍御全集四卷附考異一卷　1160

駱賓王文集十卷考異一卷　1364

駱賓王集二卷　1364，1365

駱臨海集十卷首一卷末一卷　1160

駢文類纂三十四卷　1395

駢字分箋一卷　1634

駢字分箋二卷　1650

駢字啓蒙不分卷　1756

駢枝別集二十卷　1216

駢香儷艷一卷　1712

駢雅七卷　1669

駢雅訓纂十六卷　531，1658

駢雅訓纂十六卷首一卷序目一卷駢雅七
　卷　531

駢語雕龍四卷　1613

駢儷文三卷　1856

駢體文鈔三十一卷　1394

駢體南針十六卷　1423

撼龍經一卷　1741

撼龍經批注校補不分卷疑龍經批注校補
　三卷　1060

撼龍經傳訂本注一卷　1770

據梧吟館詩存二卷　1440

據鞍錄一卷　1768

操觚齋遺書四卷　1766

操勝要覽一卷　1741

操觚十六觀一卷　1622

操縵古樂譜一卷　463

操縵易知一卷　1861

熹朝忠節死臣列傳一卷　558

擇吉會要四卷　1062

擇雅堂二集八卷　1345

擔峰詩四卷　1239

壇山刻石一卷　918

壇廟祀典三卷　651

擁絮迂談一卷　1573，1589

擁雙艷三種六卷　1504
磬折古義一卷　426
薔庵手鏡二卷　1823
薑齋文集十卷　1840
薑齋詩賸稿一卷　1840
薑露庵雜記六卷　1025
燕几圖一卷　1568，1592
燕山外史注釋八卷　1521
燕山外史注釋八卷附補注　1521
燕川集十四卷　1262
燕子樓傳奇二卷　1505
燕丹子三卷　950，1668，1678
燕石集一卷　1378
燕北録一卷　1561
燕市雜詩一卷　1614
燕京開教略三篇　1136
燕京歲時記一卷　697
燕京雜記一卷　1698
燕泉何先生遺稿十卷　1199
燕都日記一卷　1749
燕都妓品一卷　1579
燕都識餘一卷　1633
燕峰詩鈔一卷　1779
燕射記一卷　1560
燕書一卷　1572
燕喜詞一卷　1472
燕貽法録一卷　1615
燕閒四適二十卷　1018
燕閒録一卷　1575，1612
燕窗閒話二卷　1028
燕臺小草一卷　1231
燕對録一卷　1621
燕説四卷　1871
燕寢考三卷　428
燕樂考原六卷　1738

燕禧堂五種　1855
燕魏雜記一卷　1651，1676
燕翼貽謀録一卷　1608
燕翼貽謀録五卷　1580，1725
燕翼篇一卷　1622
燕蘭小譜五卷附海漚小譜一卷　1772
薛子道論三卷　949
薛仁貴榮歸故里雜劇一卷　1499
薛公讀書録一卷　1593
薛氏五種九卷　1441
薛文清公從政録一卷　1612
薛文清公讀書全録類編二十卷　959
薛文清公讀書録八卷　1639，1869
薛文清公讀書録鈔四卷　1732
薛方山紀述一卷　1613
薛司隸集一卷　1363
薛孝廉拯庵文集一卷　1437
薛君韓詩章句二卷　1787
薛昭傳一卷　1595
薛敬軒先生文集十卷　1638
薛御史中離集三卷　1437
薛瑩後漢書一卷　544
薛靈芸傳一卷　1582
薇雲室詩稿一卷　1813
薈蕞編二十卷　1035
蒼葡花館詞一卷補遺一卷　1475
（康熙）薊州志八卷　708
薊旋録一卷　1834
薄叔元問穀梁義一卷　1790
薄海番域録一卷　1710
薄海番域録十二卷　905
翰苑印林四卷　1087
翰苑群書二卷　1654
翰苑遺事一卷　1725
翰林志一卷　1550，1607，1725

翰林要訣一卷　1068

翰林重考字義韻律大板海篇心鏡二十卷
　　首一卷　513

翰林記二十卷　1816

翰林集四卷　1365

翰海十二卷　1449

翰墨志一卷　1566

翰墨叢記一卷　1558

（浙江蕭山）蕭山石板衖李氏宗譜不分
　　卷　589

（浙江蕭山）蕭山史氏宗譜二十四卷　590

（浙江蕭山）蕭山史村曹氏宗譜二十五
　　卷補遺一卷　589

（浙江蕭山）蕭山任氏家乘二十卷　589

（浙江蕭山）蕭山長巷沈氏續修宗譜
　　四十卷首一卷　590

（浙江蕭山）蕭山郎氏宗譜四卷首一卷
　　589

（浙江蕭山）蕭山馬湖傅氏宗譜不分卷
　　589

（浙江蕭山）蕭山孫氏宗譜十卷　590

（浙江蕭山）蕭山塘灣井亭徐氏宗譜十
　　卷附宗祠祭簿　590

（康熙）蕭山縣志二十二卷　808

蕭山縣志刊誤三卷　1841

（乾隆）蕭山縣志四十卷　808

蕭太史鐵峰集一卷　1437

（浙江蕭山）蕭邑苧蘿張氏宗譜四卷　590

蕭茂挺文集一卷附錄一卷　1801

蕭亭詩選六卷　1235，1844

蕭淑蘭情寄菩薩蠻雜劇一卷　1501

蕭御史同野集二卷　1437

蕭湖游覽記一卷　1709

蕭給諫湖山集一卷　1437

（嘉慶）蕭縣志十八卷首一卷　736

（同治）蕭縣續志十八卷首一卷　736

蕭齋日記一卷　1835

噩夢一卷　1840

頤志齋四譜四卷　1865

頤志齋叢書二十一種　1865

頤素堂叢書初編十七種　1712

頤庵居士集二卷　1654

頤情館聞過集十二卷　673

頤巢類稿三卷附行狀一卷　1355

頤道堂詩外集八卷　1292

薛荔山莊詩文稿五卷首一卷　1307

薩天錫詩集三卷集外詩一卷　1190

薩真人夜斷碧桃花雜劇一卷　1501

樹桑養蠶要略一卷樹藝要略一卷　655

樹萱錄一卷　1558

樹經堂咏史詩八卷　1271

樹經堂詩初集十五卷詩續集八卷文集四
　　卷　1271

樹經堂詩續集五卷　1271

樸巢文選四卷　1824

樸巢詩選一卷　1824

橋西雜記一卷　1729

樵川二家詩六卷　1436，1747

樵水集一卷　1378

樵香小記二卷　1672，1800

樵菴詞一卷　1473

樵陽經女工修煉一卷　1121

樵雲獨唱一卷　1377

樵歌拾遺一卷　1472

樵隱詩話十三卷　1469

橘坡稿一卷　1444

橘香堂存稿二卷　1443

橘潭詩稿一卷　1370，1374，1811

橘錄三卷　1552，1569

機動圖説一卷　1760

機鍋用法四卷首一卷附雷艇章程　1893

機警一卷　1572

輶軒使者絕代語釋別國方言十三卷　1597，
　　1605，1642，1644

輶軒使者絕代語釋別國方言十三卷校正
　　補遺一卷　502

輶軒使者絕代語釋別國方言疏證十三卷
　　1648

輶軒使者絕代語釋別國方言箋疏十三卷
　　1774

輶軒絕代語一卷　1555，1583，1602，1660

輶軒雜録一卷　1558

整菴先生存稿二十卷　1197

整頓中國條議一卷　1779

賴古堂尺牘新鈔二選藏弄集十六卷三選
　　結鄰集十六卷　1450

賴古堂集二十四卷附録一卷　1224

賴古堂集三十四卷　1224

賴古堂詩集四卷　1224

賴古堂藏書甲集十種　1636

橐籥子一卷　1119

融堂書解二十卷　446，1641，1644

融經館叢書十一種　1737

瓢居草一卷　1846

醒世良規十一種　1130

醒世指南篇不分卷　1127

醒世姻緣傳一百回　1523

醒夢記十卷　1041

醒夢駢言十二回　1508

醒園録二卷　1677

勵志録二卷　963，964

勵學篇一卷　1805

歷下志游一卷　1699

歷仕録一卷　1844

歷代大家古文講授談二編　1470

歷代大儒詩鈔六十卷　1392

歷代小史一百六種　1607

歷代山陵考二卷　1670

歷代文粹八卷　1397

歷代文選十四卷　1397

歷代世譜十卷　653

歷代石經略二卷　490

歷代甲子考一卷　1621，1837

歷代史要三卷　572

歷代史略六卷　572

歷代史腴二卷　1036，1037

歷代史論十二卷宋史論三卷元史論一卷
　　附明史論四卷左傳史論二卷　577

歷代史論正鵠十卷　578

歷代仙史八卷　604

歷代地理延革圖一卷　913

歷代地理志韻編今釋二十卷皇朝輿地韻
　　編二卷　913

歷代地理沿革表四十七卷　698

歷代地理沿革圖一卷　913

歷代名人年譜十卷附一卷　580

歷代名人畫譜不分卷　1079

歷代名臣言行録二十四卷　595

歷代名臣奏議三百五十卷　687

歷代名臣傳三十五卷　595

歷代名臣傳三十五卷續編五卷　1640

歷代名臣謚法彙考十五卷附漢晉迄明謚
　　彙考十卷皇朝謚彙考五卷　653

歷代名吏録四卷　595

歷代名畫記十卷　1074，1616

歷代名媛雜咏三卷首一卷　1269

歷代名賢列女氏姓譜一百五十七卷　603

歷代名賢齒譜九卷　581

歷代名儒傳五卷　1640

歷代名醫書録一卷　945

（榕腔）歷代志略下卷　1134

（榕腔）歷代志略上卷　1134

歷代兵制八卷　979，1671，1721，1723

歷代長術輯要十卷附古今推步諸術考二卷　1732

歷代咏史樂府二十卷附白鄉文鈔四卷　1480

歷代建元考十卷總論一卷類考一卷前編一卷外編四卷　1671

歷代姓系歌訣一卷　1845

歷代政治類編十二卷　1889

歷代政要表二卷　570

歷代相臣傳一百六十八卷　595

歷代帝王年表一卷　1718

歷代帝王年表一卷附紀元同異考略一卷　570

歷代帝王年表十四卷　570

歷代帝王年表三卷　1739

歷代帝王年號録一卷年號檢字表一卷　570

歷代帝王宅京記二十卷　1753，1837

歷代帝王法帖釋文考異十卷　1072

歷代神仙通鑑二十二卷　1126

歷代郡國考略三卷歷代官制考略二卷　550

歷代紀元表一卷年號分韻録一卷　1720

歷代紀元部表二卷　653

歷代紀元彙考八卷　653

歷代紀年二卷　653

歷代通鑑纂要九十二卷　548

歷代黃河變遷圖四卷　887

歷代象賢録二十卷　580

歷代循吏傳八卷　1640

歷代循吏傳八卷歷代名儒傳八卷　595

歷代詞腴二卷　1479

歷代畫史彙傳七十二卷首一卷引證書目一卷目録三卷附録二卷　1076

歷代統系録六卷　1720

歷代載籍足徵録一卷　1855

歷代蒙求一卷　1592

歷代詩家五十六卷　1391

歷代壽考名臣録不分卷附一卷　581

歷代諱名考一卷　1800

歷代輿地沿革險要圖不分卷　913

歷代職官表七十二卷　682

歷代職官表六卷　682，1720

歷代鐘鼎彝器款識法帖二十卷　925

歷年城守記一卷　558

歷官表奏十二卷　1828

（崇禎）歷城縣志十六卷　761

（乾隆）歷城縣志五十卷首一卷　761，762

歷科廷試狀元策七卷總考一卷　1453

歷科名表選增删二集不分卷　1454

歷科狀元策不分卷　1454

（乾隆）歷陽典録三十四卷補編六卷　742

歷朝史案二十卷　575

歷朝名人詞選十三卷　1479

歷朝名媛尺牘二卷　1452

歷朝名媛詩詞十二卷　1390

歷朝忠義彙編二十二卷　600

歷朝通鑑紀事本末五編一百四十八卷　553

歷朝捷録四卷元朝捷録一卷皇明捷録二卷　576

歷朝捷録全文十二卷首一卷末一卷　576

歷朝捷録删　576

歷朝聖賢篆書百體千文一卷附千字文注一卷　1072

歷朝詩約選九十三卷　1392

歷朝賦楷八卷首一卷　1393

歷朝應制詩選十卷　1453

歷游記一卷　1835

歷學答問一卷　1650

歷學疑問補二卷　1650

曆象本要一卷　1845

曆象考成上編十六卷下編十卷　1049

曆學答問一卷　1053

曆學會通：中外師學部二卷附紀效或問　1049

曆學會通正集十二卷考驗部二十八卷致用部十六卷　1049

曆學疑問三卷　1052

曆學疑問補二卷　1052

曆學駢枝四卷　1053

霏玉軒詩草二卷　1384

霏屑集八卷　1022

霏雪録一卷　1574，1595

霓裳續譜八卷　1488

霍小玉傳一卷　1570，1585，1660，1663，1666，1727

（光緒）霍山縣志十五卷首一卷　744

霍文敏公全集十卷　1202

（道光）霍州直隸州志二十五卷首一卷　757

（光緒）霍州直隸州續志二卷　758

霍亂論二卷附絞腸痧證　994

（光緒）霑化縣志十六卷首一卷　773

（乾隆）冀州志二十卷續編一卷　722

頻羅庵遺集十六卷　1264

頻羅庵論書一卷　1748，1749

餐花室詩稿十一卷詩餘二卷　1329

餐花室詩稿十卷詩餘一卷　1328

臚齋考工記解二卷　421，424

盧氏禮記解詁一卷附録一卷補遺一卷　1774

盧戶部詩集十卷　1366，1368

盧史二公書牘　675

盧仝集三卷　1797

盧仝詩集三卷　1365

盧武陽集一卷　1363

盧長公史隲六卷續史隲一卷　1715

盧忠肅公文集二卷　1360

盧忠肅公奏議十二卷　692

盧忠肅公集十二卷首一卷　1218

盧照鄰集二卷　1364，1365

盧溪集鈔一卷　1372

縣笥瑣探摘鈔一卷　1605

曉帆詩草一卷補遺一卷　1341

曉初訓道　1129

曉春閣詩集一卷　1422

曉春閣詩稿一卷　1428

曉庵新法六卷　1672

曉庵遺書十五卷　1772

曇花記二卷　1504

曇花詞一卷　1476

曇花夢雜劇一卷　1866

曇花閣詩鈔三集　1336

曇香閣琴趣一卷　1474

曇華閣詞一卷　1474

曇雲閣詩集八卷詞鈔一卷外集一卷詩集補遺一卷詞續刻一卷　1313

曇無德部四分律删補隨機羯磨二卷附一卷曇無德部四分律删補隨機羯磨會釋十四卷羯磨會釋事義十四卷　1101

（光緒）閿鄉縣志十二卷首一卷末一卷　788

閻氏小兒方論一卷　996

閻潛丘先生年譜一卷　612

閻潛丘先生年譜不分卷　612

閻潛邱先生年譜四卷　1740

蹕息盧粹語一卷　1800

踵息廬稿四卷　1800

踽莽律賦四卷　1345

蟆頤山記一卷　1692

蛞雜記十一卷　1043

蛞雜記六卷　1043

器象顯真四卷圖一卷　1758

戰守全書十八卷　980

戰法學二卷　1780

戰書十七卷　982

戰略輯要一百四十二卷　982

戰國紀年六卷　1861

戰國策十二卷　560

戰國策十八卷　560，561

戰國策十卷　560

戰國策三十三卷　1668，1797

戰國策去毒二卷　561

戰國策校注十卷　1719

戰國策選不分卷　561

戰國策譚棷十卷附錄一卷　561

戰國策釋地二卷　1750

嘯古堂文集八卷　1318

嘯古堂詩集八卷芬陀利室詞集五卷詩遺
　　集一卷詞遺集一卷附麗農山人事實雜
　　錄一卷　1318

嘯旨一卷　1568，1585，1663，1665

嘯亭雜錄十卷續錄三卷　1027

嘯亭雜錄八卷續錄二卷　1027

嘯雪庵詩鈔一卷　1420

嘯雪庵詩餘一卷　1476

嘯雪庵題咏一卷詩集一卷新集一卷　1221

嘯雲軒詩集五卷文集六卷附錄　1338

嘯園叢書五十九種　1732

還山集一卷　1883

還山遺稿一卷　1378

還丹復命篇一卷　1113，1119

還京日記一卷　1698

還冤志一卷　1611，1677

還冤記一卷　1564，1581，1582，1600，
　　1602

還朝詩存一卷　1238

還硯齋全集六種　1871

還硯齋易漢學擬旨一卷　1871

還硯齋周易述四卷　1871

還硯齋學庸題解參略三卷　1871

還硯齋雜著四卷詩略一卷賦稿十卷文稿
　　八卷試帖一卷　1871

還魂記二卷　1503

還源篇一卷　1113，1119

還源篇闡微一卷　1123

還經錄一卷　1834

嶧桐集二十卷　1806

（光緒）嶧縣志二十五卷首一卷　765

（乾隆）嶧縣志十卷首一卷　765

嶰谷集一卷　1439

圜天圖說三卷附續編二卷　1047

圜容較義一卷　1672，1736

默記一卷　1586，1590，1595，1608，1653，
　　1795

默菴集一卷　1376

默堂集一卷　1374

黔中水道記一卷　1696

黔中紀聞一卷　1700

黔中雜記一卷　1623，1700

黔西古蹟考一卷　1700

（嘉慶）黔西州志八卷　869

（光緒）黔西州續志六卷　869

（光緒）黔江縣志五卷首一卷　853

（咸豐）黔江縣志四卷續志一卷　853

黔苗竹枝詞一卷　1635

黔苗圖說一卷　883

黔苗蠻記一卷　1700

黔南職方紀略九卷　883

黔南識略三十二卷　883

黔風舊聞録六卷黔風鳴盛録十八卷　1438

黔記一卷　1700

黔記四卷　1683

黔書二卷　1820

黔書四卷　1741

黔婁子一卷　1795

（同治）黔陽縣志六十卷首一卷　836

（乾隆）黔陽縣志四十二卷　836

黔軺紀程一卷　1877

黔游記一卷　1700

黔詩紀略三十三卷　1438

黔詩紀略後編三十卷補三卷　1438

黔類十八卷　1545

黔疆諸證六十二卷　1152

黔囊一卷　1700

憩游偶考一卷　1633

積山雜記一卷　1630

積古齋藏器目一卷　1763

積古齋鐘鼎款識稿本四卷附一卷　926

積古齋鐘鼎彝器款識二卷　427

積古齋鐘鼎彝器款識十卷　926，1657，
　1718

積石文稿十八卷詩存四卷繪餘編一卷附
　南池唱和詩存一卷　1306

積書巖詩集一卷　1800

積較術三卷　1054

積翠軒詩集一卷　1245

積學齋叢書二十種　1774

穆天子傳一卷　1570，1581，1876

穆天子傳六卷　950，1597，1598，1599，
　1601，1603，1606，1607，1615，1659，
　1679

穆堂初稿五十卷　1248

穆堂初稿五十卷別稿五十卷　1248

穆堂詩文鈔十一卷　1248

穆清堂詩鈔三卷　1345

穆參軍集一卷　1373

穆參軍集三卷遺事一卷　1375

篤志齋周易解三卷　440

篤素堂文集十六卷　1844

篤素堂文集十六卷易經衷論二卷書經衷
　論四卷　1238

篤素堂集鈔三卷　1768

篤素堂詩集七卷　1844

篤慎堂燼餘詩稿二卷文稿一卷　1803

篤論一卷　1795

篤舊集十八卷　1446

築圩圖説一卷　888

築圍説一卷　1804

篔谷詩鈔二十卷附如是齋吟草一卷　1290

篔谷詩選一卷　1443

篷軒別記一卷　1575，1588

篷窗隨録十四卷附録二卷續録二卷　1025

篷櫳夜話一卷　1588，1834

舉貢考職同年齒録（光緒三十三年丁未
　科）　618

舉貢會考同年齒録（宣統二年庚戌科）
　618

舉業厄言二卷　1716

舉業蹄筌不分卷　1456

（光緒）興山縣志二十二卷　830

（同治）興山縣志十卷首一卷　830

（弘治）興化府志五十四卷　854

（康熙）興化縣志十四卷　734

（光緒）興文縣志六卷　845

（乾隆）興平縣志二十五卷附士女續志
　三卷　790

（光緒）興平縣鄉土志六卷　790

（乾隆）興安府志三十卷　795

（嘉慶）興安府續志八卷　796

興安縣地丁款目不分卷　659

（同治）興安縣志十六卷首一卷　815

（光緒）興國州志三十六卷首一卷　823

（同治）興國縣志四十六卷首一卷　821

（道光）興國縣志四十六卷首一卷　821

興復哈密記一卷　1593，1605，1608

興復哈密國王記一卷　1604

（同治）興寧縣志十八卷首一卷末一卷　839

（乾隆）興縣志十八卷　747

興辦寧波江北岸清道事宜捐啓　681

學一齋句股代數草二卷　1826

學一齋算課草四卷　1826

學一齋算學問答一卷　1826

學山堂印譜八卷附學山記一卷學山紀游一卷學山題咏一卷　1086

學文堂文集十六卷詩集五卷詩餘三卷　1802

學文彙典二卷　1035

學孔精舍詩鈔六卷　1833

學古堂日記　1012

學古集一卷　1381

學古診則四卷　996

學古篇不分卷　1726

學古編一卷　1085，1554，1568，1581，1610，1812

學古齋文集二卷　1322

學古齋金石叢書四集十二種　920

學史十三卷　1830

學吟一卷　1370，1375

學林十卷　1642，1645，1678

學易初津二卷　1848

學易記九卷　422

學易記九卷首一卷　419

學易記五卷　1719

學易集八卷　1643，1646，1798

學制統述二卷　1864

學治一得編一卷附一卷　1733

學治偶存八卷　674

學治臆説二卷續説一卷　684

學治臆説二卷續説一卷説贅一卷　684，1674，1853

學治體行録二卷　1860

學春秋隨筆十卷　425，496

學要八箴一卷　1846

學計一得二卷　1873

學計韻言一卷　1057

學宮輯略六卷　1714

學宮禮器圖一卷　1714

學耕五經五十八卷　493

學校問一卷　1651，1841

學圃餘力一卷　1650

學圃雜疏一卷　1612

學圃雜疏三卷　1554，1579

學射録二卷　1799

學記箋證四卷　1883

學部審定初等小學用最新修身教科書第一册、第二册不分卷　967

學海君道部二百四十卷目録八卷　1545

學海堂二集二十二卷　1456

學海堂三集二十四卷　1456

學海堂四集二十八卷　1456

學海堂志一卷　1862

學海堂初集十六卷　1456

學海堂集四集　1456

學海堂叢刻（啓秀山房叢書）十三種　1817

學海蠡測一卷　1631

學案小識十五卷首一卷　598
學規類編二十七卷　1639
學堂日記不分卷　973
學堂歌一卷　973
學庸切己録二卷　1838
學庸困知録四卷　475
學庸匯通二卷　474
學庸説文十二卷　475
學庸遵注不分卷　475
學庸識小一卷　1879
學庸竊補十四卷附學庸竊補提要二卷　474
學麻説一卷　1626
學爲福齋詩鈔一卷　1876
學道六書六卷　961
學道粹言一卷　1722
學測一卷　1805
學畫淺説一卷　1623
學强恕齋筆算十卷　1056
學統五十三卷　1815
學詩正詁五卷　1866
學詩初稿一卷　1370，1379
學詩要覽一卷續編一卷學對便蒙一卷　1471
學詩津逮八種　1462
學詩堂經解二十卷　502
學詩詳説三十卷　1866
學詩闕疑二卷　1732
學福齋詩集三十七卷首一卷文集二十卷　1255
學福齋雜著一卷　1649
學壽堂叢書十二種　1826
學箕初稿二卷　1239
學算存略三卷　1054
學算筆談十二卷　1057
學算筆談十二卷附録開方別術一卷數根

術解一卷開方古義二卷積較術三卷算學須知一卷　1057
學算筆談六卷　1054
學語雜篇一卷　1628
學耨堂文集七卷詩稿九卷詩餘二卷　1246
學歷説一卷　1624
學齋占畢纂一卷　1609
學齋佔畢四卷　1550
學齋呫嗶一卷　1555
學禮五卷　1799
學禮管釋十八卷　431，1864
學禮質疑二卷　425，496
儒吏完城北曲一卷　1503
儒先晤語二卷　1849
儒行述一卷　1630
儒行集傳二卷　459，493
儒林公議一卷　1559，1586，1590
儒林公議二卷　1610
儒林外史五十六回　1511
儒林宗派十六卷　598
儒林傳稿四卷　1716，1726
儒林瑣記三卷附記一卷　1735
儒林譜一卷　1651
儒門事親十五卷　992，996，1008
儒門法語一卷　1712，1869
儒門法語輯要一卷　1823
儒門語要六卷　1857
儒門醫學三卷附卷一卷　1008
儒教衍義三卷　966
儒棋格一卷　1569，1584
儒酸福傳奇二卷　1497
儒學入門一卷　1857
儒禪一卷　1615
儒釋道平心論二卷　1097
衡山記一卷　1681

衡山圖經一卷　1681
（嘉慶）衡山縣志五十五卷首一卷　834
（乾隆）衡水縣志十四卷　722
（乾隆）衡州府志三十三卷首一卷　834
衡州圖經一卷　1681
衡言四卷　1865
衡陽志一卷　1681
（嘉慶）衡陽縣志四十卷首一卷　834
（同治）衡陽縣圖志十二卷　834
衡嶽游記一卷　1630，1687
衡齋文集三卷　1860
衡齋算學七卷　1777，1860
衡齋算學遺書合刻二種　1860
衡齋遺書九卷　1860
錯中錯二卷　1496
錯姻緣傳奇一卷　1506
錢大尹智寵謝天香雜劇一卷　1499
錢中丞公崇祀錄一卷　609
錢氏私志一卷　1585，1589，1595，1608
錢氏家變錄一卷　558
錢本草一卷　1648
錢考功詩集十卷補遺一卷　1366，1368
錢名世詩選一卷　1427
錢志新編二十卷　928
錢牧齋尺牘三卷補遺一卷　1450，1778
錢牧齋先生尺牘三卷　1450
錢南園先生遺集五卷　1272
錢神志七卷　927
錢唐湖山勝概詩文二卷　1807
錢敏肅公奏疏七卷　695
（浙江蕭山）錢清鍾氏宗譜六卷　590
錢塘西湖百咏一卷　1807
錢塘百咏一卷　1810
錢塘先賢傳贊一卷附錄一卷　1654，1807
錢塘韋先生文集十八卷附錄一卷　1811

錢塘集補二卷　1875
錢塘瑣記一卷　1563，1587，1591，1592
錢塘遺事十卷　562，1809
（萬曆）錢塘縣志十卷　802
（康熙）錢塘縣志三十九卷首一卷　802
錢塘懷古詩一卷附錄一卷　1810
錢穀必讀一卷　654
錢穀視成二卷　655
錢穀備要十卷　654
錢糧奏摺不分卷　690
錢譜一卷　1568
錫山景物略十卷　878
錫金考略一卷　1686
（乾隆）錫金識小錄十二卷　730
錫慶堂詩集八卷　1260
錦上花四十八回　1485
錦衣志一卷　1573，1605
錦字箋四卷　1548
錦里耆舊傳八卷　1674
錦里新聞一卷　1559
錦里新編十六卷　885
錦身機要三卷附大道修真捷要選仙指源篇　997
錦香亭四卷十六回　1493
錦帶連珠一卷　1622
錦帶書一卷　1565，1617
錦雲堂暗定連環計雜劇一卷　1501
錦裙記一卷　1664，1667
錦槎軒詩集一卷　1422
錦箋記二卷　1504
錦繡萬花谷前集四十卷後集四十卷續集四十卷別集三十卷　1533
錦囊集一卷　1439
錦囊詩餘一卷　1476
錄異記一卷　1571，1660

録異記八卷　1617

歙行日記二卷　1876

歙州硯譜一卷　1568

歙州硯譜一卷歙硯説一卷辨歙石説一卷　1552

歙問一卷　1624，1626

歙硯説一卷　1568

（乾隆）歙縣志二十卷首一卷　740

（道光）歙縣志十卷首一卷　740

館律分韻初編六卷　1030，1460

（雍正）館陶縣志十二卷　767

（光緒）館陶縣鄉土志八卷　767

館課存稿一卷　1444

館課存稿四卷　1647

館課擬文一卷　1841

膳夫録一卷　1567

雕玉雙聯一卷　1068

雕菰樓易學三書四十卷　1859

雕菰樓集二十四卷　1718

雕蟲集一卷　1712

鮓話一卷　1761

鮑參軍集二卷　1362，1363

鮑溶詩集六卷補遺一卷　1367，1368

鮑臆園丈手札一卷　1730

（乾隆）獲鹿縣志十二卷　714

（光緒）獲鹿縣志十四卷手一卷末一卷　714

（乾隆）獲嘉縣志十六卷首一卷　783

穎譜一卷　1579

獨山平匪記一卷　1745

獨石軒詩逸存一卷　1826

獨旦集八卷　1845

獨秀山房四書文一卷續編一卷　1870

獨孤穆傳一卷　1594

獨悟庵叢鈔四種　1749

獨異志一卷　1571

獨異志三卷　1609

獨善堂文集八卷　1320

獨漉堂詩集十五卷文集十五卷附陳獨漉先生年譜　1234

獨醒雜志一卷　1558

獨醒雜志十卷附録一卷　1652

獨學廬初稿詩八卷文三卷讀左卮言一卷漢書刊訛一卷二稿詩三卷詞二卷文三卷外集一卷　1280

獨學廬初稿詩四卷二稿詩三卷花間樂府一卷三稿詩六卷四稿詩四卷　1280

獨斷一卷　950，1555，1581，1598，1599，1601，1605

獨斷二卷　1550，1597

獨鑒録一卷　1615

獪園十六卷　1507

鴛水聯唫四集　1446

鴛央湖櫂歌二卷　1813

鴛鴦配四卷十二回　1518

鴛鴦牒一卷　1623

鴛鴦鏡一卷　1868

謀道引階一卷　1149

［諶氏案牘］一卷附草花醫鏡一卷　676

諫垣七疏一卷　1751

諫垣奏草四卷　691

諧史一卷　1559，1595

諧噱録一卷　1559，1585，1662，1665

諧聲別部六卷　1463

諧聲品字箋不分卷　528

諧聲補逸十四卷　527，1771

諧聲補逸十四卷附札記一卷　504

諧鐸十二卷　1046

謔名録一卷　1559

謁岱記一卷　900

諭行旗務奏議十三卷　688

諭摺彙存不分卷　687

諭對録一卷　1603

諮議局章程及選舉章程解釋彙鈔　1891

諺説一卷　1629，1713

憑山閣新輯尺牘寫心集四卷　1451

憑山閣彙輯四六留青采珍集前函十二卷
　　後函十二卷　1388

憑山閣增輯留青新集三十卷　1388

磨勘條例摘要一卷　503，504

磨綺室詩存一卷　1346

磨甋齋文存一卷　1817

瘲忘編二卷續論一卷附後一卷　1780

塵史三卷　1656

塵餘一卷　1576

凝始子稿一卷　1381

凝香室詩鈔一卷　1421

凝清室古官印存二卷　929

凝翠樓詩集一卷　1421

凝齋先生遺集十卷末一卷　1259

凝齋筆語一卷　1573

凝齋稿一卷　1382

親征録一卷　1828

辨心性書二卷　1869

辨世人祀鬼論　1134

辨字略不分卷　1717

辨孝論一卷　968

辨志文會課藝初集不分卷　1459

辨志堂新輯易經集解四卷首一卷　439

辨忠臣不徒死文一卷　1841

辨性二論　1151

辨定祭禮通俗譜五卷　1840

辨定嘉靖大禮議二卷　1651，1840

辨鬼神論　1151

辨脉平脉章句二卷　996

辨惑論一卷　1564

辨惑編四卷附録一卷　1672，1800

辨聖學非道學文一卷　1841

辨疑志一卷　1556

辨學啓蒙一卷　1761

辨歈石説一卷　1568

辨釋名一卷　503，1793

辨案法略一卷　1747

辨案要略一卷　684

辨案紀略一卷　1747

（光緒）龍山縣志十六卷首一卷　838

（嘉慶）龍山縣志十六卷首一卷　838

龍川文集三十卷　1818

龍川文集三十卷附録二卷附辨訛考異二卷
　　1758

龍川文集三十卷補遺一卷附録二卷札記一
　　卷　1184

龍川別志一卷　1556

龍川詞補一卷　1473

龍女傳一卷　1585，1660，1663，1666，
　　1727

龍井見聞録十卷　882

龍井見聞録十卷附宋僧元净外傳二卷
　　1809

龍井游記一卷　1697

龍井顯應胡公墓録一卷　1807

龍文鞭影初集二卷二集二卷　521

龍母洞記一卷　1694

龍舟會雜劇一卷　1840

（道光）龍安府志十卷　846

龍沙紀略一卷　1441，1631，1670，1685

龍虎山志十六卷　894

龍門子凝道記三卷　1818

龍門集二十卷附録一卷　1207

龍門綱鑑要箋四卷正編二十卷　549

（咸豐）龍門縣志十六卷　858
（康熙）龍門縣志十六卷　719
龍岡山人古文尚書四種　445
龍岡山人詩鈔十八卷古今體詩鈔二卷文鈔十卷紫藤花室駢體文鈔三卷　1334
龍城札記一卷　426
龍城札記三卷　1729，1754
龍城録一卷　1557，1584，1607，1662，1665
（道光）龍南縣志八卷首一卷　821
龍威秘書一百六十九種　1659
龍泉寺記一卷　1697
（乾隆）龍泉縣志十二卷　812
（光緒）龍泉縣志十二卷首一卷　812
龍洲集十卷　1676
龍洲道人集一卷　1374
龍洲道人詩集一卷　1370
龍飛録一卷　1828
龍珠山房詩集二卷補遺一卷附録一卷　1812
龍眠游記一卷　1699
龍乘十六卷　1010
龍雲集一卷　1374
龍筋鳳髓判四卷　1678，1736
龍湫集五卷附刊一卷明史彈詞一卷　1221
龍瑞觀禹穴陽明洞天圖經一卷　1773
（乾隆）龍溪縣志二十四卷　855
（乾隆）龍溪縣志二十四卷首一卷增補一卷　855
龍經一卷　1625，1626
龍經四卷　1728
龍壽丹記一卷　1587，1591
龍輔女紅餘志二卷　1364
龍圖公案十卷　1507
龍圖公案八卷　1507
龍膏記二卷　1504
龍潭山志七卷首一卷末一卷　895
龍興祥符戒壇寺志十二卷　1809
龍興慈記一卷　1552，1603
龍學孫公春秋經解十五卷　420
龍壁山房文集四卷　1438
龍壁山房詩草十三卷　1325
龍谿王先生全集二十二卷　1203
龍谿王先生全集二十卷附録　1204
龍鐘集一卷　1846
（道光）龍巖州志二十卷首一卷　857
龍龕手鑑四卷　512，1676
羲停山館集六種　1866
羲經十一翼五卷首一卷　436
糖霜譜一卷　1567
瞥記一卷　427
螢雪叢説二卷　1551，1555，1610，1758，1818
營口雜志一卷　1701
營口雜記一卷　1701
（同治）營山縣志三十卷　844
營平二州地名記一卷　1753，1837
營田輯要内篇二卷外篇一卷　655
營城揭要二卷　1892
營城揭要二卷附圖一卷　1761
營衛運行補證一卷　1770
燈下閒談一卷　1559
燈謎叢録不分卷　1094
澠水燕談録一卷　1560，1585，1589
澠水燕談録十卷　1610，1655
（嘉慶）澠池縣志十六卷　785
潞水客談一卷　1680，1737
（順治）潞安府志二十卷　750
（乾隆）潞安府志四十卷首一卷　750
潞安詩鈔前編四卷後編十二卷　1432

潞河書院名册　1892

潞城考古録二卷　1800

（康熙）潞城縣志八卷　751

（萬曆）潞城縣志八卷　751

（光緒）潞城縣志四卷首一卷　751

（同治）澧州志二十六卷首一卷　838

澧州圖經一卷　1681

澧州續圖經一卷　1682

（乾隆）澧志舉要三卷　838

澤山雜記一卷　1573

澤古齋文鈔三卷補遺一卷　1854

澤古齋文鈔六卷　1854

澤古齋全集五種　1854

澤古齋重鈔一百九種　1668

澤古齋詩鈔一卷　1854

澤古齋語録一卷　1854

澤存堂五種　503

（雍正）澤州府志五十二卷　753

澤雅堂文集八卷　1340，1813

澤農要録六卷　986，1680

激素飛青閣金石文字不分卷　924

澹山雜識一卷　1557，1587，1591

澹生堂藏書目十四卷　1814

澹生堂藏書約一卷　1653

澹生堂藏書約四卷　1767

澹仙詞四卷　1476

澹成居文鈔四卷喪禮經傳約一卷　1279

澹如軒吟草一卷　1421

澹吟樓詞一卷　1474

澹居稿一卷　1377

澹持集一卷　1439

澹香閣詩鈔一卷附紅葉吟館詩鈔一卷幽
　篁吟館詩鈔一卷小紅渠館附刻一卷小
　幽篁館附刻一卷　1302

澹香樓詞一卷　1476

澹香齋試帖一卷　1458

澹香齋試帖輯注一卷　1458，1459

澹音閣詞一卷　1475

澹軒詩鈔一卷山塘近草二卷　1222

澹然先生文集三卷首一卷　1830

澹然先生詩集三卷　1830

澹然先生癰略二卷首一卷　1830

澹然全集四種　1830

澹勤室著述四種附一種　1878

澹勤室詩六卷　1878

澹園唱和集二卷續集一卷　1444

澹静齋文鈔八卷詩鈔六卷　1275

澹静齋文鈔六卷外篇二卷詩鈔六卷　1275

澹静齋全集文鈔八卷詩鈔六卷祭儀考四卷
　説禖二卷邶風説二卷離騷箋二卷　1275

澹粹軒詩草二卷　1286

澹寧居文集十卷　1215

澹餘筆記一卷　1768

澹盦文存二卷　1885

澹盦自娱草二卷附録一卷　1803

澹盦駢文一卷　1885

澹齋詩存一卷　1351

澹蘜軒詞一卷　1476

澹蘜軒詩初稿四卷詞一卷　1315

澹蘜軒詩稿一卷　1422

濂亭文集八卷　1332

濂亭遺文五卷遺詩二卷　1332，1333

濂洛風雅九卷　1639

濂洛風雅六卷　1819

濂洛關閩書十九卷　1639

濂溪志七卷附濂溪遺芳集一卷　606

憺園全集三十六卷　1234

憺園草二卷補遺一卷外集一卷　1443

憶雲集試帖一卷簫雲集試帖一卷　1458

憶雲詞甲稿一卷乙稿一卷丙稿一卷丁稿

　　一卷删存一卷　1749

憲章録四十六卷　551

［憲照護照執照監照諭札］　679

寰宇分合志八卷增輯一卷　577

寰宇貞石圖六卷　919

寰宇訪碑録十二卷　921，1679

寰宇瑣記十二卷　1900

窺天外乘一卷　1575，1605

窺生鐵齋詞一卷　1475

禪月集十二卷　1818

禪月集十二卷首一卷　1758

禪本草一卷　1565，1587，1591

禪林僧寶傳三十卷補一卷　1103

禪林寶訓四卷　1103

禪林寶訓筆説三卷　1107

禪門日誦一卷附佛祖心燈一卷　1107

禪門本草補一卷　1577

禪門佛事二卷　1107

禪宗正指三卷　1107

禪宗永嘉集一卷永嘉證道歌一卷　1102

禪榻夢餘一卷　1614

禪關策進一卷　1111

壁疏一卷　1576

避戎嘉話一卷　1559，1608

避地三策一卷附改折始末論　1836

避暑漫抄一卷　1559，1587，1590，1596，
　　1607

避暑録話一卷　1556，1586，1590

避暑録話二卷　1014，1610，1617，1829

避園擬存詩集一卷　1835

避亂録一卷　1559

避諱録五卷　1720

彊恕堂文稿　1325

隰西草堂集四卷　1430

隱秀軒集五十四卷　1214

隱居放言十二卷　1230

隱居通義三十一卷　1674

隱居通議三十一卷　1010，1736

隱逸考一卷　1832

隱窟雜志一卷　1555，1587，1591，1592

隱緑軒題識一卷　1722

嬹藝軒雜著三卷　1877

縉山書院文話四卷　1470

縉雲文徵二十卷　1435

（光緒）縉雲縣志十六卷首一卷末一卷
　　812

十七畫

麗廔薈録十四卷爽鳩要録二卷　1023

環中黍尺六卷　1052

環谷集一卷　1379

環書一卷　1629

環球各國事物彙表不分卷　1755

環游地球軍商行船備要不分卷　1894

環游地球新録四卷　900

環溪詩話一卷　1565

環碧軒詩集一卷　1422

贅言十則一卷　684

擣塵集詞鈔一卷　1475

趨庭瑣語八卷　1827

戴九靈集十九卷　1359

戴氏三俊集三卷　1732

戴東原先生年譜一卷　1743

戴東原集二卷　426

戴東原集十二卷　1383

戴東原集十二卷附年譜一卷覆校札記一卷
　　1264

戴東原集十二卷附戴東原先生年譜一卷
　　1854

戴東墊詩集五卷　1186

戴叔倫集二卷　1365

戴叔倫詩集二卷補遺一卷　1366，1368

戴重事録一卷　1749

戴段合刻二十四卷　1383

戴褐夫集一卷　1780

戴簡恪公遺集八卷　1288

擬太平策七卷　1799

擬古樂府二卷　1196

擬名家制藝一卷　1859

擬更季漢書昭烈皇帝本紀一卷　1632

擬明史樂府一卷　1839

擬明代人物志十卷　582

擬連厢詞一卷　1842

擬請中國嚴整武備説一卷　1780

擬請中國嚴整武備説不分卷　1756

（乾隆）盩厔縣志十四卷　791

蟄吟一卷　1846

蟄叟七篇一卷　1884

蟄室詩録一卷　1824

聲之集一卷　1380

聲律小記一卷　426

聲律通考十卷　463，1870

聲律啓蒙撮要二卷　1094

聲律關鍵　1470

聲遠堂文鈔四卷　1312

聲説二卷　528

聲調三譜十一卷　1757

聲調三譜四卷　1762

聲調四譜圖説十二卷首一卷末一卷　1468

聲調前譜一卷後譜一卷續譜一卷　1768

聲調譜一卷　1649，1731

聲調譜一卷附續譜一卷　1461

聲調譜拾遺一卷　1461，1651

聲譜二卷　1084

聲韻考一卷　1633

聲韻考四卷　1648，1658，1854

聲韻表九卷首一卷　1648

聲韻易知四卷首一卷　529

聲韻叢説一卷　1624，1627

聲類一卷　503，1793

聲類四卷　1737，1853

罄室所藏鈐印不分卷　1092

聰山集八卷文集三卷荆園小語一卷荆園
　　進語一卷附録一卷　1228

聰山集三卷　1798

聰山詩選八卷　1798

聰訓齋語一卷　1722，1748

聰訓齋語二卷　1650，1732

聯芳集一卷　1379

聯莊一卷附聊騷一卷　1622

聯新事備詩學大成三十卷　1543

聯豫文稿不分卷附藏事奏摺　690

聯璧詩鈔二卷　1858

藍山詩集六卷　1444

（同治）藍山縣志十六卷末一卷　838

（嘉慶）藍田縣志十六卷　791

（道光）藍田縣志十六卷　791

（光緒）藍田縣志十六卷附輞川志六卷
　　藍田縣文徵録四卷　791

藍鹿洲女學六卷　970

藍澗集六卷　1194

藍澗詩集六卷　1444

藏行紀程一卷　1633，1686

藏府標本藥式一卷　997

藏春集一卷　1376

藏春樂府一卷　1473

藏修齋詩稿四卷　1337

藏俗記一卷　1709

藏海詩話一卷　1655，1675

藏書十約一卷　1885

藏書五種十卷閑書六卷删後詩四卷焚後
　　書三卷　1037
藏書六十八卷　544
藏書紀事詩七卷　936
藏書紀事詩六卷　936，1764
藏書紀要一卷　1633，1731
藏書紀要一卷附流通古書約一卷　1749
藏書記要一卷　1757，1767
藏書記要一卷附流通古書約一卷　1748
藏教音聞二十四卷　1111
藏密齋書牘一卷　1813
藏密齋集二十四卷　1215
藏密齋集七卷　1360
藏園詩鈔一卷　1326
藏語不分卷　884
藏寧路程一卷　1686
藏鑪述異記一卷　1686
藏鑪總記一卷　1686
藿經一卷　1579
薰風協奏集三卷首一卷　1416
舊五代史一百五十卷　536
舊五代史一百五十卷附考證　535，542
舊金山記一卷　1706
舊約全書　1145
舊約全書三十九卷　1145
舊約全書利未記　1146
舊約聖詩　1145
（上海話）舊約詩篇　1146
舊約詩篇　1145
舊約預表二卷　1145
舊唐書二百卷　535，536
舊唐書二百卷附考證　541
舊唐書校勘記六十六卷逸文十二卷　541
舊唐書疑義四卷　1728
舊鄉行紀一卷　1698，1804

舊鈔太素經校本叙一卷　1770
（福州平話）舊新約全書　1146
（官話）舊新約全書　1146
舊新約聖經　1130
舊聞證誤四卷　1675，1725
舊聞證誤四卷補遺一卷　1768
舊遺詔書第一章　1151
舊德集十四卷　1767
舊學蓄疑一卷　1772
韓大中丞奏議十二卷　693
韓子二十卷附録一卷　985
韓子迂評二十卷　985
韓子粹言一卷　1845
韓五泉詩四卷韓安人遺詩一卷附朝邑縣
　　志二卷　1202
韓内翰別集一卷補遺一卷　1172
韓内翰香奩集三卷　1367，1369
韓氏山水純全集一卷　1675
（江蘇鎮江）韓氏宗譜二卷　588
韓氏醫通二卷　994，997
韓文一卷　1167
韓文四十卷外集十卷遺集一卷集傳一卷
　　1167
韓文起十二卷附韓文公年譜一卷　1167
韓仙傳一卷　1570，1613
韓君平詩集一卷補遺一卷　1366，1368
韓奉議鸚歌傳一卷　1588，1591
韓非子二十卷　948，950，951，985
韓非子二十卷識誤三卷　985
韓非子選二卷　1400
韓昌黎詩集一卷　1168
韓昌黎詩集編年箋注十二卷　1168
韓門綴學五卷續一卷　1825
韓忠獻公年譜一卷　609
韓忠獻公遺事一卷　1550

韓忠獻公遺事一卷附補遺一卷　1812
韓忠獻遺事一卷　1608
（乾隆）韓城縣志十六卷首一卷　798
（嘉慶）韓城縣續志五卷　798
韓柳二先生年譜八卷　610
韓柳年譜八卷　1739
韓侯釣臺記一卷　1697
韓集點勘四卷　1847
韓湘子傳　1515
韓詩內傳一卷　1783，1787
韓詩內傳徵四卷叙錄二卷補遺一卷疑義
　一卷　1774
韓詩外傳十卷　1597，1598，1599，1601，
　1615，1815
韓詩外傳十卷附校注拾遺　498
韓詩外傳十卷附校注拾遺一卷補逸一卷
　1797
韓詩外傳選二卷　1400
韓詩故二卷　1787
韓詩説一卷　1787
韓詩增注証訛十一卷　1168
韓詩遺説二卷訂譌一卷　1763
韓詩遺説考十七卷　431
韓詩遺説考五卷叙錄一卷補遺一卷附錄
　一卷　1820
韓詩輯一卷　1877
韓詩翼要一卷　1783，1787
韓翰林詩集一卷　1367，1369
韓魏公集二十卷　1638
隸法彙纂十卷　1074
隸通二卷　1775
隸經文四卷　429，1739
隸經賸義一卷　432
隸經雜著甲編二卷　496
隸篇十五卷續十五卷再續十五卷　519

隸篇十五卷續十五卷再續十五卷金石目
　一卷部目一卷字目一卷　918
隸辨八卷　515
隸韻十卷附碑目考證一卷　512
隸韻十卷附隸韻考證二卷碑目考證一卷
　512
隸釋二十七卷隸續二十一卷　930
樨花館試帖一卷　1458
樨花館試帖輯注一卷　1458
樨華館試帖彙鈔輯注十卷　1456
樨華館試帖輯注一卷　1459
檢字一貫三十二集附卷末一卷　517
檜亭集一卷　1378
檜庭吟稿一卷　1370，1374
檜棲草二卷　1846
檀几叢書一百五十七種　1621
檀弓二卷　459
檀弓訂誤一卷　1628，1658，1712，1722
檀弓解（批點檀弓）一卷　1829
檀弓論文二卷　459
檀弓辨誣三卷　1864
檀弓叢訓二卷　1676，1831
檀郎綺語二卷華鬘述異一卷　1046
檀盂批點二卷　1603
檀香山群島志不分卷　1755
檀園集十二卷　1431
戀齋詩鈔一卷　1762
轅韶集六卷　1268
擊鉢吟偶存十二卷　1422
擊辭傳論二卷　499
擊壤集一卷　1120
擊壤集六卷　1828
臨川先生全集録四卷　1363
臨川答問一卷　1774
臨川集補一卷　1875

臨川夢二卷　1852

臨川詩鈔一卷　1372

臨川詩選一卷　1373

（同治）臨川縣志五十四卷首一卷　817

（嘉慶）臨川縣續志十二卷　817

臨平記四卷附録一卷　1809

臨平記補遺四卷附續補遺一卷　1809

（同治）臨江府志三十二卷首一卷　818

臨江鄉人詩四卷臨江鄉人集拾遺一卷　1257

臨江驛蕭湘秋夜雨雜劇一卷　1499

臨池心解一卷　1732

臨安旬制紀三卷　1728

臨安旬制紀三卷附録一卷　1810

（淳祐）臨安志□卷　802

（咸淳）臨安志九十五卷札記三卷　802

（嘉慶）臨安府志二十卷　868

臨安府志序言一卷　1870

（宣統）臨安縣志八卷首一卷末一卷　802

（同治）臨邑志十六卷首一卷末一卷　763

（道光）臨邑縣志十六卷首一卷末一卷　763

（乾隆）臨汾縣志十卷首一卷末一卷　747

（康熙）臨汾縣志八卷　747

（雍正）臨汾縣志八卷　747

臨春閣一卷　1502

（光緒）臨朐縣志十六卷　768

（康熙）臨朐縣志四卷　768

臨陣管見九卷　981，1760

（乾隆）臨晉縣志八卷　749

（嘉慶）臨桂縣志三十二卷　865

（光緒）臨高縣志二十四卷　864

臨海水土記一卷　1563

臨海異物志一卷　1563

（康熙）臨海縣志十五卷首一卷　809

（乾隆）臨清直隸州志十一卷首一卷　778

臨清寇略一卷　1632，1857

臨清集一卷　1382

臨淮詩集二卷　1366，1368

（康熙）臨淄縣志十六卷　768

（同治）臨湘縣志十三卷首一卷末一卷　833

（光緒）臨榆縣志二十四卷首一卷　712

（乾隆）臨榆縣志十四卷首一卷　711

臨漢隱居詩話一卷　1566，1640，1652，1659

臨漪園詩集四卷後集四卷偶存一卷文集三卷贅言三卷　1247

（光緒）臨漳縣志十八卷首一卷　782

（同治）臨漳縣略備考四卷　782

（順治）臨穎縣志八卷　788

（乾隆）臨穎縣續志八卷　788

（乾隆）臨潼縣志九卷圖一卷　790

（光緒）臨潼縣續志二卷　790

（康熙）臨縣志八卷首一卷　750

臨證指南醫案十卷　1005

壓綫集三卷　1874

磵東詩鈔二卷　1288

磻溪集一卷　1119，1379

邁言一卷　1631

邁言志見一卷　1556

邁語一卷　1634

霜天碧一卷　1498

霜紅龕家訓一卷　1630

霜菉亭易説一卷　1880

霜葉吟一卷一葦集一卷　1224

霜猨集一卷　1723

霜筠集一卷　1439

霞川花隱詞二卷　1883

霞外集一卷　1377

霞外雜俎一卷　　1577

霞珍詞一卷　　1477

霞間稿一卷　　1444

霞箋記二卷　　1503

豳風廣義三卷　　986

豳堂集一卷　　1215

戲曲考原一卷　　1771

戲瑕一卷　　1576，1589，1615

戲瑕三卷　　1670

嬰童百問十卷　　1006

闇澹三言三種　　960

曙堂詩稿十卷　　1266

螺江日記八卷續編四卷　　1737

雛園漫記不分卷　　1028

嶺上紀行二卷　　1781

嶺外代答十卷　　1654

嶺表錄異一卷　　1662，1665

嶺表錄異三卷　　1642，1645，1725

嶺表錄異記一卷　　1563，1584

嶺南三大家詩選二十四卷　　1436

嶺南即事雜咏六集　　1436

嶺南荔支譜六卷　　1817

嶺南逸史二十八回　　1512

嶺南集七卷續集不分卷山左集一卷續集
　　一卷中州集一卷　　1284

嶺南實事記二十卷　　674

嶺南遺書五十九種　　1816

嶺南雜事詩鈔八卷　　1747

嶺南雜記一卷　　1661，1702

嶺南雜記二卷　　1637，1638

嶺海輿圖一卷　　1671

嶽色編二卷蟭螟寄別錄一卷　　1210

嶽雪樓書畫錄五卷　　1082

嶽餘集一卷　　1840

嶽歸堂合集十卷　　1217

嶽麓志八卷　　875

嶽麓書院課藝四卷　　1457

點石齋畫報　　1078

點石齋叢畫十卷　　1082

黜朱梁紀年論一卷　　1621

黔山紀游一卷　　1634，1690

魏三體石經遺字考一卷　　491，1679

魏大司馬曹真碑一卷　　919

魏子一卷　　1794

魏王花木志一卷　　1569

魏夫人傳一卷　　1570

魏文貞公故事拾遺三卷魏文貞公年譜一卷
　　606

魏文侯書一卷　　1794

魏文帝集二卷　　1361

魏文帝集六卷　　1157

魏文紀十八卷　　1395

魏文毅公奏議三卷　　1800

魏石經考異一卷　　428

魏阮元瑜集一卷　　1362

魏伯子文集十卷　　1444

魏伯子雜説一卷　　1668

魏武帝注孫子一卷　　979

魏武帝注孫子三卷　　1678，1723

魏武帝集一卷　　1361

魏叔子文集二十二卷詩集八卷目錄三卷
　　1444

魏叔子文集外編一卷　　1668

魏叔子詩集八卷目錄三卷　　1230

魏季子文集十六卷　　1444

魏春秋一卷　　1561

魏荀公曽集一卷　　1362

魏貞庵先生年譜一卷　　1800

魏昭士文集十卷　　1444

魏晉世語一卷　　1561，1583

魏莊渠先生集二卷　1639

魏特進集一卷　1363

魏書一百十四卷　534，535，536

魏書一百十四卷附考證　540

魏書文鈔十八卷　574

魏陳思王年譜一卷　1865

魏崔敬邕墓志一卷　919

魏敏果公年譜一卷　1800

魏敬士文集八卷　1444

魏臺訪議一卷　1561

魏鄭公文集三卷詩集一卷　1797

魏鄭公諫録五卷　690

魏鄭公諫續録二卷　690，1641，1645

魏鄭文公碑一卷　919

魏稼孫全集五種　1872

魏劉公幹集一卷　1362

魏興士文集六卷　1444

魏鍾司徒集一卷　1362

魏應休璉集一卷　1362

魏應德璉集一卷　1362

（道光）繁峙縣志六卷　757

（光緒）繁峙縣志四卷首一卷　757

輿地今古圖考二十二卷　1877

輿地全覽一卷　1684

輿地形勢論一卷　1658

輿地紀勝二百卷附補闕十卷校勘記五十二
　卷　697

輿地略一卷　1684

輿地碑記目四卷　930，1740，1758

輿地經緯度里表一卷　1684

輿地廣記三十八卷　1642

輿地廣記三十八卷附校勘記二卷　697，
　1645

輿地學課程不分卷　698

輿圖摘要十五卷　1834

輿圖總論注釋一卷　912，1800

輿覽一卷　1684

優古堂詩話一卷　1674

優復恩例不分卷　647

黛韻樓詩集四卷詞集二卷文集二卷　1356

儲素樓詞一卷　1862

儲嗣宗詩集一卷　1366，1367，1369

儲遜菴文集十二卷　1235

儲遜菴文集十二卷附録一卷　1235

龜山先生集四十二卷　1179

龜峰詞一卷　1473

龜巢稿一卷　1379

龜經一卷　1570，1584，1650

龜臺琬琰一卷　1622

龜谿集鈔一卷　1372

（康熙）徽州府志十八卷圖一卷　740

（道光）徽州府志十六卷首一卷　740

鍥王氏秘傳叔和圖注釋義脉訣評林捷徑
　統宗八卷　1000

鍥王氏秘傳圖注八十一難經評林捷徑統
　宗六卷　991

鍥太上天寶太素張神仙脉訣玄微綱領宗
　統七卷　991

鍥南華真經三注大全二十一卷　976

鍥旁注事類捷録十五卷　1536

鍾山札記一卷　426

鍾山札記四卷　1729，1754

鍾山草堂遺稿文一卷詩二卷　1297

鍾山書院規約一卷　1632

鍾山書院試卷四十二種　1460

鍾吕二仙傳一卷　1613

鍾吕二先生修真傳道集三卷　1114

鍾吕傳道集一卷　1118

鍾伯敬詩集十卷　1214

鍾律書一卷　1783

鍾律陳數一卷　1713

鍾律緯一卷　1789

（同治）鍾祥縣志二十卷補編二卷　825

鍍金四卷　1760

鴿經一卷　1623

爵秩全書（道光二十六年丙午冬季）　626

爵秩全覽（光緒二十二年丙申冬季）　627

爵秩全覽（光緒二十六年庚子秋季）　627

爵秩全覽（同治十三年甲戌夏季）　627

爵秩全覽（同治十年辛未秋季）　626

爵秩全覽（同治七年戊辰冬季）　626

爵秩全覽（同治七年戊辰秋季）　626

爵秩全覽（咸豐元年辛亥夏季）　626

爵秩全覽（道光二十九年己酉夏季）　626

爵秩全覽（道光二十年庚子秋季）　626

谿山餘話一卷　1553，1575，1589，1611，
　　1831

膽餘軒集不分卷　1226

臆見彙考五卷　1010

臆乘一卷　1555，1587，1591，1592，1660

甌甄洞稿文類二十卷詩集六卷　1209

鮚埼亭集三十八卷經史問答十卷　1258

鮚埼亭集外編五十卷　1258

鮮潔亭詩餘一卷　1475

講書詳解論語四卷　476

講筵四世詩鈔十卷　1441

講義一卷　1867

謨觴隨筆二卷　1033

謝小娥傳一卷　1570，1660，1663，1666，
　　1727

謝氏詩源一卷　1565

謝氏源流一卷　1800

謝幼槃文集十卷　1764

謝光禄集一卷　1362

（福州土白）謝年歌　1139

謝年歌　1139

謝沈後漢書一卷　544

謝金吾詐拆清風府雜劇一卷　1500

謝金蓮詩酒紅梨花雜劇一卷　1500

謝法曹集一卷　1362

謝承後漢書八卷　544

謝亭集四種七卷　1331

謝宣城集一卷　1362

謝宣城集五卷　1361，1363

謝華啓秀八卷　1676

謝華啓秀三卷　1831

謝華啓秀四卷　1037

謝皋羽年譜一卷　1624，1626

謝皋羽年譜一卷附金華游録注二卷　1781

謝皋羽墓録一卷　1781

謝康樂集二卷　1362

謝康樂集四卷　1361

謝參軍詩鈔二卷　1815

謝惠連集一卷　1361

謝程山先生全書十二種　1838

謝程山集十八卷首一卷附録三卷　1838

謝御史文集一卷　1437

謝給諫霜崖集一卷　1437

謝疊山公文集五卷外集一卷　1186

謝疊山公文集五卷外集三卷首一卷末一
　　卷　1186

謝疊山先生文集二卷　1638

謝疊山先生文集四卷　1359

謝疊山先生評注四種合刻　1829

藹者詩稿一卷　1384

謚法一卷　1783

謚法四卷　1673

謚法考一卷　1844

謚法通考十八卷　653

謙受堂全集三十卷　1279

謙受堂集十五卷　1260
謙益堂詩集一卷　1762
（乾隆）襄垣縣志八卷（光緒）襄垣縣
　　續志二卷　751
（乾隆）襄城縣志十四卷首一卷　788
（光緒）襄陵縣志二十四卷　749
（雍正）襄陵縣志二十四卷附圖一幅　749
襄陽守城録一卷　1739
（光緒）襄陽府志二十六卷附志餘一卷
　　襄郡忠義録一卷　827
（乾隆）襄陽府志四十卷首一卷　827
襄陽耆舊記三卷　1856
襄陽耆舊傳一卷　1561，1582
襄陽詩鈔一卷　1372
（同治）襄陽縣志七卷首一卷　827
縻生瘲恤記一卷　1582
（同治）應山縣志三十六卷首一卷末一
　　卷　826
應用呈奏不分卷　1126
（乾隆）應州續志十卷首一卷　754
應制集三卷　1231
（光緒）應城縣志十四卷首一卷　826
應酬彙選二集四卷附文公家禮四卷　1450
應酬彙選新集八卷　1451
應試唐詩類釋十九卷　1455
應試排律精選六卷　1455
應諧録一卷　1580
療言一卷　1614
麋研齋印稿不分卷　929
齋居紀事一卷　1828
甕牖閒評八卷　1642，1646
甕牖餘談八卷　568
燭湖集二十卷附編二卷　1184
鴻爪前游日記六卷　615
鴻爪集不分卷　1221
鴻文堂詳校醫宗必讀十卷　998
鴻苞集四十八卷　1019
鴻苞節録十卷　1019
鴻桷堂詩集五卷梅花四體詩一卷文鈔一
　　卷信天翁家訓一卷附録一卷　1243
鴻雪因緣圖記一卷　1698
鴻雪因緣圖記三集六卷　616
鴻雪軒尺牘六卷　1323
鴻雪廡詞一卷　1475
鴻雪聯吟一卷　1422
鴻猷録十六卷　1604
鴻慶居士文集四十二卷　1802
鴻慶集鈔一卷　1372
鴻寶樓詩鈔一卷　1421
鴻寶應本十七卷　1217
濤音集八卷　1432
潛小清河議一卷　1695
潛吳淞江議一卷　1695
潛河紀略一卷　3039
（嘉慶）潛縣志二十二卷首一卷附金石
　　録二卷　783
（光緒）潛縣續志八卷　783
（宣統）濮州志八卷　777
（乾隆）濮州志六卷　777
濮陽蒲汀李先生家藏目録一卷　1773
濟一子證道秘書十七種　1122
濟上停雲集一卷　1880
濟上鴻泥圖題册録存一卷三石圖題一卷
　　1077
濟北先生文粹二十一卷　1371
濟生方八卷　995
濟州金石志八卷　934
濟南先生文粹五卷首一卷　1371
濟南先生師友談記一卷　1550
（道光）濟南府志七十二卷首一卷　761

濟南紀政一卷　1805

濟美録四卷　580

濟陰綱目十四卷　1006

（安徽黟縣）濟陽江氏宗譜七卷首一卷
　586

（乾隆）濟陽縣志十四卷首一卷　763

（乾隆）濟源縣志十六卷首一卷末一卷
　784

（康熙）濟寧州志十卷　777

（道光）濟寧直隸州志十卷首一卷末一
　卷　777

（乾隆）濟寧直隸州志三十四卷首一卷
　777

（咸豐）濟寧直隸州續志四卷　777

濟瀆考一卷　1695

（咸豐）濱州志十二卷首一卷　773

（康熙）濱州志八卷首一卷　773

濯絳宦存稿　1357

濯纓亭筆記一卷　1573

（乾隆）濰縣志六卷首一卷末一卷　771

（光緒）濰縣鄉土志不分卷　771

謇齋瑣綴録一卷　1608

謇齋瑣綴録八卷　1621

邃雅堂文集續編一卷　1858

邃雅堂全書七種　1858

邃雅堂集十卷　1858

邃雅堂學古録七卷　1858

邃懷堂文集四卷　1303

邃懷堂全集三十八卷　1303

邃懷堂詩集前編六卷後編六卷小清客山
　館詞鈔二卷　1303

邃懷堂詩集前編六卷後編六卷詞鈔二卷
　1303

邃懷堂駢文箋注十六卷補箋一卷　1303

禮山園文集前編八卷後編五卷續集四卷
　1846

禮山園全集十七種　1846

禮山園詩集十卷　1846

禮白嶽紀一卷　1577

禮白嶽記一卷　1834

禮表一卷　461

禮耕堂叢説一卷　1813

禮記一卷　414

禮記二十卷　490

禮記二十卷附考證　414

禮記十卷　417，495

禮記三卷　1640

禮記子思子言鄭注補正四卷　459，1886

禮記王氏注二卷　1788

禮記天算釋一卷　432，1728，1765

禮記心典傳本三卷　460

禮記古義一卷　1626

禮記札記一卷　1848

禮記外傳一卷　1788

禮記全經體注十卷　492

禮記沈氏義疏一卷　1788

禮記附記六卷　1799

禮記范氏音一卷　1788

禮記析疑四十八卷　1847

禮記或問八卷　1849

禮記注疏六十三卷　415

禮記注疏六十三卷附考證　416

禮記注疏考證一卷　425

禮記要義三十三卷　459

禮記省度四卷　460

禮記皇氏義疏四卷　1788

禮記音義隱一卷　1783，1788

禮記約注三十卷　460

禮記馬氏注一卷　1788

禮記校勘記六十三卷釋文校勘記四卷　427

禮記徐氏音三卷　1788
禮記訓解十卷　491
禮記訓義擇言八卷　428，1671
禮記訓纂四十九卷　460
禮記旁訓六卷　491
禮記陳氏集説補正三十八卷　421，424
禮記孫氏注一卷　1788
禮記通解二十二卷讀禮記一卷　459
禮記異文箋一卷　431
禮記略解一卷　1788
禮記偶箋三卷　428，496，1714
禮記章句十卷　1849
禮記章句四十九卷　1839
禮記集注十卷　458，492
禮記集解六十一卷　1814
禮記集解六十一卷附尚書顧命解一卷　459
禮記集説一百六十卷　421，424
禮記集説十卷　458
禮記集説補義一卷　1873
禮記補注四卷　1677
禮記補疏三卷　427，1859
禮記解四卷　1829
禮記新義疏一卷　1788
禮記義疏算法解一卷　1801
禮記義證一卷　1788
禮記箋四十九卷　1857
禮記箋四十六卷　1882
禮記疑問十二卷　492
禮記説義纂訂二十四卷　459
禮記精義六卷首一卷末一卷　496
禮記鄭讀考一卷　431
禮記鄭讀考六卷　431，1820
禮記熊氏義疏四卷　1788
禮記篇目一卷　1631
禮記質疑四十九卷　459

禮記劉氏音一卷　1788
禮記盧氏注一卷　1788
禮記隱義一卷　1788
禮記纂言三十六卷　1640
禮記釋注四卷　1743，1865
禮記體注四卷　460
禮部集一卷　1376
禮部遺集九卷　1310
禮部韻略五卷　529
禮書一百五十卷　461，462
禮書通故不分卷　460
禮堂經説二卷　431，1820
禮問二卷　1719
禮塔龕考古偶編一卷　931
禮統一卷　1783，1789
禮傳一卷　1788
禮義答問一卷　1789
禮經通論一卷　431
禮經貫四卷　460
禮經會元四卷　421，424
禮經會元節本四卷　1734
禮經箋十七卷　1882
禮經學七卷　457
禮經學述一卷　1634
禮經釋例十三卷　427
禮經釋例十三卷首一卷　1717，1718
禮經釋例目録一卷　1627
禮箋三卷　426
禮疑義一卷　1789
禮説一卷　1770
禮説十四卷　425，497
禮説十四卷附大學説一卷　455
禮説六卷　1877
禮説四卷　428
禮説略三卷　432

禮樂合編三十卷　501

禮樂緒言二卷　1716

禮論一卷　1789

禮論條牒一卷　1789

禮論略鈔一卷　496

禮論答問一卷　1789

禮論鈔略一卷　1789

禮論難一卷　1796

禮緯一卷　532

禮緯斗威儀一卷　1734，1792

禮緯含文嘉一卷　1734，1792

禮緯稽命徵一卷　1734，1792

禮學卮言六卷　426，1856

禮雜問一卷　1788

甓社游草三卷　1211

甓齋遺稿一卷　428

彌撒祭義二卷　1129

彌羅閣望山記一卷　1697

牆東詩餘一卷　1473

牆東類稿二十卷補遺一卷附校勘記一卷
　　1802

翼元十二卷　1675

（光緒）翼城縣志二十八卷　748

（乾隆）翼城縣志二十八卷　748

（康熙）翼乘十二卷　748

翼教叢編六卷　964

翼梅八卷　1049，1736

翼駉稗編八卷　1035

嚮言一卷　1824

績巳編一卷　1574

績前定録一卷　1564

績溪山水記一卷　1690

績溪金紫胡氏所著書目二卷　940

縹緗新記十六卷　1022

縵雅堂駢體文八卷　1749

總制宣化録四卷　693

總管内務府堂現行則例四卷　645

總論源流一卷　1759

繆沅詩選一卷　1427

繆武烈公遺集六卷　1312

繆篆分韻五卷　515

十八畫

（咸豐）瓊山縣志三十卷首一卷　863

（道光）瓊州府志四十四卷首一卷　863

瓊州記一卷　1702

瓊州雜事詩一卷　1764

瓊花志一卷　1629

瓊英小録一卷　1874

瓊英小録一卷附録一卷　1810

瓊林霏屑八卷　1045

瓊華室詞一卷　1475

瓊琯真人集六卷　1119

瓊琚佩語一卷　1800

瓊琚譜三卷　1775

瓊臺紀事録一卷　881

騎兵操典四篇不分卷　983

騎省集鈔一卷　1371

瞀牧勸捐　1152

聶氏叢書八種　1822

聶隱娘傳一卷　1595

藕村詞存一卷　1443

藕香零拾三十九種　1767

藕香館詩鈔一卷　1422

藕頤類稿二十卷外集六種附晼香詩鈔一
　　卷西園遺稿一卷四十賢人集一卷熊補
　　亭遺詩一卷　1274

職方外紀五卷首一卷　1671，1683

職方舊草二卷　1824

職官録（宣統三年冬季）不分卷　625

職思居詩鈔一卷　1421

藝文備覽一百二十卷補詳字義十四卷　517

藝文類聚一百卷　1532

藝舟雙楫六卷　1071

藝芸書舍宋元本書目一卷　1771

藝芸書舍宋元本書目二卷　1730

藝花譜一卷　1554

藝苑古文稿一卷　1826

藝苑卮言八卷　1461

藝苑玄幾一卷　1812

藝苑名言八卷　1462

藝苑捃華四十八種　1727

藝苑雌黃一卷　1565

藝林伐山二十卷　1033，1676

藝林尋到源頭八卷　1019

藝林彙考四十卷　1034

藝風堂文集八卷　1347

藝風堂文漫存十二卷　1347

藝風堂金石文字目十八卷　922

藝風堂藏書記八卷　939

藝風堂題跋一卷　1781

藝圃折中一卷　1554

藝圃擷餘一卷　1461，1462

藝海珠塵一百六十二種　1649

藝流供奉志一卷　1560

藝菊一卷　1554

藝庵遺詩一卷　1722

藝概六卷　1871

藝經一卷　1569，1796

藝學彙編不分卷　1755

藝蘅館詞選四卷補遺一卷附録一卷　1480

藝贊三卷　1397

藝蘭四説一卷　1746

鞭歌妓一卷　1502

繭香館吟草一卷　1440

藜牀瀋餘一卷　1575

藥治通義輯要二卷　1770

藥房心語一卷　1632

藥房樵唱一卷　1379

藥圃同春一卷　1579

藥症忌宜一卷　1731

藥録一卷　1569

藥譜一卷　1569，1585，1663，1666

藥議一卷　1591

藤花亭十五種　1866

藤花亭十種　1865

藤香館詞一卷　1441

藤香館詩删存四卷詞删存二卷　1327

藤香館詩鈔四卷　1441

藤香館詩續鈔二卷　1441

藩獻記一卷　1573

蘊真居詩集六卷附詩餘　1285

蘊真軒小草一卷　1421

蘊愫閣文集八卷　1292

蘊愫閣詩集十二卷文集八卷詩續二卷樂府
　　二卷別集四卷附嘯雨草堂集十卷　1292

蘊蘭吟館詩餘二卷　1327

檮杌閒評五十卷　1521

檳榔嶼游記一卷　1705

轉天心二卷　1494

轉注古音略五卷　1832

轉注古音略五卷古音後語一卷　1676

轉注古義考一卷　504，1649，1768

轉注古義考二卷　1735

轉徙餘生記一卷　1745

轉蓬集一卷　1883

轉漕日記一卷　1698

覆校穆天子傳六卷　1861

覆瓿詞一卷　1473

覆瓿叢談二卷　885

覆載通幾一卷附四邊形算法一卷　1860

覆甕集十卷餘集一卷　671

醫方集解二十一卷附救急良方一卷勿藥
　　元詮一卷　994

醫先一卷　1577

醫林指月十二種　996

醫林類證集要十卷　998

醫林纂要探源十卷附録一卷　1849

醫門法律六卷　1008

醫門棒喝初集四卷二集九卷　1007

醫宗寶鏡四卷　1009

醫津一筏一卷　1627

醫家心法一卷　996

醫通十六卷　993

醫貫砭二卷　995，1850

醫統正脉全書四十四種　992

醫經正本書一卷　1744

醫經正本書一卷附札記一卷　1764

醫經溯洄集一卷　991，992，993

醫間漫記一卷　1573，1589，1604，1605

醫説十卷續醫説十卷　1007

醫學三字經四卷　994

醫學六要六種　993

醫學心悟五卷首一卷附華陀外科十法一
　　卷華陀外科症治藥方一卷　1009

醫學金針八卷　995

醫學真傳一卷　996

醫學從衆録八卷　994

醫學發明一卷　992，993

醫學匯海三十六卷首一卷　998

醫學源流論二卷　995，1850

醫學實在易八卷　994

醫學綱目四十卷　1008

醫學讀書記三卷續記一卷附静香樓醫案
　　一卷　1753

醫學讀書記四卷　1007

醫館略述　1898

醫館略述四書　1898

醫壘元戎一卷　991，992，993

霧島山記一卷　1704

霧隱山房詩草四卷　1275

（同治）豐城縣志二十八卷首一卷　813

（道光）豐城縣志二十四卷首一卷　813

豐草菴詩集十一卷附禪樂府　1228

豐清敏公遺事一卷附録一卷　1764

豐順丁氏持静垒書目五卷　941

（光緒）豐順縣志八卷首一卷　861

豐湖書藏目録八卷　1899

豐對樓詩選四十三卷　1208

（乾隆）豐潤縣志八卷　721

豐豫莊本書一卷　654

（光緒）豐縣志十六卷首一卷　736

豐鎬考信別録三卷　1855

豐鎬考信録八卷　1855

豐鎬考信録八卷別録三卷　1799

叢筆軒遺稿三卷附録一卷　1334

叢睦汪氏遺書十八種　1825

叢碧山房詩初集十四卷二集六卷三集十
　　一卷四集十卷五集五卷文集八卷雜著
　　三卷和陶詩集一卷　1244

題奏全稿不分卷　689

題畫詩一卷　1670

題鳳館稿八卷詞稿一卷　1329

題題詞題端一卷　1841

題襟館倡和集四卷　1447

題蘭稿一卷附録一卷　1281

瞿忠宣公集十卷　1217

瞿忠宣公集八卷　1360

瞿園詩草三卷雜劇一則　1356

瞿園雜劇五種　1503

黽氏新書一卷　1795
黽采清課一卷　1577，1588
黽采館清課二卷　1612
瞻禮舍利記一卷　1615
闚子一卷　1795
闕里文獻考一百卷首一卷末一卷　600
闕里孔氏詩鈔十四卷　1442
闕里志二十四卷　870
闕里述聞十四卷　870
闕里廣志二十卷　870
曠園雜志二卷　1637，1638
曠論一卷　1881
曠廬詩集二十卷　1352
壘字編一卷　1851
蟬史一卷　1569
蟬史二十卷　1512
蟬史二十卷繡像二卷　1511
蟲天志一卷　1615
蟲薈五卷　990
蟬雪吟三卷　1341
鵑音一卷白社詩草一卷　1211
顓頊厤考二卷　1867
（同治）黟縣三志十六卷首一卷末一卷
　741
黟縣山水記一卷　1690
（嘉慶）黟縣志十六卷首一卷　740
（道光）黟縣續志一卷　741
鵠吟樓詩鈔一卷　1422
鵝湖客話四卷　1030
鵝溪草堂存稿六卷　1443
簠齋傳古別録一卷　1730
簠齋藏器目一卷　1763
簠齋藏器目第二本一卷　1764
簪花閣詩鈔一卷　1422
簪花閣詩餘一卷　1475

簪花髻一卷　1502
簪雲樓雜説一卷　1637，1638
簪纓盛事録一卷　1717
簡氏四種　1886
簡文編五卷　513
簡平儀説一卷　1672
（咸豐）簡州志十四卷　841
（光緒）簡州續志十四卷　841
簡字全譜一卷　505
簡字叢録一卷　505
簡字譜録五種　505
簡明明經通譜（宣統元年己酉科）附優貢
　同年全録　619
簡明限期表一卷　1757
簡莊綴文六卷　1278
簡通録二卷　1800
簡遠堂輯名公四六金聲十卷補遺一卷　1394
簡端録十二卷　1830
簡學齋館課試律存一卷　1458
簡學齋館課試律存輯注一卷　1458，1459
簡齋集十六卷　1643，1646
簡齋詩鈔一卷　1372
雙千字文　1138
雙仙小志一卷　617
雙仙記傳奇二卷　1494
雙白燕堂外集八卷　1291
雙白燕堂集八卷　1291
雙合歡一卷　1502
雙名録一卷　1871
雙池先生年譜四卷　1849
雙奇夢傳四卷二十回　1529
雙忠廟傳奇二卷二十七齣　1504
雙佩齋文集四卷駢體文集一卷　1273
雙佩齋詩集八卷補梅書屋詩草一卷　1273
雙兔記二卷四十齣　1505

雙紅豆館詞賡一卷　1883
雙紅豆館遺稿一卷　1443
雙珠記二卷　1503
雙桂軒答問一卷　499
雙桂書院志略四卷　875
雙桐書屋賸稿二卷　1757
雙烈記二卷　1504
（光緒）雙流縣志四卷　840
（嘉慶）雙流縣志四卷　840
雙梅景闇叢書十三種　1772
雙清閣袖中詩本二卷擁翠詞稿一卷附寄
　　鷗館梅花百咏一卷　1355
雙清閣詩稿八卷　1247
雙雲堂文稿六卷詩稿六卷附皇清誥授中
　　憲大夫福建延平府知府顯考筆山府君
　　行述一卷　1242
雙槐歲抄一卷　1574
雙槐歲鈔十卷　1017，1816
雙虞壺齋印存八卷　1087
雙虞壺齋藏器目一卷　1764
雙節堂庸訓六卷　1853
雙溪文集十七卷　1182
雙溪倡和詩六卷　1445
雙溪集十二卷　1182
雙溪集十五卷遺言一卷　1738
雙溪詩鈔一卷　1372
雙溪詩餘一卷　1472
雙溪醉隱集六卷　1755
雙溪雜記一卷　1575，1605
雙鳳奇緣傳二十卷八十回　1520
雙劍閣集地理人天眼目八卷　1061
雙樹生詩草一卷　1678，1728
雙鬻館詩存二卷　1343
雙聲類母一卷　515
雙藤書屋詩集十二卷附試帖二卷　1287

雙藤書屋試帖一卷　1456
邊防三事一卷　1699
邊事彙鈔十二卷續鈔八卷　666
邊城禦虜圖説不分卷　665
邊政經國雄略四十八卷　665
邊省苗蠻事宜論一卷　1701
邊華泉詩集七卷附談藝録一卷　1200
邊華泉詩集七卷附録一卷　1383
邊略五卷　1773
邊堠紀行一卷　1576
歸元直指集二卷山居百咏一卷直音切字
　　一卷　1106
歸化行程記一卷　1699
歸方評點史記合筆六卷附録二卷　575
歸石軒畫談十卷　1871
歸田集十四卷　1240，1845
歸田集三卷　1848
歸田詩話一卷　1578
歸田詩話三卷　1652，1659
歸田録二卷　1560，1609，1610
歸玄恭先生文續鈔七卷附録一卷　1781
歸西寧鼓詞四卷　1488
歸有園塵談一卷　1553，1577，1610
（光緒）歸州志十七卷　829
（嘉慶）歸州志十卷　829
（光緒）歸州志十卷首一卷　829
（光緒）歸安縣志五十二卷首一卷　805
歸省偶録一卷　1238
歸宮詹集四卷　1239
歸真總義　1128
歸國日記一卷　1706
歸雲別集十種　1832
歸程紀略一卷　1881
（光緒）歸順直隸州志六卷　867
（乾隆）歸善縣志十八卷首一卷附事紀

二卷　860
歸愚文鈔二十卷餘集八卷　1848
歸愚文鈔餘集七卷歸愚詩鈔餘集八卷矢
　音集四卷　1248
歸愚集一卷　1374
歸愚詩鈔二十卷　1248
歸愚詩鈔二十卷餘集十卷　1848
歸愚詩餘一卷　1848
歸震川先生文選六卷　1403
歸震川先生年譜一卷　610
歸潛志十四卷　1015，1643，1646
歸潛志十四卷附録一卷　1652
歸樸齋詩鈔四卷　1384
歸樸龕叢稿十二卷續集四卷　1307
歸盦文稿八卷　1319
歸藏一卷附連山易一卷　1782
歸藏一卷附諸家論説　1785
歸廬陵日記一卷　1828
歸顧朱三先生年譜合刻　610
（光緒）鎮平縣志六卷　786
（至順）鎮江志二十一卷首一卷附録一
　卷校勘記二卷　731
（乾隆）鎮江府志五十五卷　731
（光緒）鎮安府志二十五卷首一卷　866
（光緒）鎮安縣志一卷　799
（乾隆）鎮安縣志十卷首一卷末一卷　799
（光緒）鎮安縣鄉土志二卷　799
鎮城竹枝詞一卷　1804
（光緒）鎮南州志十一卷　868
鎮南浦開埠記一卷　1710
（乾隆）鎮洋縣志十四卷首一卷末一卷
　737
（乾隆）鎮海縣志八卷　807
（光緒）鎮海縣志四十卷　807
（光緒）鎮雄州志六卷　868

鎮闈雜咏一卷　1846
鐫六朝文選評注五卷　1387
鐫玉堂釐正龍頭字林備考韻海全書十六
　卷首一卷　523
鐫古今名筆便學臨池真蹟不分卷　1073
鐫古今兵家籌略二卷　980
鐫李及泉參于鱗箋釋唐詩選七卷附録一
　卷　1405
鐫李卓吾批點殘唐五代史演義傳八卷六
　十回　1513
鐫性理精抄十二卷　960
鐫重訂補注歷朝捷録史鑑提衡四卷首一
　卷靖難紀略一卷　576
鐫唐李翰原本名蹟蒙求二卷鐫明俞文彬
　續編名蹟蒙求一卷　971
鐫張太史評選古文正宗十二卷　1398
鐫紫溪蘇先生會纂歷朝紀要旨南綱鑑
　二十卷首一卷　548
鐫蒼霞草十二卷　1213
鐫彙附百名公帷中紫論書經講義會編
　十二卷　446
鐫彙附雲間三太史約文暢解四書增補微
　言十七卷　481
鐫鄭先生痘經會成保嬰慈録諸方九卷首
　一卷　1006
鎌山草堂詩合鈔二卷　1652
鎔金類罐一卷　1760
翻切簡可編二卷　528
翻刻初參要訣一卷　1108
翻譯名義集二十卷　1102
翻譯名義集選一卷　1102
饅馱亭集三十二卷後集十二卷　1308
鯁詩讖一卷　1502
觴政一卷　1554，1578，1611
觴政五十則一卷　1622

觴政述一卷　1567

獵狐記一卷　1664，1667

謫仙堂劫後詩草二卷　1350

謫麐堂遺集文二卷詩二卷補遺一卷　1778

謫麐堂遺集四卷　1342

癖泉臆説六卷　928

癖談六卷　1729，1754

癖齋小集一卷　1370，1375

癖顚小史一卷　1620

雜五行書一卷　1796

雜字一卷　1793

雜字指一卷　1793

雜字解詁一卷　503，1793

雜言一卷　1632

雜事秘辛一卷　1598，1600，1601，1659

雜咏二卷　1652

雜記一卷　1615

雜症大小合參二十卷　998

雜症痘疹藥性主治合參十二卷　998

雜病證治類方八卷　993

雜書琴事一卷　1568

雜著一卷　1779，1865

雜著六卷　1864

雜著述十九卷　1827

雜祭法一卷　1788

雜評一卷　1616

雜劇待考一卷　1851

雜劇新編三十三種　1502

雜稿一卷　1867

雜録一卷　1636，1637

雜録二卷補一卷　1239

雜録存查附成案雜抄　690

雜禮議一卷　1789

雜證八卷　993

雜纂二續一卷　1565，1587，1591，1620，

1742

雜纂三卷　1596

雜纂三續一卷　1580，1589，1620

雜纂新續一卷　1712

雜纂續一卷　1565，1587，1591，1620，

1742

雜體文稿七卷　1649

雜體詩一卷　1842

離魂記一卷　1660，1664，1667

離騷注一卷　1884

離騷草木史十卷離騷拾細一卷　1835

離騷草木疏四卷　1156，1653，1659，

1725，1727，1815

離騷集傳一卷　1653，1659，1727，1775，

1815

離騷經正義一卷　1847

離騷經注一卷九歌注一卷　1725，1845

離騷經訂注一卷　1833

離騷箋二卷　1815

離騷賦補注一卷　1863

離騷釋韻一卷　1877

顏山雜記四卷　1838

顏氏家訓一卷　1564，1583

顏氏家訓二卷　950，1597，1599，1600，

1602，1640

顏氏家訓七卷附考證一卷　1653

顏氏家藏尺牘四卷姓氏考一卷　1736

顏氏學記十卷　966，1780

顏光禄集一卷　1362

顏延之集一卷　1159，1361

顏色對語二卷　1741

（康熙）顏神鎮志五卷　762

顏習齋先生年譜二卷　1780，1798

顏習齋先生言行録二卷闢異録二卷　1799

顏魯公文集十五卷補遺一卷　1162

顏魯公文集十四卷　1359
顏魯公文集三十卷補遺一卷　1162，1720
顏瘤子二卷　1026
顏潘傳一卷　1594
爐餘志過録二卷　1825
爐餘録二卷　1781
瀘月軒集七卷　1732
瀘月軒詩餘一卷　1476
濼函十卷　1490
濼源問答十二卷　1022
（同治）瀏陽縣志二十四卷　833
（嘉慶）瀏陽縣志四十卷　832
瀋水三春集十二卷　1250
瀋國勉學書院集十五卷　1382
額爾齊斯河源流考一卷　1696
（同治）璧山縣志十卷首一卷末一卷　843
璧雲軒賸稿一卷附録一卷　1822
璧勤襄公遺書三種　1855
韞山堂時文初集不分卷二集不分卷三集
　　不分卷　1271
韞山堂詩集十六卷文集八卷　1272
韞玉樓詞一卷　1476
（康熙）隴州志八卷首一卷　794
（乾隆）隴州續志八卷首一卷末一卷　794
隴首集一卷　1844
隴蜀餘聞一卷　1625，1627，1636，1637，
　　1661，1699，1727，1843
隴頭勞語一卷　1859
彝壽軒詩鈔十二卷　1304
繞竹山房詩稿十卷詩餘一卷續稿十四卷
　　1283
繙書圖一卷　1881
織雲樓詩八卷附鈔一卷　1258
織雲樓詩稿一卷　1421
織錦璇璣園一卷　1565

斷肉編一卷　1615
斷易秘訣一卷　1066
斷腸詞一卷　1364
斷際心要一卷附接衆機緣一卷　1102
斷緣夢雜劇一卷　1866
斷橋妙倫和尚語録二卷　1103

十九畫

騙術奇中奇一卷　1043
騷略三卷　1551
騷壇八略二卷　1467
攗古録二十卷　927
攗古録金文九卷　927
擇石齋詩一卷　1433
擇石齋詩集五十卷文集二十六卷十國詞
　　箋略一卷　1259
難杜一卷　1784
難孫氏毛詩評一卷　1741，1787
難經本義二卷　991，992
難經集注五卷　1672
難經經釋二卷　995，1849
難經經釋補證二卷　1770
鵲華秋一卷　1881
蘋洲漁笛譜二卷　1653
蓬來室存稿二卷　1211
蓬來室近稿二卷　1211
蘆川歸來集鈔一卷　1372
蘆坪詩稿一卷　1284
蘆浦筆記十卷　1655
（光緒）蘄水縣志二十二卷首一卷末一
　　卷　824
（咸豐）蘄州志二十六卷　825
（光緒）蘄州志三十卷　825
勸世良言九卷　1029
勸世崇真文　1152

勸戒四録六卷　968
勸戒近録六卷續録六卷三録六卷四録六
　　卷　968
勸戒食鴉片烟醒世圖十二幅不分卷　969
勸戒鴉片良言　1029
勸真詩一卷　1717
勸鄉人十則　1129
（福州平話）勸善良言九種　1130
勸善金科二十卷首一卷　1494
勸學淺語一卷　1872
勸學篇一卷　1793
勸學篇二卷　973，1752
勸濟饑民詩一卷　1746
孽海記：思凡一卷附工尺譜　1498
孽海叢話三編　1508
蘅夢詞二卷　1749，1859
蘇子一卷　1795
蘇氏易傳九卷　433，1715
蘇氏家語一卷　1577
蘇氏族譜一卷　1564
（廣東）蘇氏族譜十卷附武功書院世譜三
　　卷　593
蘇氏演義二卷　1650，1675，1725
蘇文六卷　1177
蘇文忠公海外集二十二卷年譜一卷　1177
蘇文忠公詩合注五十卷首一卷　1176
蘇文忠公詩集擇粹十八卷　1176
蘇文忠公詩編注集成四十六卷總案四
　　十五卷諸家雜綴酌存一卷蘇海識餘四
　　卷附賤詩圖一卷　1178
蘇平仲集十六卷　1819
蘇老泉先生全集二十卷附録二卷　1174
蘇米志林三卷　599
蘇米齋蘭亭考八卷　1071，1658，1739
（道光）蘇州府志一百五十卷首十卷　726

（同治）蘇州府志一百五十卷首三卷　726
（乾隆）蘇州府志八十卷首一卷　726
蘇沈内翰良方十卷　993，1654
蘇沈良方八卷　1642，1651
蘇沈良方八卷拾遺二卷　1645
蘇長公小品四卷　1177
蘇長公文集六卷　1177
蘇長公外紀十二卷　606
蘇長公合作内外篇不分卷　1177
蘇長公表啓五卷　1177
蘇長公密語十六卷首一卷　1177
蘇英娘娘走國全本四集二十四卷　1486
蘇松浮糧考一卷　1804，1836
蘇門六君子文粹七十卷　1371
蘇門答拉志一卷附新志一卷爪哇志一卷
　　附新志一卷　907
蘇垣安徽會館録二卷　876
蘇城紀變一卷　1781
蘇拯詩集一卷　1366
蘇省輿地圖説不分卷　914
蘇亭小志十卷　874
蘇雋五卷　1439
蘇娥訴冤記一卷　1582
蘇黃門龍川別志二卷　1014，1610
蘇黃門龍川略志十卷　1551
蘇庵詩稿十四卷詞稿二卷　1296
蘇禄考一卷　1710
蘇禄記略一卷　1710
蘇園翁一卷　1502
蘇詩查注補正四卷　1743
蘇詩補注八卷附志道集一卷　1738
蘇詩選評箋釋六卷　1825
蘇溪漁隱讀書譜四卷　1034
蘇穎濱年表一卷　611，1768
蘇談一卷　1574，1588，1605

蘇盦文録二卷駢文録五卷詩録八卷詞録
　　一卷　1337
蘇魏公譚訓十卷　1014
蘇齋唐碑選一卷　1757，1765
蘇齋筆記四卷　1026
蘇藩政要四卷　655
警心録上編十卷下編十卷　962
警世功過格一卷　1121
警夢晨鐘四卷　1036
警語類鈔八卷　1032
藻川堂文内集一卷文外集一卷譚藝一卷
　　1338
藻川堂詩集一卷　1735
藻林八卷　1534
蕙庭壽言一卷　1872
麓山記一卷　1681
麓山精舍叢書二集　1680
麓堂詩話一卷　1461，1578，1652
麓臺題畫稿一卷　1634
攀古小廬雜撰十二卷　1028
攀古廎彝器款識二卷　926
麴本草一卷　1567
（同治）麗水縣志十五卷　812
麗句集六卷　1537
麗情集一卷　1565，1832
麗情集一卷床麗情集一卷　1676
麗廔叢書八種　1772
礦學心要新編三卷　1893
願豊堂漫書一卷　1575
願學堂文集二十卷使交紀事一卷使交
　　吟一卷安南世系略一卷南交好音一卷
　　1222
願學堂詩存二十二卷　1327
願學齋文鈔十四卷　1270
願豊堂漫書一卷　1611，1831

鵪鶉論一卷　990，1079
鵪鶉譜一卷　1635
璽召録一卷　1834
（同治）鄞縣志二十卷首一卷　835
贈書記二卷　1504
曝書亭集八十卷附録一卷笛漁小稿十卷
　　1233
曝書亭集外詩五卷詞一卷文二卷　1234，
　　1813
曝書亭集詞注七卷　1477
曝書亭集詩注二十卷年譜一卷　1233
曝書亭集箋注二十三卷　1233
曝書亭詩録十二卷　1233
曝書雜記三卷　1729，1754
關中三先生要語録四卷　953
關中三李先生年譜八卷　611
關中水道記四卷　1683
關中四先生要語録四卷　953
關中金石記八卷　935，1667
關中奏議鈔十二卷首一卷附王李諸公書簡
　　691
關中記一卷　1562
關中集一卷後集一卷　1883
關中勝蹟圖志三十卷圖一卷　871
關中道脉四種書　953
關氏易傳一卷　1580，1599，1601
關氏易傳一卷蘇氏易傳四卷　432
關尹子一卷　951，1673
關尹子二卷　977
關西馬氏世行録十四卷後録六卷續録一
　　卷又續録二卷又續録之餘一卷　1825
關西馬氏叢書十種　1825
關西講堂客問一卷　1824
關帝志四卷　605
關帝事蹟徵信編三十卷首一卷末一卷　605

關帝明聖真經不分卷　1107

關帝明聖經不分卷　1135

關帝覺世真經本證訓案闡化編十六卷首一卷　605

關帝靈籤一卷　1066

關聖帝君本傳一卷　1120

關聖帝君萬應靈籤二卷　1066

關聖帝君聖蹟圖志全集五卷　605

關學編五卷　953

疇人傳九卷　427

疇人傳三編七卷　1766

疇人傳五十二卷　1718

疇人傳四十六卷　600，1718

疇人傳四十六卷續傳六卷　600

疇人傳續六卷　600

疇齋二譜一卷　1726

疇齋二譜二卷外錄一卷　1811

蹴鞠圖譜一卷　1568

蠖齋詩話二卷　1631

蠖齋談助二卷　1825

蟾仙解老一卷　1613

嚴太僕先生集十二卷　1242

嚴氏詩緝補義八卷　450

嚴正文詩集一卷　1366，1368

（光緒）嚴州府志三十八卷首一卷　811

（乾隆）嚴州府志三十五卷首一卷　811

嚴州圖經三卷附校字記一卷　1751

嚴安書一卷　1795

嚴助書一卷　1797

嚴陵張九儀增釋地理救人巒頭歌括四卷　1061

嚴陵張九儀增釋地理琢玉斧巒頭歌括四卷　1061

嚴陵集九卷　1752

嚴陵講義一卷　1869

嚴維詩集一卷　1365

嚴樓幽事一卷　1614

獸經一卷　1554，1579，1622，1731

羅山記一卷　1692

羅山遺集八卷　1868

（乾隆）羅山縣志八卷　787

（光緒）羅田縣志八卷首一卷　824

羅圭峰先生文集三十卷首一卷　1196

羅吏部瞻六堂集一卷　1437

（同治）羅江縣志二十四卷　851

（嘉慶）羅江縣志十卷　851

羅江縣志十卷　1677

（嘉慶）羅江縣志三十六卷　851

羅李郎大鬧相國寺雜劇一卷　1501

羅岕茶記一卷　1578

羅含別傳一卷　1680

羅忠節公年譜二卷　1868

羅忠節公遺集（羅山遺集）八種　1868

羅念庵集一卷　952

（光緒）羅店鎮志八卷附羅溪文徵一卷　738

羅馬志略十三卷　1761，1775

羅浮山志會編二十二卷首一卷圖贊一卷　896

羅浮志十卷　1816

羅浮偫鶴山人詩草一卷談玄詩草一卷附修真四要一卷　1346

羅鄂州小集六卷附羅郢州遺文一卷　1740

羅湖野錄一卷　1556，1580

羅湖野錄四卷　1611

（康熙）羅源縣志十卷　854

（道光）羅源縣志三十卷首一卷附補遺　854

羅經指南撥霧集三卷　1062，1063

羅經秘竅十卷　1062

羅經解定四卷附録一卷　1065

羅鄴詩集一卷　1366，1367，1369

羅豫章先生文集十卷　1638

羅豫章先生集十二卷　1180

羅豫章先生集十二卷首一卷末一卷　1180

羅整庵先生存稿二卷　1639

羅整庵先生困知記四卷　1639

犢山文稿　1302

犢山類稿十三卷　1302

贊主聖詩附美都會禮文　1148

（乾隆）贊皇縣志十卷首一卷末一卷　715

贊美神詩　1130

贊美詩　1150

贊美詩九十三首　1150

贊銘啓一卷　1848

籀史二卷　1671

籀書文集内篇二卷外篇二卷續篇四卷　1867

籀書無盡鐙詞一卷　1867

籀書蟬蛻集四卷　1867

籀經堂類稿二十四卷附齊侯罍銘通釋　1309

籀鄦手校石刻正文甲乙集不分卷籀鄦金
　石跋丙集一卷　931

簷曝偶談一卷　1575，1588

簷曝雜記六卷　1028，1852

簫餘吟稿一卷　1850

簫譜一卷　1428

牘札一卷　1841

牘外餘言一卷　1632，1851

鏡山庵集二十五卷　1215

鏡古録八卷　581

鏡花水月八卷　1525

鏡香園毛聲山評第七才子書十二卷首一卷
　1491

鏡亭軼事一卷　1750

鏡真山房詩鈔六卷　1316

鏡倚樓小稿一卷　1422

鏡烟堂十種　1647

鏡烟堂集一卷　1883

鏡閣新集一卷　1420

鏡閣新聲一卷　1476

鏡鏡詅癡五卷　1720

辭品六卷拾遺一卷　1616

鯤溟先生詩集四卷附奏疏一卷　1208

獺祭編不分卷　1549

蟹譜二卷　1552

譚子化書八卷　973

譚子化書六卷　1113，1554，1580，1728

譚史志奇八卷　1045

譚苑醍醐一卷　1565

譚苑醍醐八卷　1676

譚輅一卷　1576，1589

譚誤四卷　1716，1825

譚黔不分卷　883

譚襄敏公奏議十卷　692

譚襄敏公奏議十卷遺集三卷首一卷末一卷
　692

譙子法訓一卷　1794

譙周古史考一卷　1679

譙周法訓一卷　1561

識小編一卷　1574，1588，1615

識小編二卷　920，1011

識小録一卷　1840

識小録八卷　1863

識字續編四種　515

識物一卷　1629

識遺一卷　1555

譜系雜説二卷　1567

譜雙五卷　1568，1592

譜雙五卷附録一卷　1772

證山堂集八卷　1237

證治要訣十二卷　992
證治要訣類方四卷　992
證治準繩八卷　993
證治準繩六種　992，993
證性錄八卷　1834
證俗文十九卷　1858
證道五論五卷　1149
證道秘書十種　1123
譎觚一卷　1670
譎觚十事一卷　1837
廬山小志二十四卷首一卷　894
廬山志十五卷　894
廬山草堂記一卷草堂三謠一卷　1563
廬山紀游一卷　1634，1690
廬山紀游圖咏一卷　1287
廬山記三卷　1671
廬山記略一卷　1671
廬山詩録四卷　1449
廬山録一卷後録一卷　1563
（嘉慶）廬州府志五十四卷　742
（嘉慶）廬江縣志十五卷首一卷　742
（光緒）廬江縣志十六卷　742
廬昇之集七卷　1797
廬陵宋丞相信國公文忠烈先生全集十六卷　1186
廬陵宋丞相信國公文忠烈先生全集十六卷附從祀録一卷　1186
廬陵官下記一卷　1555
廬陵集一卷　1377
廬陵詩選一卷　1373
（同治）廬陵縣志五十六卷首一卷　819
（道光）廬陵縣志四十八卷首一卷　819
廬陵雜説一卷　1558，1660
廬陽客記一卷　1576
廬游雜咏一卷　1835

癡學八卷　1720
龐公寶卷一卷　1487
龐氏家訓一卷　1816
龐居士誤放來生債雜劇一卷　1499
龐涓夜走馬陵道雜劇一卷　1500
瓣香集十六卷　1416
瓣香齋詩鈔六卷附儀鳳莊記　1331
壟上記一卷　1572，1664，1666
壟起雜事一卷　1552，1573
韻石齋筆談二卷　1652，1733
韻史一卷　1577，1622
韻史二卷韻史補二卷　1726
韻考略五卷　527
韻字同異考辨五卷　515
韻字探驪五卷　527
韻字略二卷　528
韻字彙錦五卷　525
韻松樓詩集一卷　1421
韻歧五卷　525
韻典析疑六卷　525
韻府約編二十四卷　514
韻府紀字一卷　1851
韻府萃音十二卷　526
韻府鈎沉五卷　1872
韻府群玉二十卷　1543
韻法直圖一卷韻法橫圖一卷　524
韻香書室吟稿一卷　1422
韻香閣詩草一卷　1348
韻香閣詩草一卷師竹軒詩四卷　1348
韻問一卷　1625，1627
韻略一卷　1793
韻雅六卷附古蹟詩鈔一卷　527
韻集一卷　1793
韻詁不分卷　525
韻補五卷　523，1720，1746

韻補正一卷　1669，1720，1746，1837

韻對五七言千家詩輯鈔四卷附詩品詳注
　　一卷敬避字樣一卷　1390

韻語陽秋一卷　1565

韻語陽秋二十卷　1463，1802

韻徵十六卷　524

韻選唐詩不分卷　1410

韻學六聲五卷　1822

韻學指要一卷　1661

韻學要指十一卷　1842

韻藻述五卷　1544

韻譜一卷　450

韻蘭賦鈔二集八卷　1394

韻籟四卷　525

甕天録一卷　1634

類方八卷　993

類林新咏三十六卷　1542

類音八卷　527

類隽三十卷　1535

類書纂要四十卷　1538

類博雜言一卷　1572

類腋五十五卷　1541

類經三十二卷圖翼十一卷附翼四卷　999

類聚古今韻府續編群玉三十二卷　1543

類對集材六卷　1549

類箋唐王右丞詩集十卷文集四卷集外編
　　一卷年譜一卷唐諸家同咏集一卷贈題
　　集一卷歷朝諸家評王右丞詩畫抄一卷
　　1161

類篇四十五卷　511

類選唐詩助道微機六卷助道微機或問記
　　一卷附邵康節先生詩鈔一卷楊慈湖先
　　生詩鈔一卷　1405

類選箋釋草堂詩餘六卷類編箋釋續選
　　草堂詩餘二卷類編箋釋國朝詩餘五卷

　　1211

類編十五卷　529

類編苑詩秀句十二卷　1544

類編唐詩絶句三卷　1405

類證活人書二十二卷　992

類證陳氏小兒痘疹方論二卷　1006

類纂精華三十卷　1540

瀲溪集一卷　1885

瀚海披沙八卷　1026

瀟湘怨詞一卷　1840

瀟湘録一卷　1553，1558，1584，1595，
　　1662，1665

瀟碧堂集二十卷敝篋集二卷廣莊一卷錦
　　帆集四卷去吳七牘一卷解脱集四卷瓶
　　花齋集十卷　1214

瀧溪紀游一卷　1704

瀛舟筆談十二卷　1030

瀛奎律髓刊誤四十九卷　1742

瀛奎律髓四十九卷　1390

瀛海厄言一卷　1706

瀛海采問紀實一卷　1706

瀛海論一卷　1706

瀛涯勝覽一卷　1554，1576，1604，1613

瀛涯勝覽集一卷　1604

瀛寰志略十卷　905

瀛寰志略十卷續集四卷　905

瀛寰瑣記二十八卷　905

瀛環志略十卷　905

瀛環志略訂誤一卷　1711

瀛壖雜志一卷　1701

瀛壖雜志六卷　878

懶雲山莊詩鈔一卷　1757

懶餘吟草二卷　1430

懷小編二十卷　1864

（宣統）懷仁縣志十四卷末一卷　724

（光緒）懷仁縣新志十二卷首一卷續刻
　　一卷　754

懷古田舍梅統十三卷　1083

懷古田舍詩節鈔六卷　1306

懷古録三卷　1800

懷米山房藏器目一卷　1763

（乾隆）懷安縣志二十四卷　720

（光緒）懷安縣志八卷首一卷末一卷　720

懷沙記二卷　1505

（康熙）懷來縣志十八卷　719

（光緒）懷來縣志十八卷首一卷　719

懷南草一卷　1441

懷香記一卷　1503

懷清堂集二十卷　1243，1244

懷遠堂批點燕子箋二卷　1493

懷遠偶記一卷　1699

（嘉慶）懷遠縣志二十八卷　743

懷夢詞一卷　1767

懷園集杜詩八卷集李詩八卷　1235

（道光）懷寧縣志二十八卷首一卷末一
　　卷　743

（康熙）懷慶府志十八卷　784

懷潞園叢刊十四種　1757

懷舊集二卷　1730

懷舊集十二卷續集六卷又續集二卷附女
　　士詩録一卷　1418

懷舊雜記三卷　1869

懷圈雜俎十二種　1775

懷麓堂集一百卷　1196

韡園醫學六種　995

韜光庵紀游集一卷　1808

嬾真子五卷　950，1609

嬾真子録一卷　1560，1590

嬾園觴政一卷　1625，1635

繩其武齋自纂年譜一卷　614

繩枻齋年譜二卷　613

繩庵内集十六卷外集八卷　1260

繹史一百六十卷　554

繹志十九卷　1023

繹志九卷　1815

繪地法原一卷附表圖　1048

繪妙一卷　1578，1616

繪林伐山三卷　1077

繪事備考八卷　1077

繪事發微一卷　1068，1077，1629，1762

繪事瑣言八卷　1078

繪圖上海雜記八卷　879

繪圖平山冷燕四才子書四卷二十回　1519

繪圖平金川四卷三十二回　1526

繪圖四書新體讀本二十卷　487

繪圖仙卜奇緣六卷三十回　1524

繪圖花柳深情傳四卷三十四回　1512

繪圖改正杏花天四卷十四回　1523

繪圖皆大歡喜四卷二十回　1525

繪圖俠義風月傳四卷十八回　1523

繪圖風流天子傳八卷四十回　1516

繪圖施公案全集十集四十六卷五百三十八
　　回　1528

繪圖飛龍傳八卷六十回　1519

繪圖校正京調曲本四十七種　1482

繪圖校正京調擋諒全本一卷　1483

繪圖笑中緣前金如意全傳四卷二十二回
　　1486

繪圖彭公案一百回　1525

繪圖湘軍平逆傳四卷八回　1526

繪圖蒙學捷徑第三册　973

繪圖蜃樓志六卷二十四回　1522

繪圖新情天外史二集二卷　1044

繪圖銀瓶梅四卷二十三回　1528

繪圖綴白裘十二集四十八卷　1498

繪圖螢窗異草全編十六卷　1042

繪圖燈月醉世傳四卷二十回　1485

繪圖騙術奇談四卷　1045

繪圖癡人説夢四卷　1044

繪圖繪芳録八卷八十回　1525

繪聲閣詩稿一卷　1421

繡吟樓詩鈔一卷　1422

繡佛樓詩稿二卷　1304

繡虎軒尺牘八卷二集八卷三集八卷　1452

繡閒詞一卷　1476

繡像一箭緣全傳八卷三十二回　1484

繡像三國演義續編八卷　1510

繡像天寶圖十卷　1485

繡像今古奇觀四十卷　1506，1507

繡像文武香球十二卷　1484

繡像玉堂春四卷十六回　1528

繡像古今賢女傳九卷首一卷　603

繡像四游合傳十四卷　1514

繡像西漢演義八卷一百回繡像東漢演義十卷一百二十六回　1515

繡像東西兩漢全傳　1510

繡像金臺全傳十二卷六十回　1526

繡像京本雲合奇蹤玉茗英烈全傳十卷八十回　1509

繡像京本雲合奇蹤全傳十卷八十回　1509

繡像紅樓夢一百二十回　1511

繡像捉拏康梁二逆演義四卷四十回　1527

繡像秘士白梅亭七卷　1491

繡像海上繁華夢初集六卷三十回　1527

繡像海公小紅袍全傳四卷四十二回　1521

繡像野草閒花臭因緣四卷四十回　1527

繡像野叟奇語鍾情録四卷二十回　1525

繡像萬花樓全傳六卷三十六回　1485

繡像夢游上海名妓爭風傳二卷三十二回　1528

繡像福壽大紅袍十四卷一百回　1524

繡像閨門秘術四卷五十回　1526

繡像漢宋奇書三國水滸合傳六十卷　1513

繡像緑野仙蹤八十回　1522

繡像蘊香丸十卷二十回　1484

繡像覺後禪四卷二十回　1525

繡像鐵冠圖四卷五十回　1528

繡詩樓詩一卷　1884

繡墨軒詞一卷　1476

繡墨軒詩詞稿一卷　1356

繡篋小集一卷　1422

繡餘小草一卷　1422

繡餘小稿一卷　1421

繡餘吟六卷附詩餘一卷　1276

繡餘吟稿一卷　1851

繡餘草一卷　1421

繡餘詞一卷　1475

繡餘詞草一卷　1440

繡餘續草五卷　1256

繡鞶帨館行卷三卷　1355

繡譜二卷　1717

繡襦記二卷　1504

二十畫

鞠堂野史一卷　1559

蘭心閣詩稿一卷　1860

蘭石詞一卷　1053

蘭石齋文稿一卷　1326

蘭石齋駢體文鈔一卷　1425

蘭汀集五卷　1382

蘭因集二卷　1808

蘭竹名世不分卷　1082

蘭州風土記一卷　1699

蘭如詩鈔一卷　504

蘭谷遺稿一卷附聽春館殘稿一卷　1757

蘭言一卷　1625，1626，1823

蘭言集八卷首一卷　1415

蘭言詩鈔四卷　1423

蘭言餘韻集一卷同心之言集一卷絃外餘
　　音集一卷亦復如是集一卷　1319

蘭茗館外史十卷　1508

蘭修館賦稿一卷　1296

蘭泉詩稿二十六卷　1281

蘭亭考十二卷附群公帖跋一卷　1653

蘭亭集一卷　1564

蘭亭續考二卷　1653

蘭室秘藏三卷　991，992，1001

蘭紉詞一卷　1767

蘭莊詩話一卷　1565

蘭桂仙二卷　1495

蘭圃遺草一卷　1421

蘭皋集一卷　1382

蘭雪堂古事苑定本十二卷　1538

蘭雪集一卷　1381

蘭雪集八卷　1296

蘭堂賸稿一卷　1443

蘭嵎朱宗伯彙選當代名公鴻筆百壽類函
　　八卷　1413

蘭當詞一卷　1883

蘭臺奏疏三卷　1798

蘭臺軌範八卷　995，1850

蘭閨寶録六卷　603

蘭蕙同心録二卷　990

蘭蕙鏡一卷　989

（光緒）蘭谿縣志八卷首一卷附補遺一
　　卷　810

蘭韻堂詩集十二卷文集五卷御覽集六卷
　　經進文稿二卷詩續集一卷文續集一卷
　　西清筆記二卷　1267

蘩香詩草一卷　1421

（乾隆）醴泉縣志十四卷　792

（同治）醴陵縣志十四卷首一卷末一卷
　　832

（光緒）酆都縣志四卷首一卷　852

鹹海紀略一卷　1704

醝政備覽不分卷　657

獻兒歸主公禮一卷　1149

獻帝春秋一卷　1561

獻醜集一卷　1551

（乾隆）獻縣志二十卷表五　712

（嘉靖）耀州志十一卷　792

懸金字彙十二卷首一卷末一卷補遺一卷
　　韻法直圖一卷韻法橫圖一卷　513

懸笥瑣探一卷　1574，1588，1714

懸磬集一卷　1439

闡教編一卷　1878

闡道集十卷末一卷　1204

鶡冠子一卷　1882

鶡冠子二卷　948，1645

鶡冠子三卷　950，951，1009，1642，
　　1725

蠕範八卷　1815

蟫衣生馬記一卷　1612

蟫衣生粵草十卷蜀草十卷　1211

蟫衣生劍記一卷　1612

蟫廬詩鈔十卷　1345

嚶求集四卷　1309

鶚亭詩話一卷　1668

鶚亭詩話一卷附録一卷　1803

巍巍不動太山深根結果經一卷　1486

籌表開諸乘方捷法二卷　1054

籌洋芻議一卷　1878

籌海初集四卷　903

籌海圖編十三卷　666

籌運篇一卷　1709

籌蜀記一卷　1724

籌賑事例不分卷　659

籌算七卷　1053

籌算分法淺釋一卷　1055

籌算淺釋二卷　1050，1055

籌算蒙課一卷　1055

籌餉卮言一卷　1630

籌藏芻議不分卷　904

籌濟編三十二卷　660

籌瞻疏稿三卷　695

籌邊議一卷　1708

籑文一卷　503，1793

籑要一卷　1751，1793

籑要解一卷　1751

纂修歸綏志略檔冊　679

纂異記一卷　1571

纂喜廬存札一卷　1452

纂喜廬詩稿初集不分卷　1344

纂喜廬叢書四種　1745

纂釋天方性理圖傳五卷首一卷　1153

覺世正宗省心經十卷　1107

覺世名言十二卷三十八回　1507

覺世經注證一卷　1769

覺生咏史詩鈔三卷　1821

覺生咏物詩鈔四卷　1821

覺生時文鈔一卷　1821

覺生進奉文鈔一卷　1821

覺生感舊詩鈔二卷　1821

覺生試律鈔一卷　1821

覺生詩鈔十卷咏物詩鈔四卷咏史詩鈔三
　卷感舊詩鈔二卷覺生詩續鈔四卷附自
　訂年譜一卷　1285

覺生詩鈔十卷續鈔四卷附自訂年譜一卷
　1821

覺生賦鈔一卷　1821

覺是集一卷　1380

覺後禪六卷二十回　1510

覺軒公集一卷　1445

覺顛冥齋內言四卷　1356

敦藝齋文存八卷　1867

敦藝齋外集一卷　1868

敦藝齋詩存二卷附詩餘一卷　1867

鐔津文集十九卷　1173

鐘鼎字源五卷　518

鐘鼎籀篆大觀不分卷　518

釋二辨文一卷　1841

釋人疏證二卷　1885

釋小雅一卷　1836

釋天一卷　1876

釋毛詩音四卷　430

釋氏要覽二卷教誡新學比丘行護律議一卷
　1102

釋氏稽古略四卷續集三卷　1104

釋耒集四卷　1258

釋名八卷　503，1605

釋名四卷　1598，1599，1601

釋名補證一卷　1766

釋名疏證八卷補遺一卷　1737

釋名疏證補八卷續釋名一卷釋名補疑一
　卷疏證補附一卷　530

釋冰書一卷　1632，1636

釋字二卷　1831

釋服二卷　429

釋弧三卷　1859

釋孟子一卷　1836

釋迦如來應化事蹟四卷　1110

釋草小記一卷　426

釋骨一卷　1631

釋音毛詩注疏七十卷附校勘記七十卷
　416，417，418

釋音毛詩注疏七十卷附校勘記七十卷詩
　　譜序一卷詩譜序校勘記一卷　448
釋音尚書注疏二十卷附校勘記二十卷
　　416，417，418
釋音周禮注疏四十二卷附校勘記四十二
　　卷　416，418
釋音春秋左傳注疏六十卷附校勘記六十
　　卷　417，418
釋音禮記注疏六十三卷附校勘記六十三
　　卷　417，418
釋宮小記一卷　426
釋書一卷　499
釋教三字經一卷　1105
釋常談二卷　1580
釋常談三卷　1550，1555，1587，1591
釋奠考一卷　1622
釋詩一卷　499
釋疑論一卷　1789
釋滯一卷　1794
釋穀四卷　431
釋穀梁廢疾一卷　1782
釋橢一卷　1859
釋輪二卷　1859
釋廢疾一卷　1782
釋親廣義二十五卷　532
釋禮一卷　499
釋蟲小記一卷　426
釋繒一卷　426，1855
（康熙）饒平縣志二十四卷　861
（同治）饒州府志三十二卷首一卷　814
饒南九三府圖説一卷　1605
饒副使三溪集一卷　1437
（乾隆）饒陽縣志二卷首一卷末一卷　723
臚雲集二卷　1716
臚傳紀事一卷　1622

（光緒）騰越州志二十卷首一卷　869
（乾隆）騰越州志十三卷　869
鰈魳集一卷　1883
觸藩始末三卷　567
護送越南貢使日記一卷　1825
護國寺元人諸天畫像贊一卷　1809
譯古含奇三卷　1058
譯史四卷　1844
譯史紀餘一卷　1629
譯史紀餘四卷　1661，1844
譯雅一卷附泰西君臣名號歸一圖一卷
　　1881
譯語一卷　1604
議處安南事宜一卷　1621
（光緒）灌記初稿四卷　841
灌畦暇語一卷　1557，1640
灌園記二卷　1504
（乾隆）灌縣志十二卷首一卷　841
（光緒）灌縣志十四卷首一卷　841
（光緒）灌縣鄉土志二卷　841
瀾堂夕話一卷　1615，1632
瀾溪贈咏一卷　1822
懺花盦文存六卷詩存十一卷　1357
懺花盦叢書三十五種　1741
懺法大觀六卷　1120
懺餘綺語二卷　1749，1859
懺摩録一卷　1721，1733，1805，1860
懺盦隨筆八卷　1025
寶山記游一卷　1698
（光緒）寶山縣志十四卷首一卷附輿圖
　　738
（乾隆）寶山縣志十卷首一卷　738
寶山錢氏家集八種　1440
寶古堂重考古玉圖二卷　1714
寶芸齋詩草一卷　1320

（乾隆）寶坻縣志十八卷　708

寶命真經贊一卷　1128

寶刻叢編二十卷　932，1744

寶刻類編八卷　932，1740

寶卷之屬　1486

寶奎堂文集十二卷　1270

寶祐登科録一卷　1740

寶韋齋類稿一百卷　1335

寶華山志十五卷首一卷　891

寶晉書院志十一卷　875

寶真齋法書贊二十八卷　1642，1645

寶峰集一卷　1377

寶倫集六卷　1108

寶訓八卷　1857

寶記一卷　1568

寶章待訪録一卷　1551，1567

寶善堂集二卷　1238

寶善堂彙稿十三種　1444

寶綸堂文鈔八卷詩鈔六卷　1732

寶綸堂集十卷　1222

寶綸堂集十卷拾遺一卷　1222

（道光）寶慶府志一百四十三卷首編六
　卷末編三卷　834

寶樹堂遺書三種　1875

寶鴨齋題跋三卷　1070

寶藏論一卷　1675

（道光）寶應圖經六卷首一卷　735

（道光）寶應縣志二十八卷首一卷　735

寶應録一卷　1595

寶甓齋文集一卷　428

寶甓齋札記一卷　428

寶顏堂後集武林舊事五卷　879

寶顏堂訂正後山談叢四卷　1014

寶顏堂秘笈二百二十八種　1610

寶彝堂文存二卷　1330

寶櫝記一卷　1575，1588

寶鐵齋金石文跋尾三卷　1730

寶鐵齋詩録不分卷續録一卷　1299

（乾隆）寶鷄縣志十六卷　793

（順治）寶鷄縣志三卷　793

寶鑑編補注　673

寶鑑編補注二卷　985

寶玉傳一卷　1595

寶存四卷　1011，1678

寶圖山記一卷　1692

饗禮補亡一卷　500，1632，1650，1752

響山詞一卷　1474

響玉集十卷餘一卷　1216

響泉集二十八卷　1268

響黨圖考十卷　425

繼世紀聞一卷　1608

繼世紀聞六卷　1604

繼古叢編一卷　1556

繼芳集一卷　1439

繼雅堂詩集三十四卷　1302

繼嗣珍寶一卷　997

二十一畫

鰲峰倡和詩一卷　1808

鰲峰課藝初編不分卷　1457

攝山志八卷首一卷　891

攝山紀游一卷　1688

攝生要録一卷　1564

攝生秘剖四卷　997，1008

攝生消息論一卷　1770

攝生總要五種　997

驃國樂頌一卷　1568

驂鸞集三卷　1858

驂鸞録一卷　1563，1612

攜雪堂文集四卷　1322

攜雪堂全集四種附三種　1322
攜雪堂時文一卷　1322
攜雪堂家訓一卷　1322
攜雪堂試帖一卷　1322
攜雪堂詩集一卷　1322
攜雪堂對聯一卷　1322
歡喜奇觀六卷二十回　1516
歡喜冤家二十四回　1507
歡喜冤家六卷二十四回　1507
權子一卷　1580
權文公詩集十卷　1367，1368
權書一卷　1555
權載之文集五十卷　1167
權德輿集二卷　1365
權衡一書四十一卷　1035
櫻桃宴一卷　1502
穰梨館過眼録四十卷續十六卷　939
㪍軒孔氏所著書七種　1856
礮概問答不分卷　1756
霸亭秋一卷　1502
露香拾稿一卷　1370，1374
露香閣詩鈔一卷　1422
露桐先生年譜前編四卷續編二卷　613
露蟬吟詞鈔一卷　1477
闢謬篇二卷　1356
鷗林子五卷　1723
蠟談一卷附雜説　1631
黯淡灘記一卷　1697
籐陰客贅一卷　1872
儷白妃黄册八卷　1094
儷府不分卷　1547
儼山文集一百卷目録二卷儼山外集四十
　卷續集十卷　1831
儼山纂録一卷　1573
儼若思齋梅華問答編一卷　1123

鐵牛翁遺稿一卷　1381
鐵盂居士詩稿五卷　1440
鐵厓小樂府一卷　1742
鐵厓咏史八卷　1742
鐵厓咏史注八卷　1191
鐵厓逸編注八卷　1191
鐵厓詩集三種　1191
鐵厓樂府注十卷　1191
鐵函心史三卷　1188
鐵函齋書跋一卷　1634
鐵珊齋學笁一卷　964
鐵枴李度金童玉女雜録一卷　1500
鐵冠圖：探山、閙營、擒闖　1490
鐵華館叢書六種　1743
鐵莊文集八卷疏快軒詩二卷詩餘一卷
　1241
鐵瓶詩鈔五卷雜存二卷　1327
鐵崖古樂府一卷復古詩一卷鐵崖先生集
　一卷　1377
鐵崖咏史一卷　1715
鐵琴銅劍樓藏宋元本書目四卷　941
鐵琴銅劍樓藏書目録　938
鐵琴銅劍樓藏書目録二十四卷　938
鐵雲藏陶不分卷　934
鐵雲藏龜不分卷　933
鐵圍山叢談一卷　1586，1590，1595，
　1608
鐵圍山叢談六卷　1653
鐵網珊瑚二十卷　1069
鐵網珊瑚書品十卷畫品六卷　1069
鐵橋金石跋四卷　1777
鐵橋漫稿八卷　1285，1743
（康熙）鐵嶺縣志二卷　724
鐵簫庵詩鈔二卷文集四卷附獨笑軒文稿
　1282

鐵廬印譜不分卷　1092

鷄肋一卷　1551，1557，1587，1591，1592，
　　1661，1673

鷄肋集鈔一卷　1372

鷄肋編一卷　1557，1587，1591

鷄肋編三卷　1723

鷄足山志十卷首一卷　896

鷄林志一卷　1562

鷄林類事一卷　1560，1587，1591，1592

鷄跖集一卷　1558

鷄跖集不分卷　1359

鷄窗叢話一卷　1750

鷄鳴偶記一卷　1573

鷄澤脞録一卷　1873

辯利院志三卷　872

辯惑巵言　1151

辯惑論一卷　1716

辯誣筆録一卷　1675

夔行紀程一卷　1700

（道光）夔州府志三十六卷首一卷　845

爛柯山志十三卷　894

爛柯山記一卷　1709

灊山集三卷補遺一卷附録一卷　1654

灘江游草一卷　1803

灘江雜記一卷　1700，1803

灘湘二水記一卷　1695

顧子新言一卷　1794

顧子義訓一卷　1795

顧氏詩史十五卷　576

顧氏譜系考一卷　1837

顧文康公文草十卷詩草六卷續稿六卷三
　　集四卷首一卷　1199

顧北集一卷　1377

顧曲録四卷　1737

顧曲雜言一卷　1647

顧非熊詩集一卷　1367，1369

顧亭林先生年譜一卷　610，612，1838

顧亭林先生年譜四卷　1739

顧亭林先生詩箋注十七卷　1225

顧亭林先生遺書十種　1837

顧華陽集三卷附非熊詩一卷補遺一卷
　　1166

顧逋翁詩集四卷　1366，1368

顧涇陽先生學庸意三卷　474

顧庸集十二卷　1869

顧雲詩一卷文一卷　1806

顧嗣立詩選一卷　1427

顧端文公年譜四卷　1834

顧端文公遺書十三種附年譜　1833

鶴山文鈔三十二卷　1185

鶴山渠陽讀書雜鈔二卷　1611

鶴山筆録一卷　1640，1675

鶴天鯨海焚餘稿六卷　1300

鶴林玉露一卷　1556

鶴林玉露十六卷補遺一卷　1610

鶴林寺志一卷　872

鶴泉文鈔續選九卷　1274

鶴泉集唐四卷　1274

（道光）鶴峰州志十四卷首一卷　830

（光緒）鶴峰州志續修十四卷附卷首一
　　卷　830

（同治）鶴峰州續志九卷首一卷　830

鶴鳴集六卷　1861

鶴語軒詩集一卷　1421

鶴徵後録一卷　1633

鶴徵前録一卷　1633

鶴徵録八卷後録十二卷　581

鶴麓山房詩稿六卷　1258

鶴齡録一卷　1622

鶴聽詩圖咏一卷　1287

蠡山記一卷　1691

蠡勺編四十卷　1817

蠡海集一卷　1609

蠡海錄一卷　1556

蠡測卮言一卷　1706

（光緒）蠡縣志十卷　710

（康熙）蠡縣續志不分卷　710

續三十五舉一卷　1631，1670，1732，
　　1736，1756，1817

續三十五舉一卷再續三十五舉一卷重定
　　三十五舉一卷　1086

續小兒語一卷　1651

續山東考古錄二十二卷附山東考古錄一
　　卷　934

續千文一卷　1766

續巳編一卷　1588

續天文略二卷　1648

（同治）續天津縣志二十卷首一卷　713

續尤西堂擬明史樂府附論詩絕句　1285

續文房圖贊一卷　1592

續文章緣起一卷　1462

續文選三十二卷　1387

續文獻通考二百五十四卷　641

續文獻通考二百五十卷　641

續文獻通考詳節二十六卷　642

續文獻通考纂二十二卷　641

續方言一卷　1633

續方言二卷　1649，1850

續方言又補二卷　1775

續方言補正二卷　1649

續方言疏證二卷　1771

續方言疏證三卷　531

續刊青城山記二卷　1121

續世說十二卷　1672，1740

續古文苑二十卷　1388，1679

續古文奇賞三十四卷　1398

續古文辭類纂二十八卷　1424

續古文辭類纂三十四卷　1424

續古泉匯首集一卷元集三卷亨集三卷利
　　集三卷貞集五卷補遺二卷　928

續古摘奇算法一卷　1656

續本事詩一卷　1565

續北山酒經一卷　1567

續史疑二卷　1805

續四才子四卷十八回　1524

續印人傳八卷　942，1086

續玄怪錄一卷　1571，1660

（光緒）續永清縣志十四卷附文徵二卷
　　706

續考古圖五卷附釋文一卷　922，1744

續西廂一卷　1502

續夷堅志四卷附遺山年譜略一卷　1713

續同人集十七卷　1850

續同書八卷　1035

續呂氏家塾讀詩記三卷　499，1644

續竹譜一卷　1569

續字學舉隅一卷　515

（康熙）續安邱縣志二十五卷　768

續志林一卷　1572，1588

續吳先賢贊十五卷　1604

續近思錄十四卷　1640

續表忠記八卷　601

續幸存錄一卷　557

續東河櫂歌一卷　1810

續東軒遺集不分卷　1321

續岡州遺稿八卷　1437

續知不足齋叢書十七種　1656

續金石稱例一卷　1865，1866

續金瓶梅十二卷六十四回　1510

（同治）續金堂縣志八卷首一卷末一卷

840

續刻近科分體墨式不分卷　1457

（乾隆）續河南通志八十卷　702

續孟子二卷　949，1653，1675

續春秋左氏傳博議二卷　1839

續春秋左氏傳義略一卷　1790

續幽明録一卷　1571，1582

續幽怪録一卷　1571，1584，1660，1664，
　1666

續幽怪録四卷拾遺二卷　1723

（光緒）續修井陘縣志三十六卷　714

（同治）續修元城縣志六卷首一卷　718

（光緒）續修内江縣志十五卷首一卷　850

（乾隆）續修曲沃縣志八卷　748

（道光）續修長垣縣志二卷　719

（同治）續修東湖縣志三十卷首一卷續
　補藝文一卷　829

（光緒）續修故城縣志十二卷首一卷　713

（光緒）續修叙永永寧廳縣合志五十四
　卷首一卷　853

（嘉慶）續修泰興縣志八卷　735

（光緒）續修嶂縣志八卷　757

續修雲林寺志八卷　1809

（光緒）續修舒城縣志五十卷首一卷末
　一卷　742

（光緒）續修睢州志十二卷首一卷　781

（光緒）續修新城縣志十卷　709

（乾隆）續修臺灣府志二十六卷首一卷
　704

（光緒）續修隰州志四卷　760

（光緒）續修臨晋縣志二卷　749

（光緒）續修廬州府志一百卷首一卷末
　一卷　742

續後漢書九十卷札記四卷　1717

續後漢書四十二卷義例一卷音義四卷札

記一卷　1717

續神仙傳一卷　1561

續晋陽秋一卷　1561

續軒渠集一卷　1377

續原教論二卷　1105

續隻塵譚二卷　1805

續高士傳五卷　1750

續高僧傳四十卷　1101

續唐三體詩八卷　1407

續唐書七十卷　561

續書品一卷　1566

續書譜一卷　1551，1566

續通志六百四十卷　640

續通典一百五十卷　640，641

續通商條約章程成案彙編八卷　664

續通鑑紀事本末一百十卷　554

續琉球國志二卷首一卷　1871

續琉球國志五卷　907

（嘉慶）續掖縣志四卷　770

續問奇類林三十卷　1032

續停驂録摘鈔一卷　1604

（光緒）續猗氏縣志八卷　750

（同治）續猗氏縣志四卷　750

續清言一卷　1553，1577

續清凉傳二卷　1023

續博物志十卷　951，1605，1606，1607，
　1609

續葉子譜一卷　1579

（光緒）續雲南通志稿一百九十四卷首
　六卷　705

（光緒）續雲夢縣志略十卷首一卷末一
　卷　826

續觔骹説一卷　1558

續集漢印分韻二卷　929

續復古編四卷　512

續富國策四卷　1776

續補侍兒小名録一卷　1609

續畫品録一卷　1567，1585，1617

續碑傳集八十六卷首二卷　581

續會稽掇英集校補五卷　1875

續詩品一卷　1630

續詩傳鳥名三卷　428，1661，1840

續詩話一卷　1616

續資治通鑑二百二十卷　550

續資治通鑑長編五百二十卷　550

續新齊諧六卷　1043

續袌羅館清言一卷　1610

續彙刻書目十二卷補遺一卷　941

續檇李詩繫四十卷　1434

續疑年録四卷　594，1722，1739，1762

續語堂文存一卷　1872

續語堂碑録不分卷　1872

續語堂詩存一卷　1872

續語堂題跋一卷　1872

續廣事類賦三十三卷附事類賦補遺十四
　卷　1540

續廣博物志十六卷　1881

續齊魯古印攈十六卷　1090

續齊諧記一卷　1571，1582，1598，1600，
　1602，1606，1607

（道光）續增沙河縣續志二卷　707

續增河東鹽法備覽三卷　657

（光緒）續增樂至縣志四卷首一卷　849

續墨客揮犀一卷　1595

續論語駢枝一卷　432

續談助五卷　1740，1744

（嘉慶）續潼關廳志三卷　799

續翰林志二卷　1725

（光緒）續輯均州志十六卷首一卷　828

續輯明刑圖説一卷　670

續黔書八卷　1741

續學古編二卷　1085

續鴛央湖櫂歌一卷　1813

續藏書二十七卷　544

（嘉慶）續濟源縣志十二卷　784

續禮記集説一百卷　459

續離騷　1491

續蟹譜一卷　1629，1713

續證人社約誡一卷　1622

（乾隆）續耀州志十一卷　792

（同治）續纂江寧府志十五卷首一卷　725

續纂淮關統志十三卷　656

（同治）續纂揚州府志二十四卷　733

續釋常談一卷　1555，1581，1587，1591，
　1592

續艷品一卷　1580

（康熙）續灤志補一卷灤志補列傳二卷
　續編一卷　711

纏子一卷　1795

二十二畫

懿安事略一卷　558

聽月樓遺草一卷　1421

聽月樓遺稿二卷　1314

聽松廬詩略二卷　1817

聽雨紀談一卷　1574，1588，1656

聽雨堂叢刻三十五種　953

聽雨集一卷　1382

聽雨樓詞二卷　1476

聽雨樓集二卷　1383

聽雨樓詩二卷　1730

聽雨齋詩集二十卷補編一卷別集一卷　1279

聽香館叢録六卷　1287

聽香禪室詩集八卷　1342

聽秋軒詩集三卷　1281

聽秋軒詩稿一卷　1421

聽秋聲館詞話二十卷　1481

聽黃鸝館外篇一卷　982

聽雪詞一卷　1475

聽雲閣集不分卷　1233

聽園西疆雜述詩一卷　1764

聽園詩鈔十六卷　1349

聽園讀左隨筆二十卷附音釋　467

聽蕉雨樓外集不分卷　1315

聽潮居存業十卷　1022

聽鐘樓詩稿十卷　1271

蘿山集一卷　1762

蘿山雜言一卷　1572

蘿月軒存稿八卷　1259

蘿石山房文鈔四卷　1218

驚聽録一卷　1553

鷗堂日記三卷　1803

鷗堂賸稿一卷　1824

鷗堂賸稿一卷補遺一卷　1803

鷗渚微吟一卷　1370，1374

鷗邊漁唱一卷　1474

鑒公精舍納凉圖題咏一卷　1810

鑒戒象贊一卷　1794

霽山先生集五卷首一卷拾遺一卷　1656

疊删吟草二卷　1315

疊雅十三卷　1871

疊韻舉略一卷　515

巖下放言一卷　1556，1586，1590

巖下放言三卷　1829

巖棲幽事一卷　1577

籟典四卷　519

籟紀一卷　1568，1581，1654

籟記一卷　1584

鑄史駢言十二卷　1549

鑄陶一卷　1762

鑄錯軒詩輯一卷　1824

鑑止水齋集二十卷　1288

鑑止水齋集二十卷附古春軒詩鈔二卷　1288

鑑止水齋集二卷　427

鑑古齋墨藪不分卷　1096

鑑戒録一卷　1557，1587，1591，1592

鑑誡録十卷　1815

鑑撮四卷　573

穌漱玉詞一卷　1476

臞翁集一卷　1374

臞翁詩集二卷　1370

讀三尼醫世説述管窺一卷　1122

讀大學叢説一卷　1818

讀子集四卷　1863

讀五胡載記一卷　1615

讀中庸叢説二卷　1818

讀月樓詩鈔八卷　1325

讀文雜記一卷　1873

讀未見書齋文鈔一卷　1823

讀左日鈔十二卷補二卷　464

讀左剩語一卷　1805

讀左評餘一卷　500

讀左補義五十卷首二卷　466

讀左瑣言一卷　1634

讀左管窺二卷　1805

讀左漫筆一卷　1722

讀史小識一卷　1823

讀史方輿紀要一百三十卷　698

讀史方輿紀要一百三十卷附圖四卷　698

讀史方輿紀要統論一卷　1746

讀史札記一卷附論學劄説十則一卷　1777

讀史四集四卷　571

讀史任子自鏡録二十二卷首一卷　578

讀史吟評一卷　1637，1638

讀史糾謬十五卷　1850

讀史訂疑一卷　1572
讀史紀略四卷　572
讀史記劄記一卷　1630
讀史偶吟二卷　579，1260
讀史提要十五卷　577
讀史提要録評一卷　1879
讀史碎金六卷注八十卷　579
讀史管見一卷　1628
讀史管見三十卷目録二卷　575
讀史粹言一卷　1865
讀史漫録十四卷　576
讀史論略一卷　1650，1746
讀史辨道四卷　577
讀史賸言四卷　1815
讀史雜記一卷　1862，1873
讀史鏡古編三十二卷　572
讀四元玉鑑記一卷　1751
讀四書大全説十卷　1839
讀四書叢説八卷　499
讀代數術記一卷　1751
讀白華草堂詩初集九卷二集十二卷　1303
讀有用書齋雜著二卷　1312
讀有用書齋雜撰二卷　1022
讀朱隨筆四卷　1639
讀杜心解六卷首二卷　1165
讀困知記三卷　1849
讀近思録一卷　1849
讀宋鑑論三卷　1873
讀東坡志林一卷　1627
讀明史劄記一卷　1630
讀易大旨五卷　1835
讀易別録三卷　1655
讀易私言一卷　419，422
讀易述訓四卷　437
讀易筆記二卷　1873

讀易匯參十五卷首一卷　438
讀易傳心十二卷圖説三卷　438
讀易經十二卷　1805
讀易漢學私記一卷　431，1777
讀易寡過一卷　1862
讀易緒言一卷　1632
讀易緒言二卷　1839
讀易樓合刻十種　1857
讀易録十八卷　437
讀例存疑五十四卷　668
讀法圖存四卷　985
讀孟子劄記二卷　1844，1868
讀孟子叢説二卷　1818
讀孟居文集六卷　1256
讀孟質疑二卷　500，1753
讀春秋二卷　1805
讀春秋存稿四卷　1852
讀律心得三卷　1762
讀律佩觿八卷附讀律八法一卷　668
讀律琯朗一卷　1733
讀律提綱一卷　1817
讀風偶識四卷　1799，1855
讀紅樓夢詩五卷憐香新咏二卷　1302
讀莊子法一卷　1624，1626
讀書十六觀一卷　1577
讀書十六觀補一卷　1805
讀書小記二卷　1775
讀書小記十九種　1847
讀書止觀録五卷　1806
讀書日記六卷補編二卷　962
讀書延年堂詩鈔二十九卷　1309
讀書作文譜十二卷父師善誘法二卷　1021
讀書作文譜父師善誘法合刻　1021
讀書社約一卷　1577，1809
讀書些子會心一卷　1805

讀書法彙一卷　1877
讀書紀數略五十四卷　1539，1742
讀書記一卷　1795
讀書堂杜工部詩集注解二十卷文集注解二
　卷附杜工部編年詩史譜目一卷　1164
讀書堂杜工部詩集注解二十卷文集注解二
　卷附編年詩史譜目一卷　1164
讀書敏求記四卷　942，1736
讀書偶見一卷　1649
讀書偶識十卷附一卷　431，1867
讀書脞錄二卷續編二卷　426
讀書脞錄七卷　1025
讀書隅見一卷　1557，1590
讀書筆記一卷　1573，1593，1612
讀書解義一卷　1863
讀書經筆記一卷　1869
讀書瑣記一卷　1649，1803
讀書劄記八卷　1714
讀書說四卷附年譜一卷　1815
讀書說四卷附錄年譜一卷　957
讀書論世十六卷　577
讀書舉要二卷　1748
讀書錄十一卷續錄十二卷　959
讀書燈一卷　1623
讀書叢說六卷　446，1818
讀書叢錄一卷　430
讀書叢錄二十四卷　1011
讀書雜志二卷　426，1859
讀書雜志八十二卷志餘二卷　1025
讀書雜志八十二卷餘編二卷　1823
讀書雜述十卷　1020
讀書雜識十二卷　1773
讀書雜釋十四卷　1012
讀書鏡十卷　1614
讀陰符經一卷　1849

讀通考二卷　1863
讀通鑑論三十卷末一卷　1839
讀雪山房唐詩三十四卷　1409
讀雪山房唐詩凡例一卷附雜著一卷　1803
讀問學錄一卷　1849
讀參同契三卷　1849
讀雅筆記三卷　530
讀畫閒評一卷　1857
讀畫錄一卷　1634
讀畫錄四卷　1674，1736，1778
讀畫齋叢書四十六種　1673
讀畫齋題畫詩十九卷　1267
讀畫齋題畫詩十九卷附讀畫齋偶輯一卷
　1267
讀碑小箋一卷　933
讀詩一得一卷　452
讀詩日錄十三卷　452
讀詩拙言一卷　1736
讀詩鈔說四卷　450
讀詩經四卷　1805
讀詩經筆記一卷　1869
讀詩劄記八卷附詩章句考一卷詩樂存亡
　譜一卷詩經集傳校勘記一卷詩古韻表
　二十二部集說二卷　1864
讀經如面一卷　1862
讀經析疑二卷　1822
讀經校語二卷　497
讀經劄記四卷　1864
讀經說一卷　1865
讀說文記一卷　1863
讀說文雜識一卷　504
讀說文證疑一卷　505
讀賦卮言一卷　1280，1731
讀儀禮記二卷　429，1858
讀儀禮錄一卷　431

讀諸子諸儒書雜記一卷　1873

讀論孟筆記三卷讀論孟補記二卷　1873

讀論語劄記二卷　1844

讀論語叢説三卷　1818

讀戰國策隨筆一卷　1630

讀學庸筆記二卷　1873

讀禮小事記一卷　457

讀禮志疑六卷　1639

讀禮條考二十卷　461

讀禮記十二卷　1805

讀禮通考一百二十卷　461

讀禮問一卷　456，1625，1627

讀禮偶見二卷　1843

讀禮説三卷　461

讀禮叢鈔十六種　456

讀醫隨筆六卷　996

讀離騷一卷　1502，1839

讀騷樓詩初集四卷　1296

讀讀書録二卷　1849

孿史四十八卷　1035

鷸言内篇一卷外篇一卷雜録一卷　1735

二十三畫

龔定盦別集一卷　1778

龔畏齋先生十三經客難九種附三種　497

龔端毅公奏疏八卷附一卷　1838

龔端毅公奏疏八卷附録一卷浠川政譜二卷　692

鸞子一卷　949

鸞子一卷附校勘記逸文一卷　1672

鸞子一卷補一卷　950

鸞子二卷　1885

驛站路程一卷　1684，1708

曬書堂文集十二卷外集二卷別集一卷　1858

曬書堂時文一卷　1858

曬書堂筆記二卷　1858

曬書堂筆録六卷　1858

曬書堂集十二卷外集二卷別集一卷時文一卷詩鈔二卷　1280

曬書堂詩鈔二卷試帖一卷詩餘一卷　1858

曬書堂閨中文存一卷　1858

顯志堂稿十二卷　1319

顯密圓通成佛心要集二卷　1104

樂府指迷一卷　1578

欒城先生全集録六卷　1363

欒城先生遺言一卷　1551，1555

欒城詩選一卷　1373

（同治）欒城縣志十四卷首一卷末一卷　715

（道光）欒城縣志十卷首一卷末一卷　715

變法奏議叢鈔不分卷　689

變法捷獲金丹　1024，1890

變法經緯公例論二卷　1890

變雅堂全集六卷　1224

變雅堂遺集文八卷詩十卷附録二卷　1224

麟角集一卷　1365

麟角集一卷附録一卷　1653，1762

麟書一卷　1569，1612

麟書捷旨十二卷　470

（康熙）麟游縣志五卷　794

（光緒）麟游縣新志草十卷首一卷　794

麟臺故事一卷　1555

麟臺故事五卷　1642，1725

麟臺故事五卷拾遺二卷考異一卷　1645

麟臺故事四卷補遺一卷　1744

麟德術解三卷　1053

孀窟詞一卷　1473

纖志志餘一卷　1844

二十四畫

攬茝微言一卷　1575

攬勝圖譜一卷　1635

攬彎録一卷　1563，1612

觀水雜記一卷　1696

觀心約一卷　1798

觀古堂所著書十八種　1885

觀古堂書目叢刻十五種　941

觀古堂詩録十三卷　1355

觀古堂駢儷文一卷文外集一卷　1355

觀古閣泉説一卷續泉説一卷　1821

觀古閣詩鈔八卷附行述一卷　1821

觀古閣叢刻十八種　1821

觀古閣叢稿二卷　1320

觀古閣叢稿二卷續叢稿一卷三編二卷　1821

觀石録一卷　1623，1670

觀光紀游一卷　1698

觀光稿一卷交州稿一卷玉堂稿一卷　1378

觀自得齋秦漢官私銅印譜不分卷　929，
　1088

觀自得齋叢書正集二十三種別集六種　1750

觀宅四十吉祥一卷　1624

觀宅四十吉祥相一卷　1635，1636，1742

觀妙居日記不分卷　614

觀妙齋藏金石文考略十六卷　924

觀玩隨筆一卷　1869

觀林詩話一卷　1673

觀雨齋詩鈔二卷晚翠軒筆記一卷　1305

觀物篇一卷　1628

觀音大士蓮船經一卷　1117

觀音菩薩勸女人修行偈一卷　1105

觀海堂金石叢書十種　918

觀海贈言初編一卷　1447

觀象玩占五十卷　1058

觀象玩占五十卷附太乙玉鑑風雨全書一

卷　1059

觀象居易傳箋十二卷　1825

觀象授時十四卷　425

觀象廬叢書十八種　1876

觀復堂集二卷　1361

觀畫百咏四卷　1355

觀感録一卷　1631

觀微子一卷　1572

觀察金針一卷　1066

觀劇絶句三卷　1772

觀齋集十六卷　1282

觀瀾講義一卷　1748

蠹存二卷　1550

蠹書二卷續篇一卷附録一卷　1026

蠹窗詩集一卷　1421

蠹窗詩集十四卷　1247

蠹窗詩餘一卷　1475

蠹齋鉛刀編一卷　1374

（康熙）鹽山縣志十二卷　714

（同治）鹽山縣志十六卷首一卷末一卷
　714

鹽法議略一卷　1730

（光緒）鹽城縣志十七卷首一卷　732

（乾隆）鹽亭縣志八卷首一卷　848

（光緒）鹽亭縣志續編四卷首一卷　848

（咸豐）鹽務奏稿不分卷鹽運各督撫部
　堂咨文不分卷　674

鹽梅志二十卷　580

（光緒）鹽源縣志十二卷　846

鹽鐵論二卷　949

鹽鐵論十二卷　1599，1600，1602

鹽鐵論十卷　955

鹽鐵論十卷附考證一卷　1713

鹽鐵論十卷校勘小識一卷　955

釀蜜集四卷　1250

（福建晋江）靈水吳氏家譜二十七卷　593

靈石山房詩草一卷續草一卷　1324

（嘉慶）靈石縣志十二卷　755

（康熙）靈石縣志四卷　755

靈芝儇館詩鈔十二卷捲秋亭詞鈔二卷　1357

靈州山人詩録六卷　1826

（嘉慶）靈州志蹟四卷　801

靈芬館集九種　1859

靈芬館詩初集四卷二集十卷三集四卷四集十二卷　1859

靈芬館詩話十二卷續六卷　1860

靈芬館雜著二卷　1743

靈芬館雜著二卷續編四卷　1860

靈芬館雜銘不分卷　1756

（康熙）靈邱縣志四卷　755

靈谷禪林志十五卷　872

靈怪録一卷　1664，1667

靈城精義一卷　1061

靈星小舞譜一卷　463，1084

靈鬼志一卷　1571，1664，1667

靈鬼記一卷　1660

靈洲山人詩録六卷　1319

靈素五解篇一卷　1770

靈峰草堂集四卷　1344

靈異小録一卷　1571

靈媧石一卷　1498

靈棋經一卷　1065

靈棋經二卷　1065，1724，1731

靈棋經二卷首一卷　1673

靈魂真理明説　1135

靈魂篇　1152

靈臺小補　1499

靈壽陸志節本三卷　1720

（同治）靈壽縣志十卷末一卷　715

（康熙）靈壽縣志十卷附録一卷　715

靈樞十二卷　951

靈樞素問集注節要十二卷　994

靈樞素問節要淺注十二卷　994，999

靈樞隋楊氏太素注本目録一卷　1770

靈憲一卷　1796

靈憲注一卷　1562

靈隱寺志八卷　872

靈隱書藏紀事一卷　1810

靈檀碎金六十八卷附録一卷　1540

靈應傳一卷　1594，1660，1663，1666

靈應録一卷　1571，1585，1664，1666

（乾隆）靈璧縣志略四卷首一卷附河防録一卷河渠原委三卷　743

靈麓山人詩集三卷　1353

靈寶真靈位業圖一卷　1617

靈寶畢法一卷　1118

靈寶畢法三卷　1112

（光緒）靈寶縣志八卷　788

靈鶼閣叢書五十六種　1763

靈巖山人詩集四十卷附弇山畢公年譜一卷　1267

靈巖志五卷　873

靈巖懷舊記一卷　1688

靄雲草一卷　1384

蠆尾集十卷續集二卷後集二卷　1236，1843

蠶事要略一卷　1752

蠶書一卷　1569，1653，1659，1727

蠶務圖説一卷　1776

蠶務説略一卷　1780

蠶桑便覽三卷　988

蠶桑摘要一卷圖説一卷經驗癢子症良方一卷　988

蠶桑説一卷　1752

蠶桑實濟六卷　1748

蠶桑簡明輯説一卷附補遺一卷　988
蠶經一卷　1554
艷雪堂詩集四卷　1285
艷異編十二卷　1042
艷體聯珠一卷　1623
蠵宮敬事録四卷附樂舞久遠章程　651
（康熙）衢州府志四十卷首一卷　810
蠹菴集十八卷　1352
（光緒）鑪霍屯志不分卷　870
讕言一卷　1794
讕言長語一卷　1575
讕言長語二卷　1613
讒書五卷附校一卷　1747
彎文書屋集略八卷　1261
贛州失事記一卷　1837
（同治）贛州府志七十八卷首一卷　820
（光緒）贛榆縣志十八卷　738
（同治）贛縣志五十四卷首一卷　820

二十五畫

顝顝經一卷　1675
顝顝經二卷　995
鑲黄旗滿洲鈕祜禄氏弘毅公家譜不分卷　594
蠻司合志十五卷　1842
蠻司合志十五卷末一卷　1813
蠻書十卷　1642，1645，1723，1751

二十六畫

䴚江詩草二十六卷　1308

（光緒）灤州志十八卷首一卷　711
（嘉慶）灤州志八卷首一卷末一卷　711
灤京雜咏一卷　1377
灤京雜咏二卷　1655
灤陽續録六卷　1043

二十七畫

齾音一卷　1843
鑼鼓譜一卷　1085
鼊渚迴瀾記一卷　1747

二十八畫

鸚鵡舍利塔記一卷　1664，1667
鸚鵡洲一卷　1502
（同治）鸚鵡洲小志四卷首一卷　822
戀叟詩鈔四卷補遺二卷　1801

二十九畫

（光緒）鬱林州志二十卷首一卷　867
（乾隆）鬱林州志十卷　867
鬱華閣遺集四卷　1350
鬱單越頌一卷　1622
鬱輪袍一卷　1502

三十畫

鸝吹詞一卷　1477
爨餘吟二卷　1345
爨餘詞一卷　1749
鸞鎞記二卷　1503

著者名筆畫索引

二畫

二石生　1316

丁一中　1436

丁一燾　732

丁大任　558

丁元吉　1781

丁巨　1656

丁日昌　674，684，914，938，941，981，984，1332，1741

丁曰健　684

丁午　514，1807，1808

丁仁　940

丁仁長　858

丁公　1791

丁月湖　926

丁丙　879，882，943，994，1090，1433，1726，1807，1809，1810，1811

丁申　940，1811

丁用晦　1559，1586，1590

丁立　1781

丁立志　1810

丁立鈞　1423

丁立誠　1811

丁弘　807

丁廷楗　740

丁汝昌　981

丁守存　522

丁芮樸　1773

丁孚　1658，1679，1754

丁取忠　1053，1684

丁奇遇　1577，1809

丁咏淇　1173

丁岳　1894

丁佩　821

丁承衍　609

丁拱辰　981

丁咸亭　778

丁尝　774

丁度　522，529

丁彥臣　1763

丁泰　1299

丁振鐸　1824

丁晏　430，491，498，500，1742，1743，1746，1752，1766，1774，1865

丁特起　1781

丁皋　1080

丁宴　1158

丁國鈞　540

丁符九　707

丁進　960

丁鹿壽　738

丁紹儀　568，1481

丁尊亭　1715

丁敬　1090

丁雄飛　1622，1623，1767

丁復　1378

丁善慶　875

丁運樞　567

丁蓉綬　1346

丁傳　1650

丁腹松　1689

丁義方　894

丁煒　1232

丁福保　1005，1009

丁遜之　743

丁壽辰　1865

丁壽祺　1687，1709

丁養浩　1812

丁榮表　841

丁寬　1785

丁賓　1203，1204

丁維誠　725

丁履恒　1746

丁樹棠　1761

丁錫奎　793

丁謂　1550，1555，1608

丁繁培　1298

丁繁滋　1097，1277，1446，1468

丁韙良　1138，1144，1147，1150，1706，

1776，1891，1892，1894，1895，

1897，1900

丁耀亢　1493，1510

丁寶書　624，744，1722

丁寶楨　658，676，695

丁寶銓　1781

丁鶴年　1377，1649，1723

丁顯　736，1689，1695

丁觀堂　736

七十一　884，909，1685，1686，1716

七橋居士　1457

卜大有　551

卜大同　1613

卜式　1795

卜商　419，422，434，1580

八咏樓主人　567

九容樓主人松雲氏　1521

刁包　435，1800

刁承祖　875

三畫

三多　1357，1358，1433

三家村學究　517

于卜熊　860

于大猷　780

于孔兼　952

于玉瑞　961

于石　1378

于立　1381

于成龍　675，692，953

于光華　482，1387

于如川　770

于武陵　1366

于若瀛　1212

于英本　486

于尚齡　803

于始瞻　770

于奕正　876

于邕　1012，1766

于逖　1571，1585，1664，1666

于敏中　876，937，1261，1750

于淳　1112

于琨　729

于萬川　807

于萬培　742

于開泰　793

于欽　701

于義方　1584，1660，1664，1666

于準　962

于滄瀾　781

于慎行　576，1020，1615

于肇　1563，1587，1591，1592

于鄴　1367，1369，1585，1660，1663，
　1666

于慶元　1409

于濆　1366，1367，1369

于潛　701

于燕芳　1614

于學琴　834

于謙　1360，1812，1875

于變元　1409

于濬英　441

于鵠　1367，1368

于鎰　961

于寶軒　1425

干文傳　1380

干寶　434，950，1041，1571，1582，1598，
　1600，1602，1609，1617，1659，
　1727，1783，1786，1787，1788，
　1790，1795

土室道民　1502

土館長言　569

士密德　1760

工部　648，649，651

下村修介　884

大宰純　1704

大純鎮　1741

大清律例館　667

兀欽仄　949，1594，1616

上官有儀　763

上官周　1081

上官融　1557，1580，1586，1590，1744

上海文瑞樓　951

上海通商海關造冊處　913

上海翼化堂善書局　968

小仲馬　1529

小島知足　1745

小嬭嬛山館　1036

小徹辰薩囊台吉　562

山井鼎　1676，1718

山田敬直　1704

山西諮議局　676

山仲甫　1469

山東省調查局　870

山謙之　1562，1766

山濤　1561，1885

尸佼　950，1009，1668，1678

子芳　522

子卿　522

四畫

王一清　1116，1118

王十朋　880，1176，1182，1373，1402，
　1436，1678，1719

王人作　865

王人驥　1426

王九思　1197，1672

王九疇　798

王乃斌　1297

王又華　1474

王又曾　1258，1416，1433，1474

王又槐　645，654，659，672，684

王又樸　440，441，478

王三聘　1544，1656

王士元　1380，1673

王士性　1814

王士俊　884，962，969

王士祜　1844

王士雄　1732

王士鈖　812

王士禄　1432，1473，1625，1627，1844

王士熙　1378

王士端　1120

王士禛　654，1020，1044，1200，1235，
　1236，1239，1364，1365，1383，
　1389，1390，1404，1407，1415，
　1431，1432，1461，1462，1463，
　1465，1473，1622，1623，1625，
　1626，1627，1631，1636，1637，
　1661，1684，1688，1692，1693，
　1695，1697，1699，1702，1713，
　1727，1733，1737，1743，1749，
　1750，1751，1757，1843，1844，
　1871

王士禧　1844

王士駿　461，1443

王士鰲　485

王大本　711

王大同　729

王大年　723

王大治　1434

王大信　706

王大海　907，1705

王大經　1320

王千秋　1473

王之正　860

王之春　651，662，666，903，907，1346，
　1704，1706，1709

王之垣　1844

王之梁　1222

王之鈇　1541

王之翰　1094

王之賓　807

王之樞　570

王之藩　1358

王子音　1252

王子一　1501

王子若　1096

王子韶　1359，1558

王子興　948

王天印　1267

王天秀　777

王天性　1437

王天與　420，423

王夫之　428，485，509，1461，1633，
　1634，1756，1839

王元文　1269

王元臣　807

王元直　1752

王元規　1790

王元基　1286

王元啓　1714

王元鼎　1202

王元凱　833

王元禄　559

王元楨　1574

王元勳　1451

王元鍾　618，1445

王元鑑　1443

王元麟　1251

王太岳　1264，1685

王友亮　1273

王曰睿　1037

王仁俊　931，1038，1067，1356，1780

王仁裕　1560，1607，1662，1665

王仁鍾　866

王今遠　717

王公楷　717

王公墀　863

王丹林　1244

王丹桂　1119

王文林　1831

王文治　1267，1489

王文員　752

王文清　1695

王文禄　949，950，951，1552，1572，
　　1573，1577，1603，1618

王文誥　1178

王文韶　705

王文潔　990，991，1000

王文錦　1709

王文濡　1426

王文燾　769

王文驤　862

王心敬　1630

王引之　426，427，494，519，1671，
　　1797，1823

王以乾　655

王以梧　952

王以懋　1497

王允深　772

王玉峰　1503

王玉書　1423

王玉鉉　1199

王玉樹　509，964

王正茂　749

王正常　828

王正蒙　1210

王正德　1673

王正誼　1757

王世仕　888

王世臣　766

王世沿　842

王世貞　548，559，606，978，1013，
　　1016，1039，1070，1125，1163，
　　1209，1382，1413，1449，1461，
　　1503，1534，1544，1553，1554，
　　1566，1573，1574，1575，1577，
　　1578，1588，1604，1605，1611，
　　1614，1616，1669，1670，1722

王世琪　978

王世業　441

王世睿　1629，1686

王世勳　964

王世懋　1016，1210，1461，1462，
　　1534，1554，1572，1575，1576，
　　1578，1579，1588，1605，1612，
　　1618，1670

王本智　759

王丙　996

王平格　745

王申子　419，422

王仕雲　972，1625，1628

王代豐　471

王令　1037，1372

王用誥　477

王用賓　1211

王立勳　716

王必達　1330

王永年　1227

王永名　859

王永積　878

王弘晦　1195

王弘嘉　1688

王弘撰　1622，1722

王匡　1022

王邦采　1191

王邦柱　1614

王式丹　1240，1427

王式金　1436

王圭　1380

王芝　906

王芑孫　920，921，932，1280，1393，
　　1455，1456，1731

王朴　1672

王在晋　1670

王有宗　487

王有慶　735

王存　698，1642，1645

王存善　1093

王光承　1652

王光彥　1698

王光祖　960

王同　805

王同春　1016

王同祖　1370

王先恭　606

王先謙　428，445，530，538，552，553，
　　881，886，907，955，976，1346，
　　1391，1395，1404，1424，1425，

　　1459，1475，1765

王廷相　973

王廷宣　779

王廷掄　760

王廷偉　849

王廷章　1496

王廷紹　1457，1458，1459，1488

王廷鼎　1344

王廷瑚　1689，1695

王廷魁　1253

王廷燦　1843

王廷贊　746

王延年　1455

王延釗　1881

王延熙　688

王延德　1561

王仲文　1500

王仲牲　718

王仲暉　1558

王仲儒　1236

王行　920

王行沖　1007

王行儉　794

王全臣　888

王兆符　1022，1725

王兆琛　1763

王兆雲　1647，1648

王兆僖　844

王兆鰲　797

王冰　951，991，992，993，996，999

王充　950，1013，1597，1598，1600，
　　1602，1620

王充耘　420，423，1740

王汝惺　833

王汝槐　591

王汝漢　763

王汝礪　669

王宇　1009，1399

王守上　1120

王守仁　951，959，1198，1403，1574，
　1676，1830

王守恭　788

王守基　1730

王守謙　766

王安　966

王安石　499，1175，1363，1372，1373，
　1402，1404，1739

王安邦　983

王安定　607

王安恭　748

王安舜　491

王艮　952，1202，1380

王阮　1372

王如玖　799

王如珪　804

王如錫　1178

王好古　991，992，993，1743

王好問　1872

王巡泰　486

王圻　641，653，1016，1535

王孝通　1056，1648，1653，1675

王孝箴　477

王志沂　566，702

王志長　456

王志修　913

王志堅　1037，1394，1537，1719

王志湉　1282

王志遠　1575

王志謹　1120

王志瀜　755，1286

王芾　791

王克昌　757

王克明　1121

王步青　485，488，1248

王步墀　757

王呈祥　945

王我師　1686

王利亨　1284

王秀楚　558

王佐　847，1031，1382，1719，1875

王伯大　1167

王伯恭　609

王希巢　1115

王希廉　1035

王希濂　750

王孚　1221，1562

王奐曾　1242

王言　921，1624，1626，1627

王亨統　973

王冶堂　1419

王灼　1556，1581，1653，1690

王沛恂　1244

王沂孫　1653

王宏　1570

王良臣　1544

王良樞　1534，1578，1751

王初桐　1474，1636

王君玉　1551，1596，1608，1742

王君榮　1061

王君錫　1085

王劭　1795

王武沂　1036，1037

王玠　1113，1115，1117，1118

王表　763

王劼　447，452

王者輔　556，719

王其華　784

王其淦　729

王其龍　1062

王若虛　1652，1659，1798

王苹　1697

王枚　781

王來遴　849

王杰　923，1265

王述曾　1294

王叔和　991，992，996，1000，1672

王叔釗　1876

王叔齊　1568

王叔齋　1581

王肯堂　991，992，993，1005

王尚絅　1200

王昌年　849

王昌會　1462

王昌學　767

王明清　1555，1557，1559，1560，1581，
　　1586，1589，1590，1608，1610，
　　1660

王明夢　1331

王明嶅　1411

王明德　668

王易　1561

王咏霓　615，809，1343，1447，1706

王秉恩　490

王秉韜　757

王岱　1699

王岱興　1128

王侃　1692，1865

王所舉　821

王金英　711

王金綬　565

王命新　765

王采薇　1278，1421，1679，1747，1880

王念祖　1133

王念孫　426，429，504，531，1025，
　　1771，1797，1823

王周　1366，1368，1370

王周綺　1523

王育　1804

王育楳　720

王炎　1182，1372，1472

王炎午　1781

王泌　1552

王治模　884

王宗沐　548

王宗炎　884，1280

王宗涑　431

王宗傳　419，422

王宗誠　1633

王宗稷　1175，1176，1178

王宗顯　1004

王定安　565，599，605，614，658，954，
　　1389

王定柱　658

王定保　1609，1662，1665，1668，1733

王宜亨　1689

王建　1364，1367，1368

王建中　820

王建章　604

王居正　760

王承烈　619

王承禧　826

王孟英　1007

王契真　1124

王城　738，1716

王政　709，765

王政慈　1328

王拯　575，1325，1438

王柯　582

王柘　1330

王相　532，594，970，1246，1443，1446，
　1698

王相能　898

王柏　420，423，1651，1758，1818，

王柏心　823，826，829，831，1446，
　1699，1815

王枚　1550，1580，1608，1725

王勃　1160，1364，1365

王厚之　1568，1592

王厚階　770

王貞儀　1476

王省山　1302

王映斗　864

王星誠　1729

王星聚　1033

王昱　1077

王思任　899，989，1158，1159，1360，
　1382，1554，1578，1613，1835

王思訓　1700

王思義　1535

王修玉　1393，1622

王保訓　1772

王禹偁　1172，1371，1646，1659，1742

王禹聲　563，1196，1211

王侯聘　856

王俊臣　866

王衍梅　1294

王俞巽　717

王度　558，1571，1582，1660

王奕清　1481

王庭珪　1372

王庭楨　602，822，830

王庭鑑　814

王彥泓　1217

王炳爕　597

王炳耀　568

王炯　717

王洙　1556，1571，1581，1612，1664，
　1667

王恒　805

王恪　1688

王祖光　1358

王祖源　1757，1762

王昶　491，613，729，737，923，1220，
　1266，1383，1417，1474，1480，
　1632，1635，1684，1692，1693，
　1697，1698，1699，1700，1703，
　1772，1852

王飛藻　754

王耕心　955

王泰雲　839

王珪　1364，1643，1646

王素　1550，1608

王素雯　1422

王振綱　710，1471

王振錄　765

王振鍾　709

王都中　1380

王晋之　1020

王桂　1026

王軒　701

王逋　1637，1638

王原　1241

王原祁　650，1077，1634，1695，1804

王烈　1652

王致遠　1814

王時敏　1070，1210，1213，1804

王恩溥　815

王峻　735

王倩　1421，1475

王倪溙　1124

王隼　1436，1437

王梟　1080

王逢　1377，1656

王逢源　734

王訓　768

王效尊　745，746，747

王袞　1673

王益之　1818

王益鵬　1443

王浮　1773

王家文　1778

王家坊　745

王家佐　1535

王家相　683

王家楨　1360，1798

王家督　527

王朗　1790

王陶　1559，1586，1590，1608

王恕　966，1250，1719

王通　948，949，956，1597，1598，1600，
　1601，1602，1620

王逡之　1796

王純　968

王納諫　1177

王珣　1249

王琅然　851

王逵　1556，1609

王掄士　875

王培宗　718

王培荀　847

王堉德　713

王掞　414，607

王基　1787，1794

王棻　809，810，812

王乾章　1413

王彬　804，810

王梓材　961

王雪香　1523

王處一　1119

王常　1087

王常月　1121

王冕　1379，1747

王國安　702

王國均　1427

王國瑋　794

王國維　1771，1781

王國器　1655

王國憲　611

王崧　428，705，861，1192

王崇炳　585，1183，1246，1434，1691

王崇慶　949，1042，1572，1615，1719，
　1798

王崇簡　1636，1637，1693

王符　949，1597，1598，1600，1602，
　1620，1678

王偁　544

王得臣　1656

王象之　697，930，934，1676，1740，
　1758，1818

王象晋　989，1016，1844

王逸　1156，1361，1794，1815

王訢　1294

王康　762

王庸立　765

王翊運　786

王堃　530

王望如　1509

王焕如　1193

王焕奎　1864

王惟一　1119

王惟梅　878

王寅　1081

王寂　1643，1646，1768

王啓原　963，1461，1870

王啓堂　1126

王啓聰　745

王隆　1658，1678，1754

王貫三　784

王紱　1074

王紳　834，1574

王紹之　1062

王紹祖　974

王紹傳　899，1810

王紹雍　1210

王紹徽　1772

王紹蘭　494，984，1633，1730

王琦　996，1162，1170，1443

王琰　1572

王琮　1370，1374

王琛　856

王琚　1568

王堯臣　1657，1658，1679

王堯衢　1408，1409

王馭超　584

王越　1210

王博　779

王達　581，1552，1573，1576，1610，
　1801

王斯年　1292

王萬芳　827

王敬之　1767

王敬臣　1019

王敬勳　770

王萱齡　1777，1800

王朝宗　905

王朝俊　588

王朝梧　1659

王朝檠　884

王朝爵　800

王植　724，1035，1058

王植桂　1458

王森文　796，798，799

王棟　866

王晳　420，423

王硯堂　1769

王雲書　1747

王雲鳳　952

王雯　505，1566，1619，1715

王雅樹　1465

王棠　769

王覜　1673，1723

王鼎　1570，1610

王晫　1621，1624，1625，1626，1628，
　1629，1635，1696，1722，1738

王開沃　791

王開琤　874

王開運　834

王景美　722

王景符　752

王景陽　1112

王景賢　1866

王景羲　978

王貴學　1569

王凱沖　1786

王甥植　1305

王堡　588

王復　498，1642，1649，1650，1657，1667

王復禮　479，1807

王欽若　1542，1739

王詒壽　1749

王道　797，1113，1117

王道一　752

王道成　785

王道亨　764，777，1062

王道和　842

王道焜　985，1360，1585，1619，1812

王道顯　974

王曾　1550，1555，1608，1725

王曾翼　1635，1685

王湜　419，422

王渭　963

王淵仲　1451

王憚　574，1376，1571，1584，1586，1590，1595，1660，1664，1666，1672，1721

王榮　1365，1653，1762

王榮華　1858

王遐春　1365

王弼　414，415，416，417，418，490，951，974，1597，1599，1601，1620，1643，1645，1724，1791

王綖　1200

王統　1456

王頊齡　414

王瑞成　809

王瑞慶　843

王瑜　508，1668

王瑋慶　1301

王載　758

王聘珍　430

王蓍　1080

王蒔蘭　1423

王夢白　450

王夢庚　842，847

王夢弼　807

王夢簡　481

王蔭槐　1345

王楠　854

王械　1040

王楷　1349

王楷蘇　1467

王槙　961，1443

王楊安　522

王楫　1081

王槐齡　853

王棷　1610

王軾　1604，1621

王粲　580，1361，1561，1598，1600，1601

王業隆　793

王當　420，423

王煦　508，703，849，1746

王暐　1590

王照圓　1857，1858

王路　989

王嗣宗　1786

王嗣槐　1622，1688

王嵩高　1270

王筠　505，508，521，1362，1628，1658，1695，1762，1763，1767，1862

王與之　421，424

王與胤　1844

王鈵紳　866

王鉞　582

王會隆　756

王會鰲　875

王新命　700

王義山　1378

王煌　842

王煒　1629，1630，1690

王溥　643，751，1642，1644

王源　1022，1800

王滌心　715

王慎中　1205

王福賢　1062

王福徵　1315

王禛　985，1379，1642，1645

王禔　929，1087

王禕　1190

王蕭　434，949，954，1561，1783，1784，
　　1785，1786，1787，1788，1789，1790，
　　1792，1794

王槩　895，1080，1081，1623

王嘉　950，1042，1563，1582，1583，
　　1597，1599，1600，1602，1605，
　　1606，1607，1609

王嘉祿　899

王嘉會　760

王嘉謨　746

王壽松　853

王壽庭　1876

王壽康　1400

王壽頤　809

王熙昭　769

王蔚宗　1281

王榕吉　723

王爾植　769

王爾鑑　842

王增　787

王睿章　1087

王聞遠　941，965

王鳴盛　426，447，579，1012，1248，
　　1264，1383，1427，1715

王鳴鶴　980

王圖炳　1427

王圖寧　781

王毓芳　743

王毓賢　1077

王僧虔　1566

王僧孺　1362

王銓　1374，1551，1565，1586，1587，
　　1590，1591，1592，1595，1608，
　　1609，1653

王錚　1443

王鳳生　877，1860

王鳳池　823

王鳳喈　1540

王鳳翩　657

王誥　1456

王誦芬　771

王廣業　1263

王廙　434，1786

王韶　1562

王韶之　1562，1572，1681，1817

王端履　1813

王養濂　706

王榮陛　784

王榮澤　1431

王漸鴻　476

王賓　914

王實甫　1489，1490，1500，1503

王肇宗　435

王肇奎　1441

王肇晉　477

王肇棟　781

王肇渭　820

王肇賜　818

王禕　1359，1552，1572，1573，1588，
　　1677，1758，1818，1819

王絑　690

王維　1077，1161，1364，1464，1564，
　　1567，1585，1663，1665

王維戊　1716

王維珍　706

王維楨　1207

王維新　814

王維德　994，995，1062，1066

王維翰　896，899

王維舉　1423

王綬　752

王慧　1421

王璊　1422

王璋　1443

王鞏　1580，1652

王穀　793

王埠　759，1079

王樞　770

王樑　1634

王樛　1230

王頤中　1119

王賢輔　796

王賢儀　966

王箴聽　1246

王儉　1362，1788，1789

王質　498，1558，1641，1643，1644，
　　1646，1744

王德均　917，1048，1760，1894

王德浩　804

王德瑛　786

王德溥　1448，1808

王德福　1768

王德嘉　843

王德璘　1810

王徵　1095，1672

王磐　1378

王餘佑　1226，1800

王魷生　1316

王褒　1361，1363

王慶祥　518

王慶雲　673

王慶勳　1423

王慶麟　1690，1713

王潔　1443

王澍　445，485，932，1070，1073，
　　1658，1736，1742

王澐　1650，1651，1699，1701

王潤翰　1087

王泲　867，1763

王澄　1443

王慰　826

王履　991，992，993

王履中　440

王履泰　888，1645

王履階　1701

王履謙　825

王鞏　1778

王豫　1427，1430，1632，1674

王豫熙　738

王緯　1809

王緣督　1039

王畿　952，1198，1203，1204

王璞　518

王璣　1443

王褧之　1443，1446

王翰　820，1377

王頤正　1443

王樹枏　1351，1797，1798，1883，1884

王樹桐　840

王樹棻　738

王樹敏　688

王樹棠　793

王樹善　1893

王樹滋　827

王樹潘　1479

王融　1362

王叡　1556

王曇　1678，1728，1741

王積熙　769

王穆　794

王勳祥　746，747

王篤　1315

王學浩　726，1077

王學禮　798

王衡　472，1160，1213，1453，1502

王錡　1575，1588，1593，1605，1621

王錫　1840

王錫元　744

王錫光　1391

王錫侯　709

王錫榮　1764

王錫祺　1050，1153，1683，1686，1687，
　　1688，1692，1693，1694，1698，1707，
　　1709，1710，1711，1780

王錫璁　709

王錫璋　800

王錫爵　575，1210，1453

王錫闡　1672，1772

王錦　727，1443

王錦芳　819

王鋟　485，1632

王鍵　1555

王穎　821

王謀文　752

王凝命　739

王龍勳　848

王羲之　1158，1362，1564，1566，1568，
　　1583

王濙　849

王澤　1282

王澤沛　746

王澤洭　1098，1769

王憲成　1474

王壎　773

王轂　1628

王檢心　734

王懋竑　425，611，1246，1739

王懋德　1380

王嬰　1794

王穉登　1210，1445，1553，1554，1576，
　　1577，1578，1579，1611，1731，1807

王鍔　709

王鍾鈁　841

王鎡　1375

王歆福　743

王謨　935，1599，1601，1782

王謙吉　783

王謙益　772

王燮　847

王襄　1558

王應山　881

王應元　842

王應昌　959

王應奎　1428，1670

王應電　1566，1619

王應麟　434，503，512，520，973，1010，1533，1534，1616，1668，1675，1677，1715，1762，1829

王鴻鈞　1358

王鴻椿　740

王鴻漸　1569

王鴻緒　414，545，1388

王鴻儒　1552，1573

王潛　1256

王濟　1221，1604

王彌大　1675

王翼孫　1280

王翼鳳　1312

王績　1160

王瓊　1428，1575，1593，1605

王璸　1804

王鏊　700，952，1018，1196，1574，1575，1588，1593，1604，1605，1608，1612，1670

王矗　1119

王燾　1004，1251

王闓運　832，838，1331，1390，1425，1475，1702，1735，1763，1882

王曜南　461

王簡可　804

王鎬　730

王燿章　748

王彝　1193

王蘇　1456

王藻　581，1431

王璽　998

王翻　1418

王黼　923，925

王贈芳　761

王嚴恭　828

王鏞　843

王鏐　1188

王鵬九　663

王鵬運　1472，1480

王鵬翼　797

王鯤　884

王瀛　1810

王韜　471，568，878，910，1046，1318，1335，1701，1703，1704，1706，1725，1741，1890

王繩祖　1345，1423

王繩曾　1191

王蘭芳　1751

王齡　585

王獻之　1362

王曦　1474

王鶚　1798

王譽昌　1630

王寶仁　1805

王寶田　765

王繼香　1096，1733

王繼祖　738

王繼藻　1422

王瓛　1671

王權　790

王續藩　771

王霭　755

王闓之　1560，1585，1589，1610，1655

王懿榮　696，1762，1763

王鑒　1715

王巖叟　1173

王體升　726

王體國　879

王鑑　1381

王顯文　832

王顯曾　728

王顯緒　1763

王麟生　1273

王麟祥　853

王麟書　1801

王麟趾　1634

王麟徵　743

王纕堂　948，1007

王觀　1552，1569，1673，1824

王觀國　1642，1645，1678

王觀潮　779

王靈岳　1210

王靄　1443

王爨　1516

王灝　1797

王灝儒　747

王讜　1607，1643，1645，1673，1719

井上圓了　1898

天下第一傷心人　1153

天花才子　1517，1519

天花藏主人　1520

天花藏甹　1525

天和子　1558

天放道人　1523

天香居士　1526

天津水師學堂　983

天津南段巡警總局　680

天恨生　1044

天都山臣　1552，1614

天都逸史　1615

天然癡叟　1506

天漢浮槎散人　1043

天寶樓書局　1049

元成　656

元行沖　1789，1790

元好問　1187，1376，1403，1404，1411，
　1640，1714

元明善　1378，1768

元革　1585，1594

元帝蕭　503，950，1362，1556，1583，
　1653，1661，1675，1751，1793

元淮　782，1376

元陽子　1117

元結　1365，1775

元稹　1490，1571，1585，1660，1664，
　1666

元懷　1559，1586，1590，1595

木孔恭　883

木村杏卿　1696

木野村政德　983

五格　733

五畝園　1127

支大綸　552

支廷訓　1615

支恒椿　812

不夜山人　1411

太上隱者　1659，1663，1666，1727

太平老人　1618，1620

太田三郎　606

太史叔明　1791

太宗皇太極　686

太祖朱元璋　666，1193，1579，1589，
　1593，1603

太宰純　1725

太陽雜志社　1888

友琴堂　1164

尤大臣　982

尤玘　1653，1801

尤侗　575，603，904，1068，1477，
　1494，1502，1622，1623，1624，

1625，1626，1627，1629，1635，
　1650，1662，1688，1689，1712，
　1717，1722，1742，1839
尤怡　1007，1753
尤珍　520，1839
尤時熙　952
尤乘　1008，1670，1722
尤袤　1464，1555，1616，1736，1801，
　1802
尤淑孝　771
尤維熊　1284，1694
尤瑩　939
尤澹仙　1422，1428
巨國桂　800
屯廬主人　660
戈九疇　462
戈守智　1071
戈直　561
戈載　1733
戈履徵　1090
戈濤　599，712
戈鯤化　1340
少摩山人　1026
日新圖書局　455
中江講院　945
中根淑　1703
內府　685
內務府　645
內閣　687
水中龍　1060
水師書院　1761
水箬散人　1526
水燿　1263
午榮　673，1095
牛士瞻　774，775

牛天宿　884
牛弘　1363
牛兆捷　1225
牛鈕　442
牛道淳　1119
牛運震　923，1697，1850
牛僧孺　1571，1584，1660，1663，1666
牛嶠　1664，1667
牛樹梅　652
牛應之　1735
毛大倫　1074
毛元仁　1574，1588
毛永柏　767，1384
毛永椿　1384
毛邦翰　501
毛先舒　457，1474，1622，1624，1625，
　1626，1627，1629，1631，1713，1722
毛如詵　779
毛志道　1066
毛亨　414，415，416，417，418，448，
　490
毛直方　1380
毛奇齡　425，428，457，484，487，526，
　559，1453，1623，1625，1628，1629，
　1630，1650，1651，1658，1661，1695，
　1712，1713，1722，1724，1727，1809，
　1813，1840
毛昌善　863
毛昇　466
毛金蘭　1124
毛念恃　610
毛念詩　958
毛宗崗　1512，1513
毛居正　422，425
毛泰徵　779

毛玶　1375

毛振彘　1686

毛振翮　1249

毛晉　534，599，1219，1364，1463，
　　1464，1472，1473，1503，1616，
　　1617，1670，1714，1715

毛晃　445，1641，1644，1724

毛扆　941

毛祥翥　1255

毛祥麟　1043

毛翊　1370

毛煥文　1542

毛淦　645

毛貴銘　1316

毛勝　1565，1587，1591

毛際可　1235，1623，1691

毛際盛　1777

毛鳳枝　1683，1756

毛輝鳳　813

毛德琦　875，894

毛調元　581

毛憲　691，1800

毛聲山　1491

毛謨　528，1765

毛應翔　1394

毛鴻賓　694，915

毛贄　769

升允　702

升泰　673，689，985

仁廷旭　567

仁孝皇后徐氏　970，1018，1673

仁宗顒琰　967，1282

仇兆鰲　1126，1165

仇池石　1437

仇汝瑚　784

仇英　603

仇俊卿　889，1572

仇遠　1378，1557，1643，1647，1811

仇養正　1276

公孫弘　949，1569，1581，1583，1594，
　　1600，1602，1616，1651，1794

公孫軒轅　978

公孫龍　949，950

月魯不花　1380

丹玄子　1048

丹波元堅　1770

殳洪　1092

殳國楷　1092

卞乃讙　1804

卞長勝　1780

卞思義　1380

卞彬　1569

六十七　1632，1649，1702，1761

六承如　912

六嚴　912，913

文天祥　1186，1187，1359，1363，1373，
　　1638，1640，1728

文元音　823

文正書院　1460

文有試　715

文同　1372，1771

文廷式　823，1745，1775

文秀　761

文谷　1558

文良　946

文林　559，1575，1588，1605，1608

文秉　557，563，1669

文昭　1408，1846

文矩　1378

文彥博　1373

文帝曹丕　1157，1361，1668

文海書局　1082

文康　842，1524

文惟簡　1560

文筆超　849

文翔鳳　1383，1574，1578，1589，1834

文榮　851

文廉　797

文源　868

文嘉　559，1654

文碩　1761

文爾炘　845

文震亨　1577，1619，1647，1648，1740

文震孟　558，975，1743

文質　1381

文德馨　867

文徵明　1198

文應熊　1716

文齡　826

亢思謙　1208

方于魯　1096

方干　1367，1369

方士淦　1686

方士琯　1255

方大湜　684，988

方大鎮　1574，1588，1613，1824，

方勺　1557，1560，1587，1591，1592，
　　1596，1609，1674，1733，1758，
　　1818

方元鵾　1467

方日升　523

方中通　1057，1235

方中德　1539

方中履　1011，1629，1824

方升　1553，1563

方仁榮　1751

方孔炤　1824

方以智　895，1012，1037，1086，1630，
　　1824

方正瑗　1824

方功惠　1375

方世舉　1168

方戊昌　756

方申　1766

方立經　721

方弘静　1017，1615

方式濟　1441，1631，1670，1685

方成珪　1814

方成培　1481，1495，1674，1733

方回　1010，1376，1386，1390，1559，
　　1586，1590，1596

方行　1381

方舟　493

方旭　990，1011，1550

方汝浩　1516

方如騏　1405

方孝孺　951，953，1194，1359，1572，
　　1638

方芳佩　1421

方亨咸　1623，1700

方沆　1178

方坰　1864

方若　932

方若珽　641

方苞　457，1691，1725，1847

方東樹　1022，1027，1753，1860

方尚贇　1209

方昌翰　1824

方岳　1373，1473，1587，1590

方金彪　1864，1865

方宗誠　614，722，894，1689，1690，1698，1872

方定之　1615

方承之　1697

方拱乾　1628，1637，1684

方思玄　1450

方信孺　1185，1723

方彦珍　1476

方起謙　531

方桂　868

方夏　1547

方逢辰　953，1592

方朔　1313，1867

方培濬　1873

方乾武　1344

方虛名　975

方崧卿　1183

方崇鼎　740

方象瑛　1622，1623，1625，1627，1630，1636，1637，1661，1689，1697，1699，1745

方埜　835，887

方張登　1824

方景濂　809

方道興　457

方淵如　753，756

方登嶧　1441

方瑞蘭　744

方新　913

方溶　445

方殿元　1437，1629

方楘如　482，1184，1265，1631

方鳳　772，1042，1553，1560，1563，1572，1614

方廣　1004

方熊　1747

方潛　1869

方履籛　784，1303，1425，1767，1800

方學成　778

方學漸　1824

方澤　1861

方駿謨　736，1699

方薰　1077，1655

方嶽　1556

方應時　970

方應祥　976

方應龍　480

方濬師　657，1028，1285，1325

方濬頤　525，1034，1070，1325，1422，1447，1745

方績　1157，1861

方鵬　726，1653

方瀾　1377，1771

方夔　1376

方顯　556

方觀旭　428

方觀承　493，651，659，889，987，1441，1685

户部　646，659，660，1894

心鐵道人　1484

尹□　1795

尹文　949，950

尹有本　1063，1064

尹廷高　1376

尹任　774

尹守衡　552

尹志平　1119

尹更始　1789

尹足法　774

尹直　1573，1603，1608，1621

尹侃　712，723

尹所遴　768

尹畊　1604

尹洙　1173，1375，1659，1674，1742

尹耕　1798

尹耕雲　565，1349，1709

尹泰　644

尹起莘　547

尹喜　951，1673

尹彭壽　931，1763

尹焞　1179，1638

尹愔　1113，1116

尹會一　599，733，1799

尹源進　581

尹臺　1204

尹壽衡　830

尹壇　880，1719

尹鴻　839

尹繼美　769

尹繼善　700，703，704，1255，1400

孔元措　1723

孔元舒　1562

孔文仲　1178，1371

孔平仲　1371，1555，1580，1595，1611，
　1612，1649，1672，1673，1740

孔令貽　652

孔安國　414，415，416，417，418，443，
　490，1652，1725，1773，1790

孔武仲　1178，1371

孔尚任　747，1241，1494，1625，1627

孔貞運　685，1399

孔貞瑄　1637，1638，1661，1687，1727

孔昭美　1412

孔昭焜　1446

孔昭薰　930

孔衍　1784，1788

孔衍佩　647

孔衍栻　1626，1627

孔胤植　870

孔晁　560，1597，1598，1599，1601，
　1603，1606，1607，1754，1792，1796

孔倫　1788

孔祥淑　1348

孔敏圻　1645

孔稚珪　1159，1362

孔傳　1532，1723

孔傳金　785

孔傳性　457

孔曄　1562，1582

孔毓圻　650，1244

孔廣文　766

孔廣林　500，1782

孔廣牧　432，610，1728，1765

孔廣居　504

孔廣海　766

孔廣陶　615，1082，1532

孔廣森　426，429，1718，1797，1856

孔廣棣　717

孔廣熙　752

孔齊　1740

孔慶衢　1311

孔融　1359，1361

孔鮒　530，949，955，1593，1597，
　1598，1599，1600，1601，1605，
　1607，1619，1659，1727

孔穎達　414，415，416，417，418，
　443，448

孔憲庚　930

孔憲彝　1318，1432，1442

孔憲蘭　605

孔璐華　1421

孔邇　1575

孔繁樸　801

孔贊廷　515

孔繼汾　600，1244

孔繼良　1898

孔繼涑　1244

孔繼涵　886，1272，1648，1649，1668，
　　1715，1774

孔繼堯　584

孔繼善　647

孔繼榟　829

巴那比　1760

巴魯　1527

允祥　1680

允裪　644

允禄　414，463，528，650，686，688，
　　1049，1641

允禧　1260

允禮　705，1399

幻真先生　951，1113，1117，1594，1616

五畫

玉山　835

玉明　674

玉保　1259

玉魷生　1316

玉簡　1611

邘上蒙人　1525

正一子　1526

正誼齋　576

甘公　1058，1570，1582，1597，1599，
　　1601，1602

甘立　1379

甘立媖　1274

甘受和　1072

甘京　1624，1626，1635

甘泳　1380

甘孟賢　868

甘厚慈　675

甘啓華　1422

甘紱　482

甘揚聲　515，785

甘復　1379

甘暘　1085

甘溪生　1344

甘慶增　836

甘霖　1062

甘韓　1424

甘懷和　592

世宗朱厚熜　1603，1621

世宗胤禛　686，688，1104，1110，1388，
　　1643，1647

世界繁華報館　1485

世祖福臨敕　970

世綱　937

艾南英　1216

艾衲居士　1516

艾約瑟　1129，1706，1709，1755，1761，
　　1780，1896

艾浚美　828

艾紹濂　749

艾儒略　1129，1671，1683

古城貞吉　1710

古崗嘯天氏　1041

左仁　1221

左丘明　463，464，560

左圭　1550

左臣　1508

左光斗　1360

左光先　691，1181

左克明　1389

左宗植　1316

左宗棠　1192，1323，1868，1870

左宜似　775

左承業　719

左思　1158

左眉　1273

左紹佐　1460

左喬林　477

左煇春　734

左輔　742，1277，1775，1805

左潢　1495

左潛　1053，1054

左學呂　915

左錫嘉　1338，1384，1476

左錫璇　1476

左懋第　1218，1360

左鎰　1805

左寶森　494

丕思業　1148

石小川　877

石子章　1501

石井忠利　1780

石天基　1769

石中玉　803

石介　1173，1371，1639，1741

石申　1058，1570，1582，1597，1599，
　1601，1602

石成金　963，968，1094

石光璽　714

石君寶　1499

石茂良　1559，1608

石杰　735，1648

石和陽　1123

石香村居士　556

石泰　1113，1119，1123

石崇階　1623

石渠　1730

石景芬　814，822

石鈞　1279

石嘉吉　1730

石維崑　1220

石豁　474

石衡　708

石禮嘉　915

石璿　968

石韞玉　726，1263，1280

石廬　1089

石龐　1628，1635

布來德　1776

平田久　569，1888

平恕　807

平陽主人　642

平鄁鼎　786

平翰　870

平顯　1812

北京大清銀行學堂　681

北京巡警總廳　1891

北洋水師魚雷局　1893

北洋官報局　625

北洋官報總局　1895

北洋洋務局　663

北洋機器總局圖算學堂　916

申江逸史　1484

申甫　1258

申伯　751

申奇彩　779

申佳允　1360

申佳胤　1798

申居郎　1798

申時行　446，491，492，643，1612

申培　1580，1597，1599，1601，1607，
　1616，1783，1787

申涵光　1228，1628，1670，1732，1798

申涵盼　716，1798

申涵煜　1798

申報館　661，905，1900

申雲根　869

申頲　1798

申贊皇　1455，1548

田士麟　768

田大里　1759，1896

田中貞一子　1121

田文静　702

田文鏡　684，693

田同之　1012，1473，1820

田仲　949

田汝成　1204，1553，1563，1575，1577，
　1579，1580，1589，1604，1609，
　1669，1809，1810，1812

田吳炤　508

田秀栗　850，852

田況　1586，1590，1610

田長盛　836

田明曜　859

田宗漢　823，917

田春杭　1026

田晋元　1007

田從典　1242

田朝恒　512

田雯　1629，1683，1687，1692，1695，
　1696，1698，1699，1700，1741，1820

田普光　1775

田渭　1682

田嵩岳　1702

田福謙　745

田嘉穀　753

田需　1820

田實發　736

田肇麗　1820

田錫　1567

田懋　753

田霖　1820

田藝蘅　559，1553，1554，1577，1578，
　1604，1613，1615

田蘭芳　1843

史□　1725

史一經　1872

史大成　1229

史元善　709

史文炳　747

史正志　1552，1569

史本　860

史本守　1776，1779

史可法　675，1218，1360，1363，1798

史申義　1245

史册　1633

史仲彬　1360，1552，1573，1722

史典原　962

史季温　1178，1643，1646

史念祖　1346

史承豫　1689，1693，1694

史炳　732

史炤　1743

史珥　578，821

史晋　590

史桂芳　952

史致康　1339

史致準　500

史致蕃　618

史致謨　825

史恩緒　812

史恩緯　812

史浩　1182，1556

史容　1178，1643

史得威　1669

史惇　1656

史堪　1743

史蕚　798

史策先　826，828

史欽義　849

史善長　1267，1827

史游　503，520，1730，1762，1763，
　1829

史晝教　1472

史夢蘭　711，1427，1871

史傳遠　790

史鳴皋　807，866

史榮　1799

史震林　1021，1253

史徵　435，498，1641，1644

史澄　858，1827

史履升　1871

史樸　721

史𩲸廷　763

史繩祖　1550，1555，1609

史鑄　1678

史鑑　1808

史觀　843

冉覲祖　473，1630

四庫全書館　937

四橋居士　1517

丘子　1114

丘光庭　1613

丘兆麟　1413

丘陵　1162

丘處機　1112，1119，1122，1123，1379，
　1770

丘崇　1472

丘象升　1178

丘葵　455

丘遲　1362

丘濬　462，548，559，953，956，972，
　1195，1382，1574，1589，1604，
　1621，1639，1661，1669，1816

丘濬恪　769

丘璿　1552，1569

代耶　1759

白力蓋　1758

白山　1499

白天章　758

白玉蟾　1112，1113，1116，1119，1613

白永貞　724

白永修　1352

白行簡　1571，1584，1660，1663，1666，
　1727，1772

白明義　789

白岳山人　1526

白建鋆　869

白居易　1169，1532，1554，1563，1565，
　1584，1662，1665，1771

白胤昌　1016

白珽　1378，1653，1655，1811

白起德　1893

白萊喜　987

白雲山人　565，1523

白雲道人　1519，1523

白爲璣　713

白愚　558

白爾捺　1760

白潢　702

白輝　696

白履忠　1116，1123

白翰章　793

白樸　1499

白龍躍　783

仝軌　789

令狐楚　1365

令狐德棻　534，535，536，540

印光任　1634

句延慶　1674

外方山人　1030

外務部　664，913

包大燦　599

包世臣　1071，1751，1765，1780

包世榮　451，1771

包汝楫　1647

包宇　844

包何　1366，1368

包佶　1366，1368

包拯　691，1740

包咸　1790

包桂　770

包桂生　1089

包家吉　1700

包瑜　1543

包慎言　430，1310

包爾廣　728

包爾騰　1136

主父偃　1795

主善道人　1528

市村水香　1704

立温斯敦　1706

玄元真人　1117

玄虛子　1119

氾勝之　654，986，1775，1795

永亨　1609

永泰　769

永恩　1400，1505

永瑆　1277，1732，1762

永瑢　943

永銘　780

永寧　1762

永璜　1273

司廷棟　1048

司空圖　1359，1367，1369，1461，1462，
　　1463，1565，1585，1659，1662，
　　1665，1717，1727，1757

司空曙　1365，1366，1368

司馬扎　1367，1369

司馬光　421，424，462，472，473，
　　498，511，529，546，948，950，
　　953，956，966，1058，1174，1373，
　　1402，1551，1555，1558，1564，
　　1566，1568，1569，1580，1616，
　　1618，1619，1638，1640，1641，
　　1643，1644，1646，1654，1724，
　　1744，1772，1816

司馬承禎　949，951，1118，1119，
　　1564，1618

司馬相如　503，1361，1793

司馬貞　534，535，536，537

司馬彪　534，535，536，539，544，
　　1561，1582，1668，1680，1785

司馬遷　534，535，536，537，604，
　　1157，1640，1796

司馬穰苴　950，979，980，1678

司徒修　546，1457

司農司　988，1642，1645，1752

司膳内人　1567
民政部　680
弘旿　1762
弘晈　1762
弘晝　416，686，1261
弘瞻　1263
出洋肄業局　1776
皮日休　949，1554，1557
皮樹棠　812
皮錫瑞　490，499，1880

六畫

匡文昱　438
匡汝諧　819
匡喆頌　930
刑部　648，668
刑部律例館　668
邢邵　1363
邢昉　1221
邢秉誠　752
邢侗　772，1212
邢昺　415，416，417，418，419，472，
　　475，529
邢雲路　1552，1612，1798
邢凱　1557，1587，1591，1592，1672
邢澍　921，1679，1776
邢澍田　756
邢錫晉　848
邢璹　414，416，1597，1599，1601，
　　1724
戎昱　1365，1366，1368
吉田良太郎　567
吉鍾穎　830
托克托歡　760
托明　761

托津　556，644，649
托馬斯米爾納　1889
朴齊家　1651
吏部　646
吏隱主人　884
西田直養　1730
西池金母少女太真王夫人　1121
西吳懶道人　1517
西周生　1523
西郊野叟　1566
西泠氏　601
西泠印社　1088，1090
西泠野樵　1525
西師意　1023
西清　1682，1685，1708，1751
西湖散人　1537
西湖漁隱主人　1507
西溪山人　1040，1772
西韓生　1615
有虞氏之遺民　568
百保　1312
百懶道人　1516
百齡　1274
存華　1290
存祿　717
列禦寇　948，951，1400，1602
成公綏　1362
成文信書坊　1390
成本璞　1885
成玄英　1118
成廷珪　1378
成兆豫　743
成伯璵　420，423，1788
成其範　708
成性　1624

成城　774

成祖朱棣　1106

成晋徵　762

成書　1282

成琦　1762

成無己　991，992

成瑞　1307

成蓉鏡　432，445，1766

成毅　1319

成瓘　761，762

光昭　866

光聰諧　1030

同文書局　495

同文館　662

呂緝雲　826

呂一經　1177

呂士清　1058

呂才　1796

呂大圭　421，424

呂大忠　953，1564，1618，1715

呂大臨　922，923

呂上珍　844

呂子珤　741

呂天成　1489

呂元善　580，598，605

呂不韋　950，951，1009，1400

呂仁杰　458

呂文光　783

呂正音　832

呂世宜　516，1730

呂本中　953，1374，1551，1564，1566，
　　1586，1590，1616，1715，1726，1744

呂芝田　669

呂兆祥　605，879

呂志伊　883

呂希哲　1554，1556

呂忱　1566，1715

呂坤　682，952，953，959，960，1018，
　　1640，1651，1670，1712，1715，1718，
　　1721，1748，1756，1833，1869

呂若翰　1129

呂林鍾　742

呂岳孫　1434

呂佺孫　1730

呂采芝　1476

呂祉　1650

呂居仁　1559

呂相變　1043

呂柟　605，790，791，952，960，1719

呂毖　563

呂星垣　1278，1691，1692，1697

呂思誠　1380

呂洞賓　1124

呂宣曾　461

呂祖謙　419，420，422，423，433，
　　465，500，547，957，1183，1556，
　　1563，1564，1612，1639，1671，
　　1726，1729，1753，1754，1758，
　　1817，1818，1819

呂飛鵬　1777

呂珮芬　1024

呂夏卿　1642，1644，1764

呂原明　1564

呂逢時　605

呂留良　480，483，969，1371，1402，
　　1778，1780

呂海寰　661

呂陶　1643，1646

呂培　502

呂得勝　953，954，1651，1833

呂彩　734

呂逸　1353

呂望　950，979，1611

呂淙　747

呂紹衣　842

呂紹華　593

呂葆中　1402

呂敬直　781

呂景端　1325

呂喦　974，1099，1107，1112，1114，
　1117，1118，1121，1122，1613

呂曾柟　808

呂溫　1364，1365，1367，1369，1740

呂誠　1381

呂蕭高　832

呂静　1793

呂種玉　1637

呂熊　1518

呂維垣　1511

呂維祜　499

呂維祺　473，499，952

呂璜　1438，1742

呂撫　1511

呂震　925，1673

呂調陽　579，841，1705，1876，1877

呂履恒　1242

呂燕昭　725

呂頤浩　1651，1676

呂錫麟　826

呂錦文　1386

呂熾　1799

呂聲之　1374

呂懋先　813

呂懋勳　791

呂鴻燾　813

呂耀斗　731

呂耀曾　700

呂瀠　758

回春子　1121

年希堯　525

年羹堯　983，1762，1875

朱一是　1225

朱一飛　1417

朱一新　862，1708，1880

朱一鳳　657

朱一薪　1028

朱乃恭　719

朱三錫　1404

朱士雲　1804

朱士端　1765，1863

朱士黻　808

朱大韶　430，495

朱之京　1414

朱之馮　952

朱之榛　597，926，1431

朱之蕃　1803

朱之璣　1863

朱之藩　914，1413

朱子春　795

朱子素　557，558，564，1749

朱元　469

朱元英　1439，1764，1847

朱元昇　419，422

朱元育　1118，1119

朱元律　1439

朱元象　1439

朱元會　1439

朱元權　1439

朱元璧　1439

朱曰藩　1206，1207

朱中楣　1420，1476

朱升　1592

朱公遷　422，425

朱月新　1892

朱文治　1283，1398

朱文翰　807

朱文懋　1810

朱文藻　1774，1807，1808，1810

朱文瀚　849

朱方增　597

朱方藹　1474，1656

朱孔彰　583，597

朱允栘　1382

朱玉芝　1439

朱玉岑　1726

朱玉振　1097

朱正元　915

朱正暉　1225

朱甘霖　827

朱世重　1757

朱世傑　1054，1056

朱本中　1008

朱右曾　431，1815

朱申　421，424，454，464

朱仕玠　528

朱仕琇　1262，1691，1694

朱用純　610，953，966，1721，1748

朱弁　1559，1586，1590，1612，1656，
　1677

朱有燉　1194

朱有爌　989

朱存理　1069

朱廷立　462

朱廷佐　1439

朱廷琦　811

朱廷璋　1489

朱廷燮　1825

朱廷鏐　1489

朱廷獻　780

朱延年　1439

朱延射　738

朱延熙　1341

朱仲　1568，1581，1583

朱仰之　1786

朱兆熊　434

朱兆麟　915

朱亦棟　487，488，502，1028

朱次琦　819，1317，1445，1817

朱丞曾　1439

朱圻　1439

朱芾　1082

朱克己　455

朱克柔　1357

朱克敬　666，1705，1735，1741，1759

朱克閎　708

朱吾弼　688

朱里　577

朱秀　866

朱佐　1574，1589

朱希白　824

朱希晦　1379

朱希濟　1664，1667

朱言詩　853

朱忻　735

朱長文　932，1068，1178，1714，1723，
　1725

朱長春　948，984

朱其詔　897

朱苞　1805

朱松　1181，1372

朱松年　1439

朱東光　948

朱昆田　1233，1242

朱昌泰　811

朱昌頤　1300

朱昇　1181

朱昂　1474，1558

朱和羲　1775

朱和羹　1732

朱采　1339

朱肱　991，992，1000，1567，1654

朱育　1787，1793

朱法滿　1121

朱河　1772

朱宗元　1129

朱宗文　1072

朱宗淑　1421，1428

朱宗琦　593

朱建　1794

朱承煦　819

朱承爵　1578，1802

朱孟震　1833

朱春生　1282

朱南傑　1370，1375

朱厚熿　523

朱奎章　818

朱奎揚　713

朱思本　911

朱思　1178

朱奕梁　1670

朱庭珍　1345

朱美㷿　823，826

朱美鏐　1306

朱炳如　1436

朱洪章　608

朱洸　1416

朱恬焌　1382

朱祐檳　522

朱祖文　1655

朱祖義　420，423

朱祖謀　617，1480，1775

朱飛　1549

朱紈　1593

朱珪　683，1268，1800

朱琰　586，1289，1387，1419，1441

朱桂森　1439

朱桂楨　1439

朱桓　450，595，1033

朱彧　1551，1559，1611，1673

朱恩錫　1761

朱倬　420，423

朱倫瀚　1762

朱健　643

朱逢甲　1686，1701，1702

朱逢年　1439

朱逢泰　1271

朱記榮　500，920，921，929，941，
　　1225，1750，1752，1753，1837

朱袞　1572

朱浩文　954

朱家標　1073

朱書　1683，1697

朱孫詒　818

朱孫懷　1479

朱純嘏　994

朱理堯　1382

朱培行　1830

朱培源　1358

朱基　709

朱彬　428，460，494，1279，1430

朱梓　1392

朱堂　1439

朱國祚　1453

朱國楨　1019

朱國源　811

朱國禎　552，597，685

朱崇正　1004

朱得之　976，1572

朱得章　691

朱舲　1303

朱象先　1121

朱象賢　1068，1089，1632

朱翊鈏　1412

朱堃　572

朱淑真　1364，1811

朱淥　808

朱啓連　1352

朱翌　1557，1643，1646，1652，1654

朱紱　1463

朱紹曾　1439

朱紹頤　1428

朱琦　776，1315，1438

朱琰　1271，1415，1461，1462，1661，
　1809

朱彭　1807，1810

朱揆　1565，1662，1665

朱斯行　482

朱葵之　1298

朱檣　1730

朱棣頵　685

朱惠明　994

朱雲從　1490

朱雲錦　701，879，1687，1694，1695，
　1699

朱棠　1746

朱鼎　1503

朱鼎臣　840，1512

朱景英　881

朱景星　853

朱景素　1422

朱景藩　926

朱畯　732

朱集璜　1361

朱爲弼　926，1291

朱勝非　1015

朱敦儒　1472

朱善　420，423

朱善旂　926

朱焯　488

朱曾武　1470

朱遐年　1439

朱瑋　1689

朱載堉　462，1084

朱載震　825

朱載颺　1022

朱椿　915

朱椿年　863

朱楓　927，933，1629，1658，1719

朱軾　483，595，667，1246，1640

朱當㴐　559，1596，1604，1609，1621

朱睦㰡　941，1199，1572，1719，1773

朱暉　1556

朱路　902

朱筠　1690，1733，1800

朱會龍　1060

朱詮銇　1382

朱雍　1472

朱煌　812

朱煒　780

朱漣　1439

朱福清　1355

朱殿芬　1709

朱際虞　1628，1695

朱墉　979，983，1439

朱壽朋　553

朱壽保　803

朱壽鏞　604

朱輔　1563，1594

朱蔚然　977

朱橰　1181，1372

朱毓楷　1863

朱毓賢　1863

朱銓　1036，1037

朱銘　1387

朱鳳毛　1336

朱説霖　1067

朱端章　1744

朱榮實　825，826

朱榮璪　1849

朱漱芳　1302

朱實發　1268

朱熊　659

朱緒曾　431，943，1439

朱綿生　1549

朱綬　1478，1688，1693

朱增　591

朱樟　753，1808

朱震　419，422

朱震亨　991，992，993，996，997

朱德華　867

朱德潤　923，1377，1568，1592，1714

朱頴　1439

朱慶餘　1365，1367，1369，1571，1664，
　1667

朱瑩　1860

朱潤芳　859

朱澂　1757

朱潼　814

朱寯瀛　1479

朱履中　529

朱履升　1223

朱履貞　1655

朱璘　552，956，958

朱熹　417，432，433，442，448，449，
　456，473，475，477，478，479，
　490，492，499，523，546，547，
　595，596，953，957，958，971，
　1120，1156，1167，1183，1372，
　1373，1564，1611，1616，1618，
　1638，1639，1640，1673，1713，
　1715，1725，1726，1750，1814，
　1815，1819，1870

朱霖　731

朱曉　1622

朱學海　769

朱學勤　557，938，941，1771

朱翔　505

朱衡　1639

朱錕　1089

朱錫綬　1329，1730，1733

朱錫穀　843，898

朱錦　1412

朱錦琮　1298

朱鑰　1003

朱謀㙔　885，1573，1669

朱謀㙒　1068，1074

朱諫　1197

朱澤生　1474

朱澤澐　1250，1692

朱濂　452

朱憲章　1826

朱瑛　1476

朱駿聲　511，530，1742，1743，1746，
　1776，1777，1863

朱霞　1176

朱點　1808

朱徽　643

朱鍾　778，1692

朱鍾萱　1337

朱燮　528，1471

朱襄　1494

朱應　1682

朱應昌　1439

朱應登　1200

朱應轂　1210

朱鴻瞻　1229

朱濤　1439

朱潛　1439

朱禮　1543，1740

朱燾　1750

朱簡　1086

朱鎮　1421

朱謹　893

朱彝　586

朱彝尊　942，944，1233，1234，1414，
　1415，1477，1480，1631，1670，
　1692，1698，1722，1741，1771，
　1813

朱黼　870

朱懷新　1880

朱蘭　592

朱蘭皋　1439

朱瀾　1439

朱寶慈　810

朱繼芳　1370，1374

朱權　571，1057，1186，1503，1566，
　1578

朱鶴年　1439

朱鶴齡　464，1164，1170，1222，1634

朱續孜　775

朱續曾　1439

朱鑑　419，420，422，423，691

朱鑑成　1329

朱顯祖　1629

朱麟應　1813

朱鷺　563，1573，1589

朱鷺鷟　714

先福　688

竹勿山石道人　1043

竹屏居士　1549

竹癡居士　1502

伍兆鰲　1351

伍守虛　1120

伍守陽　1120

伍安貧　1681

伍承吉　812

伍袁萃　513

伍梅氏　1899

伍崇曜　1436，1737，1816

伍涵芬　1462

伍紹詩　1126

伍喬　1368，1370，1806

伍瑞隆　1635

伍嘉猷　865

伍肇齡　851

伍餘福　1574，1588，1593，1670

伍繼勛　830

伏琛　1562，1583

伏無忌　1785，1795

伏勝　443，498，1724，1782，1820

延一　1023

延君壽　1286

延茂　940

延清　579，1030，1347，1388，1460

延煦　683

仲弘道　764

仲亨　969

仲宏道　805

仲長統　1620，1794

仲恒　1474

仲振宜　1430

仲振宜　1430

仲貽熙　589

仲貽鑾　1430

仲統嵐　589

仲蓮慶　1430

仲學輅　1002，1810

任士林　1189，1378

任士謙　867

任大椿　426，429，457，503，517，1855

任之鼎　804

任不齊　954

任孔昭　954

任以治　526，1288

任玉　735

任世熙　1464

任光奇　1232

任兆麟　500，503，1021，1288，1428，
　　1607，1753，1856

任昌詩　1296

任昉　951，1361，1362，1462，1563，
　　1582，1597，1598，1600，1602，
　　1609，1620，1659，1747，1775，
　　1856

任周鼎　768

任宗英　763

任承恩　1258

任相　773

任重光　1334

任時懋　484

任啓運　429，439，448，462，484，572，
　　1247，1777

任棟　1709

任雲倬　1774

任道源　1229

任道鎔　1355

任淵　1178，1643，1646

任瑗　1696

任源祥　1227

任預　1789

任壽世　742

任壽華　907

任嘏　1795

任銜蕙　722

任廣　1673，1719

任端書　1064

任養心　1544

任熊　585，602

任蕃　1571，1584，1594，1660，1663，
　　1666

任豫　1562

任舉　1257

任錫純　1354

任濬祥　842

任藩　1368，1369

任鎮及　788

任瓣蕓　589

任繩隗　1229

仰蘅　1808

自修居士　1341

伊世珍　1617，1558

伊把漢　700

伊長　761

伊秉綬　1279

伊桑阿　644

伊精額　648

伊齡阿　656

向秀　434，975，1786

向孟　1570，1587，1591

向淮　798，799

向植　766

后蒼　1787，1790

全士潮　670

全文炳　865，866

全祖望　425，581，885，961，1258，
　1655，1689，1695，1697，1739，
　1838

全循義　1001

全禄　724

全寧軒　965

合信氏　1131，1737，1897

兆慶　645

危元福　836

危深齋主人　1471

危積　1370，1374

名教中人　1523，1527

多馬坎貝斯　1136

多時珍　712

多祺　824

多壽　830

多羅定郡王　665

羊士諤　1365，1366，1368

羊復禮　704，866，988

米友仁　1655

米芾　1083，1372，1551，1552，1566，

　1567，1568，1581，1617

米毓璋　792

米憐　1142，1143

米繪裳　840

江人鏡　1333

江大鍵　782

江之春　1749

江之紀　1293

江之淮　1387

江之棟　1062

江之蘭　1623，1627

江天一　1360

江元祚　1834

江少虞　1031，1559

江日昇　881

江立　1474

江永　425，428，476，489，494，497，
　653，957，1049，1067，1658，1669，
　1671，1672，1728，1732，1736，1737

江式　1793

江西布政司　649

江西布政司衙門　669

江西按察司　649，680

江光裕　586

江休復　1558，1610，1613，1713

江旭奇　551

江亦顯　845

江伯容　1220

江沅　430，504

江承之　1712，1766

江南製造總局　1004

江南機器製造局　679

江柟　436

江映鯤　745

江昱　525，1474

江洪　1517

江洵　1559

江盈科　582，1575，1578，1580，1589

江珠　1421，1428，1475

江貢琛　713

江峰青　804

江浩然　1233

江乾達　774，775

江淹　1159，1362，1620

江啓澄　723

江瑛　1475

江萬里　1595，1608

江普光　832

江湜　1327

江湄　1091

江登雲　1702

江瑞采　769

江暉　1812

江微　1563

江漣　1275

江殿颺　744

江熙　1713，1790，1791

江爾維　743

江毓秀　714

江標　613，941，946，1365，1763，1764

江遹　973，1118

江練　781

江衡　1057，1758，1766

江錫麒　846

江錫齡　1692

江環　451

江聲　426，504，1634，1723，1735，
　　1768

江鴻緒　494

江濬源　868，1870

江邃　1796

江總　1363

江贄　546

江藩　427，429，494，704，861，1730，
　　1731，1734，1739，1768，1774，
　　1775

江璧　813

江蘇學務處　527

江瀚　477，1352，1771

池紀　1057

宇文士及　1565

宇文公諒　1380

宇文材　1648

宇文懋昭　562，1560，1594，1608

守忠　835

宅揆　986

安吉　524

安守和　790

安岐　1071

安希范　1214

安念祖　528

安泰　1496

安起東　730

安致遠　1692，1843

安清翹　1054

安經傳　1214

安熙　1376，1798

安維峻　702

安積信　1704

安簠　1843

安篤　520

祁志誠　1119

祁承爜　1653，1767，1814

祁班孫　1220

祁彪佳　1219，1360

祁寯藻　503，505，517，1308
祁德昌　718
祁韻士　904，1682，1683，1685，1740，
　1745
那彥成　613，693，1252
那清安　689，1458，1459
那遜蘭保　1314
那麗　1894
阮大鉞　1493
阮大鍼　1493
阮元　416，417，418，425，427，429，
　448，473，491，531，580，597，
　600，658，704，922，924，926，
　932，937，946，954，967，1038，
　1076，1265，1286，1419，1448，
　1456，1632，1657，1716，1717，
　1718，1726，1738，1739，1740，
　1743，1763，1817
阮升基　731
阮本焱　732
阮孝緒　503，1793
阮亨　1030，1718，1810
阮武　1795
阮其新　671，672
阮宗瑗　1689，1693，1697，1698
阮承信　1718
阮咸　949，1597，1599，1601，1606，
　1607
阮晉　1697
阮恩光　831
阮恩瀠　1309，1476
阮烜輝　1444
阮堅之　1614
阮常生　599
阮逸　948，956，1597，1598，1600，1601

阮葵生　1021，1629，1651，1685，1689，
　1695，1699
阮復祖　1444
阮瑀　1362
阮福　428，473，570，967，1012，1718，
　1739
阮閱　1463
阮學浩　1454
阮學濬　1454
阮諶　1783，1788
阮龍光　778
阮燦輝　1444
阮籍　1361，1362，1620，1783
孫定揚　844
防榮恒　675
如松　659，1256
如是居士　1523
牟允中　962
牟目源　974
牟其汶　624
牟庭　1763，1777
牟欽元　1408
牟融　950，1678
牟應震　450，763
牟澥　1408
牟巘　1376

七畫

扶安　547
志剛　900
志銳　1351，1775
邯鄲淳　1569，1796
邯鄲綽　1784
芮佑良　1226
芮長恤　493，547，1226

芮城　1631

芮挺章　1365

花之安　496，1029，1030，1776，1780，
　　1900

花村看行侍者　1041，1637，1638

花沙納　612

花映均　845

花庭閑客　1495

花蕊夫人　1364

花影樓主人　1083

芬利它行者　1316

克利賴　1761

克明子　1526

克陸存　1145

克理　1760

杜大珪　596

杜之昂　751

杜子春　1787

杜友棠　813

杜仁傑　1379

杜公瞻　1532

杜文瀾　565，1745，1746

杜以寬　863

杜本　996，1364，1377，1737

杜甲　712

杜夷　1795

杜光庭　1121，1172，1552，1563，1571，
　　1585，1617，1660，1662，1665

杜亞泉　514

杜甫　1163，1164，1165

杜佑　639，640

杜青薲　1664，1667

杜若拙　758

杜林　816，1793

杜昌丁　1633，1686

杜牧　1170，1367，1369，1402，1585，
　　1663，1666，1723

杜定基　480

杜春　645

杜春生　935，1219

杜春芳　1060

杜荀鶴　1367，1369，1584，1662，1664，
　　1806

杜思　550

杜庭珠　1407

杜炳　488

杜炳緒　1070

杜冠英　813

杜旂　1370，1375

杜恕　1794，1795

杜菫　1516

杜崑　783

杜瑛　1379

杜森　804

杜景暹　788

杜貴墀　666，833，1475，1877

杜詔　578，701，1246，1407，1650，
　　1746

杜道堅　951，977，1643，1645

杜巽才　1577

杜登春　1630，1651

杜瑞聯　1070

杜蔭堂　1722

杜煦　1219，1220

杜愈　1881

杜預　414，415，416，417，418，464，
　　467，490，498，1362，1641，1644，
　　1649，1783，1788

杜臺卿　1564

杜熙齡　1048

杜湙　1229

杜綱　1403，1520

杜綰　1097，1568，1581，1656

杜範　1185，1374

杜審言　1364

杜默能　1760

杜諤　469

杜環　1682

杜燦然　765

杜濬　1224，1507

杜寶　1561，1607，1796

杜曘　773

杜靄　716

杜灝　707

村田□　1711

杏芬　876

巫宜福　1293

巫慧　760

杞廬主人　655，1011

李□　1699

李人鏡　817

李九標　1494

李于垣　719

李于鍇　554

李士珩　780

李士菜　818，1330

李士彬　827

李士琨　867

李士模　722

李士瞻　1377

李士麟　1399

李上交　1672，1798

李山甫　1367，1369

李千乘　1116

李之用　1390

李之芳　558，692，1229，1230

李之杜　787

李之珂　870

李之彥　1551，1564，1568，1590

李之澎　1548

李之儀　1373，1473，1798

李之藻　1672，1736

李之蘭　796

李子香　1526

李天植　1221

李天機　709

李天馥　1236

李天驚　770

李天麟　1401

李元　850，1815

李元才　831，873

李元仁　1384

李元正　771

李元英　589

李元春　797，953，1714，1715，1716

李元珍　1032

李元度　583，833，895，972，1330，
　　1457，1687，1689，1692

李元珪　1381

李元陽　537，1576

李元祺　526

李元禄　611

李元綱　1550，1564，1608，1610，1715

李友洙　758

李友梁　846

李友棠　1262

李尤　1361

李巨源　724

李日華　1014，1017，1503，1577，1588，
　　1636，1733，1813，1834

李日景　1622

李中　1368，1369

李中立　1002

李中素　692

李中梓　998，1001

李化楠　1261，1677

李化龍　1212，1798

李化鰲　1173

李介　1737

李公佐　1570，1660，1663，1664，1666，1727

李公昂　1474

李月桂　1001

李氏族裔　587

李丹麟　906

李文田　562，1680，1683，1751，1755，1763，1764，1773，1777

李文仲　503，519，1743

李文安　1441

李文炤　457，1233

李文耕　1284

李文泰　1469

李文起　752

李文桂　1868

李文烜　859，863

李文蕡　763

李文淵　1658

李文蔚　1499

李文輝　1066

李文燭　1613

李文藻　761，762，768，874，1731

李文瀚　1496

李文耀　710

李方湛　808

李方蓁　745

李方膺　768

李斗　878，1698

李冗　1571，1609

李心傳　419，422，1642，1645，1656，1675，1725，1768

李心鋭　1350

李心衡　1649，1700

李玉　1504

李玉宣　839

李玉書　1899

李玉棻　1069

李玉鳴　649

李正芳　856

李世民　1641，1645，1773

李世昌　771

李世椿　865

李世熊　856，927，1222

李世澤　524，1577，1619，1715

李本固　1670

李本忠　898

李可久　798

李丙榮　873

李石　951，1556，1605，1606，1607，1609

李仙根　1624，1626，1636，1637，1703

李白　1162

李必恒　1427

李永書　886

李幼武　596

李匡乂　1656

李匡濟　1029

李邦彦　1571

李邦華　1214

李邦黻　1765

李邦獻　1675

李式玉　1624

李式圃　808

李圭　900，1706

李圭三　663

李吉甫　697，1562，1642，1645，1767，1797

李耳　948，951

李芝　844

李朴　1764

李西月　1125

李有　1595，1608，1807

李有益　864

李有棻　664，987

李有棠　553，554

李百川　1522

李百藥　534，535，536，540

李存　1377

李成林　843

李成謀　894

李至　1445

李光元　1220

李光地　414，434，453，487，488，514，525，958，965，1687，1725，1844，1845

李光先　864

李光廷　916，1323，1682，1706，1707，1725

李光坡　461

李光明　1423

李光型　1634

李光庭　929

李光祚　1451

李光暎　924

李光溥　1496

李光墺　1634

李光墍　1633，1636，1637

李光謙　1757

李同　744，768

李因培　1409

李因篤　1465，1715，1762，1765

李先榮　731

李廷一　753

李廷芳　751

李廷忠　1184

李廷相　1773

李廷榮　709

李廷輝　805

李廷稷　1335

李廷機　467，523，524，549，561，575，576，1543

李廷璧　857

李廷耀　1065

李廷寶　792

李延壽　534，535，536，541

李延錫　825

李仲麟　962

李向旻　1222

李行道　1500

李兆元　1462

李兆珍　709

李兆洛　674，729，730，741，743，912，913，1289，1394，1690，1739，1803

李兆賢　439

李兆霖　764

李旭春　788

李充　1791

李汝珍　1094

李汝紹　716

李汝爲　810

李汝霖　751

李祁　1191，1377

李如一　1575，1588，1802

李如圭　499，1641，1644，1671

李如珪　1644，1725

李如筠　1456

李好元　1667

李好文　789

李好古　1473，1501

李巡　1791

李玖　1571，1581

李扶九　1470，1471

李孝光　1378，1473

李孝經　835

李志常　1119，1682，1720，1725

李志復　797

李志魯　782

李芬　746

李芳華　1233

李芳穀　848

李芳蘭　860

李材　952，1378，1553，1559

李杕　567，1153

李肖龍　1816

李呈芬　1578

李呈祥　1227

李佐賢　928，1040，1070，1317，1764，1821，1868

李攸　1642，1645

李作霖　783

李伯至　608

李伯璵　1397

李希聖　557，677

李希賢　773

李孚青　1779

李含章　1421

李彤　1793

李亨特　807

李序　1380

李冶　1053，1655，1798

李沛霖　484

李沂　1624，1626

李宏湑　865

李良年　1237，1443，1813

李良翰　576，1215

李壯　1165

李奉翰　651，711

李玫　1571

李長科　1746

李長華　754

李長卿　1615

李長榮　1297，1422

李拔式　530

李坤元　1805

李其旋　710

李若水　1359，1798

李若昌　1082

李若膺　1244

李茂春　580

李英元　1172

李英燦　846

李直夫　1499

李林甫　682，1785

李林松　429，729，810，1289

李來泰　1243

李來章　876，882，958，1700，1846

李松林　1048

李松樓　588

李東陽　548，1196，1461，1578，1621，1652，1742

李雨堂　1522

李杲　991，992，993，1001

李果　1250，1255，1693，1719

李昌時　721

李昌符　1367，1369

李昌齡　1564，1609

李昕　1562

李明徹　1047，1123

李明鼇　867

李昂英　1436

李昂枝　1412

李昉　1387，1445，1532

李迪　702，1061

李忠鯁　1717

李季可　1655

李秉禮　1276

李佳白　1900

李佳繼昌　1481

李侗　1638

李佩金　1475

李受　1702

李念慈　1237

李周望　617，619，652

李京　514，1378，1562

李庚乾　525

李卷　1694

李炘　829

李法孟　831

李泂　1378

李泌　1660，1664，1666

李治　1643，1646，1736，1768

李宗文　1845

李宗昉　683，1297，1683，1688，1690，1691，1700

李宗棠　502

李宗蓮　894

李宗傳　836

李宗媚　1172

李宗謂　1556，1773

李宗羲　675

李建勳　1366，1368，1369

李承勛　1578

李孟　1378

李春芳　1205，1517

李春熙　1181

李春榮　1520

李珍　1712

李封若　1615

李茹旻　817，1244

李南暉　786，847

李柏　1231

李軌　948，955，956，1786，1787

李咸用　1365，1368，1369

李奎　1554，1812

李貞　526

李星沅　1310

李星根　848，849

李星輝　861

李昱　805

李昭　846

李昭玘　1373

李畋　1586，1590

李虹若　877

李思衍　1378

李思孫　1633

李科　862

李重華　1250，1634

李修行　1524

李修善　1029

李保　1567

李保泰　734，792

李俊民　1187，1376

李衍　1567，1581

李衍　1655

李朏　1582

李庭　1768

李彦章　654，874，1270，1308

李前泮　807

李炳彦　749

李炳靈　851，852

李洪鈺　762

李洞　1367，1369

李洽　1475

李宣　1227

李祖年　1757

李祖陶　1294，1403，1419，1691

李祖望　504，1440

李祖堯　1180，1802

李祖惠　1627

李韋之　1681

李泰　1728，1751，1752

李振庸　701

李振鈞　1309

李栻　973，1607

李桂林　700，851

李桓　583，1335，1408

李格非　1606，1617，1736

李根　513，514

李根茂　787

李根源　883，1219

李連騎　827

李致遠　1501

李時　674，1201

李時行　1382，1436

李時珍　1001，1002

李師沆　743

李逢亨　897

李逢源　709

李訓鋐　868

李高魁　863

李益　1366，1368，1785

李流芳　1431，1807

李家駒　1755

李容　1631

李書吉　861

李書雲　526

李恕　491

李翀　1672，1676

李通玄　1109

李純卿　548

李邕　1359

李培祜　708

李培鍔　527

李培謙　745，757

李盛鐸　1771

李莘　854

李基熙　774

李菊房　1442

李乾命　615

李梓　966

李帶雙　794

李虛中　1672

李處全　1472

李堂　805

李昴　772，827，830

李問漁　1151

李略　1220，1560

李國才　840

李國松　1778

李國祥　1402

李國梅　1421

李國麒　795

李崧霖　1871

李崇禮　497，1722

李符　1443，1813

李符清　710，718

李敏迪　741

李從周　1656

李象鵾　1322

李章塤　789

李章達　1233

李翊　1576，1619

李商隱　1170，1171，1367，1369，1557，
　1565，1585，1596，1620，1662，
　1665，1742

李焕春　830

李焕章　768

李焕揚　759

李清　558，564，779，1622

李清芝　716

李清植　1845

李清照　1364，1473，1477，1568，1592，
　1738，1751，1772

李清馥　1845

李淇　781

李淖　1564

李淦　1622

李淳風　1056，1058，1059，1124，1616，
　1617，1642，1645，1648，1652，
　1653，1735，1741，1744，1753，
　1786

李涪　1550，1555，1605，1716，1725

李涵霖　871

李惟一　966

李惇　426

李寅　658

李陽冰　1085，1566，1619，1658

李隆基　415，416，417，418，419，421，
　424，472，473，682

李紱　856，962，1184，1248，1693

李紳　1166，1367，1369

李紹祖　840

李紹韓　800

李琪　420，424

李琨　1061

李琯　687

李琬　811

李堯觀　787

李提摩太　964，1148，1709，1710，1711，
　1776，1779，1780

李揚華　487

李彭齡　730

李達　1806

李斯　1793

李葆貞　831

李葆素　1421

李敬修　773，775

李敬熙　764

李朝威　1571，1585，1660，1663，1666，
　1727

李植　787

李棟　783

李棟衡　1479

李雲誥　1311

李雲麟　1707

李雯　1220，1364，1414

李雱　530

李棠　718，736

李棠階　1311

李貽德　430，466

李鼎　1553，1577，1610，1635，1809

李鼎元　902，1276，1703

李鼎祚　432，498，1668
李開甲　792
李開先　1677
李開泰　706，707
李遇孫　924，1777
李景亮　1594，1595，1664，1667
李景登　436
李景嶧　732
李凱　475
李筌　979，1672，1673，1723
李集　581，1270，1633
李復心　874
李復言　1571，1584，1660，1664，1666，
　　1723
李復慶　743
李復興　656
李鈞　1698
李鈞簡　437
李詒經　452
李善　1385，1386
李善蘭　1053，1759，1896
李道平　1814
李道純　1113，1114，1116，1119，1613
李道悠　1434
李道章　744
李道清　1476
李道融　1325
李道謙　1121
李曾伯　1375
李焯　1584
李焜　868
李湛田　657
李湘棻　482
李湞　782
李滋　785

李滋然　487
李惺　843，1302，1457，1458，1459
李富孫　430，500，507，581，920，921，
　　1286，1477，1633，1674，1752，
　　1753
李裕　1380
李祺生　857
李遐齡　1287
李賀　1170，1826
李登　503，512，513，515，1793
李登明　776
李登雲　1348
李絳　1797
李勣　1745
李瑞　1423
李瑞鍾　811
李瑜　1061
李塨　434，1661，1780，1798，1799，
　　1841
李載陽　739
李遠　1366，1367，1369
李夢舟　915
李夢松　1256
李夢陽　950，1161，1199，1382，1383，
　　1412，1553，1572，1578，1593
李蔭　770
李椿齡　764
李楣　1311
李當之　1569
李煦　774，779
李嗣真　1567，1585，1617，1663，1665
李鉁　1049
李鉉　612，1722
李會嘉　1834
李詩　811

李誠　704，868，896

李詡　1575，1801，1802

李廉　421，424

李鳶　1371，1550，1555，1563，1567，
　1612，1613

李靖　979，980

李慈銘　1336，1337，1425，1813，1883

李煜　1472，1771，1802

李溥光　1380

李源道　1380

李溶　843

李慎傳　1699

李慎溶　1477

李福　1290

李福泰　858，1276

李禎　484

李群玉　1367，1369

李遜之　558，563，1801

李嫩　1428

李經　1441

李經緒　1839

李静山　876

李瑶勘　545

李嘉祐　1366，1368

李嘉樂　1392

李嘉德　1133

李嘉謀　973，1115

李嘉績　939，1757

李燾　1807

李壽卿　1500

李壽萱　1345

李壽蓉　579

李熙齡　772，773，795

李蔚　744

李蔚文　867

李輔　700

李輔燿　456

李模　1408，1712

李楩　581

李榕　843，892，1329

李爾梅　770

李曄　1801，1812

李聞菴　899

李嵷　716

李圖　764，771

李毓之　962

李毓秀　953

李毓清　1421

李毓蘭　868

李槃　548

李銘皖　726

李銘漢　554

李鳳苞　571，1705，1761，1763，1888

李誠　1570

李廣滋　723

李韶九　1702

李端　1365

李齊賢　1740

李榮和　749

李榮陛　1683，1690，1691

李漢　1168

李潢　1056

李漁　673，1020，1080，1394，1504，
　1507，1510，1838

李賓暘　815

李實　559，1603，1621，1676

李肇　1013，1340，1550，1580，1607，
　1617，1662，1665，1713，1725

李肇奎　846

李綽　1559，1611，1662，1664，1797

李綱　562，691，1180，1181，1675，
　　1736，1746，1756

李維楨　1209，1382，1445，1613

李維鈺　855

李維翰　1449

李瑾　741

李璜　786

李璋煜　1764

李播　1048

李蕃　1444

李樗　420，423

李賢　534，535，536，538，559，698，
　　699，1573，1574，1588，1603，1608，
　　1621

李賢書　775

李確　1690，1691

李鄴嗣　1229，1434，1632，1636，1732

李嶠　1652，1728

李嶧瑞　1245

李稽勳　853

李樂　1015

李德　1382，1685

李德林　1363

李德洽　1122

李德裕　1038，1367，1369，1402，1557，
　　1559，1560，1564，1568，1584，
　　1607，1611，1662，1664，1665，
　　1797

李德溥　736

李德蕙　1284

李德燿　809

李衛　684，702，898

李盤　981

李盤根　1409

李銳　430，614，1053，1055，1655，

1717，1777

李劉　1185

李調元　851，900，1261，1270，1410，
　　1435，1675，1676，1677，1698，
　　1702，1714

李廣芸　1729

李慶辰　1043

李慶雲　917

李遵唐　758，759

李澐　862

李澄　658

李澄中　1233，1692，1698

李澄源　1506

李豫亨　1575，1588，1611

李璟　1472，1771，1802

李燕昌　600

李薦　1616，1725

李翰　971，1579

李翰章　703

李頤　1405

李樹藩　815

李頻　1367，1369

李默　682，1203，1573

李興祖　1226，1241

李學孔　549

李翺　1171，1363，1365，1563，1569，
　　1584，1585，1594，1607，1612，
　　1616，1650，1662，1663，1664，
　　1665，1666

李衡　419，422

李錫彤　968

李錫書　852

李錫瑋　609

李錫蕃　1053

李錫齡　1719

李濂　1647

李憲彝　625

李壁　1175，1768

李隱　1553，1558，1584，1595，1662，
　1665

李覯　1173，1174，1372

李聯芳　796

李聯琇　737，1329，1689，1693，1697，
　1774

李轅　1801，1812

李臨馴　815

李繁　1570，1584，1594，1607，1659，
　1663，1666，1727

李鍇　544，1762

李鍾珏　1763

李鍾峨　1444

李鍾俾　720

李鍾倫　501，1845

李鍾璧　1444

李鍾麟　692，1230

李謐　1796

李應昇　1360，1802

李應珏　701

李應泰　741

李應綬　868

李鴻章　664，676，695，700，1441，
　1741

李鴻裔　1340

李鴻藻　608

李濤　1371

李濬　1560，1584，1607，1640，1664，
　1666

李濟翁　1555，1581

李彌遜　1374，1472

李贄　481，544，551，979，1045，1177，

1203，1204，1205，1209，1508，
　1509，1513，1544，1780

李燾　506，550

李藝元　467

李顒　484，1233，1712，1722，1857

李疊　777

李馥先　788

李馥蒸　798

李穟　859

李簡　419，422

李鎧　1020

李燿　456

李雘來　1261

李蘇　1719

李攀龍　1118，1206，1382，1391，1405，
　1544

李轍　613

李霨　1232

李繡平　428

李疇　754，855，1220

李鏡江　788

李鵬展　717

李夔　1364，1371

李瀚　1037，1797

李瀚章　676，1321

李瀠　764

李懷民　1466

李繩　448，1427

李繩遠　1443

李齡　1437

李齡壽　1339

李獻民　1558，1661

李鶚翀　1801，1802

李籍　1616，1617，1642，1645，1648，
　1753

李騰華　1279

李騰蛟　1223

李寶中　858

李懿曾　1697

李巖　1124

李體仁　798

李龔　1371

李瓉　1381

李麟　737

李麟洲　862

李麟圖　799

李觀　1364，1740，1797

李觀瀾　671，672

李灝　484

李鑾宣　1281

李鑾揚　1478

求自彊齋主人　1424

孛术魯翀　1378，1768

車若水　1575，1588，1612

車宗輅　1000

車胤　1681

車萬育　1094，1235

車鼎晋　666

束皙　1362，1562，1784，1792，1793，
　　1794

吾丘衍　1085，1378，1554，1568，1581，
　　1610，1726，1732，1744，1756，1765，
　　1812

吾丘瑞　1503

吾丘壽王　1794

步倫　1892

步際桐　1456

肖魯甫　1512

吳□　1611，1687，1693

吳人　1635

吳九齡　750，866

吳士元　1220

吳士玉　1427，1548

吳士進　811

吳士模　452，1854

吳士鴻　711

吳士鑑　921，936

吳下逸民　558

吳大廷　1333

吳大猷　861

吳大澂　475，509，518，880，926，933，
　　1685，1763

吳大職　1399

吳大鏞　718

吳小姑　1477

吳山　1421

吳山嘉　599

吳山鳳　707，712

吳久成　1762

吳之芳　1072

吳之英　1769

吳之珽　1026

吳之振　1239，1371

吳之器　585

吳子良　1556，1580

吳子城　521

吳天洪　1061

吳天錫　826

吳元音　1670

吳元炳　660，695

吳元泰　1514

吳元瑞　890

吳元滿　510

吳元潤　1474

吳友如　1079

吳友箎　852

吳日章　1087

吳曰慎　1719

吳中奇　788

吳中彥　717

吳中最　743

吳升　1083

吳仁傑　419，422，539，1156，1642，
　1644，1652，1653，1659，1725，
　1727，1815

吳仁敵　890

吳化龍　1036，1037，1651

吳殳　1721

吳六鰲　791

吳文英　1474，1746

吳文炘　784

吳文浩　1260

吳文溥　1467

吳文鎔　1306

吳引孫　1769

吳允嘉　1095，1722

吳玉搢　531，923，1677，1735，1765

吳玉綸　1269

吳正　760

吳世尚　1806

吳世旃　1540

吳世榮　811

吳本泰　1807

吳可　1655，1675

吳可期　1204

吳可善　1204

吳可讀　1322

吳旦　1382

吳仕期　1546

吳永芳　803

吳弘基　544，559

吳匡　760

吳邦升　1549

吳邦慶　986，1680

吳式芬　927，929，1087，1764

吳玕　1674

吳芝瑛　1101

吳有文　460

吳存楷　1295，1808

吳存禮　706

吳光酉　612

吳光裕　1220

吳光漢　868

吳光熊　747

吳光耀　448，675，965

吳先聲　1086

吳廷華　425，456，713，719，720

吳廷偉　1407

吳廷康　1496

吳廷棟　1308

吳廷楨　1249，1427

吳廷鉁　1474

吳廷燮　570

吳廷颺　1096

吳任臣　569，1042

吳仰賢　803

吳自牧　1656，1809

吳全節　1379

吳兆　1431

吳兆宜　1159，1388

吳兆熙　832

吳兆寬　1226

吳兆慶　572

吳兆騫　1234，1738，1778

吳并山　1265

吳汝式　1370

吳汝爲　794

吳汝綸　609，676，695，723，902，949，1344，1401，1878

吳守一　1628，1669

吳聿　1673

吳如珩　579，1260

吳如愚　1673，1811

吳孝登　1762

吳均　1362，1384，1561，1571，1582，1598，1600，1602，1606，1607

吳志忠　497，503

吳志淳　1379

吳芸華　1422

吳克恭　1381

吳見思　1165

吳秀珠　1314

吳甸華　740

吳言昌　824

吳灯　1085

吳沃堯　1045

吳沂　716

吳汶　1453

吳沆　419，422，1565

吳宏　754，1558

吳宏基　577

吳武岡　1239

吳長元　876，1180，1632

吳長卿　1446

吳坤　979，1326

吳夌雲　1354

吳其均　757

吳其禎　1710

吳其濬　673，989

吳若　1650

吳若冰　1421

吳若烺　779

吳若準　872

吳若灝　765

吳英　497，1453

吳林　1629，1713

吳枋　1555，1650，1656，1801，1802

吳雨來　1450

吳協　1568

吳非　1806

吳卓信　430，457，532，1279，1631，1729

吳尚先　995

吳尚憙　1476

吳尚默　1805

吳昆田　732，733，1698

吳昌綬　944，1306

吳昌瑩　502

吳昌齡　1499，1501

吳季子　1615

吳秉鈞　1504

吳采　527

吳念椿　826

吳京　1177

吳庚生　1005

吳育　1697，1698

吳炎　1781

吳怡　775

吳宗周　870

吳宗信　1028

吳宗焯　864

吳宗愛　1241

吳宗濂　900，1764

吳宗憲　1443

吳定璋　1428

吴定　1274

吴宜燮　855

吴承恩　582，760，981，1513

吴孟堅　1806

吴拭　1553，1576

吴城　1810

吴草廬　1640

吴荃　444

吴省欽　1267，1455，1649

吴省蘭　1634，1649，1695

吴易　1780

吴映奎　610，1838

吴思本　524

吴思明　1129，1136，1895

吴思忠　710

吴秋士　1121

吴重光　756

吴重憙　589，996，1442，1473

吴修　594，1077，1722，1731，1739，
　1762，1808

吴俊卿　1347

吴俊撰　1274

吴勉學　957，959，990，998，1000

吴亮　1018，1811

吴咨　1088

吴炳　754，792，794，1493

吴炳南　798

吴炯　1556，1649，1655

吴恒宣　1495

吴祖枚　1811

吴祖昌　652

吴飛九　741

吴泰　1174

吴泰來　786，796，798，1383，1474

吴振棫　1026，1266，1307，1433

吴起　950，951，978，979，980，1678

吴起鳳　839

吴都梁　707

吴華辰　815

吴苣　1333，1476

吴恭亨　838

吴晋　1075

吴晋德　653

吴莊　1629

吴桂森　952

吴烈騰　1406

吴峻　1634

吴牲　595

吴乘權　549，1399

吴秘　948，956

吴師祁　745

吴師道　560，561，1167，1376，1655，
　1719

吴航野客　1526

吴高　715，1631，1691，1699

吴唐林　1474，1475

吴梃　1406

吴海　1192，1379，1639

吴宸梧　794

吴家賓　431

吴陳琰　1623，1625，1627，1628，1635，
　1637，1638，1649，1658，1713

吴翀　707

吴球　1000

吴萊　1191，1376，1553，1563，1819

吴菘　1628

吴萃　1558

吴彬　1623

吴栻臣　1632，1682，1684，1707，1713，
　1751，1754，1755

吳梓材　593

吳梯　1292

吳處厚　1556，1580，1609，1618

吳堂　854

吳趼人　1512

吳國倫　1209，1670

吳敏樹　833，1316，1692，1735

吳進　1261，1689，1696

吳偉業　555，559，1033，1177，1223，
　　1427，1477，1493，1502，1630，
　　1669，1712，1750，1778，1781，
　　1804

吳從先　1039，1615

吳訥　1183，1380

吳康霖　744

吳章祁　848

吳商　1789

吳烺　1474

吳清鵬　1442

吳淑　1532，1559，1561，1653，1659，
　　1675，1727

吳惟信　1370，1375

吳惟順　980

吳寅邦　1420

吳啟太　519

吳啟南　813

吳階　773

吳隆元　472，1640

吳翌鳳　1223，1392，1418，1632，1753

吳琯　1405，1605

吳期炤　1194

吳葆儀　828

吳敬所　1045，1506，1514

吳敬梓　1511

吳森　756

吳棫　523，1720，1746

吳惠元　713

吳雲　897，920，926，927，1086，1088，
　　1245，1322，1763

吳雯　1239，1240

吳棠　452

吳棠楨　1504

吳鼎　441，493

吳鼎雯　624

吳鼎新　1330

吳景奎　1379

吳景墻　731

吳喬　1465，1670

吳喬齡　783

吳欽　706

吳善述　509，1173

吳普　996，1668，1795

吳曾　1555，1642，1646，1672

吳曾英　885，1705

吳曾祺　1351，1401，1403

吳渭　1364，1737，1819

吳淵　1371

吳裕垂　575

吳瑞　1001

吳載鰲　1579

吳蔭培　622

吳楚奇　880

吳雷發　1629

吳照　509，1279

吳農祥　1810

吳嗣仲　836

吳嵩梁　1287

吳嵰　1286

吳稚暉　1048

吳筠　1166

吳與弼　952

吳鉞　1448

吳會川　817

吳慈鶴　1296

吳煊　1277，1407

吳漣　1191

吳慎　721

吳愷　1805

吳福生　1810

吳禔　1744

吳肅公　456，577，1623，1624，1625，
　1626，1627

吳際唐　867

吳綃　1221，1420，1476

吳綏　544

吳嘉洤　1304

吳嘉紀　1228

吳嘉善　1053

吳嘉默　969

吳嘉謨　851，954

吳壽昌　1250，1540

吳壽暘　944，1729，1754

吳熙　730

吳熙載　546

吳蔚文　1541

吳蔚光　1474

吳蔚起　1363

吳兢　1462，1617，1716，1725

吳模　1542

吳爾堯　1371

吳爾璽　1891

吳鳴球　980

吳箕　1675

吳篊　741

吳毓恕　1524

吳毓梅　1281

吳儆　1372，1472，1803

吳銘　1890

吳銘道　1690

吳鳳來　471

吳廣成　562

吳廣霈　1710，1711

吳端彝　760

吳養原　1306

吳榮光　580，645，864，919，1069，
　1293

吳寬　559，1196，1593，1603，1621，
　1669

吳鼐　497，1626，1634，1635

吳翟　969

吳熊光　703

吳綺　1228，1392，1479，1637，1661，
　1727

吳維彰　1295

吳維嶽　1206

吳璜　1071，1266

吳璋　762

吳鞏　849

吳增僅　570

吳增逵　818

吳轂　716

吳肅　1280，1670

吳震方　1636，1637，1638，1661，1702，
　1727

吳儂　1494，1502

吳儀一　1622，1629，1713

吳儀洛　994，1003

吳德旋　1742

吳德煦　1745

吳頴炎　495

吳慶坻　940

吳潛　1744

吳潯源　712，713

吳澄　419，420，421，422，423，424，
　　435，472，951，974，1116，1188，
　　1376，1403，1473，1603，1739

吳壇　667

吳樹梅　1348

吳樹虛　872，1110

吳樹聲　453，1800

吳融　1367，1369，1664，1667

吳歷　1235，1631，1722

吳默泉　1472

吳積凝　1326

吳興祚　575

吳學儼　911

吳錫純　586

吳錫麒　988，1263，1275，1433，1456，
　　1457，1474，1687，1688，1689，
　　1696，1698

吳錦章　510

吳穎　1615，1636

吳穎芳　1257

吳穎炎　1541

吳龍翰　1375

吳熾昌　1040

吳隱　1087

吳縝　1555，1581，1642，1644，1654

吳璥　1746

吳聯元　786

吳聯薰　855

吳懋政　1455

吳鍾史　1683，1702

吳鍾崙　846

吳謙　1009

吳謙福　1447

吳襄　1541

吳應枚　1700

吳應和　1433

吳應逵　1817

吳應廉　864

吳應箕　558，563，1360，1739，1781，
　　1806

吳鴻勛　1082

吳彌光　559

吳璿　1519

吳瓊　1890

吳瓊仙　1288

吳鼇　709

吳騏　1649

吳壽　1700

吳豐本　1775

吳瞻泰　1165

吳闓生　1878

吳鎮　1190，1378，1455，1732，1733

吳鎧　738

吳鎬　1657，1721

吳翾　599

吳藻　1476，1747

吳霂　656

吳鵬　861

吳羹梅　853

吳瀚　1174

吳懷珍　1748

吳懷清　611

吳繩年　1096

吳繩祖　895

吳馨　1082

吳蘭　1088，1456，1477，1748，1749，
　　1817

吳蘭庭　542，1655

吳闡思　1637，1638，1661，1690，1727

吳鶚　740

吳競　561，1461

吳寶珠　1314

吳寶儉　1748

吳寶彝　605

吳騫　475，586，931，1086，1095，
　　1269，1631，1651，1689，1693，
　　1733，1747，1748，1749，1808

吳繼仕　446

吳繼綬　1055

吳儼　1197

吳麟　1631，1694，1761

吳麟徵　1360，1722

吳觀白　714

吳觀禮　1345

吳灝　1433

貝青喬　1700

貝德禮　1776，1780

貝瓊　1193

見聖　706

町村格藤　568

吹萬老人　1105

岑安卿　1377

岑建功　541，697

岑象求　1571，1660

岑參　1165，1364

岑毓英　593，695，705

利登　1370，1375

利瑪竇　1553，1577，1612，1651，1672，
　　1736

利稼孫　1761

利類思　1624，1626，1716

秀華陽　1149，1150

秀耀春　1005，1142，1143，1149，1150

兵部　647，648，665

邱之稑　463

邱天英　787

邱日缸　1094

邱正源　1525

邱先德　1416

邱志廣　1222

邱步洲　887

邱性善　718，1222

邱晋成　853

邱桂山　867

邱家煒　517

邱孫梧　1288

邱崧生　1442

邱瑞玉　1432

邱煒菱　1320

邱嘉穗　1867

邱兢　1697

邱維屏　1226

邱璋　1297

邱寶仁　616

何一傑　766

何乃容　812

何三畏　1017

何士祁　684

何士泰　1048

何士顯　1850，1851

何才價　757

何大庚　1710

何大掄　1506

何之煌　752

何之銑　1415

何天爵　1895

何元　861

何元烺　1456

何元熙　880

何元錫　1024，1757

何曰愈　1320，1321

何中　1378

何仁山　1329

何文明　779，1280

何文綺　1034

何允中　580，1597

何玉棻　838

何玉瑛　1421

何去非　950，979，1723，1724，1815

何世璂　1246，1731，1751，1757

何失　1378

何白　1214

何令通　1061

何永紹　1690，1699

何出光　1214

何光遠　1557，1587，1591，1592，1815

何先　1559，1586，1590

何休　415，416，417，418，467，468，
　　490，1784，1788，1789

何延慶　1428

何兆聖　1546

何兆瀛　659

何如濚　483

何如璋　1703，1704

何志高　499

何秀毓　1388

何妥　1786

何良臣　979，1673，1719，1721，1723

何良俊　1013，1016，1604

何坦　1551，1554

何其焱　1301

何其傑　531

何若瑤　467

何松　1596

何昆玉　1091

何明禮　763

何佩玉　1422

何金堂　1714

何法盛　1561

何承天　503，1065，1362，1724，1731，
　　1789，1793

何孟春　954，1196，1199，1574，1604

何荇芳　784

何柯　1827

何是非　558

何思貴　869

何品玉　885

何秋濤　431，560，562，904，1309，
　　1333，1682，1685，1686，1687，
　　1693，1696，1751，1755

何胤　1787，1788

何炳　912，1684

何炳奎　817

何栔　731，1689

何振卿　900

何耿繩　791，1733

何華元　850

何栻　1094，1326

何桂芬　1314

何桂清　689，1326

何晏　415，416，417，418，419，475，
　　487，490，498，1562，1653，1745，
　　1786

何剴德　987

何家琪　1346

何通　1086

何琇　1672，1800

何基　1818

何晦　1559，1585

何異　1768，1808

何異孫　422，425

何鄂聯　779

何國佑　744

何國宗　1718

何崧泰　711，721

何進善　1138

何偉然　1614，1615

何啓　1890

何紹基　701，732，1311

何紹章　731

何琪　1807

何超　534，535，536，539，540

何朝宗　789

何棟如　563，1067

何惠群　1436

何雲梯　971

何貽霈　1800

何景明　879，1201，1382，1383，1572，
　　1578，1593

何景福　1381

何喬遠　545，1210，1387，1413

何喬新　952，1195，1604

何道生　1286，1287，1456

何道全　974

何焯　1022，1188，1245，1385，1539，
　　1634，1722

何遠　784

何遠鑒　830

何夢桂　1373，1473

何夢瑤　1816

何楷　443，450

何粲　1118

何煜　656

何源洙　781

何遜　1362

何瑭　952，1199

何壽泉　1329

何毓福　438

何養純　1172

何熔　1753

何綸錦　476，1022

何震　1085

何樂善　769

何慶元　1211

何慶芬　889

何慶恩　849，851

何慶釗　743

何慶涵　1311

何慶朝　814

何璟重　686

何遠　1559，1568，1586，1588，1590，
　　1591，1612，1617，1815

何樹滋　799

何樹齡　1900

何戴仁　821

何應松　740

何應祺　1331

何應龍　1370，1374，1811

何藩　826

何鎔　803

何藻翔　884

何鏗　899

何繼高　1186

但明倫　869，1044

但湘良　655

作新社　568，1029

伯顏子中　1379

伶玄　1570，1582，1597，1598，1600，
　　1601，1606，1659

佟世男　518

佟世恩　1761

佟有年　708

佟企聖　776

佟佳氏　1239

佟賦偉　880

佛林瑪利安　1779

佘一元　1871

佘聿雲　1615

佘君翼　1615

佘翹　1018

余卜順　755

余上富　849

余元遜　964

余文台　1397

余文儀　704

余心孺　783

余允文　1671

余正煥　875

余世松　1349

余世堂　747

余丙　1714

余永麟　1647

余光詔　584

余光璧　822

余廷燦　1270

余亦皋　1028

余汝寅　750

余宏淦　903

余良棟　835

余長慶　1668

余知古　1555，1679

余金　1041

余治　964，971

余思詒　1707

余峥　1291

余保純　864

余修鳳　795

余洞真　1119

余恒　1019

余宣　1468

余時英　473

余逢瑷　1394

余象斗　524，1061

余寅　1208

余寅止　964

余寀　1625，1627，1685

余紹祉　1217，1733

余集　1714

余爲霖　763

余照　528

余鈺　1396

余誠　1400

余靖　1371

余嘉穀　782

余瀠廷　828

余賓碩　871

余肇鈞　1724

余德銓　1349

余慶長　1700

余慶遠　1632，1649，1700

余蕭客　493，1387，1596

余興國　1066

余龍光　612，1849

余縉　1687，1699

余懋棟　1807

余懋學　584

余應虬　482，980

余應奎　1002

余闕　1191，1359，1377

余藻　1087

余麗元　804

余懷　603，1622，1625，1626，1633，
　1635，1637，1638，1661，1727，
　1772，1801

余繼登　562，1798

余觀復　1370

希理哈　1761，1892

坐春書塾　1411

谷子敬　1500

谷際岐　1392

谷儉　1681

谷應泰　553，554，555，577，1677，
　1800

谷應榴　605

邸蘭標　813

狄之武　1455

狄子奇　610，1739

狄保賢　1469

狄億　1623，1624，1627

狄學耕　816

言如泗　727，758

言良鈺　1437

言尚煒　745

況廷秀　1195

況周儀　1353

況周頤　933

況澄　973

況鍾　1195

亨利黎特　1760

冷士嵋　1689

冷昌言　1392

冷虛子　1113

冷鵬　1392

辛全　952，1074

辛棄疾　1473，1781

辛漢臣　1117

忘憂草堂　1424

汪士侃　840

汪士通　1474

汪士進　1474

汪士漢　1606，1607

汪士賢　988，1159，1361

汪士鋐　1399，1740，1765

汪士鐘　1730，1771

汪士鐸　541，725，886，1324，1690

汪大任　1825

汪大鈞　499

汪大淵　1754

汪大經　854

汪之元　1077，1305

汪之昌　1012

汪之珩　1430

汪之選　1430

汪之顯　1064

汪元祥　814

汪元量　1373，1655，1726，1811

汪元爵　1716

汪少泉　688

汪曰楨　805，1323，1729，1732，1754

汪中　427，878，1274，1718，1741，
　1764，1772，1778

汪氏　603

汪文柏　1244，1407

汪文炳　803

汪文臺　502，544

汪以成　521

汪以誠　791，798

汪玉球　1073

汪正　601，1420

汪正元　740

汪世泰　1851

汪本直　891

汪立名　518，1121，1169，1364

汪邦柱　436

汪有典　583，601

汪光復　558，564

汪廷昉　737

汪廷珍　647，1282，1722

汪廷訥　1398，1502，1504

汪仲洋　1292

汪份　479，513，1715

汪全泰　1440

汪全德　1851

汪兆舒　1541

汪兆璋　658

汪兆鏞　1479

汪汲　1851

汪汝謙　1577，1807

汪孝寬　1746

汪志伊　660，875，1721，1809

汪克寬　421，424，1379

汪佑　957

汪近聖　1096

汪彤宣　588

汪若海　1569，1612

汪英福　616

汪松　1762

汪昂　994，999，1731

汪和　746

汪佩珩　1440

汪金順　1732

汪宗元　1412

汪宗沂　742，1497，1751

汪定國　1399

汪建封　1548

汪孟鋗　882，1809

汪珍　1380

汪厚昌　645

汪科爵　1825

汪保和　607

汪俊　952

汪屋　1193

汪叙疇　515

汪度　1851

汪炳熊　815

汪洪度　1655

汪珠　972

汪振聲　1759，1760

汪莘　1374

汪晉徵　740

汪桓　999

汪砢玉　1070，1809

汪師韓　1631，1674，1731，1825

汪烜　440，463

汪家禧　1294

汪基　451

汪萊　1777，1860

汪乾初　961

汪梅鼎　738

汪堅　785

汪國蔚　585

汪國鳳　732

汪象旭　604

汪康年　1046，1745

汪塈　726，1026

汪淇　1006，1060

汪淇直　576

汪淑娟　1476

汪淮　1634，1690

汪惟憲　1630，1632

汪寄　1523

汪啓淑　942，1028，1086，1092

汪紱　461，983，1042，1085，1849

汪琬　457，1231，1622，1633，1658，
　1684，1688，1697，1712，1733

汪越　880

汪超　1264

汪喜孫　612

汪報閏　822

汪萬頃　1413

汪森　1438，1480

汪雲程　1568，1619

汪雲鵬　1125

汪景龍　1411

汪嵐坡　1088

汪爲熹　879

汪道昆　1209，1501，1553，1579

汪道鼎　1045

汪曾立　589

汪滋樹　1440

汪運正　788

汪棨　1301

汪巽東　1730

汪璐　1335，1877

汪遠孫　430，560，698，1309，1745，
　1866

汪照　430

汪嗣聖　755

汪傳懿　1423

汪褆　1751

汪誥　440

汪廣洋　1193

汪端　1415，1422，1747

汪榮　806

汪榮寶　531

汪肇龍　1166

汪綺石　995

汪綏之　813

汪瑧　891

汪鋆　922，931

汪賢　1257

汪輝祖　594，684，1267，1654，1674，
　1813，1853

汪嶔　1898

汪篯　1825

汪德容　1825

汪薇　1643，1647

汪機　996

汪嘯尹　520，1072

汪鋑　1503

汪錫祺　1688

汪澤民　1380

汪憲　1264，1745，1774

汪縉　1265，1689

汪璐　1275

汪懋芳　1732

汪懋麟　1239

汪應辰　1643，1646，1829

汪應蛟　692，960

汪鴻孫　767，776

汪篁　1825

汪鎬京　1086，1623，1670

汪鯉翔　485

汪韞玉　1421

汪蘆英　1422

汪藻　1372，1643，1646

汪麗日　856

汪霈　1447

汪霈原　1295

汪鵬　1630，1703

汪韻珊　740

汪斅灝　838

汪寶樹　714，822

汪繼培　1009，1678，1813

汪體椿　588

汪灝　792，1547，1548，1684

沙木　517

沙克什　1671，1724

沙張白　1232

沙圖穆蘇　1004

沙增齡　1292

沖和居士　1482，1516

沈□　888，1654，1661

沈一中　974

沈一炳　1122

沈一貫　561，974，977

沈九疇　1208

沈士瑛　1624

沈士榮　1105

沈士駿　1409

沈士謙　1552，1573

沈大成　1255，1649

沈千鑑　760

沈之奇　667

沈元琨　1623

沈元欽　1634

沈曰富　805，963，964，1318

沈曰霖　1629，1635，1700

沈中楹　1622

沈月光　1000

沈文　1552，1573

沈文阿　1790

沈心　1068，1633

沈心友　1082，1394

沈心如　852

沈正宗　492

沈世楷　449，493

沈世銓　772

沈可培　1022，1631，1633

沈丙瑩　1315

沈右　1379

沈生倬　1408

沈仕　1554，1564，1577，1578，1618

沈用增　824

沈弘正　1615

沈幼丹　674

沈有容　1210

沈成國　857

沈光厚　812

沈廷芳　617，703，858，1726，1849

沈廷璐　880

沈自南　1034

沈自徵　1502

沈行　1726，1812

沈兆褆　877

沈兆澐　1025

沈兆霖　1314

沈汝翰　1875

沈守廉　608

沈赤然　1022，1274，1750

沈李龍　1003

沈辰　1072

沈辰垣　1479

沈秀甲　1338

沈作喆　1556，1652

沈伯棠　740

沈近思　963，964

沈彤　426，1631，1687，1689，1692，1694，1849
沈辛田　668
沈汾　1561
沈初　942，1095，1267，1731
沈君烈　1615
沈青崖　702，1256
沈長卿　1615
沈亞之　1169，1170，1560，1660，1662，1663，1665，1666，1727
沈亞夫　1117
沈林一　660
沈明臣　1208
沈岸登　1813
沈秉成　590
沈佳胤　1449
沈岱瞻　1838
沈佺期　1364
沈采　1491，1504
沈受先　1503
沈周　1195，1574，1588
沈泓　436
沈宗畸　1771
沈宗騫　1073，1076
沈定之　911
沈定均　855
沈宜修　1477
沈建勳　816
沈承恩　867
沈垚　1682，1720，1755，1778
沈持玉　1428
沈括　993，1014，1564，1567，1586，1587，1590，1591，1592，1609，1613，1642，1645，1651，1654
沈荐　590

沈荃　702
沈荀蔚　1631，1654
沈厚塽　1170
沈映鈐　1774
沈星標　825
沈昭興　848
沈思倫　1628
沈品華　1460
沈科　573
沈重　1783，1787，1788，1789
沈重華　1066
沈衍慶　1309
沈奕琛　716，1810
沈炳垣　1300
沈炳震　570，574，1408，1737
沈炯　1363
沈洪禧　1338
沈津　1033，1592
沈祖禹　1439
沈祖恩　1133
沈既濟　1660，1663，1664，1666，1667
沈眉壽　728
沈約　534，535，536，540，545，1159，1362，1555，1569，1583，1598，1599，1601，1603，1606，1607，1796
沈泰　1501
沈起元　434
沈起鳳　1046，1495
沈華　800，801
沈桐生　566
沈恩孚　1471，1682，1755
沈恩華　816
沈恩培　841
沈峭　1791
沈俶　1559，1595

沈家本　666，668，669，671，713

沈家煥　722

沈展才　860

沈純　1706

沈捷　1624，1635，1722，1742

沈彬　1195

沈梧　931

沈國元　551，552

沈國樑　667

沈崝　1357

沈翊清　902

沈旋　1791

沈清瑞　1632

沈淑　502，1631，1649，1657

沈淮　763，764

沈琮　790

沈琯　1002

沈越　552

沈揆　1653

沈萬鉬　451

沈葆楨　695，701

沈朝宜　1809

沈朝宣　802

沈朝陽　553

沈雲尊　723

沈雲駿　829

沈斐　1174

沈復　1698，1750

沈欽韓　430，538，539，1183，1730，
　　1731，1743

沈敦和　1707，1776，1780

沈善登　914

沈善寶　1475

沈道寬　1861

沈遘　1372

沈夢蘭　917

沈概　804

沈楸德　1626

沈嵩齡　1330

沈筠　1433

沈筠堂　898

沈節甫　1603

沈與文　1031

沈與求　1372

沈傳義　778

沈愛蓮　1433

沈獅正　1210

沈誠燾　729

沈該　419，422

沈源深　1872

沈嘉轍　1411

沈壽康　584

沈壽榕　1351

沈榛　1475

沈裳錦　1410

沈毓桂　1318

沈銘石　1803

沈鳳翔　759

沈説　1370，1374

沈廣近　1106

沈綺　1422

沈維基　775

沈維鐈　1296

沈蕙玉　1421

沈樗莊　784

沈磊　485

沈遼　1372

沈皞日　1813

沈樂善　718

沈德先　1015，1016

沈德符　1033，1647，1648，1813
沈德潛　1165，1248，1249，1383，
　　1389，1408，1414，1416，1461，
　　1689，1693，1716，1731，1733，
　　1751，1848
沈瑩　1563
沈豫　1743，1756，1862
沈練　445，1752
沈璟　1504
沈頤　1315
沈樹鏞　930
沈學淵　1302
沈錫榮　800
沈龍翔　737
沈澤生　655
沈澤棠　1025
沈濂　1306，1864
沈聯芳　713
沈懋功　1615
沈懋學　1210
沈鍊　1360
沈謙　1228，1523，1622，1631，1809
沈應魁　596
沈濤　430，500，931，1025，1307，
　　1729，1730，1749，1753，1754，
　　1777，1778，1803，1813
沈豐岐　1416
沈鎮　1644
沈鎬　1064，1668
沈鎔經　821
沈鯉　1033，1210
沈謹學　1730
沈鵲應　1477
沈麗生　1072
沈鯨　1503

沈懷遠　1562，1583
沈蘭先　1633
沈齡　531，1771
沈寶青　1410
沈繼孫　1096，1642，1645
沈繼賢　745
沈瓖　852
沈顥　1554，1578，1619，1633
沈驎士　1786，1791
沈鑅彪　1809
沈麟趾　807，810
沈纕　1422，1428，1475
宋□　1745
宋大樽　530，1655
宋小濂　661
宋之問　1364
宋之樹　750
宋子安　1552，1567
宋子鳳　1893
宋无　1376，1559，1586，1590
宋旡　1189
宋世良　503
宋世煦　834
宋世犖　793，1689，1742，1814
宋本　1378
宋北堂　965
宋邦綏　1404
宋成基　868
宋至　1221，1244，1846
宋光廷　1206
宋廷桓　1257
宋廷楨　844
宋廷輔　465
宋祁　534，535，536，542，1373，
　　1551，1555，1563，1580，1618，

1643，1646，1725

宋如林　726，728

宋均　1734，1784，1792，1793

宋伯仁　1370，1567，1656

宋沂　1380

宋君玉　1620

宋長白　1466

宋若昭　954，970，1585，1660，1663，
　　1666，1727

宋若華　954

宋和　1699

宋金鏡　767

宋庚　816

宋育仁　906，1711，1780

宋沾　1442

宋宗元　1035，1416

宋居白　1560

宋珏　1174，1579

宋咸　530，948，955，956，1598，1600，
　　1602，1605

宋咸熙　500，1729，1753，1754

宋保　504，527，1771

宋俊　1742

宋庠　1587，1591，1643，1646，1649

宋彥　1613

宋恂　780

宋祖法　761

宋祖駿　1206

宋祖驊　1206

宋振譽　921，930

宋起鳳　755，1623

宋晋　1315

宋剛中　1681

宋衷　434，1603，1667，1752，1784，
　　1785，1799

宋曹　1625，1626

宋敏求　789，1162，1550，1560，1562，
　　1580，1608，1667，1725，1798

宋訥　1192

宋瑛　819

宋琬　1226，1415

宋葆淳　654，986，1634，1775

宋朝楨　771

宋景昌　1717，1778，1803

宋景濂　1221

宋景關　1221

宋翔鳳　428，429，485，1295，1767

宋湘　658

宋淵　1681

宋弼　1258

宋登春　1798

宋粲　1440

宋傳心　909

宋慈　671，672

宋溶　837

宋際　870

宋鳴琦　1086

宋鳴瓊　1421

宋廣業　896

宋端儀　1621

宋齊邱　1744

宋犖　547，874，1176，1236，1383，
　　1427，1442，1622，1623，1625，
　　1627，1636，1637，1697，1731，
　　1748，1749，1846

宋實穎　1621

宋維藩　1474

宋綿初　429，1774

宋瑾　1622，1623

宋儀望　952

宋徵輿　1364，1414

宋魯珍　1048

宋慶長　870

宋澄之　567

宋褧　1378

宋錦　862

宋澤元　559，1357，1741，1742

宋濂　523，535，536，543，559，1190，
　1191，1192，1403，1572，1593，
　1621，1654，1669，1758，1818，
　1819

宋繡　1442

宋纁　1714

宋繼穜　487，488，489

宋權　1442

宋顧樂　1722

宋鑒　447

宋驤　741

初尚齡　928

局中門外漢　1751

阿世格　1128

阿克敦　1252

阿思哈　702

阿桂　553，556，650，700

阿發滿　1759

阿麟　848

妙有山人　1496

妙因居士　912

邵士　773

邵大業　780，1260

邵大緯　905

邵子彝　816

邵太緯　1710

邵友濂　808

邵以仁　604

邵以正　1113

邵世昌　777

邵光胤　788

邵光祖　1744

邵廷采　1746

邵廷烈　1707，1804，1805

邵廷寀　1814

邵自祐　778

邵志琳　1124，1769

邵伯棠　1470

邵伯溫　1014

邵希曾　1278

邵亨豫　1327

邵長蘅　527，1176，1236，1237，1383，
　1427，1688，1689，1691，1693，
　1694，1695，1697，1802

邵松年　1073，1428，1520

邵咏　862

邵承照　774

邵思　1557

邵紀棠　1040

邵晉涵　426，531，802，808，1274，
　1743，1777，1813，1814

邵真人　524

邵桂子　1648

邵浩　1445

邵捷春　1202

邵梅臣　1081

邵涵初　893

邵瑛　466，1766

邵博　1014

邵達　1005

邵棠　1757

邵遐齡　822

邵瑞澄　1127

邵遠平　534，545，961，1629
邵蒼錫　966
邵嗣宗　1698，1804
邵嗣堯　1712，1728
邵雍　1058，1067，1120，1174，1550，
　　1554，1756，1828
邵經邦　534，961，1812
邵齊燾　1263
邵履嘉　1251
邵謁　1367，1369
邵諤　1570
邵燦　1504
邵豐鍭　757
邵颿　1269
邵繩清　985
邵寶　893，952，1197，1164，1830
邵懿辰　431，1319，1726，1729

八畫

奉天全省防疫總局　681
奉天軍督部　675
奉天諮議局　680
玩花主人　1498
武之望　1006
武元衡　1366，1368
武文斌　1026
武丕文　846
武占熊　836
武田源次郎　661
武先慎　462
武次韶　815
武克明　748
武叔卿　1716
武昌質學會　1779
武衍　1370，1375

武帝蕭衍　1159，1362，1566，1583，
　　1786，1789，1790，1791
武達材　752
武開吉　789
武蔚文　718
武漢臣　1499，1501
武億　426，429，485，498，789，1667
武穆淳　783
武勳朝　718
武纘緒　756
青山山農　1527
青韋老人　1127
青烏子　1570，1619
青浮山人　1079，1763
青陽野人　1523
青谿醉客　1517
長白浩哥子　1042
長谷真逸　1573，1588，1612
長庚　830
長荃子　1116
長海　1762
長孫□　1790
長孫無忌　666
長野確　1635
長啓　613
長筌子　1113
長順　700
長善　665，1336
長闓　1291
長齡　613
者寶書　1128
抱真子　1117
抱甕老人　1506，1507
抱甓外史　559，1605
拉昌阿　759

拙玄生　1125

拙居士　521

亞倫　1760

亞當斯密　1899

耶律楚材　1188，1376，1680，1752

耶律鑄　1755

若駼子　1521

苗于京　784

苗希頤　1120

苗爲　1048

苗夔　431，504，509，1762，1800

英見思　575

英秀　865

英和　464，613，616，938，1027，1073，
　　1247，1291，1685

英祥　671

英國戰船部　983

英啓　824

英傑　733

英廉　916，1259

英歛之　1036

英麟　937

苻朗　1795

茆泮林　1658，1752，1785

苑琯　1799

范士楫　1391

范大成　1612

范子安　1500

范元亨　1497

范元享　1384

范公偁　1555，1609

范文安　858

范正敏　1557

范正輅　804

范世勛　1093

范本禮　1695，1696，1766

范印心　748

范立本　961，1032

范弘嗣　952

范成大　1182，1183，1364，1372，1373，
　　1552，1563，1569，1581，1594，
　　1606，1607，1611，1653，1654，
　　1655，1671，1673

范光陽　1242

范光曦　794

范廷彦　1242

范廷諤　1242

范仲淹　1402，1439，1564，1639，1715

范安治　747

范志敏　1808

范希哲　1493，1494

范汪　1680，1788

范表　1593

范長生　434，1786

范雨樓　1090

范昌棣　830

范迪吉　1896

范季隨　1557

范泓　1535

范宜賓　1117

范建杲　1495

范承勳　896

范承謨　1230，1636

范峒　1810

范咸　703

范昭逵　1633，1685

范宣　1788，1796

范祖述　1699

范祖禹　421，424，472，473，1818

范祝崧　1337

范泰　1796

范泰恒　1262，1632

范泰衡　846，848

范致明　1563，1606，1721

范浚　1372，1818

范家相　1671，1774，1817

范純仁　1175，1439

范培蘭　1746

范梈　1376，1461

范處義　420，423

范晞文　1652，1726，1811

范崇時　1230

范崇楷　810

范清曠　722

范淶　1535

范淶清　850

范惟一　1194

范寅　1453

范啓塗　747

范啓源　799

范景文　980，1360，1798

范欽　1603

范鄗鼎　951，1431，1714

范翔　460，482，492，493

范温　1565

范甯　415，416，417，418，468，490，
　1784，1787，1788，1790，1791

范照藜　466，1262

范與良　1453

范漣　1422

范壽金　1777

范爾梅　1847

范曄　534，535，536，538

范鳴龢　887

范端昂　901

范履福　706

范璣　1077

范翰文　713

范懋敏　937

范鍇　881，1477

范騋　1067

范攄　1556，1609，1659，1662，1665，
　1727

范鎮　1672

范繼昌　828

范鶴年　1495

范蠡　1569

直隸協贊會　1037

直隸學司譯處　565

茄合哈來　1898

茅一相　987，1578，1619

茅一桂　1176

茅元儀　980，982，1575，1579

茅丕熙　760

茅坤　573，574，602，1013，1169，1176，
　1177，1206，1402，1593，1670

茅瑞徵　568

茅僧曇　1502

茅維　1414

茅潤之　1292

林一銘　792

林大春　1437

林大桂　1017

林大欽　1437

林之芬　1709

林之奇　420，423

林之蒨　1237

林子中　1559

林子卿　554

林元英　1294

林日瑞　1201

林以寧　1421

林正青　884

林世遠　700

林用光　1310

林用霖　811

林至　419，422

林光世　419，422

林光朝　1372

林同　1371

林兆珂　451

林兆恩　1017

林兆豐　432

林亦之　1374

林汝謨　770

林芳　1557，1661

林佐　823

林伯桐　1817，1862

林希恩　1577，1578

林希逸　421，424，975，1370，1375

林沅　1157

林表民　1434，1814

林長生　1007

林長孺　1704

林坤　1617

林茂光　846

林直　1334

林尚仁　1370，1375

林尚葵　514

林昌　1265

林昌彝　461，497，1023，1024，1422，
　　1468

林季仲　1814

林佶　877，1231，1238，1626，1627，
　　1693

林侗　1678，1728，1740，1750

林春溥　560，854，1861

林挺秀　470

林挺俊　470

林荔　753

林則徐　689，693，902，1300，1686，
　　1700，1710，1711，1741

林星章　858

林泉生　1380

林禹　1810

林洪　1014，1564，1567，1568，1569，
　　1592，1722

林彖　1290

林泰雯　863

林泰輔　1888

林逋　1172，1371，1564，1611，1715

林時春　842

林時益　1444

林海如　1088

林祥瑗　824

林紓　522，1045，1529

林梅　617

林崧祁　1352

林清標　604

林堯叟　467，468，492

林越　1596，1737

林達泉　737

林萬里　569

林葆元　838

林朝聘　1209

林雲銘　977，1157，1167，1399，1624，
　　1626，1697

林開燧　1009

林景暘　1213

林景熙　1373，1656

林貴兆　1208

林程初　1899

林喬蕃　854

林鈞　1469

林善亭　855

林尊賓　1406

林道原　1685

林富　704，1192

林登虎　855

林瑞枝　826

林楨　1543

林槐　809

林嗣環　1622

林鉞　573

林愈蕃　1262

林意誠　1540

林溥　772，1700

林慎思　949，1650，1653，1675

林壽春　1325

林壽圖　877，1319

林熙春　1437

林聞譽　862

林儔　1686

林鳳鈞　1046

林豪　857

林榮知　1133

林寬　1366，1368，1369

林駉　1533

林億　991，992，999，1003，1118，
　1753

林樂知　571，661，1136，1683，1685，
　1705，1706，1759，1760，1780，
　1888，1889

林德謀　674

林慶炳　497，498，1863

林頤山　432

林霍　1692

林穆吉　1888

林學珹　675

林獬錦　1415

林緝光　824

林駿元　846

林謙　1683

林謙光　1637，1661，1701，1702

林翼池　1694

林蘊　1365

林鎬　1678，1728

林鶚　811

林讓昆　829

來知德　433，436，952，1017

來春石泰　1776，1780

來斯行　1572，1614，1615

來集之　1032，1622

來爾繩　437，492

松年　646

松林　830

松滋山人　1528

松椿　573

松筠　601，705，902，904，1682，1686，
　1687，1706，1709

杭世駿　425，459，491，547，578，
　600，805，1254，1596，1631，
　1633，1649，1652，1674，1726，
　1737，1741，1850

杭永年　1512，1513

杭械　1810

杭慎修　567

杭澄　1421

述廬　1755，1756

東三省蒙務局　680

東文學社　516

東方朔　950，1065，1361，1563，1583，
　1597，1598，1600，1602，1606，
　1612，1618，1659，1673，1724，
　1727，1731

東方學會　916

東邦協會　1890

東洋奇人　1527

東軒主人　1637，1638

東陽無疑　1796

東蔭商　1622，1688

東璧山房主人　1508

臥雲山人　1124

郁方董　828

郁永河　1630，1701，1739

郁松年　1189，1717

郁法　1804

郁逢慶　1070，1778

叔未士　1137

叔孫通　1658，1678，1754，1783

卓有見　1113

卓明卿　1534，1812

虎伯　1898

尚仲賢　1500，1501

尚秉和　1470

尚崇璧　582

尚朝柱　962

尚雲章　750

尚詮源　962

尚鎔　1300，1778

旺都特那木濟勒　1347

昌弘綱　1406

門無子　985

門慶安　905

昇寅　1284

明之綱　889

明志閣　681

明新　625

明僧紹　1786

明誼　863

明鏡子　1127

易大艮　996

易之瀚　1056

易文基　832

易本烺　465，519，1814，1815

易宏　1437

易佩紳　1335

易宗涒　581

易祓　1680

易家霖　841

易崇垚　519

易順鼎　1449，1884

易瑩　1884

易履泰　1383

易燮堯　836

昂吉　1381

固利爾　1136

忠璉　765

咀雪子　1403

咋蜜尊者　1107

岡千仞　1698，1704

岡本監輔　473，1687，1704，1705，1706，
　1741，1888，1895

知非子　1067

迬朗　1078，1635

迬鶴壽　430，1012

物觀　1718

和邦額　1040

和其衷　583

和珅　699

和菟　1569

和瑛　438，1273，1761

和琳　705，1751

和寧　1725

和羹　747

季本　449

季芝昌　613，1305

季念詒　730，738

季振宜　937

季理斐　567

季嬰　1670

季麒光　1637，1638，1661，1701，1703

季蘭韻　1308，1476

竺芝　1682

侍其瑗　1766

佶山　658

岳元聲　551，1552，1572，1613

岳正　1572，1593

岳邦翰　1487

岳廷楷　781

岳州救生局　885

岳甫嘉　1008

岳伯川　1499

岳宏譽　755

岳金　982

岳宜興　761

岳珂　414，497，606，1015，1374，1557，
　　1560，1586，1590，1608，1610，
　　1642，1645，1653，1654，1660，
　　1674，1724，1739，1765，1815，
　　1875

岳飛　1181，1182，1359，1649

岳端　1247，1494

岳震川　796

岳廣延　770

岳鍾琪　1714

岳鴻慶　1446

岳濬　701

兒寬　1794

佩森　1135

依本言　1128

依凌阿　567

舍伍德　1889

金彧　1357

金一疇　1088

金人瑞　1406，1489，1490，1508，1509，
　　1510，1512，1513，1516，1623，
　　1635，1778，1836

金三俊　971

金士松　1353

金大鏞　829

金之丹　981

金之俊　1687，1688，1691

金天柱　1128

金元烺　733，734

金友理　897

金日升　564

金曰追　430，457

金文田　1434

金文錦　990，1079

金以謀　1000

金玉相　969

金正元　724

金正喜　1762

金世純　789

金古良　1081

金可久　1081

金左泉　735

金永森　569，884

金幼孜　559，1552，1593，1594，1603，

1608，1621

金式玉　1712，1767

金至元　1251

金廷棟　874

金兆燕　1263

金汝榦　473

金汝楫　473

金安世　445

金安清　1710，1751

金孝柏　507

金志章　871

金吳瀾　610，612，726，1231

金長春　909，1677

金武祥　1029，1700，1702，1802，1803

金若蘭　1421

金松　483

金昌燕　1449

金門詔　1248，1632

金明源　756

金忠　966

金忠淳　1647

金忠濟　787

金和　1803

金珉　1263

金昭鑑　1622

金保權　1330

金衍宗　1292

金祖彭　764

金約翰　917

金桂馨　872

金時宣　817

金甡　1257

金皋　784

金涓　1379，1819

金陵江楚譯官書局　565

金捧閶　1803

金梅　706

金逸　1421

金惟駿　1257

金賁亨　1719

金敬淵　1703

金湘　1278

金湘儒　1550

金榮　892

金蓉鏡　839

金楷理　981，1047，1048，1759，1760，1761，1780，1894，1896，1900

金枺志　1093

金農　1068，1722

金鉉　1360，1798，1802

金誠　438

金雍　1406

金義孫　1001

金福曾　728

金福增　757

金嘉采　1750

金嘉琰　797，811

金臺　869

金榜　426，1699，1774

金鳳清　1083

金榮　1236

金維賢　1705

金德純　1625，1627，1761

金德瑛　1435，1772

金德輿　1083

金徵　483

金諾　1622

金履祥　420，423，479，1743，1758，1818，1819

金學詩　588，1635

金錫齡　1322，1456

金諤　1803

金聲　1217，1360

金檀　1193，1674

金黻廷　1449

金鍾麟　883

金應鄰　1308

金應澍　1803

金應麟　1810

金嗛　549

金鴻　737

金禮嬴　1678，1728

金豐　1518

金蟠　464

金簡　1642，1645

金鏡　1798

金鶚　430，461，1729

金繼震　1210

金鰲　1698

金纓　972

采九德　559

朋九萬　1566，1675，1742

服虔　503，1782，1783，1789，1793

周□　1790

周二學　1630，1748，1749

周人龍　756

周三燮　1811

周士楨　828

周士顯　491，479

周大樞　1455

周大儒　750

周小軒　968

周之炯　549

周之琦　1767

周之瑚　787

周之楨　750

周之鏌　1813

周之燦　549

周之騄　789

周之鏞　820

周之鱗　1373

周天度　1631，1690

周天爵　743，1451

周元孚　1614

周日用　1599，1600，1602，1605，1609，
　　1615

周曰漣　1454

周壬福　768

周仁符　1470

周仁壽　788

周公恕　957

周文玘　1558

周文焜　1158

周文煒　1624，1635，1742

周文源　1047

周文鳳　813

周文璞　1174，1371，1374

周方炯　793

周心如　1713

周以勳　763，766

周玉衡　839

周玉麒　875

周玉瓚　1314，1429

周正　1692，1694

周正思　469

周正紀　781

周去非　1654

周世昌　726

周世金　441

周世則　1678

周世樟　493

周世德　865

周世選　1210

周世澄　566

周右　735，1320

周生烈　1784，1791，1794

周用　1200

周立　1193

周立瀛　820

周玄暐　1019，1731

周必大　1372，1550，1563，1566，1587，
　1591，1592，1608，1616，1617，1771，
　1828

周永年　973，1658，1763

周弘正　1786

周弘祖　937，941，1772

周邦彦　1812

周邦儉　587

周朴　1367，1369

周再勳　750

周在延　480

周在都　1636

周在浚　597，1450，1633

周有聲　1273

周成　503，1793

周光鎬　1437

周同谷　1723

周廷祚　692

周廷寀　498，501，1797

周延儒　482

周自得　1644

周行己　1643，1646

周行仁　1634

周兆蘭　875

周汝登　598，1105，1405

周如璧　1502

周羽翀　1560，1594，1607

周作楫　869

周作翰　835

周伯琦　509，510，1377，1593

周伯義　893

周希令　1178

周希哲　806

周孚　1374

周系英　832

周言　673

周沐潤　1824

周邵蓮　1772

周青　1767，1862

周坦然　1636

周劼　1335

周茂五　1094

周茂蘭　1654

周來邰　771

周來賀　838

周杰　813

周尚冕　1830

周尚質　776

周昌年　576

周昂　569，1490

周秉彝　782

周金然　1651

周金壇　1036，1037

周郇　1759，1760

周於智　771

周怡　952

周宗杭　498，1797

周宗建　692，1360，1398

周宗璜　587

周承芳　1210

周承弼　826
周春　1631，1632，1649，1650，1652，
　　1731，1738，1853
周拱辰　1813，1835
周城　870
周南　1065
周柄中　489
周柱坤　964
周星詒　1824
周星譽　1698，1803，1824
周星鑾　1803，1824
周昭　1794
周思得　1124，1812
周保珪　457
周亮工　942，1028，1035，1065，1086，
　　1224，1450，1465，1636，1637，
　　1661，1674，1701，1736，1738，
　　1778
周亮輔　582
周彥曾　1429
周炳麟　1769
周洪謨　497，559，1751
周恒　860
周祐　716
周祝齡　1355
周祚嶧　853
周起元　1360
周起渭　1246
周真一　1113
周栻　722
周砥　1381
周時雍　1538
周師厚　1569
周師濂　1357
周高起　1623，1801，1802

周益　579
周悅修　1824
周悅讓　769
周家棟　523
周家祿　569，914，983
周家楣　706，1336
周家齊　767
周家駒　810
周朗　1005
周書　862
周捨　1789
周萃元　738
周處　1562，1583
周國頤　848
周從龍　1019
周象明　1721，1804
周焕章　715
周焕樞　1338
周清原　1637，1638，1661，1691，1727
周淦　788
周淙　1729，1740，1754，1807
周寅所　1615
周寅卿　1335
周密　879，1473，1555，1556，1557，
　　1560，1562，1563，1564，1566，
　　1586，1587，1589，1590，1591，
　　1592，1608，1610，1612，1617，
　　1643，1647，1653，1654，1655，
　　1714，1725，1737，1742，1744，
　　1746，1807
周紹鑾　849
周瑛　854
周琢新　587
周越　1566，1583
周超　752

周博義　1804
周達用　972
周達觀　1558，1563，1594，1606，1609
周揆源　1436
周斯才　845
周斯盛　1237，1633，1636，1637
周斯億　724
周葆恩　831
周朝俊　1493
周植　738
周植瀛　713
周雲鳳　775
周棐　1381
周斐　1561，1582
周紫芝　1374，1551，1566，1616
周貽繰　752
周鼎　461
周鼎樞　1765
周景柱　749，755
周凱　854
周順昌　1360
周翕鑛　772，1432
周爲漢　1314
周詒樸　1221
周詒繁　1475
周敦頤　1120，1174，1638，1756
周道遵　806
周游　1516
周愃　793
周裕　1670
周弼　1371，1374，1404
周珹　772
周頊　739
周馳　1380
周聖楷　584

周夢暘　1603
周夢顏　1723
周夢齡　1607
周嵩堯　608，1083
周榘　1732
周與爵　1174
周詩雅　1033
周煌　906，1261，1642，1645
周煇　1556，1561，1594，1608，1654
周準　1414，1690，1692
周溶　740
周遜　1429
周際華　783
周際霖　738，739
周嘉冑　1095，1625，1626，1731
周嘉猷　701，1728
周燾華　1804
周壽昌　536，1324，1423，1425，1475
周壽梓　782
周碩勳　860
周爾潤　1893
周霆震　1377
周毓齡　1184
周銘旂　797，799
周鳳翔　1360
周鳳鳴　765
周誥　606
周廣業　429，605，744，809，1267，
　　1674，1778
周鄭表　766
周榮椿　812
周賓所　1574，1588
周維翰　1888
周蕙田　471，494
周震榮　706

周輝　1610

周樂清　1505

周德　1359

周魯　1538

周魯封　1084

周贇盛　1496

周慶雲　590，1434

周慶增　788

周遵道　1556，1590

周履靖　1504

周璟　600，1810

周璣　778

周樹槐　820

周樹模　696

周檺　1429

周樽　875，1455

周勳常　1267

周勳懋　1267

周興嗣　520，972

周學海　996，997

周學銘　741

周學璿　805

周錫榮　1351

周龍藻　1236

周澤溥　842

周懋琦　935

周嬰　1678

周穉廉　1504

周鍾　1414

周繇　1806

周謨　817

周應合　700

周應賓　893

周燦　1222

周濟　1481，1730，1862

周翼　765

周翼杶　1475

周馥　1133

周鎬　1302，1689

周璽　857，1360

周鏡　1302

周贊　741，891，1084

周蘭九　1003

周騰虎　1496

周繼煦　1803

周權　1190，1377

周續之　1783，1787，1794，1796

周鑄　1182

周瓚　1223

周顯　1084

京奉鐵路管理局　877

京房　432，434，1597，1599，1601，1772，
　　1782，1785

京相璠　1783，1790

京師大學堂圖書館　1899

京師内外城巡警總廳　680

京圖　1065

効愚氏　1897

法式善　683，1278，1419，1455，1456

法芝瑞　1804

法良　1084，1313

法坤宏　1255

法若真　1226

法偉堂　767

河上公　948，973，974，1602

河世寧　1656

河野元三　1889

波乃耶　1134，1141

治平氏　1354

怵吾　1756

怡愉　1188

宗人府　624

宗人府玉蝶館　583

宗山　1475

宗臣　1209

宗廷輔　1440

宗能徵　741，743

宗婉　1440，1475

宗測　1681

宗聖垣　1271

宗源瀚　654，673，805，915，1434，1459

宗稷辰　1307

宗德懋　1440

宗澤　1179，1359，1758，1818

宗懍　1564，1583，1599，1601，1602，1611，1681

宗續辰　836

定長　703

定育　1034

定祥　819

定壽　645

宜垕　1705

官文　694

官裳　470

官擢午　777

官獻瑤　855

空谷老人　1516

空青先生　1618

宛名昌　825

郎士元　1366，1368

郎天錦　589

郎玉銘　1540

郎廷極　1739

郎廷槐　1239，1461，1731

郎兆玉　455，456

郎奎金　530

郎師夔　589

郎瑛　1032，1574，1588

郎遂　1806

郎曄　690，1743

郎肇　1117

郎錦騏　672

房千里　1556，1660，1663，1666

房千星　1568

房玄齡　534，535，536，539，540，948，951，984

房景先　1784

房祺　1364，1375，1737

房裔蘭　755

房皞　1379

居巢　1320

屈大均　1021，1234，1637，1638，1687

屈成霖　712，962

屈秉筠　1476

屈原　1359，1400

屈復　1157，1246，1632，1715

屈曾發　517，962，1056

屈蕙纕　1476

屈曉發　962

屈塵菴　1394

弢樓主人　1357

承印　828

承啓　646

承霈　813

承齡　1767

孟丁元　1147

孟元老　1563，1580，1618

孟化鯉　952，1829，1830

孟介臣　1090

孟永棻　1466

孟郊　1166，1367，1368

孟宗寶　1653

孟春森　844

孟思　1210

孟思誼　719

孟保　683

孟炤　816

孟珙　1560，1594，1608

孟浩然　1161，1364，1464

孟彬　1634

孟常裕　785

孟貫　1368，1369

孟超然　614，1853

孟喜　434，1782，1785

孟雲峰　1549

孟棨　1565，1581，1585，1606，1616，
　　1617，1659，1662，1665，1727

孟熙　1574

孟稱舜　1502

孟毓蘭　735

孟廣均　605

孟廣來　776

孟漢卿　1501

孟慶雲　814

孟濤　761

孟麟　928

嘔齋居士　996

九畫

春元　876

春齋居士　971

封蔚初　825

封演　1668，1797

政學社　668

郝大通　1119

郝天挺　1404

郝玉麟　703，704

郝明龍　611

郝浴　1230，1800

郝培元　1858

郝敬　436，455，457，459，465，470，
　　475，1814

郝植恭　1338

郝景春　1360

郝登雲　749

郝經　1188，1359，1376，1717

郝懿行　428，1280，1688，1689，1857

指迷道人　1027

荊園居士　1041

羮秋散人　1518

荀氏　1571

荀況　948，949，951，955

荀柔之　1786

荀卿　1400

荀悅　949，956，1361，1597，1598，
　　1600，1602，1620，1764

荀爽　434，1782，1785，1788

荀勖　1362

荀萬秋　1789

胡一中　420，423

胡一桂　419，422

胡又邨　1401

胡又廬　1263

胡三省　545，546

胡士行　420，423

胡士佺　483

胡士信　1118

胡大初　1748

胡之玫　1118

胡之森　1092

胡之富　844

胡之楨　854

胡之煜　488

胡之驥　1159

胡子清　570

胡天游　712，1254，1377，1694，1729，1754

胡元士　837

胡元玉　432

胡元琢　748

胡元翔　844

胡元煥　791

胡元暉　1805

胡元儀　432，593

胡太初　1551，1564，1715

胡友梅　822

胡仁濟　710

胡介　1682

胡介祉　1091

胡公著　772

胡文英　532

胡文炳　579

胡文恩　1313

胡文煥　1008，1014，1049，1059，1544

胡文銓　744，791

胡文燁　754

胡文學　1434

胡方　1243，1816

胡方平　419，422

胡心悦　827

胡以梅　1407

胡玉縉　1766

胡正心　481

胡正言　515，1079，1080，1091

胡正楷　827

胡世安　1010，1676

胡世寧　691

胡本淵　1549

胡仔　1464，1566，1736

胡必蕃　731

胡必選　739

胡永吉　1710

胡匡衷　427，429，457，1628

胡式鈺　1011，1678

胡有誠　744

胡成孚　1319

胡光國　1428

胡光琦　848

胡延　1479

胡仲參　1370，1375

胡任興　1453

胡仰山　667

胡兆春　1314

胡江　1576

胡安國　468，492

胡孝思　1416

胡志熊　729

胡克家　1385，1386

胡杏芳　818

胡助　1380，1819

胡孚駿　602

胡宏　547，949，1738

胡長孺　1378

胡其焕　744

胡直　952

胡林翼　694，912

胡松　911

胡昌基　1434

胡昌賢　896

胡昇猷　793，1157

胡季堂　578

胡秉虔　429，507，1730，1777

胡侍　1612

胡岳　714

胡佩芳　1421

胡念修　1012，1357

胡宗元　820

胡宗憲　979，1658，1724

胡居仁　951，1638，1639

胡承珙　429，451，456，1777，1815

胡承諾　957，1023，1815

胡承謀　805

胡承譜　1805

胡珏　996，1004

胡垣　525

胡威立　1896

胡思敬　1383，1683

胡香昊　1429

胡重　504，507

胡俊章　941

胡傳　1685，1695

胡傳釗　894

胡開　1624，1635

胡胤銓　722

胡彥升　775

胡彥昇　463

胡炳文　419，421，422，424，474，1376

胡珽　1723

胡晉熙　844

胡夏客　1222

胡虔　865，946

胡效祖　1313

胡澇　708

胡浚　1358

胡悟　1114

胡祥鑗　1682，1755

胡祥麟　431，1729

胡書雲　849

胡書源　811

胡珵　1557

胡培系　940

胡培翬　428，430，457，1298，1628

胡執佩　1126

胡國楷　1252

胡國楨　1065

胡淦　713，1392

胡寅　575，953，1738

胡宿　1643，1646，1801

胡啓文　520

胡啓植　854

胡紹煐　1778

胡紹勳　1777

胡琦　605

胡達源　967

胡敬　552，1289，1807，1811

胡雲煥　1549

胡斐才　483

胡棠　1407

胡景桂　717

胡復初　823

胡舜申　1804

胡焯　871

胡滇　1073

胡渭　425，428，445，1671，1737

胡裕燕　733

胡聘之　930

胡夢昱　1359

胡椿　862

胡楷　810

胡業恒　818

胡煦　438，1065，1243

胡嗣廉　994

胡鉉　1358

胡煒　765

胡源匯　1888

胡慎儀　1421

胡瑤光　460

胡壽海　812

胡蔚　868

胡爾榮　1768

胡鳴玉　1011，1635，1678

胡銓　1181，1652

胡鳳丹　790，822，871，892，895，934，
　　1023，1159，1191，1335，1363，
　　1701，1758，1817

胡廣　433，444，449，458，468，474，
　　479，491，492，959，1658，1754，
　　1783

胡端書　864

胡肇楷　667

胡維霖　1575

胡璋　670

胡璿　1219

胡震亨　432，641，804，1406，1464

胡德琳　701，761，762，763，1259，
　　1851

胡德邁　1148

胡賡善　1283

胡澍　507，1729，1730

胡燕昌　751

胡薇元　1349，1350，1880

胡翰　1191，1819

胡錡　1551，1565，1587，1591，1610

胡輯瑞　844

胡錫祜　844

胡燏棻　984

胡憲仲　1572

胡憲豐　1000

胡應麟　1464，1553，1573，1574，1589，
　　1610

胡鴻澤　670

胡濤　1313

胡禮垣　1890

胡翹元　438

胡贊采　781

胡鏗　1384

胡鶚薦　838

胡繼宗　1542

胡儼　1574

胡鑑　1464

胡麟　841

胡纘宗　1405

茹岱林　713

茹金　751

茹敦和　1766，1813

茹鉉　698

茹綸常　1273

南山逸史　1502

南支那老驥　1527

南沙三余氏　555，564

南卓　1569，1585，1611，1663，1665，
　　1672

南明信　441

南岳道人　1517

南京圖書局　1899

南軒　547

南逢吉　880，1719

南園嘯客　558

南懷仁　911，1049，1136，1626，1637，

1661，1705，1727

柯九思　1380

柯汝霖　1809

柯汝鍔　1634

柯振嶽　1296

柯逢時　822

柯琴　1000

柯雅各　1896

柯爲良　1136，1897，1898

柯維騏　542

柯潛　1195

查人渶　899，1696，1807

查士標　1226

查子庚　827

查弘道金　1189

查有新　1291

查志隆　892

查克弘　1407

查昇　1713

查侃　861

查居廣　1379

查祥　889

查培繼　1474

查彬　989

查琪　1622

查揆　1290

查景璠　1255

查爲仁　1251，1466，1635，1659

查嗣瑮　1243

查慎行　702，1176，1242，1415，1465，
　　1631，1633，1634，1690，1724，
　　1728

查端　1290

查遴　801，1191

查禮　1089，1262，1417，1635，1688

查繼佐　1033，1502

查繼超　1474

查鐸　1204，1805

相國道　1566

柏亨利　1135，1146

柏春　817

柏起宗　1669，1781

柳上芝　857

柳公權　1584，1662，1665

柳以蕃　1341

柳正芳　868

柳永　1473

柳守元　1120，1121

柳宗元　948，956，1168，1169，1363，
　　1364，1366，1368，1402，1551，
　　1555，1557，1584，1607，1609，
　　1610，1662，1665

柳拱辰　1681

柳華陽　1127

柳珵　1584，1662，1664

柳貫　1376，1569

柳開　1375

柳煌　1233

柳福培　852

柳榮宗　507

柳樹芳　897

柳橋居士　1042

柳興恩　431

迺賢　1376

研石山樵　1509

厚醫士　1898

耐得翁　1559，1563，1581，1587，1591，
　　1592，1807

奎瑛　1762

冒丹書　1631，1713，1736，1824

冒沅　1824

冒春榮　1824

冒俊　1747

冒嘉穗　1824

冒廣生　1823，1824

冒篁　1824

冒褒　1736，1824

冒襄　559，1415，1625，1626，1635，
　1713，1823，1824

昭樑　1027

哈司韋　1758

哈貞女　1142

拜斯呼朗　799

看雲主人　1527

郘坦　469

香雪道人　1026

香夢詞人　1528，1779

秋紅晚翠軒餘叟　1044

段公路　1563，1584，1594，1662，1665，
　1744

段玉裁　426，505，844，1264，1270，
　1383，1631，1632，1658，1743，
　1765，1854

段永源　1319

段成己　1377，1442

段成式　1367，1369，1555，1563，1569，
　1571，1584，1585，1606，1610，
　1659，1663，1664，1665，1666，
　1667，1727，1816

段安節　1569，1585，1596，1606，
　1663，1665，1672

段志堅　1120

段克己　1377，1442

段松苓　874，922，1758

段昌武　1653

段映斗　828

段盛梓　725

段國　1562，1785

段喆　1064

段朝端　1747

段綖傳　859

段廣瀛　736

段熲　1784

段澍霖　795

段諤廷　489，501

段龜龍　1562，1785

段獻增　616

保忠　771

保寧　665

修訂法律館　680

修梅山人　525

信都芳　1789

皇甫中　1005

皇甫氏　1556

皇甫冉　1366，1368

皇甫汸　1203

皇甫枚　1553，1556，1570，1595，1660，
　1663，1666，1727，1767

皇甫松　1567，1585，1663，1665

皇甫牧　1559

皇甫周　1619

皇甫規　1784

皇甫庸　559，1575，1588，1605

皇甫曾　1366，1368

皇甫湜　1365

皇甫録　1608

皇甫謐　602，991，992，1561，1582，
　1598，1600，1601，1606，1607，
　1753，1794，1816

皇侃　487，498，1653，1784，1788，

1790

禹殿鰲　779

侯一元　1206

侯一麐　1207

侯仁朔　1716，1742

侯文燦　1472，1802

侯方域　1227

侯允欽　867

侯失勒　1759，1896

侯白　1556，1661

侯延慶　1555，1559，1608

侯甸　1574，1588

侯良弼　781

侯君素　1571

侯長熺　748

侯若源　852

侯苞　1783，1787

侯果　1786

侯宗海　726

侯峒曾　1360

侯重喜　963

侯培峻　876

侯康　431，1817

侯紹岐　711

侯紹瀛　736

侯實　1473

侯銓　484，1234

侯鳳苞　1722

侯榮圭　755

侯寧極　1569，1585，1663，1666

侯肇元　841

侯瑾　1784

侯鶴齡　959

帥方蔚　813

帥念祖　654，986

帥承瀛　889

帥翰階　1421

後主陳叔寶　1362

俞大猷　1204

俞文豹　1556，1557，1559，1586，1590，
　　1608，1655，1674

俞允文　1205

俞正燮　430，740，1025，1683，1690，
　　1695，1720

俞世銓　745

俞世爵　1759

俞弁　1007

俞成　1551，1555，1610，1758，1818

俞廷瑛　1475

俞廷獻　710

俞向葵　895

俞汝言　1629

俞汝昌　1408

俞安期　1536，1545

俞秀山　1484，1485

俞希魯　731

俞長城　479，1635，1649

俞松　1653

俞昌烈　824

俞昌會　903

俞岳　1305

俞宗本　1554，1569，1618，1752

俞宗誠　745

俞荔　854

俞思源　1320

俞思謙　1650

俞桂　1370，1374，1811

俞致中　815

俞恩燁　1039

俞皋　421，424

俞浩　909

俞焕　1005

俞焕章　971

俞琰　419，422，1113，1448，1557，
　1587，1590，1612，1661

俞達　1523，1524

俞葆真　968

俞森　660，1671，1721

俞雲耕　740

俞蛟　1632，1636，1698，1856

俞敦培　1094

俞焯　1566

俞焜　823

俞渭　869

俞遠　1381

俞夢蕉　1041

俞廉三　757

俞誨　1570，1619

俞榮寬　1063

俞增光　971

俞嶙　1198

俞德鄰　1375，1674

俞慶曾　1356，1476

俞樾　431，432，496，522，606，729，
　807，1035，1047，1241，1297，
　1330，1457，1458，1461，1478，
　1698，1732，1766，1769，1807，
　1808，1810，1874

俞錫綱　714

俞鴻漸　1041，1301

俞禮　1083

俞繡孫　1476

俞鑑　1094

俞觀旭　811

風月軒入玄子　1516

胤禮　649

計六奇　564，882，1749

計有功　1463

計東　1231

計然　950

計楠　1283，1633

度支部　679，690

奕劻　1891

奕訢　557，683，1339

奕詢　1349

奕諒　1337

奕繪　519

奕譞　1343，1762

帝禮士　1029

施士丐　1787

施山　1025，1341

施元之　1176，1181，1640

施元孚　1258

施仁　1544

施氏親親堂　592

施文銓　1825

施世杰　890，1680，1683

施世綸　555

施永圖　984

施邦曜　1830

施有方　718

施廷樞　831

施守平　1122

施何牧　573

施青臣　1556

施念曾　1431

施肩吾　1114，1118，1121

施耐庵　1508，1509，1513

施重光　1393

施奕學　555

施奕簪　873
施彦士　500，716，719，1753
施彦執　1640
施彦淳　1228
施約瑟　1130，1136，1140，1145
施峻　1207
施浴升　1825
施琅　555
施乾　1791
施國祁　543，1187，1634，1813
施崇恩　487
施清　1623
施紹莘　1216
施紹常　662
施紹闇　1093
施惠　731，1491，1503
施閏章　769，895，1228，1415，1431，
　　1630，1631，1690，1692，1693，
　　1713，1773
施景舜　780
施誠　785
施瑮　1228
施璜　957，1624，1626
施補華　1340，1468，1813
施樞　1370，1375
施德操　1674
施學曾　592
施學煌　842
施錫衛　855
施諤　802，1807，1810
施澤深　1538
施鴻　578，1747
施鴻保　1701
施彌德　515
施騰輝　1299

施顯卿　559，1605
施讎　1785
姜由範　843
姜兆錫　455，456，469
姜安節　1219
姜利仁　754
姜岳　521
姜垚　1063
姜南　1575，1578，1650，1651
姜炳璋　466，807
姜桐岡　800
姜特立　1472
姜宸英　425，1020，1238，1634，1694，
　　1701，1722
姜宸熙　871
姜埰　1219
姜紹書　1069，1652，1731，1733，1775
姜蛻　1564
姜漢章　775
姜篪　789
姜鍾琇　836
姜寶　952
姜夔　1370，1374，1461，1462，1551，
　　1566，1642，1645，1749，1757
洪月誠　1615
洪文科　1574，1588
洪玉圖　1624，1626
洪先燾　830
洪汝沖　724
洪汝奎　610
洪汝霖　755
洪守美　433
洪希文　1377
洪良品　445，1334，1447，1688，1689，
　　1698，1700，1709

洪若皋　809，1622，1630，1688，1691，
　1713
洪昌燕　1329
洪昇　1494
洪炎　1374，1764
洪宗訓　816
洪垣星　483
洪思　1216
洪适　930，1568
洪亮吉　429，575，699，784，798，
　800，912，1632，1686，1688，
　1689，1690，1691，1692，1694，
　1696，1697，1735，1738，1740，
　1742，1803
洪度臨　1098
洪咨夔　1185，1474
洪恩波　594
洪芻　1552，1568，1581，1588，1591
洪陳光　1770
洪基　997，1008
洪彬　670
洪梧　581
洪符孫　779，1767
洪朝　1205
洪皓　1181，1560，1608
洪鈞　543，1683
洪遂　1565，1587，1591，1592
洪湘蘭　1430
洪巽　1557，1586，1590
洪飴孫　1728
洪際清　838
洪璨　1185，1474
洪肇楙　708
洪蕙　792
洪邁　1015，1404，1410，1564，1567，

1572，1586，1587，1588，1590，
　1591，1619，1620，1744，1767
洪震煊　428
洪遵　1004，1568，1592，1618，1619，
　1654，1722，1725，1772
洪璟　746
洪頤煊　430，921，1011，1286，1655，
　1679，1743，1753，1771，1774
洪勳　1711
洪興祖　1719
洪錫爵　1343
洪錫疇　853
洪應明　961，1125
洪鑾　768
洞陽子　1115
洛源子　1039
恒仁　1652
宣宗朱瞻基　959，1579，1589，1603，
　1621
宣宗旻寧　1298，1299
宣洪猷　788
宣鼎　1046
宣靖　1572
宣穎　976
宦懋庸　1346
宦應清　1447
宮大用　1500
宮國苞　1418
宮國勳　780
宮崎繁吉　606
宮夢仁　703，1539，1742
宮爾鐸　1341
宮懋言　747
宮懋讓　768
宮鴻曆　1427

軍政局　1761

軍機處　647

扁鵲　991，1570

祖士衡　1558

祖台之　1571

祖澤遠　693

神田正雄　1892

神穆德　872

祝文郁　856

祝允明　1039，1197，1553，1573，1574，
　　1579，1580，1588，1589，1593，
　　1605，1608，1609，1612，1620，
　　1621

祝世禄　1613

祝昌泰　1815

祝淦　1634

祝時泰　1808

祝秘　1875

祝淮　859

祝暘　787

祝誠　1723

祝嘉庸　712

祝鳳梧　812

祝肇　1553，1576，1604

祝德麟　1273

祝慶祺　670

祝穆　1533

退思軒主人　1508

退學軒主人　986

韋之瑗　759

韋巨源　1567，1585，1663，1665

韋光黻　1712

韋行規　1564

韋更斯　1760

韋坦　1699

韋述　1562，1728，1738，1751

韋協夢　458

韋居安　1565，1674

韋孟　1567

韋昭　503，560，1783，1787，1790，1793

韋莊　1365，1367，1369

韋皋　1664，1667

韋培源　846

韋絢　1584，1662，1664

韋廉臣　970，1143，1151，1703，1706，
　　1895

韋端符　1568，1585，1663，1665

韋縠　1365，1404

韋調鼎　451

韋謙恒　1262，1455

韋應物　1166，1363，1364，1366，1368

韋續　1085，1566，1744

韋驤　1811

胥斌　1037

姚一桂　482

姚士粦　434，498

姚大榮　1354

姚之駰　1542

姚元之　1027，1756

姚文田　504，511，519，527，529，733，
　　1726，1738，1765，1858

姚文安　1790

姚文奂　1379

姚文柟　1701

姚文起　836

姚文棟　904，907，1685，1703，1704，
　　1707

姚文然　1698

姚文變　710，1012

姚世錫　1765

姚左垣　729

姚令儀　850

姚永樸　495，1779

姚弘緒　1429

姚芝　1045

姚光晋　1297

姚光發　728

姚光霽　1697

姚廷章　845

姚廷傑　1622，1628，1803

姚廷謙　1176，1185

姚廷鑾　1063

姚延福　768

姚合　1171，1365，1367，1369

姚汝能　1039，1768

姚孝錫　1374

姚希孟　1216

姚茂良　1503

姚東濟　749

姚雨田　475

姚雨薌　667

姚念曾　1272，1431

姚念楊　833

姚宗典　1669

姚宗儀　727

姚承興　1062

姚柬之　865

姚奎元　698

姚思勤　1809

姚思廉　534，535，536，540

姚信　434，1786，1795，1796

姚亮　1590

姚彥渠　446，643

姚炳　452

姚炳奎　834

姚祖同　1257

姚祖恩　573

姚桐壽　1555，1610

姚配中　430，1742，1743，1777，1815

姚時勉　1450

姚晏　1757，1765

姚陶　1689

姚規　1786

姚培謙　455，464，550，1396，1539，1541

姚棻　1687，1900

姚國齡　792

姚清華　1331，1431

姚啓瑞　753

姚陽元　1765

姚楗　1295

姚最　1567，1583

姚景衡　791

姚循義　854

姚欽明　797

姚舜牧　436，492，1211，1765

姚椿　780，1295，1420

姚楷　657

姚虞　1671

姚鉉　1365，1404

姚詩雅　1817

姚詩德　833

姚靖　1402

姚福　1575，1588，1604，1608，1621

姚福均　940，1346

姚際恒　452，936，1655，1674

姚際隆　1065

姚璉　1224

姚廣孝　1105，1720

姚寬　1558，1559，1610，1733

姚鼐　725，974，1255，1268，1269，
　1400，1668，1686，1687，1694，
　1696，1765，1766，1854

姚樞　1378

姚震榮　657

姚暹　816

姚範　1027

姚德華　827

姚德豐　1762

姚德耀　1421

姚瑩　881，884，1300，1359，1633，
　1685，1686，1693，1702，1705，
　1741，1863

姚潤　670

姚履旋　512，513

姚學甲　750，753，760

姚學瑛　750，760

姚學塽　1287

姚衡　1765

姚錕　784

姚錫光　568，675，904，1756，1780

姚燧　1378，1403，1556，1574，1643，
　1647

姚憲之　1315

姚壎　1411

姚櫶　952

姚謙　1327

姚燮　1126，1316，1422，1423，1743

姚鴻杰　736

姚濬昌　820，1863

姚翼　1206

姚覲元　529，1756，1765

姚鵠　1367，1369

姚鏞　1370，1374

姚瀚　1327

姚寶煃　810

姚夔　1752

挐核甫　1761

約翰・班揚　1147

紀大奎　654，842，1762

紀大復　1678，1728

紀宏謨　708

紀君祥　1501

紀坤　1798

紀昀　574，601，682，904，943，945，
　946，988，1028，1042，1043，1176，
　1265，1455，1457，1647，1686，
　1731，1742，1753，1799，1800，
　1819

紀映鍾　941，1801

紀容舒　1671，1799

紀曾蔭　850

紀邁宜　1249

紀磊　728

紀樹馨　1265

紀瓊　1421

紀鑑　1629

十畫

泰不華　1377

泰和仙客　1515

秦九韶　1717

秦大士　1263

秦元愷　1179

秦文淵　489

秦本楨　1497

秦丙煃　754

秦永清　713

秦再思　1586，1589

秦坊　967

秦志安　1121

秦系　1366，1368

秦汴　1534

秦沆　817，880

秦松齡　1238，1634

秦周　836

秦祖永　1076，1077

秦恩復　1364，1473

秦倬　1025

秦基　591

秦菁　1795

秦焕　1323

秦越人　996

秦達章　744

秦朝釪　1635

秦雲　1339

秦雲龍　845

秦道静　1790

秦照　1393

秦嗣美　859

秦際唐　1427

秦嘉謨　561，697，1549

秦熙祚　859

秦毓琦　709

秦榮光　729

秦蕙田　425，461

秦樓外史　1502

秦醇　1570，1660

秦緗業　730，1323

秦篤輝　1814，1815

秦錦　587

秦憲　746

秦懋紳　744

秦簧　810

秦燮　753

秦簡夫　1499，1500

秦麗昌　1634

秦鏞　953

秦瀛　618，730，1280，1323

秦韜玉　1366，1367，1369

秦耀曾　893

秦鑑　1679

秦觀　1179，1371，1372，1569，1618，
　　1653，1659，1727

珠隆阿　657

珞琭子　1674

班固　534，535，536，538，950，1009，
　　1010，1361，1401，1570，1582，
　　1595，1597，1598，1599，1600，
　　1601，1605，1606，1607，1620，
　　1644，1659，1673

班昭　954，970，1618

敖□　996

敖册賢　842

敖立榜　845

敖式樞　863

敖英　1405，1575，1588，1589，1611，
　　1612，1726

敖陶孫　1370，1374，1565

敖啓潛　788

敖福合　555

敖繼公　421，424

素菴主人　1493

馬□　1119

馬一龍　949，1553，1572，1577，1612

馬九功　789

馬三俊　1315

馬士琪　1421

馬士圖　897

馬上巘　1463

馬凡若　850

馬之起　786

馬子昭　969

馬子嚴　1681

馬元儀　997

馬元調　1808

馬曰琯　610，1440，1446，1738

馬曰璐　1440，1739

馬中錫　1196，1572，1798

馬中驊　1000

馬文升　1593，1603，1604，1605，1608

馬文煒　768

馬文燦　1623

馬世英　781

馬世奇　1215，1394

馬世俊　1688，1689

馬世榮　1256

馬世璘　670

馬生龍　1575

馬令　569，1731

馬永卿　950，1560，1590，1609，1764，
　1798

馬朴　1206，1716，1825

馬百齡　851

馬光　558

馬光祖　700

馬光遠　760

馬先登　616，797，1825

馬廷俊　756

馬廷變　641

馬自然　1112

馬自强　1206，1825

馬汝舟　738

馬汝驥　1593

馬如龍　711

馬均義　1457

馬步蟾　740

馬利泰　1043

馬位　1633

馬長淑　1432

馬其昶　584，1157，1352，1779

馬林　1899

馬忠良　847

馬注　905，1128

馬治　1381

馬宗素　990，991，992

馬宗璉　428

馬建忠　1471，1708，1710，1776，1780

馬承昭　585

馬昭　1792

馬思哈　1685

馬俊良　1659，1661，1727

馬俊顯　724

馬衍　765

馬恂　708，711

馬冠群　1708，1709

馬祖常　1376

馬祖演　1528

馬振憲　569

馬晉允　1396

馬致遠　1489，1499，1500，1501

馬倚元　834

馬師問　990

馬家鼎　756，759

馬朗　1567

馬純　1560，1586，1590，1673

馬國翰　965，1741，1785，1793，1797

馬從聘　1798

馬隆　949，1581，1583，1600，1602，
　1651

馬揭　918

馬雲龍　828

馬湘　847

馬榮臣　1355

馬瑞辰　429

馬蒔　999

馬稢土　1825

馬鈺　1112，1119

馬煇　1800

馬慎修　842

馬傳羹　851

馬傳庚　1393

馬福安　1817

馬嘉植　596

馬壽齡　504

馬爾頓　660

馬鳴蕭　1071

馬毓華　795

馬端臨　641

馬榮祖　1631

馬維垣　681

馬維乾　1420

馬駉　458

馬璞　1246

馬蕃　754

馬德新　1153

馬徵麟　913，917，1694

馬魯　1825

馬融　434，949，956，1361，1564，
　1593，1597，1598，1599，1601，
　1620，1783，1785，1786，1787，
　1788，1789，1790

馬翮飛　1821

馬臻　1377

馬學賜　791

馬羲則　779

馬縞　1550，1555，1602，1605，1606，
　1607

馬戴　1366，1367，1369

馬鍾祺　1353

馬濤　1076

馬禮遜　1137，1711

馬總　1014，1560，1642，1725

馬醫生　1550

馬鎮　1384

馬麐　1381

馬騰蛟　1011

馬歡　559，917，1554，1576，1604，
　1613

馬鑑　751

馬驌　554，1676

貢性之　1379

貢奎　1376

貢師泰　1376

貢渭濱　438

貢震　743

袁九齡　1578

袁三俊　1086，1658

袁于令　1504

袁士元　1377

袁士龍　1048

袁士麟　1061

袁山松　544，1562，1583，1716

袁天罡　1059，1124

袁日省　1089

袁中立　769

袁中道　1383，1577，1579

袁仁林　1719

袁文　1642，1646

袁文煥　484

袁方城　842

袁去華　1472

袁世忠　980

袁世威　1824

袁世紀　1327，1752

袁世凱　933，982

袁世傳　1824

袁甲三　694，1824

袁用賓　915

袁廷俊　791

袁廷檮　1656

袁守定　957，1027，1756

袁孝政　1597，1797

袁甫　1643，1646

袁宏　550，1794

袁宏道　1176，1197，1208，1214，1383，
　　1413，1492，1493，1553，1554，
　　1572，1578，1579，1610，1611，
　　1670，1807

袁良怡　780

袁表　1477

袁枚　988，1031，1042，1043，1262，
　　1263，1417，1433，1452，1630，
　　1632，1690，1691，1692，1693，
　　1712，1715，1850，1851

袁杼　1850，1851

袁易　1376，1656

袁昂　1566

袁忠徹　1060

袁采　1564，1581，1613，1654，1715

袁郊　1562，1571，1581，1617，1662，
　　1665

袁泳錫　864

袁宗道　1615

袁定遠　843

袁保恒　1824

袁保慶　1824

袁保齡　1343，1824

袁炯　1752

袁戚　1282

袁宮桂　981

袁祖光　1356

袁祖志　602，901，907，1706

袁祖綬　838

袁昶　696，705，945，1348，1447，1751，
　　1752

袁素珊　1456

袁振業　1752

袁悟真　1900

袁祥　1006

袁通　1851

袁黃　549，551，1535，1613

袁彬　1593，1603，1669

袁桷　1189，1376，1556，1717

袁國鈞　736

袁袠　1654

袁康　569，1598，1599，1601，1606，
　　1619，1764，1871

袁章華　776

袁淑　1359，1362

袁堯年　1782

袁棠　1421，1850，1851

袁景輅　1428

袁景暉　831

袁凱　1194，1750

袁喬　1791

袁鈞　1782

袁翔甫　1341

袁尊尼　1208

袁登雲　743

袁筠　868

袁準　1788，1794

袁福徵　1619

袁鳳孫　844

袁韶　1654，1807

袁緒欽　1340

袁綬　1310

袁綬紫　1476

袁樞　553，554

袁穡　1447

袁裘　1558，1581，1593，1610，1611

袁頤　1558

袁樹　1632，1850，1851

袁機　1851

袁學謨　753

袁學瀾　1316，1478

袁燮　1186，1641，1643，1644，1646，
　　1724

袁翼　1303

袁罈　1503

袁鏡蓉　1328

袁繼咸　583，584

袁繼翰　1071

袁顥　1006

袁儼　1535

都印　1574，1588，1656

都林布　724

都春圃　1147

都穆　921，930，1069，1574，1577，
　　1578，1588，1612，1640，1647，
　　1652，1656

都興阿　694

都寵錫　744

哲備　700

耆英　1420

耿介　1230

耿文光　1034

耿文岱　710

耿光祜　845

耿定向　952，1576，1580，1589，1613

耿極　1799

耿湋　1365，1366，1368

耿賞　1433

耿蔭樓　654，986

耿隨朝　1544

耿履端　845

華大琰　809

華文桂　1085

華世芳　1701

華本松　865，1707

華北公理會　1128

華幼武　1377

華廷傑　567

華廷獻　558，1749

華里司　1895，1896

華佗　991，992，996，997，1679

華希閔　730，1176，1540

華長忠　525

華長卿　1317

華岳　1374，1806

華祝三　815

華特　1760

華乾龍　1804

華國清　850

華得斯　1761

華淑　1614

華陽復　1115

華琪芳　481

華鼎元　1427

華嵒　1313

華備鈺　1760

華復蠡　557，558

華孳亨　1629

華湛恩　528，1633，1634，1684，
　　1694，1701

華椿　741

華嶠　544，1716

華學泉　497

華壎　1003

華藏山清烈古佛　1121

華蘅芳　1047，1054，1057，1759，1761，
　　1892，1895，1896

華鵬　897

華譚　1794

華麟祥　1532

華鑰　1554，1576

莫友芝　504，508，938，943，1169，
　　1321，1438，1826

莫是龍　1554，1578，1611，1640

莫庭芝　1438，1826

莫晋　728，1203，1283

莫栻續　1810

莫祥芝　725

莫瑞堂　652

莫與儔　1284，1827

莫溥　758

莫鎮藩　910

莫璽章　787

荻岸散人　1519

晋真人　1119

真山民　1373，1781，1815

真吾清嵐氏　604

真采　1185，1828

真德秀　421，424，956，1185，1395，
　　1402，1436，1472，1564，1611，

1617，1639，1722，1815，1828

莊士敏　1340，1746

莊大中　862，1258

莊元臣　950，1737

莊有可　1728

莊有恭　886

莊存與　426，429，499，1771

莊廷夒　1708

莊仲方　595，1411

莊亨陽　1252

莊苓輿　1429

莊述祖　429，498，500，501，502，
　　511，1729，1730，1752，1754，
　　1766，1855

莊奇顯　482

莊忠棫　441

莊咏　475

莊受祺　1320

莊周　948，951，1400

莊炘　1102，1736

莊定域　853

莊昶　952

莊起儔　1216

莊逵吉　871，1013

莊翊昆　1429

莊棫　1336

莊裕筠　841

莊瑶　529

莊毓鋐　617，618，736

莊廣還　1106

莊肇奎　772

莊肇麟　1723

莊綽　1557，1587，1591，1723

莊盤珠　1476，1747

莊臻鳳　1085，1622

桂文熾　864

桂文燦　497，915

桂芳　965

桂迓衡　741

桂含章　470，487

桂良　651

桂坫　858，1890

桂林　1756

桂垣書局　940

桂星　846

桂雪雲　1410

桂梁材　936，988

桂超萬　715，1690

桂萬榮　670

桂敬順　754，891

桂榮　1731

桂馥　490，507，515，970，1086，
　　1271，1631，1670，1729，1732，
　　1736，1743，1754，1756，1765，
　　1771

桓玄　1786

桓階　1681

桓寬　949，955，1599，1600，1602，
　　1620，1713

桓範　1795

桓譚　1561，1668

桓驎　1570，1582

桐澤　736

桃谿漁隱　615

格致彙館　987

索靖　1793

索寧安　652

連山　846

連文鳳　1654

連斗山　454

連桂　814

栗可仕　765

夏一駒　1086

夏大觀　898，1094，1695

夏之時　698

夏之盛　1283

夏之蓉　734，738

夏子鎣　721

夏子鍚　734

夏文彥　1074，1617，1725

夏允彝　480，557，559，1217

夏旦　1579

夏伊蘭　1422

夏兆豐　782

夏言　691，1201，1360

夏完淳　557，1360，1364，1651

夏良勝　474，1200

夏青山　1060

夏枝芳　461

夏尚朴　1197

夏味堂　453，531，532

夏秉衡　1479

夏炘　431，1864

夏宗彝　732

夏荃　1430

夏思沺　1324

夏侯建　1786

夏侯陽　1642，1645，1648

夏侯勝　1786

夏侯湛　1362，1794

夏庭芝　1596，1772

夏祚胤　1214

夏紀堂　532

夏振武　696

夏原吉　1552

夏時　1807

夏家�錞　1285

夏基　1230

夏琮鼎　819

夏敬渠　1511

夏敬觀　1756

夏鼎　1806

夏詒鈺　717

夏塤　1197

夏勤墉　1728

夏楨　890

夏槐　1435

夏嘉穀　1497

夏僎　1641，1644

夏察理　1047，1128，1129，1130，
　1136，1137，1138，1139，1141，
　1150

夏肇庸　746

夏綸　1505

夏震軒　441

夏騆　555

夏樹芳　594，1545

夏錫疇　1869

夏錫寶　726

夏燮　527，556，563，568，818

夏獻雲　874

夏獻綸　915，1707

夏寶晋　1304

夏顯煜　717

夏鑾　740

夏鸞翔　595，1053，1056，1745，1873

破衲癡　1107

破慳道人　1502

原良　1022

柴升　1373

柴杰　1264，1808

柴柏齡　720

柴桑　1698，1699，1750

柴望　1374，1611，1677

柴紹炳　524，1474，1539，1889

柴揆　777

柴經國　708

柴静儀　1421

逍遥子　1519

時曰醇　1053

時中書局　1471

時來敏　708

時雨化　1891

時務報館　1899

時庸勱　528，1084

時瀾　420，423，1758

畢以珣　979

畢弘　510

畢仲游　1643，1646

畢仲詢　1560，1586，1589

畢自嚴　692

畢利幹　1891

畢亨　1265

畢沅　460，504，530，550，789，871，
　924，935，950，977，978，1009，
　1042，1267，1428，1667，1729，
　1732，1737，1742，1753，1754

畢忠吉　1165

畢岱煙　589

畢法　1007

畢星海　510

畢炳炎　776

畢振姬　1225

畢華珍　1764

畢宿燾　750

畢熙暘　1623

晁西士加尼　908

晁公武　942

晁沖之　1372，1736，1821

晁迥　1556，1557，1559，1821

晁貫之　1568，1581，1594

晁貽端　1821

晁補之　1371，1372，1473，1807，1821

晁載之　1740，1744

晁説之　1551，1821

晁邁　1555

晏天章　1093

晏宏　547

晏斯盛　1696，1848

晏端書　733

晏嬰　950，951，954

員佩蘭　745

恩成　845

恩孚　1312

恩華　1319

恩桂　646

恩浚　746

恩壽　967

恩端　752

恩榮　831，833

恩慶　908

恩錫　1327，1684

恩聯　827

恩燾　1757

恩豐　1761，1762

恩齡　594

剛林　667

剛毅　671，672

特通保　648

郵傳部　677

郵傳部參議廳編覈科　689

郵傳部圖書通譯局　664

秘書省　937

笑花主人　1506，1507

倚雲氏　1525

俺得累　1893

倭仁　646，969，1686，1867

倭什布　772，777

倪傳　739

倪士毅　1411，1454，1744

倪上述　1872

倪元坦　1281，1857

倪元璐　1217，1360，1740

倪文蔚　432，831，889，917

倪世珍　1393

倪朱謨　1002

倪企望　763

倪枝維　995

倪尚誼　421，424

倪昌燮　714

倪明進　786

倪岳　1812

倪承璐　1091

倪思　538，1564，1618

倪晋卿　436

倪倬　1634

倪師孟　728

倪國璉　660，1721

倪倜　1472

倪象占　439

倪道原　1380

倪瑞璿　1421

倪會鼎　1217，1740

倪模　927

倪維思　1134，1136，1141，1147

倪縚　1018

倪賜　1428

倪瑤　1160，1809

倪璣　804

倪勵　873

倪璐　526

倪謙　1574，1589，1604，1773，1812

倪燦　1801

倪鴻　1030，1336

倪鑠　713

倪瓚　1377，1477，1802

俾士氏　1129

射慈　1783，1788

息尼德　1760

島田翰　940

烏竹芳　766

烏爾恭額　889

師範　883，1419，1668，1696，1700，
　　1703

師曠　1569，1583，1601，1602

徐一夔　650，1812

徐一麟　1328

徐九一　433

徐三省　522

徐三俊　747，761

徐士林　1758

徐士怡　1750

徐士俊　576，1621，1623，1624，1635

徐士愷　929，1088，1750

徐士燕　1328

徐大焯　1781

徐大椿　995，1002，1728，1732，
　　1733，1742，1765，1849

徐上鏞　875

徐之鏌　1061

徐子平　1672

徐子苓　1323，1779

徐乃昌　1475，1774，1775

徐天祐　1598，1599，1601，1606

徐天璋　440，444

徐天麟　643，1642，1644

徐元　1504

徐元太　1545

徐元文　1687

徐元正　1460

徐元杰　1359

徐元美　1622

徐元梅　807

徐元端　1476

徐元燦　785

徐友蘭　1737，1813

徐曰璉　1409

徐中行　1208

徐升　1059

徐仁毓　872

徐文炳　1159

徐文清　1077

徐文蕡　840

徐文弼　1466

徐文靖　545，890，951，1713，1847

徐文駒　1697

徐文璧　869

徐心田　1274

徐心魯　1397

徐以觀　707

徐世昌　655，933

徐世隆　1378

徐世溥　558，1690

徐世寧　875

徐本　668

徐可先　712

徐用儀　804

徐用錫　1244

徐必達　1828

徐必藻　821

徐永芝　785

徐永年　876

徐永宣　1427，1429，1445，1778

徐邦佐　488

徐有壬　618，1053，1765，1873

徐成敽　734

徐光文　874，875

徐光第　784，786

徐光啓　451，985，1736，1672

徐光裕　862

徐光溥　1744

徐同柏　926

徐廷華　1035

徐廷鈺　871

徐延旭　908，1703

徐自明　682

徐兆昺　880

徐名立　811

徐充　1405，1575，1802

徐汝瓚　783

徐守信　1120

徐安民　1124

徐如珂　558，1360

徐志鼎　805，901

徐志靖　808

徐芳　1629

徐杏林　489

徐作梅　867

徐作霖　1437

徐孚吉　1766

徐孚遠　575，1651

徐灼　1724

徐汾　1621

徐沁　1623，1624，1626，1674，1781

徐表然　895

徐坤　1830

徐其志　1478

徐松　698，1682，1696，1720，1729，
　　1754，1765，1768，1771，1800，1854

徐枋　1220

徐肯播　1194

徐卓　494

徐昆　1495

徐昌治　1109

徐昌緒　852

徐明善　1561

徐昂發　1427，1632，1634

徐迪惠　819

徐秉元　805

徐秉義　1625，1627

徐岳　1570，1616，1617，1637，1638，
　　1648，1753

徐金生　673

徐金位　786

徐夜　1844

徐炬　1538

徐波　1730

徐宗亮　664，713，1335，1706，1750

徐宗幹　767，774，777，934，1697，1701

徐定文　599

徐官　1085，1554，1578，1612

徐建寅　983，1705，1759，1760，1761，
　　1763，1775，1780，1893，1896

徐承禮　564

徐春　1722

徐春甫　998

徐珏　751

徐拱辰　969

徐柳泉　1035

徐咸　596，1569

徐貞明　1680，1737

徐星友　1093

徐昱　841，846

徐昭華　1421，1842

徐昭慶　454

徐思諫　821

徐品山　753

徐品生　590

徐香　710

徐修仁　1399

徐勉之　1744

徐胤翀　899

徐胤翮　899

徐胤翹　899

徐度　1014，1558，1617，1725

徐彥　415，416，417，418

徐彥楠　814

徐炴　754

徐炳炎　1459

徐炯　1171，1629

徐炫　1560，1571，1660

徐祖鎏　1446

徐泰　1578

徐振　1652

徐華封　1760

徐晉卿　421，424，465

徐桐　613

徐原　804

徐畲樞　1847

徐致祥　696

徐時作　713，1026

徐時棟　448，452，1323

徐倬　1231，1406，1445，1691

徐師曾　436，727，1462

徐舫　1379

徐釚　1237，1465，1629，1691，1736，
　1747

徐逢吉　1631，1674，1733，1807

徐逢盛　856

徐浦　1815

徐浩　750

徐家幹　1133

徐家瀛　814

徐家寶　1760

徐陵　1159，1363，1388，1620

徐恕　804

徐继畬　905

徐菜　1457

徐乾　1790

徐乾學　461，699，1234，1399，1640，
　1694，1774

徐彬　613

徐堅　1086，1532，1640

徐堂　495，1726

徐常吉　1535

徐問　1714

徐旺　1504

徐鄂　1497

徐國相　703

徐崧　870

徐崑　1446

徐康　1764

徐清選　813

徐淇　1084

徐淦　832

徐寅　1365, 1368, 1369

徐階　1184, 1204

徐紹楨　510, 1826

徐紹廉　781

徐紹錦　1059

徐琪　674, 900, 1330, 1442, 1475,
　1479

徐賈　1381

徐達培　1030

徐達源　739, 1183

徐葆光　906, 1703, 1710

徐葆辰　1334

徐朝俊　1048, 1650

徐棟　665, 684, 1769

徐斐然　1419

徐鼎　450

徐開任　596

徐景休　1123

徐景羅　1759

徐郎　1786

徐無黨　534, 535, 536, 542

徐集孫　1370, 1375

徐復祚　1503, 1504

徐善述　1061

徐善繼　1061

徐渭　1018, 1179, 1208, 1382, 1449,
　1501, 1509, 1578, 1619, 1736,
　1826

徐渭仁　924, 926, 1069, 1678, 1728

徐發　1049

徐瑄　492

徐夢莘　550

徐幹　949, 1436, 1597, 1598, 1600,
　1602, 1620, 1747, 1764

徐匯公學　570

徐照　1371, 1372

徐嗣曾　693

徐嵩　778

徐與喬　1012, 1629, 1668

徐傳詩　1467

徐燉　1018, 1174, 1577, 1579

徐鉉　503, 505, 1172, 1371, 1506,
　1569, 1571, 1585, 1617, 1664,
　1667

徐會雲　835

徐祺　1629

徐愛　1198

徐愷　1559

徐福辰　1459

徐禎卿　559, 1200, 1201, 1383, 1461,
　1462, 1553, 1574, 1576, 1578,
　1580, 1581, 1588, 1589, 1604,
　1608, 1620, 1804

徐禎稷　1651

徐嘉　1225

徐壽基　933, 1341, 1881

徐壽筆　1759, 1760, 1761, 1892

徐榦　1746

徐兢　1552, 1561, 1654

徐榜　1805

徐碩　803

徐霆　1683

徐暢達　651, 843

徐廣　582, 1071, 1561, 1569, 1789

徐端　887, 1278, 1721

徐養原　430, 1728, 1772, 1813

徐榮　1083, 1306

徐潢　1264

徐鼏霖　661

徐維城　1271

徐維則　1774，1900

徐綬　723

徐增　872，1465，1624，1626，1809

徐鼐　440，564，1012，1319

徐樞　577

徐震　1518，1622，1635

徐儀世　1573

徐樂　1795

徐德音　1421

徐德城　763

徐衛　1126

徐賡陛　1339

徐慶　1637，1638

徐澍楷　830

徐潤第　1283

徐璣　1371，1372

徐樹屏　1395

徐樹鈞　1070

徐樹銘　874，1183

徐樹穀　1170，1629

徐樹蘭　939

徐整　1562，1783，1787，1794

徐奮鵬　577

徐積　1175，1372

徐學謨　563，974，1553，1577，1610

徐衡紳　865

徐錫齡　527

徐錫麟　732

徐錦華　1333

徐縉　878

徐嶬　1664，1667

徐鍇　503，505，506，1662，1675

徐邈　1786，1787，1788，1790

徐謙　605，1295

徐應台　1199

徐應芬　558，1633，1713

徐應秋　1018

徐燦　1475

徐鴻謨　1475

徐總幹　498，1675

徐豐玉　869

徐雙桂　843

徐翽　1502

徐瀛　824，1686

徐懷祖　1628，1701

徐蘭　1685

徐獻忠　1578

徐寶符　859

徐繼恩　1622

徐繼畬　757，905，1683，1704

徐繼鏞　843

徐體直　1098

徐鑅慶　1264

徐顯　1608

徐顯卿　1536

徐靈府　1743

徐靈期　1681

徐灝　495，669，1319，1826

殷化行　1630，1637，1685

殷文圭　1806

殷文珪　1366

殷光世　1062

殷仲文　1790

殷仲堪　1791

殷自芳　1709

殷希文　1272

殷秉機　1476

殷岳　1800

殷都　979

殷基　1582，1794

殷敬順　948，977，1678，1855

殷雯　1356

殷夢高　757

殷璠　1365，1404

殷樹森　714

殷曙　1624，1626

奚岡　1090

倉景恬　787

翁大年　1245

翁天祐　856

翁元圻　703，1010，1277

翁方綱　491，501，512，616，925，926，932，935，944，1026，1071，1072，1240，1269，1270，1657，1658，1738，1739，1757，1765，1799

翁心存　587

翁白　1815

翁永孫　1337

翁同龢　587，1337

翁仲仁　998

翁長森　1427

翁叔元　1669

翁忠錫　1277

翁卷　1371，1372

翁承贊　1368，1369

翁春　1099

翁昭泰　856

翁洲老民　1746

翁祖烈　617

翁萬達　1437

翁葆光　1113，1119

翁復　485

翁道均　844

翁照　1249

翁壽虞　1087

翁廣平　1656，1889

翁端恩　1475

翁澍　897

逢行珪　950，1672

留元剛　1445

留雲居士　557

凌夫惇　436

凌立　1812

凌廷堪　427，1277，1627，1717，1718，1738，1741，1776

凌仲望　1615

凌坮　735

凌迪知　573，1157，1413，1538，1546，1596，1736，1737

凌忠照　945

凌祉媛　1338，1476，1726

凌南榮　1405

凌雪　545

凌魚　861

凌煥　1328

凌淦　1429

凌紱曾　774

凌紹乾　1407

凌揚藻　1817

凌萬頃　737

凌雲翰　1812

凌雲翼　1397

凌湘蘅　1334

凌登名　1576

凌瑞森　1405

凌稚隆　465，537，538，954，1009，1546，1736

凌義渠　1017，1018，1360

凌準　1558

凌壽柏　776

凌鳴喈　1633

凌霄　1775

凌樹屏　1260

凌錫祺　764

凌濛初　1013，1363，1386，1506

凌曙　428，430，496，1765，1771，1772，1797

凌爕　716

凌應曾　1409

凌瀛初　1013

袁以壎　839

袁仲孺　895

袁興鑑　839

高一志　1134

高士英　777

高士奇　465，553，577，1240，1407，1532，1628，1632，1636，1637，1661，1684，1688，1727，1778，1845

高士麟　711

高士䕙　727

高大衛　1144

高山林次郎　1110

高天鳳　706

高升之　840

高仁峒　1345

高文秀　1500

高文虎　1560，1586，1590，1596

高斗魁　996，1238

高心夔　1340

高允　1363，1797

高正臣　1771

高世栻　996

高出　1215

高成美　732

高成勛　1656

高廷法　790

高廷瑤　617

高延第　744，1332，1700

高仲武　1365，1404

高似孫　942，1015，1370，1551，1557，1568，1658，1672，1747

高兆　1622，1623，1635，1670，1750

高兆麟　548，1577，1618

高汝栻　552

高均儒　1321

高克恭　1378

高步瀛　1153

高岑　1229

高佐廷　823

高佑釲　786

高其名　482

高其倬　1060，1249

高若岵　745

高述明　1245

高叔岳　1438

高明　1381，1491，1503

高秉　1075，1634，1762

高岱　555，952，1604

高佩華　1476

高宗弘曆　443，449，522，543，556，597，921，962，967，987，988，1260，1261，1391，1403，1417，1643，1647

高宗趙構　1566

高建勛　706

高承　1532，1719

高承勛　1656

高承瀛　851

高拱　559，691，1604，1605，1611，1671，1773
高拱京　1622
高昱　791
高俊　718
高彦休　1652，1659，1727，1815
高恪　1249
高珩　1225
高珣　795
高晉　650，1684，1701
高桂　779
高時明　1117
高陳謨　1418
高邕　1091
高理文　1711，1889
高培穀　844
高晦叟　1675，1725
高崧　781
高崗　769
高敏　1454
高得暘　1812
高從龍　525
高象先　1112
高望曾　1336
高焕文　928
高啓　1193，1194
高崙映　436
高達　989
高斯得　1186，1643，1646
高朝瓔　449，492
高楝　1405
高雲從　843
高鼎玉　1060
高閌　1641，1644
高景芳　1421

高崔　875
高舒敏　1075
高斌　888，1245，1251
高善源　887
高翔麟　506
高道淳　961
高登　1359，1472，1639
高登先　807
高瑋　1225
高塘　747
高照煦　801
高嵥　1414
高愈　971
高静　1392
高燾　1370，1373
高熙喆　578，765
高鳴鳳　1605
高鳳臺　1456
高鳳翰　1096，1251
高鳳謙　967
高誘　948，950，951，1009，1012，1013，1598，1600，1602，1668，1791，1797
高適　1162，1364，1797
高熊徵　971
高維嶽　801，846
高簹　1422
高德　1143
高德泰　602
高德基　1574
高廣恩　761
高慶颺　1325
高犟　1675
高輯　1696
高橋作衛　578

高積厚　1086

高學濂　850

高儒　941

高錫恩　1316

高錫疇　712

高濂　1031，1492，1503，1554，1579，
　1618，1619，1809

高懌　1557

高懋功　1699，1740

高應科　898

高攀龍　952，1213，1360，1809

高願　1249

高鵬年　899

高瀛洲　803

高蘭曾　1302

高鶚　683，1511

高寶銓　562

高繼珩　715

高觀國　1474

高驤雲　1865

郭一經　1393

郭之奇　1437

郭子章　599，894，1211，1545，1612，
　1615

郭女史　1142

郭元英　1384

郭元釪　1411，1427

郭元鎬　962

郭中吉　1033

郭中生　521

郭化霖　525

郭氏　1785

郭文大　1028

郭孔太　1572

郭允蹈　1671

郭正域　454，650，1164，1167，1386

郭世㳟　847，849

郭四維　800

郭朴　1173，1205

郭存會　1628

郭光庭　824

郭光澍　788

郭廷弼　728

郭仲産　1680，1681

郭亦棠　823

郭汝誠　858

郭汝聰　1002

郭芬　1421

郭見龍　1091

郭岐勳　839

郭伯蔭　1457

郭沛霖　1697

郭良翰　580，600，1032

郭長清　1323

郭若虛　1567，1581

郭茂倩　1389

郭松年　1640

郭尚先　1300，1732

郭尚賓　1816

郭昂　1378

郭界　1378，1652，1807

郭忠恕　503，512，519，1566，1581，
　1656，1743

郭知達　1163

郭佩蘭　1422

郭舍人　1791

郭金鼎　783

郭京　1722

郭炎昌　796

郭宗昌　921，1633，1652，1716

郭建章　715

郭柏蒼　896，990

郭奎　1191

郭思節　1679

郭風從　965

郭象　1572，1586，1590，1595，1610

郭振墉　686

郭起元　744，1260，1694

郭晉　746

郭恩孚　1348

郭倫　544

郭衷恒　572

郭家駒　588

郭家驥　1711

郭祥正　1374，1807

郭棻　708

郭崑燾　1332

郭崇輝　820

郭偉　481，1033

郭偉勣　1091

郭象　948，951，975，1118，1661，1675，1791

郭堃　588

郭啓翼　1090，1091

郭階　1879

郭琦　1446

郭雲陞　660

郭開澫　588

郭景泰　789

郭景純　1061

郭程先　715，718

郭鈇　1819

郭欽華　1630，1636

郭善鄰　1714

郭道清　1334

郭湜　1039，1570，1584，1660，1663，1666

郭裕之　1090

郭夢星　1875

郭楷　801

郭嵩燾　459，474，585，592，694，832，900，951，976，1328，1452，1705，1735

郭鈺　1377

郭頒　1561，1582，1583

郭雍　433，996，1641，1644

郭義恭　1562，1796

郭熙　780，1077，1567

郭維垣　753

郭維城　760

郭維翰　1221

郭維藩　1200

郭磊　755

郭稽中　1004，1675

郭慶藩　976，1347，1452

郭慶颺　832

郭潤玉　1422

郭澄之　1796

郭履恒　793

郭豫亨　1379，1723

郭璞　415，416，417，418，419，490，503，529，530，949，950，951，1041，1042，1062，1342，1359，1362，1597，1598，1599，1601，1603，1605，1606，1607，1615，1642，1644，1651，1659，1667，1679，1693，1698，1723，1732，1782，1784，1787，1791，1793，1796，1816

郭樹馨　835，839

郭樸　782

郭橐駝　1618

郭諶　1071

郭諫臣　1208

郭憲　950，1570，1582，1597，1598，
　　1600，1602，1606，1612，1659

郭鍾岳　1691

郭應階　857

郭翼　1379，1676，1804

郭麐　920，921，1404，1698，1729，
　　1743，1749，1752，1754，1756，
　　1776，1859

郭籛齡　1345

郭鑑庚　515

郭顯卿　1793

郭麟孫　1380

席之瓚　719

席世臣　569，1003

席世昌　509，1669

席芭　743

席奉乾　797

席佩蘭　1283，1421，1476

席威　1225，1837

席啓寓　1166，1366，1368

席裕福　642，644，945

席慧文　1422

席蕙文　1421，1428

席慶雲　781

庫勒納　469

效董生　568

唐九經　959

唐才常　1356

唐大烈　998

唐千頃　1006

唐壬森　810

唐仁　865

唐文獻　1212，1453

唐正位　1434

唐古特　835

唐玄度　490，503，1649，1657，1715，
　　1721

唐式南　1548

唐吉人　965

唐光照　1083

唐光爕　489

唐廷樞　518，663

唐仲友　1645，1818

唐仲冕　731，738，892，1197，1279，
　　1477，1635，1687，1831

唐汝詢　1406

唐汝諤　481

唐求　1365，1367，1369

唐伯元　952，1195，1437

唐若瀛　808

唐英　1251，1494，1548，1762

唐固　1796

唐咏裳　1881

唐秉鈞　1095，1763

唐侍陛　784

唐岱　1068，1077，1629，1762

唐庚　1372，1565，1567，1650，1675

唐宗海　997

唐宗堯　859

唐垣九　1807

唐昭檢　601

唐咨伯　798

唐彦謙　1367，1369，1771

唐炯　566，658，705，1336

唐祖命　1246

唐時升　1431

唐晅　1594

唐晟　777

唐訓方　694

唐宴　877

唐孫華　1237

唐執玉　700，1238

唐彪　962，1021，1625，1628

唐寅　1068，1079，1197，1635，1712，
　　1719，1732，1830

唐紹祖　668

唐琳　1615

唐堯臣　1194

唐開韶　871

唐景崧　615，1424

唐景崇　1461，1892

唐順之　465，546，547，952，978，980，
　　1205，1396，1403，1534，1544，
　　1593，1669，1742，1802

唐爲煌　837

唐惲宸　1429

唐夢賚　1233，1473，1630

唐蒙　1795

唐甄　965，966

唐煦春　808

唐與崐　928

唐傳銈　1182

唐意雅　1133

唐㵱　1795

唐慎微　1001

唐際虞　839

唐璉　1077

唐模　673

唐榮祚　933

唐樞　952，1604，1613

唐稷　1558

唐徵麟　808

唐樹義　1308

唐勳　667

唐錦　1575

唐龍　1819

唐臨　1564

唐鴻學　610，1779

唐覲　1575，1802

唐輯貞　1476

唐彝銘　1084

唐鶴徵　442，596

唐鑑　457，598，775，969，1358

烟霞叟　1523

鄰韶　1379

浙江調查陸運財政局　665

浙江藏書樓　940

浦□　1682

浦祊　1807

浦南金　1544

浦起龍　574，1165，1250，1400

浦銑　1813

浦龍淵　439

浩然祖師　1110

海忠　721

海得蘭　1008

海麻士　1895

海棠香國主人　1712

海瑞　952，1382，1742，1816

海寧　654

海關總稅務司署　663

涂天相　1250

涂長發　849

涂宗瀛　875

涂家杰　814

涂景濤　1348

涂瑞　1690

浮丘公　1569，1583

家鉉翁　421，424

容安　1304

容懿美　1148

朗兆玉　1812

祥安　818

陸一亭　967

陸九如　1451

陸九淵　1184

陸元鼎　663

陸友　1015，1381，1556，1581，1613，
　　1676，1714

陸友仁　1654

陸仁　1381

陸公鏐　483

陸文圭　1473，1802

陸文蔚　1474

陸文衡　1823

陸文籀　486

陸方濤　1823

陸心源　545，595，598，805，922，934，
　　935，939，944，1340，1410，1434，
　　1452，1646，1743，1744，1813，
　　1875

陸以莊　1294

陸以湉　1008，1024

陸世忱　1123

陸世廉　1502

陸世儀　962，972，1224，1384，1639，
　　1721，1781，1804，1836

陸弘祚　1160，1385

陸西星　975

陸廷燦　987，1193

陸延齡　741

陸仲達　829

陸向榮　862，864

陸行直　1462，1566

陸次雲　904，1623，1628，1629，1637，
　　1638，1661，1683，1697，1700，
　　1727，1844

陸羽　987，1552，1567，1581，1585，
　　1663，1665

陸圻　1622，1637，1638

陸孝錫　1033，1538

陸志淵　1767

陸求可　1688，1692，1696

陸秀夫　1359

陸佃　530，531，948，950，1009，1642，
　　1643，1645，1646，1725，1735，
　　1739

陸希聲　1790

陸灼　1580

陸長源　1556

陸茂騰　706

陸昌言　1823

陸采　1503，1573

陸炘　1859

陸炌　1859

陸法言　503

陸泳　1564

陸建　1850，1851

陸居仁　1381

陸承憲　1445

陸珊　1476

陸迺普　1823

陸奎勳　550

陸保善　710

陸祐勤　825

陸祚蕃　705，1636，1637，1661，1700

陸昶　1390

陸飛　860

陸泰增　1823

陸桂森　1636

陸桂馨　1823

陸時化　1069，1748，1749，1778

陸時雍　1157

陸倕　1362

陸師　734

陸烜　1630，1633，1640，1859

陸浩評　466

陸宸徵　612，1722

陸容　1574，1588，1604，1605，1621，
　　1673

陸翀之　1453

陸培　1474

陸梳山　1577，1618

陸釴　559，1575，1588，1605，1608，
　　1621，1804

陸淳　498，499，1644

陸深　559，1552，1553，1554，1573，
　　1574，1575，1576，1578，1588，
　　1589，1593，1603，1604，1611，
　　1612，1613，1722，1831

陸紹曾　1072

陸瑛　1428

陸琮　1084

陸堯春　818

陸楷　485

陸朝璣　733

陸柒　1692

陸森　1810

陸雲　1158，1361，1362，1795

陸雲龍　1382

陸鼎翰　617，618，1043

陸景　1794

陸爲棻　850

陸舜　1688

陸善經　1675，1791

陸道和　1121

陸曾禹　660，1721

陸焞　866

陸游　542，569，1009，1015，1182，
　　1372，1373，1559，1560，1563，
　　1564，1569，1585，1587，1589，
　　1590，1591，1596，1607，1610，
　　1611，1652，1655，1677，1731，
　　1733，1767，1816，1828

陸費墀　505，1718

陸登選　856

陸蒨　1476

陸蓉佩　1476

陸楫　1575，1589，1594，1605

陸楣　1241，1630

陸賈　949，1597，1598，1600，1601，
　　1619，1658，1752，1785

陸粲　1574，1579，1588，1589，1604

陸嗣淵　855

陸嵩　1305

陸福宜　712

陸殿邦　860

陸輔之　1554

陸壽柏　914

陸墅　1119

陸鳴勳　1160

陸鳳池　1249

陸鳳藻　1540

陸廣微　1563，1580，1584，1606，
　　1662，1665

陸榮柜　495，1649，1726

陸澄　941

陸維祺　674

陸增祥　924

陸德明　414，415，416，417，418，
　422，425，443，448，454，467，
　472，501，948，974，975，1668，
　1740，1742

陸慶頤　1748

陸慶臻　555

陸毅　1229

陸潤庠　617，664，675，683

陸履中　865

陸璣　498，1580，1599，1601，1612

陸樹芝　977

陸樹聲　1553，1573，1578，1589，1610，
　1611，1612，1716

陸機　1361，1362，1561，1562，1583，
　1620，1764，1796

陸勳　1571，1585，1611，1664，1666

陸學欽　1285

陸錫熊　728，1270，1650

陸聲鐘　1071

陸懋修　617，995，996

陸繁弨　1242

陸龜蒙　1171，1565，1569，1570，1571，
　1585，1594，1609，1616，1618，
　1663，1664，1665，1667

陸應宿　1850，1851

陸應陽　911

陸應穀　989

陸濬原　1575

陸績　432，434，498，1597，1785

陸贄　690，1166，1638

陸鋆　1823

陸隴其　455，479，483，484，561，715，

1234，1631，1639，1712，1720，
　1722，1726，1734，1741，1748，
　1756，1813，1833

陸翽　1562，1582，1598，1602，1642，
　1645，1725

陸韻梅　1422

陸耀　889，1264，1417，1630，1634，
　1699，1713

陸耀遹　790，798，924，1291

陸寶忠　1459，1460

陸續　1599，1601

陸繼輅　773，785，1028，1292，1293

陸麟書　1716

陸鑨　929

陸鑰　1823

陸纘　603

陳□　1703

陳一元　1213

陳一松　1437

陳一津　843，898

陳一彭　1536

陳一經　785

陳丁佩　1717

陳人傑　1473

陳九昌　735

陳九德　687

陳三立　1449

陳三聘　1653

陳于陛　1574，1588，1612

陳士元　1067，1575，1649，1670，1671，
　1677，1814，1815，1832

陳士芑　906

陳士奇　1484，1485

陳士珂　1814

陳士斌　1513

陳士鐸　1000

陳士鑛　1722

陳大受　1257

陳大庚　1669

陳大科　1203

陳大章　1814

陳大猷　420，423

陳大經　790

陳之煃　786

陳之綱　1717

陳之麟　833

陳子升　1219，1437

陳子壯　1360，1437，1536，1816

陳子昂　1160，1161，1364

陳子兼　1558

陳子飭　827

陳子龍　491，575，1220，1360，1364，
　1399，1414

陳王道　726

陳王賓　1069

陳天定　1401

陳天祥　422，425

陳天植　792

陳天樞　857

陳天錫　1380

陳元芳　723

陳元祐　1660

陳元素　582

陳元靚　1744

陳元龍　1242，1393，1539，1635，1648

陳太初　1838

陳中元　811

陳仁子　1387

陳仁玉　1552，1569，1673

陳仁錫　480，488，492，523，538，539，
544，546，547，548，643，653，
664，956，960，975，1033，1195，
1383，1387，1398，1414，1439，
1449，1536，1808

陳介祺　929，942，1730，1763，1764，
1821

陳公亮　1751

陳氏尺蠖齋　1493，1510，1520

陳文中　998，1006

陳文田　1337

陳文焯　725

陳文述　878，880，899，1291，1292，
1763，1808，1809，1810

陳文煜　878

陳文蔚　1185，1461，1638，1726

陳文慶　817

陳文衡　857

陳文顯　764

陳方　1381

陳方瀛　729，1443

陳以綱　1269，1773

陳允升　1075

陳允平　1370，1375，1473，1738

陳允錫　571

陳玉璂　729，1622，1802

陳玉輝　1219

陳玉樹　732，1766

陳去病　1429

陳世倕　804

陳世佶　580

陳世崇　1568，1586，1589，1590，1610

陳世隆　1655

陳世熙　1662，1664

陳世箴　583

陳世慶　1384

陳世鎔　437，1317

陳世寶　1572

陳本立　1692

陳本禮　1157，1272，1403，1404，1777

陳平瑛　1057

陳田　612，1438，1469

陳田夫　895，1121，1772

陳用光　1259，1288，1716

陳立　431，1010，1033，1034，1775

陳玄佑　1664，1667

陳必復　1370，1374

陳永清　1121

陳弘緒　871

陳弘謀　482，548，549，703，956，959，
　960，967，971，1174，1254，1255，
　1726，1756

陳幼慈　1292

陳邦直　1247

陳邦彦　1360，1447

陳邦瑞　557

陳邦瞻　553，554，555，1202，1381

陳式金　1088

陳在謙　1436

陳光亨　823

陳光明　1386

陳光詔　832

陳光熙　885

陳光緯　1222

陳廷珍　724

陳廷桂　742

陳廷揚　825

陳廷敬　1238，1407，1692，1722

陳廷鈞　606，825，1315

陳廷鈺　848

陳廷煒　1722

陳廷慶　1279，1692

陳廷儒　1315

陳延恩　730，1448

陳仲子　950

陳仲鴻　1817

陳任暘　897，979，1430

陳自明　1006

陳全之　1017

陳兆崙　1256，1454

陳兆麟　718

陳次亮　1776

陳次雲　1808

陳池養　889

陳汝元　1503，1609

陳汝咸　855

陳汝秋　847

陳汝楨　819

陳汝蕃　657

陳汝霖　810

陳守中　756，761

陳字購　1222

陳如松　1811

陳如金　865

陳羽　1366，1368

陳孝恭　1864

陳均　1410，1635

陳志培　814

陳志喆　861

陳抒孝　451

陳芸　1358

陳芬　1558

陳芳　822

陳芳生　1622，1629，1651，1721，1724

陳芳績　698

陳克　1650

陳克劬　1823

陳克家　552

陳克恕　1086，1732

陳克緒　437

陳甫伸　606

陳辰基　1419

陳吳萃　834

陳虬　1708，1709

陳秀民　1381

陳作哲　759

陳作霖　584，725，1342，1427，1801，
　1854

陳希敬　1306

陳孚　440，474，1378

陳奐　430，450，500，1729，1752

陳沖素　1113，1119

陳沂　700，914，1573，1574，1576，
　1604，1621

陳沆　1300，1390，1457，1458，1459

陳忱　1510

陳良謨　1576，1589，1605，1613

陳邵　1796

陳玩直　1542

陳長方　1558，1673

陳長生　1421

陳長鎮　1246

陳坦　719

陳坤　655，1747

陳其元　729，1039，1703，1779

陳其柱　1830

陳其幹　1354

陳其愫　688

陳其榮　1750，1752

陳其寬　848

陳其錕　1307

陳其凝　480

陳其藻　859

陳其鑣　1745

陳若蓮　1809

陳直　1557，1587，1591，1592

陳枚　1388，1451

陳松　1047

陳述芹　839

陳東　1359，1755

陳郁　1559，1586，1590，1595

陳叔子　1032

陳叔齊　1584，1654

陳卓　1081

陳尚古　1637，1638

陳昌　566，843

陳昌運　1745

陳昌齊　863，1817

陳明申　1700

陳明遠　883

陳昉　1672

陳忠倚　1424

陳咏　715

陳牧夫　1085

陳和志　728

陳秉直　775

陳岳　1790

陳侃　1574，1589，1604

陳所聞　1481，1482

陳金珏　868

陳金浩　1651

陳金閶　859

陳金駿　711

陳念先　1830

陳念祖　994，995，999，1002，1733

陳京　1558

陳法　437，1304

陳泥丸　1123

陳治昌　863

陳性　1746，1803

陳宗起　1823

陳宗海　869

陳宗誼　1870

陳宗彝　491，1871

陳定國　1632

陳建　551，1639

陳建侯　506

陳戣　689

陳春　1677，1678，1736

陳珍瑶　1476

陳柏　1379

陳柱　722

陳厚耀　428，470，1716，1746

陳貞慧　1630，1740，1801

陳貞懷　1485

陳省　1397

陳則通　420，424

陳星　626

陳昱　1017

陳思　932，1552，1569，1726，1731，
　1744，1811

陳思樂　897

陳思濟　1378

陳矩　1344

陳重威　807

陳修堂　1897，1898

陳禹謨　488

陳侯官　1192

陳衍　685，1647，1648

陳衍　1353，1425，1435

陳食花　767

陳亮　1184，1371，1473，1675，1724，
　1758，1818

陳奕禧　1699，1722，1742

陳竑　1806

陳彦升　840

陳炳星　882

陳炳泰　1698

陳洪冠　441

陳洪書　709

陳洪綬　1222

陳洪範　558

陳洪謨　1604，1608

陳洎　1373

陳祖望　1092

陳祖綬　480

陳祖範　457，727，1249，1629

陳祚康　896

陳昶　706

陳紀　1330

陳紀麟　813

陳泰　1190，1377

陳泰交　1039，1736

陳振孫　942，1642，1645

陳起　1370，1371，1374，1811

陳耆卿　1814

陳莢　1412

陳晋　481

陳真晟　1639

陳連溶　1682

陳致虛　1112，1113，1115，1118，1119，
　1515

陳致煥　517

陳時　746，1809

陳造　1183，1372

陳倬　500，1752

陳脩靈　1150

陳倫炯　905，1630，1649，1701，1703，
　　1705，1706，1724

陳皋謨　1623

陳師文　1656

陳師凱　420，423，1065，1673，1724，
　　1731

陳師道　1014，1174，1179，1371，1372，
　　1551，1556，1566，1570，1580，
　　1610，1611，1616，1643，1646

陳卿雲　819

陳逢衡　545，560，1296

陳訏　1373

陳高　1192，1377

陳效　854

陳旅　1376

陳益稷　1377

陳浩恩　734

陳海曙　1127

陳浮梅　1762

陳家麟　1704

陳朗　1520

陳祥道　461，462

陳展雲　1337

陳陶　1367，1369

陳恕可　1653

陳球　1521

陳規　979，1672，1721，1723

陳埴　958

陳逵　1082

陳培脉　1408

陳培桂　857

陳基　1377，1384

陳黃中　1650，1685，1847

陳勗　1653，1659，1675，1727

陳堅　1812

陳常鏵　811

陳晦　1558，1586，1590

陳崑　846

陳崇哲　1401

陳崇砥　654，987

陳第　447，524，1655，1724，1736

陳偉　718，1034

陳康祺　673

陳章　1474

陳翊九　1450

陳烺　1505

陳淇榮　1752

陳淑均　857

陳淑秀　1421

陳湨子　989

陳淮　1232，1480

陳淳　953，958，1719，1748，1756，
　　1869

陳深　421，424，454，495，571，1156，
　　1376

陳梁　1577

陳惟模　829

陳悰　1629

陳啓源　425，451

陳啓邁　835

陳階平　1699

陳組綬　911

陳琳　1361

陳琦　806，845

陳琰　1037，1046，1649，1779

陳琛　1199，1572

陳堯松　578

陳堯書　790

陳堦　696

陳超　578

陳彭年　503，511，522，1594，1608

陳達叟　1552，1569，1571，1587，1591

陳揆　938，1730

陳萬言　1200

陳萬策　453

陳葆光　1121

陳敬宗　1830

陳敬則　1573

陳敬修　645

陳朝儼　1691

陳奠纕　728

陳葵　741

陳森　1522

陳雲章　1297

陳雯　1548

陳斐然　901

陳鼎　598，1625，1626，1628，1635，
　　1636，1637，1655，1661，1690，
　　1700，1755，1802，1803

陳鼎隆　750

陳鼎新　1536

陳開虞　725

陳開源　591

陳遇夫　1816

陳遇乾　1485

陳景元　1676，1678，1855

陳景高　1324，1443

陳景雲　1167，1650，1738，1847

陳景雍　1384

陳景鐘　1631，1674，1733，1807，1810

陳喬樅　431，453，1820

陳傅良　420，423，979，1184，1372，
　　1671，1678，1721，1723，1814

陳傑　721，1056

陳皖永　1421

陳復心　1062

陳復正　1006

陳鉅前　766

陳舜英　1235

陳舜俞　1671

陳舜咨　893

陳詠　709

陳敦履　1199

陳敦豫　1199

陳斌　1281

陳善　898，938，1556，1580，1612

陳善同　569

陳善言　820

陳善墀　923

陳普　1188，1379

陳道　1259

陳曾　450

陳焯　1081，1434

陳焱　854

陳湖逸士　558

陳淵　1374

陳渝　869

陳滋　1746

陳運乾　1484

陳運溶　1353，1680，1681，1682

陳榮仁　1309

陳裕　982

陳登龍　898

陳絳　700，1017

陳統　1741，1787

陳瑚　972，1224，1384，1721，1747，
　　1804，1869

陳瑞琳　1298

陳瑞瀾　824

陳瑜　745

陳璩　504，506

陳夢雷　1539

陳夢照　1693

陳椿　1078

陳椿榮　1115

陳楠　1112，1113，1119

陳楷禮　835

陳傳弼　771

陳暘　462，1568

陳嗣良　776

陳與年　1891

陳與郊　1501，1502

陳與義　1372，1567，1643，1646，1715

陳僅　500，796，1302，1468，1732

陳鉦　1747

陳頌弟　801

陳詩　703，1355

陳詩庭　505

陳詵　437

陳裔虞　860

陳新德　871

陳義錫　480

陳煒　494

陳準　1560

陳騫　622

陳肅　1380

陳群　1790

陳際盛　1634

陳經　446，923，1081，1641，1644，1689

陳瑤　1443

陳摶　1060，1093，1651，1717

陳嘉　1475

陳嘉基　1189

陳嘉楷　771

陳嘉榆　832

陳嘉謀　726

陳嘉謨　1002

陳燾　1569，1581

陳壽　534，535，536，539，1561，1582

陳壽彭　603，917

陳壽祺　427，429，431，498，504，
　　704，1216，1729，1732，1820，1821

陳壽熊　431，1777

陳熙春　783

陳熙晋　1160

陳蔚　891，892，1629，1690，1806

陳輔　1565

陳楝　1816

陳榕　844

陳爾幹　1746

陳霆　1719

陳鳴鶴　600

陳僖　1629

陳幾　767

陳銓　1788

陳廣寧　1279

陳韶湘　851

陳端禮　869

陳榮選　1177

陳漢卿　1062

陳漢章　1355

陳賓　1557

陳實　1106

陳肇礽　732

陳隨隱　1560

陳蕭　1575，1589，1605

陳維屏　1469

陳維崧　1232，1415，1454，1490，1631，
　　1678，1713，1736，1824

陳璜　1632，1636，1668

陳邁　1804

陳蕃垣　853

陳鱐　816

陳橲　1656

陳確　1622

陳增玉　882

陳震濟　1075

陳輝璧　836

陳儀　1247，1680，1800

陳德永　1380

陳德敏　784

陳徵文　1350

陳鉉　1039，1798

陳賡　1379

陳慶年　731，885，1892

陳慶熙　840

陳慶藩　766

陳慶鏞　1309

陳慶齡　817

陳毅　891

陳澗　483

陳澔　458，492

陳澈　1731

陳履中　761

陳履和　1855

陳履端　1006

陳選集　472，971

陳遹聲　808

陳豫鍾　1090

陳璞　1325

陳薦夫　1213

陳樹杓　939，1778

陳樹基　1508

陳樹鏞　1745

陳樵　1376，1819

陳融　1795

陳學海　767

陳學富　753

陳鍈　855

陳錫朋　591

陳錫路　1733

陳錫麟　818

陳錦　605，824，838，1330

陳錦堂　843

陳録　1551，1564，1565

陳穎侶　607

陳龍正　952，961，1213，1216，1813

陳龍標　455

陳熾　1030

陳澧　431，463，1030，1319，1457，
　　1768

陳澹然　602

陳璨　1809

陳聯元　569

陳薑　1651

陳懋　774

陳懋仁　1462，1537，1553，1576，1614，
　　1747，1856

陳懋侯　437

陳懋恒　1804

陳懋齡　428，1742，1743

陳穉君　1757

陳徽言　566

陳禦寇　1885

陳鍊　1086，1092，1429，1633

陳鍔　827

陳鍾　876

陳鍾英　809

陳鍾炅　810

陳鍾珂　653

陳鍾原　1717

陳鍾祥　576，1317，1869

陳鍾鰲　1072

陳鍾麟　1496

陳謙　1380

陳謙恩　817

陳燮　572，736

陳襄　1658，1675

陳應富　748

陳應魁　1251

陳燦　705

陳鴻　859，1570，1584，1595，1660，
　1663，1666，1727

陳鴻作　836

陳鴻祖　1571

陳鴻壽　1090

陳鴻漸　830

陳鴻墀　1410

陳鴻翽　763

陳濬　475

陳濟生　1630，1632，1713

陳翼亮　609

陳翼飛　1394

陳璿　893

陳璸　1243

陳藩　1011

陳藩垣　845

陳蘊蓮　1329

陳鵠　1654

陳鎬　870

陳瀏　1095，1884

陳騤　682，1565，1581，1612，1677，
　1808，1814

陳藻　1374

陳櫟　420，423，1189，1376，1570，
　1587，1591，1592

陳鏦　483

陳鵬　1740

陳鵬年　1246

陳鵬霄　488

陳繹曾　1068，1565，1583

陳蘭彬　863，1706

陳蘭森　482，813

陳蘭瑞　1288

陳齡　1443

陳獻可　747

陳獻章　951，1195，1196，1816

陳獻瑞　851

陳耀文　1535

陳耀卿　674

陳闡　572

陳寶泉　605，1153

陳寶森　516

陳寶鴻　969

陳繼三　753

陳繼儒　579，602，961，987，1014，
　1016，1042，1213，1383，1396，
　1413，1449，1537，1545，1546，
　1553，1554，1576，1577，1578，
　1579，1589，1610，1611，1612，
　1614，1618，1733，1736

陳鰲　823

陳夔龍　936

陳澧　859，1870

陳顧瀚　764

陳鶴　552

陳懿典　976，1125，1218，1722

陳鑒之　1370，1374

陳巖肖　1551

陳鑑　1266，1622

陳顯微　973，977，1113，1114，1118，
　1673

陳觀圻　769

陳觀國　792

陳鱣　561，1193，1278，1658，1729，
　1754，1782

陳驤　814

陳鑾　617

孫一奎　1000

孫士毅　1263

孫大山　891

孫大焜　856

孫之騄　563，1048，1632，1808

孫弓安　1225

孫天寧　841

孫元相　868

孫元培　1289，1860

孫元衡　763

孫不二　1119，1121

孫升　1551，1555，1608，1610

孫文楨　698

孫文爌　1801

孫方墜　767，775

孫以榮　1801

孫玉甲　579，1260

孫玉田　1549

孫玉銘　745

孫世芳　719

孫世昌　866

孫丕顯　1018，1536

孫立雅　598

孫永芬　1019

孫光祀　1226

孫光祖　1086

孫光憲　1014，1607，1609，1668，1767

孫同元　882，979，1678，1723

孫廷鉦　1007

孫廷銓　1636，1838

孫廷璋　1729

孫仲章　1500

孫兆　991，999

孫兆溎　1035，1698

孫旬　688

孫衣言　1325，1454

孫汝聽　611，1768

孫守廷　1491

孫宅揆　654

孫均銓　839

孫志祖　426，1025，1674，1729，1754，
　1825

孫志熊　806

孫克緒　766

孫甫　1644，1650，1675，1737

孫見龍　1417

孫作　1802

孫希旦　459，1814

孫彤　1683

孫汧如　1632，1636

孫武　950，951，978，979，1598

孫長熙　1289

孫枝秀　1072

孫枝蔚　1228

孫奇逢　447，584，598，952，1427，
　1631，1712，1799，1835

孫明　1403

孫和相　752，779

孫岳頒　1082

孫岱　610

孫佩蘭　1332

孫依言　1422

孫阜昌　1090

孫采芙　1334

孫周　1750

孫炎　1788，1791

孫治　872

孫治徐　1809

孫宗彝　1225

孫宗鑑　1560，1586，1590

孫居相　767

孫承宗　983，1360，1636，1798

孫承澤　877，920，1069，1640，1652，
　　1669，1712，1748，1749，1778

孫柚　1503

孫星衍　427，448，491，498，504，682，
　　728，742，785，792，798，800，
　　921，934，950，954，979，996，
　　1278，1388，1633，1658，1667，
　　1668，1678，1679，1719，1728，
　　1729，1739，1752，1753，1754，
　　1768，1771，1879

孫星華　1644，1645，1646

孫思敬　1092

孫思邈　1003，1118，1564，1570，1679

孫衍　762

孫炳甲　1301

孫炳奎　1810

孫炳煜　833，839

孫奕　1655

孫洙　1028，1409

孫淦　1239

孫恂　1664，1667

孫柔之　1562，1796，1885

孫原湘　1283

孫峻　888，1810，1811

孫高亮　607

孫海　848

孫家鼐　444

孫家穀　1705

孫梅　1470，1668

孫盛　1561，1786

孫堂　433，434，498

孫常泰　722

孫過庭　1551，1566，1619

孫從添　470，1633，1731，1748，1749，
　　1757，1767

孫象坤　776

孫清士　850

孫淑　1377

孫琮　1399

孫琬　729

孫萬春　1470

孫葆田　605

孫雄　1356，1426，1899

孫雲鳳　1421，1476

孫雲錦　732，875

孫雲翼　1184

孫雲鶴　1476

孫鼎臣　886，1328，1475

孫景烈　791，797，799，800，1200，
　　1714

孫復　420，423，1173

孫詒讓　454，455，456，518，541，925，
　　935，978，1025，1814

孫馮　1714

孫馮翼　508，1603，1667，1668，1752

孫榮　1565，1585，1596，1662，1665

孫强　511

孫巽　777

孫瑞　1351

孫夢逵　439

孫蓀意　1421，1475，1764

孫楚　1362

孫傳庭　1360

孫傳栻　722

孫傳鳳　1763

孫義鈞　1315

孫源文　1502

孫慎行　558

孫福保　1756

孫福清　1813

孫經世　497，1743

孫嘉淦　693，901，1698

孫毅　1671

孫爾準　704，1290，1696

孫毓　1741，1783，1787，1789，1794

孫銘鐘　795

孫銀槎　1233

孫鳳銘　729

孫廣　468，1568，1585，1663，1665

孫廣生　780

孫榮　668

孫緒　1575

孫綽　1362，1791，1795

孫綸　670

孫慧惇　1290

孫慧翼　1290

孫璋　1151

孫增鑫　590

孫奭　415，416，417，418，419，421，
　　424，1649，1740

孫毅祥　1557

孫賁　1382

孫德全　655

孫德祖　808

孫德潤　998

孫鋐　1415

孫顆　1585，1660，1663，1664，1666，
　　1667，1727

孫瑩培　1477

孫澍　1435，1714

孫燕貽　1615

孫樹森　590

孫樹禮　603，1811

孫㯶　1468

孫樵　1171，1363，1365

孫穆　1560，1587，1591，1592

孫學恒　711

孫鍖　1714

孫濩孫　459，1416

孫擴圖　1258

孫點　608，1699

孫鐀　612

孫鍾　1287

孫鍾齡　1503

孫謙　804

孫謙益　520

孫燮　1312

孫應科　486，968，1296

孫應時　727，1184

孫應鰲　1544，1833

孫鴻淦　747

孫濟世　504

孫翹澤　835

孫顏　1036，1037

孫璧文　1541

孫贊元　1427

孫鏘　1810

孫繩祖　896

孫蘭　1623

孫耀　524

孫覺　420，1641，1644

孫繼宗　552

孫覿　1180，1372，1802

孫鑄　693

孫鑛　464，977，1070，1386，1397

孫讓　743

孫灝　702，905

陰中夫　1543

陰弘道　1786

陰步霞　747

陰振猷　1872

陰時夫　1543

陰鏗　1785

陶輔　1575

陶大眉　501

陶及申　653

陶元淳　1440

陶元藻　855，1263，1466

陶太定　1122

陶文鼎　1747

陶方琦　432，504，1814，1883

陶正靖　1440，1669

陶用曙　758

陶弘景　1120，1361，1362，1552，1553，
　　1561，1568，1571，1581，1582，
　　1583，1597，1599，1601，1602，
　　1617，1618，1620，1659

陶有容　572

陶成　703

陶廷珍　544

陶安　1193

陶邵學　1355

陶叔獻　687

陶昜　755

陶岳　1558，1659，1681，1742

陶金諧　836

陶治　1124

陶治元　945

陶宗儀　921，1015，1068，1499，1554，
　　1568，1570，1608，1619，1656，
　　1675，1679，1750，1781

陶南望　1071

陶貞一　1440

陶保廉　901

陶珽重　1554

陶素耜　1126

陶華　992，997

陶原烺　1032

陶師韓　1710

陶埴　1113

陶望齡　1213，1576，1577

陶淑　722，1476

陶欽　1294

陶滋　931

陶裕濟　733

陶弼　1681，1771

陶煦　739，1428

陶煊　1416

陶福祥　1179

陶壽嵩　828

陶寧祚　1124

陶墫　865

陶穀　1014，1037，1572，1581，1613，
　　1719

陶樑　1078，1426，1446

陶澍　614，693，835，1159，1297，
　　1692，1696，1699

陶潛　951，1158，1159，1361，1362，
　　1363，1561，1571，1581，1582，

1598，1599，1600，1601，1602，1617，1620，1659，1660，1727，1745

陶澐霍　1198

陶錦　767

陶駿保　1804

陶應鯤　1218

姬志真　1119

娥川主人　1518，1519

通瑞　683

桑世昌　1390，1653

桑東陽　772

桑拱陽　953

桑悦　737，1572，1804

桑喬　1120

桑欽　1570，1584，1599，1600，1602

桑調元　1199，1254，1726，1810

桑靈直　1066

純陽子　1769

納新　1645，1671，1740

納蘭永壽　1538

納蘭性德　419，421，422，423，424，1631，1738，1749，1762，1851

納蘭常安　1250

十一畫

理藩院　649，668

理藩部　649

琅玕　889

琅槐河上漁人　1095

捧花生　1044

堵允錫　1218，1360

堵廷棻　1502

堵安　1220

堵景濂　460

培真道人　1099

培瑞　1142

培端　1136，1137，1708

掃花頭陀剩齋氏　1521

勒德洪　555

黃一淵　1438

黃人　1542

黃九命　1047

黃士良　583

黃士京　1399

黃士珣　1808

黃士龍　859

黃大受　1370，1374

黃大華　570

黃小配　1512

黃之雋　700，1247，1631，1691，1693，1697

黃之澂　782

黃子高　1817

黃子雲　1634

黃子遂　828

黃子淵　1021

黃子發　1570，1751

黃元治　1623，1700

黃元御　997

黃元會　1804

黃元實　1380

黃中堅　1632

黃仁溥　643

黃仁黼　1470，1471

黃公度　1372

黃公望　1077，1378

黃公紹　1378

黃氏族裔　589

黃印　730

黄六鴻　655，1406
黄文炤　580
黄文煥　451
黄文琛　834，1735
黄文蓮　712，786，1383
黄文雷　1370
黄文燮　821
黄方胤　1502
黄心菊　837
黄以周　432，460，954，1423，1770，
　　1877
黄允交　1580，1589，1620
黄玉階　1437
黄玉衡　761
黄玉蟾　1713
黄正元　1124，1125，1126，1769
黄正琅　821
黄世本　988
黄世昌　839
黄世崇　829，830，831
黄本誠　780
黄本驥　489，501，682，1037，1162，
　　1646，1699，1719，1720，1756，
　　1777
黄可垂　1705
黄可潤　715
黄丕烈　560，937，941，944，1757，
　　1763
黄石公　949，950，978，979，1118，
　　1554，1597，1598，1600，1602，1619
黄石翁　1379
黄生　515，1164
黄永年　1696
黄邦寧　1173，1181，1182
黄式三　431，446，470，476，550，

　　1863
黄式度　823
黄百家　1239，1623，1624，1635
黄光昇　551
黄廷金　818
黄廷桂　703
黄廷鑑　727，1657，1658，1669，1693
黄休復　1074，1559，1567，1581，1586，
　　1589，1675，1723，1767
黄仲炎　421，424
黄仲畬　1345
黄仲騏　1318
黄任　854，896，1082，1251
黄自如　1113
黄向堅　1652，1700
黄兆熊　764
黄名彦　873
黄汝成　1011
黄汝亨　482，687，1213，1382，1577，
　　1613
黄汝香　717
黄汝梅　745
黄汝琳　1016
黄安綬　618
黄安濤　862，1694
黄如毅　837
黄佐　463，704，952，1402，1573，1593，
　　1621，1669，1816
黄伯思　1551，1567，1568，1592，1616，
　　1715，1747
黄伯禄　1153，1154
黄亨　897
黄冶原　1420
黄沛翹　916，1682，1686
黄君　972

黃君鉅　916

黃協塤　1701

黃叔琳　455，574，1465

黃叔璥　624，881，1701，1800

黃叔燦　1408，1670

黃虎癡　515

黃尚毅　852

黃昌蕃　816

黃昇　1472

黃明曦　1803

黃易　924，1090，1739

黃岩　1512

黃俏　704

黃金臺　1303，1689，1691，1697

黃金聲　810

黃金璽　1411

黃周星　1221，1406，1622，1624，1625，
　　1626，1630，1635，1687

黃庚　1376

黃育楩　1126

黃治基　963

黃宗炎　1634

黃宗敬　707

黃宗羲　1836

黃宗羲　557，887，920，961，1188，
　　1224，1621，1622，1629，1631，
　　1632，1654，1669，1690，1721，
　　1724，1731，1736，1740，1765，
　　1778，1781，1814，1815

黃宗憲　1053

黃定文　1443

黃定宜　1011

黃定齊　1303，1443

黃定鏞　828

黃定蘭　1717

黃建笎　1342

黃承乙　937

黃承吉　1291

黃承昊　994

黃承璉　803

黃承增　1039

黃承勳　1479

黃承臒　765

黃相堯　845

黃厚本　729

黃省曾　949，956，1554，1576，1579，
　　1588，1597，1598，1600，1602，
　　1618，1670，1731，1737，1809

黃晜杰　823

黃星周　1625

黃思藻　862

黃俊苑　1345

黃郛　1890

黃度　420，423

黃庭堅　1178，1371，1372，1373，1375，
　　1402，1556，1565，1567，1643，
　　1654，1713

黃彥　1722

黃炳垕　611，1055，1836，1874

黃宮繡　1003

黃祐　816

黃祖絡　614，904

黃姬水　1576

黃飛鯤　865

黃振均　1334

黃起鳳　878

黃哲　1382

黃桂　741

黃桐孫　1443

黃烈　840

黃時沛　858

黃晟　923

黃恩彤　649，764

黃恩錫　801

黃秩模　1722

黃倫　498

黃師闔　764

黃釗　1303

黃逢昶　882

黃訓　687

黃裒　1613，1713，1816

黃家辰　1877

黃家岱　1877

黃家鼎　790，1234，1443，1881

黃家舒　1502

黃家駒　896

黃書霖　642

黃姬水　1553，1610

黃培之　816

黃培芳　858，859，1693

黃培杰　869

黃培爍　860

黃堅　1397

黃雪蓑　1565

黃晞　950

黃崗竹　715

黃崇蘭　623

黃象曦　888

黃庶　1373

黃清老　1378

黃淮　687

黃淦　496

黃淳耀　1218，1360，1650，1755

黃婉璩　1313，1476，1720

黃習遠　1410

黃紹七　719

黃紹先　869

黃紹憲　1354

黃越　1059

黃彭年　700，1876

黃葆真　1540

黃朝英　1556，1580，1613，1672

黃植京　1180

黃惠　855

黃雲　742

黃掌綸　657

黃鼎　1047，1052

黃閔　1681

黃景仁　1276，1461

黃景昉　1647

黃景曾　778

黃景福　1703

黃蛟起　1634

黃復生　757

黃復圭　1380

黃舒昺　778，1433

黃鈞宰　1042，1698，1707

黃尊素　1360

黃道周　459，473，493，582，952，961，
　　1216，1360，1395，1537，1715，
　　1736，1878

黃道讓　1262

黃焯　1313

黃焜　1699

黃湘南　1720

黃淵耀　1218，1360，1755

黃富民　1310

黃寓庸　1615

黃登瀛　1437

黃瑞節　1713

黄瑜　1017，1574，1816

黄勤業　1315，1700

黄幹　456

黄楚珩　873

黄楷盛　833

黄槐開　1158，1159

黄楙材　1696，1704，1750，1764

黄虞稷　937，1633

黄暐　1621

黄嗣東　963

黄與堅　1731，1757，1804

黄鈺　808

黄鉞　1077，1168，1277，1690，1692，
　　1694，1698

黄誠恕　1107

黄靖圖　844

黄義仲　1562

黄煜　558，559，1654

黄溍　1190，1376，1556，1818，1819

黄溥　559，1464，1588，1604

黄溥言　1575

黄滔　1171，1365，1368，1369，1762

黄福　1604

黄壽仁　915

黄壽祺　815

黄榦　1638，1724，1726

黄模　430，1774

黄榜元　839

黄輔辰　655

黄爾黼　1406

黄鳴珂　822

黄鳳池　1079

黄鳳樓　816

黄廣　501

黄端伯　1360

黄漢榮　586

黄寬　796

黄肇敏　1690

黄維申　1345

黄維杰　1356

黄維翰　776，987

黄綬芙　892

黄奭　1716，1725

黄標　559，1552，1594，1603，1608，
　　1669

黄震　571，958，1655

黄暹　461

黄樂之　1304

黄德水　1405

黄德基　837

黄德溥　820，1762

黄徵義　811

黄徹　1463，1565，1643，1647，1652

黄嘗　1178

黄魯曾　1613，1816

黄慶澄　1704，1710

黄遵憲　1704，1755，1776

黄澍　472，1619

黄澐　1548

黄潤玉　1572

黄澄量　937

黄履翁　1533

黄璞　1495，1561

黄璟　783，1350

黄樸　841

黄機　795

黄學勳　773

黄儒　1567，1587，1591

黄儒荃　706

黄錫燾　892

黃錫齡　1694

黃穎　1786

黃凝道　833

黃澤　498，1641，1644，1764

黃憲　1013，1598，1601，1620

黃憲臣　755

黃憲清　1813

黃禧　1356

黃縉　1672

黃縉榮　758

黃聯珏　815

黃爵滋　1308

黃燮清　1480，1496，1868

黃應培　837，839

黃應澄　582

黃應麒　1742

黃濬　820

黃櫄　420，423

黃鎮成　420，423，446，1377，1436，1747

黃鎔　1769，1770

黃燿　1194

黃麗中　770

黃蟾桂　1296

黃贊湯　614，674，677

黃鵬揚　1637，1638，1779

黃懷孝　1803

黃懷祖　764

黃鷓篆　1072

黃獻臣　980

黃覺　850

黃繼善　575，1592

黃鶴　483，1163

黃鑑　856，1555，1587，1591

黃灝　1738

菊畦主人　1508

菰蘆釣叟　1498

梅□　1794

梅大鶴　819

梅山人　525

梅文明　609

梅文堉　1055

梅文鼎　1052，1623，1624，1626，1650，1654，1715

梅成棟　1446

梅自馨　1541

梅志暹　1807

梅沖　484，1715

梅枝鳳　1173

梅庚　1629

梅建　526

梅威令　987

梅純　1596，1605，1609，1621

梅啓照　898，1055，1056

梅堯臣　1173，1371，1373，1559，1586，1590

梅植之　1309

梅鼎祚　524，1039，1389，1395，1431，1449，1491，1502，1503，1545

梅曾亮　1301，1388，1425，1688，1693，1696

梅毓　1774

梅毓翰　814

梅穀成　1055

梅慶生　1469

梅嶧　838

梅鍾澍　1311

梅膺祚　513

梅體萱　817

梅鷟　941，1679

麥丁富得力　1759

麥仕治　448，453

麥仲華　696，1426

麥都思　1135

曹一士　1249

曹一介　1444

曹一麟　727

曹于汴　952，1213

曹士英　457

曹士冕　1551，1567，1715

曹大家　1564

曹大章　1579

曹大鎬　1806

曹之升　487，610

曹之璜　1624

曹之謙　1379

曹元用　1380

曹元忠　1751，1773，1885

曹元弼　437，457，496

曹仁虎　504，1268，1383，1632，1649，
　　1650，1735，1768

曹仁鏡　1452

曹文炳　1444

曹文斑　809

曹文埴　1169，1690

曹文晦　1379，1444

曹文逸　1112

曹文植　1448

曹允源　1356

曹本　512

曹本榮　438，1814

曹申吉　1768

曹永賢　846

曹廷杰　935，1005，1683，1687

曹守謙　741

曹安　1575，1613

曹秀先　813，1630

曹伯啓　1376

曹希煌　443

曹希璨　1444

曹松　1368，1369

曹昌祺　869

曹和鈞　760

曹秉仁　806

曹秉哲　1338

曹金籛　1867

曹京　739

曹宗璠　1629，1693

曹宜約　1444

曹春曉　757

曹貞吉　1473，1633

曹貞秀　1280

曹昭　1031，1719

曹毗　1570

曹胤儒　1615

曹亮武　1232

曹庭棟　1021，1373

曹炳曽　1194

曹冠　1472

曹振鏞　557，1411

曹原亮　1458

曹侗　764

曹逢庚　1442

曹唐　1367，1369

曹搰彬　847

曹搰翰　847

曹培廉　1189

曹堉　1689，1728

曹雪芹　1511

曹笙南　1344

曹敏　1442

曹偉謨　1223

曹淇　1444

曹涵　707

曹寅　937

曹紹　1567，1568

曹斯棟　1021

曹植　1158，1361，1620

曹景芝　1476

曹勛　1374

曹鈞　1698，1709

曹爲霖　437

曹道沖　1117

曹載奎　1763

曹馴　598

曹聖臣　1096

曹楙堅　762，1313

曹煜　1452

曹溶　941，1226，1632，1653，1670，
　　1712，1748，1749，1755，1767

曹慎儀　1475

曹肅孫　1442

曹銘　1547

曹膏　806

曹端　475，951，1829，1830

曹蕃　1579

曹鄴　1038，1365，1367，1369，1570，
　　1584，1660，1663，1666，1727

曹徵甲　816

曹操　979，1361，1598，1602，1678，
　　1723

曹翰　875

曹樹穀　752

曹樹翹　1686，1700

曹學佺　699，1383，1391，1578

曹學詩　1635

曹錫黼　1249

曹憲　503，530，749，1598，1599，1601，
　　1605，1735，1793，1797

曹憲來　1218

曹應鐘　1729

曹鴻勛　1459

曹濟　1678

曹籀　896

曹鵬翊　786

曹瀚　589

曹鑑仁　1384

曹鑠　714

曹襲先　725

區大相　1212，1436

區仕衡　1436，1816

區作霖　814

區啓科　862

堅彌地　1704

戚元佐　571

戚光　542

戚袞　1787

戚朝卿　716

戚楠江　516

戚輔之　1557，1562

戚學標　452，517，782，809，881，1274

戚繼光　980，984，1209，1672，1721，
　　1722

盛一林　836

盛大士　928，1292，1693

盛大器　840

盛元　815

盛元珍　1455

盛以進　1203

盛弘之　1562，1583，1680，1885

盛百二　426，447，777，1022，1634，
　1813
盛如梓　1655
盛庚　837
盛宜梧　1092
盛昱　1350，1425，1894
盛宣懷　1801
盛時泰　1768
盛符升　1395
盛敬　1804
盛朝勛　1633
盛福　1756
盛熙明　1023
盛慶紱　836，908，1703，1876
盛徽嶼　1292
盛謨　1694
盛鎰源　834
盛繩祖　918，1686
雪北山樵　1467
雪樵主人　1520
彪蒙書室　487
常增　457
常丹葵　828
常存仁　782
常存敬畏齋主人　969，1769
常安　1688，1689，1696
常安室主人　1459
常沂　1660，1664，1667
常茂徠　470
常明　703
常庚辛　1495
常泰　648
常爽　1792
常景　1794
常善　714

常煜　1432
常遜　748
常毓坤　792
常德　647，990
常璩　1561，1583，1599，1600，1601，
　1606，1675
常懋　1568
眭文煥　733
野田義夫　569
野鶴老人　1066
婁一均　765
婁元禮　986，1554，1577，1618
婁世瑞　1451
婁近垣　894
婁東羽衣客　1525
婁堅　1431
婁道南　749
婁機　512，1657，1721
晦齋氏　973
晦齋學人　1426
鄂忻　1762
鄂恒　623
鄂海　666，693
鄂敏　1807
鄂爾泰　583，648，665，686，705，986，
　1429
鄂貌圖　1762
國史館　597
國英　938，979
國璋　917
國學扶輪社　1550
國學研究社　1781
國學保存會　1780
唉助　1790，1796
崑岡　644

崔子方　420，423

崔允昭　757

崔旦　1593

崔令欽　1565，1585，1596，1606，1662，
　1665

崔旭　714，1446

崔汲　1200

崔志元　735

崔秀春　744

崔希範　1112，1118

崔述　1799，1855

崔秉鏡　809

崔昭　800

崔淦　827

崔桐　1200

崔致遠　1736

崔豹　950，1599，1600，1602，1605，
　1606，1607，1615，1779，1797

崔培元　827

崔國因　615，1711

崔國榜　821

崔象川　1521

崔淇　779

崔朝慶　1751

崔凱　1788

崔舜球　1350

崔敦禮　1675

崔寔　1564，1618，1779，1783，1856

崔諫　912

崔與之　1816

崔塗　1365

崔嘉彦　991，993

崔鳴玉　808

崔銑　782，856，952，1200，1572，
　1573，1574，1576，1588，1593，

　1605，1670，1716，1798

崔實　1795

崔澄寰　760

崔憬　1786

崔駰　1361

崔曉然　751

崔學古　1622，1747

崔戀　763

崔應階　921，1494

崔應榴　428

崔鴻　1598，1600，1601

崔覲　1786

崔鶴齡　750

崔鑄善　750

崔靈恩　1783，1787，1789

崇文書局　949，1728，1815

崇厚　651

崇恩　925，1315

崇福　658

崇實　614

崇綱　671

崇禮　616，1707

過元旽　572

過春山　1474

過奕誥　1399

過珙　1399

過棟　1164

過臨汾　470，1255

笪重光　1077，1630，1632，1654，
　1713

笪蟾光　891

符永培　852

符兆鵬　739

符葆森　1423

符爲霖　838

符觀　1412

敏長老　1105

偰玉立　1380

偉烈亞力　1741，1759，1896

貪夢道人　1525

脫脫　535，536，542，543

魚玄機　1366，1772，1775

魚鳧居士　1724

魚豢　1561，1583

魚翼　1722

許增　1748，1749

許乃安　1498

許乃釗　981，1721

許乃普　684

許乃肇　1721

許乃穀　1294，1300，1810

許乃濟　1036，1037，1713

許三禮　803，1842

許之吉　1537

許之鳳　1031

許之獬　1649

許元仲　1694

許元淮　455

許午　1703

許仁沐　609，1433

許月卿　683，1373

許以忠　1545

許正綬　1309，1773

許有壬　1376，1650

許光世　705

許光曙　825，835

許仲琳　1515

許自昌　1364，1504

許旭　1634

許亦崧　1333

許次紆　1554，1578，1612

許汝韶　862

許汝衡　1709

許克昌　1007

許克勤　1709

許佐　1471

許孚遠　1629

許奉恩　1041，1508

許英　1416

許叔微　1723，1731，1744

許明　1063

許昂霄　1465

許治　726

許宗彥　427，1288

許宗衡　1321，1478，1730

許承宣　1625，1627

許承祖　1809

許相卿　538

許貞幹　1403

許思湄　1451

許勉燉　779

許彥深　1497

許洞　983，1738

許胥臣　488

許晉　744

許真人　1067

許桂林　430，1057，1739

許時庚　595

許浩　1608

許容　702，930，1086，1091

許恕　1381，1802

許球　1457

許炎　781

許彬　906

許國　1209

許國球　1413，1450
許崇楷　748
許進　1593，1604
許從坤　1061
許清源　837
許淑　1789
許淑慧　1476
許隆遠　719
許紹錦　774
許琳　1367，1369
許琰　763，1691
許堯佐　1585，1660，1663，1666，1727
許敬宗　1738
許械　504，893
許惠　1345
許棐　1370，1375，1473，1551
許棠　1367，1369，1585，1663，1666
許鼎　1330
許景迂　1558
許景澄　660，909，918，1682，1755
許景衡　1814
許凱　1610
許喬林　736
許順義　960
許普濟　861
許曾蔭　842
許渾　1367，1369
許惺南　746
許巽行　509
許楚　1690，1698
許嗣雲　1467
許嵩　541
許頌鼎　504
許湜祥　504
許慎　503，505，948，1118，1667，

　　1668，1679，1784，1885
許遜　1112，1113，1118
許瑤光　803，1327
許嘉猷　654，986
許嘉德　509
許楗　672，930，938，1394，1863
許遜翁　1726
許誦珠　1476
許榮　1063
許鼐穌　990
許穀　1209
許德士　558
許德蘋　1476
許論　979，1658，1724
許燕珍　1421
許翰　1028
許默　1663，1665
許學範　982，1721
許儒龍　1714
許衡　419，422，953，1188，1376，
　　1638
許錫祺　1354
許獬　1216
許謙　420，423，446，499，1377，1758，
　　1818，1819
許應藻　1410
許應鑅　813，817
許燦　1359，1433
許鴻磐　1276，1503
許瀋如　604
許鯉躍　1304
許顥　1551，1566，1616
許瀚　777，1730
許譽卿　1650
許寶書　658

許寶善　1165，1403，1520

許權　1421

許夒　821

許體仁　486

許觀　1557，1587，1591，1660

許纘曾　1123，1124，1636，1637，1661，
　　1700

麻三衡　1389，1634，1740

麻兆慶　653，707

麻衣道者　1065

麻革　1379

庾仲雍　1680

庾肩吾　1362，1566，1583，1599，
　　1600，1602，1610，1616

庾信　1160，1361，1363，1620

庾桑楚　951

庾蔚之　1788

庾嶺勞人　1522

庾翼　1561，1582，1791

庾儼默　1793

康乃心　752

康有爲　471，478，557，682，696，910，
　　1353，1776，1899

康如璉　715

康阜　895

康祖詒　1900

康泰　1562，1682

康海　799，800，1200，1502，1714，
　　1720

康基田　879，887

康基淵　785，970，1034

康進之　1501

康紹宗　1819

康發祥　1303

康發達　1776，1780

康與之　1586，1590，1595

康範生　558

康駢　1553，1617，1662，1665，1733，
　　1806

康嚴采　763

康譽之　1553，1559

康麟　1412

鹿完天　566

鹿門子衍　1124

鹿門老人　1618

鹿善繼　952，1215，1360，1798

鹿傳鈞　1330

鹿傳霖　585，656，695

鹿學典　748

章士釗　608

章大吉　465

章大來　1729，1754

章文先　1203

章文華　777

章世臣　441

章世豐　1807

章永祚　1806

章永康　1384，1826

章芝　1805

章廷珪　747，1001

章如愚　1533

章孝貞　1422

章孝標　1366

章沖　420，424，465

章秉瑶　1093

章宗祥　1890

章宗源　936，1815

章秋亭　733

章庭槭　1807

章炳文　1556，1660

章炳麟　1030

章洪鈞　695

章祖程　1656

章袠　1203

章楑　645

章望之　1559

章啓勳　519

章達之　465

章朝栻　854

章爲之　465

章焞　719

章淵　1556

章絢　1559

章楠　1007

章嗣衡　746

章鈺　1207

章壽康　1728

章壽彭　860

章碣　1366，1367，1369

章銓　1190

章潢　1535

章綬　741

章慶　1741

章樵　1673，1719

章學誠　706，1272，1632，1649，1738，
　1749，1764，1777，1778

章鑰　738

章穎　1681

章懋　952，1670，1818，1819

章燮　1409

章鴻　862

章鴻鈞　695

章藻功　1253

章黼　524，1810

章嚴　673，1095

章耀曾　590

章鶴齡　1806

商廷焕　1354

商部商標注册局　681

商務印書館　914，1895

商務印書館編輯所　670，1891

商務印書館編譯所　967

商景蘭　1476

商輅　546，547，1195

商嘉言　1294

商鞅　950，951，984，1597

商盤　1256，1434

商濬　1609

望炳麟　827

望海樓主人　1045

清江禮樂局　651

清柱　865

混沌子　997

淳于叔通　1123

淳于鴻恩　490

淡士灝　845

淡癡尊者　1059

深山居士　963

涵蟾子　1113，1119

梁□　1701

梁九圖　1448

梁乃賡　442

梁大鯤　778

梁上國　1456

梁文科　1747

梁玉繩　427，1694，1729，1753，1754

梁正　1796

梁生　526

梁丘賀　1785

梁他山　1733

梁令嫻　1480

梁永祚　720

梁吉祥　866

梁有譽　1382

梁同書　1264，1634，1635，1748，1749

梁廷枏　656，920，921，1489，1753，
　　1803，1865，1866

梁延年　967

梁江淹　1361

梁安甸　863

梁志恪　712

梁辰魚　1502，1503

梁阿發　1029

梁知　481

梁佩蘭　1437

梁宗瑋　888

梁思澤　659

梁禹甸　790

梁紀佩　607

梁恭辰　898，968，1043

梁桂　735

梁益　1801

梁悦馨　738

梁國治　1248

梁袤　1087

梁章鉅　460，476，522，539，673，683，
　　925，1023，1386，1467，1470，1549，
　　1691，1861

梁清標　1229

梁寅　419，423，754，1192

梁啓超　608，1023，1469，1775，1779，
　　1780

梁紹壬　1036，1775

梁紹獻　858

梁棟　1373

梁棲鸞　749

梁鼎芬　496，858

梁喬漢　1351

梁傑　462

梁欽辰　439

梁善長　796

梁蒲貴　738

梁園棣　735

梁詩正　898，922，927，1255

梁誠　676

梁肅　1166

梁翥鴻　921

梁熙　1229

梁維樞　1020

梁億　1573，1605

梁德繩　1288，1475

梁履繩　429，467

梁錫珩　1251

梁錫璜　439

梁覬　1791

梁濬　1257

梁蘭漪　1440

梁夑譜　1393

情死還魂社友　1510，1525

情癡反正道人　1525

惜紅居士　1527

惜陰堂主人　1522

惟善堂　957

寇才質　1116

寇用平　843

寇宗　842，1060，1735

寇宗奭　1001，1744

寇準　1172

寇賚言　848

寅半生　1401

寅郎　1712

寅康　720

寄所託齋　1461

寄旅散人　1526

寄湘漁夫　969

密克　1153

密斯耨　1704

扈維藩　888

逯中立　1669

尉遲偓　1584，1607，1662，1664，1775

尉遲樞　1584，1662，1665

尉繚　950，951，979

屠本畯　449，1577，1578，1579，1589，
　　1615，1618，1648，1650，1724

屠用寧　989

屠英　861

屠述濂　869

屠叔方　563

屠性　1380

屠承煒　1448

屠倬　1298

屠寄　913，914，1429

屠隆　1019，1210，1211，1382，1398，
　　1449，1503，1504，1535，1553，
　　1576，1577，1578，1579，1610，
　　1619，1661，1742

屠紳　1040，1511，1512，1668，1803

屠曾　434

屠壽徵　768

屠粹忠　1548

屠寬　606

屠�叟　1579

屠蘇　1730

屠鏡心　1345

屠繼烈　1019

張一卿　1805

張一棟　1618

張丁　1187，1781

張人駿　916

張九成　1372，1650

張九章　845，853

張九鉞　1264，1694，1698

張九徵　700

張九齡　574，1161

張乃史　771

張乃勳　1341

張又新　1552，1567，1585，1663，1665

張三丰　1120，1122，1123，1125

張三異　1484

張三錫　993

張于鑄　759

張士元　1280

張士旦　828

張士俊　503

張士珩　1077，1297

張士浩　751

張士寬　1316

張士瀛　906

張大亨　1740

張大昌　611，665，1809，1810，1829

張大受　453，1245，1427

張大純　870，878，1698

張大凱　863

張大復　577，1016

張大煦　837

張大謨　493

張弋　1370，1374

張上龢　711

張小山　1526

張山來　1410

張之杲　888

張之洞　601，695，706，915，946，973，
　　1342，1541，1678，1752，1768，
　　1883

張之浚　801

張之象　1157，1405，1596，1599，1600，
　　1602，1737

張子瀛　724

張天如　837，1699

張天英　1380

張天復　911

張天澤　745

張元　1276

張元中　1192

張元忭　807，911，1639

張元素　997

張元惠　837

張元鼎　657

張元幹　1372

張元際　790

張元廣　1633

張元濟　939，967，1443

張五典　1268

張友書　1311，1477

張曰珣　1416

張仁美　1696，1808

張仁熙　1623，1748，1749，1846

張介賓　996，999，1008

張文英　737

張文虎　537，729，1868

張文珍　840

張文柱　1013，1016

張文炳　974，1747

張文瑞　1262

張文熙　800

張文蘁　1694，1737

張文藝　988，1756

張文爌　561

張方　1561，1582，1680

張方平　1737

張方湛　494，1633

張心言　1064

張心泰　901，1110，1702

張心鏡　798

張丑　1069，1579，1731

張以培　1192

張以寧　421，424

張允格　581

張允祥　1623

張允觀　867

張玉珍　1476

張玉書　515，516，1239，1447，1547，
　　1630，1633，1684，1688

張玉孃　1381

張正見　1363

張正茂　1622

張正紀　837

張世友　1695

張世英　800

張世南　1558，1587，1590，1609，1653

張世浣　733

張世埁　812

張世賢　1000

張本　769

張可大　1123

張可立　734

張丙炎　1478，1724

張丙哲　442

張丙焜　1305

張丙矗　709

張史筆　750

張四知　576

張四科　1474

張四維　1504

張丘建　1653

張令儀　1247，1421，1475

張用星　466

張主敬　709

張玄之　1766

張必剛　1698

張永熙　842

張永銓　1697

張永曙　720

張弘道　1206

張弘範　1378，1473

張幼倫　1788

張耒　420，423，1371，1372，1581，1643，
　　1646，1651

張邦伸　885，1433，1696

張邦基　1556，1563，1569，1587，1591，
　　1592，1609

張邦幾　1565，1587，1591，1592，1609

張式金　724

張吉　1197

張吉梁　982

張有　512

張百熙　681，1349，1383，1460

張存中　421，425

張成高　590

張成孫　430

張成瑜　882

張成德　758，759

張成龍　1079

張至龍　1370，1374

張光　1568

張光大　659

張光孝　798

張光杰　831

張光祖　785

張同聲　771

張因　1421

張先　1472，1654，1803

張先掄　832

張廷玉　459，536，543，548，682，683，
　　686，1248，1416，1640，1733

張廷珪　1689

張廷珩　815

張廷寀　762

張廷琛　971

張廷濟　924，925，1073，1750，1763，
　　1860

張廷驤　684，931

張延世　1635，1713

張延珂　832

張延福　780

張仲文　1559，1586，1590，1608

張仲炘　935

張仲遠　1732

張仲壽　1726，1811

張仲璜　1484

張仰山　1542

張自牧　1706

張自烈　479，513

張行成　1675，1725

張行孚　511，806，1658，1752

張行言　652

張行簡　823，1735，1744

張兆魁　757

張兆衡　748

張兆蘭　850

張兆騫　1257

張次仲　440，1615，1632

張充國　720

張江　486

張汝南　565，1707

張汝瑚　1209

張汝誠　462

張汝霖　1431，1634，1702

張宇　1379

張宇初　1121

張守　1643，1646，1802

張守節　534，535，536，537

張羽　1381

張戒　1463，1566，1643，1647

張圻　831

張孝祥　1374

張均　1540

張坊　748

張志和　949，951，1118，1568，1654，
　　1758，1818

張志聰　996，999，1002

張芹　559，1552，1573，1596，1609，
　　1669

張芬　1421

張芳　1623

張芳湄　1443

張克家　772，1289

張杏濱　1419

張杓　1817

張見田　725

張我觀　671

張作楠　1048，1054

張作勵　770

張伯行　972，1185，1192，1242，1638，
　　1639，1640，1726，1869

張伯淳　1378

張伯琮　1546

張伯魁　892

張伯端　1112，1113，1119，1612

張位　1113，1577，1613，1715

張佛繡　1421

張希良　886，1235

張希京　859

張希翊　847

張希堯　1061

張希緝　847

張孚敬　559

張奂　1784

張彤　770

張辛　1073

張沐　702，778，787，961，963

張良　951，1117，1554，1598，1600，
　　1602，1741

張良臣　1370，1374

張君房　1104，1120，1565，1571，1660

張君寶　1123

張奉書　840

張青蓮　763

張玠　1036

張表臣　1551，1566

張長均　1266

張坦　723

張招覲　1301

張其昺　760

張其禄　1290

張其勤　1153

張其錦　612

張其翽　860

張若　794

張若靄　1260

張茂滋　1781

張茂節　707

張英　473，571，577，953，1238，1539，
　　1626，1628，1630，1640，1648，
　　1650，1684，1722，1732，1748，
　　1768，1844

張枚　748

張來初　1614

張松孫　848，1470

張東烈　1751

張雨　1377，1654，1812

張協　1362

張奇勳　748

張尚瑗　1629，1630

張尚賢　1684

張杲　1007

張果　1117

張昇　1604

張明憲　481

張固　1560，1584，1607，1613，1662，
　　1664

張咏　1371，1700，1757

張岫雲　756

張知甫　1673，1675，1744

張秉直　486，1716

張岳　1203

張岳崧　863，1293

張岳齡　1327

張岱　1647，1737，1808

張佩芳　740，1166

張金圻　830

張金吾　943，1412，1656，1657，1735，
　　1740，1743

張金鏞　1316

張金瀾　830，1329

張金鑑　931

張采　596，1404

張受長　1799

張京度　1310

張庚　547，1077，1078，1628，1632，
　　1651，1753

張炎　1462，1473，1554，1578，1611，
　　1673，1739，1749

張泌　1565，1585，1660，1663，1664，
　　1666，1667

張泓　1651，1700

張治　1202

張宗良　1725，1890

張宗松　1443

張宗法　986

張宗柟　1465，1743

張宗泰　1774，1776，1777

張宗櫹　1443

張宗燾　1417

張定　1552，1573

張定鋆　487，1027

張居正　482，548，579，1209

張弧　949，1651，1675

張弨　1231，1628

張承先　738

張承熊　758

張承豫　1328

張承燮　767，953，954，973

張承露　483

張孟昂　1192

張珊英　1803

張玿美　801，861

張持真　1120

張埏　1045，1681

張拯滋　989

張相　569，1888

張勃　1562

張軌　1786

張奎祥　796

張貞　778，1689，1850

張星徽　560，561，595

張星鑑　1351

張昱　1377

張昭　1626

張畎　528

張昀　1438

張思勉　770

張思閎　1260

張香海　852

張修府　834，1468

張信民　1829，1830

張泉　678

張禹　1790

張亮基　694

張度　778，1763

張庭詩　476，774

張彦琦　1548

張彦遠　1074，1567，1616

張美翊　807，1745

張炳　1807

張炳翔　504

張炳鐘　827

張炯　790

張洪　1804

張泊　1559，1672

張洽　421，424，1183

張洵　1729

張洲　1692，1694，1697

張恒　1290

張宣　1802

張祜　1367，1369，1806

張祐　1193

張祖同　1475

張祖翼　1073，1711

張昶　1458

張眉大　1027

張泰　1740

張泰來　1630，1653，1869

張泰階　1079

張珽　709

張素　793

張振先　745

張振卿　1465

張振夔　1351

張起巖　1380

張華　747，950，951，1359，1362，1552，1569，1581，1584，1597，1598，1599，1600，1601，1602，1605，1606，1607，1609，1615，1659，1713

張華理　457

張晉　1285

張晉本　1467

張晉生　703

張晉咸　1451

張栻　421，424，480，1183，1638，1639，1724，1744，1819

張根　498，1641，1644

張夏　598

張烈　1639

張時中　1128

張時徹　806

張恩綬　1888

張恩霨　473，1352

張倬　993

張倫至　868

張師正　1559，1571，1586，1590

張師載　1769

張師繹　1213，1215

張高英　1023

張唐英　1560，1608，1650，1671，1675，
　1738

張益　1360

張海　742，1745

張海珊　1306

張海鵬　1014，1669，1816

張渙　1001

張浚　419，422

張家玉　1780

張祥河　644，1076，1752

張祥雲　742

張恕　806

張翀　1613

張能臣　1567，1587，1591

張能鱗　1227，1624，1626

張純　709

張統　1593，1604，1719

張理　419，423

張掄　1617

張培仁　833

張垍春　863

張執中　793

張著　1561

張坴　1472，1803

張彬　756

張梓　831

張堅　1505

張盛銘　776

張盛藻　1329，1691

張問陶　1285

張問達　1198

張婁度　793

張國英　822

張國常　602

張國賓　1499，1501

張國維　1217

張國璽　1398

張崇文　808

張崇傃　887

張崇鈞　1097

張崇德　1709

張崇樸　780

張崇蘭　1310

張崇懿　928

張敏求　1286

張從正　992，996，1008

張從政　992

張象津　1272

張象燦　708

張胩　1443

張袠　955

張翊　1569，1587，1591

張商英　950，978，1597，1598，1600，
　1602，1615

張煥　709

張淑　1274

張淑載　778

張淏　1557，1563，1587，1591，1592，
　1595，1608，1642，1646，1736

張淳　1641，1644，1714

張梁　1474

張惟赤　1443

張惇德　709，715，720

張啓琛　495

張隆孫　1541

張習孔　440，1020，1622

張參　490，503，1649，1657，1715，1721

張紹南　1768

張紹堂　725，1002

張紹謙　1194

張紹齡　843，853

張琴　591，846

張瑛　1333

張琦　856，1285，1389，1391，1750，1767

張超　842

張揖　503，530，1598，1599，1601，1605，1735，1793，1797

張萬青　762

張萬福　1120

張萬銓　710

張萬賢　1560

張萬鍾　1623

張葆連　859

張葆森　856

張敬立　612

張敬承　766

張萱　1010，1816

張朝琮　708

張朝琛　710

張朝瑋　766

張棟　1193

張惠言　427，429，458，1283，1394，1712，1742，1743，1746，1858

張覃　890

張雄圖　832

張雲軒　915

張雲望　728

張雲璈　832，1807

張雲錦　880

張雲驤　1478，1497

張雅博　1094

張斐然　1426

張敞　1561，1582

張貽鷯　1430

張鼎　1195

張鼎思　1019，1573

張鼎華　707

張開東　1257

張開福　926，1628

張開霽　1314

張景江　1805

張景祁　602，856，1334，1478

張景星　550

張景燾　591

張貴勝　1047

張凱嵩　916

張嵐奇　756

張惣　1623

張喬　1367，1369，1806

張傑　711

張爲　1461，1675，1725

張舜民　1015，1555，1580，1609，1655

張舜典　952

張勝　1680

張敦仁　427，1053，1056，1656，1713，1750

張敦頤　878，1168，1169，1563，1587，1591，1592，1606

張道　884，1485，1728，1808，1810

張道南　829

張道洽　1375

張道深　1510，1514

張道超　789

張道渥　1282

張道緒　433，1400

張遂辰　1580

張曾炳　719

張曾虔　1441

張曾敏　845

張煐　713

張湛　948，951，977，1602，1678，1743

張滋蘭　1428

張渥　1381

張愉曾　1625，1627

張富業　834

張裕釗　1332，1333

張登　993

張登高　721

張登雲　948

張綖　1472

張瑞圖　492，549，1397

張載　419，422，1362，1638，1640，1756

張載華　1465

張塤　790，793，1268

張遠　1165

張聘三　845

張蓋　1800

張夢元　1338

張蔭桓　615，1758

張椿齡　583

張楠　1060

張楚鍾　1879

張楷　604，739，785

張楫　503

張楓枝　1296

張楣　789

張甄陶　1702

張照　1070，1253，1494

張嗣成　1116

張嗣衍　858

張節　1026

張鉞　779，787

張會一　773

張誠　805

張詡　770

張靖之　1615

張煜南　907

張煌言　1219，1360，1780

張煒　1811

張溍　1164，1165

張溥　442，448，452，466，472，523，548，553，554，555，577，687，1033，1158，1159，1177，1218，1361

張源　1502

張源達　1876

張慎言　745

張福僖　1763

張福謙　735

張殿元　793

張遜　1381

張際亮　1311，1688，1690，1747

張經贊　858

張瑮光　1241

張嘉言　756

張嘉和　551

張嘉楨　480

張燾　1376，1653

張壽卿　1500

張壽榮　936，1383，1422，1742，1743，

張熙宇　1458，1460

張熙純　1474

張蔚春　454

張蔚然　1577，1578

張榜　468，984

張榕端　1164，1176

張爾岐　458，1225，1632，1658，1728，
　　1738

張爾嘉　1810

張鳴珂　1355

張鳴鐸　762

張毓生　721

張毓碧　704

張毓睿　573

張毓翰　798

張僧鑒　1562

張銑　806

張鳳羽　770

張鳳岡　786

張鳳孫　1259

張鳳喈　858

張鳳臺　725

張鳳翥　1316

張鳳鳴　1061

張鳳翮　730

張鳳翼　1385，1386，1492，1503，1504，
　　1576，1589

張鳳藻　1061，1064

張説　1161，1570，1585，1643，1646，
　　1648，1660，1663，1666，1727，
　　1757

張廣生　1452

張端　1377

張端亮　1694

張端卿　504

張端義　1559，1586，1590，1608，1612

張適　1623

張齊賢　1652

張養浩　1376，1658，1747

張漢　1488

張寧　1575，1613

張寧陽　851

張實居　1235，1844

張肇煒　1718

張蕭　1383，1398

張熊　1083

張綽　838

張綱　1374

張綱孫　1622

張維屏　616，858，1297，1456，1467，
　　1817

張維祺　718

張維楨　1358

張綸　1575

張綸英　1476

張璁　670，1603

張駒賢　1797

張鋆衡　1355

張邁　1751

張標　1768

張範東　723

張樂盛　1084

張德容　922

張德純　440

張德盛　734

張德標　811

張德霈　742

張德輝　1187，1576，1682，1755

張德磬　882

張德懋　1296

張德彝　900，1687，1705

張鋭堂　853

張諄　671

張誼　1574，1802

張賡謨　843

張慶長　1631，1702

張慶源　764

張慶榮　1860

張澍　450，594，881，1294，1700，1741，
　　1754，1784

張潮　1093，1094，1621，1622，1624，
　　1626，1635，1733

張澐　1622

張潤貞　1634

張潑　1669

張履　1306

張履平　962

張履祥　456，480，953，986，1224，
　　1634，1756

張豫塏　708

張璟　1829

張璠　434，544，1716，1786

張燕昌　923，1072，1635，1636，1748，
　　1749

張樹聲　1741

張樸　723，775

張槃　717

張機　991，992，1770

張機南　1696

張融　1159，1362，1784，1792，1795

張曉如　1161

張穆　612，901，1316，1682，1693，
　　1708，1720，1739，1740，1800

張篤慶　1239

張興言　817，818

張興宗　767

張學仁　1430

張學畊　1079，1080

張學都　748

張學象　1421

張學禮　1636，1637，1661，1703

張儗　1672

張衡　702，1233，1361，1562，1796

張錡　1123

張錫三　715

張錫爵　1254

張錦　1495

張錦芳　1274

張諧之　446

張謂　1662，1665

張憑　1791

張龍文　1502

張龍甲　841

張羲年　1269

張燧　577

張營塽　810

張憲　1377，1737

張隱　1561

張縉　1798

張縉彥　892，899

張璨　1416

張璐　993，1003，1428

張璷　710

張擬　1569，1619

張聲正　828

張聲道　1682

張聰咸　1777

張聰賢　790

張聯元　809，893

張聯桂　1343

張蓋　810，1623，1624

張蓋臣　1741

張鍾秀　710，749

張鎡　1569，1653

張謙德　1554，1612

張謙釐　547

張燮　774，803，904，1719

張燮承　528

張襄　1422

張應文　1648，1731

張應辰　759

張應昌　471，1304

張應俞　1506

張應泰　1805

張應登　873

張應圖　699

張應譽　440

張燦奎　866

張鴻烈　732

張鴻逵　748

張鴻桷　1743

張鴻磐　1576，1589

張濤　1009，1465

張濬　809

張謇　738

張禮　1563，1611，1768

張翼儒　847

張紹英　1315，1422，1476

張瓊英　814，1293

張燾　877，1701

張蘊　1370，1375

張曜孫　1474

張簡　1381

張鎮　605

張鎮芳　780

張鎮南　834

張鎰　1791，1796

張藹生　1715

張藻　1421

張贊巽　741

張鏡心　1740，1798

張鏐　1289

張鵬　1695

張鵬展　1438

張鵬翀　1252

張鵬翩　605，684，693，1637，1687，1695

張鵬翼　794

張譏　1786

張瀚　688，1808，1812

張瀛　727

張懷泃　840

張懷湞　1677

張懷瓘　1551，1566

張獻翼　1574

張耀璧　768，771

張蠙　1365，1368，1369

張籍　1366，1367，1368

張寶琳　810

張寶德　1801

張騫　521

張鷟　1612

張繼　1366，1368

張繼先　1119

張繼庚　1328

張霸　1783

張儼　1582，1795

張鶴　1084

張鶴徵　1443

張鶴齡　1890

張鑒　1577

張鑒瀛　653，684

張體乾　903

張籛　1496

張鑑　554，599，932，1467，1731，1748

張龢庵　1079

張讀　1558，1610

張鷟　1553，1557，1558，1584，1595，
　　1607，1662，1664，1665，1678，
　　1736，1797

張瓚　1605，1621

張瓚昭　441

張顯　1796

張顯相　866

張觀光　1896

張灝　1086

隋人鵬　684

陽成子長　1783，1789

陽休之　503，1158，1793

陽瑪諾　1129，1138，1649

隆恩　839

隆源　1136

婉香女士　1452

嬭嬛山樵　1521

習鑿　726

習鑿齒　1561，1582，1856

貫雲石　1378

終軍　1794

紹誠　879

巢元方　996，1003

巢玉庵　1579

巢勳臨　1081

十二畫

琴川居士　688

琴迂外史　1484

琴隱翁　1505

琢月山人　1507

項天瑞　1005

項廷記　1749

項名達　1054，1056，1720，1758

項安世　419，422，1642，1645

項珂　814

項炯　1380

項章　1417

項淳　1264

項斯　1365，1367，1369

項景倩　708

項竣　1793

項夢昶　1256

項夢原　1015

項煜　488

項樟　1698

項德純　1615

項聯晋　867

項霖　1669

項懷述　1074

項霶　1303

項鸞　1256

揚雄　467，502，948，949，950，
　　955，956，1058，1361，1401，
　　1555，1583，1597，1598，1599，
　　1600，1601，1602，1605，1620，
　　1642，1644，1660，1783，1789，
　　1793

博文館　1888

博明　1021

博恒理　1897

博愛者　1029，1129，1899

博潤　728

揭匡聞　982

揭祐民　1378

揭傒斯　1376，1736，1737

揭暄　982

喜嘉理　1138

彭□　1769

彭士望　580，1691

彭大雅　1683

彭大翼　1535

彭元瑞　491，526，542，937，987，
　　1268，1643，1647，1729，1736，
　　1754，1774

彭斗山　816

彭以明　571

彭玉麟　694，834

彭申甫　434

彭邦疇　1268

彭而述　1694，1697，1699

彭光輔　1275

彭光譽　963

彭年　1553，1577

彭兆逵　867

彭兆蓀　1012，1289，1394，1696，1697，
　　1721，1733，1805，1860

彭汝實　1593

彭汝礪　1373

彭汝疇　625

彭汝讓　1553，1577，1612

彭好古　1111，1117，1118，1119，1122，
　　1123，1535

彭步瀛　863

彭希涑　572，1110，1736

彭汪　1789

彭良敞　527

彭良弼　787

彭叔夏　1643，1647，1654

彭定求　1115，1240，1406，1407，1712，
　　1748，1822，1869

彭罙　1381

彭城退士　587

彭思眷　1202

彭衍堂　857

彭美　722

彭炳　1380

彭洵　794，841，1121

彭祖賢　622

彭泰來　1438

彭致中　1120

彭時　559，1574，1588，1604，1608，
　　1621，1670

彭乘　1555，1595，1609，1610

彭烊　603

彭家屏　463，464

彭孫貽　1745，1773，1781

彭孫遹　1234，1713，1731，1813

彭耜　497，1112，1116

彭崧毓　822，1024，1683

彭康　833

彭翊　1334

彭清瑋　915

彭淑　1183

彭啓瑞　819

彭啓裔　1338

彭紹升　595，1240，1272，1273，1630，
　　1728

彭琬　840

彭堯諭　1632，1636

彭貽蓀　863

彭循堯　802

彭際盛　820

彭際清　604

彭端淑　1692

彭遵泗　564，881，1669

彭潤章　805，812

彭頤　460

彭曉　1113

彭龜年　1643，1646

彭績　1688

彭蘊章　613，1024，1307

彭蘊璨　1076

彭鵬　1237

彭齡　795

達春布　816

達靈阿　793

辜鴻銘　567

揆叙　912，1111，1243

斯拉弗司　981，1760

斯密斯　1029

葉□　1581

葉士龍　958

葉大湜　874

葉大慶　1642，1646，1732，1736

葉小鸞　1219，1477，1623，1712

葉子奇　1016，1572

葉子循　797

葉元垲　1315

葉元禩　1020

葉中泠　1085

葉氏　1455

葉方恒　775，897，1695

葉方藹　473

葉世倬　796

葉世熊　739

葉世鋒　968

葉永盛　1805，1809

葉圭書　1322，1427

葉圭綬　934

葉年菜　829

葉先登　762

葉廷芳　860

葉廷秀　1218，1464

葉廷珪　1533，1568

葉廷推　855

葉廷琯　1180，1420，1689，1730，1829

葉仰高　831

葉向高　449，491，492，549，561，
　　1209，1213，1611

葉兆慶　578

葉名灃　1320，1729

葉志詵　932，1050，1763

葉伯英　652

葉羌鏞　1710

葉長揚　732，741

葉長齡　730

葉坤厚　1340

葉抱崧　1454，1631，1649

葉昌熾　494，931，936，1764

葉和侃　854

葉秉敬　1572，1574，1578，1588，1589，
　　1721

葉佩蓀　440，1268

葉金壽　1733

葉采　957

葉承宗　761，1490

葉封　873

葉茵　1370，1374

葉映榴　1238

葉香侶　1005

葉衍蘭　1478

葉奕苞　921，1629，1634，1753

葉紈紈　1477

葉泰　1060，1061，1063

葉桂　997，1005，1732

葉時　421，424，455，1734

葉峻嵋　760

葉逢時　580

葉納青　1152

葉培恕　456

葉基楨　986

葉棻　1410

葉盛　559，1019，1573，1593，1604，
　1739

葉堂　1489

葉清臣　1567

葉隆禮　562，1560，1594，1608

葉紹泰　1619

葉紹袁　1219，1781

葉紹翁　1370，1375，1652，1815

葉萬青　997

葉森　1675

葉棠　1735

葉鈞　1817

葉道源　776

葉滋森　731

葉滋瀾　815

葉裕仁　1224，1319

葉夢草　616

葉夢得　420，423，691，1014，1180，
　1372，1551，1556，1558，1564，
　1566，1581，1586，1590，1595，
　1609，1610，1616，1617，1641，
　1644，1829

葉廉鍔　805

葉煒　1258，1446，1469

葉溶　1279

葉實　1555，1672

葉爾寬　601

葉銘　942

葉鳳毛　1651，1773

葉適　1010，1184，1372，1814

葉維庚　570

葉蕙心　504

葉樞　1773

葉德輝　606，691，929，941，1038，
　1355，1447，1772，1829，1885

葉調元　1312

葉慶提　653

葉慶頤　907

葉澐　550，781

葉瀾　531，1756，1780

葉燕　1280

葉樾　1462，1551，1568

葉樹藩　1385

葉機　1695

葉錫麟　766

葉憲祖　1502，1503

葉聯芬　1275

葉瀚　1709，1756，1780

葉鍾敏　730

葉鍾進　1711

葉燮　1233，1625，1627，1631

葉韙良　1141，1151

葉顒　1377

葉灝　1006

萬人望　485

萬之蘅　605

萬友正　855

萬方田　871

萬世德　979

萬民英　1060

萬邦維　770

萬在衡　836

萬光泰　920，1261，1630，1632

萬光煒　927

萬廷樹　800

萬廷蘭　712

萬任　723

萬衣　1208

萬里鵬　1056

萬希槐　1010

萬青銓　520

萬青黎　706

萬表　1670

萬卓志　1135

萬尚文　1613

萬承紹　766

萬承蒼　962

萬相賓　804

萬科進　845

萬侯　787

萬泰　1624

萬振孫　563

萬斛全　1224

萬斛泉　953，986

萬啓鈞　758

萬斯大　425，428，496，1630，1632，
　1714

萬斯同　496，598，653，1011，1628，
　1631，1670，1713，1717，1742

萬裕澐　440

萬夢丹　1422

萬慎　853

萬福　518

萬經　439，806，1071，1757

萬壽祺　1096，1430

萬維翰　684

萬震　1682

萬樹　1481，1504，1629

萬燝　1216

萬橚　742

萬應隆　1805

葛一龍　1215

葛士濬　1425

葛之鏽　719

葛天民　1370，1375

葛元煦　672，901，1701，1732

葛世振　1396

葛世揚　438

葛立方　1374，1463，1565，1802

葛玄　1112，1117

葛守禮　1205

葛秀英　1476

葛長庚　1185，1186，1361

葛其仁　1765

葛其英　1295

葛其龍　1349

葛金烺　944，1342

葛宜　1421，1475

葛荃　787

葛洪　951，993，1118，1123，1554，
　1564，1571，1580，1582，1583，
　1598，1600，1601，1602，1606，
　1611，1613，1620，1652，1659，
　1679，1713，1721，1727，1758，
　1788，1793，1818

葛振元　824

葛起耕　1370，1374

葛剛正　520，1801

葛郯　1472，1802，1803

葛乾孫　993，995

葛晨　791

葛清　749

葛寅亮　481

葛勝仲　1474，1802

葛蔭南　743

葛嗣浵　944

葛嗣溁　1342

葛雍　990，991

葛鳴陽　512

葛維嵩　1284

葛鼐　1168，1402

葛震　579

葛德新　800

葛徵奇　1382

葛澧　1808

葛曙　861

葛麟　1218，1360

董士錫　1712，1767

董大倫　1429

董天工　895，896

董元愷　1230

董元憲　1480

董文涣　1339，1468

董文驥　1230，1625，1627

董以寧　1630

董正官　857

董本　853

董史　1654

董用威　736

董光宏　1205

董延　1212

董仲舒　467，498，951，1361，1597，
　　1598，1599，1601，1619，1641，
　　1644，1783，1789，1797，1815

董兆熊　1411

董汲　996，1673，1723

董守志　1118

董玘　1825

董佑誠　1692

董作棟　789

董含　1022，1638

董沛　882，1335

董良玉　1826，

董其昌　1069，1077，1079，1212，
　　1382，1572，1578

董秉純　1717

董金南　920

董金鑑　1358，1825，1826

董孟汾　1520

董相　1826

董思靖　1115，1744

董庭　1212

董炳文　1401

董恂　603，657，901，1094，1318，1684，
　　1699

董祐誠　790，1053，1057，1425，1758

董華鈞　599

董真卿　419，422，433

董柴　1415

董迪　921，1568，1744，1753

董基誠　1053，1425

董菜　1559，1586，1590，1608，1752

董國光　801

董國祥　724

董淳　840

董斯張　1536

董鼎　420，421，423，424，472

董開宗　1826

董遇　434，1786，1789

董勛　1783，1788

董傑　1805

董欽德　807，1826

董詔　793，796，1697

董曾臣　790

董運昌　802

董棨　1077，1732

董瑒　1215

董楷　419，422

董嗣杲　1807

董傳策　1576

董熸　659，1673，1723

董榕　1494

董誥　650，905，1418

董説　1228，1635，1671

董榮官　718

董漢醇　1113

董穀　802，1572，1574，1588，1613，
　　1797

董穀士　1401

董醇　901

董衡　534，536，542

董餘三　760

董慶恩　783

董潮　1266，1651

董懋策　1825，1826

董鍾琪　740

董鍾驤　857

董襄　1205

董鴻勳　837

董濤　724

董豐垣　920，1011

董難　524

董鵬翱　763

敬大科　845

敬虛子　1647，1648

敬徵　614

敬齋　514

森立之　943

棲霞居士　1524

惠士奇　425，455，497

惠年　1075

惠志道　1148

惠亨通　1897

惠周惕　425，452，497，1631，1669

惠祥　646，1023

惠棟　426，429，434，446，494，496，
　　498，500，504，573，1116，1236，
　　1626，1627，1633，1658，1667，
　　1669，1671，1736，1738，1739，
　　1753，1763，1777

覃夢榕　869

覃瀚元　825

粟郢　786

棗花館主人　1712

硯北主人　887

硯雲主人　1648

雄飛太郎　1110

雲水道人　965

雲邨花月主人　1359

雲坡　1484

雲南防團兵備處　916

雲泉居士　1272

雅琥　1378

雅裨理　1142，1146

雅爾哈善　726

雅德　701

雅蘭布　1687

紫荷花榭主人　1457

紫陽道人　1510

紫微夫人　1117

戢翼翬　1890

貯香主人　1031

貽穀　677，689，761

閒情居士　1486，1490

閔一得　1122，1123

閔于忱　979，1620

閔元京　1017，1018

閔文振　1188，1565，1574，1576，1588，
　　1589，1605

閔光德　467

閔昭明　1398

閔叙　1636，1637，1661，1700

閔師孔　1412

閔萃祥　584，1349

閔無頗　1398

閔夢得　467

閔肅英　1421

閔齊伋　417，468，510，560，973，974，
　　977，1156

閔齊華　1386

閔邁德　1396

閔德美　1208

閔鉉　1769

閔聲　978

閔鑑　796

閔麟嗣　891，1624，1626，1628

喇沙里　483，912

景日昣　873，892

景安　1293

景星　422，425

景星杓　1633

景象元　754

景焕　1556，1557，1590

景清　647

景廉　902

景綸　780

景灃　1318

貫中孚　731，875

貴成　1324

貴恒　1762

單本　1504

單宇　1575

單作哲　723

單渠　658

單爲濂　1864

單爲鑐　490，1864

單慶　803

單興詩　859，864

單鍔　1671，1801

喻太真　1122，1123

喻仁　990

喻正己　1566

喻長霖　1353

喻昌　1008

喻宗崙　1046

喻宗頤　1046

喻春林　775

喻政　987

喻師顔　1046

喻傑　990

喻巋　1365，1367，1369

喻遜　442

喻龍德　981

喻歸　1785

喻瀾　1046

黑田茂次郎　569

黑龍江調查局　913

無極昌子　434

無緣居士　1519，1523

嵇文駿　1315

嵇永仁　1237，1491

嵇有慶　836，838

嵇含　1552，1569，1583，1599，1601，

　　1602，1659，1727

嵇承咸　1074

嵇承謙　1455

嵇康　1359，1361，1362，1620，1779，
　　1789，1794

嵇曾筠　1247

嵇璜　640，641，642，1260，1448

程了一　1119

程士範　773

程大中　1281，1736，1737，1814

程大本　1188

程大年　1090

程大昌　420，423，1555，1561，1563，
　　1569，1581，1594，1606，1608，
　　1641，1644，1649，1675

程之芳　762

程之玿　1432

程之楨　1330，1550

程之鵪　1251

程之驤　1766

程子美　804

程元愈　880

程化駼　1451

程氏梅莊　1486

程文榮　1778

程文憲　1574，1588

程以恬　453

程以寧　1116，1118

程允升　972

程允兆　1615

程正敏　1558

程正揆　558

程世英　731

程世京　1188

程世基　1750

程世錫　874

程世爵　1047

程世繩　1253

程本　949，950，1673

程本立　1359，1813

程可則　1232

程石鄰　1635

程永培　993

程弘毅　1623

程芝雲　1065

程至遠　1185

程光第　829

程光裋　1230

程光瀅　718

程先甲　532，1801

程先貞　764

程廷祚　429，466，1649，1697，1777，
　　1801

程伊園　525

程羽文　1577，1579，1618，1623，1636

程芳　818

程佐　1350

程攸熙　738

程作舟　1037

程含章　1284，1702

程良孺　1537

程其珏　728，737

程若庸　958，1592

程明善　1488

程明愫　728

程典　585

程迥　1568，1744，1764

程秉格　1310，1431

程秉釗　1764

程秉愷　864

程宗裕　689

程珌　1185，1374

程封改　1714

程垓　1474

程省　1065

程思樂　1064

程庭　1250，1698

程庭鷺　1750

程洪　1479

程洵　1656

程祖慶　585，1730

程素期　762

程振甲　1763

程哲　1020，1633

程恩澤　1739，1740

程俱　1372，1555，1642，1645，1725，
　　1744

程師恭　1232

程兼善　739，804

程國仁　932

程國彭　1009

程國嘉　1431

程崟　457，1847

程敏政　940，1196，1431，1655

程得齡　581

程啟安　827

程達　1032

程葆　616

程雄　1085，1623

程雲　747，1229

程晴川　697

程鼎芬　675

程景沂　1656

程景周　816

程景熙　1550

程鉅夫　1188，1376

程敦　934

程善定　1205

程曾　1196，1791

程榮　1557，1587，1591

程登吉　1547

程遠　1086

程夢星　611，733

程晳　1746

程梾采　675

程畹　1338

程嗣章　1750

程溶　1313

程際盛　1388，1649，1650，1774

程瑤田　426

程嘉燧　1431，1778

程壽昌　826

程熙春　845

程毓奇　1126

程鳳文　713

程端本　1448

程端蒙　958

程端學　421，424

程端禮　971，972，1639，1726，1748，
　　1756

程榮　956，1596

程榮春　565

程儀千　786

程德全　671

程德良　1214

程德炯　754

程德洽　506

程德賚　1742

程慶齡　865

程頤　432，433，956，1402，1819

程穆衡　1669, 1804

程懷璟　826

程鍾　1709

程燮奎　720

程襄龍　1262

程應旄　1000

程鴻烈　1572

程鴻詔　460, 741, 1768, 1873

程鴻緒　1441

程績　754

程嚨　588

程顥　956, 1638, 1819

程鶴慶　1264

稅與權　419, 422

喬于泂　1249

喬元椿　1005, 1127

喬中和　1065, 1834, 1835

喬世寧　792

喬可傳　560

喬吉　1499, 1500

喬有豫　857

喬光烈　1688, 1692, 1697

喬松年　477, 532

喬拱璧　889

喬重禧　1678, 1728

喬萊　1692, 1694, 1695

喬載縣　735

喬壽愷　605

喬億　1257

喬學衍　1249

喬騰鳳　784

傅山　995, 1006, 1630, 1635, 1736

傅王露　702, 898

傅仁宇　1007

傅文兆　436

傅以漸　438

傅以禮　938, 944, 1181, 1645

傅玉書　1438

傅世垚　510

傅玄　949, 956, 1362, 1602, 1642,
　　1645, 1885

傅光宅　1201

傅如筠　826

傅伯春　1181

傅宏烈　1230

傅若金　1378

傅范初　1452

傅范鉅　1452

傅范翔　1452

傅金銓　964, 1121, 1122, 1123

傅肱　1552, 1569

傅春官　1800, 1801

傅南宮　749

傅咸　1362, 1784

傅星　746

傅修續　721

傅亮　1362

傅恒　449, 916, 1260, 1417

傅振商　1164

傅起儒　1073

傅桐　1425

傅致雲　589

傅崧卿　421, 424

傅崇榘　839, 898

傅寅　420, 423, 1641, 1644, 1671,
　　1758, 1818

傅紹曾　744

傅雲龍　941, 1344, 1703, 1704, 1708,
　　1710, 1745, 1900

傅紫璘　1422

傅爲霖　841

傅遜　465

傅壽彤　525，585，1878

傅爾泰　855

傅潢　1290

傅察　1181，1359，1374

傅維橒　715

傅維藩　1007

傅維鱗　1800

傅賚予　771

傅德宜　753

傅豫　788

傅霖　1768

傅澤洪　886

傅澤鴻　1330

傅應奎　798

傅變鼎　823

傅蘭雅　917，983，1008，1755，1756，
　　1758，1759，1760，1761，1776，
　　1779，1780，1892，1893，1895，
　　1896，1900

傅巖　1809

傅巖霖　1322

傅顯　1703

傅麟昭　1622

傅觀光　725

傯楚　1508

焦子蕃　779

焦世官　792

焦廷琥　1718，1774，1775，1859

焦延壽　1835

焦如蘅　873

焦秉貞　988

焦映漢　1382

焦竑　553，575，952，966，967，975，

977，980，1010，1032，1125，1398，
　　1453，1545，1613，1737，1738，1740，
　　1752，1819

焦袁熹　1245，1651

焦勗　984，1736

焦雲龍　791

焦循　427，429，478，487，494，501，
　　1716，1718，1726，1766，1771，
　　1772，1775，1859

焦欽寵　873

焦聯甲　791

焦應旂　705

焦贛　950，1597，1599，1601

鄔棠　708

鄔樹庭　553

復成　849

舒天民　521，1735

舒化民　763

舒孔安　770

舒孔恂　814

舒弘諤　577

舒成龍　831

舒芬　1202

舒位　1286，1489，1634，1635，1772，
　　1800

舒其紳　789

舒其錦　836

舒亮衮　1858

舒恭　521

舒高第　1760，1761，1898

舒敏　1295，1719

舒紹言　1808

舒琛　1202

舒援　1787

舒惠　889

舒鈞　796

舒詔　1731

舒夢蘭　1748，1858

舒頔　1379

舒鳳儀　1064

舒榮都　1018

舒蘭　1695

舒繼英　1674

鉅鈕琇　1624

欽天監　1055

欽善　1288，1691，1693

鈕方圖　867

鈕永建　1751

鈕祜禄氏族裔　594

鈕琇　1623，1632，1633，1637，1638

鈕傳善　851

鈕增垚　760

鈕樹玉　504，505，507，1730，1763，
　1764

爲仁者　1129

爲林　1142

勝保　622

鄒□　1795

鄒一桂　1077，1454，1629，1630，1670，
　1732，1740

鄒山　856

鄒之麟　1576，1589

鄒元標　952，1212

鄒文瀚　1347

鄒方鍔　1699

鄒可庭　1038

鄒代鈞　902，918，1705

鄒用昌　692

鄒必顯　1519

鄒式金　1502

鄒在寅　1810

鄒廷猷　441，1063

鄒守益　953，1397

鄒安鬯　1778，1803

鄒伯奇　471，1053，1054，1873

鄒兌金　1502

鄒尚志　772

鄒迪光　1398，1573

鄒季友　444

鄒宗垣　848

鄒羿　1523，1524，1708，1711，1755

鄒柏森　1777

鄒思明　1386

鄒炳泰　1290，1633，1652

鄒恒　772

鄒祇謨　1713

鄒師謙　442

鄒凌沅　1755

鄒浩　1179，1372

鄒浚川　587

鄒焌杰　833

鄒陽　1795

鄒森　1798

鄒雲城　723

鄒閎甫　1561

鄒景揚　441，1038

鄒智　1360

鄒道元　1534

鄒湛　1786

鄒登龍　1370，1374

鄒聖脉　441，449，493，549，1082，
　1489，1547

鄒鳴鶴　964，1312

鄒漢勛　431，1867

鄒漪　1633

鄒維璉　1189，1214

鄒樞　1635

鄒澍　1003

鄒縣府　914

鄒鍾泉　964

鄒勸　808

馮一鵬　1670

馮士仁　730

馮士傑　816

馮士標　1222

馮子振　1380

馮元仲　1578

馮公亮　1445

馮文止　751

馮文顯　762

馮世雍　1593

馮世瀠　502

馮可賓　1552，1554，1578，1633

馮可鏞　806

馮仕正　1445

馮玄鑑　1015

馮廷櫆　1241，1383

馮延巳　1472，1585，1663，1666，1802

馮兆張　998

馮汝弼　727，1575，1613

馮如京　469，1222

馮志沂　1326，1688

馮李驊　466

馮辰　612，1780，1799

馮奉初　858，1437

馮昌年　481

馮金伯　1075

馮京第　1623

馮宗城　810

馮肩　529

馮承輝　1086

馮梡　1650

馮厚　1397

馮思慧　1276

馮衍　1361

馮奕昌　798

馮班　1383，1633，1670，1713

馮振鴻　777

馮起元　1220

馮起鳳　1029

馮起綸　1220

馮栻宗　819

馮桂芬　504，726，963，1319，1636，
　　1777

馮時化　1613

馮時可　1574，1575，1576，1577，1578，
　　1588，1612

馮浩　1170，1171，1263

馮培　873

馮敏昌　784

馮從吾　952，953，1212，1754

馮翊　1557，1584，1611，1662，1664

馮焌光　912，1365，1684，1695

馮惟訥　1389

馮惟賢　751

馮紹祖　1156

馮琦　553，554，1213，1535

馮椅　435

馮甦　1814

馮雲鵬　923

馮雲鵷　923，1412

馮雲驌　1222

馮雲驤　469

馮鼎調　510

馮景　425，1176，1181，1631

馮景泰　726

馮集梧　698，1170

馮復京　453

馮舒　1654，1730

馮道立　888

馮曾　1566

馮登府　428，430，491，500，807，921，935，1234，1299，1753

馮瑗　1535

馮夢禎　1574，1589，1640

馮夢龍　468，470，1032，1039，1506，1510，1513，1579，1749

馮煦　732，742，1346，1430

馮詢　1310，1445

馮溥　1223

馮經　1816

馮嘉言　1220

馮爾昌　608

馮摯　1651，1775

馮德材　867

馮廣颺　1445

馮慶楊　714

馮澂　1708

馮嫺　1421

馮樾　713

馮應京　696

馮應榴　1176

馮鴻模　806

馮贄　1563，1572，1576，1581，1585，1620，1659，1662，1665，1733

馮馨　734

馮蘭森　819

馮譽驥　1107，1448

馮繼先　414，420，423

馮繼照　784，1432

馮鑑　1557

敦崇　697

敦敏　1762

斌良　1299，1300

斌椿　900，1705

童叶庚　1068

童立成　807

童秀春　832

童昌祚　1160

童宗説　1168，1169

童承叙　559，1593，1603，1669

童華　1293

童槐　1293

童鈺　785

童璜　654

童範儼　817

童濂　672，994，1720

童翼駒　1714

普爾泰　776

尊經書院　1460

尊聞閣主人　1078，1082

曾三異　1556

曾之亨　838

曾丰　1184

曾元海　1422

曾日瑛　856

曾布　1768

曾廷枚　1021，1854

曾自明　1184

曾秀翹　845

曾作舟　813

曾忬　1571

曾宏父　1653，1658

曾昌曙　851

曾咏　1338，1384

曾季貍　1565，1723

曾受一　967

曾承業　605

曾省　1324

曾恒德　672，1629

曾恬　1639

曾冠英　774

曾紀澤　511，1343，1384，1452，1705，
　1711，1735

曾紀鴻　1053

曾釗　430，456，858，1740，1817

曾益　1170，1171

曾益謙　1171

曾國荃　658，695，701，703，756，
　1333

曾國藩　431，615，963，1321，1389，
　1401，1690，1696，1768，1814，
　1870

曾唯　894

曾敏行　1652

曾寅　918

曾寅光　843

曾達文　587

曾萼　862

曾朝節　436

曾道唯　743

曾棨　1194

曾幾　1643，1646

曾瑞卿　1501

曾楚卿　1398

曾鈺　837

曾廉　545，883，1352

曾慥　1120，1473，1561，1595，1608，
　1649，1673，1740

曾福善　814

曾毓佐　845

曾毓瑜　556

曾毓璋　817

曾廣濟　1358

曾鞏　561，921，1174，1363，1373，
　1402

曾撰　821

曾履中　842

曾興仁　1022

曾學傳　840

曾燠　1282，1350，1419，1732，1743

曾憲　530

曾憲德　825

曾瑛　1201

曾燦奎　844

曾鴻麟　1690

曾鏞　1276

曾鯤化　1030

曾懷玉　1067

曾覿　1474

曾懿　1352

勞乃宣　505，515，663，1050，1054，
　1055

勞大與　1637，1638，1661，1701，1727

勞文慶　749

勞世沅　847

勞史　1631

勞必達　727

勞孝輿　1696，1816

勞沅恩　723

勞宗發　717

勞格　624，1646，1647，1773，1775

勞逢源　740

勞紡　970

勞經　1775

勞輔芝　715

勞潼　1816

湛若水　952，961，1195，1196，1816

湛約翰　522

湖上扶搖子　899

湖北官書局　916，917

湘南書局　1363

湯大坊　1254

湯大節　1213

湯文潞　527

湯允謨　1610，1640，1744

湯右曾　1243，1244

湯用中　1035

湯成烈　729，1435

湯沐　1574，1802

湯若望　984，1632，1634，1651，1736

湯金釗　1240，1293，1689

湯宗幹　775

湯建中　1303

湯荀業　1279

湯垕　1567，1581

湯炳龍　1380

湯紀尚　1352

湯容熀　518

湯振常　1471

湯彬　1255

湯國泰　1302

湯啓祚　471

湯紹祖　1387

湯斯質　1084，1489

湯朝　1242

湯貽汾　587，1296，1731

湯敦善　586

湯斌　1232，1628，1632，1639，1756，
　　1799，1836，1843，1857

湯道煦　435

湯道衡　460

湯運泰　1286

湯登泗　759

湯聘　1410

湯傳矩　485

湯傳楹　1624，1635，1688，1839

湯準　1247

湯瑤卿　1285

湯壽潛　642

湯毓倬　785

湯漢　1158，1361，1363

湯漱玉　1076，1731

湯賓尹　481，1166，1199，1215

湯肇熙　1346

湯震　1779

湯璹　979，1724

湯鵬　1025，1314

湯顯祖　1212，1382，1390，1479，1490，
　　1492，1503，1504，1509，1513，
　　1577

溫一貞　1375

溫大雅　550，1560，1580，1617，1768

溫子昇　1363

溫仲和　864

溫汝能　1159

溫汝超　1331

溫承志　1634

溫承惠　1400

溫革　1555，1560，1587，1591，1592

溫庭筠　1171，1367，1369，1556，1567，
　　1661

溫純　1070，1211

溫旌光　748

溫葆深　1048

温肅　1234

温睿臨　545

温肇江　1297

温璜　1360，1726

温豫　1565，1587，1591，1592，1609

温颺　1725

滑惟善　1575，1588

滑壽　991，992，996

游日陞　1010

游日章　1613

游方外人　1523

游方外客　1527

游全通　855

游法珠　821

游春澤　671

游酢　1179

游智開　711，1326

游端友　739

游戲主人　1046

惺新盦主　615

惲日初　1622

惲珠　603，1419

惲格　1429，1450，1670，1733

惲紹龍　1386

惲敬　1281，1690，1691，1693，1698，
　1765

惲壽平　1235

惲鶴生　703

富大用　1533

富申　768

富克理　1898

富里西尼烏司　1759

富俊　514

富善　1131，1146

寓園居士　1493

運河道　625

補拙居士　521

裕恩　528

裕德　945

裕謙　1307，1308

尋鑾煒　750

犀照堂主人　684

弼來滿　1152

强至　1173，1550，1608，1643，1646，
　1812

强汝詢　1876

强望泰　1768

費元禄　1577，1588，1612

費丹旭　617

費利摩羅巴德　1759

費宏　1621

費直　1785

費奇規　1129

費映奎　761

費信　1594，1604，1609，1670

費冠卿　1806

費卿庭　1539

費袞　1555，1586，1590，1801

費著　1564，1568，1612

費密　1466，1714，1779

費源　1095

費經虞　1435，1466，1714

費樞　1558

費錫章　907

費錫璜　1633，1714

賀廷壽　726

賀仲瑊　795，1496

賀仲軾　1613

賀長齡　656，1300，1420，1878

賀述　1783，1789

賀桂　1421

賀時泰　952

賀逢聖　1360

賀烺正　872

賀宿　558

賀琛　1783

賀循　1788

賀欽　1573，1589，1604，1605

賀瑒　1788

賀瑞麟　791，1433

賀路綏　1897

賀詳　576

賀熙齡　1302

賀裳　1632，1636

賀緒蕃　566

賀澍恩　754，891

賀興思　520

賀龍驤　1115，1121

賀應旌　1695

賀雙卿　1477

賀鑄　1373，1472，1803

絳雪草廬主人　1030

十三畫

瑞乃爾　1756，1780

瑞聯　623

瑙埃德　1759，1896

載振　910

載銓　1309

載德　1599

載澤　616，683

載齡　646

聖公會　1130

聖祖玄燁　463，490，547，555，685，
　　686，918，973，988，1056，1243，

　　1392，1756，1894

聖約翰書院　910

靳治荊　1629，1762

靳治豫　692

靳淵然　778

靳輔　692，887

靳榮潘　1223

靳榮藩　1223

靳維熙　766

靳學顏　1210

夢莊生　1044

夢栩山人　1035

夢畹生　1026

蒼厓氏　1117

蒯正昌　826

蒯光典　521

蒯通　1795

蒯德模　1384，1733

蓬蒿子　1517

蒲而捈　1760

蒲松齡　1044，1714

蒲處貫　1564，1618

蒲道源　1376

蒙奇理　1895

蔭禄　720

椿軒居士　1496

椿壽　657

楚陂　438

楊一崑　486

楊一清　462，650，691，1553，1573，
　　1604

楊乂　1786

楊士弘　1405

楊士奇　559，1194，1674

楊士美　1632

楊士雄　774

楊士勛　415，416，417，418

楊士錦　864

楊士凝　1253

楊士聰　1670

楊士瀛　1004

楊大崑　720

楊大經　658

楊大鶴　1182

楊上善　1752，1770

楊之森　950

楊天民　692

楊天惠　1569

楊元錫　719，722

楊巨源　1166，1367，1368，1585，1660，
　　1663，1665，1666，1727

楊曰鯤　667

楊中訥　1632

楊公遠　1375

楊文杰　882，1811

楊文奎　1499

楊文彩　447

楊文鼎　711

楊文會　478，1109，1878

楊文勳　827

楊文駿　862

楊文儷　1726，1812

楊方　1784，1792

楊方達　435

楊引祚　770

楊引傳　1749

楊以任　571

楊以貞　969，1751

楊允孚　1377，1655

楊正生　1041

楊正筍　806

楊世沅　934

楊世昌　720

楊世達　599，782

楊世楨　736

楊世霖　829

楊本　924

楊丕復　835

楊甲　501，1374

楊生芝　790

楊令旭　1088

楊令琢　750

楊令暐　1088

楊立先　486

楊立旭　758

楊邦棟　821

楊式傳　1637，1638

楊圭集　1098

楊臣諍　521

楊有仁　1202，1203

楊成慶　503

楊光輔　1651

楊光儀　1332

楊同桂　1777

楊屾　986

楊廷茲　528，1471

楊廷球　1384

楊廷望　787，810

楊廷棟　741

楊廷爲　821

楊廷瑞　510

楊廷樞　558

楊延亮　758，1307

楊延烈　828

楊仲良　554

楊仲震　784

楊兆煥　776

楊兆熊　828

楊名時　1245，1630，1700，1803，1846

楊名颺　527

楊汝偕　853

楊守敬　446，541，886，913，918，919，
　920，924，930，944，946，1072，
　1343

楊孝寬　796

楊志洵　657

楊芸　1475

楊芳燦　703，801，1278，1384，1451，
　1455，1474

楊困道　1674

楊秀拔　862

楊佑廷　773

楊作霖　851

楊伯喦　1550，1555，1587，1591，1592，
　1606，1657，1660，1679，1739

楊伯潤　1081，1342

楊希閔　609，1468，1748

楊希閩　885

楊孚　1817

楊夬　1378，1557，1563

楊沂孫　1440

楊宏聲　471，749

楊良弼　1114

楊表正　1083

楊長傑　815

楊英燦　851

楊卓　441

楊尚文　1720

楊果　1378

楊昌濬　658

楊知新　878，1477

楊岳斌　695

楊侃　1740

楊金庚　724

楊庚　1457，1458，1459，1460

楊炎正　1474

楊宗時　827

楊宗發　1429

楊宗稷　1772

楊宜崙　734

楊建烈　1317

楊承　964

楊承慶　1793

楊迦懌　852

楊春　1160

楊春芳　1573

楊城書　1859

楊貞一　1676

楊昱　1714

楊思本　583

楊峒　1758

楊重雅　814

楊保彝　1746

楊皇后　1364

楊泉　1679，1794

楊朏　1588，1591

楊彥　790

楊炳春　1327

楊炳南　882，1705，1737

楊炳堃　613

楊炯　1364，1365

楊恒占　486

楊祖憲　766

楊飛熊　750

楊柔勝　1504

楊泰亨　806

楊泰瑛　589

楊珽　1504

楊振藻　727

楊起元　481，1613

楊范　1426

楊桂森　720，855

楊格非　1029

楊時　1179，1402，1638，1639，1819

楊時偉　1724

楊時喬　436

楊恩壽　1340，1879

楊恩樹　751

楊峴　1329

楊倫　1165

楊㤘　948，951，955，1797

楊舫　1421

楊逢春　726，1408，1460

楊訒　819

楊益　1060，1728

楊益豫　840

楊浚　532，1336，1638

楊宸　751

楊家坤　796

楊容盛　773

楊陸榮　554，557，1669

楊通佺　1473

楊通睿　777

楊純道　834

楊捷　565，1684

楊基　1381，1771

楊梧　459

楊晨　709

楊晙　750

楊國泰　745

楊國楨　502，1161

楊偉　1796

楊衒之　872，1563，1583，1599，1600，
　　1602，1606，1617，1773

楊象濟　1810

楊淮　1629

楊淙　1059

楊深秀　759，1349

楊紹文　1712

楊紹和　943

楊紹榮　593

楊琪光　1340，1878

楊堯弼　1768

楊超洽　577

楊萬里　433，498，1183，1372，1373，
　　1550，1608，1641，1644，1675

楊葆光　1337，1691

楊葆彝　1746

楊敬德　1380

楊朝英　1482，1775

楊朝麟　708

楊森　1088

楊森秀　1182

楊榆　1197

楊雲鵬　1379

楊開基　1871

楊開第　728

楊景仁　660

楊景純　780

楊景賢　1501

楊智遠　1121

楊傳第　1762

楊傑　1373

楊復　421，424

楊復吉　1626，1635

楊循吉　1553，1574，1575，1576，1588，
　1589，1605
楊鉅　824
楊爲翰　1295
楊敦頤　527
楊善慶　753
楊道生　1298
楊補　1069
楊惺惺　1421
楊棨　890，1771，1804
楊瑞珍　839
楊瑪　1654，1726，1812
楊瑄　1552，1596，1603，1608
楊載　1189，1376，1461，1815
楊楷　663
楊嗣奇　706
楊嗣昌　1577
楊筠松　1060，1061，1062
楊傳第　1767
楊亶驊　1799
楊廉　596，1573
楊雍建　692
楊煌義　594
楊漣　1360
楊溶　936
楊慎　459，537，542，921，950，951，
　976，1019，1033，1037，1202，
　1203，1397，1435，1445，1469，
　1472，1484，1544，1554，1565，
　1574，1575，1576，1577，1578，
　1579，1594，1603，1604，1609，
　1612，1613，1616，1619，1641，
　1648，1650，1651，1676，1713，
　1742，1831，1871
楊福鼎　726

楊殿元　799
楊静亭　876
楊壽　795
楊熙之　730
楊模　1755
楊爾曾　898，1074，1515
楊鳴鹿　1471
楊毓秀　566
楊毓健　875
楊毓輝　663，1710
楊銘　559，842，1621
楊銘柱　572
楊鳳苞　1281，1477，1691，1809，1813
楊鳳姝　1421
楊鳳朝　598
楊鳳藻　1424
楊端本　798
楊齊賢　1162
楊榮　559，1552，1593，1594，1603，
　1608，1621
楊榮緒　1817
楊榮銓　931
楊賓　930，1027，1633，1634，1684
楊肇祉　1405
楊維坤　1259
楊維屏　1317，1527
楊維楨　1191，1377，1568，1579，1619，
　1715，1742，1808
楊維新　807
楊綵　1203
楊攄秀　867
楊樞　1651
楊震福　737
楊霈　519，848，930，1464
楊輝　1656，1717

楊億　1172，1587，1591，1740，1747，
　1815
楊儀　791，1516，1552，1573，1575，
　1588，1647，1669
楊德坤　845
楊德周　721
楊德容　787
楊德榮　1746
楊德澤　1773
楊慶　598
楊慶之　1709
楊慶生　1322
楊慶琛　1299
楊潮觀　782，957，1503
楊潛　728，1750
楊澄　1160
楊履泰　1777
楊履道　1285
楊豫成　1305
楊豫孫　952，1611
楊翰　1735，1871
楊樹　654
楊樹椿　1874
楊融博　1396
楊翩　1379
楊霖　754
楊穆　1573
楊勳　1284，1550
楊篤　720，751，755，757
楊學淵　762
楊學顏　862
楊錫祐　575
楊錫紱　1256
楊錫觀　511，1746
楊鐏　822

楊凝　1366，1368
楊燆　718
楊增　875
楊激雲　735
楊澥　1088
楊懌曾　1700
楊懋建　446，1040
楊鍾泰　443
楊鍾羲　1350，1425
楊爵　952，1203
楊謙　1233
楊燮　1088
楊應象　972
楊應琚　802，888，1768
楊鴻觀　836
楊翼亮　1058
楊簡　433
楊彝珍　835，1422，1735
楊譓　737，1750
楊繩武　1630，1632
楊曦　852
楊巍　1207
楊寶彝　1349
楊繼洲　1001
楊繼盛　691，952，953，969，1207，
　1360，1363，1426，1638，1755，
　1798
楊繼端　1475
楊繼熊　727
楊鐸　1775
楊夔生　1733，1851
楊鑑　1196
楊鑠　889
楊顯之　1499，1500
晳分斯　1776

裴曰修　1261

裴玉　1552

裴行恕　982

裴行簡　1261

裴良白　1076

裴君弘　1466

裴璉　802，893，1240

裴寶善　1311

甄烈　1680

甄偉　1514，1515

甄權　1570

甄鸞　1570，1616，1617，1642，1645，
　1648，1653，1735，1753

賈三近　1398

賈山　1794

賈公彥　414，415，416，418，454，456

賈永宗　709

賈弘文　724

賈邦秀　1004

賈仲名　1500，1501

賈仲明　1501

賈似道　1556，1587，1590

賈汝愚　1822

賈孝彰　714

賈酉　747

賈步緯　1051

賈昌朝　503，519，1739，1743，1798

賈思同　1790

賈思勰　950，1564，1583，1617，1618，
　1752，1877

賈洪詔　828

賈振麟　849

賈島　1367，1369，1722，1797

賈訒　761

賈逵　1783，1784，1787，1789，1796

賈執鈞　749

賈雲亭　1357

賈開宗　1227

賈敦臨　1634，1693

賈善翊　1561

賈善翔　1117，1582

賈瑚　769

賈虞龍　1762

賈梟西　1763，1772

賈漢復　702

賈誼　949，955，1361，1597，1598，
　1600，1601，1615，1619

賈臻　1822

賈懋功　855

賈瀛　757

雷一清　1219

雷于霖　1716

雷大升　1255，1872

雷以誠　700

雷正　754

雷可升　857

雷成樸　835

雷廷珍　1352

雷次宗　1563，1583，1783，1784，1788，
　1792

雷宏宇　776

雷君曜　1045

雷金聲　767

雷春沼　830

雷思齊　419，422

雷俠兒　1759

雷飛鵬　725

雷浚　1012，1872

雷翀　1872

雷琳　1023，1419

雷瑨　578

雷暢　760

雷銑　812

雷維霈　1456

雷鋐　1255

雷學海　863

雷學淇　1776，1799

雷繻　675

雷懋德　848

雷禮　597

雷豐　1009

雷鐏　1799

雷鶴鳴　715

虞九章　1160

虞大復　492

虞世南　932，1532，1566，1717

虞邦譽　1450

虞兆漋　1637，1638

虞汝明　1568

虞荔　1568，1584，1599，1601，1602，
　　1611，1659

虞象昇　1360

虞淳熙　802，1382，1577，1613，1809

虞悰　1567

虞槃　585

虞喜　1561，1791，1794，1796

虞集　1164，1189，1190，1376，1402，
　　1403，1553，1676，1714

虞載　1533

虞溥　1797

虞預　1561

虞搏　1008

虞德升　528

虞潭　1796

虞豫　1559

虞聳　1796

虞翻　434，1796

愚山老人　1522

路士登　1572

路世美　797

路振　1671，1736，1738

路進　548

路朝霖　873

路德　1456，1457，1458，1459，1743，
　　1882

路躋垣　751

農工商部　987，1891

農工商部商務官報局　1894

農工商部統計處　679

嘶嘶道人　1507，1519

嵩山　766

嵩年　694

與善堂　968

魁玉　1305

魁聯　884

鈴木恭　1704

愛必達　607，883

詹文焕　485

詹玉　1473

詹考祥　1288

詹作周　710

詹玠　1557，1660

詹明章　1227

詹淮　960

詹道傳　422，425

詹詹外史　1039

詹錫齡　741

詹憲慈　606

詹鴻謨　647

詹夑錫　1237

詹體仁　1815

鳩摩羅什　1097，1098，1099，1105，
　1111

解桐　1194

解璜　850

解縉　559，1194，1553，1575，1580，
　1593，1603，1613

試香女史　1497

廉布　1586，1590，1595

廉宣　1553，1559

廉瑞　1062

靖道謨　704，705，829

新井君美　1755

新疆清理財政局　690

郹樵叟　1579

雍陶　1571，1659，1663，1666，1727

煙水散人　1507，1517，1518

煙霞逸士　1518

煬帝楊廣　1363

浦良　1751

源之熙　1704

滄州樵叟　1653

滄海老人　1124

慎到　949，950

慎蒙　899，1553，1576，1577

慎獨齋主人　1422

慎懋官　985，1123

褚人穫　1629，1713

褚少孫　1361

褚世暄　735

褚成允　812

褚成博　803

褚仲都　1786

褚孝錫　1681

褚亮　1811

褚華　989，1632，1650

褚峻　923

褚逢椿　1712

褚寅亮　429，1740

褚景昕　820

褚翔　731

褚遂良　1664，1666，1811

褚澄　993，1553，1570，1583，1618

裨治文　1145

福士達　1779

福申　697，1035，1539，1544，1717

福克　1699

福倫　844

福趾　657

福康安　693，982

福慶　1281，1650

禕理哲　911

際蓮　1123

經元善　1344

經額布　817

十四畫

瑪吉士　1683，1710，1737

瑪津太　593

瑪高温　1759

瑪體生　1760，1776

静寄東軒　1452

碧蕉軒主人　1502

瑶林館主　1776

趙□　1595

趙一清　885，1810

趙九成　922，1744

趙士春　1224

趙士喆　611

趙士楨　1649

趙士麟　1808

趙大浣　477

趙之俊　1630

趙之琛　1090

趙之謙　703，921，930，1089，1753

趙之璧　870

趙子櫟　1163

趙天錫　1432

趙元一　561，1737，1767

趙元益　981，1008，1750，1759，1760，
　1764，1780，1896，1898

趙友芝　1475

趙友欽　1113

趙曰釗　813

趙升　1643，1646，1654，1725

趙仁舉　1167

趙介　1382

趙文　1378

趙文在　832

趙文哲　1383，1474，1732

趙文濂　714，715，717

趙以夫　1472，1803

趙以錕　1805

趙允　1354

趙允祐　712

趙允懷　1296

趙世安　802

趙世杰　1387

趙古農　1176

趙申喬　1240

趙令時　1609，1610，1655

趙用光　1214

趙用賢　984

趙立方　586

趙必璩　1436，1473

趙永貞　1717

趙弁　1847

趙台鼎　1611

趙匡　1790

趙邦清　1829，1830

趙吉士　601，740，1021，1233，1614，
　1692

趙臣瑗　1406

趙光　614

趙廷健　737

趙廷棟　1063

趙廷瑞　1431

趙廷璣　857

趙仲全　1805

趙任之　780

趙似祖　453

趙汝适　1675

趙汝楳　419，422

趙汝愚　687，691

趙汝燧　1374

趙汝礥　1567，1587，1591，1592，1674

趙汝鐩　1371

趙宇航　724

趙如源　985

趙均　1739，1771

趙抃　1173，1371

趙芬　1476

趙克宜　1176

趙酉　738

趙岐　415，416，417，418，419，1562，
　1583，1649，1784，1785，1791

趙我佩　1475

趙佑　1690，1692，1776，1852

趙佑宸　875

趙希楷　1370，1375

趙希弁　942

趙希曾　788

趙希璜　1275，1276，1627

趙希鵠　1568，1581，1619，1674，1736

趙汸　421，424，469，1189，1379，
　1649，1725，1744

趙良生　857

趙良猷　1805

趙良霈　1805

趙青士　1301

趙青藜　1805

趙坦　428，1693，1697，1699

趙英祚　765，778

趙林成　789

趙來震　849

趙松一　1125

趙奇齡　800

趙叔向　1651，1676

趙尚輔　1814

趙昕　481，737

趙明誠　921，1720，1757

趙知希　767，1805

趙秉文　1764，1798，1884

趙秉忠　1605

趙秉恒　710

趙侗敦　1240

趙怡　847

趙宗藩　848

趙宗耀　817

趙定邦　806

趙宜中　521

趙承謨　478

趙孟頫　1121，1189，1376，1472，1803

趙南星　576，1360，1798，1833

趙貞吉　1205

趙映奎　652

趙星海　453

趙昱　1808

趙彥修　1078，1763

趙彥復　1432

趙彥肅　419，422

趙彥衛　1556，1560，1586，1589，1590，
　1609，1610

趙炳文　708

趙炳霖　689

趙炳龍　1223

趙恒　472

趙冠卿　757

趙祖銘　946

趙珣　1567

趙桂林　815

趙杼　712

趙烈文　519，587

趙時庚　1569

趙師秀　1364，1371，1372

趙師俠　1474

趙宧光　506，1085，1087，1410

趙祥星　701

趙逵儀　502

趙培桂　469

趙培梓　528

趙執信　1245，1246，1415，1461，1473，
　1636，1649，1658，1731，1757，1768，
　1772

趙執琯　1269

趙菉　1732，1811

趙梅　743

趙爽　1616，1617，1642，1645，1648，
　1753

趙彪詔　1630，1636

趙國宣　833

趙崇祚　1472，1479，1747

趙崇絢　1551，1557，1587，1591，1592，
　　1661，1673

趙崇鉌　1370，1374

趙峋　921，930，1652，1716

趙偕　1377

趙進美　1694

趙釴　1538，1723

趙淳　868

趙惟崦　803

趙惟暕　1789

趙惟熙　946

趙貫台　775

趙紹祖　924，1441，1777，1805，1806

趙琦美　1773

趙萬年　1739

趙敬如　1752

趙敬襄　1717，1857

趙愚　420，423，500，1752

趙葵　1596，1608

趙貽翼　727

趙鼎　1181，1359，1675

趙開元　783

趙開美　1202

趙景良　1412

趙景賢　1331

趙順孫　421，424

趙舒翹　671，964

趙善政　1805

趙善湘　498，1651，1675，1724

趙善璙　1608

趙善譽　1671

趙普　1057

趙湛　1800

趙湘　1643，1646

趙温　748

趙瑜　1576

趙載　1062

趙蓮城　1327

趙夢齡　654，986

趙暄　1035

趙與時　1015，1555，1567，1570，1595

趙與虤　1566，1578，1674

趙與袞　562，1781

趙鉞　624，1773

趙新　1871

趙雍　1655

趙潛　1596

趙肅　776

趙嘉肇　1688，1692

趙熙鴻　618

趙嘏　1367，1369

趙輔　1604，1605

趙構　1551

趙爾莘　1072

趙裴哲　833

趙睿　1397

趙曄　1582，1598，1599，1601，
　　1606，1607，1619，1775

趙聞禮　1473，1740

趙箋霞　1430

趙銘　1425

趙鳳　1083

趙鳳詔　742

趙齊嬰　913

趙寧　875

趙熊詔　1240

趙維寰　571，809

趙撝謙　510

趙蕤　432，1674，1769

趙蕃　1643，1646

趙標　1603

趙儀吉　472

趙德　1671

趙德麟　1555

趙慶熺　1478

趙澐　1222，1427

趙璠　648

趙璘　1556，1581，1609，1662，1665

趙翰鑾　776

趙樸　850，1563

趙穆　1089

趙學敏　1005，1636

趙學曾　623

趙錫綬　1089

趙憲　724

趙駿烈　1179

趙聯元　1223

趙懋本　749

趙礕老　1472，1473

趙魏　921，941，1674

趙鴻鈞　722

趙翼　563，579，1028，1266，1466，
　　1651，1674，1700，1701，1852

趙藩　1351

趙燿　1398

趙霈　849

趙鵬飛　420，423

趙勱　833

趙懷玉　1275，1689，1691，1797，1803

趙繩祖　1805

趙繼元　739

趙懿　847

嘉約翰　1898

赫士　1047

赫胥黎　1756

赫師慎　1549

赫達色　772

赫慎　716

赫德　1761

壽紹海　1066

壽富　696

綦毋邃　1791

輔廷　900

輔廣　1722

慕威廉　911

慕容彥逢　1802

慕維廉　905，1704，1705，1711，1889

蔡乃煌　663，1900

蔡士順　558，1803

蔡元定　1445

蔡元培　967

蔡卞　420，423

蔡文子　1395

蔡方炳　643，644，675，911，1684，
　　1701

蔡孔炘　494

蔡以修　849

蔡以瑞　808

蔡正孫　1462

蔡世佐　987

蔡世遠　595，1251，1401

蔡丙圻　739

蔡永華　769

蔡邦甸　1311

蔡有鵾　1445

蔡行仁　747

蔡名衡　1808

蔡汝楠　1200

蔡羽　1204，1593，1594

蔡志頤　1114，1119

蔡克仁　1094

蔡呈韶　865

蔡希邠　1338

蔡含生　808

蔡沆　1445

蔡沈　443，444，492，1057，1445，1744

蔡完　802

蔡杭　1445

蔡京　1571，1586，1589

蔡首乾　437

蔡洪　1794

蔡祖庚　1625，1635

蔡癸　1795

蔡晋成　705

蔡格　1445

蔡時敏　808

蔡逢年　646

蔡家琬　1284，1717

蔡邕　950，1361，1550，1555，1581，
　　1597，1598，1599，1601，1605，
　　1620，1674，1679，1744，1747，
　　1766，1774，1783，1788，1793，
　　1885

蔡梅庵　1549

蔡偉　1570

蔡清　435，479，488，952

蔡寅斗　708

蔡啓盛　495，944，1874

蔡琬　1421

蔡葛山　967

蔡羿　1510

蔡雲　1729，1754，1766，1776

蔡紫瓊　1422

蔡鼎　558

蔡景君　1785

蔡條　1565，1586，1590，1595，1608，
　　1653

蔡復午　735，1285

蔡鈞　1706

蔡焯　574，1180

蔡淵　1445，1641，1644，1649，1724

蔡發　1445

蔡載福　1073

蔡蓁春　1431

蔡戡　1802

蔡夢弼　1163

蔡節　421，424

蔡新　1259

蔡殿齊　1420

蔡壽祺　1324，1325，1384，1435，1724

蔡壽臻　1339

蔡模　421，424，1445

蔡爾康　603，661，964，1776，1888

蔡毓榮　554

蔡維義　713

蔡維藩　998

蔡綏綵　1055

蔡質　1658，1679，1754

蔡澍　730

蔡澄　1750

蔡履豫　750

蔡學蘇　1445

蔡錫齡　1689，1695，1704，1706

蔡龍孫　1180

蔡懋德　1360

蔡謨　1788，1791

蔡襄　1174，1552，1567，1569，1587，
　　1591

蔡應襄　526

蔡濬源　1092

蔡濟清　710

蔡鵬飛　1301

蔡瀛　894

蔡繼紳　861

蔡權　1445

蔡顯原　437

蔡變　952，1798

蔡鑾揚　647

熙治　606

熙時子　499

熙璋　1047

蔣一彪　1616

蔣一葵　1017，1574，1588

蔣乙經　598

蔣士銓　1265，1394，1852

蔣大慶　774

蔣大鴻　1651，1670

蔣之翹　1167，1169，1631

蔣子正　1015，1560，1595，1610，1768

蔣元　967

蔣元庭　1122

蔣友仁　1718

蔣日萊　865

蔣曰綸　1120

蔣曰豫　1877

蔣仁　1090

蔣仁榮　431

蔣丹林　1768

蔣文鴻　1884

蔣以化　1017

蔣以忠　1017

蔣玉虹　713

蔣正子　1654

蔣平階　1063，1064

蔣永　581

蔣民奉　592

蔣弘任　1633

蔣台梅　483，549

蔣有道　816，821

蔣光祖　782

蔣光弼　494，496，803

蔣光煦　1235，1767

蔣因培　932

蔣先庚　549，553，578，643，1544

蔣廷桂　863

蔣廷錫　425，699，1427，1539，1629，1669

蔣伊　580，969，1669，1670

蔣兆甲　793

蔣兆奎　657

蔣旭　868

蔣汝中　1351

蔣防　1570，1585，1660，1663，1664，1666，1727

蔣攸銛　613

蔣汾功　1256

蔣宏任　1699

蔣良騏　552

蔣坦　1808

蔣叔輿　1121

蔣易　1228，1375

蔣和　507，1078，1092，1093

蔣金生　846

蔣斧　1773

蔣宗海　731

蔣春霖　1767，1803

蔣信　1017

蔣叙倫　821

蔣津　1556，1587，1591

蔣紉蘭　1475

蔣恩濙　1496

蔣師轍　696，781，1428

蔣悌生　422，425

蔣埴　1623，1717

蔣彬蔚　619

蔣堂　1802

蔣國祚　550，569，1116

蔣國祥　550，569

蔣崧　865

蔣偕　1797

蔣庸　719

蔣清翊　1023，1160

蔣清翔　1747

蔣啓勛　725

蔣琦齡　1320

蔣琬　1681

蔣超伯　1023，1330

蔣斯岱　463

蔣斯崧　463

蔣景祁　470，1232，1241，1480

蔣智由　1356

蔣馮翼　996

蔣敦復　1318

蔣善　573

蔣湘南　791，795，797，1699

蔣棨渭　1384

蔣蔭椿　572

蔣業晋　1266

蔣煦　515

蔣義彬　1540

蔣溥　890，963，1260

蔣鳴玉　447

蔣鳴龍　749

蔣鳳藻　1743

蔣維喬　1085

蔣德鈞　1768，1769

蔣德璟　1579

蔣慶第　1333

蔣履泰　852

蔣薇　1421

蔣學堅　1433

蔣衡　1092

蔣穎叔　1558

蔣擢　717

蔣薰　1158，1159，1691，1692，1693

蔣塈　946

蔣應鎬　1041

蔣燦　740

蔣鴻藻　808

蔣濟　1582，1795

蔣騏昌　792

蔣鸕遠　613

蔣鑛　895，1572

蔣瀾　1462

蔣寶齡　1075

蔣繼洙　815

蔣驥　1077，1092，1093，1157，1670

厲秀芳　778，1698

厲荃　1540

厲家法　592

厲鶚　872，1074，1076，1253，1433，
　　1466，1474，1477，1630，1635，
　　1712，1726，1731，1737，1750，
　　1808，1809，1810

臧志仁　488

臧岳　762，1455

臧承宣　811

臧庸　427，1655，1763，1771，1774，

1775

臧琳　425，1775

臧壽恭　430，1730

臧懋循　553，1492，1499

臧應桐　790

臧鏞堂　1667，1753

蜚英書局　945

裴大中　730

裴天錫　822

裴玄　1795

裴廷裕　1721

裴孝源　1567，1663，1665

裴松之　534，535，536，539，1788

裴庭裕　1581，1609，1741，1768

裴啓　1561，1583，1796

裴景福　887

裴瑜　1792

裴蔭森　1746

裴路　983，1761

裴駰　534，535，536，537

裴顯忠　849，851

裴顯相　710

墅西逸叟　1749

暢俊　783

聞人均　1026

聞人俴　1389

聞人規　998

聞人銓　700

聞元炅　765

聞性道　873

聞龍　1578

閩楊林　1122

閭丘方遠　1553

閭肇烺　834

圖書通譯局　1893

圖理琛　1631，1670，1687

種蕉藝蘭生　1045

箬冠道人　1062

算學局書　945

管士駿　1451

管世銘　1271，1272，1409，1803

管世灝　1029

管同　487，1297，1690，1697，1698

管仲　948，950，951，1400

管受之　505

管庭芬　896

管斾再　794

管涝　953

管國全　1151，1897

管紹寧　1360

管斯駿　1684，1709

管森　741

管榆　1427

管貽葵　824

管粵秀　746

管道昇　1567

管榦珍　1270

管鳳龢　724

管竭忠　778

管學宣　868

管禮畊　1766

管鶴　567，1745

管鑑　1472

毓俊　1349

毓雯　858

僑析生　566

槃什馬氏　526

銘恵　1712

鳳池書院　1455

鳳林書院　1674，1739

鳳凌　900

鳳韶　1740

鳳應韶　1649，1803

廣成子　1112

廣東月西老人　1121

廣東參謀處測繪科　916

廣智書局　1888

廖文英　513

廖文錦　560

廖平　500，1769，1770

廖用賢　1546

廖必琦　854

廖有恒　777

廖廷相　939

廖其觀　818

廖宗澤　1770

廖昺文　471

廖恩樹　830

廖師慎　1770

廖偉和　593

廖朝翼　842，844

廖雲錦　1421

廖雲鶴　1762

廖鼎璋　822

廖道南　596

廖壽豐　978

廖慶餘　1770

廖瑩中　1167，1169，1596，1607

廖潤鴻　616

廖燕　1630，1694

廖翱　1724

廖錫藩　851

廖騰煃　740

韶波　966

端木國瑚　438，1293

端木賜　1597，1599，1601，1607

端方　683，928，929，931，1022，
　　1889，1890

適可居士　1776

齊之千　1231

齊召南　425，570，811，887，893，
　　1446，1685，1694，1695，1696，
　　1701，1703，1718，1732，1739

齊東野人　1516

齊彥槐　730

齊翀　861

齊推　708

齊毓川　1434，1446

齊德之　991，992，993

齊德五　833，836

齊履謙　421，424

齊學裘　1024，1044，1091

齊聯芳　719

齊鯤　907

養玉齋弟子　1126

鄭□　1564，1593

鄭一崧　857

鄭一鵬　1453

鄭士蕙　713

鄭士範　461，869

鄭大郁　665，1071，1537

鄭大忠　1006

鄭大進　714

鄭大璟　1201

鄭大謨　1283

鄭小同　498，1642，1644，1657，1667，
　　1679，1716，1738，1782

鄭之珍　1492

鄭之琮　1470

鄭之僑　501

鄭王臣　1436

鄭元佐　1726，1811

鄭元祐　1377，1595，1608，1610，1674

鄭元慶　572，577，880，1738

鄭元勳　1360，1414

鄭太和　1564，1618，1715

鄭友賢　979

鄭止源　1038

鄭日奎　1690，1693，1695，1697

鄭氏　949，954，970，1757

鄭文昂　1391

鄭文彩　863

鄭文煥　1035

鄭文雄　1257

鄭文燿　1470

鄭文寶　1560，1568，1580，1611，1653，
　1659，1675

鄭方坤　600，1254，1466，1659，1727，
　1737

鄭以偉　1547

鄭允端　1377

鄭玉　470，1359，1377

鄭玉炎　591

鄭世元　1256

鄭世鐸　986

鄭由熙　1332

鄭立功　746

鄭玄　414，415，416，417，418，432，
　434，443，448，449，454，456，
　457，459，472，490，498，532，
　949，956，1593，1603，1641，
　1642，1643，1644，1649，1650，
　1651，1655，1657，1658，1667，
　1668，1675，1677，1679，1715，
　1716，1724，1725，1733，1738，

　1765，1774，1775，1779，1782，
　1783，1784，1787，1788，1790，
　1791，1792，1815，1820，1829

鄭永邦　519

鄭永禧　894

鄭圭　1177

鄭存仁　850

鄭成中　772

鄭成基　1298

鄭同知　1762

鄭廷玉　1499，1500

鄭廷誨　1584

鄭仲夔　1647，1648

鄭任鑰　600

鄭兆蜚　1548

鄭旭旦　1625，1635

鄭亦鄒　607

鄭交泰　739

鄭汝諧　419，422，499，1642，1644

鄭守仁　1381

鄭孝胥　1354

鄭孝檉　1153

鄭克　1556，1660，1672，1721，1724

鄭杓　1613，1744

鄭見龍　738

鄭伸　1681

鄭伯熊　498，1650，1675，1724

鄭伯謙　421，424

鄭谷　1367，1369

鄭言紹　897

鄭玟次　1216

鄭長庚　529

鄭若庸　1504，1535

鄭若曾　666

鄭茂　555，559

鄭构　1566

鄭杰　1435，1454

鄭東　1381

鄭杲　1779

鄭昌棪　1707，1708，1759，1760，1761

鄭昉　1681

鄭典　1298

鄭知同　431，1735

鄭佶　1434

鄭采　1381

鄭炎　1298

鄭定國　1089

鄭珍　431，512，870，964，1317，1438，1735，1762，1765，1868

鄭城　1314，1457

鄭挺　1298

鄭南安　980

鄭相如　1431，1805

鄭厚　1554

鄭奎光　1202

鄭思肖　1188，1655，1724，1781

鄭重　731

鄭俠　1372

鄭炳然　794

鄭洪　1379

鄭洪湉　1747

鄭祖庚　853，854

鄭振藻　789

鄭起　1373，1655，1781

鄭起潛　1470

鄭恭　1691

鄭晋德　1625，1635

鄭剛中　1818

鄭師成　482

鄭兼才　1282

鄭海吉　890

鄭浴脩　818

鄭書香　795

鄭瑺山　841

鄭培椿　812

鄭葵　823

鄭處誨　1662，1664，1672

鄭常　1558

鄭望之　1567

鄭烺　1775，1807

鄭清之　1551

鄭淳　935

鄭梁　1238，1242

鄭啓掄　1457

鄭巢　1811

鄭開極　493

鄭嵎　1367，1369

鄭衆　1787，1788，1789，1796

鄭復光　1720

鄭欽　1805

鄭敦曜　1027

鄭善夫　1202，1573

鄭善述　706

鄭棨　1550，1560，1607，1662，1665

鄭瑜　1502

鄭瑗　1019，1553，1575，1581，1611

鄭瑄　579，1019

鄭夢玉　858

鄭業崇　862

鄭鄲　1650

鄭嗣　1790

鄭廉　564

鄭源璹　654

鄭福照　1860

鄭經　1028

鄭瑤　1751

鄭僑　808

鄭端　1800

鄭熊　1562

鄭維駒　1058

鄭蕡　1660，1664，1667

鄭珏　1826

鄭賢　580

鄭震　1590

鄭德樞　800

鄭德輝　1500

鄭德懋　1722

鄭慶華　825

鄭慶驄　614

鄭澐　802

鄭緝之　1562

鄭樵　422，425，640，921，1616，1649，
　1676，1715

鄭曉　559，952，1572，1574，1588，
　1604，1832

鄭曉如　599，870

鄭還古　1571，1581，1584，1585，1594，
　1602，1606，1607，1659，1660，
　1663，1664，1666，1727，1779

鄭興　1787

鄭獬　1567

鄭誼明　961

鄭禧　1571

鄭環　604

鄭懋洵　873

鄭鍾祥　727

鄭謙　796

鄭燮　1068，1253，1254，1717

鄭謐　1723，1744

鄭燡林　831

鄭燭　580

鄭濤　592，1818

鄭績　1078

鄭疇文　591

鄭蘭孫　1328，1475，1476

鄭獻甫　486，865，1438，1693，1694，
　1697，1732，1867

鄭寶琛　1831

鄭繼修　756

鄭觀應　1027，1346，1708，1710

鄭灝　751

榮相鼎　777

榮恩　720

榮錫勳　890

榮譽　1713

漢林　1431

漆蓬源　872

漁陽公　1568

漁隱主人　1516

慳碰山館　881

慵訥居士　1045

察罕　1593

寧一玉　1577

寧本立　1124

寧戚　1569，1583

寧楷　731

寧養氣　801

禕理哲　1711

暨用其　1192

隨緣下士　1526

翟大程　1448

翟元　434

翟云升　519，918，1861

翟玄義　1786

翟台　1805

翟光縉　712

翟思忠　690，1641，1645

翟振慶　763

翟耆年　1671

翟程氏　1272

翟敦化　520

翟慎行　723

翟慎典　723

翟蔚　1805

翟鼞　1461，1651

翟瀚　899

翟灝　426，429，480，485，872，899，
　　1540，1677，1696，1735，1765，
　　1771

熊一瀟　1238

熊人霖　1179

熊三拔　1672

熊元　768

熊少牧　1309

熊文泰　1274

熊文瀾　827

熊玉華　850

熊禾　491，1639

熊廷弼　688，1215，1360，1449

熊兆占　753

熊兆麟　797

熊汝弼　583

熊汝嶽　1061

熊守謙　527

熊安生　1788

熊伯龍　1384

熊希齡　680

熊良輔　419，422

熊良鞏　1274

熊其英　728

熊松之　818

熊明遇　1578

熊朋來　422，425，499，1738

熊宗立　1006，1057

熊衍學　775

熊祖詒　744

熊飛　1513

熊埋　1791

熊峻運　594

熊家彥　842

熊家振　793

熊雪莊　1465

熊象階　783

熊象黻　1274

熊啓咏　831

熊紹庚　833

熊夢祥　1380

熊鈇　1376

熊會貞　886

熊璉　1476

熊壽籛　715

熊毓藩　844

熊蕃　1567，1587，1591，1592，1674

熊賜履　1634，1815

熊履青　852

熊學源　858

熊繹祖　1382

熊寶泰　1274

鄧士龍　1536

鄧士憲　858

鄧元錫　460，492，544，952，1210

鄧元鏸　853

鄧仁垣　846

鄧文原　1378

鄧方　1358

鄧予垣　1615

鄧玉函　1095，1672

鄧必安　752

鄧永芳　798

鄧邦述　939

鄧存咏　846

鄧光仁　828

鄧廷楨　701，1657

鄧廷羅　981

鄧名世　1672

鄧汝寧　1490

鄧志謨　1506，1515，1536，1538，1545，
　1546

鄧其文　856

鄧苑　1651

鄧林　480，1370，1374

鄧析　949，950，978

鄧牧　1653，1654，1726，1781，1811

鄧秉□　791

鄧性　768

鄧香樹　845

鄧恭　1065

鄧掄斌　860

鄧常　752

鄧敏修　847

鄧紹焕　734

鄧琛　824

鄧雲霄　1199

鄧景南　911

鄧凱　557

鄧復旦　1009

鄧翔　451

鄧道協　1579

鄧裕聰　1479

鄧瑜　1347，1476

鄧夢琴　793，796

鄧椿　1074，1617

鄧粲　1680

鄧煜　480

鄧源昌　588

鄧愷　514

鄧肅　1374，1472

鄧嘉純　1475

鄧嘉紳　759

鄧嘉緝　768，1347，1427

鄧輔綸　1328，1335，1735

鄧實　1778

鄧德明　1562

鄧黻　727

鄧繹　1338，1735

鄧顯鶴　584，834，1294，1435

綺石先生　1733

維新居士　578

綿愉　1324

十五畫

鞏敬緒　786

鞏豐　1557

摯虞　1362，1562，1784，1785

榖于峰　1390

增田貢　645

樓英　1008

樓昉　1395

樓璹　988，1559，1653，1659，1727

樓藜然　900

樓鑰　1372，1643，1646，1655

樊士鋒　800

樊工　503

樊芝生　812

樊在廷　895

樊光　1791

樊廷枚　489

樊兇　751

樊雨　1384

樊宗師　1167

樊恭　1793

樊國樑　1136

樊庶　1177

樊深　1784，1792

樊景升　1767

樊綽　1642，1645，1723，1751

樊維城　804

樊增祥　676，792，1882，1883

樊錫貴　457

樊騰鳳　525

歐□　1708

歐大任　1382，1816

歐文　770

歐伯苓　1708

歐良　1473

歐培槐　846

歐陽述　1357，1565

歐陽于玉　1615

歐陽正煥　832

歐陽生　1783，1786

歐陽玄　1190，1191，1376，1572，1586，
　1590

歐陽利見　566

歐陽東鳳　585

歐陽忞　697，1642，1645

歐陽厚均　439

歐陽修　420，423，450，534，535，536，
　542，921，1363，1371，1373，1402，
　1551，1552，1558，1560，1563，
　1565，1566，1567，1568，1569，

1587，1591，1592，1609，1610，
　1616，1660，1673，1715，1720，
　1767，1827

歐陽振時　862

歐陽烈　835

歐陽恩霖　833

歐陽純　1064

歐陽雲　1333

歐陽棐　921，1720，1767

歐陽瑞驊　1889

歐陽輅　1288

歐陽詹　1365，1367，1368

歐陽詢　1532，1566，1585，1619，1663，
　1665

歐陽銘　1190

歐陽德　952

歐陽澈　1359

歐陽霖　787

歐陽澤闓　837

歐陽駿　820

歐陽曙　870

歐陽燾　817

歐陽鏞　1190

歐適子　520

歐潑登　1760，1780

歐樾華　859

醉月山人　1349，1524

醉翁外史　1505

醉園狂客　1512

憂患生　877，1357

震鈞　1071，1762

暴大儒　818

墨莊　1735

墨浪子　1519

墨翟　950

墨磨主人　1031

黎士弘　1228，1631

黎士華　866

黎久　1572

黎中輔　754

黎世序　439，693，897

黎民表　1382，1436

黎成德　795

黎兆棠　1276

黎兆勳　1438，1826

黎汝謙　1438

黎安理　1826

黎松　705

黎佩蘭　862

黎春熙　1337

黎恂　868，1826

黎培敬　1877

黎庶昌　593，607，608，1342，1384，
　　1424，1429，1704，1710，1711，
　　1745，1779，1826，1870

黎庶蕃　1826

黎庶燾　1826

黎景義　1220

黎崱　908，1381

黎遂球　1360，1382，1437，1579，1623，
　　1624，1635，1808，1816

黎靖德　958

黎愷　1826

黎經詰　1394

黎諒　1184

黎澄　1574，1588，1604

黎學淳　693

黎學錦　1294

黎簡　1276

黎鏡蓉　724

儀克中　1310

樂玉聲　717

樂史　698，1038，1562，1570，1660，
　　1663，1666，1681，1723，1727

樂尚約　719

樂朋龜　1121

樂鈞　1041，1287，1732

樂雷發　1371，1375

樂資　1784

樂鳳鳴　999

樂韶鳳　523

德沛　435，619，1761

德昌　783，787

德門　1131

德明　1144

德貞　1029

德萬　1152

德廉　824

德馨　626，818

衛元嵩　1725，1782

衛元爵　770

衛仁近　1381

衛立鼎　722

衛宏　1641，1644，1658，1678，1725，
　　1751，1754，1793

衛泳　1636

衛恒　1566，1583，1793

衛既齊　705

衛哲治　732

衛蒎　769

衛道凝　841

衛湜　421，424

衛冀隆　1784

衛瓘　1791

衛鑠　1566

盤嶠野人　1715

滕永禎　765

滕琪　958

滕康　1558

滕斌　1380

魯一同　610，736，1315，1353，1699

魯之裕　657，829

魯之璠　781

魯世任　952

魯世保　1435

魯仕驥　1259

魯志剛　997

魯伯嗣　1006

魯明善　1673，1723

魯承齡　1803

魯重民　1546

魯訔　1163

魯陽生　1423

魯琪光　816，817，820，1699

魯筆　1668

魯傑　707

魯曾煜　704，778，1254

魯楨　1353

魯鳳輝　849

魯賁　1353

魯駿　1075

魯點　891

魯應龍　1553，1571，1586，1589，1609

魯蘭僊　1353

穎容　1783，1789

劉一止　1180，1374

劉一明　1114，1122，1125，1127，1128

劉一相　1389，1398

劉一清　562，1809

劉人熙　463，650

劉于潯　813

劉士先　836

劉士銘　755

劉士璋　826，1271

劉士毅　452，471

劉士瀛　776

劉士鏻　1398，1399，1413

劉士麟　715

劉大容　1287

劉大勤　1461，1462，1731

劉大櫆　740，1255，1392，1694，1697，
　　1698，1722，1746

劉大觀　784，1279

劉之珍　771

劉子壯　1384

劉子翬　1181，1372

劉叉　1366

劉王瓚　736

劉天和　1593

劉元泰　794

劉元卿　1580，1611

劉元震　1453

劉元機　1348

劉元燮　444

劉曰烓　780

劉仁本　1359，1593

劉文莊　1027

劉文淇　430，697，734，737，897，
　　1303，1752，1816

劉文琪　541

劉文運　785

劉文煒　766

劉文蔚　526

劉文鳳　609，903

劉文確　773

劉文瀾　983

劉方璿　836

劉心珤　1803

劉心源　517，927，932，1709

劉孔敦　1002

劉孔當　513

劉巴　1681

劉以正　1126

劉以守　755

劉允鵬　1678，1736

劉玉　1553，1575

劉玉森　829

劉玉麐　428，1730

劉玉麟　867

劉正慧　851

劉世珩　475，601，659，923，954，
　1776，1806，1888

劉世瑗　942

劉世儒　989

劉世瀋　1734

劉可書　1230

劉可毅　642，1354

劉仕義　1574，1588，1605

劉仙倫　1370，1374

劉永之　1379

劉永安　869

劉永松　896

劉永祚　773

劉召材　1057

劉台拱　427，429，1856

劉邦柄　863

劉式訓　696

劉式潤　478

劉有容　654

劉存　1557

劉存仁　1446

劉成忠　1332

劉光斗　769

劉光鼎　854

劉光業　732

劉光輝　788

劉因　1376，1402，1473，1798

劉廷枚　1343

劉廷璣　1020

劉廷巒　1806

劉延世　1551，1555，1608，1610

劉仲甫　1673，1726，1811

劉仲達　1536

劉仲璟　1574，1588，1603

劉自立　717

劉向　602，949，1156，1361，1401，
　1561，1582，1597，1598，1600，
　1601，1602，1606，1607，1619，
　1620，1718，1723，1743，1783，
　1784，1785，1789，1792，1794，
　1816，1820，1857

劉兆　1784，1789

劉名芳　890，891，1687

劉名譽　908

劉次莊　1551

劉汲　1285

劉汝賢　734

劉汝錫　1241

劉安　948，950，951，1012，1013，1112，
　1401，1598，1600，1602，1619，
　1668，1766，1785，1885

劉安上　1445，1814

劉安世　1798

劉安節　1445，1814

劉祁　1015，1378，1643，1646，1652

劉艮生　1347

劉孝威　1362

劉孝孫　1555，1571，1582，1592，1648

劉孝綽　1362

劉孝標　1013，1575，1676，1719，1816

劉抃　861

劉志玄　1121

劉芳　1783，1787，1788

劉芳喆　1622

劉克　448

劉克莊　1185，1372，1565，1653，1768，
　　1771

劉辰　1593，1669，1758，1818

劉辰翁　538，977，1161，1163，1170，
　　1186，1379，1464

劉作樑　808

劉伯祥　991

劉希闕　837

劉孚京　1024

劉言謹　959

劉沅　458，474，963

劉沛　836，838

劉汶　1380

劉沆　788

劉完素　990，991，992，997

劉宋周　1726

劉劭　1561，1597，1599，1600，1602，
　　1620，1668，1672，1735，1797

劉青芝　582，1247，1732

劉青蓮　1247

劉青藜　920

劉表　434，1785，1788

劉長佑　1328

劉長庚　841

劉長華　653

劉長卿　1366，1368，1797

劉長謙　826

劉長靈　772

劉坤一　626，695，703，859，914

劉若金　1003

劉若愚　1728，1736

劉杳　1796

劉郁　1561，1594，1608，1725，1798

劉昌　1432，1574，1588，1605，1714

劉昌宗　1787，1788

劉昌詩　1655

劉昌緒　824

劉旻　1562

劉昉　1006

劉旷　857

劉固　1426

劉忠　476，484

劉知幾　574

劉牧　419，422

劉秉忠　1376，1473

劉秉琳　1331

劉侗　876，1577，1579

劉欣期　1562，1817

劉斧　1557，1565

劉采邦　832

劉攽　1551，1566，1616，1643，1646，
　　1650，1675，1744

劉郇膏　656

劉於義　702

劉炎　1556

劉宗元　826

劉宗周　952，960，1215，1360，1574，
　　1636，1712，1816

劉定之　559，1195，1574，1588，1603，
　　1608，1621

劉承謙　774

劉孟揚　526

劉孟輿　849

劉珍　1642，1644

劉珊　1297

劉拱宸　584

劉城　1806

劉苟　1642，1645，1798

劉厚基　880

劉厚滋　779

劉昞　1562，1597，1599，1600，1602，
　　1672，1735，1796，1797

劉昫　535，536，541

劉昭　534，535，536，539

劉思恕　788

劉禹錫　1169，1551，1557，1757，1797

劉弇　1374

劉胤昌　1536

劉庠　735，1024

劉彥矩　1290

劉美之　1569

劉炳　712

劉炳照　1349

劉炯　850

劉炫　1784，1787，1790

劉洪澤　834

劉恬　771

劉恂　1563，1584，1642，1645，1662，
　　1665，1725

劉宣化　574

劉宣籍　1199

劉冠寰　1188

劉祖憲　869

劉珠　776

劉華邦　837，839

劉恭冕　432，824，825，1774

劉桓　765

劉彧　1561，1680

劉原道　1830

劉致　1380

劉恩溥　620，644

劉峻　1362

劉健　568

劉師峻　724，1625，1628

劉師陸　1821

劉師魯　1192

劉逢禄　428，429，1294，1777

劉逢源　1800

劉兼　1366

劉宸楓　851

劉家遠　1287，1326

劉家傳　835

劉宰　1372

劉祥　1121

劉書　789

劉書年　431，1730

劉恕　546

劉純德　783

劉球　512，1360

劉理順　1220，1360

劉埥　721，900

劉域　798

劉培元　1697

劉培棠　1458，1460

劉執玉　1415，1417

劉基　950，1062，1065，1067，1192，
　　1193，1572，1573，1593，1613，
　　1714，1724，1725，1731，1741，
　　1875

劉彬　1700

劉彬華　862，864

劉梅　583，584，701

劉處玄　1119

劉晚榮　1731

劉跂　1557，1587，1591，1592，1643，
　　1646，1798

劉國光　825

劉崧　1193

劉崇本　710

劉崇遠　950，1584，1662，1665，1674，
　　1675，1725

劉崇照　732

劉過　1370，1374，1676

劉敏中　1671

劉敏寬　801

劉訥言　1559，1585

劉商　1366，1368

劉焕　825

劉清叟　1378

劉淇　766

劉淳　1306

劉深　707

劉梁嵩　760

劉啓彤　1707，1893

劉晝　950，1013，1118，1620，1797

劉組曾　793

劉紹文　853

劉紹攽　791，1692，1700

劉琨　1362

劉琬懷　1476

劉喜海　922，923，928，1764，1771，
　　1821

劉斯組　1058

劉葉　1545

劉敬　1794

劉敬叔　1570，1571，1581，1582，1617，
　　1618

劉軻　1768，1816

劉敞　420，422，423，425，1373，
　　1641，1642，1643，1644，1645，
　　1646，1650，1652，1725

劉開　476，603，742，1299，1425，
　　1699

劉遇奇　798

劉智　1128，1153，1783，1788

劉鈞貽　1327

劉斌　759

劉焞　794

劉焯　1787

劉湘客　557，564

劉温舒　991，999

劉榮　747

劉發屺　746

劉統　712

劉統勳　575

劉瑞霖　661

劉瑄　1744

劉蓉　694，1326

劉蒙　1552，1569

劉蒸雯　716

劉楚先　1453

劉楨　1362，1787

劉粲　598

劉業勤　861

劉蜕　1554

劉嗣綰　1284，1458，1459，1697，1742，
　　1851

劉節　1387

劉傳瑩　1814

劉魁　952

劉詵　1378

劉靖　1700

劉歆　1361，1563，1582，1597，1599，
　1600，1601，1607，1609，1615，
　1617，1659，1727，1728，1783，
　1789，1791

劉義慶　1013，1570，1571，1572，1580，
　1582，1607，1719，1723，1816

劉慈孚　585

劉湘年　860，1478

劉源淥　957，962

劉滄　1365

劉肅　1609，1662，1664

劉嘉樹　769

劉埔　640，931，1263

劉壽曾　432，734

劉綦　548

劉熙　503，530，1598，1599，1601，
　1605，1784，1791，1885

劉熙春　724

劉熙載　1871

劉輔廷　852

劉碩輔　851

劉爾樺　792

劉聞　1380

劉毓秀　801

劉毓崧　431，612，697，1746

劉毓盤　1357

劉銘傳　695，927

劉錚　588

劉鳳　1208，1533，1604

劉鳳苞　835，1024，1468，1890

劉鳳誥　1283

劉鳳綸　823

劉鳳輝　859

劉誥　732

劉廙　1795

劉榮　721

劉榮黼　868

劉漢昭　849

劉肇堂　1337

劉維世　784

劉維詔　1535

劉維翰　1716

劉綸　1260

劉慧娟　1336

劉摯　1643，1646，1798

劉遲　1808

劉質　1571，1660

劉德　1783，1789，1794

劉德全　796

劉德昌　781

劉德姚　821

劉德新　1622

劉德銓　845

劉德儀　1302

劉餗　1558，1559，1568，1584，1607，
　1662，1664

劉廞　1795

劉賡　1657，1658，1721

劉賡年　715

劉慶遠　852

劉遵陸　1751

劉澐　761

劉潛　1362

劉澄之　1562，1680

劉履　1391

劉履芬　1334

劉履恂　428，1271

劉駕　1365

劉勰　1469，1470，1597，1598，1599，
　　1600，1602，1620，1816

劉豫師　484

劉畿　981

劉璟　1360

劉璣　1719

劉操　1112

劉壇　841

劉翰　1370，1374

劉翰周　768

劉蕭　766

劉槭　751

劉樹堂　1338，1348

劉樹賢　865

劉樹德　879

劉學海　710

劉學誠　1732

劉學寵　1715

劉儒臣　767

劉衡　673，685，1054，1762

劉錫信　1800

劉錫鴻　1328，1705，1763

劉錦藻　642

劉凝　1188

劉濩　1380

劉澤　476

劉禧延　1730，1872

劉壎　1010，1188，1378，1674，1736

劉懋　476

劉霞彩　1108

劉黻　1359，1814

劉嶽雲　677，679，1024，1058，1894

劉徽　1056，1642，1645，1648

劉鍾英　708，1458，1460

劉鍾麟　749，751

劉謐　1097，1723

劉應中　1701

劉應李　1534

劉應時　1654

劉燦　450，530

劉燡　825

劉鴻訓　1219，1534

劉鴻翱　1296

劉濬　806

劉翼　1370

劉績　948，984，1595

劉瓊　600

劉贄　584

劉燾　1558

劉馥桂　814

劉雙松　1537

劉邊　1380

劉鎮　814

劉謹之　700

劉燿椿　505

劉韞齋　666

劉藻　844

劉霈　826

劉鏞　640

劉勸　1006

劉韻　1444

劉瀚　935，1096

劉繹　819，820

劉獻廷　1031，1731，1780，1800

劉耀椿　744，767，1474

劉鶚　887，933，934，1359，1707

劉籌　914

劉敹　1389

劉寶楠　431，476，487，601，735，920，
　　921，1012，1720，1752

劉繼莊　466

劉歡　1795

劉儼　808

劉鐶之　931

劉巖　1884

劉體仁　1231，1632，1652，1689，1713

劉體恕　1107，1118，1124，1127

劉鑑　516，1769

劉顯功　827

劉顯第　758

劉麟瑞　1378

劉瓛　434，1786，1787，1790

劉灝　989

劉鑾　1636

諸九鼎　1622，1670

諸仁安　1701

諸可寶　914，1347，1729，1754，1766

諸匡鼎　675，1700

諸垣　834

諸時寶　1172

諸崇儉　709

諸葛亮　950，1120，1157，1361，1363，
　　1555，1580，1598，1600，1602，
　　1620，1638，1741

諸葛恪　1795

諸葛穎　1793

諸葛羲基　1120

諸福坤　1346

諸錦　500，1252，1629，1632，1650，
　　1658，1712，1752

諸燮　548

諸格德　1760

論志焕　1120

調露子　1723

談印梅　1476

談有典　712，822

談松林　707

談修　1650

談泰　1801

談遷　1217

談諟曾　784

摩嘉立　1149，1888，1896

廣音布　825

慶之金　720

慶文　752

慶桂　556

慶常　660

慶康　1357

慶雲　813

慶霖　809

慶錫　645

慶鍾　748

廢閒主人　1524

潛説友　802

潤甫　1425

潘乃光　1341

潘士達　1398

潘才　701

潘大復　886

潘之恒　1199，1554，1576，1577，1579，
　　1580，1619

潘之淙　1719，1762

潘子真　1565

潘子聲　972

潘文光　1450

潘文鳳　857

潘玉瑢　805

潘世仁　743

潘世恩　572，624，646，656，966，
　　1034，1290，1716，1757

潘世璜　1024

潘仕成　1735

潘永因　1034

潘永季　595，1630

潘永圜　1034

潘尼　1362

潘耒　527，1220，1241，1687，1688，
　1690，1691，1692，1693，1694

潘存　918，1072

潘任　495，499

潘任成　984

潘江　1393

潘守廉　786

潘宅仁　806

潘克溥　825

潘辰　1196

潘伯　1378

潘若同　1555

潘松　801

潘松竹　1275

潘叔應　447

潘肯堂　757

潘尚楫　858

潘昌　706

潘昂霄　920，924，1563，1722，1775

潘季馴　886

潘岳　1361，1362，1562，1620

潘府　1572

潘承松　1165

潘承煒　838

潘拱辰　856

潘相　453，764，838，906，1261

潘是仁　1172，1186

潘衍桐　477，531，1345，1424，1469，
　1810

潘奕雋　504，1777

潘音　1377

潘祖年　614

潘祖蔭　926，1729，1730

潘眉　862，1165，1633，1634

潘飛聲　1320，1353，1711

潘泰行　1295

潘素心　1421

潘挹奎　584

潘時彤　840

潘時竦　1675

潘恩　524

潘書馨　1313

潘純　1381

潘基慶　975，1397

潘問奇　707

潘國光　1151

潘國詔　714

潘焕文　481

潘紹詒　812

潘喜陶　1333

潘殖　1815

潘雲　929

潘鼎珪　1637，1638，1661，1703

潘遇莘　743，773

潘道根　966

潘曾沂　654，986，1306，1748

潘曾瑋　966，1329，1474

潘曾綬　1320

潘曾瑩　1072，1075，1318

潘游龍　582，1580，1589

潘遠　1557

潘鈫　750

潘際雲　1285

潘壽　878

潘榮　578

潘維城　430，477，527

潘震乙　714

潘閬　1472，1654

潘德輿　1030，1300，1468

潘遵祁　660，1318，1410

潘遵璵　1876

潘履祥　738

潘緯　1168，1169

潘頤福　825

潘樹棠　810，811，812

潘學祖　1332

潘錫恩　888

潘錦　1081，1168

潘駿文　1332

潘樫章　1730

潘鍾瑞　1730，1876

潘鎔　736

潘耒　995，1762

潘譽徵　1354

潘繼善　740

潘鐸　690，698，1684

潘懿　818

澄衷蒙學堂　521

嬌鈴女史　1452

豫山　656

豫本　1306

豫師　689，1045

豫謙　751

練子寧　1359

練恕　1873

畿輔通志局　937

十六畫

駱三畏　1047

駱文光　782

駱孔僎　835

駱秉章　613，694

駱根深　465

駱敏　819

駱賓王　1160，1364，1365，1758，1818

駱綺蘭　1281，1421

燕大闢　1898

燕山逸叟　1526

燕臣仁　711

燕客　1669

薛己　996，1006

薛元釗　745，759

薛允升　668

薛旦　1502

薛用弱　1571，1581，1584，1606，1607，
　　1664，1666

薛玄曦　1379

薛成榮　525

薛延年　1735

薛仲邕　1162

薛收　1597，1598，1600，1601，1620

薛近兗　1504

薛尚功　925

薛岡　1575，1589，1615

薛季宣　420，423，1183，1372，1777，
　　1814

薛侃　1437

薛居正　535，536，542

薛承恩　1896

薛承愛　1060

薛春黎　1441

薛貞　1782

薛昭蘊　1664，1666

薛俊　1574，1621，1714

薛時雨　1327，1441

薛師石　1371，1375

薛培榕　907，1702

薛雪　1635

薛寀　1802

薛陽桂　1123

薛紹徽　603，1356

薛朝選　1031

薛嵋　1370，1375

薛道光　1113，1119

薛道衡　1363

薛瑄　949，951，959，1195，1552，1572，1593，1612，1638，1639，1732，1869

薛虞　1785

薛虞畿　1671，1816

薛傳均　504，509，1596，1732，1735，1765

薛傳源　903，1280

薛雍　1437

薛福成　615，675，695，903，939，1040，1342，1343，1452，1683，1706，1708，1709，1710，1711，1878

薛壽　1322

薛熙　1629

薛鳴皋　646

薛鳳昌　1836

薛鳳祚　1049，1672

薛鳳翔　1579

薛漢　1378，1787

薛蕙　975，1573，1719

薛蕙英　1379

薛德履　725

薛調　1570，1585，1660，1663，1666，1727

薛瑩　544，1585，1594，1660，1663，1666，1716，1727

薛據　949

薛應旂　488，548，551，653，952，1573，1613，1615

薛濤　535

薛瓊　1475

薛韞　1702

薛鎧　1006

薛蘭英　1379

薛鑫　1441

薄俊卿　1492

蕭士一　656

蕭士恒　939

蕭士瑀　1835

蕭士瑋　1835

蕭士贇　1162

蕭士麟　1036，1037

蕭大亨　1552，1611

蕭子良　1362

蕭子顯　534，535，536，540

蕭元吉　787

蕭玉銓　819

蕭世誠　1680

蕭令裕　1710

蕭吉　1656，1789，1801

蕭廷芝　1113，1119

蕭名湖　939

蕭克　1656

蕭伯升　1835

蕭良有　521

蕭良榦　1805

蕭秉信　603

蕭佩聲　830

蕭承笏　570

蕭彥　1805

蕭洵　1653，1659

蕭恒貞　1476

蕭浚蘭　818

蕭朗峰　821

蕭培元　968

蕭常　1717

蕭國寶　1376

蕭寅顯　442

蕭琯　869

蕭雄　1764

蕭雲從　1157

蕭智漢　603，697

蕭統　1098，1362，1385，1386，1554，
　　1565，1617，1620，1801

蕭楚　1641，1644

蕭匯瀾　592

蕭嵩　650

蕭與成　1437

蕭該　1771

蕭雍　1805

蕭鳳韶　689

蕭端蒙　1437

蕭榮爵　607，614，695，1333

蕭綺　950，1597，1599，1600，1602，
　　1605，1606，1607，1609

蕭震　896，1632

蕭霖　1266

蕭曇　1634

蕭穆　725，1341

蕭穎士　1801

蕭龍　1437

蕭應植　784

蕭應椿　906

蕭濬　572

蕭濟南　781

蕭繼炳　1805

蕭麟趾　1248

薩英額　877，1682，1708，1751

薩都剌　1190，1376，1472，1803

薩龍光　1190

樵雲山人　1519

橘中逸叟　1485

橘南溪　1704

橘道人　1485

賴文俊　1062，1063，1064

賴以邠　1474

賴良　1375

賴昌　986

賴昌期　754，756

賴朝侶　860

賴銘齋　1470

賴榮光　830

賴襄　568

賴瀛　1308

勵廷儀　1247

霍爲棻　842

霍德　1048

霍韜　1202

冀蘭泰　798

冀麟書　876

餐花主人　1518

盧一誠　479

盧士元　1715，1716

盧之頤　996

盧元昌　1165

盧公明　1130，1151

盧文弨　426，443，498，503，955，
　　1388，1429，1724，1729，1742，
　　1754，1777，1797，1801，1813，

1815

盧文錦　578

盧世潅　1164

盧戊原　1420

盧仕傑　717

盧仝　1365，1765，1797

盧亘　1378

盧先駱　1523

盧志遜　785

盧見曾　600，893，920，1252，1432，
　1668

盧坤　903，904，1163

盧秉純　749

盧宜　601

盧思道　1363

盧思誠　730

盧重元　977

盧宣旬　416，417，418，641

盧浙　439

盧崧　685，782，819，871

盧崟　775

盧象昇　675，692，1218

盧琦　1377

盧朝安　777

盧植　1774，1783，1788

盧鼎峋　816

盧復　996

盧舜治　1123

盧湛　605

盧登焯　1091

盧夢蘭　761

盧照鄰　1364，1365

盧靖　1056

盧碧筠　1822

盧蔚猷　860

盧鳳棽　854

盧端衡　708

盧綝　1561

盧綸　1166，1366，1368

盧摯　1380

盧翰　1065

盧諶　1788

盧憲　737

盧鴻　1563，1585，1662，1665

盧鎮　727

盧懷　1556

盧辯　1597，1598，1599，1601，1644，
　1668

曉齋主人　1529

鴨砗　1705

閻士　1177

閻士驤　745

閻永和　1115，1121

閻孝忠　996

閻秀卿　1604

閻含卿　1615

閻其淵　490

閻若璩　425，428，444，457，489，
　1010，1012，1622，1625，1627，
　1630，1631，1688

閻咏　444，1012

閻復　1768

閻循厚　1852

閻循觀　447，1266，1692，1852

閻湘蕙　583

閻爾梅　1430

閻選　1660，1664，1667

閻興邦　705

閻學夏　768

閻鎮珩　642

閻鶴洲　1113

器德　964

戰效曾　803

默希子　1118

黔中積善堂　1122

穆元肇　720

穆文熙　573，1033，1396，1413

穆尼耶　1776

穆尼閣　1049，1672

穆克登額　649

穆修　1373，1375

穆爾賽　701

穆彰阿　1298

穆翰　1733，1757

興元　568

興獻皇后蔣氏　970

學部圖書館　496

學部總務司　1892

學部編譯圖書局　906，907，908，909，
　910，1889

錢馟　559，1378，1781

錢□　1703

錢一本　602，952，960，1018

錢乙　996，1642，1645，1719

錢人龍　1070

錢士升　542，601

錢大昕　426，504，571，594，610，615，
　806，1024，1266，1269，1383，
　1633，1634，1654，1658，1718，
　1722，1729，1737，1739，1754，
　1757，1762，1768，1831，1853

錢大昭　508，1633，1658，1679，1728，
　1732，1738，1774，1822

錢之青　745

錢元熙　1805

錢元龍　972

錢中諧　1633

錢文子　1652

錢文瀚　1808

錢以塏　803

錢允升　1391

錢允治　1001，1195，1211，1413

錢功　1557，1587，1591

錢世楨　1750

錢可選　1804

錢邦芑　558

錢在培　444

錢廷熊　771

錢兆鵬　1274

錢名世　1427

錢江　701

錢守璞　1304

錢杜　1076

錢佃　1767

錢希言　1507，1575，1576，1589，1615，
　1670

錢希祥　445，493

錢良右　1380

錢良擇　1241，1633，1670，1687

錢長澤　1093

錢坫　429，508，698，797，798，1771，
　1773

錢坤　1768

錢若洲　1440

錢林　581，1738

錢栴　1441

錢枚　1440

錢松　1091，1092

錢枋　1033

錢東垣　570，936，1657，1679，1738，

1739，1822

錢尚濠　1507

錢杲之　1653，1659，1727，1775，1815

錢易　1557，1560，1586，1590，1737

錢牧　1749

錢秉珏　1440

錢秉彝　1440

錢侍宸　515

錢侗　1657，1658，1679，1739，1853

錢受徵　1810

錢念生　1440，1475

錢炘和　987

錢泳　1025，1282

錢宗穎　1284

錢孟鈿　1421，1476

錢枬　765

錢星查　804

錢保塘　1729，1754

錢炳森　1305

錢恂　662，663，680，1799

錢泰吉　803，1305，1729，1754

錢振倫　733，1170

錢振常　617，1170

錢起　1366，1368

錢羢　1091

錢時　446，1641，1644

錢峻　1005

錢師璟　941

錢書　1491

錢陸燦　727

錢陳群　1252

錢孫艾　1216

錢孫愛　558

錢培名　1764

錢培蓀　939

錢棻　1190，1632

錢國珍　1324

錢國壽　714

錢得蒼　1025

錢彩　1518

錢康功　1557，1590

錢惟善　1377，1812

錢惟演　1585，1589

錢啓文　717

錢朝鼎　1623，1717

錢朝錦　494

錢椒　595

錢惠尊　1293

錢斐仲　1476

錢鼎銘　695，1301

錢戩曾　720

錢開震　725

錢景星　613

錢曾　942，1221，1736，1738，1774，1778

錢湖釣徒　1546

錢湘　1476

錢恬　1585，1589，1595，1608

錢載　1259，1433，1627

錢塘　426，1718，1729，1754，1766，1816

錢雷　592

錢煦　1764

錢溯耆　1447

錢福　576

錢福昌　1438

錢福蓀　521

錢肅楷　1229

錢肅樂　481，1360

錢瑤鶴　1384

錢熙祚　1671，1672，1673，1798，1799

錢鳳綸　1421，1476

錢端禮　571

錢維喬　806

錢維福　683

錢撝禄　1225

錢穀　1177，1440

錢儀吉　498，539，581，1299

錢德洪　1198

錢德培　910，1705

錢德蒼　1498

錢慶曾　1024，1775

錢澄之　439，452，558，564，1225

錢薇　1204

錢樹棠　1735

錢學嘉　661，1776

錢錫寀　1354，1478

錢錫鈺　1442

錢錫賓　1442

錢錫寶　1440

錢櫃　1177

錢嶸　1115

錢謙貞　1216

錢謙益　558，587，937，941，1036，
　1163，1205，1221，1403，1414，
　1427，1450，1738，1778，1780

錢襄　1805

錢鴻寶　1440

錢濤　1635

錢濬　1707

錢禮南　1440

錢豐　1541

錢馥　1273

錢薇生　1316

錢霑　1623，1700

錢鏞　749

錢繹　531，1774

錢寶琛　737，1301

錢儼　569

錢澧　1272

錢鶴年　796

錢鑠　742

錫山樵者　1523

錫少鶴　883

錫榮　819

錫樂巴　1776

錫德　814

錫齡　1322

鮑之芬　1429，1476

鮑之蕙　1281，1421，1429

鮑之蘭　1421，1429

鮑之鐘　1273

鮑天鍾　731

鮑文逵　1446

鮑在齊　1615

鮑廷博　1371，1652，1675

鮑廷爵　1656，1657

鮑份　1297

鮑東里　579，1756

鮑昌熙　924

鮑宗軾　1313

鮑承燾　712

鮑珍　1712

鮑振方　1657，1658

鮑桂星　1285，1821

鮑倚雲　1259，1777，1821

鮑皋　1259

鮑堅　1562

鮑彪　560，561，1719

鮑康　928，1320，1730，1821

鮑惟錢　1821

鮑雲龍　1059

鮑善基　1821

鮑瑞駿　1318

鮑照　1361，1362，1363

鮑鉁　1252

鮑廉　727

鮑溶　1367，1368

鮑寧　1059

鮑應鰲　653

鮑蘭生　1322

獨孤及　1166，1366，1368

獨醒主人　578

諶厚光　869

諶焕模　869

諶霖生　656，670，676，690

酈世培　804

酈其照　1683，1702

酈露　882，1219，1652，1659，1733，
　　1781

酈灝　1397

凝瑞堂主人　1451

龍大淵　933

龍子猶　1619

龍文彬　643，722，1330

龍廷槐　1276

龍兆霖　830

龍汝霖　753，1326，1735

龍志澤　1470

龍柏　526

龍眉子　1113，1119

龍起瑞　945

龍袞　1560

龍唫薌　1347

龍啓瑞　431，504，526，945，1438，

　　1752

龍輔　1364，1579

龍鳳鑣　1754

龍遵叙　1612

潞河書院　1892

澤元愷　1704

憲政編查館　679，1891

禧恩　528

隱夫玉簡　1723

十七畫

璩之璞　606

璩光爍　586

璩崑玉　1538

環秀主人　1484

環濟　1794

戴天章　995

戴元禮　992

戴以恒　1075

戴玉華　1287

戴世文　722

戴延年　1629，1630，1635，1698

戴任　696

戴行之　1088

戴全德　1503

戴兆佳　655

戴兆春　1067

戴兆祚　1670

戴名世　1243，1710，1780，1781

戴孚　1660

戴宏　1789

戴良　1359，1379，1758，1819

戴君字　1571

戴表元　1188，1376，1717

戴枚　806

戴杰　685

戴叔倫　1365，1366，1368

戴昌言　824

戴明説　1071，1391

戴侗　509

戴治　798

戴承澍　1354

戴昺　1186，1373

戴冠　1573

戴祖啓　1692

戴祚　1571，1589，1660

戴起宗　996，1113

戴晟　1267

戴純　753

戴埴　1551，1555，1580，1656

戴逵　1792

戴第元　1391

戴翊清　1769，1825

戴望　476，966，1342，1766，1778，
　　1780

戴焕南　866

戴啓之　584

戴啓達　522

戴絅孫　867

戴彭　1849

戴雲官　1259

戴棠　441

戴凱之　1552，1569，1584，1599，1601，
　　1602，1659

戴復古　1370，1373，1814

戴鈞衡　444

戴敦元　680，1288

戴斌　781

戴善夫　1499

戴聖　1783，1788

戴蓮洲　473

戴夢熊　745

戴煦　1056，1750

戴溪　499，1641，1644

戴熙　928，1075，1314，1678，1728，
　　1733，1757

戴銑　1196

戴銘　783

戴鳳儀　873，875

戴肇辰　685，858，881

戴震　426，493，531，752，1264，1383，
　　1631，1633，1648，1658，1683，
　　1735，1737，1743，1775，1777，
　　1780，1854

戴樂爾　1709，1894

戴德　1597，1598，1601，1607，1619，
　　1640，1641，1644，1668，1783，
　　1787

戴德江　1705，1711

戴錫倫　864

戴義　574

戴璐　617，1021

戴聯璧　834

戴變元　567，1388，1429，1702

戴鴻慈　615，1889，1890

戴翼子　1265

戴鋆　530

戴鑑　1283

轂齋主人　1615

聯印　773

聯芳　660

聯豫　690

鞠建章　767

鞠履厚　1632

鞠濂　1257

藍山　747

藍水漁人　1187

藍仁　1444

藍光策　472

藍庚生　776

藍鼎元　556，558，564，970，1250，
　　1632，1659，1701，1702，1705，
　　1848

藍智　1194，1444

藍煦　816

藍新蕭　999

藍蔚雯　1444

藍鍾瑞　652

韓上柱　1221

韓子泰　748

韓天篤　767

韓天衢　771

韓元吉　1595，1608，1643，1646，1673，
　　1719

韓文焜　773

韓文綺　693

韓邦奇　463，952，1201

韓邦靖　797，1202，1714，1720，1721

韓有和　588

韓仲通　878

韓志超　710

韓拙　1675

韓若雲　1570，1613

韓非　948，950，951，985，1400

韓叔陽　1192

韓虎　1558

韓昂　1074，1617

韓秉鈞　760

韓佩金　729

韓性　1378

韓怡　438

韓屈氏　1202

韓政　701

韓是升　1271

韓則愈　1622，1623，1687，1691

韓保徵　1751

韓彦直　1552，1569

韓彦曾　737

韓祇和　1673，1723

韓悆　994

韓泰華　1731

韓翃　1366，1368

韓菼　464，473，558，1237

韓鄂　1580，1617

韓國瓚　714

韓崇　1299，1730

韓偓　1172，1365，1367，1369，1584，
　　1596，1606，1607，1662，1664，1665

韓康伯　414，415，416，417，418，490

韓清桂　843

韓淲　1643，1646

韓瑛　760

韓琦　1173，1371，1638

韓超　1745

韓紫石　444

韓善徵　554，555

韓道昭　523

韓夢周　1266，1709

韓愈　498，1167，1168，1363，1366，
　　1368，1402，1558，1580，1650，
　　1660，1736

韓際飛　861

韓維　1371

韓駒　1180，1372

韓儀　780

韓履寵　730

韓霖　1049，1736

韓學渾　1668

韓錫胙　1261

韓懋　997

韓嬰　498，1400，1597，1598，1599，
　　1601，1615，1616，1619，1783，
　　1785，1787，1797，1815

韓應陛　1022，1312

韓濬　482

韓懍　482

韓騏　1254

韓羹卿　1297

韓耀光　711

檀萃　458，1265，1631，1668，1683，
　　1695，1700，1702

檀道鸞　1561

臨鶴山人　1526

闌莊　1574

雛園主人　1028

魏一鰲　598，599

魏了翁　435，459，1010，1185，1552，
　　1555，1611，1612，1640，1675，
　　1677

魏于雲　1629

魏大中　1215，1360，1813

魏允恭　1892

魏世傑　1444

魏世傚　1444

魏世儼　1444

魏丕治　518

魏邦翰　706，982

魏式曾　838

魏光燾　556，705

魏廷珍　1721

魏仲遠　1375

魏仲舉　1167

魏收　534，535，536，540，574，1363

魏秀仁　1524

魏伯陽　1112，1123，1554，1598，1600，
　　1602，1616

魏青江　1063

魏茂林　531，683，1658

魏杰　896

魏荔彤　1800

魏彥　467

魏祝亭　1709，1710

魏泰　1560，1566，1586，1590，1609，
　　1640，1652，1659

魏起鵬　771

魏華存　1115

魏真己　1790

魏校　1202，1639

魏峴　1671

魏息園　603

魏家驊　742

魏朗　1794

魏野　1172，1373

魏崧　851，1541

魏崑陽　1615

魏象樞　1227，1632，1800，1846

魏焕　1724

魏紹源　742

魏葛彤　1052

魏景文　1265

魏湘　838

魏湘洲　1094

魏運嘉　788

魏遠猷　846

魏嶸　802

魏裔介　1227，1800

魏源　431，445，447，453，545，557，905，1300，1309，1684，1685，1686，1687，1693，1696，1701，1702，1703，1708，1709，1710，1711，1752，1756

魏際瑞　1228，1444，1623，1625，1627，1668

魏際禧　1627

魏熙元　1497

魏閬　1352

魏鳳林　471

魏齊賢　1410

魏樞　700

魏標　1801，1807

魏徵　534，535，536，541，1720，1725，1797

魏慶之　1464

魏篤　866

魏學誠　1244，1800

魏錫曾　490，1768，1872

魏憲　1415

魏禧　463，464，1230，1444，1624，1625，1626，1627，1630，1668

魏襄　785

魏濬　1647

魏禮　1444

魏禮焞　768

魏翼龍　471

魏瀛　820

魏權　723

魏鑑　1049

魏顯國　560，595

繁露樓居士　1497

儲大文　701，1246，1685，1690，1699

儲元升　718

儲方慶　1235，1695

儲在文　1698

儲欣　470，561，1235，1363

儲泳　1551，1564，1609，1716

儲秘書　1474

儲家藻　808

儲嗣宗　1366，1367，1369

儲意比　1761，1892

儲嘉珩　742

儲慧　1476

儲巏　1187，1197

徽宗趙佶　1117，1364，1567，1744

鍾人傑　959，1580

鍾于序　1628

鍾大受　764

鍾大源　1285

鍾山書院　1460

鍾天緯　1760，1761，1776

鍾元建　853

鍾元春　1391

鍾文英　714

鍾文虎　841

鍾文烝　431，468

鍾令嘉　1421

鍾廷瑛　763

鍾廷燦　590

鍾孚吉　1290

鍾和梅　711

鍾研齋　792

鍾俊秀　586

鍾音鴻　821

鍾桐山　822，828

鍾峻　1334

鍾浩　519

鍾章元　801

鍾越　1187

鍾超　1187

鍾鼎　1331

鍾鼎玉　1616

鍾淵映　1671

鍾惺　451，548，551，576，1031，1106，
　1177，1198，1214，1383，1389，
　1391，1394，1395，1403，1450，
　1510，1514，1515，1545，1614，
　1815

鍾運泰　762

鍾登甲　881

鍾瑞　876

鍾輅　1551，1564，1581，1584，1664，
　1666

鍾筠　1476

鍾傳益　823

鍾會　1362

鍾廣　985

鍾範　838

鍾廣起　801

鍾廣華　723

鍾慶熙　669

鍾樹森　774

鍾錂　1799

鍾諤　767

鍾駿聲　1435

鍾嶸　1461，1462，1463，1565，1583，
　1599，1600，1602，1607，1615，
　1659，1767

鍾謙鈞　498，502

鍾離權　1112，1114，1117，1118

鍾韞　1475

鮮于樞　1378，1578，1656，1798

謝三賓　1430

謝王寵　965

謝元汴　1437

謝元淮　736，1300，1481

謝元福　872，1438

謝元選　861

謝仁樹　811

謝文洊　652，982，1838

謝正蒙　1437

謝甘棠　1174

謝世南　1872

謝伋　1551

謝必鏗　852

謝永泰　741

謝有煇　1400

謝廷贊　447，1575

謝廷瓚　1576

謝延賡　726

謝仲坑　833

謝汝霖　753

謝守灝　1117

謝希深　950，1672

謝希閔　832

謝希傅　1755

謝沈　544，1716

謝良　1586，1590，1594

謝良佐　1639，1726

謝良琦　1230

謝若潮　1470

謝枋得　459，1068，1186，1359，1395，
　1543，1556，1603，1638，1653，
　1712，1829

謝采伯　1723

謝宗可　1376

謝承　544，1561，1582

謝珍　1800

謝香開　766

謝庭薰　728

謝庭蘭　527

謝客　721

謝祖芳　617

謝陞　539

謝泰宗　1217

謝振定　1688，1689

謝莊　1362

謝恩黻　1186

謝朓　1361

謝家禾　1758

謝家福　1448

謝棻　824

謝梅林　1038

謝朓　1362，1363

謝國珍　1733

謝崧岱　1096

謝崧梁　1096

謝崇俊　860

謝章鋌　1872

謝堃　1467，1496，1862

謝清高　882

謝啓昆　704，813，935，1271

謝階樹　1690，1700

謝萬　1790

謝朝徵　1748

謝惠連　1361，1362

謝雲龍　819

謝鼎卿　502

謝開寵　1622，1648

謝景卿　929，1089

謝詔　1515

謝道承　703，1253

謝焜　1401

謝聘　1803

謝照　1339

謝煌　817，818

謝嘉玉　1737

謝赫　1567，1583，1617

謝墉　955，1797

謝邁　1374

謝榛　1203，1461，1578，1736

謝鳴篁　655，1713

謝鳴謙　1838

謝綸　1331

謝齊韶　864

謝察微　1570，1581

謝肇淛　571，1016，1576，1577

謝肇漣　821

謝綽　1561

謝維喈　891

謝維傑　840

謝維新　1533

謝維嶽　1541

謝增　780

謝賚　1621

謝邁　1764

謝遷遺　548

謝嶠　1791

謝衛樓　1137，1888，1890，1893，1897

謝履中　652

謝翺　1187，1373，1563，1569，1571，
　　1587，1591，1592，1613，1655，
　　1781，1815

謝諷　1567

謝徽　1788

謝鍾英　1766

謝鍾齡　866

謝應芳　1379，1564，1672，1716，1800

謝應起　785

謝濟世　1661，1682，1755

謝攀雲　828

謝蘭生　557，912，1030，1800

謝蘭馪　1190

謝儼　704

謝鐸　1196

謝顯道　1119

謝觀國　820

謝靈運　1361，1362，1620

謝讜　1503

糜信　1784，1789

應丹詔　855

應先烈　835

應廷吉　557

應劭　950，1561，1597，1599，1600，
　　1602，1605，1606，1607，1620，
　　1658，1678，1754，1784

應昇　1690

應思理　1138，1147

應祖錫　1546，1759，1760，1776，1779，
　　1894

應瑒　1362

應璩　1362

應寶時　729，1184

鴻寶齋書局　1596

濮文昶　823

濮文綺　1476

濮淙　1222

濮瑗　841，848

濟南施醫院　1007

澀江全善　943

賽尚阿　521，649

蹇駒　1640，1675

禮部　647

總理各國事務衙門　662，664，669

總理海軍事務衙門　665

繆之鎔　1440

繆曰藻　1069，1678，1728

繆公恩　1281

繆艮　1040，1309，1401

繆希雍　996，1002，1616

繆彤　1622，1688

繆沅　1248，1427

繆協　1791

繆昌期　481，1360，1802

繆荃孫　581，706，922，924，939，944，
　　1039，1175，1347，1412，1480，
　　1757，1763，1766，1767，1775，1781

繆祐孫　910，1686，1687，1693，1696

繆珠蓀　1477

繆梓　1312

繆朝荃　737，885，1860

繆楷　1751

繆播　1791

繆闓　463，529，1446

繆鑑　1380，1767

繆襲　1568，1581，1584，1600，1602，
　　1783

十八畫

聶士成　1683，1708

聶大年　1812

聶心湯　802，1809

聶古柏　1380

聶田　1571

聶光鑾　829

聶奉先　1565，1581

聶厚盟　848

聶師煥　816

聶崇義　421，424，461

聶鈫　917，1687

聶會東　1007

聶爾康　674

聶緝慶　864

聶燾　799

聶鎬敏　1822

藜牀臥讀生　879

藥師琉璃光王佛　1108

藤本理　1896

藤田豐八　1107

豐坊　1768

豐後廣建　1704

叢秉蕭　475

瞿元錫　558

瞿中溶　1086，1289，1768

瞿世壽　470

瞿式耜　961，1217，1360

瞿共美　557

瞿汝稷　1106

瞿佑　1577，1578，1618，1619，1652，
　　1659，1722，1726，1812

瞿昌文　1655

瞿昂來　1760，1780

瞿智　1381

瞿澄　1323

瞿樹蔭　850

瞿鏞　938，1091

瞿懷亭　1757

鼂錯　1795

曠敏本　573，834，895

簡文帝蕭綱　1362，1787

簡紹芳　1714

簡朝亮　459，1886

簡景熙　686

簡燊　1401

雙全　815

邊士圻　712

邊大綬　1632，1652，1661

邊廷英　437，474

邊汝元　1243

邊保樞　1475

邊貢　1200，1383，1844

邊浴禮　1324，1446

邊象曾　770

邊習　1200

邊實　737

歸允肅　1239

歸令瑜　1312

歸有光　975，1202，1205，1403，1471

歸玠　1205

歸莊　1205，1722，1772，1781

歸懋儀　1256，1422，1475

鎖緑山人　558

鎦洪　990，991

離垢軒　1077

顏之推　503，950，1564，1581，1582，
　　1583，1597，1599，1600，1602，
　　1611，1618，1620，1640，1653，
　　1677

顏元　1798，1799

顏元孫　503，505，1566，1657，1715

顏文選　1160

顏正　1125，1769

顏札治麟　1460

顏永京　1776，1779

顏幼明　1065，1673，1724，1731

顏光敏　1736

顏安樂　1789

顔延之　1159，1361，1362，1751，1791，
　1793，1796，1797
顔伯壽　593
顔希深　774
顔希源　734，1418
顔茂猷　960，1547
顔胤祚　879
顔真卿　1162，1359，1566，1643，1646，
　1720
顔師古　503，520，534，535，536，538，
　1550，1570，1607，1651，1668，1762，
　1815，1829
顔崇槼　1162
顔斯綜　1710，1711
顔嗣徽　865
顔愍楚　505，1566，1619，1715
顔爾樞　860
顔澤寰　1121
顔璹　857
顔鯨　470
額哲克　859
璧昌　1855
織田萬　1891
織里崎人　1509

十九畫

蘆涇遯士　674
藺炳章　755
蘅蕪室　1502
蘇士俊　866
蘇士琨　1636
蘇士潛　1577，1618
蘇上傑　1047
蘇之芬　755
蘇天木　1817

蘇天爵　596，1379，1412，1642，1645，
　1721，1798
蘇玉　716
蘇世璋　1421
蘇廷鑑　593
蘇芳阿　624
蘇伯衡　1819
蘇林　1561
蘇易簡　1568，1725，1744
蘇性　716
蘇宗經　601，704，1308
蘇孟暘　620
蘇拯　1366
蘇彥　1795
蘇洵　477，1174，1363，1402，1439，
　1444，1555，1564，1673
蘇祐　1574，1575，1589，1604
蘇珥　1025
蘇耆　1559
蘇時學　978
蘇特　1558
蘇益馨　838
蘇過　1180，1656
蘇象先　1014
蘇惇元　612，1224，1726
蘇遇龍　812
蘇復之　1491
蘇舜欽　1371，1595，1608
蘇淵　737
蘇軾　432，433，435，444，950，993，
　1014，1158，1159，1175，1176，
　1177，1178，1237，1363，1372，
　1373，1375，1402，1439，1444，
　1551，1555，1556，1557，1558，
　1559，1565，1567，1568，1572，

1580，1586，1587，1590，1591，1596，1610，1611，1612，1620，1640，1642，1645，1650，1651，1654，1660，1661，1675，1713，1715，1742，1820

蘇頌　1014，1672

蘇煜坡　866

蘇源生　779，1432，1869

蘇毓眉　776

蘇鳳文　602，916

蘇廣　1567，1585，1663，1665

蘇潢　1203

蘇寬　1790

蘇蕙　1565

蘇霈芬　821

蘇頲　1572，1664，1666

蘇樹蕃　624

蘇穆　1475，1862

蘇輿　467，964

蘇濬　548，948，1573

蘇轍　499，543，544，1014，1363，1373，1402，1439，1444，1551，1556，1565，1587，1591，1610，1612，1820

蘇籀　1551，1555，1738

蘇鶚　1570，1584，1595，1607，1609，1650，1662，1664，1675，1725

警夢癡仙　1527

願爲明鏡室主人　1523

闞鳳樓　705，876

闞駉　1754，1785

關口長之　884

關天申　837

關天培　903，1058

關永清　715

關廷牧　707

關廷訪　745

關朗　432，1580，1599，1601，1795

關培鈞　834

關弼臣　1452

關槐　1127，1393，1540

關漢卿　1499，1489，1490，1500，1501

關鍈　1476

嚴元照　430，530，1293，1750，1813

嚴升偉　819

嚴文典　773

嚴以盛　1353

嚴允肇　1410

嚴正身　811

嚴可均　429，490，491，504，511，1285，1396，1743，1765，1771，1772，1777，1779

嚴用光　813

嚴有禧　770，1670

嚴有翼　1565

嚴光禄　1264

嚴安　1795

嚴如熤　666，794，903，1282，1433，1683，1696，1699，1700，1701

嚴羽　1436，1461，1462，1464，1566，1611，1615，1616，1747

嚴克巇　787

嚴辰　592，805，1331，1332，1458

嚴助　1570，1583，1797

嚴我斯　1241

嚴作霖　666

嚴良勛　1888

嚴良勳　571

嚴武順　1442，1577，1808

嚴長明　789，1268，1801

嚴杰　428

嚴宗嘉　710

嚴荄　924

嚴思忠　808

嚴衍　546

嚴恒　1314

嚴乘　1088

嚴書麐　791

嚴敕　1442

嚴從簡　1204

嚴啓煜　1241

嚴彭祖　1783，1789

嚴萬里　984

嚴植之　1790

嚴復　1153，1756，1899

嚴遂成　1254，1433，1722

嚴粲　448，1375

嚴虞惇　642，1242

嚴嵩　691，1201

嚴義彬　676

嚴鳴琦　833

嚴維　1365，1366，1368

嚴蕊珠　1422

嚴德甫　1093

嚴調御　1442

嚴毅　1543

嚴遵　1616，1617，1779

嚴澂　1083，1106

嚴樹森　912

嚴衡　970

嚴錫康　1328，1329

嚴璩　908

嚴嶽蓮　1381

嚴觀　697，934，935，1720，1763

羅人龍　822

羅士琳　430，541，600，1055，1056，
　　1718，1720，1774

羅大經　1556，1610

羅天尺　1817

羅天益　1719

羅元焕　1817

羅曰璧　794

羅公升　1375

羅公權　1088

羅氏族裔　592

羅文俊　1456

羅以桂　710

羅以智　1808

羅正鈞　600，614

羅正墀　647

羅本　1508，1512，1513

羅必煒　1004

羅邦憲　1295

羅在公　708

羅有文　826

羅有高　1270，1690

羅存德　1151

羅先登　1568，1592

羅廷權　844，850

羅汝芳　952，1207，1613

羅汝楠　913

羅汝懷　1316，1435，1735

羅玘　1196

羅志仁　1557

羅更翁　922

羅辰　1295，1693，1694

羅虬　1569，1585，1663，1665

羅秀書　871

羅含　1562，1583，1680

羅亨利　1760

羅長袺　1355

羅其澤　868

羅尚年　960

羅泌　559，560，1607

羅宗瀛　762

羅承順　843

羅柏村　1759，1776

羅矩　1810

羅信南　1322

羅洪先　911，952，1204，1205，1576

羅振玉　929，930，933，934，945，1036，
　1092，1160，1356，1771，1773，1781

羅振鋆　932

羅倫　952

羅凌漢　830

羅通遁法　1057

羅從彦　1180，1638

羅清　1105，1486

羅密士　1047，1896

羅貫中　1509

羅萬傑　1437

羅萬藻　1546

羅萱　1334

羅雅谷　1134

羅景　606，892

羅復　449

羅復晉　817

羅欽順　952，1197，1639

羅啇　1142

羅善智　1897

羅登瀛　823

羅聘　1269，1775

羅蒙正　1381

羅與之　1370，1375

羅魁　794

羅頎　1656

羅鈉　892

羅會恩　868

羅飴　677

羅頌　1740

羅愫　805

羅彰彝　794

羅增垣　850

羅鄴　1366，1367，1369，1585，1595，
　1660，1663，1666，1727

羅遲春　1261

羅慶薾　834

羅緗　826

羅廩　1578

羅澤南　953，1687，1692，1694，1756，
　1769，1868

羅隱　949，1367，1369，1555，1611，
　1663，1666，1747，1768

羅縉紳　898，901

羅懋登　1515

羅點　1558

羅璧　1555

羅繞典　883

羅願　530，739，1740

羅鰲　793

羅觀駿　716

鏡塘　1089

鵬鷃居士　1518

譚大勳　829

譚元春　523，1175，1176，1216，1217，
　1389，1394

譚文隆　1194

譚吉璁　795，1813

譚光祐　850

譚希思　551

譚言藹　1435

譚尚忠　1668

譚尚書　820

譚宗浚　1348，1459

譚承恩　849

譚峭　973，1113，1118，1580，1612，
　1673，1725，1728

譚乾初　1706

譚處端　1119，1379

譚習篆　822

譚紫瓔　1422

譚景昇　1554

譚瑀　795，801

譚載華　1520

譚嗣同　1881

譚嗣先　1118

譚綸　692

譚震　835

譚儀　1763

譚瑩　1312，1817

譚澐　754，1879

譚錦珩　588

譚鍾嶽　892

譚廖　792

譚獻　1338，1459，1748

譚鑣　859

譙周　1561，1679，1784，1791，1792，
　1794

盧世潅　1164

盧存心　1631

盧承琰　766

盧照鄰　1797

盧鈺　742

龐大堃　1766

龐元英　1559，1586，1590，1595，1668

龐元濟　1081

龐尚鵬　1816

龐迪我　1129

龐啓鯨　591

龐塏　1244

龐際雲　658

龐鍾璐　652

龐鴻文　727

龐覺　1570

瀛海勉癡子　1496

懶吾氏　1550

懶雲氏　1122

懶道人　1648

懷蔭布　854

懷應聘　1688，1690，1697

繳繼祖　838

繡虎堂主人　1522

二十畫

蘭士德　910

蘭山書院　1455

蘭心素客　963

蘭莊　1588

蘭皋主人　1521

蘭陵笑笑生　1514

蘭簃外史　565

醴泉居士　1526

覺海浮漚　661

覺羅石麟　701

覺羅同勳　825

覺羅普爾泰　764

釋一元　1106

釋一休　871

釋一行　1786

釋了亮　1108

釋了璞　890

釋了禪　1430

釋大圭　1379

釋大典　1704

釋大訢　1377

釋大㖇隱　1108

釋大須　1430

釋大然　895

釋大善　1809

釋大聞　1104

釋上暎　1224

釋山止　1808

釋子賢　1381

釋元玉　1327

釋元敬　1111，1808

釋元復　1111，1808

釋支遁　1747

釋支謙　1099

釋不空　1102

釋巨超　1305

釋仁顯　1567

釋今釋　1226

釋今羞　1224

釋今辯　1223

釋文瑩　1586，1590，1653，1673

釋文寶　1103

釋心泰　1106

釋本果　1107

釋本無　1100

釋本誠　1381

釋玄本　1773

釋玄奘　908，1100，1123，1671

釋玄應　1102，1736

釋玄覺　1102

釋永珊　1110

釋永頤　1371，1811

釋弘儲　1108

釋弘贊　1107

釋成鷲　874，1320，1629，1817

釋至仁　1377

釋同揆　1630，1700

釋竹禪　1078，1089

釋延壽　1102，1103，1104，1341

釋仲仁　1567

釋自如　890

釋行均　511，512，1676

釋行海　893

釋行端　1379

釋守一　1108

釋守遂　1594

釋那連提耶舍　1099

釋如玘　1098

釋如疾　1692

釋如惺　604

釋如德　1106

釋戒環　1109

釋戒顯　1637，1638

釋志磐　1111

釋芳圃　902

釋克文　1103

釋住想　994，997

釋佛陀多羅　1101

釋佛陀跋陀羅　1099

釋伽梵達摩　1101

釋希陵　1104

釋希運　1101，1102

釋希顏　1104

釋阿王老藏　891

釋阿地瞿多　1100

釋阿難陀尊者　1107

釋妙倫　1103

釋英　1726，1811

釋尚顔　1366

釋昌仁　1330

釋明本　1379

釋明昱　1100

釋明倫　1809

釋明貫　1109

釋明開　1807

釋明賢　872

釋竺法蘭　949，1594，1616

釋念常　1104

釋净善　1103

釋净源　1109，1111

釋法海　1101

釋法雲　1102

釋法新　1224

釋法藏　1101，1102，1105，1109，

釋法顯　1099，1563，1570，1580，1582，

　1583，1600，1602，1617，1618

釋性通　976

釋宗印　1100

釋宗泐　1098

釋宗衍　1379

釋宗密　1109

釋空塵　1084

釋居月　1568，1587，1591，1592

釋函可　1224

釋函昰　1223

釋迦葉摩騰　949，1594，1616

釋契嵩　1103，1173，1808

釋拾得　1161

釋昭如　1104

釋思坦　1100

釋秋崖　893

釋彦悰　606

釋施護　1103

釋祖心　1104

釋祖柏　1381

釋祖欽　1104

釋祖銘　1379

釋祖觀　1325

釋神珙　1793

釋真可　1211，1611

釋真立　1108

釋真諦　1105

釋原妙　1104

釋員珂　1106

釋般刺密帝　1100，1101

釋益　1191，1379

釋海霆　892

釋悟開　1108，1341

釋通門　1219

釋通醉　1826

釋梵琦　1723

釋笠雲　1342

釋皎然　1365，1461，1462，1565，1581，

　1745

釋清恒　1430

釋清珙　1341，1377

釋惟則　1377

釋袾宏　1111，1807，1808

釋貫休　1366，1758，1818

釋紹岷　1704

釋紹隆　1103

釋紹嵩　1371

釋超古　880

釋超格　1108

釋超海　1106

釋超乾　1808

釋超源　1249

釋超溟　1109

釋斯植　1371，1375

釋惠洪　1102，1103，1373，1556，1610，
　　1812

釋無可　1366

釋無慍　1106

釋智及　1104

釋智朴　890

釋智匠　1783，1789

釋智旭　1107，1109，1100

釋智時　1219

釋智祥　1107

釋智達　1108

釋智顗　1099，1100，1111

釋智儼　1102，1109

釋傳燈　893

釋然叢　871

釋善住　1377

釋普聞　1565

釋普濟　1103

釋道一　1101

釋道世　1662，1665

釋道安　930，1682

釋道肯　1098

釋道忞　1625，1635

釋道宣　1101，1102

釋道厫　1675

釋道通　1109

釋道誠　1102

釋道殷　1104

釋道潛　1373，1812

釋道融　1691

釋道璨　1375

釋道濟　1076，1077，1630，1653

釋遂　1616

釋湛祐　871

釋湛然　1729

釋寒山子　1161，1162

釋聖教　1430

釋蓮儒　1554，1578，1613，1614

釋幕講　1062

釋煦齊　603

釋畹荃　894

釋嗣端　1103

釋圓至　1377，1404，1812

釋圓瀞　1106

釋圓顯　893

釋與楷　1809

釋鳩摩羅什　1097，1098，1099，1105，
　　1111

釋義玄　1101

釋義菴　872

釋源諒　1108

釋福深　1103

釋際界　893

釋際祥　872，1809

釋際醒　1108

釋輔仁　872

釋僧肇　1675

釋廣賓　893，1811

釋適之　505，512，1566，1715

釋齊己　1366，1461，1565

釋漢兆　1290

釋實叉難陀　1102

釋實月　1807

釋實存　1377

釋實行　894

釋實懿　1809

釋慧日　1565，1587，1591

釋慧立　606

釋慧苑　1673，1738

釋慧泉　1104

釋慧能　1101

釋慧皎　604，1736

釋慧琳　1791

釋慧超　1773

釋慧遠　1671

釋篆玉　1807

釋儀潤　1110

釋德介　873

釋德洪　1103，1179，1617

釋德基　1101

釋德清　474，974，976，1111，1211

釋德輝　1105

釋德鎧　872

釋徹綱　1826

釋慶老　1103

釋澄觀　1109

釋機旭　1103

釋機雲　1103

釋曉瑩　1556，1580，1611

釋曇無讖　1099

釋曇瑩　1672

釋闍那崛多　1099

釋窺基　1101

釋彌伽釋迦　1100，1101

釋豐干　1161

釋瞿曇悉達　1059

釋鎮澄　891

釋贊寧　988，1104，1552，1558，1569，
　1570，1581，1586，1590

釋懷海　1101

釋覺岸　1104

釋覺詮　1430

釋覺慈　1102

釋覺燈　1430

釋灌頂　1100

釋寶唱　603

釋辯機　908，1671

釋續法　1108，1109

釋讀體　968

釋顯承　1110

釋靈一　1365

釋靈澈　1584，1618，1663，1666

饒玉成　1468

饒旬宣　1471，1472

饒伸　1545

饒佺　834

饒相　1437

饒智元　1354

饒節　1179，1180，1374

饒學曙　1263

饒應祺　797

灌隱主人　1502

竇廷　696

竇材　996

竇珣　613

竇琳　613，723

竇鼎望　786

竇鋆　1317，1318

竇文炳　1716

竇文照　1036

竇克恭　965

竇克勤　965，1230，1756

竇材　1004

竇忻　756

竇莘　1552，1567，1581

竇東皋　1257

竇皋　1566

竇容邃　756

竇景燕　716

竇息　1725

竇絅　1692

竇樂安　1889

竇鎮　1075

繼良　1091

二十一畫

權德輿　1167，1365，1367，1368

權衡　1612，1736

櫻井忠温　1890

酈琥　1613

酈道元　885，886，889，1642，1645，
　　1648，1815

鐵保　1278，1419，1762

鐵峰居士　997

顧人驥　857

顧九錫　1540

顧三聘　1079

顧三錫　1079

顧士英　848

顧士璉　1804

顧大典　1504

顧大韶　1215

顧千里　561，1678

顧之逵　1727

顧元凱　1822

顧元熙　1296

顧元標　1407

顧元慶　987，1575，1576，1578，1588，
　　1589，1619，1669

顧太清　1311，1778

顧文彬　1070

顧文薦　1557，1587，1590

顧允成　1212，1802

顧予咸　1171

顧正誼　576

顧世澄　1007

顧有孝　1222，1406，1427，1623

顧列星　1298

顧成志　1631，1804

顧成章　454，476

顧夷　1795

顧光旭　1268，1429

顧朱　470

顧充　576

顧汝蕚　849

顧見龍　883

顧岕　1553，1576，1604，1612

顧況　1166，1365，1366，1368

顧汧　702

顧沅　584，652，1712

顧其志　1575

顧若曾　1822

顧若璞　1420，1812

顧苓　607

顧非熊　1367，1369，1585，1660，1663，
　　1666，1727

顧昌　1229

顧秉謙　563

顧所有　692

顧炎武　425，428，491，496，497，529，
　　557，558，699，920，921，934，
　　1011，1225，1634，1636，1637，
　　1661，1669，1670，1688，1692，
　　1715，1720，1724，1727，1731，
　　1736，1746，1753，1778，1837

顧宗泰　1277，1634，1674，1688，1689，
　　1697

顧承　1721

顧春　948

顧厚焜　1707，1710，1776

顧奎光　1411，1412

顧貞立　1475

顧貞觀　1212，1834

顧修　941，1267，1370，1371，1673

顧炳　1079

顧祖金　1051

顧祖禹　698，1746

顧祖訓　582

顧起元　539，1576，1579，1636，1801

顧起經　1161，1593

顧起綸　1413，1544

顧峻德　1084

顧師軾　611

顧豹文　802

顧浩　1090

顧宸　1165

顧陳垿　1085，1713，1804

顧掄　525

顧梓田　645

顧彪　1783，1787

顧野王　511，1562，1791

顧問　489

顧國詔　812

顧國誥　865

顧崧齡　1174

顧敏恒　1384

顧從敬　1211

顧從義　1072

顧彩　1494，1635，1699

顧翎　1475

顧塈　1304

顧張思　1805

顧紹鼎　1471

顧瑛　1191，1377，1675，1822

顧敬恂　1384

顧森　1495

顧棟高　428，451，466，732，1630，1632

顧槤　588

顧雲　896，1347，1428，1806

顧雲曙　608，1800

顧鼎臣　582，1199

顧奭世　1757

顧景星　1229，1629

顧景濂　736

顧復初　1313

顧詒禄　1466

顧善慶　698

顧道楔　1634

顧曾烜　735

顧湘　1085，1090，1721

顧湄　890，1804

顧禄　1698，1712，1733

顧夢麟　450，480

顧盟　1381

顧嗣立　1168，1171，1183，1376，1392，
　　1412，1427，1634，1712，1822

顧嗣協　1822

顧嗣徽　867

顧與沐　1834

顧微　1562，1583

顧新亞　1452

顧慈　1421

顧煜　1075

顧滄籌　1062

顧愷之　1793

顧福仁　804，1337

顧際熙　823

顧嘉蘅　831

顧爾昌　1822

顧复　1594，1660，1664，1667

顧廣圻　504，507，985，1728，1740，
　1757，1777，1872

顧廣譽　1456，1753，1866

顧璜　940

顧樞　952，1212，1834

顧震福　496，516

顧德誠　1757

顧德馨　1757

顧澍　1284

顧澐測　914

顧璘　1576，1589，1593，1604

顧翰　736，1299，1851

顧錫　1007

顧錫疇　549

顧憲成　474，952，1212，1721，1833

顧禧　1738

顧聲雷　790

顧韓　1749

顧懋宏　1210

顧變光　1900

顧應祥　653

顧鴻烈　586

顧駪　796

顧鎮　1722，1800

顧颺憲　1384

顧藹吉　515

顧譚　1794

顧蘭生　815

顧懷三　1801

顧敦愉　1384

顧鰲　1891

顧歡　1791

顧夔　1303

顧鶴庭　1062

顧鶴慶　1709

顧觀光　1695，1753，1758，1764，1866

鶴臞子　1127

續廉　1762

蠹庵　1508

二十二畫

聽雨樓主人　608

鑒山氏　575

鑄鐵生　1776

鑑唐居士　515

龔士炯　570

龔士稚　1838

龔之鑰　1706

龔元玠　497，1634

龔玉麟　795

龔立本　1669，1722

龔在升　1538

龔廷煌　772

龔自珍　431，1305，1306，1658，1685，
　1688，1696，1698，1707，1729，
　1778

顧鳴鳳　1885

龔玥　834

龔明之　737，878，1557，1656，1673，
　1737，1753

龔易圖　1341

龔居中　981

龔相　1559

龔耕廬　1435

龔耿光　864

龔柴　906，1683，1684，1685，1686，
　1687，1696，1700，1701，1702，

1703，1704，1705，1706
龔崧林　788
龔紹仁　827
龔敬身　755
龔鼎臣　1650，1675，1744
龔鼎孳　692，1427，1838
龔景瀚　1275，1815
龔照瑗　1894
龔傳黻　847
龔詡　1195
龔煒　1026
龔嘉相　648
龔熙正　1555，1581，1587，1591，1592
龔璁　1296
龔賢　1077，1633，1654
龔慶　1278
龔慶宣　1674
龔導江　756
龔頤正　1555，1581，1656
龔橙　1748
龔璛　1378
龔穉　1050
龔禮　1874
龔藩臣　1000

龔鎮湘　1343
龔繩正　598
龔耀南　1857
龔寶琦　729
鸑熊　949，950

二十三畫

欒肇　1791
鷲峰樵者　1045
麟書　795
麟喜　877
麟慶　616，888，917，1446，1698

二十四畫

觀祜　719
觀劇道人　1497
觀禮堂　1097
釀花使者　1046
靈照　645
靈臺居士　578
靈璧子　1124
靈巖寺僧　873
□肇　1569，1584
□毅　1711